KB045737

화폐전쟁 3

| 금융 하이 프런티어 |

〈HUO BI ZHAN ZHENG 3 货币战争 3－金融高边疆〉 by 宋鸿兵 (Song, Hong Bing)

Copyright ⓒ 2011 by 宋鸿兵(Song, Hong Bing)
All rights reserved.

Korean edition Copyright ⓒ 2011 by RH Korea Co., Ltd.
Korean language edition arranged with 宋鸿兵(Song, Hong Bing)
through Eric Yang Agency, Inc.

쑹훙빙 지음 | 홍순도 옮김 | 박한진 감수

CURRENCY WARS

화폐전쟁 3

| 금융 하이 프론티어 |

RHK
알에이치코리아

감수자의 글

감수자의 변(辯)을 쓰기 전에 독자들의 궁금증부터 풀어드리는 것이 우선이라고 생각한다. "1, 2편을 쓰고도 아직 할 얘기가 남았는가?", "이번에도 음모론인가?", "3편은 전작들과 무엇이 같고 무엇이 다른가?" '화폐전쟁' 시리즈를 모두 읽었다면 누구나 느낄 법한 의문점들이다.

1편과 2편이 미국과 유럽에서 벌어진 국제 금융 가문의 암투와 세계적 차원의 영향을 그려냈다면, 3편은 무대를 중국으로 옮겨왔다. 아편전쟁 이후 170년에 걸친 중국 근현대사를 '금융 하이 프런티어(high frontier)'란 관점에서 정밀하게 묘사했다. 책 후반으로 가면서 인민폐의 국제화와 중미 간 환율전쟁을 집중적으로 다루고 있다. 세 편의 시리즈가 서로 특징적인 내용을 담았고, 1, 2편은 《화폐전쟁 3》을 읽기 위한 배경 서적으로 보는 것이 타당하다. 속편으로 갈수록 전작만 못하다는 속설을 뒤집기에 충분하다.

두 편의 전작에서 사실(fact)와 허구(fiction)를 절묘하게 오가며 각색 실화(faction)를 그려낸 저자가 이번에는 확연히 달라진 모습을 보였다.

음모론적 관점은 거의 사라졌고 정사(正史)에 충실하려는 점이 눈에 띈다. 실제로 그는 《화폐전쟁 3》을 집필하면서 수백 권의 사료(史料)와 전기(傳記)를 참고했다고 한다. 중국신문출판총서가 발표한 베스트셀러 리스트에도 논픽션 부문에 올라 있다. 이제 '화폐전쟁' 시리즈는 음모론 서적이라는 생각을 바꿀 시점이 된 듯하다.

시리즈 세 편에 걸쳐 저자가 일관되게 방점을 찍는 두 부분이 있다. 우선 과거의 전쟁은 군사력 등 무력을 통한 대결이었으나 이제는 금융 파워가 우열을 가르는 결정적인 요소가 되었다는 것이다. 그러면서 서방의 국제 금융 가문이 주축이 된 현재의 글로벌화와 국제관례를 결코 따라서는 안 된다는 점을 분명히 하고 있다. 그들이 만들어놓은 게임의 룰을 따라간다면 영원히 종속적 위치에서 벗어날 수 없다는 주장이다.

이번 3편이 전작들과 다른 점은 개념의 체계화와 해법 제시에서 찾을 수 있다. 저자는 군사 전략인 해양 세력론과 제공권 이론, 하이 프런티어 이론에 착안해 '금융 하이 프런티어' 개념을 내놓았다. 이 책의 제목이기도 한 이 개념은 주권국가의 영역에는 영토, 영해, 영공 등 삼차원적인 물리적 공간 외에 금융이 추가돼야 한다는 것이다. 인민폐 국제화 과정에도 이 개념을 적용해 중국의 금융 안전과 이익을 최대한 보호해야 한다는 것이 저자의 주장이다.

은(銀)에 대한 처방은 매우 구체적으로 나온다. 과거 중국의 은본위제와 서방의 금본위제 싸움에서 중국이 패했고, 지난 2008년까지도 값비싼 은을 수출하고 값싼 미 달러를 대금으로 받은 중국의 과오를 지적하면서 앞으로 은에 대한 관리를 철저히 할 것을 주문한다. 중국이 조만간 은을 희토류와 같이 공식적으로 전략 자원화할 가능성을 전혀 배제할 수 없는 대목이기도 하다.

이 책을 보다 유용하게 읽는 방법으로 오버랩 독서법을 권한다. 현재의 상황과 지난 역사의 장면들을 대비해 보는 것이다. 중국과 미국의 환율 전쟁은 극히 최근의 일 같지만 1930년대에도 유사한 사례가 있었다. 《화폐전쟁 3》에서는 그런 오버랩을 여럿 경험할 수 있다.

2007년부터 쑹훙빙의 저서 3권과 중국 관영 CCTV의 《화폐전쟁, 진실과 미래》까지 4권의 시리즈를 감수하면서 독자들로부터 가장 많이 전해 들은 말이 있다. "한국 사람은 언제쯤 이런 수준의 책을 쓸 수 있을까?", "한국에선 언제쯤 제대로 된 중국 분석서가 나올까?" 《화폐전쟁 3》 감수를 마치며 이번에는 독자들에게 드리는 제안보다 함께할 고민거리가 앞선다.

우리는 중국의 변화와 변신에 당혹감을 감추지 못하고 있다. 이유는 간단하다. 단순히 중국이 커졌기 때문이라기보다는 중국을 보는 판단과 예측이 보란 듯이 빗나간 탓이다. 1997년 홍콩 주권 환수 직전에 인민해방군이 홍콩 시내를 휩쓸고 민주계 인사들이 대거 구속될 것이라는 추측성 보도에 정말 그렇게 될 줄로만 알았다. 아시아 외환위기 때는 인민폐 평가절하를 기정사실화했다. 개혁개방의 후퇴와 마오쩌둥(毛澤東) 시대로의 회귀 가능성은 1980년대와 1990년대에 걸쳐 끊임없이 제기됐다. 2001년 중국의 세계무역기구(WTO) 가입을 앞두고선 13억 시장이 완전히 개방된다며 흥분에 빠지기도 했다. 수많은 차이나 시나리오들이 모두 현실과 엇박자를 낸 것이다.

그런 와중에 우리는 무엇을 하고 있었나? 1980년대 후반 중국과 직교역을 시작하면서 이른바 '내의론(內衣論)'이 한동안 유행했다. 13억 인구에 내의 한 장씩만 팔아도 떼돈을 벌 수 있다는 말이 초등학생들에게까지 퍼졌다. 그런 경향은 아직도 남아 있다. 다른 한편에서는 중국이 위기냐 기회냐의 논쟁이 이어졌다. 그러다 보니 쉽게 낫지 않는 만성 증후군이 생겼다. 중국을 보는 시각이 언제나 양극단을 오가는 것이다. 차이나 드림과 차이나 쇼크가 어지럽게 뒤섞여 방향을 잃은 모습이다. 우산 장사와 짚신 장사를 둔 어머니 마음처럼 중국이 잘되면 불안하고 못 되면 걱정이다. 늘 눈앞의 단기 상황과 우리식 판단에만 매달려 왔으니 우리의 차이나 시나리오가 맞아떨어질 리 만무하다.

그럼 이제 어떻게 할 것인가? 앞선 '화폐전쟁' 시리즈에서도 밝혔지만 무엇보다 한눈에 중국을 파악해 버리려는 이른바 '차이나 드렁크(China drunk)' 현상에서 벗어나야 한다. 중국에 10년, 20년 산 사람보다 하루이틀 여행을 다녀온 사람이 더 전문가라는 말은 씁쓸한 블랙유머이다. 섣부른 판단과 성급한 행동을 자제하고, 중국이 무엇을 생각하고 무슨 행동을 하는지 주의 깊게 관찰하는 것이 먼저 할 일이다.

둘째, 수치보다는 트렌드를 봐야 한다. 우리의 중국관에는 예외 없이 공통점이 발견된다. 13억 인구와 거대 소비시장, 연평균 10% 성장 지속, 외환보유고 수조 달러 등등이다. 반면 다른 한편에서는 중국 통계가 짝퉁 통계라며 못 믿겠다는 얘기도 끊이지 않는다. 과연 이런 논의와 주장들이 얼마나 도움이 되었는지 냉정하게 되돌아보아야 한다. 더 이상 양적인 성장에 집착하지 않고 질적으로 도약하겠다는 것이 중국의 전략이고 보면, 숫자보다는 변화의 흐름을 읽어야 한다. 숫자는 거짓말을 해도 트렌드는 거짓이 없는 법이다.

셋째, 피드백(feedback)과 피드포워드(feedforward) 시스템을 결합하는 노력이 필요하다. 피드백이 성과와 시행착오를 면밀하게 검토하는 것이라면, 피드포워드는 앞으로 일어날 변화를 제대로 예측해 현실에 반영하는 노력이다. 중국은 구조적 전환과 정책 환경 변화가 급속히 이루어지고 있어 한발 앞서 예측하는 치밀한 미래 준비가 필요하다. 그간의 잘못된 판단과 시도를 서둘러 바로잡고 중국의 변화와 변신을 미리 내다보자는 것이다.

넷째, 국가 차원에서 미래 중국을 예측하는 역량을 길러야 한다. 중국사회과학원과 같은 조직을 만들어 인재를 모으고 미래 중국을 다각도로 연구할 필요가 있다. 여기서는 수출 투자 확대 방안 같은 단기 과제는 피하고 중국의 틀과 흐름의 변화를 멀리 내다보고 깊이 들여다보아야 한다. 내수시장의 장기적 재편 방향, 인구 및 사회 구조의 변화, 10년, 20년, 30년 후 한중 무역 투자구조의 변화, 중국의 미래 지경학적 위치 등이 과제가 될 수 있을 것이다.

박한진

《화폐전쟁 1》이 발간됐을 때, 그 짧은 시간 안에 '화폐전쟁'이라는 단어가 세계 각국에서 핫 이슈가 될 줄은 꿈에도 몰랐다. 화폐 사이의 게임은 날이 갈수록 세인들의 관심을 끌고 있다.《화폐전쟁 1》이 미국의 화폐 역사에 대해 중점적으로 분석한 책이라면,《화폐전쟁 2》는 유럽 금융의 변화 과정을 회고한 책이다. 그리고《화폐전쟁 3》에서는 관심의 초점을 아시아 지역의 100여 년 동안에 걸친 화폐 변화와 국가의 흥망성쇠 쪽으로 돌렸다.

19세기 말부터 20세기 초까지 중국과 일본은 화폐 및 금융 분야에서 완전히 다른 전략을 채택해 결과적으로 완전히 다른 국가의 운명을 낳았다. 양자의 성패와 득실은 주권 국가의 안전을 위해 금융을 절대 소홀히해서는 안 된다는 사실을 잘 보여준다. 국가의 하이 프런티어는 전통적 의미에서의 육지, 해양, 우주에만 있는 것이 아니다. 일반적으로 소홀하기 쉬운 제4의 하이 프런티어가 있는데, 그것이 바로 '금융 하이 프런티어'이다.

중국과 아시아의 많은 국가들은 예로부터 농업입국의 기본 국책을 신봉해 상업과 수공업이 오랫동안 억압된 상태에 놓여 있었다. 따라서 아시아 사회에서는 무역처럼 국가 경제의 뿌리 역할을 하는 금융이 시종일관 결정적인 역량을 발휘하지 못했다. 금전이라는 학문은 한마디로 아시아에서 오랫동안 잊힌 학과였던 것이다.

그러나 역사는 이미 화폐의 거대한 역량을 증명하고 있다. 일찌감치 신용의 비밀을 발견한 국가들은 국내와 국제 자원 방면에서 깜짝 놀랄 만한 효율과 폭발적이고 거대한 에너지를 분출하여 동시대의 다른 국가들이 도저히 따르기 어려운 제국을 수립했다.

20세기 이래로 아시아의 중심 지역에서 발발한 전쟁과 권력의 흥망성쇠는 거의 대부분 세계적으로 전개된 금전 의지의 분출에서 그 비밀의 실마리를 찾을 수 있다. 사실상 아시아의 운명은 국제 자본의 움직임과 관계가 있었다. 아편전쟁에서 청일전쟁까지, 일본의 메이지 유신에서 중국의 양무운동까지, 중국의 국공 내전에서 은본위제 붕괴 배후의 중·미·영·일 4개국 화폐 대전까지, 일본의 다이쇼 정변에서 태평양전쟁 발발에 이르기까지, 아시아의 운명에 지대한 영향을 미친 동란의 배후에는 금전의 힘이 분명히 도사리고 있었다. 한마디로 금전은 정치의 저울을 좌지우지했고, 화폐는 전쟁의 바퀴를 돌리는 동력이 되었다.

만약 서방이 근 200여 년 동안 금을 화폐의 근간으로 삼았다면, 동방에서는 은이 통화 본위의 중임을 맡았다고 할 수 있다. 아시아 역사에서 은은 서방의 금과 같았다. 부의 적극적인 저장 수단이자 부라는 브랜드의 상징으로서 은의 가치는 이미 아시아 각국에 의해 고정돼 있었다. 서방이 강력하게 세계를 주도하던 시대에 은은 주변부의 금속이자 산업 금속에 지나지 않았다. 그러나 아시아의 역량이 급부상하면서 은이 부의 상징이라는 역사적 기억은 다시 깨어나기 시작했다. 따라서 달러가 더욱 쇠퇴할 미래에는 은이 금과 함께 아시아 각국이 세계 화폐의 대홍수 시대에 대응하는 '노아의 방주'가 될 것이다.

화폐의 운명은 최종적으로 국가의 운명을 가를 수 있다. 제2차 세계대전을 겪은 후 아시아 각국이 고속 경제 성장을 이루면서 국제 화폐 문제에 더욱 민감하게 반응하고 참여 의식 역시 날이 갈수록 높아지고 있다. 한국은 아시아에서 가장 성공적인 경제 발전을 이룬 케이스로, 그 금융 및 화폐의 경험과 교훈은 전 세계의 관심이 되고 있다. 《화폐전쟁 4》에서는 전후의 한국 경제, 특히 60년대 이후 한국의 고속 성장을 다루려고 한다. 이는 내가 가장 관심을 기울이는 핵심 분야이기도 하다.

아무쪼록 한국의 독자들이 '화폐전쟁' 시리즈를 통해 금융 및 화폐와 관련한 재미와 도전을 찾길 희망해 본다.

필자는 최근까지 미국과 유럽의 화폐 발전사 연구에 몰두해 왔다. 이 과정에서 한 갈래의 뚜렷한 맥락을 찾아낼 수 있었다. 그것은 바로 화폐 발행권이 인류 사회에서 가장 중요한 권력이었다는 사실이다. 어찌 보면 유럽과 미국 근대사는 화폐 발행권을 둘러싼 투쟁과 다툼의 연속이었다고 해도 과언이 아니다. 이러한 시각으로 세계의 정치, 경제, 문화 및 군사의 예측하기 어려운 변화를 살펴본다면, 마치 엑스레이를 보듯 모든 것을 한눈에 파악할 수 있다. 알고 보면 모든 사회 모순의 근원은 이익 분배의 불균형에 있고, 가장 중요한 이익 분배 수단은 바로 '화폐 발행'이다.

미국 화폐 사학자 잭 웨더퍼드(Jack Weatherford)가 "위대한 투쟁을 거쳐야만 화폐 통제권을 가질 수 있다. 화폐 발행과 분배를 장악하는 목적은 부와 자원 및 전 인류를 지배하기 위해서다"라고 말한 것도 같은 맥락이다.

필자의 책《화폐전쟁 1》은 미국의 화폐 발행권을 둘러싼 금융 자본의 음모가 미국 사회와 세계 역사에 끼친 영향을 다뤘다. 또 《화폐전쟁 2》는 화폐 발행권을 둘러싼 유럽 각국의 치열한 각축전에 초점을 맞췄다. 부언하자면 역대 전쟁과 평화의 발생 원인, 글로벌 권력의 형성과 발전 변화 과정 등의 내용을 담고 있다. 이 두 권을 집필하는 6년 동안 필자의 머릿속에서는 이런 몇 가지 의문이 떠올랐다.

중국 역사, 특히 중국 근현대사에서 발생한 화폐 발행권 쟁탈전은 중국 현대사회 형성에 어떤 영향을 미쳤을까? 중국에서의 화폐의 영향력과 구미 각국에서의 화폐의 영향력은 어떤 차이가 있을까? 중국에서 발생한 화폐 발행권 쟁탈전과 세계적 범위에서 발생한 화폐 발행권 쟁탈전 사이에 떼려야 뗄 수 없는 내재적 연관이 있는 것은 아닐까? 화폐를 주축으로 중국 역사를 조명해 보면 또 어떤 새로운 것을 발견할 수 있을까? 대략 이런 의문들이었다.

필자는 위와 같은 의문들을 가지고 예전부터 익히 알고 있으면서도 깊이 연구해 본 적 없었던 중국 근대사에 새롭게 눈을 돌렸다.

중국의 역사 문헌을 보면 화폐는 정치, 문화 혹은 군사 문제처럼 중요하게 다뤄지지 않았다는 사실을 알 수 있다. 중국에서 역대 제왕들의 문무와 지략은 사람들에게 익히 알려져 있다. 또 명장 및 명재상과 명신들의 사적에 대해서는 손바닥 보듯 환히 꿰뚫고 있는 사람도 많다. 더구나 문인묵객들의 시가(詩歌)와 일화 들은 대대손손 전해지고 있다. 그러나 화폐는 대중들의 이런 관심을 받을 기회가 거의 없었다. 중국에서 화폐는 이미 오래전에 잊혀버린 과학과 같은 존재였다고 해도 과언이 아니었다.

그러나 역사학자들로부터 버림받은 이 '화폐'는 바로 수많은 역사

미스터리를 푸는 열쇠이자 현대인들이 기로에 들어서지 않도록 방향을 가리키는 나침반인 동시에 궁극적으로는 미래의 탄탄대로를 발견할 수 있는 망원경이다.

아편전쟁이 발발한 1840년부터 신 중국이 창건된 1949년까지 100여 년은 역사를 통틀어 중국인들을 가장 공포에 떨게 만든 시기였다. 이 100여 년 사이에 중국은 멸망의 비운을 맞이할 뻔했으며, 중화 문명의 자존심과 자긍심은 완전히 바닥으로 추락했다. 따라서 이 세월은 중국 역사상 가장 비극적이고 격정적인 나날들이었다고 할 수 있다. 나아가 화폐의 의지와 파워가 전례 없이 우뚝 솟아 발휘된 세월이라고도 할 수 있다.

《화폐전쟁 3》은 화폐를 주축으로 중국 근대사를 새롭게 풀이하는 책이라고 단언해도 좋다. 때문에 독자들은 익숙하게 알고 있는 중국 근대사 단편들에다 '화폐'라는 '현상액'을 뿌려 얻게 된 투시 효과를 거쳐 역사에 대한 완전히 새로운 해석을 경험하게 될 것이다.

무엇 때문에 중국에서만 아편무역과 아편전쟁이 발생했을까? 무엇 때문에 일본의 메이지 유신은 성공했으나 중국의 양무운동(洋務運動)은 실패했을까? 무엇 때문에 장제스(蔣介石)는 소련의 지원을 받아 북벌(北伐)을 완수한 다음 갑자기 안면을 바꿔 공산당과 반목했을까? 무엇 때문에 국민당과 공산당 양당은 모두 '한 손에 총, 한 손에 돈주머니' 전략을 실시했을까? 무엇 때문에 장제스는 화폐를 통일했으나 화폐에 대한 주권을 수호하지 못했을까? 무엇 때문에 국민당의 법폐(法幣) 개혁은 일본을 격노시키고 영국을 유인했으나 결국에는 미국에 어부지리의 기회를 줬을까? 무엇 때문에 일본에서는 황권(皇權)과 금권(金權)

사이의 분쟁이 빈발했을까? 무엇 때문에 일본군 내에서는 하극상이 자주 벌어졌을까? 무엇 때문에 일본에서는 쿠데타가 끊이지 않고 암살 사건이 보편화됐을까? 무엇 때문에 국민당의 법폐 개혁이 일본을 격노시켜 일본의 중국 침략 전쟁을 앞당겼을까? 무엇 때문에 국민당의 법폐가 몰락하고 공산당의 인민폐(人民幣, 위안화)가 역사 무대에 등장했을까?

필자는 위의 의문점들에 대한 해답을 얻기 위해 깊이 있는 연구를 진행했다. 그 결과 화폐 발행권이 중국 근현대사에 대단히 큰 영향을 끼쳤다는 결론을 얻어냈다. 그리고 '화폐 발행권을 형성, 행사하기 위해서는 일련의 완벽한 체계적 틀의 뒷받침이 필요하다'라는 새로운 인식을 하게 되었다. 필자는 이 시스템을 '금융 하이 프런티어'라고 부르기로 하겠다.

'하이 프런티어' 이론은 미국의 육군 중장 그레이엄이 1980년대 초에 제시한 새로운 국가방위 구상이었다. 그는 일찍이 앨프리드 머핸의 '해양 세력론'과 줄리오 두에의 '제공권' 이론에 이어 '우주는 주권국이 반드시 쟁탈, 방위해야 할 새로운 하이 프런티어'라는 주장을 펼쳤다. 그의 이 '하이 프런티어' 이론은 급기야 미국 '전략방위 구상'의 이론적 토대를 제공하기에 이르렀다.

필자는 유럽을 비롯해 미국, 중국 및 일본 등의 금융사를 연구하면서 금융은 주권 국가가 반드시 수호해야 할 '네 번째 차원의 영역'이라는 생각을 확실하게 굳혔다. 일반적으로 주권 국가의 영역이라고 하면 영토, 영해, 영공(우주 포함)으로 이뤄진 삼차원적인 물리적 공간을 가리킨다. 그러나 머지않은 장래에는 여기에 '금융'이라는 새로운 차원의 영역이 포함될 것이다. 특히 향후 전 세계에 화폐전쟁의 암운이 감돌게 되면 금융 하이 프런티어의 중요성은 더욱 크게 부각될 것으로 보인다.

구미 각국의 금융 발전 경로를 살펴보면 화폐본위, 중앙은행, 금융 네트워크, 거래 시장, 금융기관 및 결제 센터 등이 공동으로 '금융 하이 프런티어'라는 체계적 틀을 구성한다는 사실을 분명하게 알 수 있다. 주권 국가가 '금융 하이 프런티어' 시스템을 구축하는 목적은 화폐 자원 배분의 효율성과 안전성을 확보하기 위해서다. 이는 사회의 거의 모든 것이 금융 하이 프런티어의 범주에 속한다는 사실에서도 잘 알 수 있다.

이를테면 화폐를 발행하는 중앙은행에서부터 화폐를 사용하는 일반 소비자에 이르기까지의 흐름이 그렇다. 또 치밀한 화폐 유통망에서부터 자금 회전을 책임진 결제 센터에 이르기까지의 복잡한 과정도 다르지 않다. 나아가 금융 어음 거래 시장에서 신용등급 평가 시스템에 이르기까지, 연성(軟性)의 금융 법률제도에 대한 감독 관리에서 강성(剛性)의 금융 인프라 구축에 이르기까지, 방대한 규모의 금융기관에서 고효율적인 산업 협회에 이르기까지, 종류가 복잡한 금융 상품에서 간단하게 사용할 수 있는 투자 도구에 이르기까지의 흐름 등도 이를 벗어나지 않는다. 따라서 금융 하이 프런티어는 중앙은행에서 흘러나온 화폐가 금융과 경제의 전체적인 네트워크를 거쳐 최종적으로 다시 중앙은행으로 흘러들어 가는 순환 시스템을 보호하는 역할을 한다.

구미 각국의 이와 같은 금융 하이 프런티어는 인민폐의 국제화를 위한 참고 시스템으로 삼을 수 있다. 인민폐의 국제화는 단순히 인민폐를 해외에 수출, 유통시키는 것으로 인식해서는 곤란하다. 인민폐의 자유 태환 보장, 자본 규제 완화, 국제무역 결제수단 지위 확정, 통화 스와프 및 역외 금융센터 구축 등은 인민폐 국제화의 초기 단계일 뿐이다. 이 과정에 반드시 일련의 체계적인 틀이 뒷받침돼야 기대한 효과를 거둘 수 있다. 인민폐의 국제화는 눈으로 볼 수 있어야 함은 물론 관리와 통제가 가능해야 한다. 향후 세상 어느 곳에서든 인민폐가 유통되는 곳이라면 중국의 국가 이익과 얽혀 있을 수밖에 없다. 따라서 인민폐가 해외에서 항상 '합법적'으로 유통, 사용되도록 효율적이고 신뢰할 만한 감독 관리가 필요함은 두말할 나위도 없다.

이 책에는 처음부터 마지막까지 '은'이라는 복선이 깔려 있다. 유통 화폐로서의 은은 최근 500년 동안 중국인들의 생활에 없어서는 안 될 핵심 요소로 자리 잡았다. 은은 또 과거에 진정한 '세계화폐'로 기능하면서 400년 동안 동서양 무역의 발전을 주도하고 추진했다. 이 밖에 은은 산업용 금속으로 매우 광범위하게 사용되고 있다. 당연히 향후 달러화가 점차 몰락의 길로 진입할 때 금융과 산업 두 분야에서 더욱 큰 역량을 발휘할 것이다. "물건은 적을수록 귀하다"라는 말은 투자에서 만고불변의 진리이다. 이 진리에 완벽하게 부합하는 것이 바로 은이다. 은이 갈수록 희소해짐에 따라 은의 가치는 향후 놀랄 만큼 빠른 속도로 상승할 것이고, 일반 서민들의 장기 투자를 위한 최우선 품목으로 자리 잡을 것이다.

《화폐전쟁 3》이 탈고 단계에 이르렀을 무렵, 어떤 국가의 지도자가 "글로벌 화폐전쟁이 이미 서막을 열었다"라고 요란스럽게 호들갑을 떨었다. 그러자 '화폐전쟁'이라는 단어가 재차 세계적인 관심을 끌었다. 언론은 말할 것도 없고 세계 각국의 정계 요인, 국제기구 및 경제학자 들까지 다양한 석상에서 화폐전쟁에 대해 왈가왈부하기 시작한 것이다. 필자는 2010년 10월에 서울에서 열린 일명 '아시아 다보스'로 불리는 '세계지식포럼'에 초청을 받아 참가한 바 있다. 이어 대회의 유일한 중국인 강연자 신분으로 '중국의 인민폐 환율 조작'을 비난하는 서구의 편파적인 목소리에 대응해야 했다. 그야말로 '설전군웅(舌戰群雄)'이 어떤 느낌인지 실감할 수 있는 자리였다.

《화폐전쟁 1》과《화폐전쟁 2》가 출간된 이후 '화폐전쟁'이라는 단어는 서방 언론에 자주 등장하고 있다. 영국의 〈파이낸셜 타임스〉, 독일의 〈슈피겔〉, 미국의 〈뉴욕 타임스〉, 〈워싱턴 포스트〉, 〈네이션〉, 〈포린 폴리시〉, 〈더 뉴 리퍼블릭〉, 〈포브스〉, 〈비즈니스 위크〉, 〈더 살롱〉, 스페인의 〈엘 파이스 세마날〉, 인도의 〈파이오니어〉 등이 이 단어를 언급한 주요 언론이다. 이외에 한국과 일본을 비롯해 루마니아, 핀란드, 폴란드, 오스트레일리아, 스위스, 체코, 이스라엘, 싱가포르, 베트남, 페루 등 수십 개국의 언론 매체들이 큰 지면을 할애해 필자와 '화폐전쟁'에 대해 대대적으로 보도했다.

필자는 서방 언론들이 '화폐전쟁'의 개념을 거듭 기사화하는 목적이 따로 있다고 생각한다. 심지어 속셈이 음흉한 자들은《화폐전쟁 1》시리즈가 중국 및 아시아에서 큰 반향을 불러일으킨 기회를 틈타 세인들에게 "중국이 인민폐 환율을 조작하여 전 세계를 대상으로 '화폐전쟁'을 발동하고 있다"라고 넌지시 암시하고 있다. 이는 중국을 희생양으로 삼아 미국의 2차 달러화 발행 계획(2차 양적 완화 정책)에 대한 불만을 해소시키려는 목적이 없다고 보기 어렵다. 그러나 세상 사람들은 바보가 아니다. 무책임한 달러화 발행이 세계적인 '화폐전쟁'을 유발한 원흉이라는 사실에 의견을 같이하는 사람들은 갈수록 늘어나고 있다.

미국의 달러화 발행 계획은 사람들이 원하든 원하지 않든 세계 각국의 화폐를 상대로 '선전포고 없는 공격'을 감행한 것이나 다름없다. 따라서 미국이 무절제한 달러화 발행을 멈추지 않는 한 세계적인 화폐전쟁의 화약 연기는 결코 걷히지 않을 것이다.

화폐전쟁을 연구하고 준비하는 목적은 절대로 전쟁을 위한 것이 아니라 평화를 위한 것이다. 준비가 충분할수록, 나아가 결심이 굳건할수록 화폐전쟁이 발발할 가능성은 그만큼 줄어든다. 진이난(金一南, 중국의 유명 군사 평론가─옮긴이) 장군은 일찍이 "전략적 위협이라는 것은 무엇인가? 첫째, 일정한 파워를 갖춰야 한다. 둘째, 그 파워를 사용하겠다는 결심이 있어야 한다. 셋째, 상대로 하여금 당신이 그 파워를 사용할 결심이 섰다는 사실을 믿게 해야 한다. 그래야 전략적 위협을 가질 수 있다"라는 의미심장한 말을 했다. 역사를 거울로 삼아 국가의 견고한 금융 하이 프런티어를 구축하는 목적은 바로 이 같은 파워를 강화하기 위해서다. 이러한 전략적 위협을 가진 국가는 다른 나라가 발동하는 화폐전쟁을 결코 두려워할 필요가 없다.

《화폐전쟁》 시리즈의 젊은 독자층이 꾸준히 증가하면서 최근에는 '화폐전쟁'을 콘텐츠로 해서 게임을 만들자는 제안까지 들어왔다. 필자는 이 제안을 받아들였다. 중국 최초의 온라인 금융 게임인 '화폐전쟁' 시리즈 게임이 출시되면 젊은 독자들은 사이버 세계에서 세계 금융의 변화무쌍함을 유감없이 체험하게 될 것이다.

이 책은 시간과 필자의 개인적인 능력 부족으로 여러 면에서 미흡한 점이 많을 수 있다. 독자 여러분의 기탄없는 지적과 편달을 바라는 바이다.

차례

제1장 금융 하이 프런티어의 몰락

제2장 메이지 유신과 양무운동

제3장 4·12 정변과 장제스의 '항복 문서'

제4장 홍색 중앙은행

제5장   장제스의 금권천하

제6장   황권과 금권

제10장 은의 영광과 몽상

금융 하이 프런티어의 몰락

지구상에서 육지는 말할 것도 없고 바다와 하늘 심지어 우주
에 이르기까지 인류의 활동 범위가 닿는 모든 물리적 공간은
거의 대부분 강대국들의 엄밀한 통제를 받고 있다. 여기에 지
금은 금융 분야가 강대국들의 각축장으로 부상하고 있다.

들어가면서

호설암胡雪巖을 모해한 진범은 누구인가?

왜 아편전쟁은 중국에서만 발생했는가?

왜 중국의 은본위제는 영국의 금본위제 아래 무릎을 꿇었는가?

왜 중국의 전장錢莊과 표호票號는 세계적인 금융 제국으로 발전하지 못했는가?

왜 양매판洋買辦은 중국에만 나타났는가?

서구 열강은 단단한 배와 날카로운 대포 및 산업혁명만으로 중국을 반식민지로 전락시킬 수 없었다. 또 영토 할양과 배상, 무역항 개방 등을 통해서도 중국 경제의 저력을 무력화시킬 수 없었다. 청나라가 몰락하게 된 진짜 원인은 바로 서구 금융자본 세력이 가장 먼저 중국의 금융 하이 프런티어를 침공했기 때문이다.

아편무역은 중국의 화폐 체계 붕괴를 최우선 목표로 하는 전략이었다. 이 전략은 시티오브런던City of London이 획책하고 실행에 옮겼다. 아편전쟁은 사실상 영국의 금본위제와 중국의 은본위제 사이에 벌어진 전략적 대결이었다. 이 싸움의 승패가 동서양의 향후 수백 년간의 흥망성쇠를 결정할 터였다.

대영제국 은행가들의 전략적인 목표는 런던을 세계 금융 중심지로 삼아 전 세계에서 금본위제를 실시하는 것이었다. 더불어 대영제국이 잉글랜드은행Bank of England을 통해 전 세계에 파운드화 신용을 공급하는 것이자, 구미 선진국들을 금본위제의 핵심 멤버로 삼고 기타 개발도상국들을 금본위제를 기반으로 하는 파운드화의 속국으로 만드는 것이라고 할 수 있었다. 궁극적으로는 전쟁과 폭력을 동원해 이 체계를 수호하고 파운드화의 기축통화 지위를 이용해 전 세계 자원을 최대한 장악, 지배하는 것이었다. 말하자면 전 세계의 부와 전 인류를 지배하는 것이라고 해도 좋았다.

영국 금융자본의 기습 공격력은 단단한 배와 무서운 대포로 무장한 영국 해군보다 훨씬 더 큰 위력을 나타냈다. 그들은 먼저 중국의 은본위제를 무너뜨리고 청나라 금융을 통제하는 전략적 고지인 중앙은행을 손에 넣었다. 이어 중국의 금융 네트워크에 침투해 중국의 자본 및 신용의 유통 경로를 장악했다. 최종적으로는 중국의 금융 하이 프런티어를 완전히 통제하기에 이르렀다.

중국은 금융 하이 프런티어의 지배권을 상실한 후 당연한 수순으로 무역가격 책정 권리, 산업의 자주적 발전 권리, 정부의 재정 및 조세 권리, 군비(국방비) 지출 권리 등도 잇따라 빼앗겼다. 나중에는 서구 열강들의 먹잇감 신세로 전락할 수밖에 없었다.

한마디로 청나라의 몰락은 군사보다 금융 분야에서 먼저 시작된 것이다.

금융 하이 프런티어의 부상

미국인 앨프리드 머핸(Alfred Mahan)은 19세기 말에 "바다를 지배하는 자가 세계를 지배한다"는 '제해권' 개념을 세계 최초로 제안했고, 1921년에는 이탈리아인 줄리오 두에(Giulio Douhet)가 "하늘을 장악하는 자가 세계를 지배한다"는 '제공권'을 제기했다. 60년이 지난 1980년대 초에는 미국 육군 중장 대니얼 그레이엄(Daniel Graham)이 두 사람의 뒤를 이어 "우주를 장악하는 자가 천하를 호령한다"는 내용의 '하이 프런티어' 이론을 제기했다.

그레이엄은 미국 국방정보국 부국장과 중앙정보국(CIA) 부국장을 거쳐 국방정보국 국장 등의 요직을 역임했다. 1980년에는 대통령 경선에 출마한 레이건의 국방 고문을 지내기도 했다. 한마디로 국방, 정보 분야에서는 대적할 사람이 없는 풍부한 경력을 지닌 인물이었다.

그는 레이건 행정부가 갓 출범한 1981년에 헤리티지 재단의 지원을 받아 하이 프런티어 연구팀을 조직했다. 미국의 유명한 과학자, 경제학자, 우주 엔지니어 및 군사 전략가 30여 명으로 구성된 하이 프런티어 연구팀은 7개월 동안의 노력과 연구를 거쳐 1982년 3월 3일에 '하이 프런티어-새로운 국가전략'이라는 주제의 연구 보고서를 발표했다. 하이 프런티어 전략은 곧바로 미국 정부를 비롯해 군과 국민들의 지대한 관심을 불러일으켰다. 또 미국의 경제, 정치, 군사 및 첨단기술의 발전과 세계정세에 중대한 영향을 미치기도 했다.

하이 프런티어 전략의 핵심은 간단했다. 짧은 역사 동안이기는 해도 새로운 영역의 개척에 관한 한 전통을 가진 미국이 향후 지구의 외부 공간, 다시 말해 우주를 새롭게 개척, 지배함으로써 미국의 새로운 전략적 영역으로 만들어야 한다는 것이었다.

제해권, 제공권 및 하이 프런티어 이론은 모두 지배 범위와 능력을 강조한 이론이라고 보면 된다. 서구 문명의 시각에서 보면 인류의 활동 영역 가운데 아직 그 누구에게도 예속되지 않은 지역은 모두 앞다퉈 정복을 꾀해야 하는 영역에 속하기 때문이다.

조그마한 지구상에서 육지는 말할 것도 없고 바다와 하늘 심지어 우주에 이르기까지 인류의 활동 범위가 닿는 모든 물리적 공간은 거의 대부분 강대국들의 엄밀한 통제를 받고 있다. 여기에 지금은 금융 분야가 강대국들의 각축장으로 부상하고 있다.

국경 개념에는 영토, 영해, 영공으로 구성된 삼차원적인 물리적 공간만 포함되는 것이 아니다. 향후에는 '금융'이라는 새로운 차원의 영역이 반드시 추가돼야 한다.

호설암을 사냥하다

1883년 11월 초, 홍정상인(紅頂商人) 호설암은
그의 인생에서 가장 괴롭고 어려운 시기를 보
내고 있었다. 그가 심혈을 기울여 일생 동안
경영해 온 금융 제국이 산산이 붕괴될 위기에
처했기 때문이다.

홍정상인 호설암

　당시 호설암의 금융 제국은 은 2,000만 냥
의 자산을 보유한 상업계의 신화로 불렸다.
식량 구매력을 기준으로 환산할 경우, 당시의
은 1냥은 지금의 200위안(元, 1위안은 한화 165원. 은
1냥은 3만 3,000원에 상당함 – 옮긴이)에 맞먹었다. 다시 말해
호설암의 금융 제국이 보유한 자산은 40억 위안
(6,600억 원)에 상당하는 어마어마한 액수였던 것이다.
그런 호설암이 놀랍게도 누군가가 치밀하게 계획한
치명적인 음모에 휘말리고 있었다.

> **호설암(胡雪巖)**
> 청나라 때 관리 품계를 받은
> 채 경제인으로 활동한 인물.
> 정계와 재계에서 동시에 활약
> 했기 때문에 '홍정상인'으로
> 불림.

　11월 초 그는 홍콩상하이은행(HSBC)에 갚아야 할 50만 냥의 채무
때문에 걱정이 태산 같았다. 정상적인 상황이라면 50만 냥에 불과한
채무는 희대의 거상 호설암에게 별 문제가 되지 않을 터였다. 그러나
불행히도 그의 상대들이 이미 도저히 빠져나가기 어려운 올가미를 쳐
놓은 상태라 호설암으로서는 위기에서 벗어날 방법이 정말 묘연했다.
상서롭지 못한 예감이 그의 마음을 짓눌렀다. 그는 조용히 "시황이 정
말 좋지 않군. 양코배기들은 너무 지독해. 어떻게 하면 이 위기를 극복

이화양행(怡和洋行)

영어 이름은 자딘 매디슨(Jardine Matheson Company). 1832년 광동성 광주에 설립한 영국의 중국 무역회사.

양행(洋行)

청나라에서 활동하던 외국 기업들. 주로 영국 기업들이 많았고 대부분 모든 분야에서 독점적 지위를 향유했음.

할 수 있을까?"라고 중얼거렸다.

천하의 호설암에게 정면승부를 건 적수는 다름 아닌 영국의 이화양행이었다. 이 둘은 중국의 생사(生絲) 독점 무역권을 둘러싸고 팽팽한 접전을 벌이고 있었다.

1870년대 당시 중국의 생사 수출을 독점한 채 수출 가격을 결정하는 권한은 양행들이 쥐고 있었다. 따라서 양행들의 횡포로 중국 생사의 가격은 10년 사이에 무려 절반 넘게 하락했다. 생사 가격이 폭락하면서 강소(江蘇)와 절강(江浙) 일대의 생사 생산 농가들은 이루 말할 수 없는 고통을 겪었고, 현지의 생사 상인들도 경영에 큰 타격을 입었다. 이에 반해 양행들은 생사 무역을 통해 꾸준히 폭리를 취했다.

호설암은 생사 사업을 시작한 이후 양행들의 강압적인 가격 통제 현황을 두 눈으로 똑똑히 목도했다. 그는 파산에 직면한 생사 생산 농가들의 아픔을 피부로 느끼면서 반드시 생사 무역과 가격 결정권을 다시 찾아와 양행들이 더 이상 중국 생사 가격을 통제하지 못하도록 하겠다고 남몰래 결심했다.

이에 그는 양행들의 가격 통제 시스템에 어떤 허점이 있는지 꼼꼼하게 살펴보기 시작했다. 당시 양행들은 생사 무역자금 융자, 환업무, 수출 관련 물류, 해상운송 보험 등 핵심 분야를 전부 장악하고 있었다. 여기에 강대국 대영제국이 대포와 군함으로 이들의 뒤를 든든히 받쳐주고 있었다. 언뜻 보기에는 전혀 빈틈이 없어 보였다. 그러나 호설암은 양행들이 중국의 생사 생산 본거지를 통제하기 어렵다는 치명적인 약점을 예리하게 찾아냈다.

호설암은 생사 생산과 관련해서는 중국이 전략적 우위를 선점할 수 있다는 강점을 이용해 일거에 양행들로부터 생사 가격 결정권을 탈환하기로 마음먹었다.

드디어 1882년에 기회가 찾아왔다. 호설암은 초봄부터 직접 생사 생산지를 찾아 세밀한 조사를 실시했다. 이어 현지 생사 상인들로부터 그해 생사의 예상 수확량이 줄어들어 심각한 공급 부족 현상이 일어날 것이라는 소식을 입수했다. 절호의 기회를 포착한 그는 비밀리에 강소, 절강 일대의 생사 생산 농가를 찾아다니면서 일정한 계약금을 먼저 지불하는 방식으로 가을에 출하될 생사 물량을 미리 확보했다.

아니나 다를까 상황은 그의 생각대로 돌아갔다. 5월까지 그해 생사 수확량은 8만 포(包)로 예측됐다. 그러나 8월에 이르러 예상 수확량보다 2만 포가량 줄어들 것이라는 예상이 나왔다.

생사 물량을 이미 확보한 호설암은 즉시 총공격을 개시했다. 자신이 설립한 금융 제국의 자산을 동전 한 푼조차 남기지 않고 깡그리 털어 은 수천만 냥을 중국 상업 역사상 전무후무한 대결전에 투입한 것이다. 이렇게 해서 그는 1882년 여름까지 중국 생사 총생산량의 3분의 1에 해당하는 2만 포 가까운 물량을 매점했다.[1] 또 동종업자들을 설득해 가격동맹을 체결한 다음 생사 판매 가격을 대거 인상했다. 그는 이 방법을 통해 일거에 생사 가격 결정권을 확보하려고 했다.

그의 방법은 과연 효과가 있었다. 이화양행을 비롯한 양행들은 더 높은 가격을 제시하지 않는 한 생사를 살 수 없다는 사실을 깨달았다. 이에 그들은 각개격파에 나섰다. 그러나 호설암도 만만치 않았다. 그는 조금 규모가 있다 싶은 생사 상인들과 사전에 약정한 가격을 준수하기로 동맹을 맺었던 것이다.

"당시 런던 시장에서 상등품 생사 가격은 1포당 16실링 6펜스에 불과했다. 그러나 상해 시장에서는 호설암의 사재기와 가격 조종으로 1포당 17실링 4펜스에 거래되고 있었다."[2]

이는 양행들의 황당한 논리를 여실히 보여주는 대목이다. 양행들이 생사 가격을 조직적으로 인하한 것은 아무 문제가 되지 않고, 중국인들이 이에 정당하게 맞선 가격 조종 행위는 조작이었으니 말이다. 이와 같은 서구식 논리는 지금도 심심치 않게 볼 수 있다. 예컨대 미국의 무절제한 달러화 발행은 환율 조작이 아니며, 이를 반대하고 나선 중국은 오히려 환율 조작국으로 지목받고 있다.

궁지에 몰린 이화양행은 당시 청나라 해관총세무사(海關總稅務司)를 담당하고 있던 영국인 로버트 하트(Robert Hart)에게 도움을 요청했다. 독자들은 아마 이 부분에서 의아해할지 모르겠다. 중국 세관의 제1인자가 영국인이었다니?

물론 청나라 정부가 외국인을 유치하기 위해 일부러 영국인을 그 자리에 앉혀놓은 것이 결코 아니었다. 당시 영국은 청나라를 침략한 후 토지 할양, 배상금 지급 등을 강요하는 굴욕적인 조약을 체결했다. 또 청나라가 제때에 배상금을 갚도록 영국인을 중국 해관총세무사에 임명했다. 이렇게 해서 중국의 관세 수입은 모두 배상금 명목으로 고스란히 영국인의 손에 들어갔다.

하트는 고작 28세의 나이에 중국 세관을 관장할 만큼 나름대로 상당한 능력을 갖추었다. 그러나 거상 호설암 앞에서는 하룻강아지에 불과했다. 하트는 생사 공장 동업을 미끼로 시세에 따라 가격을 정하는 외에 따로 보수를 준다는 조건을 내걸어 가격을 낮추려고 시도했다. 얼마 안 있어 이번에는 일본 상인이 호설암을 찾아와 당시 시세에 은 800만 냥을 얹어주겠다고 제시했다. 그러다 협상을 거쳐 '시세＋은 1,000만 냥'의 가격에 생사를 구매하겠다고 밝혔다. 호설암으로서는 일본 상인의 제의를 받아들일 경우 지금 돈으로 20억 위안(3,300억 원)이 넘는 이익을 얻을 수 있었다. 큰돈을 벌 수 있는 절호의 좋은 기회였다. 그러나 호설암은 냉정하게 이를 거절하고 더 높은 가격을 불렀다.

그런데 그 무렵 유럽에서 누에 농사가 풍년이 들어 런던과 유럽 대륙 시장은 중국 생사 수입에 의존하지 않아도 될 정도였다.[3] 이에 양행들은 호설암과의 흥정을 포기하고 유럽 본토의 생사를 구매하기 시작했다. 그 영향으로 1883년 말에 이르러 생사 가격이 폭락하면서 생사 상인의 반수 이상이 농가에 대금 지급을 미룰 수밖에 없었고, 급기야 대형 생사 기업 여러 개가 줄줄이 문을 닫았다. 악조건 속에서도 호설암은 양행들을 철저히 굴복시키기 위해 생사 상인들을 동원해 이듬해 생사 물량을 매점하려고 시도했으나 누구도 그의 제안에 호응하지 않았다.

상해 시장에서는 생사 거래가 거의 중단됐고, 매매 양측의 팽팽한 신경전은 꼬박 3개월 동안 계속됐다. 승패는 양측의 자금력에 의해 결정될 터였다.

이화양행은 사실 평범한 양행이 아니었다. 17대 국제 은행 재벌 중에서도 가장 먼저 금융업에 진출한 이후 최강의 세력을 자랑하던 영국 베어링스은행이 바로 이화양행의 뒤를 봐주고 있었다. 19세기 '유

럽의 여섯 번째 강력한 파워 그룹'으로 불린 베어링가는 로스차일드
가보다 일찍 세상에 두각을 나타냈다. 한때는 국제 금융계에서 명실상
부한 리더의 위치를 지켜왔다. 이화양행은 이런 든든한 백그라운드가
있었기 때문에 호설암과의 대결에서 시종일관 불패의 위치에 설 수
있었다.

이에 반해 호설암은 대단히 불리한 상황에 처해 있었다. 주지하다
시피 특정 물품의 가격을 통제하기 위해서는 막대한 비용을 지출해야
한다. 이 때문에 그는 우선 가격동맹을 맺은 상인들에게 일정한 이익
을 보상해 줘야 했다. 또 높은 가격에 생사를 구매하고 계약금 비율을
높이고 만만치 않은 화물 창고 임대료도 지불
해야 했다. 게다가 융자 비용, 운임, 보험료,
인건비 등으로 거액이 지출됐다. 이렇게 거액
의 자금이 묶이면서 호설암은 현금 유동성이
막혀버리는 위기에 빠지고 말았다.

일찌감치 호설암의 일거수일투족을 눈여겨
보고 있던 북양파(北洋派)의 맹장 성선회(盛宣懷)
가 이때다 싶어 행동을 개시했다. 그는 마침
호설암을 제거하기 위한 음모를 꾸미고 있던
차였다.

성선회

호설암과 성선회는 서로 개인적인 원한 관계는
없었다. 그저 서로 다른 후원자로부터 지원을 받고
있을 뿐이었다. 호설암의 막후 인물은 당시의 양강
총독인 좌종당(左宗棠)이었다. 좌종당이 신강(新疆)에서

일어난 반란을 평정하는 과정에서 호설암은 군비 조달을 자진해 책임졌다. 그는 자신 소유인 부강전장의 신용과 금융 네트워크를 이용해 1867년에 중국에서는 처음으로 세관 관세를 담보로 양행 및 외국 은행으로부터 돈을 빌렸다. 호설암은 14년 동안 전비 명목으로 좌종당에게 이렇게 마련한 총 1,600만 냥의 자금을 조달했다. 이 자금은 좌종당이 신강을 수복하는 데 결정적인 역할을 했다.

1883년에 호설암을 곤경에 빠뜨린 50만 냥의 채무도 실은 그가 신강 수복을 지원하기 위해 자신의 신용을 담보로 홍콩상하이은행으로부터 빌린 돈이었다. 만약 청나라 정부가 제때에 돈을 갚지 않는다면 호설암은 도리 없이 자신이 홍콩상하이은행에 50만 냥을 상환해야 했다.

성선회의 막후 인물은 다름 아닌 북양대신(北洋大臣) 이홍장(李鴻章)이었다. 이홍장과 좌종당은 견원지간이었다. 둘이 한창 활약할 때인 1860~70년대에 중국 변방에는 심각한 위기가 발생했다. 우선 서북쪽 변방에서는 중아시아의 야쿠브 베그(Yakub Beg)가 당시 민족 및 종교 갈등을 틈타 영국과 러시아 등 열강을 등에 업고 신강으로 쳐들어왔다. 베그는 그곳에 호한 칸국을 세웠다. 얼마 후에는 러시아군이 변방 수비 요충지인 이리(伊犁)를 점령했다. 이로써 중국 서북 변방은 누란의 위기에 처하고 말았다. 한편 동남쪽 변방에서는 일본이 대만을 침략하는 심각한 사태가 벌어져 중일 간의 전쟁이 일촉즉발의 상황으로 치달았다. 그러나 이때 청나라 조정은 14년 동안 태평천국(太平天國)의 난을 진압하느라 국고가 텅텅 비어 두 전선에서 한꺼번에 전쟁을 치를 여력이 없었다.

이때 이홍장을 대표로 하는 해안 방어파는 신강을 포기하고 해군력을 우선 강화하자고 주장했다. 반면 좌종당을 필두로 하는 변방 방어파는 두말할 필요 없이 우선 신강의 반란을 진압해야 한다고 주장했다.

사실 양측이 팽팽하게 자신의 주장을 굽히지 않은 것은 군비 조달과 밀접한 관계가 있었다. 예컨대 청나라 조정에서 해안 방어를 최우선 목표로 삼을 경우 거액의 자금이 북양파로 흘러들어갈 수밖에 없었다. 반대로 변방 방어 전략을 실시할 경우 좌종당의 힘이 한층 더 커질 가능성이 높았다. 이는 결국 국가 이익과 두 사람의 개인 이익이 모두 걸린 중대한 문제였다.

최종적으로 좌종당은 호설암의 지원에 힘입어 신강을 성공적으로 수복했다. 그의 명성과 지위는 한동안 이홍장을 압도하게 되었다. 이 무렵 중국과 프랑스 간에 전쟁의 암운이 다시 드리우자 좌종당은 내친김에 전쟁을 주장했다. 이홍장은 양보와 타협을 강조했다. 이홍장은 막대한 자금이 다시 주전파의 수중에 들어가 북양파가 불이익을 당할까 두려웠다. 급기야 그는 좌종당 세력을 제거하기로 결심을 굳혔다. 싸움의 승패는 기본적으로 자금력에 의해 결정된다. 따라서 좌종당을 완벽히 제압하기 위해서는 반드시 먼저 좌종당의 '돈주머니' 역할을 하는 호설암을 제거해야만 했다.

그러나 성선회가 호설암을 철저하게 무너뜨리기란 결코 쉬운 일이 아니었다. 그의 능력으로는 기껏해야 북양파가 관할하고 있던 상해도가 호설암에게 지급해야 할 협향 50만 냥을 가로채는 방법밖에는 없었다. 이 돈은 청나라 조정이 홍콩상하이은행에

상해도(上海道)
행정구역 및 관직명. 지금의 상해시나 상해 시장에 해당함.

협향(協餉)
중앙에서 재정이 부유한 성으로부터 징수한 돈을 재정이 궁핍한 성에 공급했던 돈.

갚아야 할 채무였다. 앞에서도 말했듯 호설암은 부강전장의 신용을 담보로 홍콩상하이은행으로부터 50만 냥을 빌려 조정에 조달했던 것이다. 따라서 청나라 조정이 채무 지급을 지연할 경우 호설암은 자신의 돈으로 그 채무를 갚아야 했다.

금융계의 최고 거물인 호설암에게 이 정도 채무는 솔직히 일도 아니었다. 상해 자본 시장의 중심에 서 있는 그라면 홍콩상하이은행에 채무 상환기간 연장을 신청하거나 다른 외국 은행으로부터 단기 대출을 받아 급한 불을 끌 수 있었다. 그도 아니라면 상해의 다른 전장이나 표호로부터 돈을 빌리거나 수천만 냥 가치의 생사를 담보로 대출을 받으면 그만이었다. 게다가 호설암은 수만 무(畝)의 전답과 장원(莊園), 20여 개의 전당포, 표호 체인점 및 호경여당 등 방대한 규모의 자산을 보유하고 있지 않은가.

> **표호(票號)**
> 청나라 때 환전 업무를 주로 하던 상업 금융기관.
>
> **호경여당(胡慶餘堂)**
> 호설암이 세운 기업 형태의 약국.

이런 상황에서 호설암을 무너뜨리려면 조정의 자금이 호설암에게 들어가지 못하도록 철저히 막고, 특히 호설암이 자본 시장에서 융자를 할 수 있는 모든 경로를 차단할 필요가 있었다. 그러나 이는 성선회의 힘으로는 불가능한 일이었다. 따라서 호설암에게 치명적인 일격을 가하기 위해서는 반드시 상해 금융 시장의 실력파 거물과 손을 잡는 것 외에는 달리 방법이 없었다.

호설암을 제거한 배후 조직, 동정산방

호설암은 상해에서 신용이 매우 두터웠고, 또 양강총독 좌종당이라는 든든한 후원자를 두고 있어서 평소에 비즈니스 업계에 꽤 넓은 인맥을 자랑했다. 이는 그가 양행들을 상대하기 위해 방대한 규모의 생사 상인 동맹을 결성한 것만 봐도 잘 알 수 있다. 이런 상황에서 호설암에게 자금을 융통해 주지 못하도록 상해에 있는 모든 외국 은행, 전장, 표호 및 전당포들을 좌지우지할 수 있는 인물이 과연 있었을까?

그는 바로 중국 근현대 역사상 가장 막강한 금융매판 제국을 건설한 동정동산(洞庭東山) 출신의 석정보(席正甫)라는 인물이었다. 석정보 집안은 일명 '동정산방(洞庭山幫)'으로 불렸다. 동정산방은 국제 은행 가문들과 마찬가지로 외부에 얼굴을 드러내는 것을 대단히 꺼렸다. 따라서 극소수 역사학자들을 제외한 대다수 사람들에게 석정보라는 이름은 아주 생소하다. 동정산방의 특징은 한마디로 대도무형(大道無形, 큰 도는 형체가 없다는 의미 — 옮긴이) 그 자체였다.

외국의 양행들이 중국에 갓 진출해 사업을 시작할 때, 사람은 물론 땅도 낯설고 언어도 통하지 않으며 비즈니스 환경과 대정부 관계도 매우 어두웠다. 따라서 업무상 필요에 따라 현지 중국인의 힘을 빌려야만 했다. 여기서 등장한 것이 바로 중국의 양매판 계층이다.

양매판(洋買辦)
매판(comprador)이라고도 함. 외국 자본과 중국의 시장을 중개하는 무역 상인 또는 양행들의 대리업자를 의미함.

양매판은 대체로 독립 상인의 신분으로 양행들과 밀접하게 협력했다. 양매판은 우선 양행들에게 거액의 보증금을 내고 양행의 사업이 손실을 입었을 때 이 보증금으로 배상했으며, 반대로

수익이 생기면 이 중 일부를 배당받았다. 양
매판은 자신의 이익을 위해 혼신의 힘을 다해
양행들의 사업을 도왔다. 그들은 정계뿐만 아
니라 상업계에서도 넓은 인맥 네트워크를 구
축하여 사회 곳곳에 촉수를 뻗지 않은 곳이
없다시피 할 정도였다. 또 폭넓은 인맥과 자
금망을 바탕으로 각종 권력과 이익 관계를 조
율하는 역할을 했다. 바로 이런 양매판 계층
을 통해 외국 자본이 중국 경제에 자연스럽게

┃ 동정산방 창설자인 석정보

침투했고, 외국 상품 역시 중국의 도시와 농촌 곳곳으로 밀려들었다.
나중에는 외국 문화가 중국인의 의식을 뒤바꿔 놓았고, 급기야 외국의
이익이 중국의 세도가와 엘리트 들을 속박했다. 한마디로 양매판이 없
었다면 외국인은 중국에 발을 내딛기 어려웠을 것이고, 외국 자본 역
시 중국에서 사업을 펼치지 못했을 것이다.

　호설암은 중국에서 최초로 본토 금융가와 상인 들을 일사분란하게
조직해 양행들에게 도전장을 던졌다. 이 행위는 양행들의 상업적 이익
을 직접 건드렸을 뿐만 아니라 특히 양매판 계층의 이익을 심각하게
위협했다.

　석정보는 1874년에 홍콩상하이은행의 양매판이 되었다. 이때 그는
은 2만 냥을 보증금으로 납부했는데, 이 돈으로 상해 금융 시장을 좌
지우지할 수 있는 '특급열차표'를 구매한 셈이었다. 석정보의 뛰어난
능력은 곧 빛을 발했다. 그는 홍콩상하이은행 양매판이 되자마자 청나
라 정부라는 큰 고객을 유치했다. 청나라 정부가 염세(鹽稅)를 담보로

홍콩상하이은행으로부터 200만 냥의 정치 차관을 빌린 것이다. 연리는 8%, 상환 기간은 10년이었다.

석정보는 대박을 하나 터뜨린 이후부터 끊임없이 업무를 확대했다. 홍콩상하이은행은 석씨 가문의 도움에 힘입어 호녕(滬寧, 상해와 남경(南京)을 연결하는 노선), 광구(廣九, 광주(廣州)와 홍콩을 연결하는 노선), 호항용(滬杭甬, 상해와 항주(杭州), 영파(寧波)를 연결하는 노선), 진포(津浦, 천진(天津)과 포구(浦口)를 연결하는 노선), 경봉(京奉, 북경과 심양(瀋陽)을 연결하는 노선), 호광(湖廣, 호북(湖北)과 호남(湖南)을 연결하는 노선), 포신(浦信, 포구와 신양(信陽)을 연결하는 노선 ─옮긴이) 등 구간의 철도 건설 자금을 잇달아 대출해 주고 막대한 수익을 챙겼다.

석정보는 홍콩상하이은행의 지폐 발행 과정에서도 큰 성과를 거뒀다. 그 결과 중국에 진출한 외국 은행 중에서 홍콩상하이은행의 지폐가 가장 널리 유통될 수 있었다. 유통은 주로 장강(長江), 주강(珠江) 유역에서 이뤄졌다. 특히 화남(華南) 지역에서는 청나라 정부의 화폐를 대체해 주요 결제 수단으로 사용됐다. 1893년, 양무파(洋務派) 지식인 정관응(鄭觀應)이 자신의 저서 《성세위언(盛世危言)》에 다음과 같이 기록했을 정도였다.

"지금 시중에서는 외국 은행이 발행한 은표(銀票, 지폐)가 중국과 외국 관리들의 허가를 받지 않고 제멋대로 유통되고 있다. 내가 듣기로는 영국 홍콩상하이은행이 발행한 지폐가 광동 지방에서 100여만 장이나 유통되고 있다고 한다. 아마 이 은행은 그 두 배의 이익을 얻었을 것이다."

이처럼 석씨 가문은 홍콩상하이은행이 지폐를 이용해 중국의 실물 자산을 확보하는 데 크게 기여했다.

석씨 가문은 예금자 유치 과정에서도 만만치 않은 수완을 과시했다. 중국의 고관과 돈 많은 사람들은 석씨 가문에서 손을 내밀자 앞다퉈 정부의 손길이 닿지 않는 홍콩상하이은행에 저축을 했다. 석정보가 "이자는 적지만 안전하고 믿음직한 은행이다"라고 적극적으로 설득한 덕분이기도 했다. 통계에 따르면, 홍콩상하이은행의 장기 고객 중 정기예금 액수가 2,000만 냥 이상인 고객은 5명이었고, 1,500만 냥 이상인 고객은 20명, 1,000만 냥 이상인 고객은 130명, 100만 냥 및 수십만 냥을 저축한 고객은 부지기수였다.[4] 이 과정에서 석씨 가문은 천문학적인 수수료를 챙겼다.

홍콩상하이은행의 상해 지점은 석정보의 갖은 노력에 힘입어 홍콩 본점보다 훨씬 더 많은 업무량을 달성했다. 영국인들도 "홍콩상하이은행의 본점은 홍콩에 있으나 상해 지점이 홍콩 본점보다 더 많은 일을 하고 있다"라고 인정할 정도였다. 때문에 석정보와 영국인 대반 사이에 의견 충돌이 생길 경우, 홍콩상하이은행 본점은 항상 석정보의 손을 들어줬다. 심지어 석정보와 의견이 맞지 않는 영국인 대반을 교체하기도 했다. 석정보의 말은 홍콩상하이은행뿐만 아니라 상해의 전장과 표호 업계에서도 절대적인 권위를 가지고 있었다.

> **대반(大班)**
> 옛날 외국계 기업 및 양행의 지배인에 대한 호칭. 당시 중외 무역을 책임진 중개인을 가리킴.

당시 상해의 전장과 표호들은 자금이 수만 냥에 불과했기 때문에 사업을 크게 확장하기 어려웠다. 이에 석정보가 앞장서서 전장과 표호들에게 무담보 단기 대출 업무를 개시함으로써 중국 금융기관의 융자 능력을 크게 향상시켰다. 예컨대 일정한 규모와 실력을 갖춘 전장은 자체 신용을 담보로 장표라는 기간부 어음을 발행한 후, 5~20일 사이에 홍콩상하이은행이나 다른 외국 은행에 장표를 저당 잡히고 단기 대출을 받을 수 있었다. 따라서 겨우 7~8만 냥의 자본만 가진 전장도 홍콩상하이은행으로부터 거액의 자본을 융자해 사업을 확장할 수 있었다. 대출 규모는 건당 70~80만 냥에 달했다.

홍콩상하이은행은 저금리로 거액의 예금을 유치한 후 그 돈을 다시 고금리 단기 대출 방식으로 전장과 표호 들에 공급함으로써 앉은 자리에서 엄청난 차익을 챙겼다. 이는 1879년 5월 23일자 〈자림서보(字林西報)〉에 실린 기사를 보면 잘 알 수 있다.

"상해의 전장들은 외국 은행의 자본을 빌려서 사업을 하고 있다. 이는 모든 사람이 다 아는 사실이다. 외국 은행이 풀어놓은 300만 냥은 상해 시중에서 자금이 정상적으로 회전하는 데 꼭 필요한 액수다."[5]

실제로 시중 자금이 위 액수보다 적은 경우에는 즉시 모든 상업 활동이 뚜렷한 영향을 받았다.

홍콩상하이은행은 단기 대출을 통해 상해의 전장, 표호 들의 자금 통로를 완전히 장악한 것이나 다름없었다. 결론적으로 홍콩상하이은행이 시중에 돈을 풀면 금융이 완화되고, 반대로 시중의 돈을 회수하면 금융 긴축이 발생했다. 고객들이 저금리로 예금한 거액의 자금을 기반으로 중국 금융 시스템에 대한 지배력을 크게 강화한 것이다. 한마디로 홍콩상하이은행은 '중국의 잉글랜드은행'으로 불려도 손색없을 정도의 실력을 확보하게 되었다.

홍콩상하이은행이 상해 전체, 나아가 전 중국의 금융을 쥐락펴락했다면, 석정보는 이 은행의 대출 업무를 관장하는 실권자였다. 따라서 상해의 전장들은 그와 좋은 관계를 맺기 위해 앞다퉈 동업을 희망했다. 석정보는 자연스럽게 상해 금융기관들에 대해 절대적인 영향력을 행사했고, 물론 호설암도 예외가 아니었다. 호설암은 1878년에 좌종당을 대신해 홍콩상하이은행으로부터 350만 냥의 차관을 빌렸는데, 이때 역시 석정보의 도움을 받았다.

석정보는 조손 3대에 걸쳐 홍콩상하이은행의 매판직을 맡은 것은 말할 것도 없고, 자신의 영향력을 이용해 석씨 가문 사람들을 잇달아 외국 은행의 요직에 앉혔다. 영국계 은행인 맥처리은행, 차타드상업은행(Mercantile Bank of India), 프랑스계인 동방회리(東方匯理)은행(Banque Indosuez), 중법공상(中法工商)은행, 독일계 덕화(德華)은행(Deutsche Asiatische Bank), 러시아계 아화도승(俄華道勝)은행(Russo Asiatic Bank), 벨기에계 화비(華比)은행(Belgian Bank), 미국계 시티뱅크, 아메리칸 익스프레스, 미상신제(美商信濟)은행, 일본계 요코하마정금은행(The Yokohama Specie Bank), 스미토모은행 등이 모두 석씨 천하가 되었다. 불완전 통계에 의하면, 1874~1949년까지 75년 동안 상해에는 20여 개의 외국계 은행이 설립됐는데, 석씨 가문은 이 중 13개 은행의 매판 자리를 독차지했다고 한다.

석정보의 세력이 갈수록 커지자 이홍장과 좌종당마저 석정보의 환심을 사려 애썼다. 이 둘은 상해에 갈 때마다 '재물신'인 석정보와의 면담을 필수 코스로 넣었다. 사실 해안 방어나 변방 방어를 막론하고 돈을 떠나서는 불가능한 일이었다. 심지어 두 사람은 거의 같은 시기에 석정보를 정부 관리로 천거했다. 그러나 석정보는 벼슬에 그다지 관심이 없었다. 훗날 이홍장의 간곡한 설득에 못 이겨 2품 관직을 받기는 했지만 말이다. 거의 은둔에 가까운 생활을 한 석정보는 동정동산 상업계에서 운영하는 상인 친목회에조차 얼굴을 비친 적이 한 번도 없으며, 상해의 언론 보도에서 그의 이름을 찾기란 정말 어려웠다. 석정보는 한마디로 배후 조종자가 큰일을 해낸다는 신념을 고수한 인물이라고 해도 좋았다.

석정보와 성선회는 매우 친밀한 사이였다. 성선회가 호설암을 무너뜨린 다음 중국 최초의 현대 은행인 중국통상(中國通商)은행을 설립했을 때에도 석정보가 배후에서 적극적으로 지원했다. 이는 석정보와 관련된 홍콩상하이은행의 파운드화 및 은화 장부가 버젓이 성선회의 장부에 기재돼 있었던 사실을 보면 잘 알 수 있다.[6] 성선회 역시 능력이 닿는 한 석정보의 모든 요구 사항을 달갑게 들어주었다. 석씨 가문의 많은 친척과 친구들은 성선회의 도움으로 관련 기업에 취직할 수 있었다. 두 사람은 이렇게 서로 이익을 주고받는 공생관계를 꾸준히 지속했다.

청나라 정부가 관민 합동 출자로 중앙은행인 호부(戶部)은행을 설립하려고 할 때였다. 석정보는 그 계획 속에 잠재된 거대한 이익을 재빠르게 간파하고 가장 먼저 손을 썼다. 당시 호부은행은 총 4만 주의 주식을 발행하면서 그중 절반은 정부 측, 나머지 절반은 민간에 구매를 승인했는데, 석정보는 아들들을 시켜 호부은행의 주식을 잇달아 사들였다. 그 결과 석정보의 장자 석립공(席立功)이 서로 다른 신분으로 보유한 주식은 무려 1,320주에 이르렀다. 석정보의 네 아들은 호부은행이 대청(大淸)은행으로 개명된 후에는 아예 대청은행의 요직에 포진했다.

또 대청은행이 중국(中國)은행으로 개명된 후에는 석씨 가문이 대주주가 되고 외화 업무을 관장하며 당대의 실력자 쑹쯔원(宋子文)과 동맹을 결성했다. 석정보는 국민당 정부가 중앙은행을 설립했을 때, 직접 정부 소유 주식 투자자로 탈바꿈해 정부 소유자 대표로 주주총회에 참가했다. 동시에 석씨 가문은 국민당 정부의 외화관리국장, 중앙조폐소장 등 요직을 맡았고, 심지어 국민당 정부를 대표해 국제통화기금(IMF) 설립 계획에 참가하기도 했다.

석씨 가문의 방대한 가족 연맹과 넓은 인맥, 중국 금융 분야에서의 폭넓은 활약상, 나아가 외국계 은행, 관영 은행, 상해 현지 전장과 표호 및 정부 산하 금융 주관 부서에 미친 영향력은 중국의 100년 가까운 근대사에서 그 유례를 찾아볼 수 없는 것이었다. 한마디로 석씨 가문은 강대한 중외 금융 자원을 기반으로 중국의 근현대사에 심원한 영향을 미쳤다고 할 수 있다. 이에 대해서는 뒷부분에서 계속 소개하기로 한다.

만약 호설암이 생사 문제와 관련해 양행의 핵심 이익을 위협하지 않았더라면 석정보와 그럭저럭 괜찮은 관계를 유지했을 것이다. 그러나 불행히도 호설암이 상대한 양행들은 홍콩상하이은행의 주주들이었다. 홍콩상하이은행의 설립 목적은 식민지에서 양행들을 위해 중앙은행의 역할을 해주는 것이었다. 그런데 호설암이 겁 없이 홍콩상하이은행 대주주들의 이익을 위협했으니 석정보가 가만히 두고 볼 리 있었겠는가!

사실 양행들이 생사 가격을 억제하여 가격 결정권을 독점할 수 있었던 이유는 바로 홍콩상하이은행과 석정보가 배후에서 상해, 더 나아가 전 중국의 금융을 조종했기 때문이다.

1878년 8월 28일 자 〈신보(申報)〉는 1870년대까지 외국 은행이 상해 전장들을 대상으로 총 300만 냥의 대출을 제공했다고 보도했다. 또 1890년대에 이르러서는 대출 규모가 700~800만 냥으로 증가했다고 덧붙였다. 따라서 외국 은행 자금에 대한 상해 전장들의 의존도는 갈수록 심각한 상태에 이르렀다. 일단 상해에 자금 경색이 발생할 경우 그 영향은 전 중국에 미칠 터였다.

실제로 1878년부터 해마다 중국의 생사와 찻잎 출하 시기에 맞춰 시중 자금이 경색되는 기현상이 나타났다. 이상하긴 했으나 상황을 잘 아는 사람들이 볼 때는 사실 어느 정도 예견된 일이기도 했다. 의도적으로 시중 자금 부족 현상을 만들어낸 장본인은 다름 아닌 홍콩상하이은행이었다. 당시 상해에서 상업무역 활동이 정상적으로 유지되려면 시중에 약 300만 냥의 자금이 필요했다. 그런데 홍콩상하이은행은 생사와 찻잎 출하 계절마다 시중의 자금이 100만 냥을 밑돌도록 자금을 급히 회수하여, 상인들은 생사와 찻잎 구매 자금을 충분히 융통할 수 없었다. 결국 재배 농가들은 헐값으로 생사와 찻잎을 팔아치울 수밖에 없었고, 홍콩상하이은행의 주주(양행)들은 이 틈을 타 찻잎을 매점해 폭리를 취했다. 다음의 자료를 보면 이 현실을 어느 정도 이해할 수 있다.

"화폐 공황이 발생한 원인은 해마다 예외 없이 홍콩상하이은행을 위시한 외국 은행들이 의도적으로 시중 자금을 회수해 자금 경색을 유발했기 때문이다. 1878년 초부터 시중 자금은 긴축 상태에 처했고, 연말에 이르러 상해에서 악성 부채로 인해 사업을 접은 전장이

20~30개에 달했다. 이 현상이 나타난 원인은 외국 은행들이 대출 규모를 200만 냥이나 줄였기 때문이다. 1879년에는 생사와 찻잎이 출하되는 5월에 화폐 공황이 발생했다. 당시 상해 시중에는 적어도 300만 냥의 자금이 회전돼야 했다. 그러나 외국 은행들의 긴축 정책으로 말미암아 시중 자금이 겨우 90만 냥밖에 안 되는 기이한 현상이 나타났다. 상해 현지의 정상적인 무역 수요를 만족시키기에는 역부족인 액수였다. 그러나 외국 은행들의 횡포는 여기서 그치지 않았다. 그들은 한술 더 떠 은 재고량을 60만 냥으로 늘림으로써 사태를 더욱 심각하게 만들었다."[7]

1883년에 같은 현상이 또 한 번 되풀이됐다.

마침 호설암과 이화양행이 생사 가격 결정권을 둘러싸고 팽팽한 접전을 벌이고 있을 때였다. 상해의 시중 자금이 서서히 줄어들기 시작하자 자금을 융통하지 못한 상인들이 생사 재고 물량을 앞다퉈 처분하면서 생사 가격은 수직 하락했다. 9월 초에 1포당 427냥이던 상등품 생사 가격은 10월에 385냥, 11월 초에는 375냥으로 급락했다. 설상가상으로 상해의 양행들이 생사 구매를 전면 중단하면서 호설암의 자금 사슬은 붕괴될 위기에 처했다.

11월 9일에 이르러 호설암의 자금이 바닥났다는 소문이 무성하게 퍼졌다. 항주(杭州)와 상해에 있는 부강전장 지점에는 맡겨둔 돈을 찾으려는 고객들이 쇄도했다. 게다가 홍콩상하이은행에서 빌린 은 50만 냥도 만기가 됐으나 상환 기간을 연장할 수 없었다. 공교롭게도 책임을 져야 하는 상해도마저 50만 냥의 협향을 지급할 수 없다고 버텼다. 궁지에 몰린 호설암은 부강전장에 얼마 남지 않은 가산을 털어 홍콩상하이은행의 채무를 상환할 수밖에 없었다.

1883년 12월 1일, 호설암의 금융 제국은 마침내 파산했다. 북경, 상해, 진강(鎭江), 영파(寧波), 복주(福州), 호남(湖南), 호북(湖北) 등지의 부강전장 지점들은 한꺼번에 문을 닫아야 했다.[8] 이로써 호설암이 수십 년 동안 심혈을 기울여 경영해 온 금융 제국은 허망하게 무너졌다. 결국 이화양행은 원하는 대로 헐값에 생사를 매점해 폭리를 취할 수 있었다.

호설암은 양행들의 가격 횡포를 참을 수 없어 분연히 일어나 저항했다. 그러나 가격 결정권 쟁탈 싸움 뒤에는 금융 권력을 쟁탈하기 위한 싸움이 숨어 있었다. 애석하게도 호설암은 죽을 때까지 자신이 왜 실패했는지 몰랐다. 중앙은행이라는 금융의 우월한 고지를 상실한 상황에서 그저 생사의 물량을 매점하는 방법으로 양행들로부터 독점 무역권을 빼앗는다는 것은 불가능한 일이었다. 시중에 자금 경색이 발생할 경우 그의 자금 사슬은 붕괴의 늪에 빠질 수밖에 없었다. 호설암을 필두로 한 중국 본토 금융 세력은 국제 은행가들을 상대로 한판 승부를 시도했으나 실패를 맛보고 말았다. 호설암은 외국 금융자본 세력과 중국 내 매판 세력의 내외 협공을 당해내지 못했다. 한마디로 호설암의 전략은 실패했고, 돌이킬 수 없는 후폭풍을 초래하고 말았다.

호설암과 양행들 간의 승패가 엇갈린 결정적 원인은 딱 하나였다. 바로 금융을 장악한 자가 상업 경쟁의 전략적 주도권을 장악하기 때문이었다. 또 청나라 정부와 호설암을 대표로 하는 남방 지역 전장 및 산서(山西) 표호 들이 중앙은행의 거대한 파워를 인식하지 못한 점도 실패의 이유였다. 홍콩상하이은행이 중국 중앙은행의 위치에 오른 후 청나라의 운명은 국제 은행가들의 손에 완전히 장악됐다고 해도 과언이 아니었다. 금융이 독립하지 않는 한 경제도 독립할 수 없다. 경제적 독립이 이뤄지지 않으면 정치적 독립은 그야말로 어불성설이다. 따라서 중국인들이 도탄에 빠지게 된 발단은 청나라 정부가 금융 하이 프런티어를 상실하면서부터였다고 단언해도 좋다.

그렇다면 청나라 정부의 중앙은행은 어떻게 몰락했는가? 주요 원인은 국제 은행가들이 중국의 본위화폐인 은을 장악했기 때문이다. 본위화폐가 흔들리면 금융 시스템은 바로 마비되고 경제 역시 침체된다. 또한 국가의 정치와 방위 시스템도 와해되며, 급기야 타국의 침략에 맞서 싸울 힘을 잃고 남에게 좌지우지되는 운명을 면치 못한다.

국제 은행가들이 중국을 정복하기 위해서는 반드시 먼저 중국의 화폐 시스템을 정복해야 했다. 따라서 아편전쟁은 무역전쟁이라기보다 중국 화폐인 은을 독차지하기 위한 전쟁이었다고 하는 편이 더 정확하다. 아편전쟁이 인도, 미국, 아프리카 또는 일본, 한국, 동남아 등지에서 발생하지 않고 유독 중국에서만 발생한 이유도 모두 여기에 있었다.

아편무역의 궁극적인 목표는 바로 중국의 본위화폐인 '은'을 점령하기 위한 것이었다.

아편무역: 금본위제와 은본위제의 결전

영국이 대중국 아편무역을 개시하기 전까지 중국은 국제무역에서 뚜렷한 우위를 점유하고 있었다. 중국의 찻잎, 도자기, 비단 등 대표적인

┃ 아편전쟁

3대 특산물은 세계 각지의 시장에 널리 수출돼 큰 인기를 얻었다. 당시 중국 시장의 상황을 한번 살펴보자.

우선 복건(福建) 연해 지역은 찻잎 수출에 힘입어 경제가 전례 없는 호황을 누렸다. 특히 무이산(武夷山)은 찻잎 생산과 가공 시장에서 독점적 지위를 누리면서 각국의 찻잎 무역상들이 앞다퉈 찾아오는 성지로 자리매김했다. 또 장강 중·하류 지역에서는 생사와 목화 등 직물 수공업이 주요 산업으로 자리를 굳혔다. 생사와 목화 생산 및 가공에 전문적으로 종사하는 인구가 수십만 명에 달할 정도였다. 이 지역의 상품은 품질과 가격 경쟁력을 동시에 확보하여 세계 시장에서 경쟁 상대를 찾아볼 수 없었다. 이외에 주강(珠江) 삼각주 지역에서는 경덕진(景德鎭)에서 광주에 이르는 넓은 지역에 도자기 산업 벨트가 형성됐다. 이곳에서 생산된 럭셔리 도자기 제품은 특히 유럽 왕실과 귀족으로부터 폭발적인 인기를 누렸다. 19세기 말 중국 해관총세무사를 맡았던 영국인 하트는 이런 상황을 《중국견문록》에 다음과 같이 술회한 바 있다.

"중국에는 세상에서 가장 맛있는 식량인 쌀과 가장 맛있는 음료인 차, 가장 좋은 직물인 목화, 비단 및 모피가 있다. 중국인들은 다른 곳에서 한 푼의 물건도 구매할 필요가 없다."

중국은 16세기부터 19세기 초까지 약 400년 동안 시장화 수준과 화폐 경제의 발전 속도에서 유럽을 한참 앞질렀다. 바로 이 때문에 유럽인들이 아메리카 대륙에서 발견한 13만 3,000톤의 은 중 4만 8,000톤이 결국 중국으로 유입될 수밖에 없었다. 국제무역의 기본 구조를 살펴보면, 국제무역에서 거래되는 상품 대부분이 중국에서 생산된 반면 서구 국가들은 세계의 주요 자원 대부분을 약탈했다. 이런 상황에서 중국 상품이 물밀듯이 서구 시장에 수출되자 서구의 은은 끊임없이 중국으로 유입됐다.

이처럼 서구의 은이 끊임없이 동방에 흘러들면서 세계 금융 질서는 심각한 불균형에 직면했다.

유럽의 은이 장기간 일방적으로 중국에 유입되면서 급기야 17세기 말에 이르러서는 유럽에 은 부족 현상이 나타났다. 이에 은 가치의 하락과 더불어 대외무역 역시 크게 활기를 잃었다. 1649~1694년까지 유럽의 연 평균 은 유통량은 1558~1649년의 연 평균 유통량보다 무려 50% 이상 감소세를 보였다. 반면 황금 유통량은 50% 가깝게 증가했다.

은의 감소세는 이해가 되는데 황금은 어떻게 유통량이 증가한 것일까?

그 이유는 다음과 같다. 17세기 초 황금과 은의 가격 비율은 중국 광주에서 1 대 5.5~7, 영국에서 1 대 16이었다. 따라서 유럽의 은은 중국에서 고수익 벌크 화물 구매와 더불어 중국의 금과 바꾸는 데도 사용됐다. 황금과 은의 가격 비율이 두 배 이상 나는 차이를 이용해 유럽의 은으로 중국, 일본 및 인도에서 황금을 바꾸면 폭리를 취할 수 있었다. 이에 존 로크마저 이렇게 불평할 정도였다.

"나는 그들(동인도회사)이 인도의 어떤 곳으로부터 (황금을) 수입하면 적어도 50% 이상의 이윤을 얻을 수 있다는 소식을 들었다. …… 그러나 영국의 진정한 자산은 인도양에 매장되고 있다. 지금은 사람들이 진실을 말해야 할 때다. 도대체 무엇 때문에 우리는 이 시대를 통틀어 선무후무한 은 부족 사태를 겪어야 하는지 말이다."[9]

대량의 황금이 영국에 유입된 후, 영국 은행가들은 거액의 뇌물을 바쳐 1666년에 '주화발행자유화법'을 통과시켰다. 이 법안은 세계 화폐사의 중요한 전환점이 되었다. 이 법안의 가장 뚜렷한 효과는 국왕의 독점권이었던 화폐 발행권을 민간에 이양했다는 사실이다.[10] 이 법안에 따르면 누구나 금괴를 화폐 주조 공장에 가져가 무료로 법정 금화를 주조할 수 있었다.

이 법안은 금괴 은행가(Bullion Bankers)와 상업 자본가 들에게 유리하게 제정된 것으로, 화폐 공급에 대한 실질적인 통제권이 이들에게 넘어갔다. 이들은 보유하고 있는 대량의 금 실물을 무기로 자신의 이익에 따라 화폐 공급량을 결정할 수 있었다. 이들은 본인이 채권자인 경우에는 의도적으로 금화 주조량을 줄여 디플레이션을 조성해 본인이 보유한 채권의 실제 가치를 높였다. 반면 본인이 채무자인 경우에는 시중의 화폐 공급량을 늘림으로써 의도적으로 인플레이션을 조성해 채무를 탕감했다.

이로써 서구 금융 역사상 최초로 정부의 화폐 발행권이 민간으로 이양되었다. 이때부터 민간 소유 중앙은행의 화폐 발행권을 허용하는 법률적 토대가 마련되었다. 동시에 어느 한 국가, 더 나아가 전 세계의 화폐 공급량 통제를 통해 자원 배분을 장악하는 일도 가능해졌다.

이쯤에서 필자의 머릿속에는 로스차일드의 명언이 떠오른다. "내가 한 국가의 화폐 발행권을 장악할 수 있다면 누가 법률을 제정하든 상관치 않겠다"라는 말이다.[11]

은행가들에게 화폐 통제권을 둘러싼 싸움은 위대한 투쟁이다. 화폐 발행과 분배를 장악하는 목적이 부와 자원 및 전 인류를 지배하기 위해서라는 것은 공공연한 사실이다. 전 세계를 지배하려면 먼저 화폐 발행권을 장악해야 한다. 화폐 발행권을 장악하기 위해서는 먼저 금을

┃ 시티오브런던에 있던 동인도회사 본부

장악해야 한다. 그리고 금을 장악하기 위해서는 우선 은을 장악해야
한다.

　유럽의 은이 동방으로 유입되는 과정과 아시아의 금이 서구로 흘러
드는 과정은 동시에 진행됐다. 그 결과 영국에는 황금, 중국에는 은이
대량으로 비축됐다. 이때 문제의 관건은 금과 은 가운데서 어느 것이
본위화폐의 자리를 차지하느냐에 따라 동서양의 향후 수백 년간의 흥
망성쇠가 결정된다는 것이었다.

　산업혁명을 계기로 대영제국의 국력이 크게 팽창하면서 1717년에
벌써 금본위제 시행을 위한 토대가 완벽하게 마련됐다. 영국이 법적으
로 금본위제를 확립한 것은 1816년이었다. 그러나 사실상 100년 전
부터 이미 금본위제를 시행한 것이나 다름없었다.

　대영제국 은행가들의 궁극적인 목표는 런던을 세계 금융 중심지로
삼고 전 세계적으로 금본위제를 실시하여 대영제국이 잉글랜드은행
을 통해 전 세계에 파운드화 신용을 공급하는 것이었다. 나아가 구미
선진국들을 금본위제의 핵심 멤버로 삼고 기타 개발도상국들을 파운
드화의 속국으로 만들어 전쟁과 폭력을 동원해 이 시스템을 수호하고,
파운드화의 기축통화 지위를 이용해 전 세계 자원을 최대한 장악하고
지배하고자 했다. 최종적으로는 전 세계의 부와 전 인류를 지배하는
것이 목표였다.

　영국이 전 세계에 금본위제를 보급하기 위해서는 반드시 먼저 다른
국가의 은본위제를 무너뜨릴 필요가 있었다. 그중 규모가 어마어마하
고 대적하기 가장 어려운 국가는 바로 중국이었다.

　국제 은행가들은 다년간 연구를 거듭한 끝에 마침내 중국의 은본위

제에 치명적 일격을 가할 무기를 발견했으니, 그것은 바로 아편이었다. 그리고 이 전략을 구체적으로 추진한 주체는 바로 동인도회사였다.

은행 가문의 제국, 동인도회사

일개 기업이 군대를 모집하고 토지를 약탈하고 화폐를 주조하고 행정, 사법권을 행사하고 전쟁을 선포하고 강화 조약을 체결한다는 것은 일반인의 상식으로 도무지 이해할 수 없는 일이다. 그런데 동인도회사는 이 모든 것이 가능했다. 그렇다면 이토록 강대한 기업을 설립한 사람은 누구인가? 다름 아닌 시티오브런던(City of London)의 국제 은행가들이다.

시티오브런던의 은행가들이 공동 출자 형태로 설립하고 영국 왕실에서 일정한 지분을 보유하고 있던 동인도회사는 그 자체로 하나의 거대한 제국이었다. 동인도회사는 영국 의회로부터 특별 권리를 부여받아 희망봉에서 마젤란 해협에 이르기까지 전 구간의 무역을 독점했다. 게다가 이 광활한 지역에서 육해군 병사 모집, 영토 강점, 점령지에서의 세금 징수, 화폐 발행, 입법 및 사법권 시행, 선전 포고 및 강화 조약 체결 등의 권한도 가지고 있었다.

영국은 프랑스와 1756~1763년 사이에 벌인 7년 전쟁에서 승리를 거두고 인도 대륙 통치권을 독점했다. 이어 오늘날의 파키스탄, 방글라데시, 미얀마를 포함한 영국령 인도 제국에 완벽한 관리 기구와 약탈 체제를 구축했다. 동인도회사는 1750년 이후 50년 동안 영국령 인도 제국에서 무려 1억~1억 5,000만 파운드의 재물을 수탈했다. 당시

영국의 연간 재정 수입은 겨우 920만 파운드에 불과했다.[12]

동인도회사는 이 밖에 인도 무역을 독점해 막대한 이익을 얻었다. 어마어마한 액수의 부가 동인도회사의 주주인 시티오브런던의 은행가와 영국 왕실의 주머니에 밀물처럼 밀려들었다. 영국은 이런 식민지 약탈과 상업 무역을 통해 18~19세기에 거액의 자본을 축적할 수 있었다. 이 자본은 18세기에 일어난 영국의 산업혁명에 중요한 역할을 하기도 했다.

베어링가는 17대 국제 은행 가문 중 하나로 19세기 초부터 세계 금융계를 쥐락펴락해 '유럽의 여섯 번째 강력한 파워 그룹'으로 불렸다.[13] 1779년에 베어링 왕조의 창업자인 프랜시스 베어링(Francis Baring)은 동인도회사의 이사직을 맡아 1810년 세상을 떠날 때까지 장장 30년간 재직했다. 프랜시스 베어링은 동인도회사와 인연을 맺은 후 시티오브런던의 은행가들을 대표해 동인도회사의 핵심 인물이 되었고, 또 회사의 영혼으로 공인받았다. 그는 1792년에 동인도회사 이사회 의장으로 선임되어 방대한 식민지 제국의 대권을 장악했다. 그의 지휘 아래 동인도회사의 대중국 아편무역은 놀라운 성장을 이뤘다.

1790~1838년까지 동인도회사가 해마다 중국에 밀반출한 아편은 초기의 수백 상자에서 수만 상자로 폭증해 대중국 아편 총 수출량은 40만 상자를 넘었다. 한 상자당 가격이 은으로 환산해 평균 750냥 정도였으므로, 총 액수가 무려 2억 3,000만 냥에 달하는 거액이었다.

동인도회사는 엄밀하고 체계적인 절차에 따라 아편무역을 진행했다. 우선 영국령 인도 식민지의 아편 독점권을 확보하여 인도와 방글라데시에서 생산되는 아편을 일괄 수매하고 판매했다. 그리고 콜카타

한 곳에서만 집중적으로 아편 경매를 진행했다. 더불어 동인도회사와 대리 관계가 있는 산상에게만 아편무역을 허용하는 동시에, 광주에는 상주 관리위원회를 두고 대중국 무역을 총괄하도록 했다. 이 관리위원회 위원들은 '대반'으로 불렸다. 관리위원회는 대중국 무역에서 '중앙은행' 역할까지 담당하며 모든 중국 관련 환업무를 처리하고 산상들에게 대출 서비스를 제공했다. 나중에는 동인도회사와 거래 관계가 있는 광주 13행에도 대출을 해줬다. 산상들은 아편무역을 비롯해 대중국 무역을 통해 얻은 모든 수입을 반드시 이 관리위원회가 설치한 창고에 저축해야 했다. 그런 다음 관리위원회가 서명 발급한 환어음을 런던, 인도, 방글라데시에서 은으로 바꿀 수 있었다. 동인도회사는 창고에 보관해 둔 은으로 중국의 황금, 비단, 찻잎 등을 사재기한 후 다시 유럽에 내다 팔아 폭리를 취했다.

> **산상(散商)**
> 특정한 상인 조직에 가입하지 않고 개별적으로 비즈니스를 하는 상인.
>
> **광주 13행(廣州十三行)**
> 청나라 때 광주에 설립된 무역 전문회사임.

동인도회사의 기업 구조는 마치 금융 우산 아래에서 독점 형태를 취한 아편무역 체인점과 흡사했다. 따라서 개별적으로 사업하는 산상들이 무역 거래에 따른 리스크를 일정 정도 부담한 데 반해, 금융 서비스를 독점적으로 제공하는 동인도회사는 어떤 위험 요소가 있더라도 수익에 아무런 영향을 받지 않았다.

동인도회사는 아편무역 금융 서비스를 제공함으로써 어마어마한 이윤을 벌어들였다. 그 액수가 얼마나 많았는지 영국의 중국산 찻잎과 생사 수입, 미국 및 인도산 목화 수입, 인도를 대상으로 한 영국산 공산품 수출 및 영국령 인도 식민지 통치에 필요한 대부분의 행정 비용을 부담하고도 남을 정도였다.

19세기 내내 영국이 독점한 아편무역은 국제무역에서 중요한 지위를 누려, 오늘날 미국이 세계 석유 패권을 차지한 것에 비견할 만했다. 따라서 동인도회사 제국의 기본 국책은 금융 수단으로 아편의 생산, 판매, 보관, 운송, 마케팅에 이르는 모든 무역 고리를 완벽하게 독점하는 것이었다.

동인도회사와 관계를 맺은 산상들은 이런 파워를 바탕으로 훗날 이화, 보순(寶順), 기창(旗昌)의 3대 양행을 설립해 할거 국면을 형성했다.

이화양행은 1832년 7월에 스코츠 윌리엄 자딘(Scots William Jardine)과 제임스 매디슨(James Matheson)이 베어링가의 융자를 받아 설립한 회사이다. 시티오브런던에서도 가장 강대한 은행 가문을 든든한 후원자로 둔 이화양행은 순식간에 극동 지역의 '양행의 왕'으로 부상했다. 호설암은 바로 이런 이화양행과 생사 가격 결정권을 놓고 치열한 대결을 펼치다 참패했으니, 아마도 이화양행의 배경에 대해 몰랐을 가능성이 높았다. 제임스 매디슨은 훗날 잉글랜드은행 총재 및 영국 제2위의 땅부자가 되었다. 매디슨가의 상속인인 휴 매디슨(Hugh Matheson)은 아편무역을 통해 축적한 자본으로 1873년에 스페인의 주석 광산을 인수해 리오 틴토(Rio Tinto)라는 광산 회사를 세웠다. 이 기업이 바로 오늘날 리오 틴토 그룹의 전신이다.

보순양행의 책임자는 유명한 아편 무역상인 랜슬롯 덴트(Lancelot Dent)였다. 덴트의 배후 세력 역시 베어링가였다. 베어링가는 처음에는 직접 아편무역을 취급하다가 시티오브런던의 최대 은행 가문이라는 체통에 손상이 갈 것을 우려해 뒤로 물러나고 덴트에게 대중국 아편

무역 업무를 맡겼다. 보순양행은 이화양행에 버금가는 두 번째로 큰 아편 무역상이었다.

기창양행은 미국계 기업으로 중국 광주와 미국 보스턴을 오가면서 아편, 찻잎 및 생사 무역에 종사했다. 이 회사의 시니어 파트너인 존 머레이 포브스(John Murray Forbes)는 2004년 미국 대통령 후보로 당선됐던 존 포브스 케리(John Forbes Kerry)의 외증조부로 줄곧 베어링 브러더스의 미국 대리인으로 활동했다. 또 기창양행의 사장에 해당하는 워런 델라노 2세(Warren Delano Ⅱ)는 프랭클린 루스벨트 미국 전 대통령의 외조부였다. 기창양행 지배인의 사촌동생 윌리엄 러셀(William H. Russell)은 유명한 예일 대학의 비밀 결사인 해골단(Skull and Bones)을 세운 인물이었다. 이 밖에 보스턴의 몇몇 내로라하는 은행 가문들도 기창양행을 통해 대중국 아편무역에 동참했다. 아편무역은 이들 은행 가문에 막대한 이윤을 안겨주며, 훗날 보스턴 재단과 로스차일드가의 번영을 이끈 밑거름으로 작용했다.

이 3대 양행은 그 규모와 명성에 걸맞게 대중국 아편무역의 절반 이상을 독차지했다. 베어링가는 이들과 밀접한 관계를 유지하며, 멀리 떨어진 시티오브런던에서 '거물급 산상'을 원격조종했다. 이를 통해 아편전쟁을 전후한 수십 년 동안 아편을 무기로 청나라 정부의 은본위제를 공격했다.

시티오브런던은 또 동인도회사를 통해 중국에 지하 마케팅 시스템을 구축했다. 이 시스템은 사람들에게 널리 알려지지 않았으나 상당한 영향력을 발휘했다. 실제로 선교사, 삼합회, 행상 및 만청(滿淸) 관료의 네 그룹으로 이뤄진 지하 마케팅 시스템은 훗날 중국의 근대사 발전을 좌지우지했다.

이 중 선교사는 중국에서 선교 활동을 하며 세도
가를 비롯한 온갖 부류의 사람과 인맥을 쌓았다. 이
들은 이를 통해 중국의 사회, 경제, 군사 정보를 완
벽하게 장악할 수 있었다. 또 다른 한편으로는 근대
미션스쿨, 병원 및 언론매체를 설립하여 자연스럽게
친 서방 중국인 엘리트들을 육성하는 데 크게 기여
했다.

삼합회는 원래 반청복명(反清復明)을 취지로 한 중
국의 비밀 결사 조직이었는데, 훗날 많은 조직원들이 의외로 기독교를
받아들였다. 양광(兩廣, 광동과 광서를 일컬음—옮긴이) 삼합회는 반청 무장운동
을 벌이기 위해 거액의 자금이 필요하자 많은 조직원들이 교회의 알
선으로 동인도회사의 대중국 아편무역 행렬에 참여했다. 이후 이들은
광동 연해 지역에서 아편 밀매를 주로 하는 세력으로 활약했다. 반청
을 취지로 하는 삼합회가 간접적으로 시티오브런던의 금융 지원을 받
은 셈이라고 할 수 있다.

이후 삼합회는 홍수전(洪秀全)의 배상제회(拜上帝會), 강유위(康有爲), 양
계초(梁啓超), 담사동(譚嗣同), 당재상(唐才常) 등의 유신파 비밀 결사 및 동
맹회(同盟會)와 뿌리 깊은 관계를 맺었다. 홍수전 측근에서 사상 전파를
책임진 풍운산(馮雲山)은 일찍이 기독교 조직인 화복회(華福會)의 회원으
로 활동했다. 또 군사 분야를 담당한 양수청(楊秀淸)도 삼합회에 가입하
여 주강 유역에서 아편 밀수 사업을 벌였다. 게다가 양광 삼합회는 태
평천국이 일으킨 금전기의(金田起義)에 직접 가담하기도 했다. 무술변법

(戊戌變法)이 실패하고 담사동이 살해당한 다음 그의 휘하에 있던 당재상도 즉시 호광(湖廣, 호북과 호남 지역—옮긴이)의 삼합회 세력을 총동원해 이른바 자립군기의(自立軍起義)를 발동했다. 동맹회도 초기에 삼합회 세력을 기반으로 수차례 봉기를 일으켰다. 삼합회의 일파인 상해 청방(青幇) 역시 장제스가 4·12 정변을 일으켰을 때, 그의 권력 기반을 공고히 하는 데 중요한 조력자로 나섰다.

행상의 대표 격인 광주 13행은 조정의 권한을 위임받아 대외무역을 경영하는 전문 기관이었다. 이들은 외국 상인들과 직접 거래하는 무역회사이면서 일부 외교적 기능도 수행했다. 더불어 제휴 관계에 있는 외국계 상업 파트너에게 담보를 제공하기도 했다. 아편전쟁이 끝난 다음 대부분 매판으로 업종을 바꾼 광주 13행은 중국 근대 매판 계급의 원조였다.

이 밖에 동인도회사는 뇌물과 아편으로 일부 만청 관료들을 포섭하고 조종하여 아편무역을 보호하고 개척했다. 또 천진을 중심으로 북방 지역에 아편무역 네트워크를 구축하여 청나라 조정에도 침투했다. 아편전쟁 발발 전에 이미 상당수의 만청 고관들이 그들에게 매수당했다. 그중에는 대학사 목장아(穆彰阿), 직례총독(直隷總督) 기선(琦善), 종인부주사(宗人府主事) 기영(耆英) 등이 포함돼 있었다. 이에 대해 카를 마르크스는 "영국인들은 중국 정부와 세관 관리 및 일반 관리들을 매수했다. 이는 중국인이 법적으로 아편을 금지했기 때문에 발생한 결과라고 할 수 있다. 뇌물과 아편 담배는 동시에 '천조(天朝, 청나라 조정)' 관료계의 폐부 깊숙이 침투해 종법 제도의 기반을 파괴했다"라는 말로 당시 상황을 설명했다.[14] 위의 사람들은 훗날 자연스럽게 양무파의 대표 인물들이 되었다.

1839년에 흠차대신(欽差大臣) 임칙서(林則徐)는 큰 뜻을 품고 광주에서 아편무역을 금지하는 조치를 단행했다. 그러나 그의 상대는 치밀한 조직, 막강한 재력, 강대한 무력 및 내외 협공 능력을 갖춘 아편 제국이었다. 물론 임칙서는 갓 흠차대신에 취임하여 강경 수단으로 삼합회의 지하 아편 밀매 조직을 진압하는 성과를 거뒀다. 외국 상인들의 아편을 몰수해 세계를 놀라게 한 호문소연의 진풍경도 연출했다. 하지만 임칙서는 그의 상대가 얼마나 강대한지 미처 알지 못했다. 그의 적수는 바로 아편무역을 이용한 금융 전략에 사활을 건 대영제국이라는 국가와 국제 은행가들이었던 것이다!

호문소연(虎門銷烟)
광동의 호문에서 몰수한 아편을 태우거나 묻었던 사건.

아편무역으로 인해 중국의 은이 물밀듯이 외국으로 빠져나가 중국에는 '은 가치 상승, 화폐가치 하락'이라는 심각한 금융위기가 발생했다. 청나라는 건국 이후부터 19세기 초까지 100여 년 동안 은화와 동전 두 가지를 병용하는 화폐제도를 실시했다. 은과 동전의 교환 비율은 은 1냥이 동전 1,000문(文)이었다.

그러나 아편전쟁을 앞두고 은의 가치가 폭등하면서 은 1냥이 동전 1,600문에 상당했다. 당시 농민, 수공업자 및 일반 서민들은 평소에 주로 동전을 사용했으나 각종 세금을 납부할 때에는 반드시 은화로 바꿔 납부해야 했다.

이렇게 되자 백성들의 경제 부담이 크게 가중됐다. 백성들의 생활이 궁핍해지면서 납세 지연 현상이 속출했고, 결국 각 지방정부 역시 제때에 세금을 징수하지 못해 청나라 정부의 재정은 급속히 악화됐다.

대규모 아편무역이 시작되기 전인 1781년 건륭(乾隆) 연간까지는 국고에 7,000만 냥의 은이 남아 있었으나 1789년에는 6,000만 냥으로 줄어들었다. 이후 아편이 범람하면서 1850년에는 국고의 은이 800만 냥밖에 남지 않아 한 차례의 전쟁을 치를 여력조차 없었다.

대청제국 금융 하이 프런티어의 초석인 은본위제가 결국 아편에 의해 무너지면서 무역적자 급증, 재정 수입 급감, 백성 생활의 불안정, 빈부 격차 심화 등 사회적 모순이 격화되었다. 이에 반해 국제 은행가들은 아편무역을 통해 수탈한 거액의 은으로 '중국의 잉글랜드은행'을 설립했다. 일거에 청나라 금융 하이 프런티어를 좌지우지하는 전략적 고지인 중앙은행을 손아귀에 틀어쥔 것이다.

홍콩상하이은행의 설립은 중국 근대사가 금융 식민지 시대에 접어들었음을 의미했다. 그러나 홍콩상하이은행이 청나라 중앙은행으로 군림하는 와중에도 새로운 국제 은행 가문이 물밑에서 부상하고 있었다. 얼마 후에는 이 가문이 동인도회사를 대체해 아편 금융 전략의 새로운 시행자로 나섰다. 이 가문은 바로 데이비드 사순(David Sassoon)이 창시한 사순가였다.

동방의 로스차일드, 사순 가문

사순가는 로스차일드가와 마찬가지로 유명한 세파르디 유대인을 뿌리로 하고 있다. 원래는 조상 대대로 이슬람화한 이베리아반도(지금의 스페인)에서 살면서 금 세공사, 환전상으로 일했다. 그러다가 이탈리아 제노바 은행가들의 대리인을 맡아 신용 조사, 대출 공급 등의 업무에 종사하면서 점차 상업 신용을 쌓고 금융 네트워크를 구축했다. 그러나 1490년대에 이베리아반도 기독교도들이 이슬람 정권을 전복하면서 스페인과 포르투갈 경내에서 쫓겨날 수밖에 없었다.

로스차일드가는 독일에 망명하여 본업에 계속 종사하다가 훗날 독일 왕실의 은행가로 성장했다. 또 다른 갈래는 네덜란드, 벨기에 등지로 도망가 다년간 축적한 비즈니스 인맥 네트워크를 기반으로 현지에서 빠른 속도로 재기에 성공했다. 이들은 암스테르담 은행, 네덜란드 은행 및 네덜란드 동인도회사 설립에 출자하기도 했다. 윌리엄 3세가 1688년에 1만 5,000명을 거느리고 네덜란드로부터 영국에 상륙해 명예혁명을 성공시킨 것도 모두 네덜란드 유대계 은행가들로부터 200만 휠던(당시의 네덜란드 화폐)의 자금을 지원받았기 때문에 가능한 일이었다.

이와 달리 사순가는 줄곧 동쪽으로 가다가 중동 페르시아만 지역의 상업무역 중심지인 바그다드에 정착했다. 그곳에서 유대인 특유의 상업적으로 발달한 후각과 풍부한 경험을 바탕으로 중동 지역 상인들을 대상으로 한 대출 업무를 시작했다. 이슬람교는 원칙적으로 고리대금업을 법으로 금지했으나 사순가는 유대인이었기 때문에 마음대로 대

출 영업을 할 수 있었다. 사순가는 얼마 지나
지 않아 페르시아만 지역에서 첫손 꼽히는 금
융재벌로 성장했고, 이어 장기간 바그다드의
재정 담당 최고 책임자로 일했다. 또 바그다
드 지역 유대인 공동체의 우두머리 역할을 하
게 되면서 주위 사람들로부터 '나시(유대인의 왕)'
라고 불렸다.

| 사순가의 창시자 데이비드 사순

　그러나 좋은 세월은 오래가지 않았다.
18세기 말에서 19세기 초에 바그다드 지역에
서 반유대주의 정서가 고조되면서 오스만튀르크 제국이 바그다드에
파견한 지방 관리들이 유대인을 마구 내쫓기 시작했다. 당연히 '유대
인의 왕' 사순가는 가장 먼저 쫓겨났다. 사순가는 1832년에 할 수 없
이 전 가족을 이끌고 인도 뭄바이로 이주했다. 그러나 사순 제국의 창
시자 데이비드 사순은 인도에서 새로운 신화를 쓰기 시작했다.[15]

　사순가가 인도에 도착한 시기가 너무 늦어서 아편무역의 떡고물은
거의 남아 있지 않았다. 반면 3대 양행은 동인도회사의 해산에도 불구
하고 여전히 베어링가의 지원 아래 대중국 아편 수출과 인도산 아편
공급을 독점하고 있었다. 그중에서도 이화양행이 아편 생산, 운송, 보
험, 판매, 융자, 환업무 등 아편무역의 거의 모든 고리를 손에 쥐고 있
어서 사순가가 뚫고 들어갈 틈이 전혀 없었다. 사실 베어링가가 엄밀
하게 통제하는 아편 제국에 새내기 유대인 가문이 발을 들여놓기란
쉬운 일이 아니었다. 이는 하늘의 별 따기나 다름없었다.

　이 무렵 시티오브런던에서는 신흥 세력인 로스차일드가가 베어링

가를 누르고 최대 금융 가문으로 등극했다. 로스차일드가 역시 아편무역을 통해 짭짤한 수익을 얻고 싶었으나 베어링가가 동인도회사 산상들을 옴짝달싹 못하도록 꽉 틀어쥐고 있었기 때문에 뾰족한 방법이없었다. 그러던 차에 로스차일드가의 전략적 계획에 완벽하게 부합하는 사순가가 등장했다. 모두 세파르디 유대인인 두 가문은 즉시 의기투합했다. 사순은 로스차일드가의 막강한 금융 지원을 등에 업고 크게용틀임할 준비를 하고 있었다.

사순은 주도면밀한 조사를 거쳐 이화양행의 중요한 허점을 발견했다. 그것은 아편무역의 모든 고리를 장악한 이화양행이 딱 하나, 인도 내지의 양귀비 재배 농장을 손아귀에 넣지 못했다는 것이었다. 사순은 이때다 싶어 막강한 자본력을 이용해 인도 내륙 지방의 4분의 3이 넘는 아편 상인들에게 대출을 제공했다. 그러자 다른 지역의 아편 상인들도 소문을 듣고 그를 찾아왔다. 사순은 이런 방법으로 손쉽게 아편 공급원을 독점했다. 사실 사순의 방법 역시 호설암이 생사를 대량으로 매입할 때의 구상과 크게 다르지 않았다. 단 한 가지 차이라면 사순의 배후에 국제 금융계의 맹주인 로스차일드가가 버티고 있었다는 사실이다.

1871년에 이르러 형세는 사순 쪽으로 확연히 기울었다. 이화양행이 아편 공급원을 둘러싼 싸움에서 완전히 패배하면서 사순가가 인도와 중국의 아편 창고의 지배자로 공인받으며 각종 아편 총량의 70%를 통제하게 되었다. 그 결과 1840~1914년 사이에 사순가는 아편무역을 통해 1억 4,000만 냥의 폭리를 취했다. 이것이 바로 독점의 힘이다.

사순가가 막강한 재력을 갖추자 로스차일드는 자신의 딸을 사순가에 시집보냈다. 당초 상업적인 동맹 관계로 시작됐던 두 가문은 유대인 전통 종법의 힘을 빌려 세력을 한층 더 굳힐 수 있었다. 이로써 사순가는 극동 지역에서 위세를 크게 떨치게 되었다.

이 이후로 극동 지역에서는 사순가의 전성시대가 열렸다.

유대인은 상업적 기회를 포착하는 후각이 대단히 예민하다. 사순가 역시 예외가 아니었다. 사순가는 아편 독점을 통해 막강한 자금력을 갖추게 되자 민간 중앙은행을 설립해 화폐 발행권을 장악하려고 나섰다. 사순가는 때마침 극동 지역에 중앙은행이 없는 기회를 비집고 들어왔다.

박힌 돌을 빼낸 홍콩상하이은행

> 모든 정치 요소와 경제 요소 중에 화폐가 가장 핵심이 된다. 화폐와 관련된 모든 제도 중에서도 화폐 발행권이 가장 중요한 권력이다. 그러나 국가의 화폐 발행권이라는 이 성스러운 권력에 대해 일언반구라도 언급한 경제학자는 거의 찾아볼 수 없다.
>
> _미국 화폐 사학자 드마르

1864년 초에 중국에서 은행을 설립하는 문제와 관련한 두 건의 사업 계획서가 동시에 데이비드 사순에게 전달됐다. 하나는 뭄바이 현지 영국 상인들이 자금을 모아 중국 금융시장에 '중국로열뱅크'를 설립하는 것이었다. 다른 하나는 스코틀랜드 출신 젊은 상인의 '홍콩상하이은행' 설립 계획이었다. 그중에서 사순의 마음을 움직인 것은 은행 업무 경험이 전혀 없는 한 젊은이의 설립 계획서였다. 토머스 서덜랜드(Thomas Sutherland)라는 이 젊은이는 30세의 나이에 이미 유명한 영국 해운회사 P&O의 홍콩 업무 총감독과 홍콩의 황포선오(黃捕船塢)공사의 회장을 맡고 있었다.

사순은 홍콩상하이은행의 설립 계획에 지대한 관심을 나타냈다. 은행 본점을 홍콩과 상해에 동시에 두면 한쪽에 지점을 둔 다른 외국 은행보다 정보 소통이 훨씬 더 편리할 것이라는 생각이 들었다. 이는 교통과 통신이 발달하지 않은 19세기에 우위를 점할 수 있는 좋은 빙인이었다. 시장 기회는 한번 나타났다가 눈 깜짝할 사이에 지나가 버린다. 따라서 멀리 바다를 사이에 둔 본점에 보고해야 하는 다른 은행들은 향후 홍콩상하이은행과의 경쟁에서 수세에 몰릴 수밖에 없었다.

데이비드 사순은 즉시 홍콩상하이은행 설립을 허가했다.

홍콩상하이은행의 주요 주주는 사순양행 외에도 보순양행과 기창양행까지 망라했다. 그러나 1866년 목화 버블로 유발된 금융위기가 전 세계를 강타하면서 보순양행은 파산하고 말았다. 기창양행 역시 이 충격으로 1870년대 초에 중국 시장에서 철수했다. 따라서 당시 이미 아편무역의 새로운 맹주로 군림한 사순양행이 홍콩상하이은행의 유일한 대주주가 되었다. 홍콩상하이은행의 등장은 로스차일드-사순 동맹이 극동 지역 금융을 장악하기 위한 가장 결정적인 포석이었다.

홍콩상하이은행은 설립 초기부터 베어링가를 등에 업은 이화양행의 극심한 견제를 받았다. 중국의 금융 시장을 장악한다는 것은 시티오브런던의 양대 세력인 베어링가와 로스차일드가 간의 치열한 세력 다툼이자 이익 다툼의 일환이었기 때문이다.

홍콩상하이은행은 설립된 지 얼마 안 돼 중대한 전기를 맞았다. 다름 아닌 미국의 남북전쟁 종식으로 인해 잇따라 불거진 금융위기였다.

당시 세계 산업 시스템에서 핵심 전략 산업은 방직업이었다. 방직업의 주요 원료는 원면(原綿)이었고, 세계 목화 주산지는 인도와 미국 남부 각 주에 분포돼 있었다. 미국의 남북전쟁 발발 후 제해권을 장악한 북부군은 남부 지방의 목화 수출을 막기 위해 즉각 해상 봉쇄를 실시했다. 이에 영국의 면방직업자들이 인도로 눈을 돌리자 인도산 목화 가격이 갑자기 폭등했다. 그러자 순식간에 뭄바이와 캘커타의 목화 시장은 크고 작은 투기꾼들이 판치는 도박장으로 변해버렸다.

문제는 이 목화 버블이 더 큰 금융 버블을 유발했다는 사실이다. 영국 본토에서는 자본금이 심각하게 부족한 각종 금융기관들이 우후죽순처럼 생겨났고, 세계 각지의 영국 식민지에서도 신설 은행이 급증했다. 1862~1865년 사이에 19개 은행이 새로 설립되었고, 영국 식민지에서는 1864년 한 해에만 7개가 넘는 은행이 등록을 마쳤다. 홍콩과 상해에도 신설 영국계 은행이 급증했다. 그러나 대부분의 은행은 사업 설명서에 명시한 자본금을 전혀 보유하지 못한 껍데기뿐이었다.

바로 이때 미국 내전이 끝났다는 악몽 같은 비보가 전해졌다. 전 세계 금융업을 강타한 목화 버블은 이렇게 시작되었다. 시티오브런던이 가장 먼저 금융위기의 타깃이 되어 1866년에만 잇달아 17개 은행이 도산하고 말았다.

금융 쓰나미는 빠른 속도로 극동 지역으로 확산됐다. 1866년, 홍콩과 상해에 무역항을 개통한 이후 20여 년 만에 금융 대공황이 터져 현지의 외국계 은행과 본토 전장들은 줄줄이 문을 닫았다. 금융 쓰나미가 휩쓸고 지나간 자리에는 오랜 역사를 지닌 오리엔탈은행(Oriental Banking), 차타드상업은행, 프랑스은행 및 홍콩상하이은행 등 몇몇 은행들만 겨우 살아남았다.

그러나 풍파가 꼬리에 꼬리를 물고 이어졌다. 금융위기 발생 이듬해에 홍콩상하이은행의 대주주인 보순양행이 어이없이 힘 한번 쓰지 못하고 도산해 버렸다. 이 무렵 베어링가는 금융위기의 충격과 로스차일드가와의 경쟁 등으로 인해 이중의 타격을 받아 제 자신도 보존하기 어려운 형편이었다. 따라서 극동 지역에 있는 보순양행까지 돌볼 여력이 전혀 없어 그저 눈뜬 채로 보순양행이 허무하게 무너지는 것을 지켜볼 수밖에 없었다. 보순양행의 파산은 아직 날개를 펴지 못한 홍콩상하이은행에게도 큰 타격을 입혔다.

이때 위기를 타개하기 위해 사순양행이 나섰다. 사순가는 1866년부터 대중국 아편무역과 관련된 모든 환업무를 홍콩상하이은행을 통해 처리했다. 이처럼 전 세계가 금융위기로 몸살을 앓고 있을 때에도 유일하게 폭리를 취할 수 있는 사업은 바로 아편무역이었다. 시티오브런던과 대영제국의 경제 생명선 역할을 했던 아편무역은 다시 한번 중국인들의 고혈을 짜내 대영제국의 극동 지역 금융 순환 시스템을 구제했다. 이뿐만 아니라 국제 은행가들이 극동 지역 이익 구도 재조정을 실현하는 데 중요한 요소로 작용하기도 했다.

이렇게 해서 홍콩상하이은행은 여타 은행들이 금융위기로 고전을 면치 못하고 있는 와중에 사순가의 막강한 금전적 지원에 힘입어 홍콩과 상해에 있는 경쟁 상대들을 닥치는 대로 쓸어버렸다.

1866년 6월, 극동 지역 은행계의 일인자인 오리엔탈은행은 차타드상업은행, 프랑스은행 등 외국계 은행들을 소집해 포스트 금융위기 시대의 위험에 대비하기 위한 방안 마련에 나섰다. 논의 끝에 각 은행은 평상시 자주 사용되는 6개월 만기 상업어음의 만기일을 4개월로 단축시키기로 결정했다. 이는 첫째로 은행 자체의 리스크를 줄이고, 또 새로운 상업 무역 환경에 적응하기 위해서였다. 1867년 1월부터 각 은행의 중국 지점들은 만기일이 4개월 이상인 어음을 더 이상 취급하지 않았다.

상업어음의 역사는 서기 13세기까지 거슬러 올라간다. 당시 십자군 원정과 해상무역의 발전에 따라 지중해 지역의 무역 수요 및 화물 해운 수요가 대대적으로 증가했다. 그 결과 지중해에 위치한 이탈리아에 대규모 무역과 수상 운송 시장이 형성되면서 세계 최초로 상업어음이 탄생했다.

해상 벌크 화물 무역의 가장 중요한 특징은 운송 거리가 멀고 시간이 길다는 점이었다. 여기에 일정한 위험까지 따르면서 판매자와 구매자 양측은 화물 발송 및 대금 결제와 관련해 항상 의견이 엇갈렸다. 예컨대 구매자는 대금을 현찰로 선불할 경우 먼 곳에 있는 판매자가 물건을 발송하지 않거나 발송한 물건이 운송 과정에서 문제라도 생기지 않을까 우려했다. 이에 반해 판매자는 물건을 먼저 발송할 경우 대금을 제때에 받지 못할까 걱정했다. 이 난감한 상황을 해결하는 방법은 두 가지가 있었다. 하나는 물건 값을 항상 제때에 지불하는 신용이 매우 좋은 구매자와 거래하는 것이다. 다른 하나는 신용이 매우 좋은 사람이 양측의 원활한 무역 거래를 위해 담보를 서는 방법이다.

이탈리아에서는 집도 있고 가업도 있는 현지인들이 담보인으로 최적이었다. 그렇게 해서 이탈리아에 구매자를 위해 담보를 제공하는 '상인 은행가(Merchant Banker)'가 대량으로 출현하게 되었다. 거래 시에 구매자는 "미래의 일정 기일에 판매자에게 일정 금액을 지급한다"라는 내용을 적은 다음 이탈리아 담보인의 서명과 수결을 추가한 차용증을 판매자에게 발행했다. 만약 구매자가 제때에 대금을 지급하지 않은 경우 담보인은 구매자를 대신해 판매자에게 대금을 지급한 다음 다시 구매자를 찾아가 그 돈을 받았다. 판매자는 차용증만 있으면 언제든지 안심하고 물건을 발송했다. 이 차용증이 바로 세계 최초의 상업어음이다. 이탈리아 담보인은 담보를 제공하는 조건으로 수수료를 챙겼다.

판매자가 급전이 필요한데 어음 만기일이 되지 않았을 때는 어음을 할인해 상인 은행가에게 팔 수 있었다. 이것이 바로 어음 할인이다. 상인 은행가는 할인된 가격으로 어음을 사들인 후 만기일을 기다려 구매자로부터 대금 전액을 지급받아 이익을 얻었다. 어음 할인 가격은 일종의 이자라고 할 수 있다. 할인율이 높을수록 이율도 높은 셈이었다.

당시 교황청은 고리대금업을 법으로 엄격하게 금지하고 있었다. 따라서 어음 할인은 고리대금업을 교묘하게 위장한 새로운 방법으로 부상했다. 어음 거래가 대단히 활성화됐을 때에는 어음의 현금화가 아무 때나 가능했기 때문에 어음은 거의 현금과 같이 기능했다. 영국에서 은행권, 수표, 대출 한도액 등 새로운 금융 상품 내지 도구가 대규모로 유통되기 전인 18~19세기에 어음은 화폐 공급의 중요한 한 부분을 이뤘다.

상업어음의 지급 기간은 보통 화물 운송 기간에 상응했다. 만약 화물이 오래전에 도착했는데도 어음 만기일이 채 되지 않았다면, 이는 구매자가 판매자의 자금을 그만큼 오랜 기간 점용했다는 사실을 의미했다. 또 지급 담보를 제공한 은행의 리스크도 그만큼 커지기 마련이었다.

오리엔탈은행은 기선의 항행 속도가 빨라져 유럽과 중국 간 해상 운송 시간이 크게 단축된 점을 감안해 상업어음 지급 기간을 단축하자고 제안했다. 물론 그 이면에는 은행이 과도한 리스크를 부담하지 않으려는 속셈도 깔려 있었다. 그러나 어음 지급 기간 단축은 신용 규모를 축소시킨 것이나 다름없었다. 따라서 구매자 입장에서는 자금과 신용 부담이 더욱 커져 은행에 지급 담보를 신청하는 고객이 대폭 줄어들었다.

은행들 간의 이런 동업 협정은 홍콩상하이은행에 고객 확대라는 절호의 기회를 제공했다. 실제로 홍콩상하이은행은 사순가의 막강한 자금력을 배경으로 다른 은행들이 거부한 6개월 만기 어음을 대량으로 매입했다. 6개월 만기 어음을 가진 상인들은 달리 방법이 없어 홍콩상하이은행을 찾았고, 당연히 할인율도 매우 높았다. 홍콩상하이은행은 매입한 이 어음을 손에 쥐고 있다가 만기일이 되면 전액을 현금화해 손쉽게 큰 수익을 올렸다. 홍콩상하이은행은 또 보유한 4개월 만기 어음을 높은 가격에 다른 라이벌 은행들에 넘겨 싸게 사서 비싸게 파는 방법으로 차액을 남겼다. 6개월 사이에 홍콩상하이은행의 환업무 규모는 920만 냥에서 1,300만 냥으로 빠르게 증가했다. 다른 은행들은

10개월도 못 돼 홍콩상하이은행에 백기를 들고 다시 6개월 만기 어음을 취급하기 시작했다.

홍콩상하이은행은 이 어음 전쟁에서 완벽한 승리를 거두며 자연스럽게 명실상부한 '중국의 잉글랜드은행'으로 부상했다. 이때부터 홍콩상하이은행은 극동 지역 외국계 은행의 새로운 우두머리가 되었다.

홍콩상하이은행의 또 다른 독보적인 능력은 중국인, 특히 고관과 귀족 계층의 예금을 대량으로 유치한 것이었다. 청나라 말 장편소설인 《관장현형기(官場現形記)》에는 다음과 같은 이야기가 수록돼 있다.

> **번대(藩臺)**
> 민정과 재정을 관할하는 관직명.

청나라 정부의 한 번대는 탄핵받은 한 관리가 뇌물로 받은 돈을 홍콩상하이은행에 예금했다는 제보를 받았다. 그는 진상 조사를 위해 곧장 상해로 달려갔다. 그는 상해에 도착한 다음 관복을 차려입고 팔인교(八人轎)에 앉아 시종들을 거느리고 홍콩상하이은행으로 향했다. 그런데 은행 입구에서 경비원이 그의 길을 가로막고 "반드시 뒷문으로 들어가야 한다"라고 말했다. 번대는 은행 규정에 따라 별 수 없이 가마에서 내려 뒷문으로 걸어갔다. 하지만 반나절이 지나도록 그를 상대해 주는 사람은 없었다. 한참이 지난 후에야 그는 홍콩상하이은행이 예금주를 철저히 비밀에 부칠 뿐 아니라 관청의 어떤 조사도 허가하지 않는다는 사실을 알게 되었다. 그는 도리 없이 상부에 "외국인들은 회계 감사를 허락하지 않는다"라는 보고를 올렸다. 결국 사건 조사는 흐지부지되고 말았다.

홍콩상하이은행은 대영제국이라는 든든한 배경을 믿고 청나라 정

▎상해 외탄(外灘)에 자리 잡고 있는 홍콩상하이은행의 옛 건물

부에 고객의 어떤 예금 정보도 제공하지 않았다. 홍콩상하이은행에 이런 특권이 있었기 때문에 당시 수많은 군벌, 관료, 지주 들이 홍콩상하이은행을 가장 안전한 금고로 여겨 다년간 모아뒀던 검은돈을 모두 그곳에 맡겼다.

홍콩상하이은행은 당시 영국령 홍콩 당국으로부터 '우리의 은행'으로 불렸기 때문에 온갖 특혜와 비호를 받았으며, 심지어 최고 권력인 화폐 발행권까지 부여받았다. 1872년에 홍콩 당국은 홍콩상하이은행이 액면가 1냥짜리 소액 지폐를 발행하도록 허용했다. 얼마 후 홍콩상하이은행이 발행한 대량의 소액 지폐가 화남 지역에서 빠른 속도로 유통되었다. 이는 1874년 3월, 상해 〈자림서보〉의 기사에 그대로 나타나 있다.

"1874년 2월, 오리엔탈은행, 차타드은행, 차타드상업은행 및 홍콩상하이은행의 4대 영국계 발권 은행은 총 350만 냥의 지폐를 발행했다. 그중 홍콩상하이은행의 발행액이 51% 이상을 차지했다."

이때에 이르러 홍콩상하이은행은 홍콩 최대의 발권 은행, 홍콩 정부의 출납 은행, 중국 내 모든 동업자들의 결제 은행, 명실상부한 '중국의 잉글랜드은행'으로 부상했다.

사순의 손에 중국의 아편시장에서 쫓겨난 이화양행도 이때에 이르러 현실을 직시했다. 이화양행의 새로운 주인인 케즈윅(Keswick)가는 갈수록 세력이 강대해지는 홍콩상하이은행과 좀 더 가까운 관계를 수립할 필요가 있다고 여겼다. 이렇게 해서 두 가문은 훗날 호설암을 대적하는 과정에서 손을 잡고 의기투합했다.

그러나 로스차일드-사순 그룹은 홍콩상하이은행이 단지 중국 내 외국 은행을 관리하는 역할에 만족하지 않았다. 이들의 목표는 홍콩상하이은행이 중국의 금융 시스템을 좌지우지할 수 있는 은행, 다시 말해 진정한 의미에서의 '중국의 중앙은행'으로 부상하게 만드는 것이었다.

중국에서 중앙은행의 기능을 행사하려면 반드시 중국 본토 금융기관들을 관리, 통제할 수 있어야 한다. 당시에는 전장과 표호가 중국의 대표적인 금융기관이었다. 전장과 표호는 중국의 대외무역을 위해 대량의 융자를 제공하거나 민간경제의 자금줄을 통제했다. 청나라 정부도 전장과 표호들로 구성된 이런 중국 본토 금융 시스템에 의존해 그나마 근근이 운영되고 있었다. 한마디로 국제 은행가들은 전장과 표호를 손에 넣어야 중국 금융에 대한 식민지화를 실현할 수 있었다.

중국의 표호와 전장은
왜 글로벌 금융 제국으로 발전하지 못했을까?

중국 본토에서 탄생하고 성장한 금융기관 중에서 가장 독특한 것은 산서방(山西帮) 표호와 영소방(寧紹帮) 전장이다. 쉽게 말해 환어음을 취급하는 곳이 표호이고, 현금을 취급하는 곳이 전장이라고 보면 된다.

초기의 베니스, 제네바나 훗날의 네덜란드, 영국을 막론하고 금융과 무역은 쌍둥이처럼 같이 태어나고 함께하면서 상부상조하는 관계였다. 유럽 최초의 금융기관은 거의 대부분 비즈니스에서 그 근원을 찾을 수 있다. 상인들의 상업 활동 과정에 금융 서비스 수요가 갈수록 증가하면서 나중에 상업 기관과 전문적인 금융 서비스 기관이 분리되었다. 중국 표호의 발전 과정도 예외가 아니었다.

표호가 경제가 발달하고 해상 운송이 편리한 연해 지역이 아니라 내륙인 산서 지역에서 기원했다는 사실에 고개를 갸우뚱하는 사람이 많을 것이다. 그러나 곰곰이 생각해 보면 그럴 만한 이유가 있었다.

진상(晉商, 산서 상인을 가리킴 ─ 옮긴이)은 중국 10대 상방(商帮, 상인 집단 ─ 옮긴이) 중 하나로, 각지를 누비는 패기와 고생을 참고 견디는 완강한 의지는 중국에서도 대단히 유명하다. 따라서 진상은 아주 오래전부터 중국의 상업계에서 두각을 나타냈다. 이들은 중국 전 지역을 발로 누비며 청나라 초기에 일찌감치 남쪽의 양선방(糧船帮)과 북쪽의 낙타방(駱駝帮)이라는 양대 무역 체계를 구축했다. 전자는 각 성의 하천과 항구를 넘나들면서 장사를 했고, 후자는 몽골, 모스크바에 이르기까지 광활한 지역을 다니면서 무역을 했다. 이후 진상은 중국의 찻잎, 비단, 베, 식량,

철 등의 상품을 취급하는 최대 무역상으로 부상하며 중국 최초로 가장 방대한 규모의 무역 네트워크를 구축했다.

진상의 환업무 발전 경로는 유대계 금융 가문과 약간 다르다. 산서방 표호는 수만 킬로의 땅을 누비고 수십만 명의 종사자를 갖춘 방대한 규모의 국내외 무역 네트워크를 모태로 하고 있다. 이에 반해 유대인의 금융 네트워크는 처음부터 화폐 태환, 예금 대출, 어음 거래 등 화폐 업무에서 기원했다. 양자의 공통점이라면 모두 강력한 네트워크를 구축해 규모의 효과, 신속성, 편리성 등에서 경쟁 우위를 확보했다는 사실이다. 이와 같은 네트워크 우위가 일단 확립된 다음에는 후발 경쟁자들이 발을 들여놓기가 거의 어렵다. 훗날 남방의 전장들이 원거리 환업무 분야에서 그 어떤 방법으로도 산서방 표호를 따라잡지 못한 이유가 바로 여기에 있다. 중국의 전장들은 규모에 걸맞은 방대한 금융 네트워크를 형성하지 못했기 때문에 결국 유대계 상인들처럼 방대한 글로벌 금융 제국으로 발전할 수 없었다.

이렇게 볼 때 금융 네트워크는 화폐본위, 중앙은행 다음으로 금융 하이 프런티어를 구성하는 세 번째 버팀목이라고 할 수 있다.

진상이 구축한 무역 네트워크는 워낙 규모가 방대하여 교통이 매우 발달하지 못한 당시에 자금 회전 주기가 1년씩 되는 경우가 많았다. 따라서 사업 규모 확대에 큰 걸림돌로 작용했다. 또 은화를 먼 거리까지 운송하는 것은 시간이 오래 걸리고 결코 안전하지 않았다. 이 때문에 먼 곳의 자금을 보다 더 빠르고 편리하게 회전시킬 방법이 필요했다. 그래서 등장한 것이 바로 원거리 환업무이다. 표호는 이 업무를 시작하여 큰 성공을 거두었다.

| 일승창 표호 간판

　최초의 환업무는 단지 편리함 때문에 시작됐다. 가장 먼저 여기에 뛰어든 진상은 산서 평요(平遙)의 서옥성안료장(西玉成顔料莊)이었다. 이들은 사천(四川), 북경, 산서 등지에 지점을 설립해 본격적인 업무를 시작했다. 예컨대 북경에 있는 사람이 사천에 은을 보내려고 한다면 필요한 만큼의 은을 북경 지점에 맡겼다. 그러면 북경 지점에서 편지로 사천 지점에 통보하고, 사천에 있는 사람은 현지 지점에서 은을 찾아가는 방식이었다. 뜻밖에도 이 새로운 업무는 고객들의 큰 환영을 받아 1%의 수수료를 기꺼이 지불했다. 이 업무의 거대한 발전 잠재력을 눈치챈 서옥성안료장의 최고 경영자 뢰이태(雷履泰)는 즉시 안료 사업을 팽개쳤다. 이어 1823년을 전후해 중국 최초의 표호인 일승창(日昇昌)을 설립했다.

　아편전쟁이 발발하기 전, 중국의 연간 대외 무역액은 3억 냥에 달했다. 만약 그 가운데 1억 냥만 원거리 송금한다고 해도 이윤은 100만 냥이 넘었다. 실제로 일승창 표호는 환업무, 예금 및 대출 업무를 다년 간 경영하면서 어마어마한 수익을 올렸다. 일설에 따르면, 일승창 표호의 출자자 이(李)씨라는 사람은 도광제(道光帝)에서 동치제(同治帝)에 이르는 50여 년 사이에 무려 200만 냥이 넘는 이익을 배당받았다고 한다. 일승창 표호의 성공 신화는 바로 널리 소문을 탔다. 산서의 상인들이 앞다퉈 표호를 새로 설립하거나 표호로 업종을 바꾸면서 당시 상업 무역의 발전을 대대적으로 촉진했다. 이후 약 1세기 동안 산서 표호는 청나라 환업무를 독점하다시피 해 급기야 회통천하라는 명성을 얻었다.

회통천하(匯通天下)
금융망이 천하를 관통한다는
의미.

표호의 주 업무는 원거리 환업무였다. 그 발전 경로는 북쪽에서 시작해 남쪽으로 확장됐으며, 산서를 중심으로 사방 각 지역까지 확산됐다. 초기에 화북(華北), 화중(華中) 지역과 몽골, 러시아 간의 무역이 급증함에 따라 북방인 북경을 중심으로 내륙의 30여 개 도시에 200여 개의 표호가 설립됐다. 중기에는 육상 무역과 해상 무역 수요가 균형을 이루었다. 이에 따라 변방과 연해 지역에 대형 지점들이 설치되어 북경, 천진, 상해, 무한이 중국 표호의 4대 중심지로 자리매김했다.

표호의 본점과 지점은 광서제(光緒帝) 전기에 이미 400여 개에 달해 거대한 금융 네트워크를 형성했다. 이후 상인, 정부 및 개인의 자금은 모두 표호라는 금융 고속도로 시스템으로 속속 흘러들어 갔다. 표호가 대륙 전역에 걸쳐 구축한 금융 네트워크의 신속성, 안정성 및 편리성 덕택이었다. 20세기 초에 이르러 전국 22개 주요 표호의 환거래 금액은 총 8억 2,000만 냥에 달했다.[16] 이에 따른 이윤은 약 820만 냥에 달해 청나라 정부 1년 재정 수입의 10분의 1에 상당했다.

표호가 환업무 분야에서 이룩한 거대한 금융 네트워크라는 경쟁 우위라면 유대계 금융가들처럼 금융 고속도로 시스템을 구축해 신용과 자본 유통을 독점할 가능성도 있었다. 그러나 결론부터 말하면 표호는 글로벌 금융 제국으로 발전하지 못했다. 그 원인은 두 가지로 볼 수 있다.

우선 지리적 우위를 확보하지 못했다. 표호는 중국 국내외 무역 중심지인 상해에 본부를 두지 않아 최대 성장 잠재력을 갖춘 무역금융 서비스 중심지에서 의사결정이 이뤄지지 않았다. 이로써 상업어음을 비롯한 신흥 금융시장을 주도할 기회를 잃고 말았다. 다음으로 유럽의 전쟁채권, 국채 등과 유사한 융자 시스템을 개발하지 못했다. 경영 범위가 환업무에 국한되면서 현실에 안주하는 안일한 마음가짐에 빠져 결국 자신들의 생존 기반인 환업무마저 외국 은행과 중국 관영은행에 빼앗기고 마는 결과를 초래했다.

금융시장, 그중에서도 특히 국가의 중요한 융자 수단인 국채와 각종 어음 거래 시장은 금융 하이 프런티어의 네 번째 초석이라고 할 수 있다. 그러나 중국 본토의 금융기관인 표호와 전장은 이 중대한 역사적 사명을 완수하지 못했다.

전장의 기원은 동시대 유대계 금융 가문의 주 업무였던 환전과 매우 유사했다.

성공한 유대계 금융 가문들은 대부분 독일에서 자수성가했다. 독일이 현대 금융 가문의 발원지가 된 데에는 그만한 이유가 있었다. 지리적 위치를 보면 독일은 유럽 동부와 서부를 연결하는 중심에 자리 잡고 있다. 특히 베를린은 유럽의 지리적 중심이자 교통 요충지로 동서남북 각지의 상인들이 모두 이곳에 몰려들었다. 따라서 베를린은 유럽 각 지역의 다양한 화폐의 집산지가 되었다. 베를린은 로마제국 때부터 유럽의 환전 중심지였다. 나폴레옹이 베를린을 점령한 다음 이 지역에서 환전 수요는 더욱 왕성해졌다. 독일은 2,000년의 유구한 금전 매매 경험과 노하우를 가지고 있을 뿐 아니라 절박한 환전 시장의 필요에 따라 유대계 금융 가문이 뿌리를 내리고 번창할 수 있는 천혜의 옥토가 되었다.[17]

전장도 비슷한 발전 과정을 거쳤다. 중국은 명나라 때 은본위제가 확립된 이후 줄곧 은화와 동전을 병용하는 화폐제도를 실시해 은과 동전의 교환 비율은 시세에 따라 변동했다. 은화는 고액 화폐였기 때문에 일반 서민들이 일상생활에서 직접 사용하기에는 대단히 불편했다. 따라서 시중에는 주로 동전이 유통되었다. 은화는 고액 거래, 관리의 녹봉 및 군인의 급여 지급, 세금 징수 등에 국한되었다. 또 은화는 각 지역별로 무게가 다르고 형태가 다양하며 순도가 일정치 않은 폐단이 있었다. 게다가 다양한 외국 은화까지 대량 유입되면서 은화 태환 및 은화 순도 평가 등의 새로운 사업 수요가 급증했다.

중국이 아편전쟁 발발 후 영국의 강요에 의해 5대 무역항(광주, 하문(廈門), 복주(福州), 영파(寧波), 상해)을 개방한 다음 상해는 국제무역과 국내무역의 합류점이 되면서 화폐 태환 수요가 더욱 절박해졌다. 이에 부응해 영파-소흥(紹興)-상해를 본거지로 하는 영소방 전장이 설립되었다. 상해 전장업계에서는 국내 상인들의 은화 환산 문제와 외국 은화의 가격 계산 문제를 해결하기 위해 1856년부터 가상의 은화 기장 단위인 '규원(規元)'을 사용했다. 규원의 도입으로 각 지역 상인들의 상업 기장이 매우 편리해졌다.

영소방 전장은 기본적인 환전 업무 외에 상해의 국내외 무역 중심지로서의 우위를 충분히 이용해 중국 특색의 상업어음 시스템을 개발해 냈다. 따라서 외국의 금융자본과 중국 무역시장을 유연하게 결합한 매우 효과적인 국내외 무역 환경도 조성할 수 있었다.

양행은 5대 무역항 개방 초기부터 상해에 진출하여 중국 특산품을 구매하고 외국의 공산품을 중국에 팔았다. 이들이 맨 먼저 직면한 난제는 중국의 납품업체와 구매자의 상업 신용이 부족하다는 것이었다. 그래서 이들은 선불로 중국 특산품을 구매한 후 납품업체로부터 물건을 받지 못할까 우려했다. 외국 공산품을 판매한 후에는 대금을 받지 못할까 걱정했다. 이러한 상황은 13세기 이탈리아 상인들이 봉착한 문제와 완전히 똑같았다. 영소방 전장은 여기서 거대한 상업적 기회를 포착하여 어음의 일종인 장표(莊票)를 개발해 내 중국 국내외 무역의 신속한 확대에 크게 기여했다.

장표는 19세기 전기에 이미 상해에 등장했다. 그러나 당시의 장표는 실질적으로 지폐와 다를 바 없었다. 한마디로 장표란 전장이 상인의 요구에 따라 증표를 소지한 자에게 돈을 지급할 것을 약속한 일종의 무기명 증표였다.[18] 장표의 가장 큰 특징은 즉시 사용

▎ 청나라 말 장표의 실물

가능하다는 점이었다. 이는 상업어음이 실제 상품의 매매를 기준으로 지급 기간을 정하는 것과 구별되는 점이기도 하다.

상업어음은 지급 기간 연장이나 할인이 가능했다. 따라서 상업어음은 지불 수단으로 사용될 때 지급 기간 내에 신용 규모를 확대하는 기능을 수행했다. 가장 중요한 것은 상업어음의 신용 확장이 실제 상품의 매매를 토대로 해서 이뤄진다는 것이었다.

상업어음은 무역을 담보로 발행한 단기 무역 화폐였다. 이는 채무를 담보로 발행한 채무 화폐와 본질적으로 구별된다. 상업어음은 상업자본주의 시대에 가장 중요한 신용 확장 수단이었다. 이후 식민자본주의 시대에는 국채, 산업자본주의 시대에는 산업 채무, 포스트 산업화 시대에는 개인 채무를 담보로 하는 등 다양한 형태의 신용 확장이 잇따라 나타났다.[19]

영소방이 개발한 장표는 중국 상인들이 실제 상거래를 토대로 발행을 신청한, 지급 기간이 5~20일인 어음이었다. 중국 상인들은 양행에서 물품을 구매할 때 현찰 대신 장표로 결제했다. 일반적으로 양행은 중국 상인들을 신뢰하지 않았으나 전장, 특히 상당한 실력을 갖춘 전장에 대해서는 신용을 의심하지 않았다. 그 원인은 당시 양행들이 보편적으로 시행한 양매판 제도 덕분이라고 할 수 있다.

양매판은 현지 전장들의 실력을 속속들이 알고 있었을 뿐만 아니라 일단 뜻하지 않은 사건이 터질 경우 무한책임을 져야 했다. 일례로 중국 상인이 약정 기한 내에 양행에 물품 대금을 지급하지 못하는 경우, 전장이 책임지고 대신 그 돈을 지불한 다음 중국 상인을 찾아가 셈을 치렀다. 또한 전장이 양행에 직접 물품 대금을 지급하고 나중에 중국 상인으로부터 그 돈을 받아내는 방법도 있었다. 이렇게 하면 양행은 물품 대금을 떼일 염려가 없었고, 전장도 장표 발행을 통해 톡톡한 이자를 챙길 수 있었다. 중국 상인은 단기 융자를 받아 사업을 확장하는 것이 가능했다. 이는 그야말로 일석삼조의 금융 혁신이었다. 이 밖에 장표 소지자는 필요할 때에 여러 전장이나 외국 은행에서 어음 할인을 받아 수시로 현금을 얻을 수도 있었다.

홍콩상하이은행이 상해에 갓 진출했을 때, 상해 금융시장은 외국 은행과 현지 전장들이 공존하는 구도였다. 외국 은행은 막강한 자본력을 무기로 외국환 업무를 완전히 독점했고, 내국 시장에 밝은 전장은 대내 무역에서 상업어음을 발행하는 신용 중개 입지를 굳히고 있었다. 특히 국내 화폐제도에 기반을 둔 환전 업무를 통해 막대한 이익을 창출했다. 따라서 전장 역시 누구도 대신할 수 없는 우위를 자랑하며 중국 금융시장에서 한자리를 차지하고 있었다.

중국 금융시장을 독점하겠다는 야심을 가지고 상해에 진출한 홍콩상하이은행으로서는 탄탄한 자금력을 바탕으로 현지 금융기관들을 완벽하게 제압하려고 나섰다. 실제로 홍콩상하이은행이 현지 외국 은행들을 쓸어버리려고 발동한 어음 전쟁은 홍콩상하이은행의 일방적인 승리로 끝났다. 그러자 이번에는 현지 전장들을 목표물로 삼는 전의를 보였다. 홍콩상하이은행은 저금리로 중국 부자들의 예금을 대량 유치한 데다가 아편무역 융자를 제공해 막대한 이윤을 챙겨 19세기 말에 총자산이 무려 2억 1,100홍콩달러에 달했다. 그 결과 극동 지역에서 첫손 꼽히는 금융 패권을 구축할 수 있었다. 홍콩상하이은행은 그동안 축적한 자본을 바탕으로 대규모 단기 대출 업무를 개시해 전

장의 자금을 야금야금 먹어 들어갔다.[20]

전장은 자기자본이 부족한 관계로 상업어음 발행을 통해 더 큰 이익을 얻기에는 힘이 모자랐다. 이 약점을 노린 홍콩상하이은행은 여유 자금으로 상해 전장들에게 단기 대출을 제공하기 시작했다. 전장은 장표를 담보로 맡기면 손쉽게 대출을 받을 수 있었다. 그러자 상해 전장들이 단기 대출을 받기 위해 홍콩상하이은행에 구름처럼 몰려들었다. 홍콩상하이은행은 또 시중의 할인어음을 매입해 다시 재할인하는 방법으로 예금과 재할인 사이의 금리 차를 이용해 자연스럽게 엄청난 이익을 챙겼다. 각 전장들은 다른 전장의 할인어음을 매입한 다음 만기일까지 기다려 이익을 얻을 수 있었다. 그러나 자금 회전 주기를 단축해 더 많은 이윤을 얻으려고 주저 없이 적정 가격에 홍콩상하이은행에 되팔았다. 그런 다음 그 돈으로 다시 새로운 할인어음을 구매했다.

이렇게 되자 상해 전장들은 홍콩상하이은행의 자금을 빌려 사업을 확대할 수 있었다. 그러나 한편으로는 돈줄이 홍콩상하이은행의 수중에 장악됨으로써 이 은행에 종속되는 결과를 낳았다. 홍콩상하이은행은 단기 대출 중단, 대출 이자 인상 등의 방법으로 금융 긴축을 야기할 수 있었다. 또한 어음 재할인율을 인상하여 전장이 어음 할인과 재할인 사이의 차액을 얻지 못하도록 조종하는 것이 가능했다. 이에 전장들은 할인어음 구매를 신중히 하거나 중단할 수밖에 없었다. 결국 모든 전장의 상업어음 회전이 늦어지고 무역업에 제공하던 융자도 줄어들었다. 시중에 자금 경색이 나타나면서 중국 상인들이 찻잎, 생사 등 특산품을 구매하지 못하게 되자 농민과 수공업자들은 어쩔 수 없이 자신들의 노동 성과를 헐값에 팔아야 했다. 홍콩상하이은행 배후의 양행들은 이때다 싶어 중국 특산품을 헐값에 사들인 다음 다시 국제시장에 비싸게 되파는 방법으로 두둑한 이익을 얻었다.

호설암을 대표로 하는 중국의 금융 세력이 외국 금융 세력을 상대로 결사적으로 싸울 때, 화폐 공급을 좌지우지하는 홍콩상하이은행은 의도적으로 금융 경색을 유발시켰다. 그렇게 함으로써 불공정 무역에 저항하는 모든 동맹을 손쉽게 제압했다.

결론적으로 홍콩상하이은행이 청나라 중앙은행 자리를 굳건히 지키고 있는 한, 중국 금융기관은 국제 은행가들의 전략적 경쟁 상대로 절대 성장할 수 없었다.

중국의 특수 세력 양매판

'매판'이라는 단어는 포르투갈어에서 기원했다. 원래 이 단어는 중국 남방 지역에서 유럽 상인들을 위해 시장 구매를 책임진 고용인을 뜻했다. 그러나 나중에는 중국에 진출한 양행의 사업 확장을 도와주는 현지 상인들을 지칭하는 전문용어로 발전했다.

초기의 양매판은 양행의 고용인이 아니라 독립 상인의 신분으로 양행의 대리인 역할을 했다. 매판 자격을 얻기 위해서는 양행에게 일정액의 보증금을 내야 했다. 만약 양행의 사업 규모가 예상 목표까지 성장하지 못하거나 손해를 보았을 경우, 양매판이 납입한 보증금은 위약금으로 공제됐다. 반대로 양매판이 괜찮은 실적을 거둔 경우에는 수익

일부를 나눠 가졌다.

상업적인 각도로만 봤을 때 매판은 정상적인 상업 대리 행위에 속해 전혀 비난의 대상이 아니다. 그러나 양행이 공정 무역이 아닌 불공정 무역을 행하고, 외국 은행 역시 일반적인 금융 서비스를 제공하는 것이 아니라 화폐 공급을 통제하는 등 부당 행위를 했다면 문제는 달라진다. 양행과 외국 은행의 세력이 강대해지고 사업 규모가 커질수록 중국 경제에 끼치는 해악은 더욱 심각해진다. 이 과정에서 외국 금융 자본의 세력 확장을 도와주는 양매판은 양행의 공범이자 자국 이익을 해치는 매국노로 전락한다.

호설암의 실패 사례에서 양매판 계층이 중국 경제, 금융, 무역 및 민생에 얼마나 큰 살상력을 지녔는지 어렵지 않게 알 수 있다. 양매판이 몸과 마음을 다하지 않았다면 양행과 외국 은행은 중국에서 그토록 큰 지배력을 가지지 못했을 것이다.

외국 금융 자본의 목적은 공정 거래였을까 아니면 통제와 조종이었을까? 이 문제를 명확하게 짚고 넘어가야 역사의 모든 공과와 시비가 정확하게 평가될 수 있다.

세계 각국 역사를 살펴봤을 때, 양매판은 중국에만 존재했던 특수한 계층이었다. 아시아의 인도, 일본, 한국은 물론 아메리카 대륙에도 이런 계층은 나타난 적이 없었다. 또한 양매판은 중국이 반식민지로 전락했을 때 나타난 특유의 현상이었다.

서구 열강들은 먼저 아메리카와 아프리카를 식민지화한 후 인도와 동남아 국가들을 차례로 정복했다. 당시 서구 통치자들은 식민지 국가에서 일방적인 수직 통치를 실시하여 구태여 현지 대리인의 힘을 빌릴 필요가 없었다. 따라서 이들 식민지 국가에서는 매판 계층이 나타나지 않았다. 이에 반해 중국은 약간 특수한 경우에 해당했다. 서구 식민주의자들이 중국에 쳐들어간 시기가 매우 늦은 데다가 당시 중국의 국력이 강대하여 짧은 기간 내에 수직 통치하는 데 무리가 따랐다. 바로 이 때문에 그들에게 힘을 보태줄 일종의 '대리인'이 필요했다. 그래서 생겨난 것이 다름 아닌 관료와 매판 계층이었다.

좀 더 깊이 분석해 보자. 식민지를 철저히 통치하기 위해서는 반드시 현지의 문자를 완전히 말살해야 한다. 문자는 문명의 원천이자 민족적 동질감 및 고유 정신을 나타내는 매개체이기 때문이다. 한 국가의 영토만 점령하고 문자를 말살하지 않으면 통치자는 그 민족에 동화되거나 혹은 쫓겨나는 결과를 빚게 된다. 피통치자로 하여금 정신적·감정적으로 통치자의 지배를 받아들이도록 하는 것이 통치에 성공하는 유일한 방법이다.

과거부터 지금까지 세계 어느 곳의 식민지 모두 예외가 아니었다. 포르투갈, 스페인, 네덜란드, 영국, 프랑스, 독일, 미국, 일본 등 식민 제국은 식민지를 통치할 때, 예외 없이 먼저 식민지 국가의 문자를 말살했다. 그 결과 피통치 민족은 집단적으로 모든 기억을 깡그리 상실한 상태에서 식민 제국의 정신과 감정을 고스란히 주입받게 돼 장기간 안정되고 태평하게 통치할 수 있었다. 과거의 식민지 국가들이 지금까지 가난에서 벗어나지 못하는 것도 식민지화의 후유증이 여전히 남아 괴롭히기 때문이다. 식민지화가 두려운 이유는 물질적 부를 약탈당하기 때문이 아니라 문자가 말살됨으로써 국민의 정신세계가 극도로 피폐해지고 신앙 체계가 철저히 붕괴되기 때문이다. 잃어버린 문명과 그

문명에 대한 자긍심을 되찾는 일은 경제를 발전시키고 물질적 부를 축적하는 것처럼 단기간 내에 이루어지지 않는다.

중국이 그나마 불행 중 다행이었던 것은 완강한 생명력을 지닌 한자와 이 한자를 토대로 구축된 거대한 문명 체계가 있었다는 사실이다. 간교한 영국도, 탐욕스러운 러시아도, 기세등등하던 일본도 중국 문명을 완전히 정복하는 데는 실패했다. 어쩔 수 없는 이런 현실 앞에서 서구 식민 제국들은 마지못해 양매판의 힘을 빌려 중국의 부를 약탈하고 장악했다.

금융 하이 프런티어가 완전히 함락된 상태에서는 양무운동도, 무술변법도 중국의 반 식민지화 상태를 근본적으로 변화시키기란 무리였다. 심지어 청나라를 뒤엎어도 근본적인 변화는 불가능했다.

당시 일본 역시 중국과 마찬가지로 서구 열강의 타깃이 되었고, 핍박에 의해 무역항을 개방했다. 그러나 그 이후의 운명은 중국과 완전히 달랐다. 메이지 유신이 성공하고 양무운동이 실패한 가장 근본적인 차이점은 일본이 자국의 금융 하이 프런티어를 굳건히 고수하고, 외국 금융 세력이 일본의 화폐 시스템을 장악하지 못한 것과 밀접한 관계가 있다. 더욱 중요한 원인은 일본에 강대한 양매판 계층이 형성되지 않았다는 사실이다. 따라서 외국 은행은 일본의 금융 명맥을 장악하는 것은 물론이고, 일본에서 사업을 전개하기조차 쉽지 않았다.

1863년 이후 일본에서 새로 개업한 6대 외국 은행은 총 자본금이 2억 냥(은화)에 달했다. 당연히 일본 본토 은행들은 게임이 안 되는 자금력이었다. 심지어 메이지 유신 성공 이후부터 1900년까지 일본의 모든 은행의 자본금을 합쳐도 이 액수의 절반도 되지 않았다. 그러나

이 중 홍콩상하이은행만 그럭저럭 운영됐을 뿐, 나머지 은행들은 모두 얼마 못 가 문을 닫고 말았다. 이에 반해 일본 본토 은행은 종전의 0개에서 1901년에 1,867개로 급증했다. 일본의 근대화를 이룬 메이지 유신도 일본 본토 은행의 자금 지원을 받아 완성한 것이다. 일본은 메이지 유신을 통해 서구 열강들과 어깨를 나란히 하고, 아시아 국가 중 유일하게 서구 열강의 식민지화를 피한 국가가 되었다.

일본은 자국의 금융 하이 프런티어를 굳건히 고수하여 산업, 국방, 무역에 끊임없이 신용을 공급함으로써 빠르게 신흥 산업 강국으로 부상할 수 있었다.

제2장

메이지 유신과 양무운동

일본은 자국 금융 하이 프런티어를 완벽히 통제함으로써 국 가의 운명을 장악할 수 있었다. 반면 금융 하이 프런티어를 완전히 상실한 중국에서는 양무운동도, 무술변법도 모두 어 불성설에 지나지 않았다.

왜 메이지 유신은 성공했으나 양무운동은 실패했는가?

왜 일본에는 매판 계층이 등장하지 않았는가?

왜 막강한 자본을 보유한 외국 은행들은 일본에서 거의 실패했는가?

왜 일본은 자국의 금융 하이 프런티어를 지킬 수 있었는가?

역사는 중국에 너무 많은 아픈 기억을 남겼고, 후대 중국인들에게 수많은 민감한 문제들을 남겨놓았다. 일본 메이지 유신의 성공과 중국 양무운동의 실패 및 청일전쟁의 패전이 가져다준 충격은 대영제국에 패했을 때보다 훨씬 더 크게 중국인들을 격노시켰다.

일본의 금융 역사는 사람들이 생각하는 것보다 훨씬 더 장구하고 선진적이다. 일본의 미쓰이三井가는 잉글랜드은행보다 10년 더, 중국의 산서 표호보다는 100여 년 더 일찍 금융업을 시작했다. 일본의 현대 은행 시스템은 중국보다 30여 년 앞서 구축됐고, 일본 중앙은행은 중국보다 28년 앞서 완전한 틀을 갖추었으며, 일본 법정 화폐인 엔화는 중국의 법폐보다 70여 년 더 일찍 출현했다. 또한 일본은 아시아 최초로 금본위제 초석을 다진 국가이다. 일본의 금융 네트워크는 자국 경제 시스템을 완전히 장악했고, 요코하마정금은행은 자국 무역상들을 도와 일거에 가격 결정권을 탈환했다.

일본은 금융 하이 프런티어를 굳건하게 지켰기 때문에 외국 금융 세력의 마수에서 벗어날 수 있었다. 이는 메이지 유신을 성공으로 이끈 핵심 요인이기도 하다.

일본은 마침내 은행 신용에 관한 비밀을 발견하고 금은화폐가 부족한 상황에서 금융의 높은 레버리지 효과를 이용해 전국의 자원을 충분히 활용, 근대화와 산업화의 서막을 열었다. 일본은 제조업과 무역업이 창출한 어마어마한 부를 바탕으로 경제를 크게 발전시켜 드디어 세계 강대국 반열에 올랐다.

이에 반해 한야평漢冶萍 철강연합회사를 선두주자로 한 중국의 양무운동은 한발 앞서 나간 경쟁력 우위와 풍부한 자원을 보유했으나 지극히 열악한 금융 환경에서 간신히 생존하다가 급기야 일본 손에 맥없이 무너지고 말았다.

역사적 경험에 비춰볼 때 금융은 현대 경제의 전략적 고지이고, 금융 하이 프런티어는 현대 국가의 '제2의 국방'이라고 할 수 있다.

왕정복고와 금권의 부상

1867년 12월 26일 깊은 밤, 밖에서는 스산한 바람이 불고 있었다. 일본 교토(京都)에 자리 잡은 미쓰이(三井)가의 장원 안에는 미쓰이 사부로스케(三井三郎助)가 옷깃을 여민 채 단정하게 앉아 있고, 그의 옆에는 금은을 가득 담은 나무상자가 놓여 있었다. 하인들은 숨을 죽인 채 정원 밖의 동정을 살피고 있었다. 드넓은 객실은 어둠 속에 싸여 더욱 휑뎅그렁해 보였고, 촛불이 탁탁 타는 소리만 고요한 방 안에서 또렷하게 들렸다. 공기마저 멈춰버린 느낌이었다. 지금 미쓰이 사부로스케는 가문의 운명이 걸린 중요한 시각을 기다리고 있었다.

그는 얼마 전 도쿠가와(德川) 막부가 3만 대군을 이끌고 교토로 진격할 것이라는 정확한 정보를 입수했다. 이에 맞서 도막파(倒幕派, 막부를 쓰러뜨리려는 세력 – 옮긴이)

> **막부(幕府)**
> 바쿠후. 12세기에서 19세기까지 쇼군을 중심으로 한 일본의 무사 정권을 지칭하는 말.
>
> **번(藩)**
> 막부 시대의 영주. 행정구역은 번진(藩鎭)이라고 함.

미쓰이 사부로스케

인 조슈(長州)번과 사쓰마(薩摩)번도 왕정복고의 깃발을 내걸고 무사들을 대거 동원했다. 이들은 장장 200년 동안 일본을 통치해 온 도쿠가와 막부를 뒤엎고 천황 체제로 복귀할 것을 맹세했다. 일순간 교토성에 전운이 감돌며 일본의 운명을 가를 대결전의 막이 오를 준비를 하고 있었다.

도쿠가와 막부의 금융 대리인이었던 미쓰이가는 막부를 위해 큰 공을 세워 이에 따른 막대한 이익을 얻었다. 그러나 일본은 이미 쇄국의 시대가 지나고 서구 열강이 일본의 대문을 두드리면서 나라 전체가 식민지 전락이라는 절체절명의 위기에 직면해 있었다. 게다가 도쿠가와 막부의 부패하고 잔혹한 통치는 오래전부터 민중의 불만을 야기해 전국 각지에서 폭력 저항운동이 자연스레 확산일로로 치달았다. 여기에 서구 열강을 대하는 막부의 비굴하고 나약한 태도는 오랫동안 억눌려 왔던 각 번 귀족과 무사들의 반란 심리를 심하게 자극했다. 미쓰이는 시국의 변화가 불 보듯 뻔해지자 얼마 전부터 비밀리에 도막파에게 자금을 대주기 시작했다. 다만 그는 이 사실을 공개적으로 알리지 않았을 뿐이다.

이날 밤 미쓰이는 300년을 이어온 가업을 걸고 중대한 선택을 했다. 바로 공개적으로 도쿠가와 막부와 결별을 선언하고 도막파에게 모든 걸 거는 도박을 한 것이다.

청량한 노크 소리가 갑자기 들리더니 천황의 특사가 도착했다.

이 시각 미쓰이가의 장원 부근에 있는 황궁에서는 자신감에 찬 한

소년이 흥분된 마음으로 방 안을 배회하며 일
본의 밝은 미래를 구상하고 있었다. 그는 바
로 수개월 전에 갓 즉위한 메이지(明治) 천황이
었다. 며칠 전 그는 조서를 내려 도쿠가와 막
부로부터 행정권을 접수하고 장장 700년 동
안 남의 손에 넘어갔던 천황의 통치권을 회수
한다고 선포했다. 이때 나이 겨우 15세인 메
이지 천황 곁에는 각 번에서 달려온 제후들이
운집해 있었다. 그중에서도 서남 지역의 조슈

| 메이지 천황

번과 사쓰마번이 가장 막강한 세력을 자랑했다. 이들은 오래전부터 도
쿠가와 막부를 뒤엎기 위해 수차례 쿠데타를 일으킨 전력이 있었다.
그래서 수하에 용맹스럽고 싸움에 능한 무사들이 수두룩했다. 훗날 일
본의 육해군 명장으로 성장한 인물들 대부분이 조슈번과 사쓰마번 출
신이었다.

메이지 천황은 나이가 어렸으나 웅대한 포부와 뛰어난 지략을 겸비
했다. 그는 눈앞의 정세에 대해서도 정확한 판단을 내렸다.

"도쿠가와 막부는 역대 천황들을 중국의 한(漢)나라 헌제(獻帝)처럼
꼭두각시로 만들었으니 응징을 받아 마땅하다. 그러나 도쿠가와 막부
가 전복된 다음에 주변의 도막파들이 제2, 제3의 도쿠가와 가문이 되
지 않는다고 누가 장담할 수 있겠는가? 불과 3년 전만 해도 조슈번이
천자를 끼고 제후를 호령하는 방식으로 도쿠가와 막부를 타도하기 위
해 겁 없이 무력으로 고메이(孝明) 천황을 납치하려 하지 않았던가?"

한마디로 메이지 천황의 처지는 청나라 강희제(康熙帝)가 친정을 앞

오배(鰲拜)
만주어로는 오보이(Oboi). 청
나라 강희제 때의 권신임.

둔 시점에 보정대신 오배에게 휘둘려 꼼짝달싹 못하
던 상황과 매우 유사했다.

하지만 지금 당장에는 대권을 빼앗기지 않으려고
발버둥치는 도쿠가와 막부를 어떻게 뒤엎느냐가 가장 시급했다. 도쿠
가와 막부의 3만 대군이 곧 교토성에 들이닥칠 텐데, 심각하게도 그의
새 정권은 주머니에 가진 것이 아무것도 없었다. 돈이 없으면 기본적
으로 싸움에서 승리할 수 없다. 메이지 천황은 고심 끝에 당시 일본 최
고의 갑부인 미쓰이가에 도움을 청하지 않을 수 없었다.

미쓰이는 금은이 가득 담긴 상자를 들고 특사의 안내를 받아 황실
로 향했다. 재정 대신은 미리 와서 그를 기다리고 있었다. 몇 마디 인
사가 오고간 뒤 대신이 미쓰이에게 단도직입적으로 전쟁이 불가피한
데 정부에 돈이 없다고 말하자 미쓰이는 즉시 가지고 온 금은을 바쳤
다. 그 대가로 그는 그 자리에서 일본의 새로운 재정 대리인에 임명됐
다. 재정 대리인은 국가의 재정 경비 조달을 전담하는 중요한 직책이
었다.[1]

그렇다면 미쓰이가는 얼마나 엄청난 능력이 있었기에 일촉즉발의
위기 상황에서 메이지 천황이 과감하게 정권의 생사존망을 맡길 수
있었을까?

사실 미쓰이가는 평범한 집안이 아니었다. 잉글랜드은행보다 10년
더 일찍 금융 제국을 건설했다. 가문의 창시자는 포목점을 운영하던
미쓰이 다카토시(三井高利)로 1683년에 에도(江戶, 지금의 도쿄)에 '미쓰이 환
전소'를 설립해 환전, 전당포, 대출 등의 금융 서비스를 제공했다. 미
쓰이 환전소는 쉽게 말하면 중국의 전장과 매우 비슷했다.

당시 에도는 일본의 정치 중심지, 교토는 천황의 본거지, 오사카는 경제가 발달한 상업도시였다. 일본은 센고쿠(戰國) 시대가 종언을 고하면서 각종 산업이 번창하기 시작해 이 3대 도시 간의 무역 관계도 갈수록 긴밀해졌다. 미쓰이 다카토시는 타고난 예민한 후각으로 이 기회를 포착해 냈다. 그는 교토와 오사카에도 잇달아 미쓰이 환전소 지점을 설립하고 소규모 금융 네트워크를 구축하기 시작했다. 무역이 이뤄지는 곳에는 금융 서비스도 따르기 마련이어서 상업 어음과 어음 할인 등 금융 상품들이 곧바로 개발되었다. 이것들은 빠른 속도로 미쓰이가의 금융 네트워크에 흘러들었다. 자본과 신용 역시 먼 거리를 자유롭게 유동하면서 미쓰이가의 수익은 눈덩이처럼 불어났다.

당시 상인들은 상업 중심지인 오사카에서 무역 거래를 하고 돈은 정치 중심지인 에도에 보관했다. 화폐와 물품이 역방향으로 이동했기 때문에 시간과 금전적 낭비가 심했고 안전도 보장할 수 없었다. 막부도 오사카에서 징수한 상업세를 멀리 떨어진 에도의 막부 금고로 운반하느라 불편하기는 마찬가지였다. 미쓰이는 이 문제의 해결 방안을 막부에 제안했다. 바로 미쓰이가가 정부를 대신해 오사카에서 세금을 징수한 다음 미쓰이 금융 네트워크를 통해 에도로 송금하는 방식이었다. 어음 한 장으로 정부의 난제를 해결해 무거운 은화를 힘들게 운반할 필요가 없었다. 도쿠가와 막부는 기꺼이 이 제안을 받아들이고 통 크게 어음 만기일을 60일로 정했다. 얼마간의 시간이 지난 후, 미쓰이의 금융 서비스에 크게 만족한 도쿠가와 막부는 어음 지급 기간을 무려 150일로 연장해 주었다.[2]

미쓰이는 거액의 정부 자금을 거의 무이자로 장기간 사용할 수 있게 되자 기뻐 어쩔 줄 몰랐다. 사실 오사카에서 상품을 구매해 에도까지 운송하는 기간은 15~20일이면 충분했다. 따라서 나머지 130일 동안 거액의 정부 자금을 무이자로 사용할 수 있었다. 미쓰이가는 이 기간을 놀리지 않고 단기 대출 사업을 벌여 폭리를 취했다.

미쓰이가의 원거리 환업무는 중국 산서 표호의 비즈니스 모델과 거의 똑같았다. 물론 미쓰이가의 금융 네트워크는 규모 면에서 산서 표호에 비할 바가 못 됐으나 역사는 오히려 100여 년이나 앞섰다. 이렇게 볼 때 서구 열강이 아시아를 침략하기 전에 일본인의 금융 마인드가 중국인보다 훨씬 선진적이었다고 할 수 있다.

더욱 중요한 것은 도쿠가와 막부가 미쓰이가를 절대적으로 신뢰했다는 사실이다. 서구 열강이 일본의 대문을 열어젖힌 후, 도쿠가와 막부는 모든 외국 은행에 반드시 미쓰이가를 통해 현지 업무를 실시하도록 규정했다. 외국 은행과 일본 상인들의 직접적인 접촉을 차단하기 위한 조치였다. 이 점에서 미쓰이가는 청나라 광주 13행과 똑같은 역할을 담당했다고 볼 수 있다. 또한 미쓰이가는 일본의 대외 무역과 금융을 독점함으로써 일본 최대의 독립적인 금융 및 상업 네트워크를 구축했다.

미쓰이가는 180여 년의 발전을 거쳐 메이지 천황 시대에 이르러서는 방대한 규모의 금융 제국으로 성장했다. 각계 세력들이 너도나도 이들의 환심을 사려고 달려든 것은 하나 이상할 것이 없었다.

메이지 천황의 신정권이 도쿠가와 막부의 반격과 각지의 소요 사태로 인해 위기에 처했을 때, 미쓰이가는 정부의 요청으로 300만 냥의 긴급 자금을 조달해 주었다. 이는 일본 유사 이래 최초로 발행한 국채였다.

미쓰이 금융 제국은 일본 역사에서 전례를 찾아볼 수 없을 정도의 거액의 국채를 짧은 기간 내에 판매하기 위해 즉각 총동원령을 내리고 모든 금융 네트워크를 풀로 가동했다. 우선 4분 스피치를 비롯해 마케팅 기술에 뛰어난 판매원들을 대거 투입했다. 이들은 일본 각지를 다니며 상인, 은행가 심지어 가정주부까지 만나 천황이 위험에 빠지고 국가의 존망이 걸려 있다는 감동적인 연설을 통해 국채 판매에서 대성공을 거뒀다. 원래 목표는 300만 냥이었으나 최종적으로 목표치를 초과한 380만 냥을 판매했다.[3]

미쓰이가는 메이지 천황의 신정권을 살렸다. 미쓰이 금융 제국이 모집한 대량의 자금은 군비를 갈구하는 최전선의 병영으로 끊임없이 흘러들어 갔다.

그런데 우연의 일치였을까. 미쓰이가가 천황에게 충성을 표하고자 바친 이 군비는 훗날 중요한 역할을 하게 되는 한 젊은 관리에 의해 전선으로 호송됐다. 그는 바로 이노우에 가오루(井上馨)였다.

일본 개국의 금융 공신, 이노우에 가오루

어릴 때부터 큰 뜻을 품은 이노우에 가오루는 일본이 서구 열강의 침략과 막부번진(幕府藩鎭)의 반란으로 내우외환에 시달려 존망의 위기에 처하자, 암암리에 외국 유학을 결심했다. 그는 서구의 강대한 해군력의 상징인 배와 대포가 얼마나 위력적인지, 또 서구의 경제가 어느 정

| 이노우에 가오루

도로 발달했는지 두 눈으로 직접 확인하고 싶었다. 그러나 당시 일본은 쇄국정책을 실시하고 있어서 사사롭게 외국에 유학한다는 것은 사형죄에 해당했다. 하지만 외국 유학을 향한 그의 집념은 죽음도 불사할 만큼 대단했다. 그는 조슈번에 같이 몸담고 있던 동향인 이토 히로부미(伊藤博文)와 비밀리에 함께 영국에 밀항하기로 계획을 세웠다.

두 사람이 의기투합해 떠날 준비를 하던 중, 갑자기 사신들에게 돈이 없다는 사실을 깨달았다. 또 영국에 몇 년 머물려면 얼마나 많은 돈이 필요한지조차 몰랐다. 이에 그들은 곧장 영국 영사관을 찾아가 물었다. 영국 영사는 희한한 질문이라고 여기면서도 여러모로 알아본 다음 영국에서 생활하려면 1인당 매년 1,000냥은 필요하다고 대답해 주었다. 일반 무사 가정에 그렇게 큰돈이 있을 리 만무했다. 두 사람은 낙담했다.

하지만 둘은 밑져야 본전이라는 생각으로 도처를 돌아다니며 찬조금을 모금했다. 나중에 조슈번의 다이묘인 모리(毛利)가 두 사람의 열정과 집념에 감동해 미국에서 무기를 구매하고 남은 돈을 영국 영사에게 보냈다. 1863년 5월 어느 날 밤에 이노우에 가오루, 이토 히로부미 외에 세 사람은 영국 영사의 도움으로 비밀리에 상해로 떠날 수 있었다.

상해 항구에 도착한 이노우에 가오루는 멀리 수백 척의 외국 증기선이 부두를 분주히 드나드는 광경을 목격했다. 이를 지켜보던 이노우에 가오루는 일본이 더 이상 개방을 미룬다면 시대에 뒤처지고 말 것이라는 사실을 깊이 깨달았다. 하지만 그는 외국 기선에 싣고 오는 것은 아편이요, 싣고 나가는 것은 찻잎, 비단, 금은이라면 중국 경제가 어떤 나락에 빠질지는 깊이 생각해 보지 않았다.

그들을 맞이한 사람은 이화양행의 케즈윅 사장이었다. 그는 그들에게 영어로 무엇을 배우러 영국에 가는지 물었다. 하지만 영어를 몰랐던 이노우에 가오루 일행은 이 말에 꿀 먹은 벙어리가 되었다. 그나마 이노우에 가오루가 'Navigation(항해)'이라는 단어를 알고 있었지만 발음이 엉망이어서 케즈윅은 한참이 지나서도 그의 말을 알아듣지 못했다. 어찌어찌해서 겨우 의사소통은 됐으나 케즈윅은 이들이 항해 기술을 배우려는 줄로 오해하여 선원 팀에 보내 잡일을 거들도록 했다. 그러자 이노우에 일행은 돈을 내고 배표를 구입한 승객이 왜 허드렛일을 해야 하는지 도무지 영문을 몰라 기분이 몹시 상했다. 하지만 승객을 하인처럼 부리는 것이 영국의 관습이려니 생각하고 묵묵히 시키는 일을 했다. 그런 와중에도 이노우에 가오루와 이토 히로부미는 일본의 미래에 대해 격렬하게 토론했다. 거센 파도로 인한 심한 뱃멀미도 그들의 열정을 꺾지 못했다.[4]

드디어 배가 영국에 도착하고, 그들에게는 완전히 새로운 생활이 시작됐다. 이노우에 가오루는 서양인들의 부유함과 강대함을 직접 보고 난 다음 큰 자극을 받아 영어와 항해 전문 지식을 열심히 공부했다. 그로서는 서구의 선진 기술과 문명을 한꺼번에 머릿속에 집어넣지 못하는 것이 한스러울 따름이었다.

어느 날 그는 영국 신문을 읽다가 놀라운 기사를 발견했다. 일본 조슈번이 제멋대로 해협을 봉쇄하고 외국 기선을 포격한 행위에 맞서 서구 열강이 연합 함대를 결성해 일본의 야만인을 응징하려 한다는 내용이었다. 이노우에 가오루는 일본 무사들이 강력한 군사력을 자랑하는 서구 열강의 상대가 안 된다는 사실을 너무나 잘 알고 있었다. 그는 급히 이토 히로부미를 불러 함께 귀국하기로 결정했다. 외국 군함이 조슈번을 공격하기 전에 현지의 다이묘를 설득해 휴전 방안을 모색할 요량이었다.

두 사람은 자칫하면 막부에 잡혀 사형당할 수도 있는 위험을 무릅쓰고 서둘러 일본으로 돌아와 영국 총영사를 만났다. 이때는 전쟁이 발발하기 직전이었다. 이 무렵 영어로 의사 표현이 어느 정도 가능했던 이노우에 가오루는 조슈번의 다이묘를 설득해 전쟁을 멈추게 하겠다고 제안했다. 영국 총영사도 그의 제안을 받아들이고 며칠간의 말미를 주었다. 이노우에 가오루는 조슈번의 다이묘를 만난 자리에서 서구 열강의 강력한 해군력을 거듭 강조하고, 전쟁이 일어날 경우 조슈번이 틀림없이 패할 것이라는 사실을 주지시켰다. 그러나 당시 일본 사무라이 계급은 서구 열강을 향한 증오심이 이미 극에 달한 터여서 패하더라도 싸우겠다는 의지를 강력히 밝혔다. 이노우에 가오루는 별 수 없이 영국 측에 휴전 설득에 실패했다고 보고했다. 이때 영국 총영사가 물었다.

"그대는 영국에 남아 계속 공부할 예정입니까?"

이노우에 가오루가 즉각 대답했다.

"아닙니다. 만약 전쟁이 터진다면 우리는 맨 먼저 사무라이 칼을 들고 전투에 뛰어들어 당신들의 대포 앞에서 전사할 것입니다."

이노우에 가오루의 대답은 결연했다. 영국 총영사는 그들의 강직하고 단호한 애국심에 모골이 송연해졌다.[5]

이러한 사무라이 정신은 당시 일본에서 매우 보편화된 덕목이었다. 달리 말해 일본에는 매판 계급이 생겨날 토양이 마련되지 않았다는 의미이다. 게다가 이노우에 가오루를 비롯한 사무라이 출신들은 이런 정신을 바탕으로 훗날 일본 제국의 재정과 금융 대권을 관장했다. 그러니 외국 금융자본이 어떻게 쉽게 발을 붙일 수 있었겠는가!

서구 열강은 예상 밖에 치열한 전투가 벌어지면서 일본을 정복하려면 톡톡한 대가를 치러야 하며, 극동 지역의 병력만으로 일본을 상대하기에는 역부족임을 깨달았다. 한편 이노우에 가오루와 이토 히로부미는 서구 열강과 접촉한 사실이 드러나 현지 사무라이들로부터 첩자로 오인받아 하마터면 목숨을 잃을 뻔했다. 서구 식민주의자들은 일본의 이런 유별난 사무라이 정신과 민족 정서 때문에 확실히 중대한 난관에 봉착했다. 이 야만인들은 직접 무력으로 정복할 수도 없고, 그렇다고 매판 세력을 육성해 간접적으로 식민 통치를 실시하기도 어려웠다.

이노우에 가오루는 훗날 일본에서 금융에 가장 정통한 정치가로 성장했다. 또 일본의 아홉 개국공신 중 한 명이자 '미쓰이가의 최고 고문'이라고도 불렸다. 이토 히로부미는 일본 역사상 가장 유명한 '철혈 총리'이자 일본 헌법의 기초자가 되었다. 이 밖에 청일전쟁도 그의 재임 시절에 일어났다.

　조슈번은 왕정복고에 크게 기여한 공로로 새로운 정부로부터 가장 많은 영토와 권력을 부여받았다. 조슈번 인물 가운데 특히 이노우에 가오루와 이토 히로부미는 미래를 내다보는 탁월한 식견을 인정받았다. 이에 이노우에 가오루는 대장대보(大藏大輔, 오늘날 재무성 부장관에 해당―옮긴이)로 파격 승진하여 일본의 재정과 금융 실권을 장악했다. 이토 히로부미 역시 외국사무국에서 근무하며 외교 분야에서 탁월한 능력을 발휘하여 훗날 유명한 정치가로 명성을 날렸다.

이노우에 가오루, 미쓰이가의 최고 고문이 되다

이노우에 가오루가 정부에 부임한 후 가장 먼저 시행한 업무는 일본의 본위화폐를 확립하는 일이었다. 본위화폐는 금융 하이 프런티어의 가장 중요한 초석이었다. 그는 단번에 재정·금융에서 무엇이 가장 중요한지를 알아차릴 만큼 안목이 뛰어난 인물이었다.

　당시 일본에는 가지각색의 화폐가 난무하고 있었다. 특히 도쿠가와 막부 이래로 일본의 화폐가치가 끊임없이 하락해 화폐본위가 지극히 불안정했다. 1869년까지 일본에서는 11종의 금화와 7종의 은화가 각각 금속화폐 유통량의 54%와 42%를 차지했다. 이 밖에 6종의 동전이 유통됐고, 각 번진에서 발행한 천태만상의 지폐도 있었다. 그야말로 화폐의 '춘추전국시대'라고 해도 과언이 아니었다.[6]

당시 일본 재정을 관장했던 오쿠보 도시미치(大久保利通)를 비롯해 신정부의 수뇌들 가운데 현대적인 재정·금융 지식을 가진 이는 하나도 없었다. 그래서 처음에는 별 논란 없이 은본위제를 시행하는 쪽으로 의견이 모아졌다. 은은 예전부터 일본의 주요 유통화폐 역할을 해왔다. 이렇게 해서 일본 정부는 1868년 2월에 은을 주요 통화로 정하고 모든 무역항에서 멕시코 은화를 결제 수단으로 사용하도록 규정했다. 그런데 이 무렵 서구 은행 제도 조사차 멀리 미국에 가 있던 이토 히로부미가 일본 정부에 편지를 보내 금본위제를 주장했다.

"오스트리아, 네덜란드 및 다른 국가들이 여전히 은본위제를 실시하는 이유는 단기간 내에 기존 화폐 시스템을 바꾸기 어렵기 때문입니다. 만약 이들 국가에 본위화폐를 새로 정할 기회가 주어진다면 두말할 것 없이 금본위제를 선택할 것입니다. 따라서 일본도 서구의 주류 경향을 따르는 것이 현명하다고 판단됩니다. 금을 본위화폐, 은을 보조화폐로 하는 화폐제도를 제안합니다."[7]

일본의 신정부 수뇌들은 원래 이 문제에 대해 이렇다 할 좋은 아이디어를 떠올리지 못했다. 그러던 차에 미국에서 은행업을 시찰 중인 이토 히로부미가 서구의 최신 사상을 제안했으니 반대할 이유가 없었다. 모두들 즉시 금본위제로 바꾸는 것이 좋겠다는 쪽으로 의견을 통일했다. 곧이어

┃ 미쓰이 스미토모(住友)은행 본부

일본에서는 냥을 없애고 엔으로 바꾸는 '폐량개원(廢兩改元)'이 추진됐다. 이는 중국보다 70여 년 앞선 시점이었다.

메이지 신정부는 수립 첫해에 바로 이토 히로부미를 미국에 파견해 서구의 은행 시스템을 조사, 연구하도록 했다. 일본 정부가 금융 문제를 얼마나 중요하게 생각했는지 알 수 있는 대목이다. 사실 이토 히로부미는 금융에 정통한 사람이 아니었다. 미국에 도착한 그는 그저 현지 은행업의 기본 구조를 이해하는 데 그쳤을 뿐, 더 깊이 연구하고 흡수하기란 거의 불가능했다. 그럼에도 그는 일본에 돌아온 후 미국의 국립 은행 시스템을 모방해 무려 153개의 국립 은행을 설립했다. 이들 은행은 19세기 말에 이르러서는 모두 일반 상업 은행 내지 개인 은행으로 바뀌었다.

이토 히로부미가 금본위제를 주장한 것은 대단히 탁월한 판단이었다. 의도한 바는 아니었지만 일본이 금본위제를 실시함으로써 영국과 같은 편에 서게 된 것이다. 그러나 당시 일본에서는 금이 매우 희귀해서 여전히 은이 주로 유통되었다. 따라서 실질적인 금본위제는 1897년에나 시행되었다.

청나라는 청일전쟁에서 패한 다음 일본에 총 2억 3,000만 냥의 백은을 배상금으로 지불했다. 이 돈은 잉글랜드은행을 통해 파운드화로 일본 요코하마정금은행의 런던 지점에 지급됐다. 그중 53%는 영국의 전쟁 채권과 무기 구매 대금 상환에 사용됐다. 또 나머지 돈은 영국 국채 및 황금 구매에 전액 사용됐다. 이렇게 구매한 황금이 잇따라 일본으로 운송되어 금본위제 확립의 밑거름이 되었다.

이노우에 가오루는 새로운 재정 정책을 추진하려 했지만 수중에 돈이 없어 자연스럽게 일본 최대의 금융재벌인 미쓰이가와 접촉하게 되었다. 그리고 쌍방은 만나자마자 바로 의기투합했다. 이노우에 가오루는 미쓰이가가 신정부 수립에 혁혁한 공을 세워 마땅히 큰 포상을 받아야 하는 데다가 이후에 그들의 도움을 받을 일까지 고려해 국고 출납 책임자라는 중요한 직책을 맡겼다. 하지만 형평성을 기하기 위해 다른 두 은행 재벌과 함께 국고를 맡아 관리하게 했다.

1871년에 일본 국가 조폐창에서 새 화폐가 발행되었다. 이때 미쓰이는 정부 특별 대리인 자격으로 전국의 구권 화폐 회수 및 신권 화폐 유통의 중임을 담당했다.

서양 문물을 습득하고 온 이노우에 가오루는 미쓰이가의 재래식 금융기관이 시대에 뒤처져 있다는 사실을 지적했다. 이어 구미의 현대 은행과 같은 체제로 바꿀 것을 강력하게 권유했다. 미쓰이는 이 말을 흘려듣지 않았다. 우선 은행이 신용화폐 발행을 통해 큰 차액을 얻을 수 있다는 사실에 주목했다. "75%의 준비금으로 100%의 신용화폐를 발행하면 나머지 25%는 그냥 먹는 것이 아닌가?" 이렇게 생각한 미쓰이는 드디어 은행의 신용을 이용해 큰돈을 벌 수 있는 비밀을 발견해 냈다. 그는 천재일우의 기회를 놓치지 않았다. 즉시 정부에 법정 통화와 똑같은 효력을 지닌 화폐 150~200만 엔을 발행하겠다고 신청했다. 그는 스스로 '일본의 잉글랜드은행'이 되겠다는 꿈을 꾸고 있었다.

1871년 7월, 미쓰이는 일본 역사상 최초로 정부에 개인 은행 설립 신청서를 제출했다. 8월에 대장성의 허가가 떨어졌고, 한 달도 안 돼 이노우에 가오루의 도움으로 내각의 승인까지 얻었다. 금상첨화로 일본 정부는 미국에서 이미 인쇄해 놓은 지폐까지 모두 미쓰이에게 넘겨 직접 발행하도록 했다. 미쓰이는 인쇄비까지 절약한 셈이었다.

미쓰이가 기쁨에 들떠 있는 와중에 반갑지 않은 소식이 들려왔다. 일본 정부가 이토 히로부미의 제안을 받아들여 갑자기 미국식 국립 은행 시스템을 구축하기로 생각을 바꾼 것이다. 이른바 국립 은행은 단순한 관영 은행이 아니라 발권 기능을 가진 주식제 은행을 가리켰다. 미쓰이는 당연히 모든 권력을 혼자 쥘 수 있는 개인 은행 체제를 선호했다. 물론 다른 사람과 손잡을 생각도 전혀 없었다. 이에 이노우에 가오루는 미쓰이의 손실을 보상해 주기 위해 680만 엔의 재정 증권과 250만 엔의 식민지 채권 발행 업무를 그에게 맡겼다. 이 두 가지 정부 채권은 모두 금화와 태환이 가능한 지폐였다. 그러나 당시 일본에 금이 많지 않아 이를 황금과 바꿀 수 없었다. 미쓰이는 정부 채권 발행을 통해 적지 않은 이익을 얻었으나 여전히 발권 은행 설립에 대한 미련을 버리지 못했다.[8]

미쓰이는 이노우에 가오루의 간곡한 설득에 못 이겨 마지못해 다른 두 금융재벌과 공동 출자로 은행을 설립하는 데 동의했다. 이렇게 탄생한 것이 일본 국고 자금을 관리하는 제일국립 은행이었다. 이후 일본의 국가 재정 수입은 모두 이 은행을 거쳤다. 미쓰이는 이 은행을 경유하는 천문학적인 자금으로 대출을 제공하고 사업에 투자했다. 얼마 되지 않아 그는 누구도 따라올 수 없는 막강한 자금력을 확보할 수 있었다. 옥에 티라면 이 좋은 돈벌이 기회를 다른 사람과 공유해야 한다는 사실이었다.

그런데 미쓰이에게 드디어 다른 두 동업자를 제거할 기회가 찾아왔다.

일본 대장성은 갑자기 국가 재정 수입을 주식제 은행에 맡기는 것이 안전하지 않다는 생각이 들어 제일국립 은행의 3대 주주의 자본금을 기습 조사하는 행보에 나섰다. 미쓰이는 이노우에 가오루에게서 미리 정보를 입수해 사전에 철저한 준비를 해놓았다. 그러나 다른 두 주주는 충분한 준비금을 내놓지 못해 결국 정부에 의해 강제로 문을 닫고 말았다.

미쓰이는 이노우에 가오루의 도움에 힘입어 마침내 제일국립 은행의 대권을 손에 거머쥐었다.

일본 정계에서 이노우에 가오루에게 '미쓰이가의 최고 고문'이라는 별명을 붙여준 것도 전혀 이상한 일이 아니다.

자국의 금융 하이 프런티어를 장악한 일본

조슈, 사쓰마, 히젠(肥前), 도사(土佐)의 4대 번을 핵심으로 하는 '메이지 과두' 파워 그룹은 정부의 실권을 확실하게 장악했다. 이 결과 메이지 천황에 대한 대우는 도쿠가와 막부 시절보다 훨씬 개선됐지만 천황은 여전히 유명무실한 꼭두각시에 지나지 않았다. 메이지 과두 세력은 천황을 신처럼 받들었으나 국가의 실권은 자신들이 꼭 쥐고 놓지 않았다.

그들이 도쿠가와 막부를 전복했지만 여전히 전국에는 300여 개의 군소 제후들이 남아 있었다. 이들을 철저하게 제거하지 않는다면 언제 어디에서 다시 제2의 도쿠가와 막부가 생겨날지 모를 일이었다. 게다가 봉건 할거 세력은 일본이 서구 열강과 어깨를 나란히 하고 근대화로 발전하는 데 큰 걸림돌로 작용했다.

문제는 어떤 방법으로 번을 제거하느냐에 달려 있었다. 역사상 이 때문에 발생한 전란은 셀 수 없이 많았다.

메이지 과두 세력은 논의 끝에 최종적으로 폐번치현이라는 조치를 내놓았다. 이는 중앙 정부에서 번왕(藩王), 제후를 비롯해 그들의 수하 및 방대한 규모의 사무라이 계급을 모두 먹여 살리겠다는 방안이다. 중국과 비교하자면 송나라 태조(太祖)가 실시한 배주석병권과 비슷한 구상이다.

바로 이해득실을 따져본 제후들은 밑질 것이 없다는 계산이 나오자 흔쾌히 제안을 받아들였다. 과거 제후들의 연간 명목소득은 쌀 10만 석(石)이었다. 화폐로 환산할 경우 대략 6만 4,000파운드에 해당했다. 일본 정부는 폐번치현 이후 제후들에게 매년 쌀 5만 석의 녹봉을 지급하기로 약속했다. 이는 제후들에게 불리한 것처럼 보이지만 실상은 그렇지 않았다. 그들의 수입원은 늘 불안정했다. 농사는 항상 하늘에 맡겨야 했고, 전쟁이나 폭동이라도 일어나면 인력과 물자를 동원해 진압해야 했으므로 자칫하면 적자가 날 수도 있었다. 여기에 전에는 자신들이 먹여 살려야 했던 사무라이를 정부가 책임지니 한결 부담도 덜었다. 이 때문에 폐번치현 사업은 대단히 순조롭게 진행됐다. 이 과정을 지켜본 한 영국 기자는 감탄을 금치 못했다.

"유럽은 봉건영주 제도를 폐지하는 데 수백 년이나 걸렸다. 그러나 일본은 단 3개월 만에 폐번치현 조치를 완벽하게 실행에 옮겼다."

그러나 모든 것이 일사천리로 진행되지는 않았다. 번진이 제거되자 제2의 도쿠가와 막부 등장은 걱정하지 않아도 됐으나 중국의 팔기자제와 비슷한 번주 계층 200만 명을 먹여 살려야 하는 어마어마한 재정 부담에 부딪혔다. 제후와 사무라이에게 지급하는 녹봉만 중앙 정부 재정의 3분의 1을 차지할 정도였다. 게다가 각 번의 채무 7,800만 냥까지 모두 떠안게 되자 메이지 신정부는 심각한 재정 위기에 빠졌다.

팔기자제(八旗子弟)
청나라의 귀족 집단.

갓 권력을 잡은 메이지 과두 세력은 국가의 내우외환을 해소하기 위해 돈이 필요했다. 그러나 신정부에는 돈이 없었고 세수만으로는 짧은 기간 내에 필요한 자금을 마련하기 어려웠다. 결국 화폐 발행을 통해 급한 불을 끌 수밖에 없었다. 이는 미국의 각 식민지들이 영국의 식민 통치에 맞서 식민지 화폐를 대량으로 찍어내던 상황과 거의 흡사했다.

메이지 신정부는 정권을 잡은 1868년부터 2년 사이에 총 4,800만 엔의 지폐를 발행했다. 그중 절반 이상은 정부 운영에 투입됐다. 또 1,270만 엔은 신정부 지지 세력인 제후들에게 융자해 주어 나머지 1,000만 엔으로 공업, 상업과 은행업의 발전을 추진해야 했다. 그래서 세 번째 해부터는 세 가지 지폐를 추가로 발행했다. 하나는 내무부에서 발행한 보조화폐로 발행액은 750만 엔이었다. 다른 하나는 대장성에서 재정 적자를 메우기 위해 발행한 재정 증권으로 발행액은 680만 엔이었다. 나머지 하나는 사무라이 출신 실업자들이 홋카이도(北海道)에서 재취업할 수 있도록 지원하는 '실업조정 수당'으로 발행액이 250만 엔이었다.[9]

화폐를 이처럼 마구 찍어낸 데다가 엎친 데 덮친 격으로 위조지폐까지 범람했다. 일본 사회는 곧 악성 인플레이션 상황에 직면해 정부화폐 신용이 바닥으로 추락하고 정권마저 위태위태해졌다.

신정부가 자금난 해결을 위해 대량의 화폐를 발행한 것은 임시방편에 불과했다. 장기적인 대책은 반드시 정부의 재정 수입을 늘리는 것이어야만 했다. 신정부는 이를 위해 현물로 납부하는 물납 제도 대신 소작료의 화폐화 개혁을 출범시키는 고육책을 도입했다. 여기에 더해 농민들은 각종 요역도 부담해야 했다. 300년 전 중국 명나라의 내각 수반 장거정(張居正)이 일조편법(一條鞭法)을 통해 유사한 문제를 해결한 것처럼 일본 정부의 재정 수입은 대폭 증가했다.

경제가 점차 안정적인 궤도에 오르자 이번에는 제후와 사무라이의 녹봉 문제가 새로운 골칫거리로 떠올랐다. 메이지 과두 세력은 거듭되는 상의를 거쳐 이들에게 지급하던 녹봉을 금록공채(金祿公債)로 바꾸는 묘책을 고안해 냈다. 매년 제후와 무사에게 거액의 현금을 지급하느니 차라리 향후 수년 동안의 녹봉을 일시금으로 지급하는 편이 낫다고 생각했다. 이는 중국 회사에서 직원에게 근속연수에 따라 일시금을 지급해 보상해 주는 것과 같았다. 다만 제후와 사무라이에게 현금이 아닌 '금록공채'라는 공채를 발행하는 것이 달랐다.

이에 따라 신정부는 녹봉이 높은 자에게는 일시금으로 6~7년의 총수입에 해당하는 액수의 공채를 연리 5%로 지급했다. 녹봉이 낮은 자에게는 10~12년의 총수입에 해당하는 공채를 주면서 이자를 조금 더 높게 조정했다. 이로써 정부는 공채 이자만 매년 지급하면 됐으므로 재정 부담이 대폭 완화되었다. 공채 원금은 발행 후 6년째 되는 해부터 추첨을 통해 상환하고 기한은 30년이었다. 이 방법은 청나라 옹정제(雍正帝)가 재정 개혁을 단행할 때 팔기자제들을 북경 교외에 보내 농사짓게 한 것보다 훨씬 더 효과적이고 훌륭했다. 일본 메이지 시대의 재정·금융 관리 수준은 현대인들도 혀를 내두를 정도로 고명했다고 할 수 있다.

이렇게 절약한 거액의 자금은 산업 발전에 투입됐고, 산업 투자를 통해 얻은 수익으로는 다시 금록공채의 원리금을 지급했다. 이때부터 200만 명의 생계 문제는 완전히 시장에 의해 결정됐다.

일본 정부는 1876년 8월부터 금록공채를 발행하기 시작했고, 발행 규모는 1억 7,400만 엔에 달했다. 당시 일본의 화폐 유통량이 1억 1,200만 엔에 불과했다는 사실을 감안하면 엄청난 규모라고 할 수 있다. 일본 정부는 내친김에 국립 은행법을 수정해 금록공채를 은행의 등록 자본금으로 출자가 가능하도록 규정했다. 하룻밤 사이에 벼락부자가 된 제후들은 일시금으로 받은 수백만 엔의 채권을 앞다퉈 은행에 출자했다. 당시 일본 제후들은 금융 지능지수(FQ)가 상당히 높았던 것 같다. 상업 은행 주식을 매입하면 어떤 이익을 얻을지 알고 있었으니 말이다. 유명한 다이쥬고(第十五) 국립 은행의 주주 대부분은 이 벼락부자들이었다. 이들은 녹봉 수입을 금융 자본으로 성공적으로 전환했고, 이 자본은 다시 고수익 산업 프로젝트에 투입돼 거액의 수익을 창출했다. 이들은 훗날 자연스럽게 신귀족 계층으로 신분 상승을 이루었다. 금록공채 발행 후 3년도 안 돼 일본에는 무려 153개의 국립 은행이 우후죽순처럼 설립됐다.

반면 칼싸움 외에 별다른 특기가 없었던 중하층 사무라이들의 상황은 비참했다. 이들은 절대 상인들의 상대가 되지 못해 결국 일시금으로 받은 금록공채를 거의 사기당하고 말았다. 결과적으로 사업에 뛰어든 사무라이 중에 극소수만 성공을 거두고 나머지 절대 다수는 빈곤층으로 전락하고 말았다.

국가의 중대한 정책들이 속속 추진되면서 금융 업무량이 갈수록 늘어남에 따라 미쓰이는 개인 은행의 설립 허가 신청을 가속화했다. 앞서 그의 요구가 정부에 의해 거부됐으나 그는 쉽게 포기하지 않았다. 그러던 중 1876년에 이노우에 가오루가 다시 대장성에 복귀하면서 미쓰이은행은 드디어 설립 허가를 받을 수 있었다. 단, 정부는 무한책임을 져야 한다는 조건을 달았다. 1876년 7월 1일, 일본 역사상 최초의 개인 은행인 미쓰이은행이 문을 열었다. 미쓰이는 마침내 화폐 발행의 꿈을 이루게 되었다.

미쓰이은행은 전통적인 환업무와 환전 업무를 주로 하는 방식에서 탈피했다. 우선 산하의 의류 체인점 31개를 발 빠르게 은행 분점으로 바꿔 일본 최대의 전국적인 금융 네트워크를 확보했다. 옷가게 단골들은 미쓰이은행의 고객이 되었다. 미쓰이은행은 개업 첫 해에 총 예금액이 1,137만 엔에 달했고, 외화도 228만 달러나 유치했다. 일본 정부도 폐번치현, 소작료의 화폐화, 금록공채 등으로 크게 늘어난 재정 수입 중 절반을

| 일본은행

미쓰이은행에 저축했다.[10]

이는 사실 미쓰이은행이 메이지 정부로부터 거액의 자금을 무이자, 무담보로 빌린 것이나 다름없었다. 미쓰이은행은 이렇게 확보한 막강한 자금으로 철도, 방직, 제지, 해운, 탄광 등의 산업에 대대적으로 투자했다. 그리고 마침내 금융을 핵심으로 하고 각종 산업을 뼈대로 하여 함께 상부상조, 공존공생하는 슈퍼 재벌이 되었다.

1882년에는 마쓰카타 마사요시(松方正義), 이노우에 가오루 등의 진두지휘 아래 일본 역사상 최초의 중앙은행인 일본은행이 정식으로 설립되었다. 이 은행은 주식제 기업의 형태를 취했기 때문에 정부와 민간 금융가들이 각각 일정한 지분을 보유했다. 미쓰이가는 주요 발기인 자격으로 중앙은행 주주총회에서 의결권을 행사했다.[11] 일본은행 설립으로 각 방면을 대표하는 재벌들이 미쓰이의 권력을 희석시킨 것은 사실이지만 일본 금융계에서 미쓰이에 필적할 만한 실력자는 아무도 없었다.

뒤이어 일본은행은 유일한 법정 발권 은행 자격으로 153개 국립 은행의 화폐 발행권을 차례로 회수했다. 이로써 일본 금융의 전략적 고지를 완전히 장악했다.

일본은행의 또 다른 중요한 기능은 바로 자국 내 중점 산업에 직접 대량의 융자를 제공하는 것이다. 특별 할인 창구를 개설하여 중점 기업의 주식과 채권을 담보로 잡아 대출을 해주었다. 기업 채무와 주식의 화폐화를 통해 중점 기업의 발전 자금을 전 사회가 공동으로 부담하는 이 새로운 방식은 다른 국가에서는 상상도 못했던 것이다. 이 방법으로 일본에는 산업화의 비약적인 발전을 위한 중요한 금융 환경이 마련됐다.

일본은행의 주도 아래 전국의 금융 자원이 효과적으로 통합되고 전반적인 은행 시스템이 신용 확대에 주력함으로써 대규모 자금이 끊임없이 산업 전반에 유입되었다. 여기서 특히 주의할 것은 일본이 메이지 유신 이후부터 청일전쟁 발발 전까지 외채에 전혀 의존하지 않았다는 사실이다. 그 이유는 중국을 비롯한 각국이 외채의 압박에 시달려 서서히 식민지화되는 위험한 과정을 직접 목격했기 때문이다. 실제로 메이지 유신에 사용된 자금은 자국의 금융 자원 통합과 조정을 통해서 조달했고, 특히 전반적인 은행 시스템의 신용 확장이 중요한 역할을 했다.

일본의 금융 시스템은 일본은행의 감독 보호 아래 공전의 발전을 이룩했다. 그 결과 1901년까지 일본 전역에 수천 개의 다양한 금융기관이 설립되었다. 그중 상업 은행만 무려 1,867개였고, 도시와 농촌을 연결한 방대한 규모의 금융 네트워크도 구축됐다. 그 후 10년 사이에 상공업에 공급된 은행 대출 규모는 3배나 신장했고, 예금 규모 역시 4배 증가했다. 일본의 철도, 항운, 광산, 방직, 군수, 기계제조, 농업, 무역 등의 산업은 이런 충분한 자금의 뒷받침에 힘입어 전례 없는 엄청난 속도로 발전했다.

메이지 유신이 외국 자본에 의존하지 않은 이유

일본은 메이지 유신 초기에 금록공채를 자본금으로 삼는 기발한 생각을 했다. 이는 당시에 이미 일본이 현대 금융의 본질에 대해 철저히 이해했음을 설명한다. 같은 시대의 청나라를 훨씬 앞선 진보적인 금융 사상이었다. 중요한 것은 일본이 메이지 유신 시기에 산업화에 대량의 자금이 필요했음에도 외국 자본과 외채를 대량으로 도입하지 않았다는 사실이다. 당시 일본은 이미 은행 신용의 비밀을 꿰뚫고 있었던 것이다. 현대 은행과 신용화폐 제도가 정비된 일본에서는 법정 통화가 부족할 이유가 없었다. 자국 은행 시스템으로 화폐를 무진장 찍어내는 것이 가능했다. 따라서 외국 자본은 일본의 은행 시스템을 파고들 틈이 없었다. 물론 외국의 기술 설비를 도입하고 일본에 부족한 자원을 수입하기 위해 국제 통용화폐인 경화(Hard Currency)가 일부 필요했지만 말이다.

일본은 메이지 유신 때 투자 유치를 전혀 고려하지 않았다. 일본은 외국의 기술, 기계설비 및 원자재만 필요했을 뿐, 경영 분야는 오히려 서구보다 한 수 위였다. 필요한 경화도 생사, 찻잎, 도자기를 수출해 얻으면 그만이었다. 외국 자본 역시 일본이 스스로 화폐 창조 능력을 갖췄기 때문에 전혀 필요 없었다. 따라서 일본에 진출한 양행들은 일본 상품의 해외 시장을 개척하고 일본에 필요한 물건을 공급하는 등의 국제무역에만 종사했다. 국내 무역은 일본 본토 기업과 상인들이 함께 이끌어나갔다.

현대 은행의 부분 지급준비금 제도는 금융의 높은 레버리지 효과를 이용한 제도이다. 이를 활용하면 1달러의 준비금으로 10달러에 해당하는 통화량을 창조할 수 있다. 일본은 1882년 이전에 심지어 약 20배의 레버리지율을 이용해 대량의 신용화폐를 창조해 냈다. 이런 통화량의 급증은 일본 상공업의 비약적인 발전을 추진했다. 물론 이 과정에 인플레이션이라는 위험이 잠복해 있었지만 말이다.

일본은 청일전쟁과 러일전쟁 때부터 본격적으로 대량의 외채를 도입하기 시작했다. 당시 일본의 금융 시스템은 이미 전국적인 통합을 이루었고, 산업화와 근대화도 거의 완성된 시점이어서 외채를 빌려 쓴다고 해도 자국 정치와 경제에 대한 자주권을 잃을 염려가 없었다. 사실 선쟁에 필요한 외채는 벤처 투자와 같았다. 일본은 청일전쟁과 러일전쟁에서 모두 대승을 거둬 막대한 이익을 얻었다. 그리고 이를 열강과 나눠 가지면 그만이었다.

원래 외국 은행은 일본에서 지배적 지위를 누렸다. 1863~1868년까지 최초로 일본에 상륙한 6대 외국 은행의 자본금은 총 2억 냥에 달해 일본 은행 시스템의 보유량을 훨씬 초과했다. 일본 은행 시스템의 자본금은 1897년에 이르러서야 겨우 1억 3,300만 엔을 달성했으니, 외국 은행의 자금력이 얼마나 막강했는지 알 수 있다. 그러나 일본 본토 금융 세력이 빠른 속도로 확장하면서 외국 은행은 점차 영향력을 잃어갔다.

메이지 유신 이후 외국 은행은 막강한 자금력에도 불구하고 일본 시장을 개척하는 일이 여의치 않았다. 급기야 일본에 진출한 6대 외국 은행 중 홍콩상하이은행을 제외한 5개는 20세기 초에 이르러 전부 파산하거나 철수했다. 홍콩상하이은행은 대중국 아편무역을 통해 얻은 이익으로 그나마 한자리를 차지했으나 일본 본토 금융 세력의 압력에 못 이겨 대외무역, 외국환 등 제한된 업무만 담당했을 뿐, 화폐 발행권 장악은 꿈조차 못 꾸었다. 심지어 일본에서 일반적인 금융 업무를 추진하는 데도 많은 어려움이 따랐다.

일본에 외국 은행이 발을 붙이기 어려웠던 이유는 우선 미쓰이, 미쓰비시(三菱), 스미토모(住友)의 3대 본토 금융 세력이 외국 은행을 매섭게 공격하고 견제했으며, 여기에 매판 계층이 생존하고 발전할 만한 토양이 조성되지 않았다는 것이다. 현지인의 적극적인 도움 없이 외국 은행이 일본 시장을 개척하기란 상상도 못할 일이었다. 미쓰비시가는 직원들에게 "일본 항운 시장에 진출한 외국 기선 회사들을 기필코 싹쓸어버리겠다"라고 공개 선언했을 정도였다. 정부와 금융 양대 세력 집단의 도움 아래 미쓰비시가는 이 결심을 실행에 옮겼다.

조슈, 사쓰마번의 귀족과 사무라이 계급으로 구성된 메이지 정부가 서구 열강을 상대한 마음가짐과 태도는 정객, 문인이 장악한 청나라 정부와 달라도 너무 달랐다. 금융 분야는 특히 더 심했다. 대장성은 메이지 정부의 핵심 권력기관으로 재정·금융 관료들은 대부분 조슈, 사쓰마번의 명문 사무라이들이 담당하고 있었다. 이들은 금융 시장마저 사무라이 정신으로 목숨을 걸고 싸워야 하는 각축장으로 여겼다. 이로 인해 외국 은행이 일본 금융의 명맥을 장악하기 위해서는 반드시 금융 무사들이라는 난관을 먼저 넘어야만 했다.

일본은 자국 금융 시스템을 완벽히 통제함으로써 국가의 운명도 장악할 수 있었다. 물론 극렬한 산업화 과정에서 금융 혼란으로 인해 심각한 인플레이션과 디플레이션을 유발했으나, 전체적으로 보면 식민지화의 위기에 빠졌던 후진국 일본은 단 30년간의 노력을 거쳐 현대 산업 강국으로 도약했다. 이는 일본이 자국 금융 하이 프런티어를 굳건히 고수했기에 가능한 일이었다.

이어서 일본은 국제 무역과 외국환 분야에서 여전히 우세를 보이고 있는 홍콩상하이은행에 맹렬한 공격을 가하기 시작했다.

엔화 신용 방어전

일본 대장성 장관 오쿠마 시게노부(大隈重信)가 요코하마정금은행을 설립한 목적은 엔화 가치의 급격한 평가절하를 막기 위해서였다. 그가 출범시킨 화폐의 양적 완화로 인해 대출 규모가 급증하면서 경기가 자연스럽게 과열됐다. 그 결과 은화 대비 지폐 가치가 대폭 하락하고 엔화 신용이 무너져 걷잡을 수 없는 인플레이션이 발생하고 경제는 혼란에 빠졌다. 이 부득이한 상황에서 오쿠마 시게노부는 외채 5,000만 엔을 빌리자고 조심스럽게 제안했다. 외국의 은화를 빌려 일본 시중에 넘쳐나는 통화량을 회수할 생각이었다. 그러나 그의 제안은 각계의 뭇매를 맞고 묵살되고 말았다.

메이지 정부의 과두 인사들은 대부분 외국을 다녀온 경험이 있었다. 그중에서 중국, 인도 및 기타 식민지 국가들을 다녀온 인사들은 이 국가들이 외국 채무의 통제를 받아 결국 식민지 내지 반식민지로 전락하는 과정을 두 눈으로 똑똑히 목격했다. 이에 그들은 이렇게 지적했다.

"메이지 유신의 목적은 일본이 서구 열강의 식민지로 전락하는 것을 어떻게든 막아보자는 것이 아닌가? 지금은 산업화 토대가 채 완성되지 못해 채무 상환 능력도 부족한 상황이다. 이런 때에 섣불리 외채를 빌린다면 일본의 관세와 기타 정부 수입을 담보로 내놓을 수밖에 없다. 그렇게 되면 결국 일본은 재정과 세수 주권을 상실해 중국의 전철을 밟는 꼴이 아니겠는가?"

┃ 오쿠마 시게노부

오쿠마 시게노부는 별 수 없이 순수한 '금은화폐'만 취급하는 은행을 설립하자고 제안했다. 설립 장소는 일본의 상업 중심지 요코하마로 정했다. 이 은행은 순전히 금은 관련 업무만 취급했기 때문에 '요코하마정금은행'으로 불렸다. 요코하마정금은행은 발권 기능은 없었고, 주로 '악화(지폐)'에 의해 구축된 '양화(금은)'의 유통을 활성화하는 기능을 수행했다. 그러나 지폐 가치는 여

┃ 마쓰카타 마사요시

전히 걷잡을 수 없이 하락했다. 1880년에 이르러 엔화 가치가 은화의 45%로 하락하자, 시중의 금은이 하룻밤 사이에 일본 땅에서 모두 증발해 버린 것 같았다. 정금은행은 제대로 된 금은화를 얻지 못해 업무 마비 상태에 빠졌다. 오쿠마 시게노부는 엔화 가치 하락을 막지 못한 책임을 지고 대장성 일인자 자리에서 퇴출되었다.[12]

수습하기 어려운 이 국면을 인계받은 사람은 바로 마쓰카타 마사요시였다. 그는 처음부터 오쿠마 시게노부의 화폐의 양적 완화에 불만이

많았다. 그는 취임 후 가장 먼저 바닥으로 추락한 엔화 신용을 회복하는 데 역점을 뒀다. 이 정책을 성공시킬 유일한 방법은 정부가 금은을 가지고 시중에 과잉 공급된 엔화를 회수하는 것이었다. 이를 위해서는 국민들이 정부의 금은 비축량이 충분하다는 사실을 신뢰하고 더 이상 엔화와 금은의 태환을 요구하지 않을 때까지 국민들 손에 있는 엔화를 회수해야 했다. 당시 일본의 총 통화량은 1억 5,300만 엔인데 반해, 금은 준비금은 통화량의 5.7%에 불과한 870만 엔이었다. 따라서 가장 중요한 국민들의 신뢰를 이끌어내는 데 무엇보다 필요한 것은 실물 금은이었다.

사실 마쓰카타 마사요시는 이미 모든 준비가 끝난 상태였다. 그는 요코하마정금은행 측과 수차례 상의를 거쳐 한 가지 방안을 고안해 냈다. 이 방법은 은행의 경영난을 해결할 수 있을 뿐 아니라 일거에 평가절하된 엔화 가치를 대폭 끌어올릴 수 있었다. 특히 외국 양행들로부터 대외무역 가격 결정권을 탈환할 묘책이기도 했다.

마쓰카타 마사요시는 대장성에 즉시 요코하마정금은행에 300만 엔의 외환 거래 자금을 지원하라고 명령을 내렸다. 이 돈으로 일본의 수출 무역을 지원해 외화를 벌어들여 국내의 금은 부족 문제를 해결하겠다는 복안이었다. 이는 오쿠마 시게노부의 구상과 완전히 반대된 입장이었다. 국내에 금은이 부족하고 지폐 공급량이 과잉된 상태

| 일본 요코하마정금은행

에서는 내부적으로만 문제를 해결해서는 곤란하고, 눈을 전 세계로 돌려 외국의 금은을 유입해 엔화 가치를 안정시켜야만 했다.

당시 일본의 대외무역 구조는 중국과 비슷해 주로 생사와 찻잎을 수출했다. 그중 생사 산업은 예로부터 일본의 가장 중요한 전통 산업이자 수출 산업이었다. 전체 수출에서 차지하는 비중이 30%에 달했다. 그러나 양행들이 외국 은행을 등에 업고 가격 결정권을 완전히 독점했기 때문에 일본 상인들은 터무니없이 낮은 가격에 생사와 찻잎을 양행에 넘겨주는 경우가 많았다. 이에 일본 대장성은 오래전부터 내심 불만을 품고 있었으나 뾰족한 방법을 찾아내지 못했다.

요코하마정금은행이 마쓰카타 마사요시의 지시에 따라 조용히 행동을 개시할 무렵, 상해에서는 호설암이 생사를 사재기해 양행들과 한판 대결을 펼치고 있었다. 그러나 결과는 완전히 딴판이었다.

일본의 생사 상인과 찻잎 상인들은 항상 자금이 부족했다. 양행들이 구매 대금을 6개월 만기 상업어음으로 지불하는 통에 어음을 현금화하려면 무려 6개월을 기다려야 했다. 그래서 급전이 필요한 경우에는 외국 은행을 찾아가 어음을 할인했다. 문제는 할인율이 20%에 달해 이윤을 그만큼 손해 본다는 것이었다. 손실을 보지 않으려면 만기일까지 기다려야 했으나 생사와 찻잎은 모두 계절성 상품이라 오래 보관해 두면 변질될 위험이 높았다. 결과적으로 자금이 부족한 상인들은 생사와 찻잎을 제때에 구매할 수 없었고, 재배 농가들은 생사와 찻잎이 상하기 전에 헐값으로 처분할 수밖에 없었다. 이 와중에 폭리를 취한 것은 양행들이었다.

요코하마정금은행의 등장은 양행들의 가격 독점 국면을 일거에 타파했다. 양행들이 상인들과 매매 계약을 체결하고 상업어음을 발행하면 요코하마정금은행이 즉시 나섰다. 엔화 현금으로 상인들의 어음을 인수하고 할인율도 대단히 낮았다. 이 조치들은 일본 대장성이 마쓰카타 마사요시의 지시에 따라 매우 낮은 금리로 정금은행에 빌려준 전문 자금이었기 때문에 가능한 일이었다.

이렇게 되자 상인들은 현금을 얻기 위해 어음 만기일까지 기다릴 필요가 없었고, 또 외국 은행을 찾아가 큰 손해를 보면서 어음을 할인할 필요도 없었다. 정금은행은 어음을 만기일까지 보유하고 이에 따르는 모든 리스크를 부담했다. 동시에 양행들이 어음 만기일에 금은화로 지급한 대금은 모두 정금은행에 개설한 대장성 계좌에 입금됐다.

이렇게 해서 정금은행과 대장성 사이에 선순환 시스템이 이루어졌다. 정금은행은 대장성으로부터 저금리 엔화 대출을 받고 이 돈으로 무역상의 어음을 할인 구매했다. 어음 만기가 되면 외국 금은화가 정금은행을 통해 대장성 계좌에 입금됐다. 정금은행은 대장성으로부터 빌린 대출과 외국환 할인의 금리 차이를 이용해 이윤을 남겼다. 대장성은 시중의 과잉 통화를 회수할 충분한 금은화를 확보하자 곧바로 엔화 신용 회복에 나섰다. 일본 상인들이 확보한 자금으로 제때에 생사와 찻잎을 수매하게 되자 자금 회전 속도가 빨라지고 무역량이 급증했으며 재배 농가도 큰 이득을 보았다. 일본 상인들은 이를 무기로 양행들과의 가격 협상에서 더 큰 목소리를 내게 되었다. 더불어 요코하마정금은행의 사업도 공전의 규모로 확대돼 지점이 해외 각국의 금융 중심지에 연이어 설립되었다.[13]

요코하마정금은행의 금융 혁신은 전례 없는 성공을 거두었다. 이

은행의 등장과 성공으로 붕괴 위기에 직면했던 일본 화폐 시스템은 다시 되살아났다. 무엇보다 메이지 유신 초기의 경제 성과가 견고하게 다져져 과잉 신용 공급에 따른 금융 버블을 피할 수 있었다.

일본은행 설립 후에는 정금은행과 일본은행의 밀접한 협력이 이루어졌다. 일본은행은 정금은행에 2%대의 초저리 대출을 제공해 정금은행의 글로벌 시장 개척을 크게 지원했다. 반대로 정금은행은 일본은행이 철옹성처럼 견고한 화폐 신용을 구축할 수 있도록 꾸준히 금은화를 공급했다. 이로써 1881년에 겨우 870만 엔이던 금은 비축량은 1885년에 4,230만 엔으로 급증하여 전체 통화량의 37%를 점유했다.[14] 1890년을 전후해서는 엔화 가치가 마침내 금은화와 같은 수준으로 회복하면서 일본의 엔화 신용 방어전은 성공적으로 막을 내렸다.

서구 열강은 일본이 심각한 인플레이션을 완벽히 극복하고 휴지 조각이나 다름없던 엔화 신용을 완전히 회복하자 깜짝 놀랐다. 한마디로 일본의 금융 관리 능력은 짧은 20년 사이에 비약적으로 발전한 것이다. 이로써 '현대 은행'의 개념조차 모르던 일본은 전 세계를 무대로 금융 네트워크를 펼치는 '글로벌 금융 게이머'로 급부상했다.

호설암은 양행을 상대로 한 생사 가격 결정권 싸움에서 처참하게 패배했다. 이에 반해 일본 상인들은 가볍게 승리했다. 여기에는 무엇보다 마쓰카타 마사요시 등 관리들이 무역 가격 결정권을 빼앗기 위해 백방으로 노력한 공로가 크다. 반면 청나라는 이홍장 같은 관료들이 양행 편에 서서 호설암을 음해하는 참담한 짓을 저질렀다. 또 일본에는 미쓰이, 미쓰비시 등 민족의식이 강한 금융재벌들이 존재했으나 청나라에는 동정산방 석정보를 필두로 한 매판 세력만 득실거렸다. 이

밖에 요코하마정금은행이 일본의 글로벌 시장 진출을 위한 비장의 카드가 된 반면, 상해 금융시장의 선두마차 홍콩상하이은행은 중국을 식민 통치하는 무기로 이용되었다.

금융 하이 프런티어를 완전히 상실한 중국에서는 양무운동도, 무술변법도 모두 어불성설에 지나지 않았다. 설사 청나라를 뒤엎는다 해도 산업화와 부국강병의 꿈을 실현한다는 것은 절대 불가능했다.

메이지 유신 vs 양무운동

일부 매판은 외국 침략자 세력과 양무파 관료와의 관계를 이용해 양무파의 정치 활동과 경제 활동에 참여했다. 이에 따라 매판 계급의 정치적 영향력과 경제력이 갈수록 커져 점차 중요한 사회 반동 세력을 형성했다. 이홍장을 대표로 하는 양무파 관료 집단 역시 갈수록 매판 세력의 정치적 대변인 역할을 자임하고 나섰다.

_궈모뤄(郭沫若)

일본에서 메이지 유신이 전국을 휩쓸 무렵, 중국에서도 양무운동이 기세 드높게 전개되고 있었다. 당시 중국과 일본은 거의 똑같은 처지와 문제에 직면하고 있어서 거의 똑같은 목적으로 개혁을 진행했지만 최종 결과는 천양지차였다. 메이지 유신은 성공을 거뒀으나 양무운동은 철저하게 실패했다.

당시 일본의 사회 환경이 중국보다 우월했을까? 중국은 비록 두 차례의 아편전쟁에서 각각 영국과 프랑스에 패해 영토를 할양하고 배상금을 지불했으나 국가의 기둥뿌리가 흔들릴 만큼 심각한 손실을 입지는 않았다. 또 1851~1864년 사이에 일어난 태평천국 운동으로 인해 청나라의 기강이 크게 흔들린 것은 사실이지만 일본도 1868년 왕정복고 시작 초기에는 왕권이 대단히 불안정했다. 게다가 300여 개에 이르는 번진 할거 국면을 채 해결하기도 전에 국가 재정은 텅텅

| 이홍장

비고 화폐 시스템은 혼란 상태에 빠졌다. 한마디로 중국과 일본은 근본적인 차이가 없었다.

그렇다면 일본의 제도가 더 선진적이었을까? 당시 일본은 메이지 유신을 통해 최종적으로 조슈·사쓰마·히젠·도사번을 핵심으로 하는 메이지 과두 세력과 미쓰이, 미쓰비시, 스미토모 등 3대 재벌 세력의 이익 동맹 관계를 기반으로 하는 관료-재벌 자산계급 독재정치 체제를 확립했다. 정권을 장악한 그룹은 이른바 '메이지 삼걸(三傑)'과 '아홉 원로(九元老)'였다. 그리고 청나라에서는 이홍장을 대표로 하는 관료와 성선회, 석정보를 필두로 하는 매판 세력이 결탁해 관료 매판 계급을 형성했다.

양자의 가장 큰 차이점은 일본 재벌 세력과 중국 매판 세력이 추구한 이익이 완전히 달랐다는 사실이다. 우선 일본 재벌들은 국가를 내 집처럼 생각해 국가 이익을 위해 개인 이익을 희생할 각오가 돼 있었다. 그러나 중국 매판 세력은 오직 개인 이익을 최우선으로 여겨 서양

인을 등에 업고 자국인들끼리 치열한 이익 쟁탈전을 벌였다. 필요할 때에는 국가 이익을 희생시키는 짓도 서슴지 않았다.

이러한 비교는 얼마든지 가능하지만 결론적으로 메이지 유신의 성공과 양무운동의 실패를 결정한 핵심은 바로 '금융'이라는 사실이다.

청나라 본위화폐의 안정성은 아편무역으로 인해 훼손되었고, 중앙은행이 제 기능을 못하면서 장기간 화폐 통일이 이뤄지지 못했다. 홍콩상하이은행이 중국의 금융을 통제하고, 외국 은행들이 중국의 금융 시스템에 침투했으며, 매판 세력은 금융시장을 독점했다. 신용 창조에 관한 비밀을 너무 늦게 알아채 현대 은행의 설립도 지연됐다. 여기에 거액의 전쟁 배상금과 외채 때문에 중국의 관세, 염세, 이세 등 3대 재정 수입원도 외국 은행의 수중에 떨어졌다. 중국이 이처럼 재정 및 세수 주권을 잃으면서 정부의 재원은 고갈됐고 외채에 대한 의존도가 점점 더 커졌다.

이세(釐稅)
물품 통과세의 일종.

중국은 금융 하이 프런티어의 몰락을 시작으로 정치적 독립성을 잃고 극심한 경제난에 시달렸으며 군사력과 국방력도 대거 약화됐다. 이런 상황에서 과학기술, 교육, 문화 발전은 엄두도 낼 수 없었다. 중국은 결국 서구 열강의 손에 놀아나는 반식민지로 전락하고 말았다.

이 모든 것이 바로 양무운동과 메이지 유신의 가장 본질적인 차이점이다. 한야평 회사의 비극적인 운명은 이러한 비교의 전형적인 사례이다.

금융의 독약을 마신 한야평

1894년에 제강·제철·탄광 산업을 포괄하는 대형 철강 연합기업인 한야평(漢冶萍)이 호북의 한양(漢陽)에서 설립되었다. 이 회사의 용광로 용적은 무려 470m³에 달했다. 당시 동반구에서 가장 크고 가장 선진적인 철강 연합회사라고 할 수 있었다. 한야평은 탄생하자마자 전 세계의 집중적인 관심을 불러일으켰다. 외신들은 잠자던 사자인 중국이 드디어 깨어나 구미 열강과 패권을 다투게 됐다고 대대적으로 보도했다.

1894년 5월, 한야평은 일본 야와타(八幡) 제철소보다 2년 앞서 시험 생산에 성공했다. 신해혁명(辛亥革命) 전까지 직원 수는 7,000여 명에 이르렀고, 연간

> **야와타(八幡) 제철소**
> 일본 최대 제철 기업인 신닛테쓰(新日鐵) 제철소의 전신.

7만 톤의 강재, 50만 톤의 철광, 60만 톤의 석탄을 생산하여 청나라 철강 생산량의 90% 이상을 차지했다. 한야평은 양무운동의 귀감이 되기에 손색이 없었다.

한야평의 정식 명칭은 '한야평석탄제철회사'로 한양 제철소, 대야(大冶) 철광, 강서평향(江西萍鄉) 탄광의 세 회사가 통합해 설립되었다. 중국 최초의 신형 철강 연합기업으로 세계적인 철강 트러스트와 비교해도 전혀 뒤지지 않을 정도의 경쟁력을 갖추고 있었다. 만약 한야평이 성공

| 한야평 본사 건물

| 장지동

을 거둬 상하위 산업의 발전을 이끌었다면 중국 경제는 비약적인 발전이 가능했을 것이다. 또 철도, 기선, 군수산업, 기계제조, 야금, 광산 등 중공업 분야에서 진정한 산업혁명이 일어났을지도 모른다. 더 나아가 20세기 초 중국의 비참한 운명을 바꾸고, 심지어 세계 역사를 완전히 다른 방향으로 이끌어갈 수도 있었다.

철강 산업은 모든 산업의 기반 영역이다. 철강 산업이 취약한 국가는 현대 국가 반열에서 도무지 기를 펴지 못한다. 양무파 역시 이 이치를 잘 알고 있었다. 이 때문에 양무파의 대표 인물인 호광총독 장지동(張之洞)은 한야평 설립을 적극 주장하고 나섰다.

애석하게도 당시 중국의 금융 하이 프런티어가 효과적인 보호를 받지 못하는 상황에서 한야평의 비극적인 운명은 이미 정해진 것이나 다름없었다.

한야평은 설립 초기부터 여러 가지 문제점을 안고 있었다. 1889년, 양광총독 장지동은 조정에 상주문을 올려 제철소 설립을 요청했다. 그는 사실 반년 전에 벌써 사람을 영국에 보내 제철소 설립에 필요한 각종 설비를 주문해 놓은 상태였다. 영국인은 광석과 코크스의 성질에 따라 사용되는 용광로가 다르기 때문에 중국에서 생산되는 광석과 코크스가 무엇인지 물었다. 그러자 장지동은 대답을 거부하면서 이렇게 말했다.

"정말 쓸데없는 질문이다. 중국의 땅덩어리가 얼마나 큰가? 중국에는 모든 종류의 광석과 코크스가 다 있다."

영국인은 할 수 없이 영국의 산성(酸性) 조업의 표준에 부합하는 용광로를 중국에 보냈다. 그러나 호북의 대야 철광은 인 함유량이 높았다. 한야평이 이 철광석을 가지고 제련해 낸 철강 역시 인 함유량이 너무 높아 레일용 강재로는 부적합해 재고만 쌓이고 말았다. 장지동은 누구보다 먼저 중체서용론을 주창해 놓고, 정작 본인은 중국의 가치 체계를 지키지 못하고 서양의 유용한 것도 제대로 이용하지 못했다.

> **중체서용론(中體西用論)**
> 중국의 가치 체계를 기본으로 하고 서양의 유용한 것을 받아들여 이용한다는 뜻.

'서용'이란 과연 무엇일까? 서구 국가로부터 경제를 일으킬 수 있는 구체적인 방법을 배우는 것이다. 배우는 사람으로서는 반드시 성실하고 진지한 태도로 임해 조금이라도 거짓이 있어서는 안 된다. 하지만 장지동은 그렇게 하지 못했다.

그렇다면 일본은 어떻게 했을까? 일본은 1895년에 열린 제9차 제국 의회에서 야와타 제철소 설립을 결의했다. 이후 일본 정부는 무역 산업성 대신을 팀장으로 하는 전문팀을 조직해 철광, 생철, 강재, 코크스, 내화재료, 생산 비용, 공장 부지 등의 문제에 대해 상세한 조사, 연구를 진행했다. 이어 총 11차례의 반복되는 조사와 시험 생산을 거쳐 최종적으로 제철소 설립 예산과 계획을 확정했다.

타당하지 않은 지역을 공장 부지로 선정한 것도 한야평 실패에 한몫했다. 제철소는 당연히 탄광이나 철광 가까운 곳에 설립해야 운송비를 절감할 수 있다. 그러나 장지동은 다수의 의견을 묵살해 버리고 한사코 한양 대별산(大別山) 아래에 공장 부지를 확정했다. 가까운 곳에서 편리하게 감독할 수 있다는 이유 때문이었다. 한양은 대야 철광에서

120킬로미터, 평향 탄광에서 무려 500킬로미터나 떨어져 있어서 생철 제련에 쓸데없는 운임이 적지 않게 들었다. 한양은 또 저지대에 위치한 수해 취약 지역이었다. 홍수를 방지하기 위해 한양 제철소를 건설하기 전 약 9만 제곱미터의 땅을 메우는 데만 30만 냥의 은을 사용했다. 제품 원가가 상승하는 것은 당연한 일이었다.

다음으로 연료 문제이다. 장지동은 제철소 건설 계획을 세울 때 '대국인 중국에 설마 석탄이 없겠는가?'라는 애매모호한 생각을 가지고 있었다. 그는 제철소가 세워진 후 몇 년 동안 장강 중하류 지역에서 탄광을 찾기 위해 수차례나 사람을 파견했으나 아무런 수확이 없었다. 결국 한양 제철소는 연료 부족으로 정상적인 생산이 불가능해졌다. 1894년 6월에 천신만고 끝에 생산을 개시했으나 이번에는 코크스 공급이 달려 그해 10월에 생산이 중단되고 말았다. 하는 수 없이 고가인 개평(開平) 석탄의 코크스를 사용해야 했고, 그것마저 부족하면 일본, 독일로부터 수입했다. 당시 생철의 시가는 1톤당 20냥이었다. 그러나 개평 석탄의 운임 및 보험료 포함 인도 가격만 1톤당 18냥에 달했다. 수입품은 당연히 가격이 더욱 비쌌다. 한양 제철소의 코크스 원가는 당시 외국 제철소의 3배에 달해 생산해 낸 생철과 강재 제품은 시장경쟁력을 확보할 수 없었다. 제철소를 가동해 봤자 적자만 났으나 생산을 중단할 수도 없었다. 이렇게 매달 나가는 고정 지출만 8만 냥에 이르렀다.[15]

1896년까지 한야평에 총 568만 냥의 자금이 투입되자 장지동은 더 이상 버틸 수 없는 지경에 이르렀다. 그는 급기야 성선회에게 뒷수습을 부탁할 수밖에 없었다.

당시 중국에서 한야평을 인수할 수 있는 사람은 기선, 전보, 탄광, 방직 등 4대 서양식 사업을 독식하던 성선회밖에 없었다. 양매판의 대표 인물인 성선회는 기업을 경영하는 능력이 탁월했을 뿐만 아니라 기업 설립에 대해서도 일가견이 있었다. 오래전부터 한양 제철소를 호시탐탐 노리던 그는 장지동의 요청을 받고 즉시 조건부 오퍼를 제시했다. 한양 제철소를 인수하는 조건으로 철도 부설을 요구한 것이다. 철도를 부설하면 강재 판로는 걱정이 없을 터였기 때문이다. 장지동은 어쩔 수 없이 그 조건을 받아들였다. 철도 부설 자금을 융통하려면 반드시 외국 은행에서 대출을 받아야 했으므로 성선회는 이 과정에서 톡톡한 이익을 얻을 수 있었다.

1896년 5월 24일, 드디어 성선회가 한양 제철소에 부임했다.

가장 시급한 문제는 코크스 공급이었다. 연료가 없으니 생산이 불가능했다. 이에 성선회는 평향 탄광의 석탄 생산량을 늘리기 위해 새로운 채굴 방법을 도입하는 동시에 석탄 운송에 필요한 철도를 건설했다. 여기에 은 500만 냥이 소요됐다. 또 대야 철광의 특징에 맞춰 용광로를 개조했다. 압연 공장, 레일 생산 공장, 강판 생산 공장 등을 건설하는 데 다시 300만 냥을 투입했다.

1909년에 이르러 드디어 한야평은 합격품 강재 생산을 시작했다. 이는 중국인이 처음으로 제련해 낸 강재였다. 마침 이 무렵 중국에서 철도 건설 붐이 대대적으로 불어 레일과 철도 기자재에 대한 수요가 급증하자 자연스럽게 상품 주문서가 빗발치듯 날아들었다. 광동-한양, 북경-한양 구간의 철도에는 '메이드 인 한양' 레일이 사용됐다. 그해 한야평은 처음으로 이윤을 올렸다.

1912년에 한야평의 자산은 940만 냥이었다. 그러나 부채도 2,400만 냥에 달했다. 한야평으로서는 재융자가 필요한 시점이었다. 그런데 바로 이때 치명적인 문제가 발생했다.

성선회는 국내 정세가 안정을 되찾은 1913년에 미쓰이 상사를 끼고 요코하마정금은행으로부터 1,500만 엔의 외채를 빌렸다. 그런데 일본 측이 제시한 조건은 전보다 훨씬 각박해졌다. 예컨대 대출 기간을 연장할 것, 화폐가 아닌 원료로 부채를 상환할 것, 광산을 담보로 잡힐 것, 헐값으로 일본에 광석과 생철을 장기간 공급할 것, 향후 반드시 일본의 외채만 빌릴 것 등의 무리한 조건을 내걸었다.

일본은 철광 자원이 아주 빈약한 나라였다. 그런데 철강 산업이 빠른 속도로 발전하면서 철광석과 생철 수요량은 걷잡을 수 없이 늘어났다. 야와타 제철소는 설립 초기부터 광석과 생철을 대부분 한양 제철소와 대야 철광으로부터 공급받았다. 그러므로 일본의 전략적 목표는 누가 봐도 분명했다. 바로 한야평을 일본 철강 산업의 원자재 공급 기지로 삼아 야와타 제철소에 필요한 고부가 가치의 강재를 확보하려는 것이었다.

실제로 1930년대까지 한야평은 광석 생산량의 56.40%, 생철 생산량의 54.87%를 일본에 수출했다. 이처럼 한야평의 생철과 광석은 일본 군수 철강 산업의 발전에 대단히 큰 역할을 했다. 일본이 러일전쟁 때 동원한 군함과 무기는 대부분 한야평의 생철과 광석을 원료로 제조한 것들이었다.[16]

마찬가지로 일본이 발동한 중국 침략 전쟁에서도 중국산 철광과 생철로 만든 대포와 총탄이 대거 동원됐다. 중국인들은 아이러니하게도 자국산 원료를 쓴 무기에 의해 무자비하게 학살된 것이다.

1914년, 제1차 세계대전이 발발하면서 국제 철강 가격은 몇 배나 폭등했다. 그러나 한야평은 특정 가격에 생철과 철광을 공급해야 한다는 약정 때문에 시세에 따라 판매 가격을 조정할 수 없었다. 이에 제1차 세계대전 기간 동안 한야평은 일본에 생철과 철광을 무상으로 1억 1,500만 냥이나 제공한 꼴이 되었다. 이는 일본에 진 채무를 여러 번 갚고도 남을 액수였다. 그럼에도 불구하고 한야평은 전쟁 기간에 2,400만 냥의 이윤을 남겼다. 그러나 제1차 세계대전 종식과 함께 국제 철강 가격이 폭락하면서 한야평은 또 다시 적자 국면에 접어들었다.

1915년, 일본은 중국에 '21개조 요구'를 강요하면서 한야평 문제도 중점적으로 언급했다.

"양 조약 체결국은 향후 적당한 시기에 한야평을 양국의 합판(合辦, 공동 경영하는 것을 의미함-옮긴이)으로 한다. 또 중국 정부는 일본 정부의 동의 없이 이 회사에 속하는 일체의 권리와 재산을 처분할 수 없고, 또 이 회사를 임의로 처분할 수 없다. 중국 정부는 한야평에 속하는 광산 및 그 부근의 광산에 대해 동 회사 승인 없이 외부인의 채굴을 일절 금한다."

일본이 한야평에 차관을 제공하면서 이런 음험한 의도가 숨어 있음을 똑똑한 성선회가 과연 몰랐을까? 그는 너무나도 잘 알고 있었다. 알면서도 여러 가지 아이디어를 내는 등 일본을 적극 도왔다. 그 이유는 방대한 기업을 혁명가들에게 절대 빼앗기기 싫었기 때문이다. 그래서 그는 늑대를 집 안으로 끌어들이는 짓을 서슴없이 저질렀다.

이를 모를 리 없는 위안스카이(袁世凱)가 1913년에 한야평을 국유화하려고 마음먹었다. 성선회는 이에 단호히 반대하며 지체 없이 일본 측에 비밀 전보를 보내 가능한 한 빨리 한야평을 수중에 넣으라고 촉구했다.

"밤이 길면 꿈이 많은 법, 빨리 행동을 개시하십시오. 제 생각에는 비밀리에 신속히 처리하는 것이 급선무입니다."[17]

일본은 성선회의 건강 상태에 상당한 관심을 보였다. 그가 폐질환으로 각혈이 심해 5년을 넘기지 못할 것으로 판단한 일본은 5년 후에 다른 사람이 성선회를 대신해 양측 관계에 변화가 생긴다면 한야평 구매 계획은 수포로 돌아갈지 모른다고 생각했다. 따라서 성선회가 아직 목숨이 붙어있을 때 차관을 한몫 한몫 계속해서 제공했다. 사사로운 이익에 눈이 먼 성선회는 한발 한발 일본인의 올가미에 다가갔다. 결국 한야평은 일본에게 빌린 채무가 눈덩이처럼 늘어나면서 일본인의 손에 완전히 넘어가고 말았다. 그러다 항일 전쟁이 끝난 다음 국민당 정부가 되찾아왔다.

사실이 증명하듯 관료 매판 계층이 추진한 양무운동은 처음부터 실패가 예정돼 있었다. 이에 대해 마오쩌둥(毛澤東)은 이렇게 말했다.

"경제가 낙후한 반식민지 중국에서 지주 계급과 매판 계급은 완전히 제국주의에 빌붙어 생존, 발전하는 국제 자본주의의 예속물이다."

철강 기업은 필연적으로 대규모 융자를 필요로 한다. 한야평은 중국이 금융 주권을 상실한 상황에서 대규모 외채를 빌렸다가 결국 일본의 손에 넘어갔다. 만약 한야평이 일본 기업이었다면 회사의 채권과 주식을 담보로 일본은행의 특별 할인 창구를 통해 직접 융자를 받거나 재벌 은행으로부터 대출을 받았을 것이다. 또한 일본 정부는 중점 기업을 보호하기 위해 관세장벽을 설치하는 등 전폭적인 지원을 아끼지 않았을 것이다.

그러나 중국의 상황은 어떠했는가? 청나라의 중앙은행, 즉 1905년에 설립된 대청은행은 한야평을 구제할 의사는 물론 능력도 없었다. 당시 중국은 아직 화폐 통일이 이뤄지지 않아 대청은행에서 발행한 지폐는 공신력이 없었다. 상업 은행 시스템이 갓 구축됐을 때여서 충분한 자금도 보유하지 못한 상태였다. 이에 반해 상해 주식 시장은 투기꾼들이 판을 치고 있었지만 투자자들은 한야평과 같은 대형주에 전혀 관심을 가지지 않았다. 전장들은 대부분 규모가 작은 탓에 거액의 자금을 지원할 수 없었고, 표호들은 현실에 안주하면서 새로운 투자를 원하지 않았다. 이처럼 열악한 중국의 금융 환경에서 한야평이 살아남기란 쉽지 않았다.

산업은 사회적 부를 창조하는 가장 중요한 부문이다. 은행의 대규모 신용 확장이 거대한 수익을 창출할 수 있는 산업과 결부되는 않는다면 머지않아 인플레이션을 유발할 가능성이 높다. 일본의 경험과 중국의 교훈이 거듭 말해주듯, 금융은 국가의 핵심 명맥이다. 금융 주권을 상실하면 국가 주권과 경제 명맥 지배권을 절대 보전할 수 없다.

일본은 메이지 유신의 성공을 계기로 국력이 급격히 강화되었다. 더욱 중요한 것은 이때부터 일본의 대외 확장 야심이 한껏 자극받았다는 사실이다. 이에 반해 중국의 양무운동은 겉보기에는 기세 높게 전개됐으나 전쟁의 시련을 이겨내지 못하고 맥없이 실패했다.

청일전쟁은 중국과 일본 역사에 모두 영원히 지워지지 않을 흔적을 남겼다. 과거에 '천조상국(天朝上國)'으로 불리며 온 천하에 위용을 떨치던 중국은 급격히 서구 열강의 반식민지로 전락했다. 반면에 별 볼 일 없던 섬나라 일본은 청일전쟁 승리를 계기로 소유욕과 정복욕이 한층 더 고취돼 세계 패권을 장악하려는 야심까지 품게 되었다.

운명의 변화

청일전쟁에서 중국이 패하자 전 세계는 의외라는 반응을 보였다. 그러나 중국 입장에서 볼 때 이는 필연적인 결과였다. 패전 원인은 양국의 국력 차이 때문이 아니라 양무운동을 주도한 매판 세력의 소극적인 대응 전략 때문이었다.

당시 중국의 경제력과 군사력은 일본보다 약간 우세했다. 경제 상황을 보면 일본은 메이지 유신의 성공에 힘입어 경제가 크게 발전하기는 했으나 중공업의 토대가 여전히 약했다. 경공업 중에서는 방직업만 비교적 발전했다. 철강, 석탄, 동, 석유 생산량과 기계 제조량은 중국보다 훨씬 적었다. 당시 일본의 산업 자본은 7,000만 엔, 금융 자본은 9,000만 엔, 무역액은 2억 6,000만 엔, 재정 수입은 8,000만 엔이었다. 이 가운데 수입액이 중국과 비슷한 것을 제외하고 다른 지표들은 모두 중국에 못 미쳤다.

양국의 군사력을 비교해 보면, 섬나라 일본은 자기 방어 본능에 따라 메이지 유신을 계기로 군사력 강화에 총력을 기울였다. 이에 전쟁 발발 전까지 총 배수량이 6만 1,000톤에 달하는 군함 55척을 보유했다. 이는 중국의 북양함대에 필적할 수준이었다. 상비 육군은 22만 명으로 중국의 절반밖에 되지 않았고, 군사 장비는 비슷한 수준이었다. 한마디로 중국의 군사력이 일본보다 약간 더 우세했다.

"강한 장군 밑에 약한 병사 없다"라는 속담이 있다. 반대로 약한 장군 밑에 강한 병사가 있을 수 없다. 그러니 양무파 북양대신 이홍장이 인솔하는 '정예병'들이 싸움에서 승전한다면 오히려 더 이상한 일이었다.

이홍장이 '세계 제8대 함대'라고 자랑한 북양수사(北洋水師)는 미국, 일본보다 군사력이 강했다. 그러나 청일전쟁에서 일본 군함을 단 한 척도 격침시키지 못한 채 전멸하고 말았다. 육군은 더욱 가관이었다. 수십 차례 전투에서 단 한 번도 승리하지 못하고 적의 그림자만 보고도 질겁한 채 도망치기 바빴다.

청나라 육군 총사령관 섭지초(葉志超)는 아산 전투에서 싸워보지도 않은 채 꽁무니를 빼고도 조정에는 전쟁에 승리했다고 거짓 보고를 올렸다. 나중에 그는 평양 전투에서도 단숨에 압록강 변까지 500리를 달아나는 재주를 보여주었다. 이홍장은 압록강 방어선에 정예병 4만 명을 배치했으나 수적 우세에도 불구하고 채 사흘도 안 돼 궤멸하고 말았다. 일본군이 신의주를 공략할 때 총을 든 병사를 일렬로 세워놓긴 했으나 청나라 정예병들은 꽁무니를 빼고 도망치기 바빴다. 일본군이 대련(大連)으로 진격했을 때도 청나라 총사령관 조회업(趙懷業)은 항복 깃발을 높이 든 채 나는 듯이 도망갔다. 그는 잇속에 대단히 밝은 사람이어서 미리 집안의 금은보화와 귀중품을 배에 실어놓았다가 달아났다. 그러나 대포 130여 문, 포탄과 총탄 240만 발은 모두 일본군에게 고스란히 넘겨주고 말았다. 여순(旅順) 전투에서도 7만 명의 청나라 정예병은 원정으로 피로에 지친 일본군 2만 명조차 당해내지 못했다. 총사령관 공조마(龔照瑪)는 일본군의 그림자가 보이기도 전에 배를 타고 위해(威海)로 야반도주했다. 지휘관이 사라지자 군심이 바로 와해돼 청나라가 수천만 냥을 들여 구축한 여순 요충지는 순식간에 함락당하고 말았다. 이홍장의 막료는 당시의 참상을 이렇게 묘사했다.

"왜인(倭人, 일본인)들은 중국인을 일컬어 땅에 누워 칼을 기다리는 죽은 돼지 같다고 했다. 아마 지금의 상황을 말한 것 같다."

이홍장은 싸움에는 문외한이나 협상에는 일가견이 있었다. 결국 조선을 일본에 종속시키고 대만, 팽호열도(澎湖列島)와 요동(遼東)을 할양하며 은 2억 냥을 배상한 굴욕적인 '마관조약(馬關條約)'을 체결했다. 그 후 서구 열강들이 서로 다른 속셈을 가지고 양자 간의 중재에 나서는 바람에 일본은 배상금 액수를 3,000만 냥 늘리는 대신 요동반도는 중국에 돌려줬다.

그렇다면 패전국인 청나라는 무슨 돈으로 배상금을 갚았을까? 국제 은행가들이 호시탐탐 노리던 기회가 드디어 찾아온 것이다. 각국의 금융재벌들이 먹잇감을 발견한 독수리처럼 한꺼번에 몰려들어 쪼아대자 대청제국은 순식간에 만신창이가 되고 말았다.

청나라 정부는 2억 냥의 외채를 빌렸다. 청나라로서도 이렇게 많은 외채를 빌리기는 처음이었다. 청일전쟁 전에도 여러 번 외채를 빌리긴 했으나 액수가 크지 않아 원리금 상환에 별 어려움이 없었다. 그러나 청나라가 '마관조약'의 거액 배상금을 갚기 위해 재정 수입 전부를 서구 열강에게 담보로 잡히고 외채를 빌리면서 외국의 독점 자본은 청나라 정부의 재정을 통제하기 시작했다. 재정 적자가 갈수록 확대되자 청나라 정부는 결국 외채 압력을 못 이기고 교주만(膠州灣)을 독일, 여순과 대련항을 러시아, 위해위(威海衛)를 영국, 광주만을 프랑스에 각각 조계지로 내주고 말았다.

서구 열강은 채무를 앞당겨 갚거나 빨리 갚지 못하도록 대출 조건을 까다롭게 만들었고, 또 청나라 정부의 관세, 염세와 이세 거의 전부를 담보로 잡았다. 한마디로 이번 외채는 청나라의 세수입 전부를 담보로 빌린 것이었다. 청일전쟁 패전으로 말미암아 청나라는 완전히 파산하고 말았다.

일본은 전쟁 승리로 어마어마한 배상금을 얻게 되자 침략 욕망이 크게 꿈틀거렸다. 그리고 이번에는 러시아를 목표물로 정했다.

영국 입장에서는 러일전쟁에서 일본이 승리하는 것이 자신들의 글로벌 전략에 딱 부합했다. "우리의 걸출한, 원기 왕성한, 동방의 작은 피보호국 일본이 우리를 위해 러시아를 물리치려고 결심했다"라고 한 어느 영국인의 말이 이를 증명한다. 그러나 일본이 러일전쟁 승리로 얻은 것은 15억 엔의 외채와 방대한 전비 소모였다. 15억 엔의 채무는 청일전쟁 배상금의 무려 4배에 달하는 액수였다.

이 무렵 일본은 병적일 정도로 전쟁에 미쳐 있었는데, 대외 침략을 통하지 않고서는 거액의 채무를 갚을 길이 도저히 없었기 때문으로 보인다. 청일전쟁이나 러일전쟁을 막론하고 피 흘리며 싸운 전쟁 당사국 뒤에서는 거액의 채무를 인수한 국제 은행가들이 흡족한 미소를 짓고 있었다.

이홍장은 또 국제 은행가들을 위해 또 다른 큼직한 선물을 준비하고 있었다. 바로 중국 철도망 융자권이었다. 청나라 정부는 이때 철도 건설 붐이 청나라를 몰락시키리라고는 꿈에도 상상하지 못했을 것이다.

철도는 물론 좋은 것이지만 관건은 누가 이를 장악하느냐에 있었다.

메이지 과두 집단은 인도에서 대영제국의 철도가 부설된 곳은 여지없이 모두 비참한 식민지로 전락하는 광경을 직접 목격했다고 말했다. 멸망의 위기에 처한 청나라가 전국적인 철도망을 구축할 돈이 없음을 안 국제 은행가들은 더 이상 기다리고 있을 수 없었다.

첫 번째 철도 건설 대출은 홍콩상하이은행과 이화양행에서 제공했다. 이는 천진에서 봉천(奉天)과 우장(牛莊)에 이르는 노선으로, 담보는 북경-산해관(山海關) 구간의 모든 철도 자산이었다. 바꿔 말하면 중국이 대출을 갚지 못할 경우 북경이 영국의 조계지로 전락해도 괜찮다는 얘기였다. 모든 레일, 객차, 기관차 등은 이화양행에서 공급했다. 아편무역을 통해 사업을 일으킨 이화양행은 드디어 산업 업그레이드를 실현해 체통이 서는 사업에 나설 수 있게 되었다.

두 번째로 부설된 철도는 상해에서 남경에 이르는 호녕 노선이었다. 장강 유역은 원래 영국의 세력 범위였으나, 러시아가 산해관 철도가 러시아 부두를 위협하는 데 불만을 품고 훼방을 놓았다. 하지만 그들은 얼마 안 있어 흥미를 잃고 돌아갔다. 이렇게 되자 홍콩상하이은행과 이화양행이 중국에서 가장 부유한 지역의 철도 운수를 독점하게 되었다. 그들은 이 구간에서 멋대로 요금을 정하면서도 경쟁을 걱정할 필요가 없었다. 대출 조건에 동일 지역에는 철도를 더 이상 부설하지 못하도록 규정했기 때문이다.

러일전쟁 이후 일본은 남만(南滿) 철도를 인수해 관할했다. 그러나 전쟁으로 거액의 채무를 진 일본은 이 철도를 지속적으로 유지, 수리할 여력이 없었다. 요코하마정금은행은 하는 수 없이 홍콩상하이은행의 도움을 빌렸다. 정금은행은 일본 본토에서 독보적인 지위를 누렸으나 국제 금융시장에서는 아직 애송이에 불과했다.

중국이 외국 은행에 담보로 내놓은 철도들은 마치 쇠사슬처럼 대청 제국의 몸을 옴짝달싹 못하게 옭아맸다.

과거에 휘황찬란한 역사를 자랑했지만 지금은 부패하고 타락해 썩어 문드러진 거인의 몸뚱이에 서구 금융 자본이라는 대머리독수리가 가득 달려들었다. 그들은 서로 더 많은 고기를 얻기 위해 이미 말라버린 시체를 맹렬히 쪼아댔다. 배불리 먹고 난 뒤에는 날카로운 눈빛으로 도처에 도사린 잠재적 위험을 노려보았다.

| 일본 메이지 시대 인맥 관계도 |

	이름	통제 대상	막후 재벌
조슈번	이토 히로부미	육군	미쓰이
	야마가타 아리토모(山縣有朋)	정우회(政友會)	
	이노우에 가오루		
	가쓰라 다로(桂太郎)		
사쓰마번	오야마 이와오(大山巖)	해군	미쓰비시
	마쓰카타 마사요시	민정당	
	구로다 기요타카(黑田淸隆)		
히젠번	오쿠마 시게노부	입헌개진당	미쓰비시
도사번	이다가키 다이스케(板垣退助)	자유당	미쓰비시
궁정귀족	사이온지 긴모치(西園寺公望)	'최후의 원로'	스미토모

제3장

4·12 정변과
장제스의 '항복 문서'

장제스는 정권을 잡은 다음에야 돈이 가장 귀하다는 사실을 깨달았다. 그는 강절 재벌의 지지를 얻기 위해 통혼이라는 방법을 생각해 냈다. 장제스는 쑹메이링을 목표로 정했다. 이는 비록 전쟁은 아니지만 전쟁 못지않은 전략적 가치를 지닌 행동이었다.

들어가면서

왜 소련은 3,000만 루블을 투자해 북벌 전쟁을 지원했을까?

왜 장제스는 공산당과 반목했을까?

4·12 정변은 왜 발생했을까? 장제스의 배후 세력은 누구인가?

'영한寧漢 합작(1927년 7월, 장제스와 국민당 좌파 지도자 왕징웨이汪精衛가 공산당을 타도하기 위해 손잡은 사건 - 옮긴이)'은 어떻게 이루어졌는가?

왜 대권을 쥐고 있던 장제스는 하야했을까?

왜 장제스는 다시 활동을 재개할 수 있었을까?

혁명과 전쟁은 모두 조직적인 폭력 행위이다. 대규모 폭력을 행사하기 위해서는 반드시 대규모 융자가 필요하다. 화폐는 1927년 무렵 중국에서 어떤 역할을 했으며, 중국 금융계에서는 어떤 사람들이 주도적인 영향력을 행사했을까? 그리고 이들은 누구의 이익을 대변했을까?

화폐의 의지, 화폐의 흐름, 화폐의 역할을 기준으로 국공합작, 북벌 전쟁 및 4·12 정변을 분석해 보면, 이 모든 사건의 배후에 화폐가 있었음이 분명해진다.

장제스는 민족주의적 감정이 유달리 강렬했지만 권력과 금전의 유혹을 못 이겨 그토록 증오하고 적대시하던 서구 열강과 매판 계급을 향해 한걸음씩 다가갔다.

장제스는 서구 열강과 매판 계급에게 귀순 의사를 보여주기 위해 기꺼이 각박한 조건의 '항복 문서'를 제출했다. 그것이 바로 4·12 정변으로 이어졌다.

'영한 합작'은 물론 장제스의 하야, 그리고 그의 재기 뒤에는 절대 소홀히 할 수 없는 거대한 힘이 숨어 있었다. 그것은 바로 돈의 힘이다.

장제스가 상해와 남경 진출을 주저한 이유

단풍잎이 우수수 떨어지는 1926년 11월 어느 늦가을, 장제스는 여전히 남창(南昌)에 자리한 북벌군 총사령부 사무실을 서성이고 있었다. 이때 그의 표정에는 초조하고도 복잡한 심경이 그대로 드러났다. 북벌대군이 상해와 남경에 점점 가깝게 다가갈수록 그의 마음은 걷잡을 수 없이 불안해졌다.

장제스는 전쟁에서 패배를 모를 만큼 파죽지세를 이어갔다. 북벌군은 1926년 7월에 광주에서 북벌에 나선 이후로 줄곧 투지만만하게 전진하고 있었다. '열강을 뒤엎고 군벌을 제거하자'라는 가사의 혁명 노래가 당시 방방곡곡에 울려 퍼졌다. 기세 드높은 국민당 혁명군이 신속하게 중국 전역을 휩쓸자, 허울뿐인 북양 군벌은 추풍낙엽처럼 쓰러졌다. 북벌군은 겨우 3개월 만에 무한(武漢)까지 진격해 군벌 우페이푸(吳佩孚)의 무장부대를 붕괴시켰다. 얼마 후 국민당 중앙위원회와 정부

▌북벌 시기의 장제스

▌왕징웨이

양호(兩湖)
호남과 호북을 가리킴.

도 광주에서 무한으로 이전했다. 곧이어 11월에는 북벌군 총사령관 장제스가 부대를 이끌고 양호 지역에서 강서(江西)로 진격해 또 다른 군벌 쑨촨팡(孫傳芳)을 격퇴하고, 구강(九江)과 남창에서 연달아 승리하며 다음 목표인 남경과 상해로 곧장 향했다.

하지만 정치적인 국면은 장제스에게 대단히 불리하게 돌아가고 있었다. 그의 최대 정치적 라이벌인 왕징웨이(王精衛)가 무한으로 달려왔기 때문이다. 왕징웨이는 1925년에 쑨원(孫文)이 세상을 떠난 다음부터 스스로 총리 계승자를 자처하며 당내에서 세력이 막강해졌다. 게다가 소련으로부터 정치, 군사 및 금전적 지원까지 받으면서 명실상부한 국민당 최고 지도자로 부상했다. 그는 또 무한의 지방 실권자인 탕성즈(唐生智)와 동맹관계를 맺은 데다가 장제스에게 적의가 팽배한 소련 고문 미하일 보로딘(Mikhail M. Borodin)까지 여기에 합세했다. 이로 인해 무한은 국민당 내 반장(反蔣) 세력의 정치 중심지로 떠올랐다.

이때 국민당 중앙위원 대다수가 무한으로 이동하면서 정치권력은 이미 왕징웨이 손에 넘어갔다. 왕징웨이는 장제스에게 속히 무한으로 달려오라고 누차 촉구하면서 그를 깊은 곤경에 빠뜨렸다. 무한으로 가자니 실권을 잃어버릴 가능성이 높았고, 안 가게 되면 스스로 당과 관계를 단절하는 것이나 다름없었다. 더 중요한 것은 자신이 인솔하는 북벌군에게 매일 엄청난 양의 군량미와 급료가 들어가는데, 그의 손에 경제 대권이 없었다는 사실이다. 한마디로 북벌군이 전쟁에서 아무리 승승장구해도 무한정부가 자금줄을 끊어버리면 군대는 즉시 전투력을 잃을 가능성이 높았다.

장제스의 꿈은 북벌을 통해 전 중국을 통일하고, 나아가 본인이 중국의 '카이사르'가 되는 것이었다. 그러나 그는 불행하게도 소련의 금전적 지원을 받지 않고서는 야망을 실현하기 어려웠다. 그리고 그의 금융 명맥을 장악한 사람은 중국에서 스탈린의 대리인 역할을 하는 보로딘이었다. 장제스는 중산함 사건을 계기로 광주의 공산당 세력을 어느 정도 약화시키는 데 성공했다. 그러나 거기까지였다. 소련으로부터 무기와 자금을 지속적으로 지원받아 중국 통일의 대업을 완수하기 위해서는 잠시 자중할 수밖에 없었다.

장제스는 5·4 운동이 발발했을 때, 큰 감동을 받아 일기장에 자신의 심경을 적었다.

중산함(中山艦) 사건
1926년 3월 20일, 중산함이 황포(黃埔)에 입항하자 공산당이 정부 전복을 꾀하고 있다는 유언을 퍼뜨려 장제스가 공산당원을 체포한 사건.

5·4 운동
1919년 5월 4일, 북경의 학생들이 일으킨 반제국주의, 반봉건주의 혁명 운동.

"이는 중국 국민이 처음으로 조직한 시위 운동이다. 지금까지 한 번도 없었던 장거(壯擧)라고 부를 만하다. …… 중국인은 기가 꺾이지 않았다. 민심은 죽지 않았다. 중화민국은 다시 부흥할 것이다."

1925년 6월 23일, 광주 시민들이 홍콩의 노동자 파업을 지지하며 시위에 나섰다. 시위대가 영국 조계지 부근의 사기(沙基)를 지날 때, 영국군이 갑자기 무차별 발포를 하기 시작했다. 이 발포로 50여 명이 죽고 170여 명이 다치는 참극이 벌어졌다. 이것이 그 유명한 '사기 참극'이다. 장제스는 이 소식을 듣고 일기에 이렇게 썼다.

"나라꼴이 이 모양이니 중국인의 목숨을 파리 목숨 정도로 여기는구나. 중국인들이 영국 제국주의 놈들에게 참살됐다는 소식을 들으니 가슴이 찢어지는구나. 내 평생 오늘처럼 크게 슬퍼본 적이 없노라."

그는 치솟는 분노를 못 이겨 매일 일기에 영국과 독일을 성토하는 글을 한 대목씩 썼다. 그 글이 나중에는 백여 대목을 넘었다. 그중 몇 가지를 보자.

"영국 오랑캐는 모조리 죽여버려야 한다. 영국 오랑캐들의 횡포를 참아야 하는가? 영국 오랑캐를 멸망시키지 않으면 대장부가 아니다. 너희들은 영국 오랑캐에 대한 원한을 잊었는가? 영국 오랑캐를 멸하지 않는 한 혁명은 성공할 수 없다!……"[1]

이 일기처럼 장제스는 영국을 증오했을 뿐만 아니라 미국과 프랑스에 대해서도 경계심과 비우호적 태도를 공공연하게 드러냈다. "영국 오랑캐를 소멸하는 것은 백번 마땅하나 미국과 프랑스도 경시해서는 안 된다"라고 쓴 그의 일기는 이런 사실을 잘 말해준다. 장제스는 미국의 외교 정책에 대해 1926년에 "미국의 그릇된 외교 정책과 위선적인 크리스천을 통렬하게 비판한다"라고도 했다.

장제스는 서구 열강뿐 아니라 중국의 양매판 계층에 대해서도 깊은 증오를 갖고 있었다. 매판 계급이 서양인들을 도와 중국의 경제 명맥을 좌지우지하는 데 대한 분노였다. 다시 그의 일기를 보자.

"서양 노예들은 정말 가증스럽기 그지없다. 조계지, 공서(公署, 관청) 및 양행에서 양코배기들을 위해 일하는 서양 노예들은 모조리 죽여버려야 한다."

역사는 참으로 아이러니하다. 중국 최대 관료 매판 계급의 우두머리인 장제스가 뼛속 깊이 그들을 증오했을 줄 누가 과연 상상이나 했을까? 하지만 장제스는 개인 권력을 최우선 순위에 놓는 현실적인 정치가였다. 그는 누가 자신에게 권력과 이익을 가져다줄지 분명히 알고 있었다. 그래서 소련이 이용가치가 있을 때 그들에게 자금과 무기를 지원받아 북벌을 완수하고 자신의 권력을 한층 더 강화했다. 그러나 소련이 그에게 명령을 내리고 통제하려 들자 한 치의 망설임 없이 소련에게 등을 돌렸다. 나중에는 그토록 증오하는 영국, 미국, 일본 등 서구 열강이나 매판 계급에 대해서도 이익이 된다면 손을 내밀고 아니라면 가차 없이 관계를 끊었다.

그는 스스로를 혁명의 화신이자 진리의 최종 해석자라고 여겼다. 자신을 반대하는 것은 혁명을 반대하는 것이고, 진리를 반대하는 것이었다. 그래서 그의 권력의 길에 걸림돌이 되는 것은 무엇을 막론하고 모조리 없애야 했다.

장제스 눈에 천하의 군웅은 죄다 소인배들뿐이었다. 일본을 등에 업고 동북에 둥지를 튼 봉계(奉系) 군벌 장쭤린(張作霖)은 세력이 비록 컸으나 이상은 물론 신념이나 지략도 없는 일개 마적에 불과할 따름이었다. 직계(直系) 군벌 우페이푸나 쑨촨팡 따위도 자기들끼리 서로 아귀다툼이나 하는 보잘것없는 인물들이었다. 비록 넓은 땅을 차지하고 있으나 각개격파에 나서면 손쉽게 무너질 무리에 불과했다. 그에게 가장 큰 골칫덩어리는 그래도 공산당이었다.

장제스는 일전에 소련을 방문했을 때, 무산계급 독재정치 학설과 신앙 체계를 가진 정당(공산당을 의미함-옮긴이)이 치밀하게 군대를 조직하는 광경을 목격했다. 통일된 구호 아래 일치된 행동을 보이는 소련의 붉은 군대는 중국의 오합지졸 군벌과 완전히 차원이 달랐다. 큰 깨우침을 얻은 장제스는 중국에 돌아온 다음 '한 개 주의, 한 개 정당' 정책을 대거 선전하면서 "중국은 혁명을 해야 한다. 모든 세력을 통합해야 한다. 러시아 혁명의 경험을 배워야 한다. 혁명은 한 정당의 독재 통치가 없이는 성공할 수 없다"라고 외쳤다.

이와 같은 이유로 장제스는 '러시아 및 공산당과 연합하고 농민과 노동자를 돕는다(연아聯俄, 연공聯共, 부조농공扶助農工)'라는 쑨원의 3대 정책을 극력 반대했다. 그는 쑨원의 이 정책이 소련의 원조를 얻어 국민당의 힘을 키우는 임시방편일 뿐이라고 생각했다. 그래서 공산당이 개인 자격으로 국민당에 가입하는 이른바 정당 내부에 또 다른 정당이 있는 묘한 현실에 큰 반감을 드러냈다. 게다가 공산당은 국민당보다 훨씬 탁월한 군중 동원 능력과 조직력으로 국민당 내부의 좌파와 급속히 가까워지고 있었다. 이는 장제스가 국민당 집권 통치를 실현하는 데 크나큰 어려움을 가져다줬다. 실제로 국민당 제1차 전국대표대회 기간에는 많은 공산당원이 국민당 정부의 요직에 자리 잡기도 했다.

장제스는 북벌과 관련해 빠르면 빠를수록 좋다는 입장을 가지고 있었다. 그러나 보로딘은 장제스의 개인적인 야망을 꿰뚫어 본 듯 일부러 엇박자를 냈다. 즉 북벌을 서두를 필요는 없고 먼저 광동의 혁명 정권을 튼튼히 한 뒤 군중을 동원해 때를 기다려야 한다는 것이었다. 장제스는 보로딘이 말한 때가 바로 장제스 본인이 쫓겨나는 그날이라는 사실을 너무나 잘 알고 있었다. 그래서 그는 반드시 절호의 기회를 잡아 스스로를 크고 강하게 만들어야 했다. 이런 그의 끈질긴 노력 끝에 보로딘이 결국 한발 물러나 마침내 장제스의 북벌이 시작되었다.

장제스의 북벌이 일사천리로 진행된 데에는 소련의 꾸준한 무기 공급과 자금 지원이 결정적인 역할을 했다. 그렇다면 소련은 무엇 때문에 국민당을 지원했을까? 이 문제의 답을 알려면 당시 소련이 처한 국제 환경부터 살펴보아야 한다.

3,000만 루블로 시작한 북벌 전쟁

1920년 2월의 어둡고 추운 어느 날 밤이었다. 나무상자를 가득 실은 마차들이 사병들의 호위 아래 연이어 홍콩상하이은행 블라디보스토크 지점의 뜰 안으로 들어섰다. 은행 관계자들은 마차에서 내린 나무상자들을 힘겹게 은행 금고까지 날랐다. 은행 지점장 우드는 직원 두 명과 함께 첫 번째 상자를 열고 화물을 자세히 검사했다. 상자 안에는 차곡차곡 쌓인 네모반듯한 금괴가 어둠속에서도 밝은 빛을 발하고 있었다. 그들은 상자 안에 손을 넣고 촛불의 희미한 빛을 빌려 금괴의 수를 하나하나 세어보았다. 우드는 당시를 이렇게 회고했다.

"바닥에는 상자가 가득 쌓여 있었다. 우리는 한 손에 촛불, 다른 손에 봉랍(封蠟)을 들고 상자를 밟으며 움직였다. 몇 상자를 열어 내용물을 점검한 다음 다시 봉랍으로 봉인해서 배에 날라다 실었다."[2]

이 금은 원래 러시아 황제인 차르의 소유였다. 불과 2년 전만 해도 차르 러시아 중앙은행의 국고에 있던 이 금이 어떻게 지금 전리품 명목으로 홍콩상하이은행의 소유가 됐을까?

러시아 10월 혁명 이후 시베리아에 진을 치고 있던 차르 군대는 해군 상장 알렉산드르 콜차크(Aleksandr Kolchak)의 인솔 아래 모스크바로 진군했다. 콜차크의 반혁명 정부군은 차르 정부의 중앙은행 국고가 소재한 카잔을 기세등등하게 함락시키고 가치가 무려 8,000만 파운드에 달하는 황금을 약탈했다. 그러나 모스크바 전투에서 패배한 이들은 약탈한 황금을 가지고 시베리아 철도를 따라 동쪽으로 도주했다. 한겨울 시베리아의 혹한에 사기가 크게 떨어진 반혁명군은 이르쿠츠크에 이르자 급기야 내부에서 반란이 일어났다. 반란군은 목숨을 건지기 위해 소비에트 정부와 협상을 개시했다. 협상 조건은 콜차크와 황금을 소비에트 정부에 건네는 대신 소비에트 정부가 그들을 안전하게 집까지 보내달라는 것이었다. 대다수가 유럽 태생의 용병인 반란군은 블라디보스토크에서 배를 타고 유럽으로 돌아가기 전, 몰래 감춰뒀던 황금을 홍콩상하이은행 블라디보스토크 지점에 팔았던 것이다.

궁핍하기 그지없었던 소비에트 정부는 황금을 손에 넣자 기세등등해졌다. 그들은 유럽 용병들이 홍콩상하이은행에 팔아버린 일부를 제외하고도 약 5,000만 파운드에 이르는 황금을 졸지에 수중에 넣었다. 당시 1파운드가 은화 10냥에 맞먹었으니, 5억 냥에 상당하는 어마어마한 액수였다. 일본이 청일전쟁을 통해 중국에서 수탈한 은화 2억 3,000만 냥을 영국으로 가져가 금으로 바꾼 뒤 금본위제 기반의 엔화 시스템을 성공적으로 구축한 사례를 상기해 보자. 당시 볼셰비키 정치국에도 금융 분야의 인재가 적지 않았다. 그들은 이렇게 얻은 황금을 기축통화로 삼아 화폐 개혁을 단행하고 금본위제 기반의 루블화 시스템을 구축했다. 이로써 전쟁으로 인해 심하게 위축됐던 러시아 경제는 점차 안정을 되찾아 정상적인 궤도로 다시 진입했다.[3]

겨우 한고비를 넘기긴 했지만 소비에트 정부는 여전히 불안한 마음으로 주변 정세를 살펴보다가 상황이 불리하게 돌아가고 있음을 깨달았다. 당시 서방은 자본주의 열강의 독무대가 돼버렸고, 동방과 남방 역시 제국주의에 의해 거의 대부분 식민지 내지는 반식민지로 전락한 상태였다. 따라서 열강이 러시아의 기나긴 국경선 중 어느 한 곳을 뚫고 들어온다면 소비에트 정권은 전복될 위험이 있었다.

이런 상황에서 유리한 시기를 기다리는 것은 능사가 아니다. 공격만이 최선의 방어로, 국경을 따라 제국주의의 침략을 막을 완충지대를 건설하는 것이 중요했다. 중국은 러시아와 국경선을 길게 접하고 있어서 제국주의 국가들이 중국을 발판으로 삼아 소련의 허약한 곳을 공략하지 못하도록 미리 대안을 마련해야 했다.

소비에트 정부는 구체적으로 두 가지 방법을 생각해 냈다. 하나는 외몽골의 독립 혹은 자치를 추진해 친 소비에트 정권을 수립하는 것이다. 이렇게 되면 외몽골이 중국과 러시아 사이의 완충지대 역할을 할 수 있다. 다음으로 중국 동북 지역의 중동 철도에 대한 지속적인 독점권을 행사하는 것이다.

중동(中東) 철도
만주–하얼빈–수분하(綏芬河)를 연결하는 구간.

이 두 가지 전략적 목표는 중국 정부의 승낙 없이는 실현 불가능했다. 그래서 소비에트 정부는 노련한 외교관인 아돌프 아브라모비치 이오페(Adol'f Abramovich Ioffe)를 중국에 파견해 각 세력의 내막을 탐지하도록 했다. 이오페는 가장 먼저 북경에 주둔하고 있던 우페이푸를 찾아가 협력 의사를 밝혔다. 그러나 영국과 미국을 든든한 후원자로 두고 있던 우페이푸는 이오페의 제안을 거들떠보지 않았다. 외몽골과 중동 철도 문제는 아예 꺼내지도 못했다. 이오페는 북경에 반년 동안 머무르면서 우페이푸의 휘하 장수인 펑위샹(馮玉祥)과 연줄을 댄 것 외에는 아무런 수확도 올리지 못했다. 이오페가 완전 속수무책으로 있을 때 남부 광주 정부의 쑨원이 제 발로 그를 찾아왔다.

쑨원은 자신의 생존과 혁명, 나아가 중국의 통일을 위해 적지 않은 자금이 필요했다. 그러나 서방의 리더 국가인 영국은 쑨원이 혁명에 성공할 것이라고 전혀 기대하지 않았다. 신해혁명 성공 후에도 쑨원 대신 위안스카이를 대대적으로 지원했다. 이때 미국의 모건 재단이 라몬트를 대표로 파견해 쑨원과 협상을 벌였다. 라몬트는 쑨원을 만나자마자 단도직입적으로 물었다.

"어떻게 하면 중국에서 남북 평화를 실현할 수 있겠습니까?"

쑨원은 흥분된 어조로 대답했다.

"충분히 가능합니다. 라몬트 선생, 저에게 2,500만 달러만 주신다면 바로 여러 집단군을 편성해 전 중국을 통일하겠습니다."[4]

라몬트는 고개를 저었다. 안정된 기반도 전혀 갖추지 못하고, 담보로 내놓을 만한 가치 있는 물건도 없는 사람이 맨입으로 2,500만 달러를 지원해 달라니 말이 될 법한 소리인가.

이 무렵 마침 소비에트 정부 대표인 이오페가 중국을 찾아왔다. 급전이 필요한 쑨원과 무슨 수를 써서라도 투자 프로젝트를 급히 찾아야 하는 이오페는 만나자마자 의기투합했다. 1923년 초에 이오페는 요양을 핑계로 상해에 열흘 동안 머무르면서 거의 매일 쑨원과 만나 깊은 대화를 나눴다. 드디어 1월 26일, 〈쑨원-이오페 공동성명〉이 발표됐다. 주요 내용은 다음과 같았다.

1. 중국의 동북 철도는 잠시 중국과 소련 양국이 공동 관리한다. 외몽골에 주둔한 소련 붉은 군대는 즉시 철수하지 않아도 된다.
2. 양측은 현재 중국의 급선무가 국민 혁명을 통해 국가 통일과 민족 독립을 완성하는 것이라는 데 의견을 같이한다. 아직은 공산주의 건설을 서두를 때가 아니다.
3. 쑨원은 국민 혁명을 전개할 때 '러시아의 지원에 의존할 수 있다.'[5]

1923년 3월, 볼셰비키 정치국은 회의를 열어 쑨원을 지원하는 문제에 대한 투표를 실시했다. 이어 1차로 쑨원에게 200만 루블을 지원하기로 결정했다.[6] 당시 소련은 가까스로 경제 안정을 되찾은 상태여서 단번에 이 많은 돈을 융통하기 어려웠다. 따라서 쑨원에게 200만 루블을 지원해 주려면 다른 방법을 찾아야 했다.

이오페는 쑨원과 계약을 체결한 후 즉시 일본에 건너가 어업협력 협의를 체결했다. 일본 어민이 소련 해역에서 어획하는 조건으로 일정 액의 '보호비'를 지불하는 것이었다. 소련은 이 돈으로 중국에 첫 번째 융자를 제공했다.[7] 오래 지나지 않아 소련 경제가 눈에 띄게 회복하면서 쉽게 두 번째 융자를 제공할 수 있었다. 이번에는 중국에 300만 루블의 자금 외에도 소총 8,000정, 기관총 15정, 화포 4문, 장갑차 2대를 지원해 황포(黃埔)군관학교가 설립되는 데 지대한 역할을 했다.[8]

황포군관학교 교수부 주임을 지낸 왕바이링(王柏齡)은 당시 상황을

│ 황포군관학교 개교식에서 치사하는 쑨원과 장제스

이렇게 떠올렸다.

"쑨원은 황포군관학교를 설립하기 전에 광동에서 제조한 모젤 총 300정을 학교에 조달하도록 지시했다. 그러나 당시 무기 공장은 군벌들의 환심을 사기 위해 군사학교 따위에는 전혀 관심을 두지 않았다. 결국 우리는 개학한 후에도 총을 겨우 30정밖에 구하지 못했다. 위병들에게 나눠주기도 부족한 수량이었다. 랴오중카이(廖仲愷)가 나서서 계속 교섭을 했지만 소득이 없었다. 바로 이때 소련이 지원한 무기가 도착했다. 소총 8,000정에 총마다 창검이 달려 있었고, 총 한 자루에 총알이 500발씩 배정돼 있었다. 이 밖에 권총 10정도 있었다. 황포군관학교 학생들은 배에서 속속 하역되는 무기들을 보고 너무 기뻐서 환호성을 질렀다."

왕바이링 주임의 말을 빌리면 그건 정말 엄청난 경사였다. 그랬으니 장교에서 학생에 이르기까지 기뻐하지 않은 사람이 없었다. 더 이상 혁명 밑천을 걱정하지 않아도 됐던 것이다.

황포군관학교 외에 광주 국민정부 역시 북벌 전쟁이 시작하기 전인 1923~1926년에 소련으로부터 300만 루블 상당의 무기를 지원받았다. 여기에는 소총 2만 6,000정, 총알 1,600만 발, 기관총 90정, 화포 24문이 망라돼 있었다. 이 밖에 소련 정부는 1924년 11월부터 국민당에게 당무에 필요한 경비 명목으로 매달 10만 루블씩을 지급했다. 심지어 국민정부 중앙은행을 창설하도록 1,000만 루블을 지원하기도 했다.[9]

북방에서는 소련 측 고문이 펑위샹의 국민군을 훈련시키고 무기도 공급했다. 펑위샹이 직접 서명한 영수증을 보면, 1925년 4월부터 1926년 3월까지 소련으로부터 600만 루블이 넘는 무기와 탄약을 지원받았다. 1926년 3월, 펑위샹은 하야 후 소련을 방문하면서 다시 약 1,100만 루블의 무기 공급 계약을 체결했다.[10]

소련이 3년 사이에 국민당에 공급한 무기와 자금 원조를 모두 합치면 3,000만 루블이 넘었다. 이와 같은 소련의 강력한 지원 아래 국민당 북벌군은 중국의 정치 판도를 판가름할 결정적인 세력으로 급성장했다. 소련 고문 보로딘은 '영한 합작' 후 본국으로 도망가는 길에 정주(鄭州)를 지나가다가 펑위샹을 만나 이렇게 술회했다.

"소련은 3,000만 루블이 넘는 거액을 지원했고, 나 역시도 심혈을 기울여 노력했소. 그렇기 때문에 국민 혁명이 오늘날 성공을 거둘 수 있었소."

1926년 11월, 장제스는 중대한 선택의 기로에 섰다. 소련을 저버리는 것은 막대한 자금 지원과 무기 보급을 잃는 것이나 다름없었다. 그렇다고 보로딘의 명령에 따라 무한에 가게 되면 자신의 권력과 정치 생명에 치명타를 입을 것이 뻔했다.

갈 것이냐, 말 것이냐 바로 그것이 문제였다!

장제스는 이러지도 저러지도 못하는 상황에서 시간을 끌며 인내심을 가지고 새로운 돈줄을 물색하기 시작했다. 그 결과 다방면의 연줄을 통해 중국은행 상해 지점으로부터 100만 냥, BAT(British American Tobacco)로부터 200만 냥을 대출받았으나 이 돈으로는 아무런 도움도 되지 않았다. 큰일을 성사시키려면 무엇보다 꾸준히 거액의 자금을 대줄 수 있는 든든한 후원자가 필요했다. 이에 장제스는 외국 기자 노르만과 전에 자신을 도와주었던 코헨을 통해 광주 주재 영국 총영사에게 곧 공산당과 결별할 것이라는 중요한 정보를 흘렸다. 그리고 서구 열강이 자신에게 모종의 지원을 약속하지 않을까 하는 기대를 갖고 초조하게 기다렸다.[11]

바로 이때 누군가 상해에서 남창에 있는 북벌군 총사령부를 찾아와 장제스에게 면담을 요청했다. 부관이 방문객 이름을 알리는 순간 장제스의 얼굴에서 수심이 싹 사라졌다. 그는 크게 기뻐하면서 직접 문밖까지 나가 방문객을 맞이했다.

찾아온 사람은 다름 아닌 위차칭(虞洽卿)이라는 인물이었다.

장제스, 더 큰 후원자를 얻다

상해탄(上海灘)
'탄'은 강변, 해변의 뜻으로 상해의 개방성, 확장성을 의미함. 상해를 통칭함.

상해탄의 금융계 거물인 위차칭은 중국 금융계에서도 첫손 꼽히는 인물이었다. 장제스가 상해에서 실의에 빠졌던 시절, 위차칭이 설립한 상해 증권물품 거래소에서 주식과 선물에 투자한 적이 있었다. 그때 그가 투자에 실패해 보증금까지 다 날리게 되자 위차칭이 나서서 모든 문제를 해결해 주었다. 위차칭은 또 장제스에게 상해 암흑가 보스인 두웨성(杜月笙)과 황진룽(黃金榮)을 소개해 주기도 했다. 한마디로 둘 사이는 친분이 매우 두터웠다.

위차칭 역시 장제스 앞에서는 구태여 체면을 차리지 않았다. 그는 응접실에 들어서서 간단히 인사를 나누고는 단도직입적으로 두 가지 핵심 질문을 던졌다.

ㅣ 위차칭

"사령관께서 러시아 및 공산당과 연합하고 농민과 노동자를 돕겠다고 말한 것은 정말 가난뱅이들을 도와주려는 것입니까? 그렇다면 우리는 어떻게 해야 합니까?"

장제스가 웃으면서 대답했다.

"가난뱅이들이 무슨 힘이 되겠소?"

"그런데 지금 북벌군은 열강을 무너뜨리려 하지 않습니까? 제가 외국인들을 도와 일한 적이 있습니다. 지금도 외국인들을 대상으로 장사를 하죠."

장제스가 탄식했다.

"서양인들을 어떻게 이길 수가 있겠습니까?"

위차칭은 이 말을 듣고 고개를 끄덕였다. 장제스의 의중을 대충이나마 짐작할 수 있었다. 그는 다시 한번 장제스의 의중을 떠보았다.

"그러면 제가 돌아가서 어떻게 도와주면 되겠습니까?"

장제스가 손을 홱 내저으면서 말했다.

"내 조만간 상해를 함락시키고 남경으로 진격할 것입니다. 선생은 두 선생(두웨성)과 황 선생(황진룽)에게 말해서 상해 치안을 잘 유지하도록

| 1920년대의 상해탄 전경

하십시오."

위차칭이 고개를 끄덕거렸다.

"그건 문제없습니다. 저는 무엇을 도와드릴까요?"

이 말에 마음이 동한 장제스는 몸을 앞으로 숙여 위차칭의 눈을 똑바로 쳐다보며 또박또박 말했다.

"돈입니다. 돈을 마련해 주십시오. 많을수록 좋습니다. 상해에 가면 돈이 필요합니다."

이는 분명 엄청난 거래였다. 북벌의 근본 취지는 열강을 쳐부수고 농민과 노동자를 도와주자는 것이었다. 그러나 장제스는 원칙을 따질 겨를이 없을 만큼 상황이 절박했다. 그는 권력과 원칙 중에서 주저 없이 전자를 선택했다.

사실 영국 외교부는 1926년 초에 중국의 북벌 전쟁을 겨냥해 대책 회의를 소집한 적이 있었다. 당시 중국 주재 대사와 영사, 육해군 지휘관, 홍콩 당국 책임자 등은 다양한 대책들을 내놓았다. 이 가운데 선택 가능한 방안은 무력 사용, 국제적 봉쇄, 북방 군벌 지원, 소련 압박하기, 회유책 등 총 다섯 가지로 좁혀졌다. 논증 결과 앞의 두 가지는 후환이 끝이 없고 정반대 결과가 나타날 가능성이 높았으며, 또 다른 열강들의 지지를 얻어내기도 어려웠다. 세 번째 방안은 영국의 의중에 꼭 드는 강력한 리더를 찾기 어렵다는 문제가 있었다. 네 번째 역시 별 효과가 없을 것으로 판단됐다. 그나마 마지막 방안인 회유책이 쓸 만하고 건설적인 의견으로 평가받았다.[12]

영국은 전에 회유책 외의 방법을 사용한 적이 있었다. 1925년에 영국 식민지인 홍콩 정부는 국민당 내부 군벌인 천중밍(陳炯明)에게 공개적으로 무기와 자금을 대주며 국민당 정부를 배반하도록 지원했다. 그 결과 천중밍의 반란군은 힘 한번 쓰지 못한 채 진압당하고 말았고, 루블화로 무장한 북벌군은 국제 은행가들이 지원하는 북양 군벌들을 모조리 무너뜨렸다. 북양 군벌들이 추풍낙엽처럼 나가떨어지는 것을 보면서 이들의 배후 세력인 국제 은행가들은 넋이 나가 어찌할 바를 몰랐다. 따라서 제국주의자들의 최대 현안은 시급히 새로운 대리인을 물색하는 것이었다.

최적의 후보로 거론된 인물이 바로 북벌군 총사령관 장제스였다. 그러나 중국 정국은 한 치 앞도 내다보기 힘들 정도로 어수선했다. 이때까지 투자에 거의 실패해 본 적이 없었던 시티오브런던 및 미국 월스트리트 은행가들은 도무지 갈피를 잡기 어려웠다. 장제스라는 인물을 과연 믿어도 되는 것일까? 장제스가 돈을 받은 다음 얼굴을 싹 바꾸거나 국제 은행가들을 위해 최선을 다하지 않는다면 어쩔 것인가? 이에 미국 정부는 장제스를 낱낱이 파악하기 위해 심지어 상해의 공공조계공부국(公共租界工部局)까지 사람을 보내 그의 전과 기록을 뒤지기도 했다.[13]

그러나 이런 측면 조사만으로는 부족했다. 반드시 장제스 본인을 직접 만나 의중을 정확하게 파악할 필요가 있었다. 그래서 매판 계급의 대표 인물인 위차칭이 직접 남창으로 달려가 장제스를 '면접'했던 것이다. 위차칭은 장제스의 의중을 기본적으로 탐색한 다음 1927년 2월에 다시 남창으로 가 '2차 면접'을 실시했다. 이어 두 사람 사이에 비밀 계약이 체결됐다. 계약 내용은 장제스가 상해, 남경에 도착하는 즉시 은화 6,000만 냥을 받는 대신 공산당에게 총부리를 겨눠야 한다는 것이었다. [14]

6,000만 냥은 실로 엄청난 유혹이었다.

당시 북경의 전통 가옥인 쓰허위안(四合院) 한 채 가격이 은화 200냥에 불과하던 때였다. 소련이 1924~1927년까지 3년 동안 국민당에게 지원한 3,000만 루블을 환산해 봐야 약 2,700만 냥에 지나지 않았다. 그런데도 이 돈으로 북벌 전쟁에서 승리하지 않았던가.

6,000만 냥이라는 유혹 앞에서 장제스는 두말할 필요가 없었다. 순순히 공산당과 결별하기로 결정했다.

소련은 3년간 장제스에게 온갖 심혈을 기울이고 3,000만 루블을 투자했다. 그러나 위차칭과 장제스의 두 차례 회담으로 인해 지금까지의 모든 노력이 허사가 되고 말았다. 이유는 물론 위차칭의 개인 능력이 특별히 뛰어나다거나 위차칭과 장제스의 친분이 각별히 두터워서도 아니다. 다만 위차칭 배후의 세력이 소련보다 훨씬 더 돈이 많고, 장제스보다 공산당을 더 두려워했기 때문이다.

어쨌든 장제스는 더 막강한 후원자를 얻게 되었다.

위차칭과 장제스의 비하인드 스토리

위차칭은 상해탄의 풍운아이자 명실상부한 금융계의 거두였다. 그는 네덜란드은행의 매판으로 있으면서 본인 소유의 전장과 투자 은행, 해운 회사를 경영했다. 온갖 부류의 사람과 두루 친해 인맥이 대단히 넓었고, 심지어 상해 암흑가 보스인 황진룽과 두웨성도 그를 선배로 모셨을 정도로 힘이 있었다. 조계지의 외국인들조차 위차칭 앞에서는 함부로 행동하지 못했다.

네덜란드은행은 국제 은행계에서 매우 특수한 위치에 있었다. 창립자는 유대계 은행가인 맨더빌(Mandeville)가로, 맨더빌을 비롯해 사순, 로스차일드가는 모두 세파르디 유대인이었다. 1490년대에 스페인에서 반유대주의가 고조되자 로스차일드가는 독일로 망명해 본업에 종사하다가 훗날 독일 왕실 은행 가문이 되었고, 사순가는 중동 지역으로 이주해 바그다드 정부의 재정 담당 최고 책임자가 되었다. 맨더빌은 네덜란드로 망명해 네덜란드은행과 네덜란드 동인도회사를 설립했다.

1640년에 영국에서 자산계급 혁명이 일어나자, 맨더빌가는 다시 시티오브런던에 진출해 잉글랜드은행과 영국 동인도회사 설립에 참여했다. 빅토리아 여왕 시대에는 '여왕이 가장 총애하는 유대인'으로 불리며 영국 왕실이 가장 신뢰하는 은행 가문으로 자리 잡았다. 1812년에 맨더빌가는 로스차일드가와 통혼하고 로스차일드가를 위해 주식 투자를 대행해 주면서 피보다 진한 동맹 관계를 맺었다. 이 때문에 로스차일드가는 제2차 세계대전 기간에 맨더빌의 네덜란드은행을 통해 유럽 대륙에 투자를 할 수 있었다. 지금도 중국 홍콩에 있는

| 19세기 맨더빌가의 세대주, 모세 맨더빌

강남제조국(江南製造局)
양무운동 때 설립된 각종 기계 제작 기관.

동맹회(同盟會)
쑨원이 결성한 반청 혁명 단체로 신해혁명 후 국민당으로 발전함.

로스차일드가의 사무소 이름은 '네덜란드은행-로스차일드'로 부르고 있다.

위차칭은 맨더빌가를 위해 꼬박 30년간 청춘을 바쳤다. 얼마나 성실하고 부지런하며 책임감이 있었는지 중국 풍속에 문외한인 네덜란드 여왕이 그의 공적을 치하하기 위해 특별히 왕실 탁상시계를 하사했을 정도였다.

그는 처음에 상해 총상회(總商會)라는 조직을 발기하고 설립했다. 이 조직은 자체 군사력까지 보유하고 있어서 신해혁명 때 상해 수복 전투에서 능력을 발휘했다. 당시 이들은 주력군으로 활약하며 일거에 상해 일원의 관공서를 함락하고, 연이어 강남제조국을 점령했다. 또한 상해 총상회는 동맹회의 호군도독부(滬軍都督府) 설립을 위해 은 180만 냥을 지원해 주었다. 이후 지원 금액까지 합치면 총액은 300만 냥이 넘었다.

1916년 말, 경제 쪽으로 머리가 비상했던 쑨원은 혁명 자금을 마련하기 위해 위차칭 등과 상해에 증권, 면직물, 금은, 잡곡, 모피 등을 거래하는 증권물품거래소를 설립하기로 합의하고 북양 정부 농상부(農商部)에 설립 신청서를 제출했다. 그러나 '쑨 대포(쑨원의 별명 – 옮긴이)'라는 이름만 들어도 경계심을 가지는 북양 군벌은 얘기도 들어보지 않고 그 자리에서 쑨원의 신청을 거절했다. 게다가 당시 경제 상황도 여의치 않아 이 건은 흐지부지되고 말았다.

훗날 이 일을 맡아 추진한 장본인이 바로 장제스이다.

장제스는 일찌감치 상해 동맹회의 지도자인 천치메이(陳其美)를 따라 반청 혁명에 가담했고, 동맹회가 청나라 군대가 지키는 강남제조국을 공격할 때도 천치메이와 나란히 총을 들고 전투에 참가했다. 두 사람은 전장에서 함께 생사를 넘나들면서 끈끈한 우정을 쌓았고, 나중에는 형제의 의를 맺었다. 쑨원의 심복인 천치메이는 신해혁명 성공 후에 상해 독군(督軍)에 임명되었다. 위차칭은 바로 천치메이의 휘하에서 재정 고문을 담당하며 대량의 군량미와 자금을 조달했다. 천치메이와 각별한 사이인 장제스는 바로 위차칭과도 사이가 가까워졌다. 그러나 훗날 천치메이가 암살당하자 장제스는 졸지에 버팀목을 잃고 말았다.

증권거래소를 통해 혁명 자금을 마련하려는 쑨원의 생각은 매우 탁월했다. 혁명과 전쟁은 원래 돈을 필요로 하며, 그것도 매우 많은 돈이 필요했다. 장제스는 조직의 위탁을 받고 증권거래소 설립을 추진하면서 갑자기 자신에게 꼭 맞는 사업 방향을 찾았다는 느낌이 들었다. 그는 우선 상해 독군부(督軍府)의 옛 친구인 다이지타오(戴季陶)를 비롯해 천치메이의 조카 천궈푸(陳果夫), 강절 재벌인 장징장 (張靜江) 등을 규합해 상해에서 '협진사(協進社)'라는 비밀단체를 결성했다. 협진사는 상해 증권물품거래소

강절(江浙)
강서와 절강 지역을 가리킴.

의 설립과 관련한 모든 사업을 책임졌다. 이후 장제스는 위차칭에게 북경 농상부가 상해 증권물품거래소 설립을 허가해 주도록 상해 상업계를 동원해 달라고 부탁했다.

1920년 7월 1일, 드디어 중국 최초의 종합거래소인 상해 증권물품거래소가 문을 열었다. 거래소 이사장은 위차칭이 맡았다. 거래 품목

은 유가증권, 목화, 면직물, 방직물, 금은, 식량, 기름, 모피 등 매우 다양했다. 그날 상해 〈신보(申報)〉에는 다음과 같은 광고가 실렸다.

"상해 증권물품거래소 54호 매니저 천궈푸, 고객님들을 위해 증권, 목화 등 상품 거래 대행, 필요하신 분 연락 바람. 사무소 주소: 사천로(四川路) 1번지 3동 #80. 연락처: 거래소 54번."

광고에서 언급한 54호 매니저 영업소는 바로 장제스가 설립한 '항태호(恒泰號)'였다. 구체적인 매매 업무는 천궈푸가 책임졌다. 주요 업무는 각종 증권 및 면직물 매매 대행이고, 총 자본금은 은화 3만 5,000냥으로 총 35주의 주식을 발행했다. 그중 4주는 장제스가 보유했다. 훗날 장제스는 투기에 실패해 빚 독촉을 받게 되었다. 이 위기에서 그는 위차칭의 소개로 상해 암흑가 보스 황진룽을 만나 그의 수하로 들어갔다. 황진룽은 장제스의 채무를 청산해 주고, 광주에 있는 쑨원을 찾아가 몸을 의탁하도록 자금도 대줬다.

대혁명의 물결이 중국 전역을 휩쓸 때, 국제 은행가들에게 가장 중요한 일은 중국의 매판 계급을 동원해 혁명 운동을 진압하는 것이었다. 1927년 3월, 상해 노동자 계급은 공산당의 지도 아래 무장 봉기를 일으켜 상해를 해방시켰다. 이에 주미 영국 대사는 즉시 미국 국무장관 켈로그에게 다음과 같은 입장을 밝혔다.

"그곳(상해)에서 철수하는 것은 불가능합니다. 그렇게 되면 상해 무역항에서의 영국의 지위와 이익이 모두 손실을 입을 것입니다. 영국 정부는 영국 이익의 집중지인 상해 조계지를 보호하기 위해 모든 힘을 동원할 것입니다. 영국은 상해와 남경에서 미국 측의 다방면에 걸친 협력을 진심으로 환영합니다."[15]

1927년 3월, (국제 은행가들의) 이익 집중지인 상해 조계지를 보호하기 위해 영국군 1만 7,000명, 일본군 4,000명, 미군 3,500명, 프랑스군 2,500명이 대거 몰려들었다. 여기에 조계지 공부국 산하의 무장 단체인 만국상단(萬國商團)과 순경까지 합세해, 모두 합치면 총 3만 명이 넘었다.

　　노련하고 주도면밀한 국제 은행가들은 혁명의 물결로 중국인의 애국심이 한껏 고취된 상황에서 단순히 폭력적 수단만을 동원했다가는 뼈아픈 대가를 치르고 얻는 것보다 잃는 것이 더 많음을 잘 알고 있었다. 그들은 중국에서 기득권을 계속 유지하려면 자신들의 중국 측 대리인인 매판 계급을 이용하는 것이 가장 효과적이라는 판단을 내렸다.

　　당시 매판 계급은 국제 은행가들의 힘을 빌려 권력을 쟁취하는 것이 최대 이익 목표였다. 중국에서 국제 은행가들의 이익은 대부분 상해 공공 조계지에 집중돼 있었고, 조계지의 최고 권력기관은 바로 조계지 공부국이었다. 조계지의 특수한 위치 때문에 많은 대형 매판과 강절 재벌들이 조계지에 정착했는데, 이들이 조계지에서 살려면 규정대로 공부국에 세금을 납부해야 했다. 그러나 노비가 주인과 동석할 수 없는 법. 아무리 대형 매판, 대재벌이라 해도 공부국에서는 말단 자리도 차지할 수 없었다. 공부국 내부에 믿을 만한 사람이 없는 한, 이들의 이익을 언제까지나 보장받을 수 없는 노릇이었다. 그래서 조계지에 사는 매판 계급은 오래전부터 "대표 없이 조세 없다"라는 자산 계급의 공화(共和) 원칙을 거론하며 큰 불만을 품고 있었다.

　　1926년 3월 18일, 상해 공공 조계지 공부국 이사회 멤버들은 상해 자산 계급 대표들과 대화(大華) 호텔에서 모임을 가졌다. 원래 중국인은

■ 상해 공공 조계지 공부국 휘장

술자리에서 비즈니스를 해결하는 전통이 있다. 그래선지 이때의 모임은 "상해 역사상 또 하나의 이정표를 세웠다. …… 상해에서 이런 회의를 소집하기는 역사상 처음이다"라는 평가를 받았다.[16]

이날 공부국의 미국인 이사는 영국 및 일본 동료들을 대표해 인사말을 했다.

"오늘 회의의 주최자로서 우선 명성 높은 중국의 신사 여러분들을 모시게 돼 큰 영광으로 생각합니다. …… 오늘 모인 여러분은 각계각층을 대표하는 인물들입니다. 모두 방대하고 놀라운 힘을 모을 수 있는 능력이 있습니다. 그 힘은 바로 여론을 선도할 수 있는 힘입니다."[17]

이 모임에서 주제 연설을 책임진 조계지 공부국 이사회 위원장인 스털링 페센든(Stirling Fessenden)은 단도직입적으로 주제를 꺼냈다.

"갈수록 거세지는 혁명 세력의 위협에 대비해 적절한 대처 방안을 꼭 모색해야 합니다. 함부로 무력을 사용할 경우 국제 형세가 극단적으로 험악해질 가능성이 있습니다. 상해 노동자들은 '제삼자(중국공산당을 가리킴)'의 희생양이 되고 있습니다. 이들은 상해 노동자들을 사주해 공장의 안정과 질서를 파괴하고 있습니다. 그렇다면 우리가 중국 노동자 계급의 맹목적인 믿음을 역으로 이용할 수 있지 않겠습니까? 그들의 이익과 우리 이익을 함께 도모할 수 있지 않겠습니까? 제삼자에게 길들여진 그들에게 새로운 지도자를 내세워 주면 되지 않겠습니까? 새 지도자는 그들이 다른 여느 지도자에게 기꺼이 복종하듯, 믿고 따르도록 만들 수 있는 사람이어야 합니다. 내 말의 요지는 (그들을 이끌기 위해서는) 오늘밤 이 자리에 모인 여러분과 같은 인사들이 필요하다는 것입니다."

페센든의 말이 끝나자 위차칭이 바로 자리에서 일어나 답사를 했다.

"우리(그 자리에 있는 중국인)는 모두 현재 형세가 매우 급박함을 잘 알고 있습니다. 전혀 과장 없이 말하자면, 지금은 일촉즉발의 위험한 상황입니다. 모두의 공통된 이익을 위해 우리는 모든 방법을 동원해 그것 (혁명)을 막아야 합니다. 시간이 많지 않습니다. 운에 맡기는 것은 위험한 짓입니다. 지금은 지방 차원, 국가 차원 및 국제적 차원의 행동을 함께 전개해 우리 앞에 닥친 중대한 문제를 가장 빠르고 만족스럽게 해결하는 것이 급선무입니다."

열변을 토하던 위차칭은 갑자기 말머리를 다른 곳으로 돌렸다.

"그러나 솔직히 말하면 우리는 어떠한 대가를 지불하면서까지 그것을 얻고 싶지는 않습니다."

그의 말뜻은 분명했다. 외국인이라 해도 '종족 평등'과 '주권 존중'의 원칙을 지켜야 한다는 것이었다. 여기에는 중국 자산 계급도 상해 행정에 참여할 수 있도록 해달라고 은근하게 촉구하는 중의적인 의미가 담겨 있었다.

3주 후에 상해 공공 조계지 '외국인 납세자 연차 회의'가 열렸다. 만찬 모임의 효과인지 이 회의에서 중국인의 상해 시정 참여 결의안이 통과되고, 상해 공공 조계지 이사회에 파격적으로 3명의 중국인 이사 참여가 허락되었다. 그 후로 위차칭은 조계지 공부국 이사회 의석 하나를 굳건히 차지했다. 나머지 둘 중 하나는 강절 재벌 그룹의 플래그

십 은행 및 절강흥업(浙江興業) 은행의 상임이사 겸 사장인 쉬신류(徐新六)였다. 이는 상해의 대자산 계급, 대형 매판, 강절 재벌들이 일정한 대가를 받고 자신의 영혼을 국제 은행가에게 팔아넘긴 엄연한 거래였다.

위차칭은 이처럼 수완이 비상하고 처세술에 대단히 능했다. 중국 혁명을 진압하는 데 급급한 국제 은행가들로서는 장제스를 '면접'하는 데 그만큼 적합한 인물을 찾기 어려웠다.

4·12 정변 배후에 도사린 금융 세력

1927년 3월 26일, 장제스가 인솔하는 북벌군은 드디어 상해로 진입했다. 장제스는 상해에 도착하자마자 즉시 위차칭을 만나 앞서 합의를 봤던 물밑 거래를 성사시켰다. 위차칭은 상해의 모든 주요 은행, 전장, 금은방, 상업 단체 및 산업 단체 등을 망라한 상해시 상업 연합회를 조직해 장제스에게 약속한 자금 조달에 나섰다.

이 연합회에는 매우 중요한 조직이 한 군데 있었다. 바로 시윈성(席雲生)을 대표로 하는 상해 보석상 동업조합이었다. 시윈성은 다름 아닌 동정산방의 석씨 가문 직계로 강절 재벌계의 대들보였다. 당연히 상해에 있는 외국 은행을 비롯해 관영 은행, 상업 은행, 전장, 표호 및 실업계에 상당한 영향력을 행사했으며, 거대한 인맥 네트워크도 가지고 있었다.

소주 동정산방의 석씨 가문은 1874년에 석정보가 홍콩상하이은행의 매판이 된 뒤로 조손 3대가 반세기 이상 그 지위를 누렸다. 이들은 홍콩상하이은행의 대중국 금융 업무를 모두 도맡아 처리했다. 여기에는 상해 전장, 표호를 대상으로 한 단기 대출 업무, 중국 정부를 대상으로 한 정치 차관, 철도 건설용 자금 대출 업무, 아편무역 자금 선불 업무 등이 망라되었다.

좌종당, 이홍장, 성선회 등 양무파의 대표 인물들도 융자가 필요할 경우에는 반드시 석씨 가문에 도움을 요청해야 했기 때문에 예외 없이 이들과 절친한 관계를 유지했다. 일상 업무 중에 잦은 융자가 필요한 전장들은 두말할 필요 없이 석씨 가문의 말에 고분고분 순종해야만 했다.

석정보에게는 형제가 셋이 있었는데, 이들 역시 만만치 않은 인물이었다. 장남 석하경(席嘏卿)은 영국 차타드은행 상해 지점 설립 이듬해에 매판 직을 맡았다. 이 은행의 명실상부한 원로인 셈이었다. 셋째 석진화(席縉華)는 잉글랜드왕국정부은행, 러시아 아화도승은행의 매판을 지냈다. 넷째는 석씨의 친척이자 신(新) 사순양행의 초대 매판인 심이원(沈二園)의 양자로 들어가 그 자리를 물려받았다. 그래서 '사순가의 넷째'로 불렸다.

이 밖에 석씨 가문은 외국 은행의 업무 독점과 정부 관원과의 인맥 및 막강한 재력을 바탕으로 중국의 관영 은행 설립에 참여했다. 이렇게 해서 잇따라 호부은행, 대청은행, 중국은행 등 관영 은행의 대주주가 되었다.

한마디로 상해 전역의 외자 은행, 관영 은행, 전장, 표호 등 금융업 전체가 석씨의 세력 범위에 속했다고 볼 수 있었다. 이런 이유로 석정보는 별 힘 들이지 않고도 중국의 최고 갑부로 불리는 호설암을 가볍게 무너뜨릴 수 있었다.

석씨 가문 자제들은 연이어 인맥을 통해 13개 외국 은행에 매판으로 들어갔다. 그리고 점차 더 많은 인척, 동향, 동창들이 석씨 가문의 도움으로 금융 기업에 취직해 방대한 규모, 강대한 실력을 갖춘 금융 사회 네트워크를 구축했다. 예컨대 석정보의 손자 시더빙(席德柄)은 쑹쯔원(宋子文)의 미국 유학 동창이었고, 시더빙의 형 시더마오(席德懋)는 딸을 쑹쯔원의 동생 쑹쯔량(宋子良)에게 시집보냈다. 시더빙은 훗날 국민당 정부의 중앙 조폐창 창장에 취임했고, 시더마오는 중국은행 회장을 맡았다.

석씨 가문이 장제스를 선택했기 때문에 그에 대한 국제 은행가들의 신뢰도 당연히 높아졌다. 이로써 중국에서 장제스의 전성시대가 열리게 되었다.

1927년 3월 29일, 상해 상업 연합회 대표단은 장제스를 방문해 공산당과 결별하면 재정 지원을 제공하겠다는 입장을 표명했다. 〈자림서보〉에는 이런 기사가 실렸다.

"대표단은 상해의 질서와 평화가 빨리 회복되는 것이 중요하다는 사실을 강조했다. 이에 장제스는 노동자와 자본가의 관계를 즉시 조정하겠다고 약속했다."

3월 31일, 장제스의 말에 고무된 위차칭과 상해 상업 연합회는 앞장서서 '강소·상해 재정위원회'를 설립했다. 이 위원회에는 상해상업저축은행 천광푸(陳光甫) 회장, 북사행의 연합준비고(聯合準備庫) 첸융밍(錢永銘) 부주임 등 은행가, 중국 양대 본토 은행인 중

북사행(北四行)
주로 북방에서 활동한 염업(鹽業)은행, 금성(金城)은행, 중남(中南)은행, 대륙(大陸)은행의 총칭.

국은행 및 교통(交通)은행 대표를 비롯해 당시 중국 금융계에서 내로라 하는 인물과 기관 대표들이 모두 다 가입했다.

상해의 은행과 전장은 4월 1~4일 사이에 장제스에게 은화 300만 냥을 지원했다.[18] 이어 4월 8일, 상해 주재 미국 총영사인 클래런스 고스(Clarence E. Gauss)는 국민당 내부의 공산당원을 완전히 척결하는 조건으로 강절 재벌이 이미 장제스에게 300만 냥을 지원했다는 소식을 들었다.[19]

은행가는 상인 중에서도 최고 경지에 오른 사람들이라고 해야 한다. 그들은 장제스에게 6,000만 냥이라는 떡을 미끼로 처음에는 선불금만 준 다음 일이 멋지게 성사되면 나머지 돈을 지급하겠다고 유혹했다.

장제스는 선불금을 받은 후 일주일도 지나지 않아 바로 행동에 나섰다. 그것은 전 세계를 경악시킨 '4·12 정변'이었다. 이 사건으로 수많은 공산당원, 노동자, 농민 및 좌익인사들이 무자비하게 학살되었다.

장제스는 이때 "3,000명을 잘못 죽일지언정 공산당원을 한 명도 놓쳐서는 안 된다"라는 끔찍한 구호를 내걸었다. 장제스의 단호한 의지에 만족한 은행가들은 다시 700만 냥을 더 지원했다.[20] 대대적인 공산당 숙청 작업으로 중국 전역은 일순간 피바다로 물들었다. 장제스는 수많은 공산당원의 목을 담보로 마침내 국제 은행가 세력에 빌붙는 데 성공했다.

장제스의 '재융자'

장제스 지원 사업과 관련한 사전 조사 및 1차 융자의 막중한 임무를 완수한 위차칭이 2선으로 물러났다. 그 후 강절 재벌 대표인 천광푸가 위차칭을 대신해 '장제스 지원 프로젝트' 투자 위원회 주임을 맡았다. 천광푸는 미국 펜실베이니아 대학 와튼 스쿨을 졸업한 엘리트였다. 졸업과 동시에 귀국하여 상해상업저축은행을 설립하고 중국 금융사에서 독자적인 한 파벌을 형성했다. 이 은행은 1915년에 유치한 1만 8,000냥의 예금을 밑천으로 성장을 거듭해 1933년에는 예금 규모가 3,330만 냥으로 급증했다. 그는 이런 놀랄 만한 수완을 통해 '금융계의 귀재'로 이름을 날렸다.

천광푸는 쿵샹시(孔祥熙)와 쑹쯔원 가문과도 관계가 대단히 밀접했다. 천광푸가 상해상업저축은행을 설립했을 때, 총 7만 냥의 출자금 중 쿵샹시가 1만 냥을 출자하고 쑹쯔원 역시 어머니 니구이전(倪桂珍)의 명의로 5,000냥을 출자했다. 이런 인연 탓에 쿵샹시는 북벌이 시작되기 전 천광푸에게 누차 편지를 보내 남하할 것을 요청했다. 장제스로서는 은행가 중에서도 천광푸를 가장 믿고 따를 수밖에 없었다.

천광푸 역시 장제스의 믿음을 저버리지 않았다. 그는 장제스의 심각한 자금난을 해소하기 위해 '강소·상해 재정 위원회'를 설립하고 전문 공채를 발행해 본격적으로 자금 조달에 나섰다. 이것이 바로 유명한 '강해관(江海關) 2.5 부가세 국고 채권'이다.

이때 국민혁명의 기치를 내세운 장제스는 혁명성을 강조하기 위해 과거의 광주 및 무한 국민당 정부의 정책을 그대로 계승했다. 즉 민족

산업 보호 명의로 기존의 5% 관세에 2.5%의
부가세를 추가 징수한 것이다. 이것이 이른바
'2.5 부가세'이다. 물론 외국인들의 승낙을 얻
기 전에는 2.5 부가세를 실시할 수 없었다. 그
러나 은행이 미래에 발생할지도 모르는 이 부
분의 수익을 담보로 삼음으로써 장제스가 정
부 공채를 발행하는 데는 전혀 지장이 없었다.

'중국의 모건' 천광푸

상해 금융계, 상공업계에서 강해관 2.5 부
가세 국고 채권을 인수한 목적은 군벌과 공산
당을 방어하기 위해서였다. 그들은 당연히 정치적으로는 남경의 국민
당 정부를 옹호했고, 경제적으로는 장제스를 지원했다. 이 채권은 발
행 시 원금 상환 및 이자 지급을 분명히 약속하여 정부 채무의 신용을
확립했다.

강절 재벌은 '강해관 2.5 부가세 국고 채권 기금보관위원회'까지 설
립하여 공채 발행을 통해 얻은 수익금이 합리적으로 사용되도록 감독
관리했다. 주임은 강절 재벌계의 또 다른 거두이자 절강 실업 은행의
상해 지점 행장인 리푸쑨(李馥蓀)이 맡았다. 이 기금보관위원회는 말할
것도 없이 장제스와 상해 금융계, 상공업계와의 협력 관계를 한층 더
돈독히 해주는 역할을 했다.

강해관 2.5 부가세 국고 채권의 총 발행액은 은화 3,000만 냥, 월
이율은 7리로, 같은 해 7월부터 30개월로 나눠 분할 상환하는 조건이
었다. 기본적으로는 상해 금융계, 상공업계 및 강소와 절강 정부가 공
채 원리금 상환을 책임졌고, 여기에 양회의 염상(鹽商)들이 300만 냥을

양회(兩淮)
회수(淮水)의 남북인 회남(淮南)과 회북(淮北)을 아울러 이르는 말.

보냈다. 강절 재벌이 이 공채 중 80%를 인수했고, 그중에서도 중국은행의 매입량이 가장 많았다.[21]

당시 중국은행 총재는 역시 '금융의 귀재'로 불리던 장자아오(張嘉璈)였다. 그는 젊은 시절 일본 게이오(慶應) 대학에서 공부하고 돌아와, 고작 28세 때인 1914년에 중국은행 상해 지점의 부지점장으로 취임했다. 장자아오 부임 후 중국은행은 북양 정부와의 협력을 거부했다. 그는 강절 재벌 산하의 대형 은행, 거래소, 대기업으로부터 모은 600만 냥의 자금으로 1923년에 북양 정부가 보유하고 있던 500만 냥어치의 중국은행 주식을 인수했다. 이 방법으로 북양 정부의 중국은행 대주주 자격은 가볍게 박탈되었다. 또 정부 소유주 비율을 1% 미만으로 낮춤으로써 중국은행의 민영화를 완성했다.

이렇게 이름을 크게 날린 장자아오는 상해 금융계의 실력자인 리푸쑨, 천광푸 등과 막역한 사이가 되었다. 이후 그는 상해 은행계 동종업자들 간의 친목을 다지기 위해 각 은행 행장들이 참가한 '금요일 모임회'를 발족시켰다.

이 모임은 서로 간의 금융 정보 교류, 감정 소통, 의견 교환의 장으로 활용됐다. 그는 이 모임을 통해 친구들을 널리 사귀고 다양한 정보를 수집, 분석했으며 과학적인 경영 방식을 널리 전파했다. 금요일 모임회는 점차 규모가 확대돼 훗날 상해 은행 공회(公會)로 발전했다.

상해 은행 공회에는 3명의 핵심 인물이 있었다. 한 명은 장제스에게 가장 많은 자금을 조달해 준 장자아오, 다른 한 명은 융자 총책임을 맡은 천광푸, 나머지 한 사람은 자금 흐름을 감독하는 리푸쑨이었다.

이 세 사람은 관계가 매우 밀접해 강절 재벌계의
'3정갑'으로 불렸다.

장제스는 1927년 4~5월 두 달 사이에 4,000만
냥을 융자받았다. 이는 국민당 정부가 1924~1927년 사이에 소련으
로부터 지원받은 3,000만 루블보다 훨씬 많은 액수였다. 장제스의 '투
기 사업'은 완승을 거둔 것처럼 보였다.

장제스는 국민당 내부에서 소련과 공산당이라는 '위험 자산'을 몰
아냈다. 그런 다음 더 큰 규모, 더 막강한 배경을 가진 '벤처 투자'를
유치하는 데 성공했다. 그들은 바로 강절 재벌과 그 배후의 국제 은행
가들이었다. 그러나 그가 다리를 뻗고 자기에는 아직 일렀다. 공산당
과 국민당 좌파가 장악하는 무한정부가 여전히 그의 앞길을 가로막는
걸림돌이 되기 때문이다.

'영한 합작' 배후의 자본 재편성

1927년 4월 9일, 상해시 총공회(노동자 총연합회) 위원장 겸 노동자 규찰
대 대장인 왕서우화(汪壽華)는 두웨성에게서 한 통의 초대장을 받았다.
긴히 상의할 일이 있으니 4월 11일에 꼭 공관에서 열리는 연회에 참
석해달라는 내용이었다. 왕서우화는 상해의 유명 폭력 조직인 청방(靑
幇) 및 홍방(洪幇)과 자주 접촉하면서 그들이 그래도 의리는 있다고 여
겼던 터라 흔쾌히 초대에 응했다.

4월 11일 밤 8시쯤, 공관에 도착한 왕서우화는 두웨성의 모습이 보

이지 않자 불길한 예감이 온몸을 엄습했다. 이때 그의 주위로 살기등 등한 두웨성의 부하들이 몰려드는 것을 보고 몸을 피하려 했으나 이미 때는 늦었다. 부하들은 우르르 달려들어 왕서우화를 때려눕히고 미리 준비한 마대에 집어넣었다. 그런 다음 그를 자동차에 싣고 용화(龍華) 교외로 가서 생매장해 버렸다.

이윽고 12일 새벽 3시가 되자 두웨성 휘하의 청방 무리가 권총을 지니고 근거지인 프랑스 조계지에서 출동했다. 공(工)자 완장을 차고 노동자 차림을 한 이들의 공격 목표는 이미 정해져 있었다. 같은 시각 바이충시(白崇禧) 부대의 병사 수백 명도 똑같은 노동자 차림으로 위장한 채 공공 조계지를 벗어나 각각 갑북(閘北), 남시(南市), 호서(滬西) 방향으로 향했다. 그중 한 분대는 예행연습이라도 한 듯 남시의 노동자 규찰대 근거지를 습격했다. 저녁에 미리 노동자 규찰대 집결지 및 총공회 본부 가까이 들어와 있던 국민당 26군의 저우펑치(周鳳岐) 부대는 유혈사태가 터지자 곧바로 치안 유지 및 분규 중재를 구실 삼아 노동자 규찰대를 강제로 무장 해제시켜버렸다.

상해시 총공회는 그날 점심을 기해 전 시의 노동자들에게 총파업령을 내렸다. 곧 폭행에 항의하는 노동자들의 시위 행진이 이어졌다. 장제스의 '국민 혁명군'이 시위에 나선 '국민'들을 향해 발포하면서 잔혹한 대학살이 시작되었다. 이틀 사이에 노동자 300명이 살해되고 500명이 체포됐으며 무려 5,000명이 실종됐다. 잇따라 남경, 소주, 무석(無錫), 항주(杭州), 광동, 상주(常州) 등지에서도 피비린내 나는 진압이 벌어졌다. 약 2만 5,000명의 공산당원과 좌익 인사들이 이때 무참하게 목숨을 잃었다. 이로써 국민 혁명군 총사령관 장제스가 공공연히 국민 혁명을 배반했다는 사실이 만천하에 드러났다.

이 비극적인 소식이 무한국민정부에 전해지자 현지 정계는 비상이 걸렸다. 무한국민정부의 왕징웨이 주석은 즉각 국민당 중앙의 명의로 장제스를 모든 직무에서 해임하고 국민당 당적을 박탈했다. 더불어 장제스에 대한 수배령을 내렸다.

이때 무한국민정부는 중대한 선택의 갈림길에 놓였다. 선택할 수 있는 길은 두 가지였다. 하나는 계속 북벌을 강행하여 황하(黃河) 유역 및 화북과 동북 지역에 둥지를 틀고 있는 북양 군벌을 박멸하는 것이었다. 다른 하나는 동쪽으로 진격해 국민 혁명 노선을 분열시킨 장제스를 토벌하는 것이었다.

무한정부 소속의 실력파 군인인 탕성즈, 장파쿠이(張發奎) 등은 모두 장제스와 파벌 갈등이 격화돼 동쪽으로 진격할 것을 극력 주장했다. 이 기회에 장제스를 제거한 다음 중국에서 가장 부유한 지역인 강절 지역을 손에 넣으려는 속셈이었다. 이에 반해 소련 측 정치 고문인 보로딘과 천두슈(陳獨秀), 저우언라이(周恩來) 등을 비롯한 중국공산당 지도자들은 지속적인 북벌을 주장했다. 먼저 북양 군벌을 무너뜨린 다음 장제스를 제거하자는 입장이었다.

당시 보로딘의 분석은 다음과 같았다.

"아군의 기존 군사력으로 동진은 불가능하다. …… 동쪽으로 진격할 경우 장제스는 제국주의, 더 나아가 북방 군벌들과 공공연히 동맹을 맺을 것이다. 그렇게 되면 우리는 멸망의 수순을 밟을 수도 있다."[22]

사실 보로딘의 말에도 일리가 있었다.

당시 군사 형세를 보면, 무한정부는 사면초가의 불리한 상황에 처해 있었다. 북쪽에는 수차례의 패전에도 불구하고 아직 붕괴되지 않은 직계 군벌과 여전히 막강한 군사력을 자랑하는 봉계 군벌이 도사리고 있었다. 또 동쪽의 가장 부유한 지역은 장제스와 그의 동맹군인 계계 (桂系) 군벌 리쭝런(李宗仁)의 군대가 점령했고, 남쪽의 양광(兩廣) 지역은 계계 군벌과 친 장제스 파벌인 리지선(李濟深)이 장악했다. 더구나 이 적들은 잔뜩 벼르며 여차하면 공격에 나설 태세를 갖추고 있었다.

이에 반해 무한정부의 군대는 대부분 현실적 목적을 가지고 이편에 선 경우였다. 혹자는 무한정부로부터 군량과 군비를 지원받기 위해, 혹자는 장제스와 원한 관계에 있거나 야심이 서로 충돌하여 무한정부와 손을 잡고 있을 뿐이었다. 사실상 이들은 대부분 장제스의 반공청당 노선에 수긍하고 있어서, 합리적인 가격만 제시하면 언제라도 장제스처럼 혁명을 배반할 위인들이었다. 진심으로 무한 정부와 생사고락

반공청당(反共淸黨)
공산당에 반대해 국민당을 청소한다는 의미.

을 같이할 세력은 공산당 계열의 예팅(葉挺)이 인솔하는 1개 사단뿐이었다.

경제적인 상황은 더욱 불리했다. 사실 무한정부도 상해 금융계와 상공업계의 지원을 얻기 위해 백방으로 노력했다. 무한국민정부는 3월 27일에 재정부장인 쑹쯔원을 상해에 특별히 파견하여 재정 관리에 대한 전권을 위임했다. 그리고 상해에 전보를 보내 강소성과 절강성의 모든 재정 업무 및 세무, 자금 조달의 일체 업무를 반드시 그가 일괄 관리하도록 지시를 내렸다.[23]

쑹쯔원은 3월 29일에 상해에 도착하여 이튿날 장제스를 만나 강소성과 절강성의 재정을 통합 관리하는 문제에 대해 논의했다. 그러나

장제스는 한발 앞서 상해 금융계 및 상공업계에 이미 연락을 취해 놓은 터였다. 국민 혁명군 총사령부는 31일에 '강소·상해 재정위원회'를 설립하고 상해의 금융계 지도자가 구체적인 업무를 책임지도록 했다. 결국 쑹쯔원은 한동안 상해에서 제대로 업무를 추진할 수 없었다.

| 4·12 정변 때 참혹하게 살해된 공산당원들

장제스는 4·12 정변 이후 공산당원 및 국민당 좌파와 완전히 반목했다. 쑹쯔원의 신변 안전조차 위협하는 상황에서 무한정부를 위한 융자가 가당키나 한 소리인가. 결국 쑹쯔원은 큰누나 부부인 쿵샹시와 쑹아이링(宋靄齡)의 설득에 넘어가 장제스에게 투항하고 말았다.

장제스는 내친김에 4월 18일 남경 국민정부를 출범시키고 공식적으로 무한정부를 부정했다. 28일에는 '서구 열강과 손잡고 무한정부에 대해 경제 봉쇄를 실시할 것'이라는 성명을 발표했다. 중국 금융의 명맥을 장악한 강절 재벌들은 이미 장제스와 한통속이 돼 무한국민정부에 대한 모든 융자 경로를 차단해 버렸다. 상해의 은행, 전장, 표호들도 일제히 무한으로의 송금 업무를 중단했다. 이들은 앉아서 무한정부가 스스로 붕괴되기만을 기다렸다.

이때 무한의 물가는 천정부지로 치솟아 무한정부에서 발행한 각종 화폐 대용권, 신용 화폐는 이미 휴지 조각이 돼버렸다. 정부의 재정 수입은 겨우 150만 냥에 불과한데 지출은 1,300만 냥을 초과하는 지경이었다. 시 전체의 실업자 수는 총인구의 3분의 1에 달했고, 여기에 다른 성에서 무한으로 모여든 혁명가, 피난민을 비롯해 수만 명에 이르는 부상병까지 먹여 살려야 하는 형편이었다. 한마디로 무한정부는 사면초가, 풍전등화의 위기에 놓여 있었다.

무한정부 쪽은 소련, 중국공산당, 왕징웨이를 막론하고 모두 이제 기댈 곳이라곤 펑위샹이 이끄는 북방의 국민군밖에는 없었다.

평위샹은 우국지사를 많이 배출한 연조 출신 장군이었다. 어릴 때 외국 선교사의 가르침을 받으며 자란 그는 군벌이 된 다음 전 부대에 기독교를 전파했다. 장병들에게 세례를 받도록 명하고, 찬송가를

연조(燕趙)
연과 조는 전국시대 나라이름. 지금의 하북(河北)성 일대.

군가로 사용했으며, 기독교 교리를 청사진으로 삼아 군법을 제정했다. 이 때문에 세상 사람들은 그를 '크리스천 장군'이라고 불렀다. 이 크리스천 장군은 융통성 있는 성격에 기회를 포착하는 능력도 뛰어나 서북 지역에 자신의 기반을 닦았다. 그는 1924년에 소련이 자금을 후하게 지원하는 모습을 보고 즉시 그들에게 몸을 의탁했다.

이 무렵 펑위샹은 소련으로부터 지원받은 1,600만 루블과 무기로 군사력을 튼튼히 보강해 동관(潼關)에 웅거하며 호시탐탐 중원을 노려보고 있었다. 그는 각 세력 간의 균형이 깨지기를 기다려 균형추가 기울어지는 쪽에 승부를 걸 생각이었다.

그가 기대한 날은 예상보다 빨리 찾아왔다.

▌펑위샹 장군

1927년 6월, 평위샹과 왕징웨이는 하남(河南)성 정주(鄭州)에서 회담을 가졌다. 회의에서 왕징웨이는 장제스의 갖은 악행을 열거하며 평위샹에게 반장(反蔣) 동맹을 제안했다. 왕징웨이가 제시한 조건은 무한국민정부 명의의 하남, 섬서(陝西), 감숙(甘肅) 3개 성의 당·정·군 대권을 모두 넘겨주겠다는 것이었다. 평위샹은 바보가 아니었다. 왕징웨이가 거론한 3개 성은 사실상 평위샹의 세력 범위에 속해 있었다. 따라서 이 제안을 받아들이면 그에게 공짜로 대권을 넘겨줄 뿐 자신은 아무런 실익도 없었다. 왕징웨이에게 얻어낼 게 없다고 판단한 그는 이번에는 장제스의 의중을 떠보기로 마음먹었다.

평위샹은 정주 회담을 마친 지 일주일 만인 6월 20일에 장제스와 서주(徐州)에서 회담을 가졌다. 회의에서 장제스는 평위샹에게 남경 국민정부에 귀순하고 반공청당을 단행하라고 재촉했다. 장제스가 제시한 조건은 1927년 7월부터 매달 250만 냥의 보조금을 제공하겠다는 것이었다. 회의가 끝난 다음 장제스는 즉시 상해로 돌아가 약속한 자금의 조달에 나섰다. 상해 주재 영국 총영사 시드니 바턴(Sidney Barton)은 6월 30일에 본국에 보낸 보고서에서 이렇게 말했다.

"6월 마지막 두 주 사이에 상해에서 대규모 모금이 이뤄졌다. 아마 장제스가 평위샹에게 약속한 자금을 모으는 활동이었을 것이다. 이는 평위샹의 지지를 얻고 무한의 국민정부를 반대하기 위한 '서주 협약' 이행의 일환으로 풀이된다."[24]

강절 재벌을 후원자로 둔 장제스는 과연 남다른 능력을 보여주었다. 매달 250만 냥이라는 돈은 무한정부가 절대 내놓을 수 없는 엄청난 액수였다. 평위샹으로서는 '열려라 참깨'라고 주문을 외우자 갑자기 어마어마한 보물이 눈앞에 펼쳐지는 것 같은 느낌이었다. 펑위샹은 더 생각할 것도 없이 장제스의 제안을 수락했다. 훨씬 더 든든한 후원자를 얻게 됐으니 이젠 소련의 루블화 따위는 더 이상 필요 없었다.

이제는 펑위샹이 장제스의 요구를 들어줄 차례였다. 그는 소련의 정치 고문들을 모두 본국으로 쫓아내고, 공산당원을 깨끗이 숙청했으며, 무한 국민당원들에게 남경으로 가 통일된 당과 국민정부를 새로 구성하라고 설득했다. 6월 21일, 펑위샹은 무한의 왕징웨이와 탄옌카이(譚延闓)에게 전보로 최후통첩을 보냈다.

이 무렵 왕징웨이에게 울화통이 치미는 사건이 발생했다. 6월 1일, 국제공산당(코민테른) 대표인 마나벤드라 나트 로이(Manabendra Nath Roy)가 무한에 도착했다. 며칠 후 그는 흠차대신의 신분으로 국제공산당 집행위원회의 〈중국 문제 관련 결의(5월 지시)〉를 왕징웨이에게 전달했다. 이 결의의 내용은 대략 다음과 같았다.

1. 아래로부터 위로의 토지개혁을 단행한다. 단 과격한 행위는 반드시 자제한다. 장교와 사병의 토지를 건드리지 말고, 수공업자, 상인 및 소지주에게는 양보한다.
2. 공산당원 2만 명, 양호(兩湖) 지역 노동자 및 농민 혁명가 5만 명을 동원해 자체 군대를 편성한다.
3. 기층에서 노동자와 농민 지도자를 새로 발굴해 국민당 중앙에 가입시키고, 당의 기존 조직 구조를 개편한다. 낡은 사상을 고수하는 자는 가차 없이 쫓아낸다.
4. 명망 높은 국민당원과 비 공산주의자들을 필두로 혁명군사 법정을

설립해 반혁명 장교들을 처벌한다.

이는 국공합작이 아니라 스탈린이 왕징웨이에게 공산당에게 투항하라고 보낸 공문이나 다름없었다. 왕징웨이는 치밀어 오르는 분노를 가까스로 가라앉히고 계속 협상을 진행했다. 그는 소련 측에 1,500만 루블을 대출해 달라고 요구했으나 소련 측에서는 최고 200만 루블밖에 지원할 수 없다고 딱 잘라 말했다. 왕징웨이는 공산당에게 투항하라고 말하면서 충분한 대가도 주지 않는 행동에 크게 화가 났다. 이때 마침 그에게 반공청당을 촉구하는 펑위샹의 전보가 날아들었다. 공교롭게도 자신의 생각과 꼭 맞아떨어지는 제안이었다.

이어 7월 12일에 몇 달 전 상해로 갔던 무한정부 재정부장 쑹쯔원이 갑자기 장제스의 편지를 가지고 한구(漢口)로 돌아왔다. 이후 쑹쯔원은 왕징웨이의 자택에서 그와 여러 차례 밀담을 나눴다.

사흘 후 무한국민정부는 반혁명 정변을 일으켰다. 이때에도 "3,000명을 잘못 죽일지언정 공산당원을 한 사람도 놓쳐서는 안 된다"라는 구호 아래 수많은 공산당원과 좌익 인사들이 무자비하게 학살당했다.

국민당 내부의 공산분자들을 깨끗이 숙청한 후, 무한과 남경 양대 국민정부 사이의 원칙적인 갈등이 말끔히 해결되고 영한 합작이 성사되는 것은 그야말로 시간문제였다. 이 영한 투쟁에서 결정적인 승리를 거둔 장제스는 당연히 새 정부의 일인자로 등극할 것처럼 보였다. 그러나 모든 사람을 깜짝 놀라게 만드는 사건이 갑자기 터졌다. 장제스가 무한의 공산당을 척결한 지 채 한 달도 안 돼 하야하고 만 것이다.

당시 중국 정세가 이토록 변화무쌍하다 보니, 아무리 '벤처 투자'에 능한 대영제국 외교부조차 도무지 갈피를 잡지 못했다. 그러나 사실 답은 아주 간단하다. 속담에 "새를 다 잡고 나면 활은 창고에 넣고, 토끼가 죽으면 사냥개는 삶아 먹는다"라는 말이 있다. 이는 장제스가 '활'과 '사냥개' 꼴이 돼 강절 재벌에게 이용당하고 마지막에 '잡아먹힌' 것이다.

재벌 이사회,
막무가내인 CEO를 해임하다

강절 재벌 눈에 비친 장제스는 너무 욕심이 많은 데다 물불을 가리지 않는 인물이었다.

장제스는 4·12 정변 이후에도 편안하게 쉬어본 적이 없었다. 무장을 갖추지 못한 공산당을 숙청한 것은 본 게임에 앞선 시범 경기에 불과했다. 남경 국민정부를 구성한 후 국가가 제대로 돌아가게 하고 무한국민정부에 대처하고 북쪽의 북양 군벌을 막으려면 온통 돈이 들어갈 일투성이였다.

그러나 강절 재벌은 투자 대비 수익을 따지는 자본가들이었다. 초기 융자가 눈엣가시 같은 공산당을 제거하기 위해 꼭 필요한 것이었다면, 그 목적을 달성한 상황에서는 한숨 돌려야 마땅할 터였다. 그런데 장제스가 터무니없이 재벌들의 예산을 훨씬 초과하는 요구를 들이밀었다. 장제스를 지지하던 강절 재벌들은 하나둘씩 뒤로 물러나기 시작했다.

강절 재벌들이 주춤하자 장제스는 심기가 매우 불편해졌다. 돈줄을 끊는 것이 내 목을 죄는 것과 무엇이 다른가? 좋게 말할 때 듣지 않으면 강압적인 수단을 쓸 수밖에 없다고 생각한 장제스는 공산당과 노동조합에 대처하던 수단을 똑같이 자본가에게도 사용하기 시작했다.

1927년 5월 14일, 프랑스 조계지에 사는 한 물감 사업가의 아들이 반혁명죄로 체포됐다. 물감 사업가가 서둘러 국가에 20만 냥을 기부하겠다고 약속한 후 그의 아들은 5월 19일에 석방됐다. 이어 '면사와 밀가루 대왕'으로 불리던 룽쭝징(榮宗敬)이 '군벌에게 자금을 지원한 악덕 상인'이라는 죄명으로 체포됐다. 장제스가 직접 무석에 있는 그의 밀가루 공장을 차압하라고 명령하자 룽쭝징은 25만 냥을 기부한 후 풀려났다. 얼마 후 셴스(先施)라는 회사 사장인 어우빙광(歐炳光)의 세 살짜리 아들이 납치당했다. 납치범은 어우빙광에게 당과 국가에 50만 냥을 기부하면 아들을 풀어주겠다고 협박했다.

장제스는 이런 인질극과 공갈, 협박을 통해 자본가들로부터 대량의 금품을 갈취했다. 이에 대해 상해 주재 미국 영사관의 한 영사는 다음과 같이 말했다.

"부르주아에 대한 테러 통치가 확실했다. …… 상인과 귀족 계층은 자신들에게 거리낌 없이 폭정을 일삼고 큰 고통을 주는 국민당의 반대 세력으로 점차 발전해 나갔다."[25]

중국에 머무르며 중국 정세를 관찰하던 호주인 프리랜서 채프먼은 다음과 같은 기사를 썼다.

"돈 많은 중국인들은 자택에서 체포되거나 길에서 아무도 모르게 실종될 수 있다. …… 심지어 대부호가 공산당원으로 몰려 체포되는 경우도 있다. …… 장제스는 이와 같은 수단으로 50만 달러의 금품을 갈취한 것으로 추산된다. 상해의 근대 역사에서 이 같은 테러 통치를 실시한 정권은 장제스 정권이 유일무이하다."[26]

이런 장제스의 모습은 훗날 히틀러의 수법과 너무나 똑같았다. 히틀러 역시 월스트리트의 벤처 투자에 힘입어 장외 시장에 상장되었다. 그러나 히틀러는 독일을 손에 넣은 다음 영국과 프랑스를 상대로 전쟁을 도발하고 국제 은행가들에게 총부리를 겨누었다. 심지어 자신의 은인 격인 로스차일드가의 사람들까지 게슈타포 감옥에 잡아넣기도 했다.

장제스나 히틀러를 비롯한 성치계 강자들은 항상 권력 강화를 최우선 순위에 놓는다. 다른 모든 것은 그다음이다. 그들은 자신의 이익에 부합할 경우 은행가나 노동자 계급을 불문하고 기꺼이 찾아가 손을 잡았다. 하지만 정세가 변해 이들이 더 이상 필요 없어지면 갑자기 낯빛을 바꿨다.

그러나 상해탄의 거물들이 화를 내면 정말 곤란한 일이 발생할 수 있었다. 그들은 장제스가 주제를 모르고 날뛴다고 생각했다. 돈을 받았으면 고분고분 시키는 일이나 하면 될 것이지, 아직 머리에 피도 안 마른 놈이 너무 버릇없이 군다며 재벌들의 심기를 건드렸다. 그들은 장제스를 그대로 내버려두면 훗날 큰 후환이 될 것이라고 생각했다.

위험한 인물은 반드시 제거해야 한다. 그럼에도 상해탄의 거물들이 손을 쓰지 않은 이유는 상해탄 밖에 친공(親共) 무한정부가 아직 도사리고 있었기 때문이다. 외부의 위험 요인이 완전히 사라지기 전까지 장제스의 오만방자한 행동을 잠시 용인할 수밖에 없었다. 그러나 왕징웨이의 무한정부가 공산당과 이미 결렬한 마당에 더 이상 주저할 필요가 없었다.

이렇게 해서 장제스의 하야는 초읽기에 들어갔다.

사실 장제스의 남경 국민정부도 하나로 똘똘 뭉친 것은 아니었다. 리쭝런과 바이충시를 수장으로 한 계계와 장제스의 황포계(黃埔系) 사이에 이익 충돌이 심했다. 심지어 허잉친(何應欽)도 장제스에게 100% 충성한다고 보기 어려웠다. 장제스는 기본적으로 오만방자하고 독선적인 성격을 지니고 있어서 수많은 정적을 양산했다. 그러나 정작 본인은 승리의 희열에 도취돼 이 사실을 모르고 있었다.

이처럼 미묘한 분위기가 흐르는 가운데 장제스 군대는 2차 북벌에 나섰다. 하지만 봉계 군벌에게 크게 패하여 화동 지역의 요충지인 서주를 잃고 말았다. 상해와 남경에 긴급 구원을 요청하는 편지가 날아들자 장제스의 위신은 그대로 땅에 떨어졌다. 남경 정부 내부의 계계 세력은 이 틈을 타 장제스에게 권력 이양을 촉구했다. 장제스와 합병을 논의 중이던 왕징웨이 역시 무한정부를 남경으로 이전하는 조건으로 장제스의 하야를 거듭 요구했다. 국민당 내부의 광동 원로 파벌과 쑨원의 아들 쑨커(孫科)를 옹호하는 태자파(太子派) 역시 공동으로 장제스의 하야를 촉구했다. 게다가 장제스가 아무리 상해에서 깡패처럼 부자들의 돈을 갈취한다고 해도 거액의 군비를 충당하기에는 역부족이어서 남경 정부는 심각한 재정난에 직면했다. 장제스는 정권을 잡은 다음에야 돈이 가장 귀하다는 사실을 깨달았으나 강절 재벌들의 지원이 중단된 상태에서는 속수무책일 수밖에 없었다.

장제스는 이때에 이르러서야 비로소 정권을 뒤엎는 것과 국가를 통치하는 것은 본질적으로 다르다는 사실을 분명히 깨달았다. 그는 더 이상 전처럼 깡패들이 쓰는 수단을 동원할 수 없었다.

그러나 장제스는 확실히 똑똑한 사람이었다. 억지로 버티기보다는 때가 왔을 때 신속하게 물러나는 것이 자신에게 이롭다고 판단했다. 다른 사람을 앞에 내세워 난장판이 된 국면을 수습하게 한 다음 '구관이 명관'이라는 명분으로 복귀할 심산이었다.

1927년 8월 12월에 열린 국민당 중앙 군사위원회 1차 회의에서 장제스는 자발적으로 총사령관에서 물러나겠다는 의사를 밝혔다. 또 남경의 국방 관련 사무를 다른 장군에게 맡기고 본인은 바로 상해로 가겠다고 말했다. 장제스의 사직 성명은 8월 13일에 발표됐고, 8월 14일에 정식으로 하야했다. 이윽고 8월 19일에 무한정부가 남경으로 이전을 결정하고 왕징웨이가 9월 초에 남경에 도착하면서 남경 정부와 무한정부는 정식으로 합쳐졌다. 이것이 중국 근대사에서 유명한 '영한 합작'이다.

장제스, '장외 시장'에 상장하다

지금까지 힘들게 이룩한 성과를 고스란히 남에게 넘겨준 장제스는 괴로운 마음을 추스르면서 자신의 행동에 대해 곰곰이 반성했다. 그리고 내린 결론은 정치 무대의 중심에 다시 서기 위해서는 중국의 금융 명맥을 틀어쥐고 있는 강절 재벌의 금전적 지원이 반드시 필요하다는 것이었다. 그는 또 왕징웨이나 리쭝런 무리가 당분간 하룻강아지 범 무서운 줄 모르고 날뛰겠지만 강절 재벌들이 조만간 중국의 미래를 이끌 진짜 천자인 자신을 알아볼 것이라고 믿어 의심치 않았다. 따라 서 당장의 급선무는 다시 자본 시장의 인정을 받은 다음 방법을 강구 해 새롭게 IPO(기업공개)를 신청하는 것이었다.

강절 재벌의 지지를 얻기 위해서는 먼저 그들의 의심을 없애는 것 이 중요했다. 그들이 진심으로 장제스를 같은 편이라고 여기도록 만들 어야 했다. 가장 좋은 방법은 통혼을 통해 강절 재벌과 인척관계를 맺 는 것이었다. 장제스는 쑹메이링(宋美齡)을 목표로 정했다. 이어 미인의 마음을 얻기 위한 공세를 펼치기로 작심했다. 비록 전쟁은 아니지만 전쟁 못지않은 전략적 가치를 가지는 행동이 전개됐다.

당시 쑹씨 집안의 노부인인 니구이전은 요양 차 일본에 가 있었다. 장제스는 쑹메이링과 결혼하기 위해 9월 28일에 일부러 일본으로 날 아가 온갖 수단을 동원해 노부인의 환심을 얻는 데 성공했다. 장제스 는 쑹메이링과 결혼함으로써 쑨원(부인은 쑹메이링의 작은언니 쑹칭링임 - 옮긴이), 쑹쯔원 및 쿵샹시(부인은 쑹메이링의 큰언니인 쑹아이링임 - 옮긴이)와 인척 관계를 맺었다. 더구나 쑹씨 집안은 강절 재벌 및 국제 은행가들의 대변인인 중국 매판 계급과 매우 밀접한 관계를 가지고 있었다.

상해 매판 계급의 대표인 동정산방 석정보의 손자 시더빙은 쑹쯔원 의 미국 유학 동창생이었다. 또 시더빙의 형 시더마오의 딸은 쑹쯔원의 동생 쑹쯔량과 결혼했다. 쑹씨 가문은 이외에 강절 재벌 출신의 대은행 가인 천광푸의 상해상업저축은행의 지분도 다량 보유하고 있었다.

쑹씨 가문은 한마디로 미국 자본에 기대 부자가 된 전형적인 매판

중(장제스의 호 중정中正의 첫 글자)미(쑹메이링의 이름 첫 글자) 합작. 장제스와 쑹메이링의 정략결혼

가문이었다. 쑹씨 가문의 창시자인 쑹자수(宋嘉樹)는 어릴 때부터 미국에서 기독교 교육을 받으면서 자란 경건한 크리스천이었다. 쑹메이링의 형제자매 역시 모두 미국에서 대학을 졸업했다. 쑹쯔원은 컬럼비아 대학 졸업 후 한동안 월스트리트의 상업 은행에서 근무했다. 쑹아이링의 남편 쿵샹시 역시 미국에서 공부하고 뉴욕의 스탠더드 석유회사(SOCONY) 화북 지역 총대표를 맡은 적이 있었다. 쉽게 말해 쑹씨 가문은 미국 자본과 떼려야 뗄 수 없는 끈끈한 관계를 가지고 있었다. 장제스와 쑹메이링의 결혼과 관련해 당시 중국 언론은 '장과 쑹의 통혼은 중미합작'이라고 대서특필했다.

이는 중국의 매판 재벌과 군부 독재자가 완벽하게 결합하여 하나가 된 사례였다.

장제스가 새 자본을 부지런히 유치하는 사이, 영한 합작의 결과물인 새 국민정부는 엉뚱하게도 너무나 가난해서 끼니를 해결할 수 없는 지경에 처했다.

국민당 내부 태자파의 우두머리이자 신 국민정부의 재정부장을 맡은 쑹커는 자금 조달 능력이 장제스보다 훨씬 뒤처졌다. 장제스가 권좌에 있을 때 매달 재정 예산은 2,000만 냥이었다. 하지만 쑹커에게는 이 많은 액수의 돈을 조달할 능력이 전혀 없었다. 쑹커는 1927년 10월까지 겨우 800만 냥을 얻어왔을 뿐이다. 심각한 재정난으로 인해 신 국민정부가 마비 상태에 빠지자, 군비와 군량미를 지급받지 못한 군대는 상부의 명령을 거부했다. 쑨커도 본 것은 있는지라 급한 김에 장제스를 벤치마킹해 10월 1일에 강해관 2.5 부가세 국고 채권을 재차 발행했다. 발행액은 장제스 때의 3,000만 냥보다 1,000만 냥 더 많은 4,000만 냥이었다.

쑨커는 강절 재벌에게 이 공채를 팔기 위해 위차칭을 비롯한 재계 거물들을 불러 모아 공채 인수를 설득했지만 모두의 반응은 너무나도 냉담했다. 1927년 4월 1일부터 7월 16일까지 장제스에게 총 560만 냥을 대출해 주었던 상해 전장들은 쑨커가 10월 26일에 50만 냥의 국고 채권 구매를 요구하자 고작 34만 냥만 조달해 주었다.[27]

강절 재벌의 지지를 잃은 신 국민정부는 사실상 지속적인 운영이 어려워졌다.

이 무렵 강절 재벌들은 이미 왕징웨이를 비롯한 쑨커, 리쭝런 등의 행정 능력에 크게 실망했다. 이들이 과연 북방의 군벌을 상대할 수 있을지 회의가 들자 멀찌감치 떨어져 관망 자세를 취했다. 그들은 어쩌면 이제는 재벌들과 한 가족이 된 장제스가 중국 통일의 중임을 맡을 수 있지 않을까 생각했을지도 모른다.

얼마 후 신정부 내부에서 리쭝런, 바이충시를 필두로 한 계계와 탕성즈가 이끄는 상계(湘系) 사이에 권력 쟁탈을 위한 무력 투쟁이 벌어졌다. 이 내전은 비록 계계의 승리로 끝났으나 양측 모두 심각한 손상을 입어 더 이상 싸울 힘이 없었다.

국민당 내부의 친 장제스 세력은 이 기회를 틈타 장제스의 재집권을 강력하게 요구하고 나섰다. 강절 재벌들 역시 이 무렵에는 장제스를 자기 사람으로 여기고 있었다. 게다가 그들은 장제스가 먼젓번의 '자본 재편성'을 통해 교훈을 얻고 더 이상 무모한 행동을 못할 것이라고 확신했다.

1928년 1월 4일, 장제스는 상해에서 남경으로 건너갔다. 1월 9일에는 국민혁명군 총사령관에 취임하고 전국에 취임 성명을 발표했다. 이어 잇따라 군사위원회 주석, 국민당 중앙 정치회의 주석 등 요직을 겸임했다.

하야한 후 다시 대권을 잡기까지 고작 116일이 걸렸을 뿐이다.

왕징웨이 정부가 갖은 수단을 동원해도 팔지 못했던 4,000만 냥의 공채는 장제스 집권 후 재정부장 겸 중앙은행 행장인 쑹쯔원의 주도 아래 순식간에 팔려나갔다. 강절 재벌의 지지를 다시 얻게 된 장제스는 마침내 천하 강산을 되찾았다. 물론 강절 재벌들이 장제스에게 총력을 기울여 그들을 위해 일하도록 요구한 것은 너무나 당연했다.

그러나 강절 재벌들이 간과한 사실이 하나 있었다. 군부 독재자는 천성적으로 다른 사람의 지배를 받으려 하지 않는다는 것이다. 오히려 갖은 방법을 다해 자신을 통제하려는 자들을 역이용한다. 크롬웰, 나폴레옹, 히틀러가 이런 부류의 사람들이다. 장제스 역시 예외가 아니었다.

어쨌든 장제스는 당분간 은행가들의 돈줄에 의지해야만 했다. 그에게는 아직 골칫덩어리 강적이 남아 있었으니, 바로 그가 사력을 다해 소멸하고자 하는 공산주의자들이었다.

4·12 정변 때 장제스에게 무자비하게 학살당했던 공산주의자들이 마침내 무기를 들고 일어섰다.

1927년 8월 1일, 중국 공산주의자들이 강서(江西)의 남창에서 봉기를 일으킨 것이다. 장제스의 악몽은 그렇게 시작되었다.

제4장
홍색 중앙은행

홍색 화폐를 탄생시킨 사람들은 화폐 분야에서 풍부한 경험도 없었고 심오한 이론도 알지 못했다. 다만 그들에게는 일반인을 뛰어넘는 실천의 용기와 지혜가 있었을 뿐이다. 그들은 교과서를 그대로 따르거나 서양의 이론을 답습하거나 상부의 지시에 의존하지 않고 실제 문제 해결을 최우선 순위로 삼았다.

토호들을 타도하고 밭도 나눴다. 그다음에는 무엇을 해야 할까?

'반 포위토벌' 전쟁을 수행하려면 돈이 필요했다. 그러나 돈이 없는 홍군紅軍은 어떤 방법을 강구해야 할까?

금도 없고 은도 부족한 소비에트 지역의 화폐는 제 구실을 했을까?

생필품을 사려면 화폐가 필요했다. 홍색紅色 화폐는 통화 기능을 제대로 수행할 수 있었을까?

　홍색 근거지의 생존, 발전을 위해서는 군사적, 정치적 요인 외에 금융이 매우 중요한 역할을 했다. '반 포위토벌' 전쟁, 중앙 소비에트 정권 운영, 현지 주민의 생산과 생활 및 시장 무역 등의 모든 분야는 화폐와 뗄 수 없는 관계에 있다.

　소비에트 정부는 일찍부터 화폐와 은행의 중요성을 인식했다. 그래서 1932년에 세계에서 가장 작은 중앙은행인 중화소비에트공화국국가은행을 설립했다. 이 은행은 설립 초기에 직원이 5명밖에 되지 않았고, 가장 많을 때에도 14명을 넘지 않았다. 이들은 고학력자가 아닌 데다 은행 업무 경험이 전무해 중앙은행 운영에 대해서는 거의 '까막눈'이나 다름없었다. 더욱 한심한 것은 은행 운용에 필요한 자금조차 부족했다는 사실이다. 이 밖에도 화폐 발행에 필요한 전용 종이, 설계도면, 인쇄 잉크, 위조 방지 마크 등 하나에서 열까지 모두 스스로 해결해야 했다. 게다가 기장, 회계, 어음 할인, 공채 발행 등 기본적인 금융 업무 역시 처음부터 새로 시작해야 했다. 그러나 이런 열악한 조건에서도 홍색 중앙은행은 실천을 통해 배우면서 안정적인 성장을 이루었다.

　홍색 중앙은행은 3년 사이에 재정 통일, 무역 발전 및 시장 활성화를 빠르게 완성해 나갔다. 또 '반 포위토벌' 전쟁의 승리, 소비에트 정권 강화, 국민 생활 개선 및 시장 무역의 번영, 발전에 크게 기여했다.

마오쩌민의 금융 공성계

1933년 어느 날, 중화소비에트공화국국가은행 행장인 마오쩌민(毛澤民)이 출장을 마치고 서금(瑞金)의 사무실로 돌아와 막 회계장부를 펼쳐보려고 했다. 이때 갑자기 회계 과장인 차오쥐루(曹菊如)가 문을 박차고 들어와 다급하게 말했다.

"마오 행장님, 큰일 났습니다. 사람들이 앞다퉈 지폐를 은화로 바꾸고 있습니다. 금고의 은화가 벌써 절반이나 줄었어요. 빨리 방법을 강구하지 않으면 큰 문제가 생길 것 같습니다."

마오쩌민은 황급히 은행의 영업소 쪽으로 발길을 돌렸다. 영업소 밖에는 사람들이 길게 줄을 서 있었다. 그가 안으로 비집고 들어가 보니 안에도 사람들이 가득 모여 있었다. 모두들 흥분한 목소리로 여기저기서 떠들고 있었다.

"상인들이 은화만 받고 지폐를 받지 않으니 어쩔 수 없지 않습니

국가은행 행장 마오쩌민

까? 은화로 바꿔야죠."

"그러게 말입니다. 지폐가 휴지 조각이 돼 버렸으니 가지고 있어 봤자 아무 쓸모없습니다."

마오쩌민은 미간을 찌푸리면서 한마디 말도 하지 않고 몸을 돌렸다. 그는 서금의 거리 곳곳을 한 바퀴 빙 돌아봤다. 과연 일부 일용품 상점, 포목점과 소금가게 앞에는 '은화만 받음'이라고 적힌 팻말이 세워져 있었다. 그는 가장 우려하던 뱅크런 사태가 드디어 터졌음을 직감했다.

그는 황급히 재정부로 달려가 덩쯔후이(鄧子恢) 부장에게 사태를 보고했다. 더불어 갓 부임한 첸즈광(錢之光) 대외무역총국 국장도 불러 함께 대책을 의논했다.

마오쩌민이 우선 입을 열었다.

"은행에서 가장 꺼리는 것이 뱅크런입니다. 최근 뱅크런이 터질 것이라는 불안한 예감이 들기는 했으나 이렇게 빨리 터질 줄 몰랐습니다. 3차 '반 포위토벌' 작전 실시 이후 국민당은 소비에트구에 대한 경제 봉쇄를 강화하고 있습니다. 따라서 물자 부족, 물가 폭등, 지폐 가치 폭락 등의 현상이 심해졌죠. 게다가 적들은 소비에트구에 대량의 위조지폐를 유포해 금융시장을 교란하고 있습니다. 우리는 반드시 방법을 마련해 이 사태를 막아야 합니다."

사실 방법은 아주 간단했다. 무엇보다 급선무는 국가은행과 소비에트 화폐의 신용을 보장하는 것이었다. 은행과 화폐의 신용만 담보할 수 있다면 소비에트 정부의 신용도 보장할 수 있을 터였다.

마오쩌민은 과거 일본의 마쓰카타 마사요시와 똑같은 상황에 직면했다. 즉 지폐의 과잉 발행으로 말미암아 지폐 가치가 폭락하는 사태가 벌어진 것이다. 마쓰카타 마사요시의 경우는 그나마 상황이 조금 나았다. 당시 일본에서도 엔화 가치가 폭락했으나 다행히 뱅크런 사태로 이어지지 않았기 때문에 통제 불능의 상태에는 빠지지 않았다. 그러나 마오쩌민이 직면한 상황은 아주 심각했다. 사람들이 앞다퉈 은화를 요구해 은화 보유량이 바닥을 드러내면 소비에트 화폐의 신용은 바닥에 떨어지고 그 후폭풍은 상상하기 어려웠다.

마쓰카타 마사요시는 엔화 신용 회복을 위해 과감한 조치를 실시했다. 즉 1 대 1의 교환 비율로 원하는 만큼 지폐를 은화로 교환해줌으로써 정부의 금은 보유량이 충분하다고 믿게 만들었다. 물론 당시 일본은 요코하마정금은행을 통해 외환어음을 할인하는 창의적인 방법으로 해외의 금화나 은화를 일본에 들여올 수 있었다. 그러나 소비에트구의 사정은 달랐다. 마오쩌민은 일본처럼 금화와 은화의 보유량을 늘리는 방법으로 이 문제를 해결할 수 없었다.

그렇다고 소비에트의 화폐 신용이 그대로 무너지도록 내버려둘 수는 없었다. 마오쩌민은 즉각 은행에 지시를 내렸다. 원하는 주민에게는 모두 지폐를 은화로 바꿔주되, 지폐 1위안 대 은화 1위안의 교환 비율을 엄격히 지켜 누구도 사사롭게 은화 가격을 올리지 못하도록 했다.

국가은행은 마오쩌민의 지시에 따라 금고에서 대량의 은화를 꺼내 공개적으로 지폐와 바꿔주기 시작했다. 그러나 이틀이 지났는데도 은화를 바꾸려는 사람이 줄어들기는커녕 더 늘어났고, 은행 입구의 줄도 더 길어졌다. 그러자 차오쥐루가 마오쩌민에게 말했다.

"마오 행장님, 은화가 얼마 남지 않았습니다. 은화 교환을 중단할까요?"

마오쩌민이 대답했다.

"지금 사람들이 열심히 환전 중이니 업무를 중단하면 안 됩니다. 지폐를 은화로 교환해 주는 목적은 지폐 신용을 높이기 위해서 아닙니까. 지폐 신용이 회복돼야 금융도 안정될 수 있습니다."

차오쥐루가 마오쩌민의 말에 탄식을 토했다.

"뜻은 대략 알겠습니다. 그러나 만약 첸 국장 일행이 내일이나 모레 도착하지 못하면 일이 커집니다."

마오쩌민은 고개를 숙인 채 한참을 고민하더니 갑자기 두 눈이 빛나며 말했다.

"우리도 제갈량 선생을 본받아야 하겠습니다. 바로 '공성계(空城計)'를 씁시다. 오늘 밤 말입니다."

다음 날 이른 아침 서금 거리에는 차오쥐루가 인솔하는 '광주리 운수대'가 나타났다. 이들은 저마다 광주리를 메고 홍군 호위대의 경호를 받으면서 이동했다. 당연히 이 희한한 광경은 사람들의 시선을 끌기에 충분했다. 일부 광주리에는 벽돌 모양의 금괴, 막대형 금괴, 금목걸이, 금반지, 금귀고리, 은팔찌, 은목걸이, 은화, 말굽은 등이 가득 담겨 있었다. 또 다른 광주리에는 은화가 차곡차곡 쌓여 있었다. 구불구불 길게 이어진 '광주리 운수대'가 번화가와 거리를 지나는 광경은 정말 장관이었다. 구경하려고 몰려든 사람들이 곧 거리를 물샐틈없이 가득 메웠다.

운수대는 사람들 무리를 뚫고 액세서리와 은화들을 한 짐씩 은행으로 날랐다. 구경꾼들은 옆에서 호들갑을 떨면서 감탄했다.

"확실히 은행이 다르긴 달라. 완전 부자가 따로 없네."

금은 액세서리는 국가은행 영업소에 산처럼 가득 쌓인 채 눈부신 빛을 뿜어댔다. 은화를 바꾸기 위해 은행을 찾은 사람들은 그 광경을 보고 혀를 내둘렀다.

"내 평생 이렇게 많은 금과 은을 보기는 처음이야. 소비에트 은행은 정말 대단해."

은행 문밖에 길게 장사진을 치고 있던 사람들은 얼마 후 적지 않게 흩어졌다. 마오쩌민도 걱정이 약간 사라졌다. 이제 남은 일은 인내심을 가지고 첸즈광이 돌아오기만을 기다리는 것이었다.

그날 예상대로 첸즈광은 홍군이 반 포위토벌 전쟁에서 노획한 은화, 무명, 소금 등 물자를 가득 싣고 돌아왔다. 마오쩌민은 첸즈광 일행이 소비에트 은행과 소비에트 정부를 구했다고 칭찬하면서 말했다.

"금고에 남아 있던 금과 은을 몽땅 털어 공성계를 펼쳤습니다. 첸 국장님이 제때에 돌아오지 않았다면 우리의 공성계는 바로 들통나고 말았을 겁니다."

마오쩌민은 전선에서 대량의 물자가 도착하자 즉각 지폐와 은화 교환을 중지시켰다. 이어 일용품을 판매하는 합작사 팻말에 '지폐만 결제 가능, 은화 결제 불가'라고 표시하도록 했다.

대중들의 의견은 분분했다. 그러나 대체로 다음과 같은 의견이 상당히 우세했다.

합작사(合作社)
중국의 지역 협동조합. 신용, 구매, 판매, 소비, 생산 따위의 부문으로 나누어 운영하였으며, 1958년에 인민공사로 흡수됨.

"지폐가 더 이상 유통되지 않는다고 하더니 말짱 헛소문이로군. 지폐가 휴지 조각이 돼버렸다는 소문도 마찬가지야. 정부에서 은화로 지폐를 회수하고 있지 않은가? 물건을 사려고 해도 지폐가 있어야 한다더군."

이렇게 되자 사람들은 필요한 물건을 구매하기 위해 우르르 은행에 몰려가 은화를 다시 지폐로 교환했다. 어떤 사람은 물건을 사지 않으면서도 일부러 은화를 지폐로 바꿔 보관했다.

며칠 사이에 국가은행은 이전에 인출된 것보다 훨씬 더 많은 은화를 회수할 수 있었다.

마오쩌민은 갑자기 닥친 뱅크런 위기에 대단히 슬기롭게 대처했다. 그는 군중들을 상대로 금융 공성계라는 고도의 심리전을 펼쳐 위기 확산을 막았다. 또 제때에 소비에트구에 물자를 공급함으로써 국가은행과 소비에트 정부의 신용을 견고하게 다지는 데 성공했다. 국가은행의 신용이 회복되면서 소비에트 정부의 융자 능력과 물자 분배 능력이 보장되었고, 나아가 홍군의 반 포위토벌 전쟁의 승리를 위한 경제적 토대도 다졌다.

마오쩌민은 마쓰카타 마사요시의 엔화 방어전에 대해 들어본 적이 없었을 것이다. 둘은 똑같은 문제에 직면했으나 완전히 다른 방법으로 문제를 해결했다. 마쓰카타 마사요시는 금과 은의 보유량을 늘려 지폐의 신용 위기를 완화한 반면, 마오쩌민은 화폐의 또 다른 속성, "금과 은이 화폐 신용의 유일한 기반은 아니다"라는 법칙을 이용해 금화와 은화 대신 상품으로 화폐 신용을 뒷받침했다.

사람들에게 화폐의 가장 중요한 기능은 각종 물자를 바꿔 소유하는 것이다. 사실이 이렇다면 금본위제나 은본위제가 아니더라도 물자본위제를 통해서 지폐의 신용을 충분히 구축할 수 있다.

마오쩌민의 물자본위 화폐 이론은 훗날 공산당의 화폐 사상에 큰 영향을 끼쳤다. 귀금속이 부족한 혁명 시대에 해방구가 국민당에 의해 경제 봉쇄를 당한 악조건 하에서 혁명 근거지에 금융 하이 프런티어를 구축하기 위해서는 화폐본위에 대한 중대한 금융 혁신이 필요했다.

홍색 정권은 국민당의 백색 테러 속에서도 끈질기게 생존했다. 이 동안 다섯 차례나 되는 대규모 반 포위토벌 군사 작전을 개시하는 동시에 소비에트구의 경제발전 역시 추진했다. 이 모든 것은 공산당이 시종일관 '한 손에 총자루, 다른 한 손에 돈주머니'를 든다는 혁명 방침을 견지했기 때문에 가능한 일이었다. '총자루'로 '돈주머니'를 보호하고 '돈주머니'로 '총자루'를 지원했던 것이다.

에드거 스노(Edgar Parks Snow)는 《중국의 붉은 별》에서 소비에트 국가 은행의 지폐에 대해 이렇게 평가했다.

"어느 곳에서든지 소비에트 화폐는 대중들이 정부를 보편적으로 신뢰한다는 전제 아래 시중에서 확실한 구매력을 확보하면서 화폐로서의 지위를 가졌다."[1]

그렇다면 홍색 정권은 어떻게 화폐의 중요성에 대해 이처럼 뼈저리게 인식할 수 있었을까? 그것은 파리코뮌의 비극과 관계가 있다.

쌀뒤주 옆에서 굶어 죽은 파리코뮌

1871년 5월 말, 페르 라셰즈 공동묘지에서는 최후 항전을 벌이던 파리코뮌 병사들이 몇 발의 총성과 함께 '파리코뮌의 벽' 아래에 쓰러졌다. 그들의 눈에는 두려움보다 분노와 풀어지지 않은 여한, 곤혹의 빛이 스쳤다. 인류 역사상 최초의 프롤레타리아 정권인 파리코뮌은 탄생한 지 2개월도 채 안 돼 참혹하게 진압당하고 말았다. 도대체 무엇이 혁명의 불꽃을 이토록 빨리 꺼지게 만들었는가?

파리코뮌을 무너뜨린 핵심 요인은 다름 아닌 프랑스은행의 돈이었다.

그 어떤 정권을 막론하고 조직적, 계획적으로 국가를 운영하려면 반드시 돈이 필요하다. 돈이 없으면 각종 자원을 조달, 배분할 수도, 전쟁을 치를 수도 없다. 그래서 파리코뮌의 참혹한 비극은 큰 교훈과 경종이 된다. 그럼 프랑스은행에 대해 한 번 살펴보자.

프랑스은행은 1800년에 설립되었다. 투표권을 보유한 200명의 대주주들은 12명의 이사회 멤버를 선출할 자격이 있었다. 자세히 분석해 보면 이 200명의 주주는 같은 무리에 속했다. 바로 프랑스은행을 실질적으로 통제하는 44개 가문의 대표들이었다. 이들 가문은 의석을 대대손손 물려받았고, 이 가운데 말레, 미라보, 로스차일드 세 가문은 프랑스은행의 의석을 100년 동안 굳건히 지켰다. 말레와 미라보 가는 모두 스위스 은행 재벌로 1799년에 나폴레옹의 브뤼메르 쿠데타에 비밀 자금을 대준 공로로 프랑스은행의 설립을 허가받았다. 로스차일드가는 훗날 크게 일어선 유대계 은행 재벌의 대표이다. 프랑스의 나폴레옹 정권, 부르봉 왕가, 오를레앙 왕가의 정권을 등에 업고 금융을 독점했으며, 프랑스에서 전례 없는 세력을 자랑한 7월 왕정(July Monarchy)을 이끌어내기도했다. 나중에 프랑스은행의 핵심 멤버가 되었다.[2]

국제 은행 가문이 지배한 프랑스은행은 파리 금융업의 대표 기관이었다. 당시 파리는 프랑스의 경제, 금융 중심지였을 뿐 아니라 전 유럽 대륙의 금융 중심지이기도 했다. 프랑스은행에서 발행한 화폐인 프랑은 프랑스의 법정 화폐이고, 프랑스은행에서 보유한 외화와 황금은 프랑의 국제적 구매력을 담보하는 수단이었다. 상황이 이랬으니 프랑스은행에서 발행한 채권은 최고 신용 등급을 자랑했고, 프랑스 정부의 주요 재원이기도 했다.

프랑스은행을 장악한 은행가들은 파리코뮌을 대표로 하는 프롤레타리아 정권의 목표가 자산 계급을 반대하고, 자산 계급의 핵심 이익에 치명적인 위협이 된다고 인식했다. 한편 그들은 프랑스-프로이센 전쟁의 배상금과 융자 문제에 지대한 관심을 가지고 있었다. 그래서 파리코뮌이 정권을 잡을 경우 설령 프랑스은행에 전혀 불이익을 주지 않는다고 해도, 배상금과 융자 문제에 관해서는 강경한 태도를 취할 것이 불을 보듯

▎파리코뮌의 벽

뻔했다. 그러면 전쟁 배상금 액수가 줄어들 뿐 아니라 융자 문제도 꼭 은행가들의 손을 빌린다는 보장이 없었다. 심지어 프롤레타리아 정부가 직접 전 국민을 대상으로 공채를 발행할 가능성도 있었다. 이렇게 되면 전쟁 채권을 이용해 폭리를 얻으려던 그들의 계획은 수포로 돌아갈 확률이 높았다. 돈에는 국경이 없고, 은행가들의 눈에는 이익만 보일 뿐이다. 은행가들의 입장에서는 파리코뮌보다 상대적으로 쉽게 조종할 수 있는 베르사유 정부를 선택하는 것이 당연했다.

파리코뮌의 경제 정책을 주관하는 지도자들은 파리코뮌의 목표를 단순한 '파리의 지방자치'로 정했다. 그들은 프랑스의 중앙 정부로 군림하려는 생각이 추호도 없었다. 따라서 프랑스의 중앙은행인 프랑스은행을 접수, 관리할 필요성을 전혀 느끼지 못했다. 물론 그럴 만한 권력도 없었다. 결국 베르사유 정부와 친밀한 관계인 과거의 은행 관리국이 프랑스은행을 경영하도록 그대로 내버려 뒀다. 이것이 파리코뮌의 치명적인 잘못이었다.

파리코뮌 지도자들이 미처 인식하지 못한 점은 바로 프랑스은행을 지배하는 자가 프랑스의 경제 명맥을 지배한다는 사실이었다. 이 명맥을 틀어쥔 자는 자원 배분 결정권을 행사하고 국가 기구들을 장악할 수 있다. 따라서 파리코뮌은 경제적 실수뿐 아니라 정치적 실수도 저질렀다고 할 수 있다. 엥겔스의 말을 빌리면, 만약 파리코뮌이 프랑스은행을 인수했다면 "1만 명의 인질을 억류한 것보다 더 큰 의미가 있었을 것이다."

파리코뮌은 2개월 약간 넘게 존속했다. 이 기간에 프랑스은행의 장부상에 기재된 현금은 수십억 프랑이었으나 파리코뮌이 대출을 신청해 받아쓴 돈은 고작 1,600만 프랑에 불과했다. 파리코뮌이 프랑스은행을 접수하지 않은 결과는 쌀뒤주 옆에서 굶어죽는 꼴로 나타났다. 또한 이 때문에 로스차일드가를 위시한 은행가들을 강요해 베르사유 정부가 파리코뮌과 평화 교섭에 응하도록 압력을 가하지 못했다. 은행가들은 오히려 이 기회를 틈타 베르사유 정부에 2억 프랑이 넘는 자금을 지원했다.

"큰 포상 아래에 용감한 자가 나온다"라는 말이 있다. 원래 패잔병 1만 명밖에 남지 않았던 베르사유 정부는 이런 거액의 지원금에 힘입어 짧은 기간 내에 11만 대군을 모집해 파리코뮌에 반격을 가했다.

이토록 결정적인 순간에 로스차일드가는 은행가들의 이익을 확보하기 위해 베르사유 정부와 독일 비스마르크 총리 간의 프랑스-프로이센 전쟁 배상금 협상에 개입했다. 이에 대해서는 《화폐전쟁 2》에서 서술한 바 있다.

> 비스마르크 군대는 재정비를 시작했다. 그러나 국제 은행가들의 움직임은 더욱 바빠졌다. 누가 50억 프랑에 달하는 거액의 전쟁 배상금과 관련한 일을 처리하느냐? 1%의 수수료만 받는다고 해도 자그마치 5,000만 프랑의 이익을 얻을 수 있는 어마어마한 장사거리였다. 각 측은 모두 이 문제에 촉각을 곤두세웠다.
>
> 전쟁 배상금 액수와 관련해 프랑스 티에르 정부는 50억 프랑을 제시했다. 그러나 비스마르크는 재빨리 종이에 '60억 프랑'이라는 숫자를 썼다. 티에르는 이를 보고 펄쩍 뛰었다. 티에르와 비스마르크는 큰소리로 다투기 시작했다.

결국 티에르는 로스차일드에게 중재를 부탁했다. 로스차일드가 나타나자 비스마르크는 기다렸다는 듯 온갖 욕설을 퍼부었다. 자리에 모인 사람들은 모두 놀라서 할 말을 잃었다. 그러나 로스차일드는 낯빛 하나 바꾸지 않고 여전히 50억 프랑의 '지속 가능한 배상금 액수'를 고집했다. 국제 금융시장에서 로스차일드가의 지위는 그 누구도 넘보기 어려운 수준이었다. 그의 요구 조건을 받아들이지 않고 유럽 시장에서 충분한 전쟁 배상금을 조달한다는 것은 어불성설이다. 비스마르크는 이해득실을 곰곰이 따져본 다음 치밀어 오르는 분노를 참으며 결국 배상금 액수를 50억 프랑으로 정했다. 프랑스 티에르 정부가 해결하지 못한 일을 로스차일드가는 손쉽게 해결했다."[3]

"돈은 귀신도 부린다"라는 말이 있다. 철혈재상 비스마르크는 수만 명의 프랑스군 포로를 송환하고 중립을 지키기로 흔쾌히 약속했다. 심지어 베르사유 군대가 프로이센의 방어선을 가로질러 파리로 진격해도 좋다고 허락했다.

참으로 애석한 실수는 베르사유 정부를 비롯해 비스마르크와 국제 은행가들이 공동의 적인 파리코뮌을 토벌하고 정권을 빼앗기 위해 공동 전선을 구축할 때 일어났다. 이때 파리코뮌의 혁명가들은 사태의 심각성을 인식하지 못한 채 교사 대우 개선 등의 자질구레한 일에만 모든 시간과 정력을 쏟고 있었으니, 비극은 피할 수 없게 되었다.

은행이 발휘하는 위력의 근원은 은행이 경영하는 상품, 다시 말해 화폐에 있다. 나아가 중앙은행이 더 큰 위력을 가지는 이유는 화폐의 원천을 통제하기 때문이다. 한 경제 체제를 통제하는 데 가장 효과적인 방법은 그 경제 체제의 화폐를 장악하는 것이다. 또 한 경제 체제의 화폐를 장악하기 위해서는 화폐의 발원지인 중앙은행을 통제하는 것이 가장 중요하다.

경제 명맥을 장악하지 못한 혁명 정권은 약한 공격에도 쉽게 무너질 정도로 취약하다. 이것이 바로 파리코뮌의 비극이 남긴 교훈이다. 현대사회에서 은행, 특히 중앙은행을 핵심으로 하는 금융 체계는 정권과 국가에 대단히 중요하다. 그래서 마르크스와 엥겔스는 1848년 발표한《공산당 선언》에서 "무산계급은 통치계급이 된 후 국가 자본과 배타적인 독점권을 가진 국립 은행을 통해 신용을 국가 수중에 집중시켜야 한다"라고 강조했다.[4]

파리코뮌이 실패한 지 반세기가 지난 후 레닌은 마르크스와 엥겔스의 국가은행과 관련한 이론을 실천에 옮겼다. 레닌은 은행 시스템에 대해 매우 정확한 인식을 가지고 있었다.

"은행은 현대 경제생활의 중심이자 전체 자본주의 국민경제 체계의 중추라고 할 수 있다.[5] 현대사회에서 은행은 상업(식량 및 기타 모든 상업) 및 산업과 떼려야 뗄 수 없는 관계를 가지고 있다. 따라서 은행에 손을 대지 않는 한 혁명적, 민주적이면서 중대한 일을 절대 해낼 수 없다."

소련은 자국의 은행 시스템을 완벽히 장악했기 때문에 수많은 난관을 극복하고 기적처럼 발전할 수 있었다. 또 짧은 15년 사이에 낙후 국가에서 초강대국으로 성장하여 명실상부한 공산 진영의 '만형'이 되었다.

러시아는 1905년 러일전쟁 참패 이후 졸지에 열강의 반열에서 불쌍한 거지 신세로 전락하고 말았다. 그러다 제1차 세계대전이 후반기에 접어든 1917년에 10월 혁명이 일어났다. 이후 러시아 소비에트 연방 사회주의 공화국은 소비에트 건설에 총력을 기울이기 위해 제1차 세계대전에서 발을 빼기로 결정했다. 그 결과가 독일과 맺은 굴욕적인 '브레스트-리토프스크 조약'이다. 이 조약으로 소비에트연방은 100만 제곱킬로미터의 영토를 할양하고, 석탄 생산량의 90%, 철광석 생산량의 73%, 산업의 54% 및 철도의 33%를 잃었으며, 독일에 60억 마르크의 배상금을 지불했다. 이어 수년 동안 내전이 끊이지 않다가 1923년에 이르러서야 비로소 정세가 안정을 되찾았다.

소련 창건 후 경제는 정상적인 발전 궤도에 들어섰다. 소련 정부가 단단히 장악한 은행 시스템은 경제 복구와 중공업 발전에 상당한 힘을 발휘했다. 15년 후 소련은 산업 생산액이 세계 2위로 성장하면서 세계 초강대국 반열에 올랐다. 1939년 노몬한에서 소련과 일본 사이에 큰 전투가 벌어졌을 때, 7제곱킬로미터 규모의 전장에서 소련군의 탱크 부대는 수백 미터 너비의 횡대를 이루며 하늘과 땅을 뒤덮을 기세로 전진했다. 일본 관동군 정예부대는 소련의 강력한 공격에 맥없이 무너졌다. 소련은 대 애국전쟁(The Great Patriotic War) 때에도 강력한 중공업 생산 능력을 기반으로 전선에 충분한 군수품을 공급함으로써 베를린 공격에 큰 힘을 보탤 수 있었다.

소련은 금융이 강해지지 않는 한 공업과 국방도 강해질 수 없다는 진리를 분명하게 보여주었다.

한 손에는 총자루, 한 손에는 돈주머니

혁명은 돈을 떠날 수 없다. 돈이 없으면 혁명은 한 발자국도 앞으로 나아가지 못한다. 훗날 중국공산당은 스스로 성장하는 과정에서 돈이 혁명, 특히 독립적이고 자주적인 혁명에 얼마나 중요한지 절실하게 느꼈다.

짧은 기간 내에 전국적으로 영향력을 행사할 수 있는 정당을 건설하려면 많은 돈이 필요했지만 초기의 공산당 당원은 젊은 층이 주류를 이뤄 당연히 안정적인 직업과 수입원이 없었다. 이에 중국공산당 창당 초기에는 천두슈, 리다자오(李大釗) 등 일부 지식인의 강의료와 원고료 및 후원금에 의지했다. 그러나 이는 오랫동안 지속할 수 있는 대책이 아니었다. 창당 과정에서 경비 부족 문제가 크게 대두되다가 결국 코민테른의 후원을 받고서야 천신만고 끝에 중국공산당 창당을 마무리할 수 있었다.

처음에 천두슈는 선비의 오기로 코민테른의 후원을 받으려 하지 않았다. 중국공산당이 자주 독립의 정신을 지켜야 할 뿐 아니라 다른 사람의 간섭을 받아서는 안 된다는 고집 때문이었다. 그래서 코민테른이 누차 경비 지원 의사를 표할 때마다 번번이 거절했다. 그러나 중국공산당 제1차 전국대표대회 이후 공산당 중앙은 매달 200~300위안의 경비를 마련하는 것조차 벅찰 지경에 이르렀다.

1921년 10월에 천두슈는 상해 조계지에서 체포되어 자칫하면 7, 8년 징역형을 선고받을 수 있는 위급한 상황에 처했다. 이때 코민테른 대표인 마린은 많은 돈을 들여 법정을 비롯한 관계 인사들을 구워삶고, 유명한 프랑스인 변호사를 선임하는 등 갖은 노력을 다했다. 이런 곡절 끝에 천두슈는 자유의 몸이 될 수 있었다. 그는 본인을 감옥에서 꺼낼 돈조차 없는데 어떻게 남들 앞에서 자주적이고 독립적일 수 있을지 회의가 들었다. 천두슈는 급기야 크게 탄식하며 결단을 내렸다.

"지금 국민당 통치자들은 인정사정없이 우리를 억압하고 있다. 우리는 코민테른과 더 가까운 관계를 구축하는 것 외에는 다른 길이 없다."

그럼에도 천두슈는 중국공산당이 코민테른에 예속되길 원하지 않았다. 이에 그는 공산당 각 부문이 자신의 명의로 코민테른에 자금 지원을 신청하는 묘안을 냈다. 이렇게 해서 중국공산당의 각 방면 사업은 순조롭게 전개될 수 있었다.

천두슈 이후에는 리리싼(李立三)이 중국공산당의 독립과 자주를 주장하면서 팔을 걷어붙이고 나섰다.

1930년에 장제스는 펑위샹, 옌시산(閻錫山)과 전쟁을 벌였다. 이때 국민당 통치가 붕괴하고 있다고 판단한 리리싼은 중국 혁명이 전 세계의 마지막 계급투쟁의 장이 될 것이라고 생각했다. 이에 소련에 적극적으로 전쟁을 준비하라고 요구했다. 그의 주장은 다음과 같았다.

"중국 혁명이 세계 혁명의 중심이다. 따라서 소련은 반드시 총력을 기울여 중국 혁명을 지원해야 한다. 코민테른은 중국 혁명의 보조 역할에 불과하다."

그러나 코민테른의 생각은 달랐다. 시종일관 '세계 혁명의 중심은 소련'이라는 주장을 내세웠다. 또 이런 생각으로 중국 혁명을 지도했고 소련의 이익을 무엇보다 우선시했다. 그들이 중국에서 소련과 동맹 가능한 세력을 극력 물색한 것은 소련을 향한 제국주의의 압력을 분산시키고 세계 최초의 사회주의국가인 소련을 안전하게 지키기 위해서였다.

코민테른은 1920년 4월 보이친스키를 중국에 파견해 중국공산당 창당을 도왔다. 코민테른과 소련 정치국이 보이친스키에게 지시한 첫 번째 사항은 "소련의 극동 지역 정책은 일본, 미국, 중국 삼국 간의 이익 충돌에 입각한 것이다. 모든 수단을 동원해 이들의 충돌을 도발, 격화시켜야 한다"라는 것이었다. 중국 혁명 지원은 그다음 순서였다. 즉 소련이 중국 국민당과 공산당에 거금을 지원해 북벌 혁명을 승리로 이끈 목적은 중국을 위한 것이 아니라 자국 이익의 필요에서 나온 것이다.

그런데 리리싼이 갑자기 뛰쳐나와 '폭동'을 들먹이며 "소련은 적극적으로 전쟁 준비를 하라. 소련은 몽골에서 철수하고 중국을 지원해 적을 공격하라"라고 명령한 것이다. 코민테른과 소련 공산당은 소련이 오직 중국 혁명을 위해 총력을 기울이라고 한 리리싼의 말에 어이가 없어 할 말을 잃었다.

그러나 코민테른은 곧 정신을 차리고 가장 빠르고 간단한 방법으로 중국공산당에 제재를 가했다. 바로 중국공산당 중앙에 경비 지원을 중단해 버린 것이다. 이에 중국공산당은 창당 이래 처음으로 심각한 제재를 당해 어려움에 봉착했다. 결국 분란의 장본인인 리리싼은 하야하는 것 외에 다른 선택이 없었다.[6]

결국 당시 중국 사회의 실정을 깊이 인식한 마오쩌둥이 자주적이고 독립적으로 재원 문제를 해결할 방법을 찾아냈다. 마오쩌둥의 이 구상에 의해 중국공산당은 독립적이고도 자주적인 경제적 토대를 마련할 수 있었다.

마오쩌둥의 생각은 바로 홍색 정권의 할거였다. 그는 1928년에 '중국의 홍색 정권은 왜 존재할 수 있는가'라는 문제를 제기하면서 다음과 같이 지적했다.

"한 국가에서 사면이 백색 정권에게 포위당한 가운데 홍색 정권이 하나 또는 여러 개의 작은 지역에서 장기적으로 존재해 온 사례는 그 유래를 찾아볼 수 없다. 그런데 중국은 특별한 환경에 놓여 있었기 때문에 홍색 정권의 할거가 가능하다. 즉 제국주의의 간접적인 통치를 받는, 경제가 낙후된 반식민지 국가인 중국에서만 가능한 일이다. 제국주의 국가 또는 제국주의의 직접적 통치를 받는 식민지 국가에서는 절대 나타날 수 없는 현상이다. 이는 반드시 백색 정권들 사이의 아귀다툼이라는 또 다른 기이한 현상을 수반한다. …… 백색 정권들 사이의 장기적인 분열과 전쟁 국면은 홍색 정권의 할거를 가능하게 만드는 조건이다. 즉 이와 같은 환경이 마련됐기 때문에 중국공산당의 홍색 정권은 하나 또는 여러 개의 작은 지역에서 백색 정권의 포위 속에서도 존속할 수 있다."[7]

훗날 중국 혁명은 마오쩌둥의 이 구상을 실천하여 성공을 거두었다.

중국공산당은 홍색 근거지에서 토호를 타도하고 밭을 나누는 토지개혁을 실시하여 농민들의 광범위한 신뢰와 지지를 얻어냈고, 농업 생산 역시 크게 발전했다. 이는 홍색 근거지의 경제적 독립을 위한 토대를 제공했다.

파리코뮌의 실패가 준 교훈과 러시아 소비에트의 성공 경험은 마오쩌둥을 비롯한 홍색 근거지 창립자들에게 반드시 '한 손에 총자루, 다른 손에 돈주머니'라는 방침을 견지해야 혁명을 성공으로 이끌 수 있다는 이치를 확실히 깨우쳐주었다. 실제로 중화 소비에트 공화국은 창건 초기에 이미 독립적이고 자주적인 금융 체계의 중요성을 인식하고 소비에트 공화국의 중앙은행인 중화 소비에트 국가은행을 설립했다.

국가은행의 주요 업무는 세 가지였다. 첫째는 화폐 통일이고, 둘째는 재정과 세수 통일이며, 셋째는 소비에트 지역의 생산과 무역을 지원하는 일이었다.

통일 화폐가 없다면 믿음직한 재정 및 세수 시스템을 구축하기 어렵다. 또 재정과 세금 수입이 없다면 소비에트 정권의 안정적인 운영이 불가능하며 장기전에서도 승리할 수 없다. 실제로 통일 화폐는 생산과 무역 발전을 강력하게 촉진하고 주민들의 생활수준을 개선시켰으며 소비에트 지역 경제를 활성화시켰다. 또 정부의 재정과 세금 수입을 증가시켜 신생 소비에트 정권을 공고히 할 수 있었다.

세계에서 가장 작은 중앙은행인 중화소비에트국가은행

1931년 11월에 열린 중화 소비에트 제1차 전국대표대회에서 마오쩌민은 중화 소비에트 국가은행 설립 임무를 부여받았다. 이때 국가은행의 창립 멤버는 총 다섯 명이었다.

국가은행 행장으로 발탁된 마오쩌민은 농민 출신으로 사숙(私塾)에서 4년간 공부한 다음 초등학교의 서무(일상 경비 및 급식 업무 관리)로 일했다. 이어 안원(安源) 탄광 노동자 클럽의 경제 계장, 안원 탄광 노동자소비합작사 사장, 중국공산당 중앙(상해)의 출판발행부 이사, 〈한구민국일보(漢口民國日報)〉 사장, 민월감 소비에트구 경제 부장을 역임했다.

민월감(閩粵贛)
복건성과 강서성의 경계.

남양(南洋)
강소와 절강, 복건, 광동성 등의 연해 지역.

민서(閩西)
복건성 서부.

국가은행 회계과 과장으로 발령받은 차오쥐루는 점원 출신으로 초등학교만 겨우 졸업했다. 남양에서 점원으로 일했으며, 민서에서 공농(工農)은행 회계과 과장을 역임했다.

라이융례(賴永烈)는 국가은행 업무과 과장으로 발탁됐다. 역시 점원 출신으로 홍군 병사로 전투에 참전했다. 영정(永定)현의 농민 은행 설립자로도 유명하다.

모쥔타오(莫均濤)는 국가은행 총무과 과장에 보임됐다. 점원 출신으로 12세에 초등학교를 중퇴하고 소년공으로 일한 전력이 있었다. 한구의 철공소 연마공과 영국계 은행의 우편 배달원을 지냈다. 홍군 병사 출신이기도 하다.

첸시쥔(錢希均)은 국가은행 회계를 맡았다. 농민 출신으로 상해 평민(平民) 여학교에서 공부했다. 중국공산당 중앙출판부 발행과 과장과 통신 연락병으로 일했다.

이 다섯 명은 중국공산당이 소비에트 전 지역을 샅샅이 뒤져 찾아낸, 그나마 은행 관련 업무 경력을 가진 인재들이었다. 이 중 차오쥐루는 은행에서 행장을 도와 입출금 업무만 취급했고, 모쥔타오는 한구의 은행에서 육체노동만 했을 뿐 돈이라고는 만져본 적이 없었다. 만약 로스차일드 내지 모건가에 이 다섯 사람의 이력서를 보여주면서 중앙 은행 경영에 적임자라고 말한다면 코웃음을 칠 것이 분명했다. 이 다섯 명은 아이비리그의 학력도, 월스트리트 근무 경력도 없었다. 심지어 당시 상해 외탄에 산재해 있던 은행들의 보안 요원으로도 일해본 적이 없었다.

외탄(外灘)
상해탄의 은행 밀집 장소.

이들은 조건만 놓고 보면 농촌의 합작사나 설립, 경영할 수준에 지나지 않았다. 그런 이들이 중앙은행을 설립해 로스차일드 내지는 모건가와 경쟁을 한다고? 누가 봐도 말이 안 되는 소리였다. 인력, 물자, 재력이 모두 부족한 상황에서 일반 사람이 상상하는 중앙은행을 설립한다는 것은 애초부터 불가능했다.

어쨌든 이 다섯 사람에게 주어진 임무는 독립적인 중앙은행 시스템을 구축하는 것이었다. 그야말로 하늘의 별따기라고 해도 과언이 아니었다.

이들 앞에 놓인 난제는 어림잡아도 이 정도나 되었다.

은행 운전 자금은 어떻게 마련할 것인가?

무엇을 본위화폐로 정할 것인가?

통화 발행에 필요한 준비금은 얼마 정도 준비해야 하는가?

화폐 신용을 어떻게 구축할 것인가?

어떤 방법으로 소비에트 지역 화폐를 통일할 것인가?

은행 금고를 어디에 건설하고 어떻게 기밀을 유지할 것인가?

은행 금고 계정 과목은 어떤 방식으로 기록할 것인가?

지폐는 어떻게 발행할 것인가? 지폐 도안은 누가 설계할 것인가?

지폐 인쇄 용지와 잉크는 어디서 얻을 것인가? 지폐의 위조 방지는 어떻게 할 것인가?

은화는 어떻게 발행할 것인가? 새로 설계할 것인가 아니면 예전의 것을 모방할 것인가?

대출, 어음 할인 등의 업무는 어떻게 실시할 것인가?

생각만 해도 골치 아픈 문제들이 한도 끝도 없이 나왔다.

그러나 이 오호상장은 난관 앞에 주저앉지 않았다. 그들은 서금에서 6리나 떨어진 엽평(葉坪)촌의 한 수수한 농갓집에서 탁자 몇 개, 주판 몇 개를 놓고 무에서 유를 창조하는 작업에 돌입했다. 이들이 설립한 소비에트 국가은행은 바로 이렇게 고고의 성을 울렸다. 얼마 후에는 오늘날 중국 은행 시스템의 토대도 마련할 수 있었다.

오호상장(五虎上將)
소설 《삼국연의》에 나오는 다섯 맹장을 빗댄 말.

국가은행 설립 초기에는 운전 자금 마련이 최대 난제였다. 국가은행의 재원은 주로 전쟁에서 노획한 물자들로 충당했다. 국가은행은 홍군이 대규모 작전을 개시할 때마다 물자 몰수 및 징집위원회를 조직해 직접 전선으로 달려가 식량과 자금을 조달했다.

1932년에 홍군이 마오쩌둥이 지휘한 장주(漳州) 전투에서 대승을 거둔 후, 마오쩌민은 부대를 따라 장주에 도착했다. 그는 그곳에서 거리와 골목, 가게를 누비며 일일이 상인들과 만나 홍군의 정책을 선전하고, 상인들이 홍군과 유무상통하는 친밀한 무역 관계를 수립하도록 설득했다. 국가은행은 장주에서 "홍군은 상인의 재산을 몰수하지 않는다. 그러나 기부금은 기꺼이 받겠다"라는 내용의 물자 몰수 및 징집 관련 포고문을 붙였다. 장주의 크고 작은 상인들은 홍군의 이 정책을 열

렬히 지지하며 앞다퉈 홍군에
물자를 기부했다. 홍군은 장
주에서 대량의 군수 물자와
현금 105만 위안을 얻었다.
이로써 국가은행은 마침내 자
금 걱정을 덜게 되었다.

국가은행은 장주에서 모금
한 자금 중 일부를 저축하기
위해 비밀 금고를 만들기로

▌ 엽평에 있는 국가은행의 옛터

결정했다. 당시 서금 석성(石城)현 난니룽(爛泥壟)촌 바로 뒤쪽 산비탈에
땅굴이 있는 집 한 채가 있었다. 땅굴은 넓지 않았으나 매우 건조해 금
품을 보관하기에는 안성맞춤이었다. 게다가 땅굴 앞에 있는 집은 엄폐
물 역할을 해 초소로 활용할 수 있었다. 국가은행은 이 땅굴을 비밀 금
고로 즉각 결정했다.

철저한 기밀 유지를 위해 입고 당일에는 국가은행 직원의 출입을
전면 금지시켰다. 대신 부대원들이 비밀 금고에 넣어둘 황금(금괴, 황금 기
물, 황금 액세서리 등)을 미리 삼베로 잘 싸서 짐 다섯 개로 만들었다. 20개
나 되는 은화와 말굽은 짐 역시 잘 포장해 놓았다. 이외에도 진주와 보
석 3짐, 지폐(외화 및 국민당의 법폐) 2짐이 더 있었다. 우선 1개 소대 병사들
이 번갈아가면서 이 30개의 '보물'을 땅굴에서 1리가량 떨어진 곳까
지 옮겨 나른 다음 철수했다. 날이 어두워지기를 기다려 다른 소대 병
사들이 이 짐들을 집 안에 옮겨 나른 다음 다시 집 뒤에 있는 땅굴에
가져다 넣었다. 미리 준비해 둔 석판으로는 화재를 방지하기 위해 이

짐들을 덮었다. 이 보물들을 개봉해 점검할 때에는 언제나 마오쩌민이 직접 현장에서 감독했다. 또 땅굴에 넣은 후에도 마오쩌민은 직접 한 번 더 살펴보는 것을 잊지 않았다. 당시 국가은행은 30개에 이르는 이 짐의 물건을 일일이 기록해 두 통의 대장을 만들었다. 그중 한 통은 마오쩌민이 직접 보관했다. 기밀 유지를 위해 대장에는 '황주(黃酒) 약간', '백주(白酒) 약간'이라고 적었다. 황주는 황금, 백주는 백은을 의미했다. 병사들은 짐을 모두 땅굴 속에 넣은 다음에는 큰 돌로 땅굴 입구를 꽉 막고 잘 위장했다. 다음날 금품 저장에 참여했던 전사들은 전부 철수하고 땅굴 앞 초소에서는 다른 부대의 병사들이 보초를 섰다.[8]

마오쩌민은 기밀 유지에 특별히 신경 썼다. 우선 국가은행 관계자들이 작전에 개입하지 못하도록 한 다음 4개 소대의 병사들을 투입해 금은을 운송하게 했다. 각 소대의 병사들은 자신들이 무슨 일을 하는지 전혀 몰랐다. 금은을 포장한 병사들도 물건을 어디로 가져가는지 전혀 몰랐고, 운송을 책임진 병사들도 최종 목적지를 알지 못했으며, 금은을 땅굴 안에 넣는 작업을 한 병사들 역시 내용물이 무엇인지 알지 못했다. 경비를 서는 병사들 역시 마찬가지였다. 이뿐만 아니라 마오쩌민은 등기 대장을 작성할 때에도 금과 은을 각각 '황주'와 '백주'로 표시하는 주도면밀함을 보였다.

"마오쩌민의 이 전략이 대단히 고명했다는 사실은 훗날 입증되었다. 홍군이 국민당의 핍박으로 중앙 소비에트구를 떠나 대장정에 오를 때, 국가은행이 비축해 둔 자금은 대단히 큰 역할을 했다."[9]

한편 국가은행은 금고 관리 업무를 책임져야 했는데, 장부에 어떻게 적어야 하는지 아무도 몰랐다. 한번은 전선의 한 부대가 노획한 은화를 국가은행에 보내왔다. 이때 업무 담당자는 은화를 봉인한 종이가 뜻밖에도 국민당 세무기관의 4절 영수증임을 발견하고 즉각 상부에 보고했다. 마오쩌민과 차오쥐루는 영수증을 자세히 살펴보고 나서 큰 보물을 얻은 듯 뛸 듯이 기뻐했다. 그들은 그 영수증을 자세하게 연구, 분석한 다음 금고 관리 제도와 절차를 개선하고 최종적으로 완벽한 은행 금고 관리 방법을 만들어냈다. 이렇게 해서 금고 자금의 수취인, 관리인(국가 금고), 사용자 및 보관자를 정확하게 기록할 수 있었다. 이로 써 재무 제도의 치밀성을 보증하고 각급 정부와 홍군 부대의 비리, 낭비 현상을 근절할 수 있게 되었다.

우연히 영수증을 얻어 큰 도움을 받은 국가은행은 즉각 홍군 정치부와 물자 공급부에 통지를 보내 재정, 은행, 기업 관리 분야의 서적, 문서, 장부, 영수증, 보고서 등을 널리 수집하도록 했다. 그렇게 얻은 것은 종잇조각 하나도 함부로 버리지 않고 잘 참고해 활용했다.

각 방면의 제도가 흠잡을 데 없이 갖춰지면서 국가은행은 제대로 굴러가기 시작했다.

홍색 화폐의 탄생

국가은행이 다음으로 해야 할 일은 중앙은행의 고유한 특권인 중앙 소비에트의 통일 화폐를 발행하는 것이었다.

중앙 혁명의 근거지는 경제가 낙후한 지역에 위치해 있었다. 이 지역에는 산업이라고 부를 만한 게 없었고, 띄엄띄엄 떨어져 농사를 짓는 농민과 소규모 수공업자들만이 있을 뿐이었다. 게다가 잦은 전란과 갈수록 심해지는 국민당의 경제 봉쇄로 말미암아 재정수지 균형을 맞추기란 쉽지 않았다. 그래서 혁명 근거지 건립 초기에는 가지각색의 잡다한 화폐가 시장에 난무했다. 악화가 양화를 구축하듯, 시중의 은화 유통량 역시 대단히 미미한 상황을 면치 못했다.

소비에트국가은행 설립 전에 혁명 근거지에서 유통된 화폐로는 강서(江西) 공농(工農)은행에서 발행한 동원권(銅元券), 민서(閩西) 공농은행에서 발행한 은원권(銀元券), 은화인 광양(光洋), 국민당의 법폐 등 여러 가지가 있었다. 심지어 청나라 시기의 동전까지 유통됐다. 이 때문에 물건 하나를 사려 해도 각양각색의 화폐를 한 줌씩 가지고 다녀야 했고, 계산도 대단히 복잡했다. 국민들의 원성이 큰 것은 물론 상인들 역시 번거롭기는 마찬가지였다.

생각이 단순한 일부 홍군 병사들은 혁명 전사가 국민당 화폐를 사용해서는 안 된다는 인식을 가졌다. 그래서 가끔 전장에서 국민당 화폐를 노획한 경우에도 모조리 불살라버렸다. 심지어 국민당 통치구에서 국민당 화폐로 소금, 쌀 등의 물자를 살 수 있다는 사실을 모르는 사람도 있었다. 이것들은 소비에트구에 아주 부족한 물건들이었다.

당시 소비에트구에서는 국민당의 법폐와 군벌, 악덕 지주들이 발행한 잡다한 화

소비에트구의 1위안짜리 화폐(왼쪽 하단에 마오쩌민의 러시아어 서명이 있음)

폐가 동시에 유통됐다. 이는 국민당이 소비에
트구의 금융시장을 교란하는 데 좋은 기회를
제공하기도 했다.

국가은행 설립 후 소비에트 지역 화폐 통일
은 가장 중요한 현안으로 떠올랐다.

그리고 화폐를 발행하는 데 가장 큰 난제는
화폐 도안을 디자인하고 제작할 사람을 찾는
일이었다.

소비에트구 은화

이때 누군가 황야광(黃亞光)이라는 인물을 추천했다. 일본 유학생 출
신인 그는 달필일 뿐 아니라 그림도 잘 그렸다. 그에 대해 이것저것 알
아본 후 결과는 기쁨 반 걱정 반이었다. 기뻤던 것은 황야광의 회화 재
능을 확실히 확인했다는 것이고, 걱정은 그가 한때 민서 지역을 휩쓴
사회민주당 소탕 운동 와중에 사회민주당 분자로 찍혀 수감된 전과가
있었다는 사실이다. 마오쩌민은 이 사실을 마오쩌둥에게 보고했다. 마
오쩌둥은 심사숙고한 다음 잘못을 범할 위험을 무릅쓰고 황야광에게
중임을 맡기기로 결정했다. 그에게 공을 세워 속죄할 기회를 주겠다는
판단이었다.

당시 소비에트구는 국민당의 지독한 경제 봉쇄를 당해 작업 환경이
대단히 열악했다. 황야광은 회화용 붓과 컴퍼스도 없었던 데다 화폐
도안을 그려본 경험이 전혀 없었다. 이에 마오쩌민은 비밀리에 상해로
잠입해 회화용 붓, 컴퍼스, 잉크와 동판(銅板) 등의 재료를 구입했다. 황
야광은 이 재료들을 가지고 과거 사용했거나 봤던 화폐에 대한 기억
을 더듬으며 화폐 도안 작업을 시작했다.

마오쩌둥은 소비에트의 화폐 도안이 반드시 노동자·농민 정권의 특징을 분명히 구현해야 한다고 지시한 바 있었다. 황야광은 마오쩌둥의 요구에 따라 화폐 도안에 낫, 망치, 지도, 오각 별 등의 그림을 그려 넣고, 이 도안들을 유기적으로 결합시켜 시각적으로 멋있고 세련된 느낌을 줄 뿐 아니라 공산당 혁명 근거지의 전용 화폐라는 특징도 충분히 나타냈다. 그는 원래 화폐에 마오쩌둥의 초상을 넣으려고 했으나 마오쩌둥이 거절하면서 대신 레닌의 초상으로 바꾸었다. 황야광은 혁명 근거지 간행물에 실린 레닌 사진을 그대로 모사해 화폐에 넣었다. 이는 소비에트 지역이 마르크스-레닌 사상의 지도 아래 천지개벽에 가까운 변화를 이뤘음을 상징했다.

지폐를 인쇄하려면 지폐 전용 종이와 잉크도 필요했다. 그러나 국민당의 경제 봉쇄로 인해 소비에트구에는 지폐 인쇄에 필요한 재료가 매우 부족했다. 국가은행은 인쇄에 필요한 재료를 사기 위해 사람을 상해와 홍콩까지 파견했으나 아무런 수확이 없었다. 이에 당분간 흰 베에 인쇄를 하고, 그 사이에 직접 종이를 만들기로 결정했다. 제지 원료가 없는 상황에서 사람들은 넝마, 죽순대, 나무껍질, 신창과 끄나풀 등을 주워왔다. 마을과 거리에서는 넝마주이로 나선 국가은행 임직원들의 모습을 자주 볼 수 있었다. 이렇게 주워온 물건들은 전부 산산조각을 낸 다음 생석회에 담갔다가 펄프로 만들었다.

그러던 어느 날 한 시골 노인이 부근의 산에서 자라는 늙은 나무껍질로 만든 찻잎 포장지가 내마모성이 좋고 인성이 강하다고 귀띔했다. 국가은행은 즉시 사람을 보내 나무껍질을 채집했다. 처음에 만든 종이는 썩 내키지 않았다. 질기지 않은 것은 말할 것도 없고 두꺼우면서 색

깔도 노랬다. 그래서 나중에 펄프에 흰 풀과 가는 솜을 첨가해 인성을 증가시키고 종이 색깔을 희게 만들었다. 이렇게 해서 드디어 지폐 인쇄에 적합한 종이를 만들어냈다.

국민당 통치구에서는 잉크를 사는 일도 여의치 않았다. 그러다 천신만고 끝에 감주(贛州)에서 잉크를 구입해 돌아오는 길에 국민당에게 몰수당하는 어처구니없는 일을 당했다. 이에 한 전장의 사장이 송연묵(松烟墨) 제조 방법을 가르쳐주었다. 그는 송진을 태울 때 생기는 진에 동유(桐油)를 첨가하면 된다고 자신 있게 말했다. 그대로 따라해 보니 꽤 괜찮은 잉크가 만들어졌다. 이렇게 지폐 제조에 필요한 잉크도 마련됐다.

소비에트국가은행은 자금, 도안 설계, 인쇄 제작 등의 문제들이 연이어 해결되자, 국가은행 설립 5개월 후인 1932년 7월 7일에 드디어 최초의 소비에트 화폐를 제작했다. 소비에트 화폐는 은화를 본위화폐로 삼고 은화권을 지폐로 삼았다. 교환 비율은 은화권 1위안에 은화 1위안으로 하고, 은화권을 국가 통용 화폐로 정했다.

통일 화폐 출범 후 국가은행은 소비에트 지역의 재정 부서와 회동해 국민당 지폐의 유통 금지 등의 원칙을 발표했다. 이어 모든 무역 거래나 세금 납부 시 일률로 은화권, 즉 내화를 기준으로 할 것, 기존 소비에트 은행에서 발행한 화폐는 지정 기한 내에 전부 회수하고 다시 사용하지 말 것 등의 몇 가지 명령도 지시했다.

국가은행은 지폐 외에 은화와 동전도 발행했다. 당시 국가은행 중앙 조폐창에서는 또 중앙 혁명 근거지 내외에서 모두 유통 가능한 원대두, 손소두 및 매 도안이 있는 멕시코 은화 응양(鷹洋) 등 세 가지 은

원대두(袁大頭)
중화민국 건국 초기 위안스카이의 초상이 그려진 1원짜리 은화.

손소두(孫小頭)
쑨원의 측면 얼굴이 그려진 은화.

화를 주조했다. 국가은행은 새로운 화폐를 발행, 유통시킴과 더불어 시중의 잡다한 화폐를 회수함으로써 중앙 소비에트 지역의 화폐를 통일했다.

지폐 발행량을 통제하기 위해 소비에트 국가은행 '임시 정관' 제10조에 다음과 같이 규정했다.

"지폐를 발행할 때 반드시 발행액의 30%에 상당한 현금, 귀금속 내지 외화를 지급준비금으로 한다. 또 나머지는 쉽게 현금화할 수 있는 물품, 단기 어음 내지 기타 증권 등을 보증 준비로 한다."[10]

이렇게 하면 충분한 현금을 담보로 화폐 발행의 안정성을 유지하고, 화폐 신용을 효과적으로 확장할 수 있었다.

국가은행이 처음 발행한 지폐는 제조 기술 및 위조 방지 기술의 한계로 품질이 대단히 조악했다. 마오쩌민은 위조 방지를 위해 지폐에 자신과 덩쯔후이 재정부장의 러시아어 서명을 넣는 등 최선을 다했으나 서명을 쉽게 모방할 수 있어서 효과가 별로 없었다. 소비에트 화폐가 정식으로 유통되자, 아니나 다를까 국민당과 군벌이 대량의 위조지폐를 유포해 소비에트 지역의 금융 질서를 심각하게 파괴하기 시작했다.

마오쩌민은 지폐 위조 방지를 해결하기 위해 한참을 고심했으나 뾰족한 방법이 떠오르지 않았다. 그러던 어느 날 밤, 그는 아내가 뜨개질을 하다가 불로 실밥을 자를 때 나는 특유의 악취를 맡았다. 순간 그는 기발한 아이디어를 생각해 냈다.

'그래, 지폐용 종이를 만들 때 털실을 섞으면 되겠구나. 이렇게 하면 육안으로 감별하는 데도 도움이 될 뿐 아니라 지폐를 손으로 찢거나

불에 태우면 나는 양털 특유의 냄새로도 지폐 진위를 가려낼 수 있어!'

소비에트구의 원대두

소비에트 지폐의 위조 방지 문제가 이렇게 해결되면서 지폐는 정상적으로 유통되기 시작했다.

소비에트 국가은행은 1932년 말까지 총 65만 위안의 은화권을 발행했고, 준비금 액수는 화폐 발행액의 60%인 39만 위안이었다. 이는 은행 정관에 규정한 비율의 두 배에 달했다.

이처럼 소비에트 지폐가 순조롭게 유통됨에 따라 과거 화폐 시장의 혼란스럽던 모습은 온데간데없이 사라졌다.

한마디로 국가은행 창립자들은 무수한 시련을 겪었다. 그러면서도 굳은 신념과 완강한 의지, 여기에 더해 지혜와 재능으로 돈주머니를 확실하게 장악할 수 있었다.

인민을 위한, 인민의 화폐

중국 국토의 60%가 해발 2,000미터 이상으로 농작물 경작에 적합하지 않다. 또 대부분 지역은 강우량이 매우 적다. 더 안 좋은 것은 불규칙한 계절풍으로 홍수가 자주 발생해 예나 지금이나 농작물에 큰 피해를 주고 대규모 기근을 자주 야기한다.

1945년에 미국 인구는 1억 4,000만 명이었다. 이 중 농업 인구는 650만 명, 경작지 면적은 3억 6,500만 에이커였다. 당시 중국은 인구가 4억 명에 농업 인구는 6,500만 명이었으나 경작지 면적은 고작 2억 1,700만 에이커에 불과했다.

당연히 중국 농민들은 심각한 토지 부족과 과중한 조세 부담에 시달려 작황이 정상적인 해에도 따뜻하고 배부른 생활을 할 수 없었다. 따라서 농민들은 자신의 분신이나 다름없는 토지를 비옥하게 하기 위해 이용 가능한 모든 자원을 충분히 활용했다. 그들은 낙엽 하나, 마른 풀 한 포기, 땅에 떨어진 밀 이삭 하나도 함부로 버리지 않고 모두 연료로 사용했다. 또 동물과 사람의 대소변을 조심스럽게 모아 토지의 비옥도를 높였다.

중국 농업이 추구하는 목표는 미국, 호주, 뉴질랜드 등 신식민지 국가와 본질적으로 달랐다. 미국을 비롯한 국가에서는 토지 과잉 및 노동력 부족 현상이 보편적인 데 반해, 중국은 토지 부족 및 노동력 과잉 현상이 심각했다. 따라서 중국 농업은 단위 면적당 최대 생산성을 추구했다. 반면 미국 등 국가의 농업은 단위 인구당 최대 생산성을 목표로 했다. 이런 차이 탓에 중국에서는 많은 노동력이 좁은 토지에 빽빽하게 달라붙어 정성스럽고도 꼼꼼하게 경작을 했다. 그러나 미국 농민들은 인건비를 절약할 수 있는 기계와 화학비료 등을 도입해 농사를 지었다. 그럼에도 미국은 1인당 경작지 면적이 넓었기 때문에 농업 기계화 비용이 상대적으로 저렴했다. 이에 반해 중국은 1인당 토지 면적이 좁았기 때문에 농업 기계화 도입은 다소 무리였다.

옛 중국에서는 농업 노동력의 과잉 현상이 심각한데도 단위 면적당

생산성 최대화를 목표로 한 농업 경제가 발달하여 대량의 농민이 필연적으로 빈곤과 반(牛)실업 상태에 처했다. 이에 농민들은 농한기에 다양한 수공업에 종사해 부족한 수입을 보충했다. 한마디로 옛 중국의 농업경제 시스템은 대단히 아슬아슬한 균형 상태에 처해 있었다. 천재와 인재를 이겨낼 만한 잉여 수입이 적은 상황에서 농촌 수공업은 취약하고 위험한 농업경제 시스템의 균형을 유지해 주는 핵심 역할을 했다.

이때 서구 경제 세력이 막을 수 없는 거대한 힘으로 중국 농업경제를 공격하기 시작했다.

산업혁명 시대에 발명된 염가의 기계들은 다양한 상품을 대량으로 생산해 냈다. 이 상품들이 밀물처럼 중국 시장에 쏟아져 들어오자 중국 본토의 방직물, 목재, 도자기, 의류 등 제품들은 본토 시장에서도 저가의 외국 상품과 경쟁하기 힘들었다. 당시 농민들은 수공업 소득으로 부족한 농업 소득을 보전했는데, 이런 소득조차 잃게 되면서 농촌 경제 시스템은 붕괴 직전에 이르렀다.

중국은 원래 고관세 수단 등으로 서구의 경제적 침략을 완화할 수 있었으나 열강들은 후진국이 자기 방어를 하도록 내버려두지 않았다. 필요할 때에는 주저 없이 무력도 행사했다. 중국은 서구 열강의 강요에 못 이겨 5%의 극히 낮은 관세율을 적용할 수밖에 없었다. 이들은 그것도 모자라 중국의 세관 업무와 금융 시스템까지 완전히 장악했다.

1900~1940년에 중국의 농촌경제는 10%의 부자가 53%의 경작지를 소유하여 토지 독점 현상이 더욱 심각해졌다. 대다수 농민이 소작농으로 전락해 매년 수확한 농산물의 3분의 1 또는 2분의 1을 소작료 명목으로 지주에게 납부해야 했다. 이렇게 되면 또 반수 이상의 농민

이 생계를 유지하기 위해 대출에 의존할 수밖에 없었다. 문제는 금리였다. 농작물을 빌릴 경우 연리가 85%, 화폐 대출 연리 역시 20~50%에 달했다.[11]

농민들이 경작지를 빼앗기고 소작료를 착취당하고 높은 대출 금리에 숨을 못 쉬는 상황에서 중국의 농업경제 시스템은 철저히 붕괴되고 말았다. 생존 기반을 잃은 농민들이 마지막으로 선택할 수 있는 수단은 혁명밖에 없었다.

압박이 있는 곳에는 반드시 저항이 있기 마련이다. 중국 농촌에서 혁명이 발발한 것은 절대 이상한 일이 아니다. 이상한 것은 중국 농촌에서 왜 그렇게 늦게 혁명이 발발했느냐는 것이다.

마오쩌둥은 중국 농촌의 경제 상황을 쭉 살펴보고 나서 대부분 지역의 농촌경제가 이미 붕괴 위기에 직면했다는 사실을 깨달았다. 그는 이들 지역이 작은 불씨가 들판을 태울 수 있는 혁명의 옥토가 되고, 노동자 농민 무장 할거 국면을 조성할 잠재력이 대단히 크다고 확신했다. 특히 1926~1927년에 자산 계급의 민주혁명이 발발했을 때 노동자를 비롯해 농민, 군인, 군중들이 벌떼처럼 일어났던 호남, 광동, 호북, 강서 등지에는 대중적인 노동자 조합과 농민 조합이 있었다. 또 노동자 농민 계급이 지주, 토호 등의 자산 계급에 맞서 정치적, 경제적 투쟁을 벌인 경우도 허다했다. 따라서 마오쩌둥이 제안한 '홍색

| 중화 소비에트 공화국 임시 중앙정부 옛터

정권 할거' 구상은 절대로 허황된 이론이 아니라 실천 가능성이 충분한 이론이었다. 그는 실제로 농촌경제 시스템이 가장 취약한 호남, 강서에서부터 소비에트 정권을 구축하기 시작했다.

혁명 근거지에서는 먼저 토호를 타도하고 밭을 나누는 토지개혁 운동을 전개해 소수에게 집중됐던 토지소유권을 평등하게 나눠 가졌다. 원래 80~90%의 땅을 점유했던 지주들 역시 토지개혁 후에 인구당 얼마씩 땅을 배분받았고, 나머지는 직접 농사를 짓는 농민들에게 나눠주었다.

이 밖에 소비에트 정부는 농민들에게 부과된 과중한 채무를 없애기 위해 채무 폐지 운동을 적극적으로 추진했다. 우선 고리대금업을 금지해 노동자와 농민이 진 빚을 전부 폐지하고 채무를 갚지 않아도 된다고 발표했다. 한편 채무 폐지 운동의 일환으로 현지의 전당포를 모두 압류했다. 과거 농민들은 전당포에 옷을 잡히고 고금리의 대출을 받았으나 대출 금액은 저당물 가치의 절반도 안 될 만큼 극심한 착취를 당했다. 소비에트 정부는 전당포를 몰수하고 농민들이 대금을 치를 필요 없이 저당물을 돌려받도록 했다.

농민들에게 경작지를 마련해 준 것 외에도 농업세를 폐지해 노동 성과가 고스란히 농민들에게 돌아가도록 했다. 이 같은 일련의 조치에 힘입어 토지 혁명이 순조롭게 전개될 수 있었다. 농민들의 생산에 대한 적극성과 정부에 대한 신뢰는 크게 높아졌다. 농민들은 비록 마르크스-레닌주의의 심오한 내용은 몰랐으나 소비에트 정부가 그들에게 실제 이익을 가져다준다는 것쯤은 잘 알고 있었다. 어떤 정부든 인민에게 실질적인 이익을 가져다줘야 안정적인 집권 기반을 마련할 수 있는 법이다.

당시 농촌경제는 그야말로 극심한 혼란을 겪고 있었다. 우선 농촌 시장에 현금이 부족해 정상적인 상업 거래가 불가능했다. 부상(富商), 토호, 지주들이 현금을 다량 보유하고 있었으나 혁명이 두려워 현금을 지닌 채 잇달아 외지로 도망가는 통에 시장에 현금 부족 현상이 심각하게 나타났다. 심지어 어떤 지주들은 현금을 몽땅 감춰놓고서 농민들에게 돈을 빌려줄 생각조차 하지 않았다. 농민들은 생산한 농산물과 부산물을 팔지 못하는 데다 돈을 빌릴 수도 없어 생필품조차 사기 어려운 지경에 이르렀다.

다음으로 수공업과 상업 자금이 심각하게 부족해 정상적인 재생산이 불가능했다. 돈 많은 상공업자들이 죄다 자금을 빼돌려 멀리 도망가는 바람에 가내 수공업자들은 생산이 중단되고, 수많은 노동자와 상가 점원들은 졸지에 실업자가 되었다.

세 번째는 금융시장 혼란이 계속됐다는 사실이다. 당시 시중에 유통되는 화폐는 10여 가지가 넘었다. 각종 은화, 동전 등 금속화폐 외에도 국민당 은행, 외국 은행 및 중국계 은행 등 온갖 은행에서 발행한 지폐들이 시장에서 제멋대로 유통됐다. 이 밖에 각지 상점과 점포들이 발행한 이른바 시표(市票)와 군벌, 토호들이 발행한 잡폐(雜幣)들도 있었다. 금속화폐는 무게와 순도가 적정 기준에 미달하는 경우가 태반이었고, 지폐는 종류가 다양하고 가치도 일정하지 않았다. 각종 화폐 간 교환 비율이 자주 바뀌어 지폐 가치가 휴지 조각처럼 폭락하는 경우도 적지 않았다. 게다가 환전 업무를 통해 어부지리를 얻는 악덕 상인들까지 들끓는 통에 농민들은 노동 성과를 대부분 착취당하고 남는 것

이 얼마 없었다.[12]

농민들은 자신들의 이익을 대변해 주는 은행과 공평하게 사용할 수 있는 화폐를 절실하게 필요로 했다.

소비에트 국가은행은 통일 화폐를 발행함으로써 화폐 시장의 혼란 상황을 바로잡고 악덕 환전상에 의한 농민들의 피해를 없애줬다. 또 농촌 시장의 정상적인 상거래를 위해 충분한 현금을 지원해 현지 경제 발전을 크게 추진했다.

국가은행은 공업과 농업 생산을 회복, 발전시키기 위해 농민과 수공업자들을 전폭 지원하기도 했다. 이로 인해 생산 자금과 경영 자금에 대한 수요를 해결할 수 있었다. 농민들에게는 종자, 밭갈이 소, 비료 등을 구매하도록 저금리 내지 무이자로 대출을 제공했다. 농민들은 이 돈으로 구매한 비료와 농기구로 자신의 밭에서 열심히 농사를 지어 농업 생산성이 대폭 향상될 수 있었다.

이 밖에 국가은행은 곡물 가격 파동으로 농민들의 경작 의욕이 저하되는 것을 막기 위해 식량 조정국과 머리를 맞대고 다양한 곡물 가격 안정 대책을 마련했다.

"국가은행은 곡물 시장을 안정시키고 곡물 가격의 대폭 등락을 방지하기 위해 식량 조정국에도 대출을 해주었다. 식량 조정국은 이 자금으로 추수철에 합리적인 가격에 곡물을 매입했다가 농민들이 식량난을 겪을 때 다시 적정 가격에 식량을 되팔았다. 이렇게 농촌경제 발전을 추진하고 농민들의 이익을 보호했다."[13]

국가은행이 시행한 일련의 조치들은 농민들의 토지, 채무 및 식량 판매 등에서 실제적인 어려움을 해소하는 데 일조했다. 이에 짧은 기간 내에 농업 생산이 다시 생기를 되찾고, 농민들의 생활수준 역시 대폭 개선되었다.

사례를 들어보도록 하자. 농민 셰런디(謝仁地)는 가족이 6명이었다. 토지 혁명 전에는 밭 한 뙈기도 없었고, 농기구만 조금 가지고 있었다. 그는 지주에게 곡식 100담을 빌려 농사를 지었으나 혹독한 착취를 당해 1년에 10담밖에 남지 않게 되었다. 온 가족이 생계를 유지할 수 없게 되자 별 수 없이 해마다 지주에게 곡식을 빌리고 추수철에 소작료와 빚을 갚았다. 그러면 또 남는 것이 없었다. 이렇게 해서 다시 지주에게 빚을 지는 악순환이 계속됐다. 하지만 혁명 후 그는 원래 지주의 소유물이던 곡물, 의복, 쟁기 및 기타 농기구를 배분받았다. 밭을 나눌 때에는 온 가족이 밭 57담과 채마밭 7장(丈) 8척(尺)을 배분받았다. 밭을 배분받은 첫해에 그는 곡식 72담을 수확하고, 채마밭에서는 토마토, 콩 등도 수확했다. 가족이 1년 먹을 식량 40담은 놔두고 토지세로 곡식 3담을 납부하고도 29담이나 남았다. 채마밭에서 수확한 채소는 집에서 먹을 것만 남기고 모두 내다팔아 수입을 얻었다. 당시 천 가격은 대단히 비쌌으나 셰런디 가족은 해마다 천 두 필씩 살 만한 여유가 있었다. 이 밖에 필요한 농기구도 사들였다.[14]

소비에트 정권 후기에는 군비와 정부 지출이 늘었으나 상황은 그다지 나빠지지 않았다.

"농민들의 부담(농업세, 공채, 대출 등)이 끊임없이 증가했으나 생산에 대한 적극성은 전혀 줄지 않아 결과적으로 생활수준이 대폭 개선되었다. 1933년에 농민들의 생활수준은 국민당 통치 시기보다 적어도 두 배

담(擔)
중량 단위로 1담은 200근임.

이상 나아졌다. 농민들 대다수가 과거에는 밥을 굶는 일이 다반사였다. 먹을 것이 없을 때에는 나무껍질과 쌀겨로 연명해야만 했다. 그러나 토지 혁명 이후에 배를 곯는 사람이 한 명도 없을 뿐 아니라 생활은 날이 갈수록 풍족해졌다. 과거에 대다수 농민들은 다 해진 옷을 입고 다녔으나 지금은 그렇지 않다. 농민들의 생활수준은 적게는 두 배, 많게는 3배 이상 호전됐다."[15]

소비에트 정권의 수립과 공고화, 혁명 전쟁의 승리는 모두 근거지를 떠나서 이뤄질 수 없다. 이에 마오쩌둥은 다음과 같이 유머러스하게 말하기도 했다.

"혁명을 하려면 근거지가 반드시 필요하다. 마치 사람에게 엉덩이가 꼭 필요한 것처럼 말이다. 사람에게 엉덩이가 없다면 자리에 앉을 수 없다. 앉지 못하면 계속 서 있거나 걸어야 하지만 오래 지속하기는 어렵다. 다리가 아프고 너무 힘이 들면 결국 쓰러지고 만다. 이처럼 혁명에도 근거지가 필요하다. 근거지가 있어야 휴식, 재정비, 원기 보충을 통해 지속적으로 혁명 세력을 확장, 발전시켜 최후의 승리를 얻을 수 있다."

또 혁명 근거지가 존속하려면 근거지의 경제 발전 및 근거지 농민과 노동자의 지속적인 지원을 떠나서는 절대 불가능하다. 아울러 근거지의 화폐와 금융 환경도 매우 중요하다. 마오쩌둥은 이렇게 말했다.

"소비에트 정부는 모든 노력을 다해 군중의 실제 문제를 해결하고 군중 생활을 개선시켜 군중의 신임을 얻어야 한다. 또 군중들을 대거 동원해 홍군에 가입시키고 전시 상황에서도 군중에게 도움을 받아야 한다."[16]

그는 다음과 같은 말도 했다.

"군중의 지지를 받고 싶은가? 군중이 모든 힘을 다해 전선을 지원하도록 하고 싶은가? 그렇다면 군중과 한마음이 되고 군중의 적극성을 동원하라. 군중의 고통에 관심을 가지고 군중의 실제 이익을 진심으로 도모해 줘라. 군중의 생산과 생활의 어려움을 해결해 줘라. 먹는 소금과 쌀, 사는 집, 입는 옷뿐만 아니라 아이를 낳는 문제까지도 포함해 군중의 모든 어려움을 해결해 줘라."[17]

마오쩌둥 사상의 지도 아래 소비에트 정부는 농촌경제 발전의 실제 필요에 입각해 농민들을 위한 금융 제도를 확립했다. 국가은행에서 출범시킨 일련의 정책과 조치는 농민 생활을 크게 개선하고 소비에트 화폐의 신용을 구축함으로써 광대한 농민들은 소비에트 정부를 진심으로 신뢰하고 우러러 섬겼다. 소비에트 정권이 군중의 민심을 얻었기 때문에 홍군이 반 포위토벌 작전을 위해 군사력을 확충할 때, 소비에트 지역 곳곳에서는 부모가 아들, 아내가 남편을 참전시키고 형제들이 앞다퉈 참전을 지원하는 감동적인 장면이 연출되었다.

무역 특구와 소비에트 중앙 기업

어느 날 천을 가득 실은 민간 선박 한 척이 강을 거슬러 올라가다가 감주 하류에 이르렀다. 선장은 명령을 기다리며 배를 서쪽 물가에 대라고 지시했다. 이때 갑자기 동쪽 물가에서 두두두 기관총 소리가 울렸다. 선장이 명령했다.

"배를 빨리 동쪽 물가로 저어라!"

선원들은 선장의 명령에 따라 죽을힘을 다해 동쪽 물가를 향해 노를 저었다. 배가 동쪽 물가에 완전히 멈추기도 전에 몇 사람이 급히 배에 뛰어올랐다. 몇 시간 전부터 물가에서 기다리고 있던 소비에트 강구(江區) 무역 분국 관계자들이었다. 선장은 그들을 보자마자 크고 다급한 목소리로 외쳤다.

"홍군이 우리 재물을 약탈한다!"

선장은 이어 배를 버리고 감주로 달아났다. 선장은 포목점 주인을 만난 자리에서 다음과 같이 말했다.

"큰일 났습니다. 배에 실은 천을 모두 홍군에게 빼앗기고 말았습니다."

그러나 포목점 사장은 화를 내기는커녕 오히려 선장을 칭찬했다.

"아주 일을 잘 처리했구먼."

며칠 후 홍군에게 빼앗긴 천의 대금은 한 푼도 깎이지 않고 모두 포목점 사장에게 전달되었다. 계산을 해보니 이번 거래에서 꼭 수천 위안의 이득을 남겼다. 그리고 선장은 특별히 소비에트 무역국으로부터 수백 위안의 사례비를 받았다.

이 같은 이상한 광경이 당시 소비에트 통치구와 국민당 통치구가 맞닿은 곳에서 비일비재로 발생했다. 사실 이는 소비에트구와 국민당 통치구 간의 특별한 무역 방식이었다.

국민당이 3차 포위 토벌에 실패한 다음 중앙 소비에트구에 대한 경제 봉쇄를 한층 더 강화하자, 소비에트구와 국민당 통치구 사이의 무역 거래는 완전히 단절되고 말았다. 소비에트구에서 생산한 농산물 및 부산물, 특산물은 판로를 찾지 못해 가격이 수직 하락했다. 또 소금, 천, 등유, 의약품 등의 생필품이 국민당 통치구에서 수입되지 못해 가격이 수직 상승했다. 일순간에 소비에트구의 민심이 흉흉해지고 주민들과 홍군의 정상적인 생활에도 큰 영향을 미쳤다. 소비에트 정부에 대한 주민들의 믿음 역시 크게 흔들렸다.

소비에트 정부는 사태의 심각성을 깨닫고 즉각 중앙 국민경제부라는 특별 기구를 설립하고, 중앙 국민경제부 산하에 대외무역총국을 설치해 대외무역을 총괄하도록 했다. 이 밖에 현지 실정에 부합하는 일련의 유연한 정책을 실시했다. 민간인이 소비에트구의 각종 생필품을 경영하도록 적극 장려하고, 일부 일용품과 군수품에 대해서는 감세를 실시했다. 또 국영 상업 기업이 가급적 다양한 방식으로 민간 자본 및 합작사 자본을 이용하게 하고, 국민당 통치구 상인들에게 소비에트구로 건너와 장사하도록 권장했으며, 소비에트구 주민을 비밀리에 국민당 통치구에 파견해 상점 및 구매소를 설립하도록 했다.

"적의 경제 봉쇄를 타파하고 소비에트구의 대외무역을 발전시켜 소비에트구의 잉여 생산물(곡식, 텅스텐 광석, 목재, 담배, 종이 등)로 백색 지역의 공산품(소금, 천, 등유 등)을 교환하는 것이 국민경제 발전의 관건이다."[18]

마오쩌민도 마오쩌둥의 지시에 따라 적극적인 행동을 개시했다. 그는 소비에트구의 물자 수출 가격이 상대적으로 저렴해 큰 이윤을 남길 수 있기 때문에 국민당 통치구 상인들이 이 좋은 기회를 놓치지 않을 것이라고 판단했다. 그는 동시에 군벌들의 욕심과 내부 갈등을 이용해 군벌들과도 비밀거래를 했다. 국가은행은 경제 건설을 위해 발행한 300만 위안의 공채 중에서 100만 위안을 대외무역 전용 자금으로 지출했다.

1931년 겨울 어느 날, 서금현 도심에 소비에트 정부의 공고문이 나붙었다.

'소비에트구 곳곳에 보물이 숨겨져 있다. 이 보물들을 캐내면 부국강민(富國强民)을 실현할 수 있다. 군인과 민간인을 막론하고 보물을 발견해 정부에 보고하는 자에게는 포상한다. 중화소비에트공화국국가은행장 마오쩌민.'

사람들은 공고문을 보고 중구난방으로 떠들어댔다.

"서금(瑞金)이라는 지명은 상서로운 기운이 모인 땅에서 금을 캐낸다는 의미가 아닌가. 땅 밑에 지하자원이 적지 않게 있을 것이다."

"보물을 발견해서 보고하는 자에게 큰 상을 준다고 하니 은근히 욕심이 생기네. 어서 가서 보물을 찾읍시다."

며칠 후 홍군이 마오쩌민에게 편지 한 통과 까맣고 윤이 나는 돌멩이 하나를 보내왔다. 편지에는 다음과 같이 씌어 있었다.

"철산롱(鐵山壟)이라는 곳에서는 텅스텐 광석이 나는데, 매장량이 상상을 초월할 정도로 어마어마합니다. 현재 광동 상인이 홍군보다 한 발 앞서 그곳에서 채광하고 있습니다."

마오쩌민이 즉각 알아보니 텅스텐 광석 1담의 가격이 은화 8냥이었다. 당시는 벼 1담 가격이 은화 2냥에 불과하던 때였다. 마오쩌민은 소비에트 지역에 이렇게 좋은 보물단지가 있었다는 사실에 뛸 듯이 기뻤다. 국가은행은 이제 큰 부자가 될 것이 틀림없어, 그는 조용히 부르짖었다.

감남(贛南) 지역은 예로부터 '텅스텐의 고장'으로 불렸다. 역내에 크고 작은 텅스텐 탄광이 수백 개나 있었다. 무기 제조용 재료로 쓰이는 텅스텐 광석은 국제 시장에서도 매우 잘 팔리는 품목이다. 제1차 세계대전 때 참전국들이 앞다퉈 군비를 확충하는 와중에 텅스텐 광석은 중요한 전략 물자로 자리 잡았다. 중국에서는 외국인과 지방 군벌들이 텅스텐 광석 무역을 독점하여 이루 헤아릴 수 없이 많은 텅스텐 광석이 해외에 덤핑 수출되었다.

홍군이 전략 물자인 텅스텐 광산을 장악한다면 국민당 통치구와 흥정할 밑천이 생기는 셈이었다. 국민당의 경제 봉쇄를 뚫고 소비에트구에 거액의 수익을 가져다줄 수 있는 중요한 사업으로 활용할 수 있었다.

1932년 봄, 소비에트구에 텅스텐 광석 생산을 주도하게 될 중화 텅스텐 광석회사가 설립되었다. 마오쩌민 국가은행장은 이 회사의 사장을 겸임했다. 이 기업은 소비에트 정부가 최초로 설립한 국유기업으로 소비에트구의 재정 수입을 극대화하는 역할을 했다.

당시 국민당 군정 요원들은 대부분 자기 사업을 가지고 있었다. 그 중 광동 군벌인 천지탕(陳濟棠)은 감주 시내에서 백화점을 경영하면서 황금과 텅스텐 사업도 병행했다. 마오쩌민은 사람을 보내 천지탕과 연락을 취했다. 천지탕은 큰돈을 벌 수 있다는 얘기를 듣고 크게 기뻐하며 즉각 측근을 파견해 소비에트 정부 대표와 비밀 협상을 벌였다.

마오쩌민 역시 직접 감주로 달려가 텅스텐 광석 판매 사업을 진두지휘했다. 그는 돈벌이에 급급한 광동 군벌들의 심리를 이용해 여러 차례 흥정한 끝에 텅스텐 광석 판매가격을 1담에 52냥으로 정했다. 1담에 8냥씩 하는 시세보다 거의 7배나 더 높은 가격이었다. 양측은 재빨리 텅스텐 광석 거래 비밀 계약을 체결했다. 계약 내용에 따르면, 감주에 주둔한 군벌 부대는 소비에트 정부가 구매한 물품을 광동에서 소비에트구까지 무사히 호송한 다음 소비에트구의 텅스텐 광석을 운송해 가기로 했다. 쌍방 모두 이익이 되는 방안이었다.

천지탕이 감주에서 텅스텐 광석 장사를 한다는 소문이 널리 퍼지자, 다른 광동 군벌들도 눈에 불을 켜고 달려들었다. 장제스의 훈령 따위는 일찌감치 머릿속에서 내팽개쳐 버리고 너도나도 소금과 천 등으로 소비에트구의 텅스텐 광석 및 농산물, 부산물을 바꿔갔다. 중화 텅스텐 광석회사에서 생산한 텅스텐 광석은 '국방물자'라는 커다란 딱지를 붙인 채 지방 무장단의 호송 아래 거리낌 없이 국민당 통치구를 활보했다. 소비에트 정부는 텅스텐 광석을 팔아 혁명 근거지에 절박하게 필요한 소금, 천, 양약, 무기 및 대량의 은화를 얻을 수 있었다.

중화 텅스텐 광석회사의 매출액은 짧은 기간 내에 급증했다. 1932~1934년에 이 회사는 총 4,193톤의 텅스텐 광석을 생산해 400만 위안의 수익을 올렸다. 이 실적을 바탕으로 당시 소비에트구에서 가장 중요한 수입원이자 명실상부한 제일 중앙기업으로 자리매김했다. 텅스텐 광석 수출을 통해 얻은 재정 수입은 장제스의 경제 봉쇄와 4차 포위토벌을 막는 데 큰 힘이 되었을 뿐 아니라 소비에트 국가은행 재정을 충실하게 하는 데 중요한 역할을 했다.

소비에트 정부는 전략 물자를 이용해 무역 시장을 개척한 다음 소비에트 국경 지대, 교통이 비교적 편리한 지역 등에 소비에트 경제특구를 건설했다. 경제특구에서는 세금 50% 우대 등의 특혜를 주고 국민당 통치구 상인들을 적극적으로 유치했다. 또한 소비에트구 군중들을 대거 동원해 믿음직하고 든든한 상품 구매팀을 조직한 다음 감주 상인들과 비밀 무역을 전개했다. 국민당이 겹겹이 쳐놓은 경제 봉쇄를 타파한 것이다.

소비에트 정부는 자영업자들의 적극성을 촉발시켜 무역을 활성화하기 위해 똑같이 보호하고 격려하는 조치를 취했다. 규정은 다음과 같았다.

"자유로운 상업 행위를 보장하고 일상적인 상품 시장에 개입하지 않는다."

"행상 및 농민들이 직접 잉여 생산물을 파는 경우 일률적으로 상업세를 면제한다. 상업자본이 200위안 미만이면 모든 세금을 면제한다."

이런 정책에 힘입어 소비에트구 도시와 농촌에는 노점을 열고 장사하는 소상인들이 대거 늘어났다. 또한 소상인들은 자주 국민당 통치구에 잠입해 부족한 물자들을 조달해 오기도 했다.

이 밖에도 공산당과 국민당은 화폐와 소금을 둘러싸고 팽팽한 대결을 펼쳤다.

국민당은 소비에트 정부가 발행한 은화를 눈엣가시처럼 여겼다. 급기야 화폐 주조 전문가를 소비에트구에 잠입시켜 현지의 마적들을 동원해 적동(赤銅)에 은으로 도금한 위조 은화를 대량 유포했다. 이 탓에 한동안 소비에트구에서 위조 화폐가 폭발적으로 늘어나 시장 질서가 어지러워지자 상인들은 소비에트 은화를 거부했다. 소비에트 정부는 즉시 가짜 화폐 수사팀을 조직해 국민당이 소비에트 중심지에 심어놓은 위조 화폐 은닉처를 일망타진했다.

한편 소비에트 정부가 발행한 은화는 자체 제작한 것이어서 품질이 좋지 못해 국민당 통치구에서는 유통되기 어려웠다. 당연히 감주 상인들은 소비에트 은화를 거부하고 멕시코 은화만 고집했다. 하지만 국가은행은 이를 주조할 능력이 없었다. 이에 마오쩌민은 서구 문물에 눈을 튼 상인들의 도움으로 상해에서 멕시코 은화 주조기와 금형을 수입했다. 중앙 조폐창은 소비에트구에서만 유통 가능한 1위안짜리 은화를 포기하고 멕시코 은화 주조에 착수했다. 이에 소비에트구의 대외 무역이 꾸준히 증가하여 국민당의 경제 봉쇄를 타파하는 데 큰 도움이 되었다.

중국 서민이 생활하는 데 가장 중요한 일곱 가지는 땔감, 쌀, 기름, 소금, 간장, 식초, 차이다. 이 가운데서도 소금은 절대 없어서는 안 될 생필품이다. 장제스가 공산당과 싸우면서 소금을 대량 살상무기로 삼은 것도 이 이유와 무관하지 않다. 국민당 정부는 강서 남창에 식염등유 관리국을 설치하고, 소비에트구 주변의 각 현에 설치된 식염등유 공매위원회에 이른바 인구수에 따라 소금 판매량을 제한하는 조치를 취하라고 지시했다. 만약 제한된 양 이상의 소금을 구매하거나 이 사실을 알면서도 알리지 않은 자는 모두 내통죄로 처벌했다.

이는 그야말로 지독한 수단이었다. 소비에트구에서는 소금이 나지 않았다. 그러나 매달 수요량은 최저 15만 근 이상에 달했다. 일순간 소비에트구에서는 심각한 소금 부족 현상이 나타나 가격이 폭등했다.

궁하면 통한다는 말이 있듯 소비에트 정부는 소금을 조달하기 위해 몇 가지 방법을 생각해 냈다. 우선 몇몇 사람이 거지로 분장해 국민당 통치구에 잠입한 다음 소금을 사서 쌀자루에 숨겨 돌아왔다. 또 당시 백성들은 똥통을 2층으로 만들어 사용했는데, 국민당 통치구에 인분을 푸러가는 기회를 틈타 소금을 똥통 밑층에 감춰 운반했다. 심지어 관을 2층으로 만들어 위에는 악취 나는 돼지창자를 넣고, 아래에 소금을 넣은 다음 장례 행렬로 가장해 국민당 통치구를 빠져나온 경우도 있었다. 검문소를 지날 때, 국민당 병사들은 멀리서부터 코를 찌르는 악취가 나자 별 의심 없이 장례 행렬을 통과시켰다.

소비에트 정부가 대외무역 및 자영업을 동시에 중요하게 생각하고 추진한 결과, 소비에트구는 상업적으로 번영을 구가했다. 이렇게 해서 국민당의 경제 봉쇄를 타파하고 소비에트의 경제 건설을 추진하는 데 중요한 역할을 수행했다.

에드거 스노는 《중국의 붉은 별》에서 이렇게 감탄한 바 있다.

"1933년, 중앙 소비에트구의 대외 수출액은 1,200만 위안을 넘었다. 그들은 국민당의 경제 봉쇄를 타파하고 큰 이익을 얻었다."

국가은행은 실천 과정에서 소비에트 정부와 국가은행이 주민들의 신용을 얻으려면 충분한 물자 공급과 물가 안정이 필요하다는 사실을 깨달았다. 소비에트 화폐 역시 물자 공급이 보장돼야만 주민들의 신임과 지지를 받을 수 있다.

돈주머니가 총자루를 지원한다

소비에트구는 건립 초기에 경제가 아직 회복, 발전하지 못해 홍군이 군비와 재정 수입을 직접 조달해야 했다. 1차부터 3차까지의 반 포위토벌 전쟁에 소요된 군비는 모두 홍군이 토호와 지주를 타도해 얻은 자금과 국민당 물자를 노획한 것으로 마련했다. 3차 반 포위토벌 작전이 끝난 다음 소비에트 중앙정부는 좌파 사상의 영향을 받아 홍군의 자금 조달 임무를 취소하는 무모한 결정을 내렸다. 이는 소비에트 국가은행과 소비에트 정부의 주요 재원을 차단한 것이나 다름없었다. 또 그릇된 군사노선을 채택하고 진지전과 정규전을 주요 전략으로 삼았으며 홍군의 규모를 맹목적으로 확대했다. 홍군의 군비 역시 소비에트 정부 재정에서 책임지기로 결정했다.

소비에트 정부는 총자루(군비)를 지원하기 위해 혁명 보급품 공급과 소비에트 혁명의 일체 비용 지출을 보장하는 정책을 제정했다.[19] 소비에트 정부는 재정을 통일하고 저축을 늘리며, 세수를 증가시키고 공채를 발행하는 등 군비와 정부 지출을 마련하기 위한 다양한 조치를 실시했다.

중화 소비에트 공화국 건립 초기에는 각급 소비에트 정부가 독자적으로 정무를 맡아서 재정 정책이라고 부를 만한 것이 전혀 없었다. 당시 주요 재원은 토호를 공격해 얻은 것이어서 재정 계획이나 예산도 없이 마음대로 돈을 낭비하는 경우가 비일비재했다.

세수의 경우 어떤 지역에서는 계급을 불문하고 제멋대로 세금을 징수했고, 또 어떤 지방 정부는 세금을 징수하는 즉시 써버리고 상부에 한 푼도 납부하지 않았다. 따라서 각급 정부의 지출 규모는 그야말로 천차만별이었다. 수입이 적은 정부는 등유를 살 돈도 없이 가난했으나 수입이 많은 정부는 매달 수천 위안씩을 지출했다.

소비에트 중앙정부는 재정을 통일하고 횡령과 낭비를 근절하기 위해 각급 정부에 몇 가지 규정을 하달했다. 수입 전액을 제때에 중앙 재

| 소비에트 혁명 채권

정부에 납부할 것, 확정된 예산에 따라 중앙 재정부로부터 경비를 받아 지출할 것, 상급기관에 반드시 영수증을 제출할 것 등이었다. 마오쩌둥 역시 "횡령과 낭비는 중범죄와 같다"라는 말로 정부 공무원을 강하게 질책했다. 이와 함께 회계 제도도 새롭게 정비했다. 과거에는 각급 정부의 자금 수금 및 관리, 사용이 분리되지 않아 상호 감독과 제약이 불가능했다. 이에 정부 금고 대리인인 국가은행은 네 가지 주체를 하나로 묶는 자금 관리 제도를 제정했다. 자금 수취인, 관리인(국가 금고), 사용자, 보관자를 정확하게 기록함으로써 제도적으로 비리 및 낭비 현상을 근절시켰다.

소비에트 중앙정부는 재정 통일을 통해 계획적, 효과적으로 불필요한 지출을 줄임으로써 전쟁 지원에 모든 재력을 집중할 수 있었다.

한편 소비에트구 농촌경제가 크게 발전하면서 정부가 농민들로부터 토지세와 상업세를 징수하는 데 상당히 유리한 환경이 조성됐다. 세율은 계급별(중농, 빈농, 부농)로 각각 다르게 적용하고, 일련의 세금 감면 규정을 정했다. 세무기관은 토지세를 징수할 때 납세자들에게 통일된 납세 영수증과 면세증을 발급했다. 당시 많은 농민들은 소비에트 세무기관이 발급한 납세 영수증과 면세증을 토지 소유권 증빙자료로 사용했다.

1933년 3월에는 관세 제도를 통일했다. 소비에트구 내 15개 현에 잇따라 30개 가까운 관세 사무소를 설치했다. 소비에트구에 독립적이고 자주적인 홍색 세관이 생긴 셈이었다.

이러한 세금 수입은 소비에트 정부의 중요한 수입원이 되었다. 동시에 국가은행은 앞장서서 저축 운동을 강조했다.

"당·정·군의 각 기관과 국유기업에 통지해 반드시 은행에 예금 계좌를 개설하고, 대출이나 가불은 수속을 밟아 처리한다."

"저축 운동은 노동자와 농민, 광범위한 대중의 지출을 줄이는 데 일조했다. 적은 돈이 모여 많은 돈이 되고, 흩어진 것이 모여 큰돈이 됐다. 은행은 사회의 여유 자금을 모아 합작사, 특히 신용 합작사와 자영업자들의 사업에 투자해 소비에트구의 생산을 대폭 발전시키고 대외무역을 확장했다. 이를 통해 소금과 천의 가격을 낮추고 시중 현금이 모자라는 등의 문제를 빠르게 해결할 수 있었다."[20]

소비에트 정부는 또 다른 자금 조달 수단으로 공채를 발행했다. 화폐를 과잉 발행하지 않으면서 백성들에게 투자 기회를 제공하는 좋은 방법이었다. 소비에트구에서는 공채를 총 세 차례 발행했다. 1차, 2차 공채는 모두 전쟁 채권으로 발행액은 각각 60만 위안, 120만 위안이었다. 3차 공채는 경제 건설 공채로 발행액은 300만 위안이었다. 1차 공채의 경우 현금 대용으로 토지세와 상업세를 납부할 수 있었다. 그 결과 공채가 빠른 기간 내에 다시 정부로 돌아와 실제로는 재정 손실을 보았다. 나중에 정부는 채권이 만기일 전에 다시 정부로 돌아오는 것을 막기 위해 채권으로 납세하지 못한다는 규정을 내놓았다.

소비에트 공채는 광범위한 군중들에게 직접 판매하는 방식으로 발행됐다. 이는 국민당 정부가 공채를 발행할 때 상해탄의 은행이 증권 투자 업무를 대행한 것과 구별된다. 공채 발행으로 소비에트구의 재정 수입이 증대되고, 반 포위토벌 전쟁에 필요한 자금원을 마련할 수 있었다.

이러한 조치들을 통해 주민들의 부담을 가중시키지 않으면서도 홍군의 군비를 효과적으로 조달할 수 있었다.

이 모든 것은 소비에트 통일 화폐가 있었기 때문에 가능한 일이었다.

통일 화폐 없이 소비에트 국고에 가지각색의 잡폐가 가득 쌓여 있는 광경을 상상해 보라. 아마 재정 관리와 지출이 엄청나게 복잡해졌을 것이다. 각종 화폐 간 교환 비율을 계산하고, 어떤 화폐를 내주어야 할지 결정하며, 매일 돈을 세고 기장하느라 세월이 다 갈 것이다. 공채를 발행할 때도 어떤 화폐로 구매해야 할지, 또 어떤 화폐로 원리금을 상환해야 할지 일일이 다 정해야 하니, 그야말로 악몽이 따로 없다. 다행히 소비에트구 화폐가 통일됐기 때문에 위에서 언급한 일련의 정책은 순조롭게 추진될 수 있었다.

소비에트 정권 후기에 국가은행은 그릇된 좌파 노선의 영향을 받아 "국가은행은 국민경제 발전 필요에 따라 지폐 발행량을 결정해야 하며, 단순히 재정 필요에 따라 통화량을 늘려서는 안 된다"라는 중요한 원칙을 위배했다. 이로 인해 800만 위안 이상의 화폐가 초과 발행됐다.

홍군 역시 그릇된 좌파 군사노선의 영향을 받아 국민당과의 전투에서 번번이 패하면서 근거지 규모가 끊임없이 줄어들었다. 이 와중에 화폐가 너무 많이 발행되어 심각한 인플레이션이 초래되기도 했다. 소비에트 지폐의 신용은 바닥으로 떨어지고, 소비에트 혁명 정부는 인민들의 신뢰를 점점 잃기 시작했다.

멜대 중앙은행과 13일의 홍군 화폐

1934년 10월, 중앙 홍군은 5차 반 포위토벌 전쟁에서 대패해 혁명 근거지에서 철수할 수밖에 없었다. 국가은행 임직원 14명 역시 경호대및 운송원 200명과 함께 멜대에 160여 담의 짐을 메고 길을 떠났다. 짐 속에는 황금을 비롯해 진주, 보석, 은화와 소비에트 화폐 등 소비에트 국가은행의 전 자산이 들어 있었다.

1935년 1월, 중앙 홍군은 준의(遵義)에 주둔했다. 준의는 검북의 중요한 상업 도시로 각종 토산품 집산지이자, 홍군이 장정(長征)을 시작한 후 처음으로 경유한 번화한 도시이기도 했다.

검북(黔北)
귀주(貴州) 동북부 지역.

석 달 동안 고생스럽게 먼 길을 걸어온 홍군은 준의에 한동안 머무르면서 휴식을 취하기로 결정했다. 준의에는 홍군에게 필요한 생활용품, 의약품 등 물자가 풍부해, 이후 행군과 전투에 필요한 보급품을 보충하는 데 제격이었다. 홍군에게는 소비에트 국가은행이 발행한 화폐가 잔뜩 있었으나 잦은 전란과 화폐 가치의 폭락으로 갖은 고통을 당해온 준의의 주민들은 소비에트 화폐를 받으려고 하지 않았다.

다년간 소비에트국가은행 행장으로 일하면서 풍부한 경험을 쌓은 마오쩌민은 홍군 화폐가 주민들의 신임을 얻기 위해서는 반드시 두 가지 조건이 갖춰져야 한다는 사실을 인식했다. 우선 홍군 화폐로 물자와 상품 구매가 가능해야 한다는 것이고, 다음으로 화폐의 신용을 뒷받침할 수 있는 충분한 물자가 준비되어 있어야 한다는 것이다.

마오쩌민은 준의에서 홍군 화폐를 유통시키기 위해 상인들의 상업 활동을 적극적으로 장려하고, 가급적 홍군에게 충분한 상품을 공급하도록 했다. 또한 마오쩌민은 소금과 담배라는 두 가지 비장의 카드로 홍군 화폐의 신용을 구축하려고 했다.

당시 귀주의 군벌, 관료, 토호들은 준의에 몰려 포목점, 소금가게, 담배 판매점, 전장 등의 사업을 벌였다. 또 이들은 서로 결탁해 수십만 위안어치의 소금과 대량의 담배를 사재기해 놓고 때가 됐다 싶으면 높은 가격에 팔았다. 이로 인해 소금을 먹지 못하는 가난한 주민들은 갑상선암에 시달렸다. 이 사실을 알게 된 홍군은 소금과 담배를 모두 몰수했다.

마오쩌민은 군벌과 토호들에게서 몰수한 소금을 적정한 가격에 주민들에게 판매했다. 단 반드시 홍군 화폐로 소금을 구매해야 한다는 조건을 달았다.

준의 상인과 주민들은 기꺼이 가지고 있는 물건을 팔고 홍군 화폐를 받았다. 이어 홍군 화폐로 귀중한 소금을 구입했다. 국가은행은 준의 주민들이 손쉽게 홍군 화폐를 바꿀 수 있도록 시내 상업 중심지와 부대 주둔지에 환전소 25곳을 설치했다.

소비에트 국가은행 준의 지점 옛터

홍군 화폐의 신용이 일거에 올라가면서 시장도 전례 없는 호황을 맞았다. 얼마 후 홍군은 준의가 근거지 구축에 적합한 도시가 아님을 깨닫고 철수 결정을 내렸다. 국가은행은 홍군이 떠난 다음 준의 주민들이 불

이익을 당하는 것을 막기 위해 도시 곳곳에 공고문을 붙이고 환전소를 설치했다. 홍군이 가진 소금, 쌀, 천, 은화 등의 물자로 시중의 홍군 화폐를 회수하기 위한 조치였다.

국가은행은 준의에서 홍군 화폐를 발행했다가 다시 회수하는 방법으로 현지 시장을 활성화시키고 홍군의 보급품을 마련했으며, 소비에트 화폐의 신용을 높이고 현지 주민들의 이익을 보호했다. 특히 주민들에게 홍군은 대중의 이익을 수호하는 좋은 군대라는 이미지를 심어주었다. 현지인들은 "홍군은 사람을 해치지 않는다. 홍군 화폐는 값어치가 있다"라면서 엄지손가락을 치켜세웠다.

국가은행 임직원 14명이 짧은 열흘 동안에 수십만 인구의 준의에서 홍군 화폐의 발행에서부터 유통, 교환 및 회수에 이르는 임무를 성공적으로 완수한 것은 그야말로 기적이 아닐 수 없었다. 그들은 홍군 화폐를 효율적으로 유통시켜 홍군 부대에 충분한 보급품을 공급했을 뿐 아니라 철수할 때에는 현지 주민들의 이익을 감안해 제때에 홍군 화폐를 회수했다. 이로써 소비에트 정부와 국가은행의 신용을 충분히 보여주었고, 주민들에게 공산당과 홍군에 대한 좋은 이미지를 심어주었다.

홍색 화폐의 전설

중국공산당은 1921년 창당 초기만 해도 당원 수가 57명에 불과했다. 돈도 없고 총도 없는 소수 정당이었다. 그러나 28년 후에는 천하를 누비는 100만 대군으로 성장해 일거에 정권을 장악했다. 신 중국은 산더미처럼 쌓인 과제를 처리해야 하는 건국 초기에도 북한을 지원해 16개국 연합군과 전쟁을 벌였다. 1840년 이래로 중국이 이처럼 완벽한 자주, 독립을 누린 때는 없었다. 그야말로 처음이었다. 펑더화이(彭德懷)의 말은 모든 중국인의 목소리를 대변한다.

"제국주의가 동방에 대포 몇 문을 걸어놓고 한 국가, 한 민족을 정복하던 역사는 이제 반복되지 않을 것이다."

중국공산당이 정치, 군사, 금융 등 제반 분야에서 모두 성공할 수 있었던 이유는 '인민을 위해 복무하라', '자주독립을 견지하라', '실천에서 출발하라'라는 세 가지 핵심 사상을 한결같이 견지했기 때문이다.

화폐 발행권은 인류사회의 가장 중요한 권력의 하나였다. 그리고 이 권력을 어떻게 행사하느냐는 화폐 발행자에게 닥친 중요한 시련이었다. 인민의 이익을 위하느냐 아니면 소수 사람의 이익을 위하느냐는 본질적으로 차이가 있다. "민심을 얻는 자가 천하를 얻는다"라는 말이 있다. 인민은 총명하고 슬기롭다. 인민의 눈은 예리하다. 인민은 화폐 발행자가 누구의 이익을 대변하는지 분명히 안다.

소비에트 정부는 화폐를 발행할 때 항상 인민의 이익을 우선시했다. 준의에서 홍군 화폐를 발행할 때도 예외가 아니었다. 이는 홍색 정권이 장기간 생존, 발전할 수 있었던 중요한 요인이다. '인민의 화폐'는 인민의 이익을 위해 복무할 때 비로소 인민의 지지와 신뢰를 얻고, 또 오래도록 강력하고 견고한 화폐 신용을 유지할 수 있다.

소비에트 화폐는 자주독립적인 발전 경로를 걸어왔다. 국민당에게 군사적인 포위토벌과 경제 봉쇄를 당한 상황에서 정상적인 화폐 시스템으로는 견디기 어려운 거대한 압력을 경험했다. 홍색 중앙은행은 외부의 지원을 전혀 받지 못하고, 외부 고문이나 벤치마킹할 시스템도 없는 상황에서 무에서 유를 창조하듯 자주적이고 독립적으로 운영되는 하나의 시스템을 일궈냈다. 이는 중국공산당의 홍색 정권 할거 사상의 실천과도 일맥상통한다. 스탈린이나 장제스를 막론하고 마오쩌둥의 '농촌에서 도시를 포위하는 전략'이 성공하리라고 예측한 사람은 아무도 없었다. 세계 역사에서도 이는 선례를 찾아볼 수 없는 위대한 혁신이었다.

소비에트 정부가 새로운 방식을 시도할 때 공산당 내부에서도 비웃음, 의심, 비난과 불만의 목소리가 많았다. 외부 세력의 적대시, 파괴, 봉쇄, 포위토벌은 더 말할 것도 없었다. 이 모든 것은 새로운 전략을 시도하는 소비에트 정부에 시시각각 유무형의 압력으로 작용했다. 하지만 자주독립 정신은 온실이나 순탄한 환경에서 곱게 자란 생화가 아니라 엄동설한에 추위와 맞서 싸우면서도 결코 쓰러지지 않는 잡초와 같다. 소비에트의 홍색 화폐는 극히 열악한 환경에서 한걸음씩 힘겹게 성장했다. 매 걸음이 창조의 연속이었고, 하나하나의 성과가 모두 실천에서 근원한 것이었다.

"실천으로 시작해 실천으로 끝나라"라는 말이 있다. 일반인들이 즐겨 사용하는 이 한마디가 사실은 천만번의 성공과 실패 경험을 통해 도출해 낸 만고불변의 진리였던 것이다. 홍색 화폐를 탄생시킨 사람들은 화폐 분야에서 풍부한 경험도 없었고, 심오한 이론도 알지 못했다. 다만 그들에게는 일반인을 뛰어넘는 실천의 용기와 지혜가 있었을 뿐이다. 그들은 교과서를 그대로 따르거나 서양의 이론을 답습하거나 상부의 지시에 의존하지 않았다. 모든 조치는 실제 문제 해결을 최우선 순위로 삼았다. 그들이 문제를 해결한 과정을 살펴보면 곳곳에서 천재적인 예민함과 번뜩이는 지혜를 볼 수 있다. 실천은 경험을 만들어내고 사상을 승화시키며 이론을 선도한다.

중앙 소비에트의 홍색 중앙은행은 1932년부터 1934년까지 3년밖에 존속하지 못했다. 그러나 이 짧은 기간에 중국공산당 특유의 금융사상과 지혜를 발휘하며 유종의 미를 거뒀다. 국가은행은 소비에트 지역 주민들 최초의 '자기 은행'이었다. 주민들은 이 은행을 통해 처음으로 자신의 금융 권리를 행사했다. 또 국가은행은 중국공산당이 처음으로 설립한 독립적이고도 자주적인 금융 시스템이었다.

역사를 알면 미래가 보인다. 중국공산당은 파리코뮌이 프랑스은행을 접수하지 않은 대가로 페르 라셰즈 공동묘지에서 학살당한 참혹한 교훈과 소련의 실천 경험을 통해 은행과 화폐를 장악해야만 정권을 공고히 할 수 있다는 진리를 깨달았다. 이어 직접 홍색 정권을 구축하면서 돈 없는 자의 설움을 피부로 느꼈고, 내가 돈이 없으면 나에게 돈을 대주는 '큰형님'에게 고분고분할 수밖에 없다는 이치를 깨달았다.

마오쩌둥은 혁명의 옥토인 농촌에 독립적인 정권을 수립하고 자주적인 금융 시스템을 구축했다. 소비에트 정권은 '한 손에 총자루, 다른 손에 돈주머니' 정책을 확고히 고수했다. 이를 기반으로 장제스의 무수한 포위토벌을 물리쳤고, 소련의 의심 어린 시선 속에서도 7년을 굳건하게 버틸 수 있었다.

홍색 중앙은행 창시자들은 홍색 화폐 출범을 위해 갖은 우여곡절을 겪었다. 그들은 높은 학력이나 경험은 물론 심지어 은행에 운전 자금도 없는 상태에서 무에서 유를 창조했다. 그들에게는 모든 일에서 항상 주민의 이익을 우선순위에 놓고 실천으로 시작해 실천으로 끝난다면 결코 극복 못할 어려움이 없다는 확고한 믿음이 있었다.

국가은행의 화폐 발행 목적은 국민당 은행이나 서구 열강 은행과 완전히 달랐다. 국가은행은 민생을 위해, 경제 발전의 필요를 만족시키기 위해 화폐를 발행했다. 이에 반해 국민당은 백성의 재물을 수탈하고 백성과 이익을 다투기 위해 금원권(金圓券)을 발행했다. 또 서구 열강의 대표인 미국은 지금도 양적 완화 정책을 들먹이면서 달러화를 무분별하게 발행하고 있다.

국가은행은 은화를 준비금으로 충분히 준비해 놓은 상황에서 화폐를 발행했다. 또 실천을 통해 황금과 은만 있고 물자 준비가 없는 상황에서 발행한 화폐는 종잇조각에 불과하다는 사실도 깨달았다. 주민들이 필요로 하는 것은 땔감, 곡식, 기름, 소금 등 생필품이지, 먹을 수도 입을 수도 없는 황금과 은이 아니었다. 주민들은 물자와 상품을 살 수 있는 화폐와 그런 화폐를 발행하는 정부만 신뢰한다. 화폐 신용은 홍색 정권의 수립과 존속을 위한 결정적인 요인이었다.

중국 공산주의자들은 화폐 신용의 기본 원리를 터득한 다음 항일전쟁과 해방전쟁에서 이 원리를 여러 번 실천에 옮겨 효과를 입증했다. 이어 궁극적으로는 자주적이고 독립적인 인민폐 시스템과 강력한 금융 하이 프런티어를 구축하기에 이르렀다.

제5장

장제스의 금권천하

장제스는 법폐 개혁을 통해 중국의 상업 은행을 완전히 통제
하고 중국의 금융을 독점했다. 이로써 '4대 가족'을 주축으로
하는 4행 2국이 중국의 상공업을 직접 지배하고 관료 자본과
매판 자본은 한 패거리가 돼 중국의 부를 양분했다.

장제스는 왜 정권을 장악한 후에도 여전히 강절 재벌의 돈주머니에 의존해야 했을까?

장제스의 중앙은행은 왜 설립 초기에 중국은행의 상대가 되지 못했을까?

장제스, 쑹쯔원, 쿵샹시, 천리푸·천궈푸 형제 등 중국의 '4대 가족'은 어떻게 떼돈을 벌 수 있었을까?

1930년대에 발생한 은 수출 붐을 왜 중미 최초의 환율전쟁이라고 일컫는가?

법폐 개혁이 왜 일본의 중국 침략전쟁 도화선이 됐을까?

장제스는 군대와 정권을 장악했으나 금융을 장악하지 못했다. 다른 것은 다 부족해도 괜찮으나 돈이 부족해서는 안 된다. 사면팔방으로 시련에 휩싸인 상황에서 장제스에게 가장 필요한 것은 돈이었다. 그가 자금난을 타개하기 위해 설립한 중앙은행은 처음에 중국은행의 상대가 되지 못했다. 그는 또 화폐를 발행했으나 화폐 신용이 높지 못했다. 갖은 곡절 끝에 그는 군사 집권이 발걸음을 떼는 것이고, 정치 집권이 걸음마를 배우는 것이라면 강호를 누비면서 천하를 통일할 수 있는 길은 금융 권력을 장악하는 것뿐이라는 이치를 깨달았다.

이렇게 해서 장제스는 점진적으로 중국의 금융 시스템을 통제하고, 더 나아가 중국의 금융 명맥을 장악하기 위한 행보를 시작했다.

이어 '폐량개원廢兩改元', '4행2국四行兩局', '법폐 개혁' 등 일련의 개혁을 연달아 완성했다. 장제스는 드디어 중국에서 금권천하를 이룩했다.

이 무렵 갑작스레 은화 파동이 발생해 중국의 은본위제가 붕괴됐다. 법폐는 어디로 갈 것인가? 3대 열강 사이의 화폐전쟁은 보이지 않는 곳에서 꿈틀대다 급기야 항일 전쟁의 불씨를 당기고 말았다.

홍군 토벌에 필요한 돈이 모자란 장제스가
쑹쯔원에게 폭력을 휘두르다

1933년 가을, 장제스에게는 즐겁지 않은 날들이 계속되고 있었다. 연초에 일본이 열하를 정복한 기세를 몰아 화북까지 호시탐탐 노리면서 중국 침략전쟁

의 야심을 백일하에 드러냈다. 전 중국에서 항일 투쟁의 목소리가 갈수록 높아지자 외세를 몰아내려면 반드시 먼저 내부를 안정시켜야 한다는 장제스의 주장은 설득력을 크게 잃었다. 장제스의 국민정부는 일본군이 동북 3성과 열하 지역을 점령하도록 허락한 굴욕적인 '당고(塘沽) 정전협정' 대가로 잠시 휴전상태를 맞았다. 그러나 사방에서 '매국노' 장제스에 대한 비난이 봇물처럼 쏟아지고 있었다.

내우와 외환의 고민 속에서 장제스는 두 가지 전쟁을 동시에 치를 수는 없는 일이고, 누가 과연 진정한 적인지 곰곰이 생각해 보았다.

일본이 제아무리 강하고 대단해도 중국을 완전히 뒤엎고 식민지로 만드는 것은 솔직히 불가능한 일이다. 영미 열강이 일본이 중국을 독차지하도록 내버려두지 않을 것이고, 더구나 일본은 경제적, 군사적으로 영국과 미국의 원자재와 에너지에 크게 의존하고 있다. 또 일본산 제품이 국제시장에서 팔리는 것도 영미 열강의 도움과 무관하지 않다. 따라서 일본 제국은 겉보기에는 강하나 실상은 취약하기 그지없다. 일본이 주제를 모르고 중국을 함부로 대할 경우, 서구 열강은 강 건너 불구경만 하지 않을 가능성이 높다. 이렇게 판단한 장제스는 외환을 하찮은 문제로 치부해 버렸다.

이에 반해 공비(共匪)는 성질이 달랐다. 공산당은 강서, 호남, 광동 등 몇 개 성의 인접 지역에 중앙 소비에트구를 건립하고 버젓이 '중화 소비에트 공화국'이라고 자칭했다. 이는 나라 안의 나라를 표방한 것이 아니고 무엇인가. 장제스가 가장 혐오한 것은 바로 공산당이 정당 내부의 정당을 만들어 민심을 분열하고 사기를 떨어뜨려 그의 집권을 심각하게 가로막았다는 것이다.

4·12 정변을 계기로 국민당 내부의 공산당을 철저히 숙청했다고 시름을 놓았으나 공산당은 멸망하기는커녕 강서, 복건, 광동 등 3개 성 60여 개 현에서 300여만 명을 통치했다. 이에 과거의 공산당 숙청은 공비 토벌로 바뀌었다. 그런데 장제스는 토벌을 진행하면서 깜짝 놀라지 않을 수 없었다. 1930년에 겨우 수천 명에 불과하던 떠돌이 도둑은 네 차례의 포위토벌 전쟁이 실패로 돌아가면서 1933년에 무려 10만 명으로 늘어난 것이다. 떠돌이 도둑은 어느샌가 커다란 위협으로 다가왔다.

장제스는 중국공산당이 자신의 통치 기반과 권력에 치명적인 위험이 된다는 사실을 잘 알고 있었다. 그가 벌인 전쟁은 소수의 부자가 절대 다수의 가난한 사람들을 상대로 하는 것이었다. 절대 다수의 가난뱅이들은 흩어진 모래알처럼 개개인으로 존재할 때는 힘이 없지만 조직력이 뛰어난 중국공산당이 이들을 일깨우고 하나로 뭉치게 하면, 그야말로 영원히 깨어날 수 없는 악몽처럼 장제스를 괴롭힐 가능성이 컸다. 그래서 장제스 마음속의 최대 우환거리는 '외환'이 아닌 '내우', 다시 말해 공비였다.

그러나 국민당 내부에는 외세를 몰아내려면 반드시 먼저 내부를 안정시켜야 한다는 전략을 이해하고 공감하는 사람이 거의 없었다. 심지어 그의 손위 처남인 쑹쯔원까지 공공연하게 항일 투쟁을 주장했다. 그의 주장은 공비는 정치 사안일 뿐 군사 문제가 아니므로 무력으로 해결해서는 안 된다고 강조했다.

쑹쯔원은 당내에서도 공인하는 영미 파벌 지도자였다. 영미 열강은 당연히 일본이 중국에서 독주 체제를 굳히는 것을 원하지 않았다. 이 때문에 영미 열강의 대변인인 쑹쯔원은 누차 항일 투쟁을 주장하여 박수갈채를 받았고, 급기야 장제스를 매국노로 밀어붙이기까지 했다. 설상가상으로 재정부장 겸 중앙은행 총재를 맡고 있던 쑹쯔원은 국가 재정예산 제도 출범을 적극 제안하여 장제스의 5차 포위토벌 대업에 어깃장을 놓고 있었다. 이런 일로 장제스는 이 무렵 쑹쯔원을 향한 분노가 극에 달했다.

10월 들어 장제스가 100만 대군을 거느리고 중앙 소비에트구에 전면 공격을 개시하면서 막대한 군비가 필요했다. 장제스는 쑹쯔원에게 신속히 전쟁 경비를 조달하라고 촉구했으나 쑹쯔원은 갖가지 핑계를 대면서 거절했다. 어느 날 장제스는 쑹쯔원을 자신의 임시 군영으로 불러 단도직입적으로 말했다.

"5차 포위토벌 명령을 이미 내렸소. 재정부는 닷새마다 166만 위안의 군비를 제공하시오."

"재정부장의 입장에서 그렇게 많은 돈을 내놓을 수 없습니다. 재정부에서는 국가 예산제도를 시행할 계획으로 있습니다."

쑹쯔원이 말을 이어가려고 했으나 장제스는 아예 그의 입을 막고 노발대발하며 몰아붙였다.

"이 정권이 누구의 정권이요? 누가 주인이요?"

쑹쯔원도 가문만 놓고 보면 쟁쟁한 사람이었다. 게다가 서구식 교육까지 받아 성질이 만만치 않았다. 그는 재정부장에 취임한 후 사람들에게 늘 이렇게 말했다.

"계획 없이 멋대로 먹고 쓰다가는 나중에 쓸 돈이 없어 걱정하게 된다."

이 말은 사실 시종일관 공비 토벌에 모든 재력을 동원하려는 장제스를 두고 한 말이었다.

전쟁 상황이 긴박하게 돌아가면서 장제스도 스트레스를 엄청나게 받고 있었다. 그런데도 쑹쯔원은 생뚱맞게 국가 예산제도를 들먹이는 것이 아닌가. 장제스의 귀에는 이제 예산이고 뭐고 아무 소리도 들리지 않았다. 그는 기어코 쑹쯔원의 면전에 삿대질을 하면서 소리 질렀다.

"당신이 공비 토벌에 조금만 더 적극적으로 나서서 필요한 군비를 제공했다면 우리는 벌써 승리했을 거야."

쑹쯔원도 모자를 벗어던지고 탁자를 치면서 벌떡 일어났다.

"당신 능력이 부족해서 싸움에 진 거지. 그런데도 오히려 나를 원망해, 억지도 이런 억지가 어디 있소."

"이런 빌어먹을 자식!"

장제스의 입에서 욕까지 튀어나왔다. 그는 평소에도 무례하고 오만불손한 손위 처남에게 불만이 많았다. 이 한마디에 그만 마음속에 쌓여 있던 분노가 한꺼번에 폭발하고 말았다. 장제스는 욕설과 함께 쑹쯔원의 뺨을 힘껏 갈겼다.

갑자기 벌어진 일이라 피할 사이도 없었다. 쑹쯔원은 얼떨결에 한 대 얻어맞고 한참 동안 할 말을 잃은 채 멍하니 서 있었다. 그는 이때까지 이토록 심한 모욕을 당한 적이 단 한 번도 없었다. 정신을 차린 그는 의자를 집어 들고 장제스에게 달려들었다.

장제스는 군인 출신이라 행동이 쑹쯔원보다 더 민첩했다. 그는 허리를 비틀고 몸을 살짝 굽히면서 쑹쯔원의 공격을 가볍게 피했다.

국가원수가 재정부장의 뺨을 때린 것은 큰 사건이라면 사건이었다. 하지만 이들은 이 일이 있은 후에도 결별하지 않고 여전히 긴밀한 관계를 유지했다. 가문의 응집력이 얼마나 대단한지를 보여주는 대목이다.

쑹쯔원은 장제스에게 얻어맞은 다음 홧김에 사표를 냈다. 이에 따라 쑹쯔원의 동서인 쿵샹시가 후임으로 재정부장을 맡았다. 쑹쯔원의 사임과 관련해 국민당 정부 측은 이렇게 해명했다.

"국민정부가 곤경에 빠진 이후부터 수입이 급감했다. 군비와 정부의 지출은 매달 약 1,000만 위안씩 줄어들었다. 쑹은 자금 조달 능력이 없어 스스로 사임을 요청한 것이다."[1]

사임에도 불구하고 이후 장제스와 쑹쯔원의 관계에는 큰 변화가 생기지 않았다. 아무래도 한 가족이기 때문이 아닌가 싶다. 쑹쯔원은 재정부장에서 하차한 후 겉으로는 많이 고분고분해진 것 같았다. 그러나 그는 여전히 예전 못지않은 파워를 과시했다. 오히려 부담이 없어진 탓에 아무 걱정 하지 않고 본업에 종사할 수 있었다.

사실 쑹쯔원도 억울한 부분이 없지 않았다. 그는 장제스의 공비 토벌 작전이 밑 빠진 독에 물 붓듯 돈이 낭비되는 데 상당히 불만을 가지고 있었으나 그래도 있는 힘과 성의를 다해 자금을 조달해 주었다. 쑹쯔원으로서는 매년 9억 위안의 재정 수입 중 절반을 군비로 지출하면서 국가 재정에 큰 부담이 된다는 것이 고민이었다. 부족한 자금을 마련하기 위해서는 별 도리 없이 강절 재벌에게 손을 내밀어야 했다. 더구나 강절 재벌들 역시 장제스가 병력을 남용해 전쟁을 일삼는다고 오래전부터 불만의 목소리가 높았다.

쿵샹시가 재정부장에 취임한 다음 강절 재벌들은 장제스의 욕심이 하늘을 찌르는 한 내전이 한도 끝도 없을 것이라고 판단했다. 이에 쿵샹시에게 은행을 국고로 사용하지 말 것과 은행이 대신 내는 자금을 줄일 것을 제안했다. 그러나 이 제안은 바로 장제스의 노여움을 샀다. 장제스는 즉각 은행에 손을 대기로 작정했다.

증권 매니저 경력이 있는 장제스는 금융에 무식한 군벌들과 생각이 달랐다. 혁명이 성공하려면 '한 손에 총자루, 한 손에 돈주머니' 정책을 견지해야 한다는 사실을 너무나 잘 알고 있었다. 더구나 이 무렵 장제스는 남의 주머니에서 돈을 꺼내 쓰는 것보다 자신의 주머니에서 돈을 꺼내 쓰는 것이 훨씬 더 편하고 쉽다는 이치를 깨달았다. 1935년에 장제스는 안면 몰수하고 금융 개혁을 단행했다. 그는 "나귀는 필요할 때 맷돌을 돌리게 하고 필요 없으면 잡아먹는다"라는 속담을 직접실행에 옮겼다.

누가 화폐 지배권을 장악하느냐? 이것은 장제스와 강절 재벌 간의 해묵은 갈등이었다. 사실 이 모순은 북벌전쟁 때부터 가시화됐고, 시간이 갈수록 심해졌다. 장제스는 이때부터 금융 집권에 대한 강한 야망을 드러냈다. 그는 군사 집권이 발걸음을 떼는 것이고 정치 집권이 걸음마를 배우는 것이라면, 금융 집권은 강호를 누비면서 천하를 통일할 수 있는 길이라는 사실을 분명하게 깨달았다.

중앙은행 vs 중국은행

중앙은행은 한 국가 금융 하이 프런티어의 전략적 고지라고 할 수 있다. 중앙은행을 장악하는 자가 국가의 경제 명맥과 정치, 군사적 요지를 장악한다. 장제스는 이 이치를 분명히 깨닫고 남경 정부 설립 초기에 중앙은행 설립을 중화민국의 중대한 전략으로 확정했다.

1928년 11월에 남경 정부의 중앙은행이 정식으로 설립되었다. 이때 장제스는 쑹쯔원을 중앙은행 초대 총재에 임명해, 자신을 대신해 돈주머니를 관리하도록 했다. 당시 장제스와 국민당은 이제 막 영호에 진출한 터라 장강 상류에 있는 무한을 아직 손에 넣지 못했고, 북방 군벌들도 장제스

> **영호(寧滬)**
> 남경과 상해를 일컬음.

에게 완전히 귀순하지 않았다. 남경 정부의 재원은 상당히 제한됐을 뿐 아니라 수입보다 지출이 많은 상황이었다. 따라서 신설 중앙은행은 가난하기 그지없었고 자본금도 마련할 수 없어 정부 공채 2,000만 위안으로 자금을 충당했다.

사실 장제스는 초기에 중국은행을 중앙은행으로 개편해 중국은행이 다년간 축적한 신용과 자원을 공짜로 이용하려 했다. 그러나 장제스의 수법은 중국은행에 전혀 먹히지 않았다.

당시 중국은행의 일인자는 장자아오(張嘉璈)로 북벌전쟁 때부터 장제스, 쑹쯔원과 알고 지낸 사이였다. 북벌전쟁 개시 후 쑹쯔원은 홍콩 중국은행으로부터 50만 위안을 지원받은 다음 북벌군에게 다음과 같은 명령을 내렸다.

"가는 곳마다 현지 중국은행을 특별히 주의해 보호하라."

쑹쯔원은 장제스에게 중국은행의 실권자가 장자아오라는 사실을 알려주었다. 이에 장제스는 의형제인 황푸(黃郛)를 통해 장자아오에게 지원을 요청했다.

장자아오

황푸는 장제스가 강절 재벌 및 폭력조직 보스들과 접촉할 수 있도록 중개인 역할을 한 매우 중요한 인물이다. 장자아오는 황푸가 찾아온 목적을 빤히 알고 있었다. 또 북양정부가 북벌군의 상대가 되지 않는다는 사실을 잘 알면서도 신중을 기하기 위해 단번에 승낙하지 않고 일부러 황푸를 먼저 돌려보냈다. 장자아오는 이어 비밀리에 자신의 심복을 광주에 파견해 북벌군의 허실을 살펴보도록 했다. 북벌군이 승리할 것이라는 확신을 가진 다음에 장제스에게 경제적 지원을 제공할 요량이었다.

광주를 다녀온 심복은 즉각 상황을 보고했다.

"북벌군은 순조롭게 강서까지 진격했고 장제스는 이미 남창에 진주했습니다."

장자아오는 드디어 때가 왔다고 여기고 장제스에게 투자 결정을 내렸다. 그는 황푸를 통해 장제스에게 귀중한 혁명 자금을 전달했다. 1927년, 장자아오는 중국은행 한구 지점 지점장에게 다음과 같은 밀령을 내렸다.

"장제스가 무한에 도착하면 즉시 100만 위안을 지원하도록 하라."

상해에 도착한 다음 욕심이 더 커진 장제스는 장자아오에게 1,000만 위안을 빌려달라고 요구했다. 장제스가 그토록 어마어마한 액수를 요구할 줄 꿈에도 몰랐던 장자아오는 일언지하에 거절했다. 하지만 그는 장제스가 큰일을 도모하고 있다고 직감했다. 장자아오가 선뜻 거금을 내놓지 않자 장제스와 쑹쯔원은 수차례 장자아오를 남경에 초청했다. 그러나 장자아오는 상해를 한 발자국도 떠나지 않았다. 장제스의 체면을 전혀 생각해 주지 않은 것이다.

장자아오의 행동에 화가 난 장제스는 중국은행의 과거 행적을 대놓고 들춰내기 시작했다.

"중국은행은 과거에 우페이푸에게 500만 위안을 빌려주고 장쭝창(張宗昌)에게도 수백만 위안을 빌려줬어. 그런데 우리 군이 군비를 절박하게 필요로 하는 지금 이처럼 곤란하게 하다니. 저의가 아주 불량하군."

장제스는 또 장자아오에게 전보를 보내 위협하기도 했다.

"제가 듣기로는 귀 은행이 작년에 군벌들에게 거금을 지원해 북벌군과 맞서도록 했다고 합니다. 지금도 여전히 군벌들을 돕고 있고요. 대의명분에 밝은 분이라고 명성이 난 선생이 다시는 나쁜 자들을 도와주는 일이 없었으면 합니다."

장제스는 중국은행에 다음과 같은 엄명도 내렸다. 중국은행은 국고채권 1,000만 위안을 인수할 것, 이를 거부할 경우 중국은행 책임자를 지명 수배할 것, 그것도 효과가 없을 시에는 각지의 중국은행을 몰수해 중앙은행으로 개편할 것이다.

이때 상해 금융계의 또 다른 지도자인 천광푸가 나서서 장제스를 만류했다.

"정부는 한편으로 군비 조달에 신경 써야 할 뿐만 아니라 다른 한편으로는 시중의 금융 유통 상황도 충분히 고려해야 합니다. 너무 성급하게 일처리를 하다가 일단 금융계에 문제라도 생기면 군비 조달 경로가 막히게 되고 여러 가지 위험한 상황이 연출될 수 있습니다. 이는 북벌군의 군사력에도 크게 불리할 것입니다."

천광푸의 말에 숨은 뜻은 간단했다.

'당신은 지금 중국은행의 상대가 못 된다. 급하게 서두르지 마라.'

중국은행은 도대체 어떤 배경을 가지고 있기에 감히 남경 정부를 안중에도 두지 않았을까?

중국은행의 전신은 성선회가 한참 활약할 때 설립한 대청제국의 중앙은행인 대청은행이었다. 성선회는 주지하다시피 친일파의 대표적인 인물로 중국 본토 기업 한야평을 일본에 넘겨준 장본인이다. 당시 뿌리 깊은 역사적 원인으로 인해 대청은행은 줄곧 북양파의 통제를 받았고, 역대 총재들도 모두 친일파였다. 중국은행의 일인자인 장자아오는 일본 게이오 대학 졸업생으로 일본 문화에 심취하고 일본의 실력을 맹신했다. 심지어 평소에 기모노를 즐겨 입고 일본어를 유창하게 구사하며 완벽한 일본인 흉내를 냈다.

훗날 쑹쯔원은 중앙은행 총재를 사임하고 중국건설은공사(中國建設銀公司)를 설립했다. 쑹쯔원은 이때 영국과 미국 재단의 자금을 유치하려고 시도했다가 일본 측의 강력한 반대에 부딪혔다. 일본의 대변인이나 다름없는 중국은행 역시 쑹쯔원의 중국건설은공사에 대해 줄곧 적대적인 태도를 보였다. 한마디로 일본 세력은 중국은행의 든든한 후원자였다. 이 밖에 중국은행의 대주주인 석씨 가문 배후에는 대영제국 기업인 홍콩상하이은행이 버티고 있어서 영국의 영향력도 결코 무시할 수 없었다. 더구나 영국과 일본은 당시 반러시아 동맹을 결성한 관계였다.

성선회가 호부은행 설립을 계획할 때, 동정산방의 지도자인 석정보는 석씨 가문 조손 5대가 외국 은행 매판으로 일하면서 쌓은 풍부한 경험을 바탕으로 호부은행의 설립과 경영을 적극적으로 도왔다. 관민 쌍방의 출자로 설립된 호부은행은 북경에 본부를 두었다. 출자금의 절반은 청나라 조정의 호부, 나머지 절반은 개인이 출자했다. 앞에서도 언급했듯 석정보의 네 아들은 잇따라 호부은행에 투자했다. 큰아들인 석립공(席立功)은 호부은행에 연이어 여러 개의 계좌를 개설했다. 호부은행 상해 지점 설립 후에는 석정보의 셋째아들인 석유광(席裕光)이 상해 지점의 부지점장에 취임하기도 했다.[2]

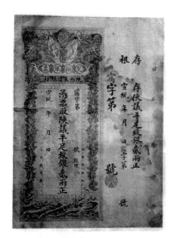
대청은행 은표(銀票)

호부은행이 대청은행으로 개명된 후에는 석유광이 대청은행 상해 지점 부지점장, 석정보의 차남 석유곤(席裕昆)이 영구(營口) 지점 지점장에 취임했다. 또 석정보의 여섯째아들인 석유규(席裕奎)는 대청은행 한구 지점장으로 근무하다가 훗날 홍콩상하이은행 부(副)매판으로 10년 동안이나 일했다.

대청은행은 신해혁명 이후 중국은행으로 개편됐다. 이 무렵 석씨 가문은 명실 공히 중국은행의 '막후 지배자'로 군림했다. 석씨 가문의 배후 후원자는 당연히 홍콩상하이은행이었다. 석씨 가문은 영국 재벌은 말할 것도 없고 일본 은행 재벌과의 관계도 매우 각별했다. 석정보의 여섯째아들 석유규는 1916년에 일본 3위 재벌인 스미토모은행의 매판을 맡아 장장 15년 동안 그 자리를 굳건하게 지켰다. 석씨 가문의 사위 섭명재(葉明齋) 역시 일본 요코하마정금은행의 매판 자리를 15년 동안이나 맡았다.

석씨 가문은 조손 3대에 걸쳐 홍콩상하이은행 매판 직을 독점한 것은 물론이고, 자신들의 관계 네트워크를 이용해 석씨 가문의 다른 사람들도 잇달아 다른 외국 은행에 취직시켰다. 불완전 통계에 의하면, 1874~1949년까지 75년 사이 상해에 20여 개 외국계 은행이 설립됐는데 석씨 가문은 그중 13개 은행의 매판 직을 독차지했다고 한다. 이 밖에 석씨 가문은 다른 강절 재벌 은행의 주요 주주이기도 했다. 상해의 전장과 표호들은 석씨 가문의 말이라면 감히 거역하는 자가 없었다.

석씨 가문의 중국은행 시스템에 대한 뿌리 깊고도 거대한 영향력은 중국 근대사에서 전례를 찾아볼 수 없다. 거짓말 한 점 보태지 않고 석씨 가문은 강절 재벌계의 버팀목이나 다름없는 존재였다. 물론 석씨 가문의 배후에는 강력한 파워를 자랑하는 국제 은행가들이 있었다.

석씨 가문은 중국은행의 막후 지배자에만 머무르지 않았다. 직접 중국은행의 중요 업무 부서, 특히 그중에서도 외환거래 부서를 장악했다.

중국은행은 청나라 말기 및 북양 정부 시기에 줄곧 중앙은행 역할을 자임했다. 당시까지만 해도 중국은행은 완전하고 독립적인 민족 자본 은행이었다. 그러나 영국, 일본 등 열강들이 중국 금융 하이 프런티어를 장악한 상황에서 독립적이고 자주적인 중앙은행이 된다는 것은 솔직히 어불성설이었다.

사실 중국은행을 손아귀에 넣으려는 장제스의 야망은 헛된 꿈에 지나지 않았다. 일단 그에게는 그럴 만한 실력이 없었고, 게다가 열강들에게 공공연히 맞설 배짱도 없었다. 장자아오쯤은 쉽게 제압한다고 쳐도 중국은행의 막후 세력을 어떻게 감히 건드릴 수 있었겠는가. 장제스는 최종적으로 중국은행을 중앙은행으로 개편하려던 생각을 버리고 차선책을 취했다. 본인이 직접 중앙은행을 설립한 것이다.

장제스는 천광푸의 지적을 받고 자신이 아직까지는 중국은행에 도움을 구걸해야 하는 처지임을 분명히 깨달았다.

이 무렵 장자아오의 모친이 세상을 떠났다. 이때까지 장제스는 장자아오와 일면식이 없었다. 장제스는 과거에 상해 금융계에서 일한 적이 있었던 데다 본적이 강절 태생인 관계로 강절 재벌들과 두루 인맥을 쌓아온 터였다. 그는 직접 장자아오의 모친상 조문을 다녀오기로 결정했다.

　연락도 없이 갑자기 장자아오 모친의 빈소를 찾은 장제스는 두말하지 않고 영정을 향해 엎드려 절부터 했다. 좌중은 그 모습을 보고 깜짝 놀랐고, 장자아오 역시 큰 감동을 받았다. 장제스가 저장성 동향의 정분을 잊지 않고 일부러 찾아와 자신의 체통을 세워줬으니 그럴 만도 했다. 그러나 장자아오가 모르는 사실이 있었다. 부둣가 깡패 출신인 장제스에게 사실 이만한 일쯤은 아무것도 아니었다. 아직 든든한 배경을 얻지 못한 상황에서 장자아오 같은 실권자의 호감을 사기 위해서라면 이런 쇼를 백번도 더 연출할 수 있는 위인이었다.

　당시 장제스의 남경 국민정부는 입지를 굳히기 위해 열강의 인정을 받아야 했다. 그러려면 장자아오의 도움이 꼭 필요했다. 장자아오는 기대를 저버리지 않고 즉각 상해에 있는 일본, 영국, 미국 영사들을 부지런히 찾아다니며 남경 정부와 다리를 놓아주었다. 남경 국민정부의 외교부장 황푸 역시 영미 양국 대표와 외교 협상을 벌일 때, 장자아오의 자택을 이용하곤 했다.

　자금 제공과 관련한 일은 결국 장자아오의 직계 친척인 장징장(張靜江)과 천광푸의 중개로 해결됐다. 장자아오는 남경 국민정부가 곧 공채를 발행할 뿐 아니라 채무 상환 능력이 확실하다는 말을 듣고 재삼 고려한 끝에 자금을 지원하기로 결정했다. 중국은행에서 기간을 나눠 총 1,000만 위안을 남경 정부에 빌려주되, 강절 재벌들의 보증 하에 상해 상업연합회에서 먼저 500만 위안을 지불한다는 내용이었다. 장자아오가 이 같은 결정을 내린 이면에는 장제스가 향후 큰 인물이 될 것이라는 확신이 있었고, 또 이용 가치가 충분하다는 사실이 크게 작용했다.

중국은행은 4·12 정변 이전에 이미 북벌군에 거액의 경비를 지원해 북벌 승리에 크게 기여했다. 그러나 같은 시기에 중국은행 한구 지점은 무한국민정부에도 1,650만 위안의 거금을 지원했다. 재벌은 한 바구니에 달걀을 모두 담는 도박을 감행하는 바보들이 아니다. 중국은행은 이후 영한 합작 과정에서도 매우 중요한 역할을 했다.

사실 장자아오는 배후 세력의 지시에 따라 움직이는 꼭두각시에 불과했다. 큰 나무에 의지해서 힘을 쓰는 사람은 결코 큰 나무 자체일 수 없는 법이다. 장제스가 필요로 한 것은 장자아오가 아니라 그의 배후의 열강 세력이었다. 훗날 장제스가 핍박에 의해 하야하게 된 것도 사실은 강절 재벌 배후에 있는 열강 세력의 입김 때문이었다.

히틀러는 국제 은행가들의 도움을 받아 정권을 잡은 다음 언제 그랬냐는 듯 얼굴을 싹 바꿔 그들 손에서 독일 중앙은행을 빼앗았다. 장제스는 1928년 11월에 중앙은행을 설립한 후 1935년까지 6년 남짓한 기간에 중앙은행 지배권을 완전히 장악하고 정식으로 남경 정부 중앙은행의 권위를 확립했다. 히틀러 역시 독일 중앙은행의 대권을 수중에 넣기까지 1933년부터 꼬박 6년이라는 시간을 투자했다.

중앙은행 개편을 통해 부당한 이익을 취하다

남경 정부 중앙은행은 설립 후 명의상 합법적 중앙은행의 지위를 부여받았다. 기존의 양대 은행인 중국은행과 교통은행은 국제환 업무 및 실업(實業) 발전과 관련한 업무만 취급하는 전문 은행으로 지정됐다. 그러나 1935년까지 중앙은행의 화폐 발행량은 교통은행과 비슷했을 뿐, 중국은행에는 훨씬 못 미쳤다. 명색이 발권은행인 중앙은행이 무엇 때문에 이 지경이 되었을까?

중국은행의 화폐가 시중에서 높은 신용을 확립한 데에는 역사적으로 뿌리 깊은 원인이 있었다.

강절 재벌계에는 세 명의 핵심 인물이 있었다. 바로 상해상업저축은행의 천광푸 사장, 절강 지방 실업은행의 리푸쑨 사장 및 중국은행의 실질적인 오너 장자아오이다. 이들은 앞서도 언급했듯 강절 재벌계의 '3정갑'으로 불렸다. 이 중 장자아오는 28세의 젊은 나이에 중국은행 상해 지점의 부행장을 역임했다. 북양 정부 시기에 반 관영 은행인 중국은행과 교통은행은 가장 중요한 중국 자본 출자 은행으로 어느 정도 중앙은행의 역할을 맡았다. 당시 북양 정부는 전쟁에 모든 힘을 쏟아부었기 때문에 재정이 매우 어려워 중국은행과 교통은행은 북양 정부의 위임을 받고 은원권(銀元券)을 발행했다. 그런데 중국은행의 은원권 발행량이 2년 사이에 7, 8배나 증가해 화폐가 초과 발행되면서 자연스럽게 인플레이션이 발생했다.

당시 위안스카이 총통부의 비서장으로 있던 량스이(梁士詒)는 물가 폭등 현상을 보면서 뒤늦게 대책 마련에 나섰다. 중국은행과 교통은행의 합병 제안이었다. 양대 은행을 하나로 합쳐 중앙은행의 명목으로 더 많은 화폐를 발행하려는 알량한 속셈도 있었다. 이 소문이 퍼지자 예금주들 사이에 공황 심리가 확산돼 예금 인출 사태가 벌어졌다. 이런 부득이한 상황에서 북양 정부는 중국은행과 교통은행에 예금 인출 중지 명령을 내렸다.

당시 젊은 나이에 중국은행 상해 지점 부행장을 맡고 있던 장자아오는 정부의 명령을 따를 경우 중국은행의 신용이 바닥으로 떨어져 영원히 회복되지 못할까 우려했다. 그는 중국은행 상해 지점 행장인 쑹한장(宋漢章)과 대책을 논의한 후 정부의 명령을 거부한다는 대담한 결정을 내렸다. 그러나 항명은 말처럼 쉬운 일이 아니었다. 정부에서 이미 내린 명령에 불복종한다는 것은 정부에 맞서는 행위나 다름없었다. 자칫하면 북양 정부에 의해 파면당할 수도 있었다. 게다가 중국은행 상해 지점의 자금만으로는 뱅크런 사태를 막기에 역부족이었다. 당시 금고에는 은화가 고작 200만 냥밖에 없었다. 여기에 예금주들이 원하는 대로 현금을 제공하려면 얼마나 많은 은이 필요할지 정확하게 계산하기도 쉽지 않은 상황이었다. 그러나 장자아오는 이미 마음속에 자신의 생각을 정리해 놓았다.

장자아오와 쑹한장은 소리 소문 없이 행동을 개시했다. 먼저 당시 은행업계에서 가장 유명한 남3행의 사장들을 만났다. 그들은 각각 상해상업저축은행의 천광푸 사장, 절강 흥업(興業)은행의 장훙린(蔣鴻林)

남3행(南三行)
대륙 남부에 있던 3대 민영 은행.

상무이사, 절강 지방 실업은행의 리푸쑨 사장이었다. 장자아오는 이 세 사람에게 각각 주주와 예금주의 자격으로 자신을 법원에 기소해 달라는 엉뚱한 부탁을 했다.

당시 법률에 따르면 정부 당국은 소송 기간에 피고인을 체포하거나 현임 행장, 부행장을 함부로 해임할 수 없었다. 장자아오는 북양 정부가 손을 쓰지 못하도록 미리 예방적 조치를 취했다. 이어 그는 영국인 쿠퍼와 일본인 무라카미를 초빙해 그럴듯한 연극을 꾸몄다. 쿠퍼와 무라카미는 그의 부탁에 따라 주주 대표의 신분으로 중국은행을 인수한 뒤, 다시 주주 대표 자격으로 장자아오와 쑹한장에게 중국은행 상해 지점 업무를 위임하고 평소대로 영업하도록 하는 주주총회 결정 사항을 통보했다(영국과 일본은 북양 정부 시기까지만 해도 매우 가까운 관계였다. 그러다 1930년대 이후에 각자 제 갈 길을 갔다).

장자아오는 또 현금을 마련하기 위해 남3행과 외국 은행에 즉각 지원을 요청했다. 중국은행의 주주인 남3행으로서는 자신들의 직접적인 이익이 걸린 일이었다. 외국 은행 역시 중국 금융의 버팀목인 중국은행이 무너질 경우 상상하지 못할 후폭풍을 초래해 외국 은행에 불리한 영향을 미칠까 우려했다. 이들은 흔쾌히 중국은행과 200만 위안의 가불 계약을 체결했다.[3]

정부의 예금 인출 중지 명령이 발효되자 즉시 뱅크런 사태가 벌어졌다. 은행 문 앞에는 사람들로 인산인해를 이루었고, 너도나도 은행 안으로 들어가기 위해 기를 쓰고 덤벼들었다. 중국은행 상해 지점은 사전에 충분히 대비를 한 터라 예금주들이 원하는 대로 현금을 제공할 수 있었다. 그럼에도 불구하고 은행 문 앞에는 대기자들이 줄을 이었다. 당시 토요일에는 반나절만 영업하는 것이 관례였다. 그러나 장자아오는 토요일 오후에도 정상 영업을 지시하고 신문에 이 사실을 공지했다.

일요일에도 중국은행 상해 지점은 여전히 문을 연 채 예금주들을 맞이했다. 이쯤 되자 시민들도 중국은행은 신용을 지키는 은행이라는 인식을 가지게 되었다. 은행에 대한 믿음이 생기면서 예금 인출 사태는 조용히 막을 내렸다. 전화위복이라는 말도 있듯 뱅크런 사태를 계기로 중국은행은 명성을 크게 떨쳤다. 언론은 장자아오와 쑹한장을 일컬어 '배짱과 식견이 뛰어난 은행가'라고 극찬해 마지않았다. 하지만 서구 열강이 든든한 버팀목이 되어주지 않았다면, 살인을 밥 먹듯 하는 위안스카이가 간덩이 부은 은행가들을 절대 가만 놔두지 않았을 것이다.

▌ 1924년에 발행된 중국은행의 화폐

이를 발판으로 훗날 장자아오는 중국은행 본부 부총재에 임명되어 사실상 중국은행의 업무를 총괄했다. 그는 막중한 자리에 오르자마자 중국은행이 민간 소유 주식 비율을 늘리고 정부 소유 주식 비율을 줄여 정부의 통제에서 벗어날 것을 강력하게 주장했다.

장자아오는 강절 재벌계의 실력자인 천광푸, 리푸쑨, 위차칭, 쑹한장, 장훙린, 첸신즈(錢新之) 등과 막역한 관계를 유지하기 위해 자택에서 '금요일 모임회'를 발족했다. 그의 집에서 조그맣게 시작한 이 모임은 후에 상해 은행 공회로 발전했다. 당시 강절 재벌들은 상해 은행 공회의 22개 회원 은행 중 무려 14개를 통제했다. 1925년에 이르러서는 이 14개 은행이 상해 은행 공회의 회원 은행 자본 총액의 84%까지 장악했다.

중국은행은 장자아오의 주장대로 민간 소유 주식 비율을 거듭 늘려 세력을 크게 확장했고, 강절 재벌들은 중국은행의 주식 600만 위안을 보유했다. 후에 북양 정부는 재정난을 해소하기 위해 추가로 중국은행 지분 500만 위안을 매각했다. 중국은행의 민간 지분 비율은 꾸준히

증가해 1923년에는 무려 97.47%에 이르렀다. 이때에 이르러서는 거의 민간 은행이나 다름없었다.[4]

장제스는 상해에 진주한 후 1928년에 중앙은행을 설립했다. 또 중국은행과 교통은행을 개편하고 강제로 증자를 요구했다. 비록 소주주에 불과했지만 국민정부는 이 양대 은행에서 한자리를 차지하고, 정부가 일정 비율의 지분을 보유할 수 있었다.

정부 소유 주식과
민간 소유 주식의 금권 쟁탈전

국민당이 중국은행을 개편하려면 무엇보다 석씨 가문의 도움이 절실했다. 그들의 도움 없이는 서구 열강의 도움을 끌어내기 어려웠다. 석씨 가문의 새로운 장문인인 시더마오는 우정을 소중히 여겨 국민정부를 돕기 위해 적극적으로 나섰다.

시더마오는 영국 버밍엄 대학 상대를 석사로 졸업했다. 1928년에 중앙은행이 설립되고 쑹쯔원이 총재 겸 재정부장을 맡자, 그는 쑹과의 각별한 우정으로 중앙은행의 외환과 주임으로 발탁됐고, 얼마 후에는 외환국 국장 및 업무국 국장으로 승진했다.[5] 그의 막내딸인 시메이잉(席梅英)은 쑹쯔원의 동생 쑹쯔량과 결혼했고, 동생인 시더빙은 중앙 조폐창 창장에 취임해 국민정부의 화폐 발행권을 책임졌다.

사실 장제스와 석씨 가문은 중국은행 개편을 빌미로 모종의 거래를 했다. 그것은 장제스가 중국은행의 주주가 되고, 석씨 가문은 중앙은행 경영에 참여하는 것이었다. 이는 서로의 이익을 대등하게 교환하는 매우 공평하고 합리적인 거래였다.

중국은행은 본부를 북경에서 상해로 이전한 다음 정부의 특별 허가를 받아 국제환 전문 거래 자격을 얻었다. 이때부터 중국은행은 외환 업무에서 경쟁 우위를 확보했고, 이 우위는 지금까지 이어지고 있다. 시더마오는 장제스와의 거래를 통해 중앙은행과 중국은행의 해외 업무를 장기간 총괄하면서 국제 금융에 대해 깊은 식견을 가지게 되었다. 이로써 명실상부한 중국인 외환 전문가로 확고하게 자리를 굳혔다. 물론 그의 욱일승천은 유명한 매판 가문 태생이 아니었다면 불가능했을 것이다.

그해 11월에 중국은행은 정부 측 이사와 민간 측 이사를 선출하기 위해 주주총회를 소집했다. 이 무렵 국민정부는 중국은행에 대한 통제를 강화했으나 여전히 지분 대부분은 민간 소유 주식이었다. 시더마오는 이런 중국은행의 정부 측 이사와 교통은행의 정부 측 이사를 동시에 맡았다. 시더마오의 개입으로 양대 은행의 정부 소유 주식 비율은 큰 폭으로 증가했다.

석씨 가문은 호부은행, 대청은행 및 중국은행에 이르기까지 정부 측 출자자의 자격으로 주식 투자에 참여했다. 이 과정 중에 그들은 '매판'에서 '관료 매판', 다시 '관료' 계급으로 탈바꿈하는 데 성공했다. 개인 자본가들과는 완전히 차별화된 독특한 성장 과정을 거쳤다고 할 수 있다.

중국은행의 사례를 통해 중국 근대 은행업 발전 과정을 살펴보면, 관료 자본과 개인 자본 사이에 첨예한 대립이 끊이지 않았음을 알 수 있다. 장자아오는 강절 재벌, 즉 개인 자본의 대변인으로 배후에는 외국 자본이 버티고 있었다. 외국 자본은 민간 소유 주식 비중을 끊임없이 늘려 중국의 금융 대권을 틀어쥐고, 나아가 중국의 실물경제를 장악하는 것이 목표였다.

장제스를 대표로 하는 관료 자본 역시 중국의 금융 시스템을 독점하려는 강한 야망이 있었다. 이미 정권을 장악하고 있었으니 야심은 충분히 실현 가능해 보였다. 관료 자본은 개인 자본 배후의 외국 자본에게 드러내놓고 맞서지 못했지만 대신 개인 자본의 힘을 약화시키고 잠식하는 데에 총력을 기울였다.

이 와중에 궁지로 몰린 것은 개인 자본이었다. 독립성이 결여된 개인 자본은 외국 자본에 빌붙어 관료 자본에 맞서거나 아니면 관료 자본과 타협해 이익 배당 권리를 얻었다. 중국에서 순수한 개인 자본은 애당초 살아남을 수 없었다. 그들은 관료 자본이나 외국 자본에 통합되거나 철저히 비주류화의 길을 가는 방법 외에는 없었다.

물론 관료 자본도 외국 자본을 만났을 때 의지하려는 성향을 드러냈다. 장제스는 공산당과 전쟁을 벌이고, 특히 일본의 침략에 맞서기 위해서는 구미 열강에 빌붙지 않으면 안 되는 입장이었다.

장제스가 남경 정부를 갓 설립했을 때, 중앙은행은 힘이 없어 국가은행 기능을 제대로 발휘하지 못했다. 그래서 중국은행과 교통은행이 화폐 발행을 비롯해 공채 발행, 국채 대납, 국고 수지(收支) 등 중앙은행의 업무를 계속해서 책임졌다. 이 중국은행과 교통은행을 틀어쥔 것은 강절 재벌의 개인 자본이었으니, 결국 강절 재벌의 개인 자본이 장제스의 돈주머니인 셈이었다.

이에 장제스는 강절 재벌과 모종의 합의를 이뤘다. 국민정부가 공채를 발행하면 강절 재벌 산하의 대형 은행들이 공채를 매입하되, 그중 일부는 은행이 직접 보유하고 나머지는 은행을 통해 증권시장에 되파는 형태였다. 이를 위해 장제스와 강절 재벌은 '공채 기금 보관위원회'라는 전문 기구를 설립했다. 위원회 주임은 장자아오의 오랜 파트너 리푸쑨이 맡았다. 장자아오 역시 1928년 10월에 새로 개편된 중국은행의 사장에 임명됐다.

이렇게 되자 강절 재벌 중 일부 식견이 탁월한 인사들이 정부 주위로 모여들기 시작했다. 국민정부가 중국 각지에 둥지를 틀고 있던 세력들을 잇달아 평정하자, 강절 재벌 산하 은행들이 각자 한 개 분야씩 담당하면서 자연히 돈더미에 올라앉았다. 장자아오와 친밀한 관계에 있던 '금요일 모임회' 회원들은 더 많은 폭리를 취할 수 있었다. 그중에서도 천광푸의 상해상업저축은행은 채권 업무를 통해 큰돈을 벌었을 뿐 아니라 미국 은행가들과의 친밀한 관계를 이용해 국민정부의 외화 차입 업무를 전담했다.

중국은행 개편 후 장자아오는 해외에 나가 시장을 살펴보고 외화 자금을 조달해 해외 지점을 설립했다. 이 결과 1934년에 중국은행의 총자산은 9억 7,000만 위안에 달했다. 또 국민정부는 장자아오 임기 내에 총 26억 위안의 내채를 발행했다. 한마디로 장자아오는 정부를 위해 찬탄을 받을 만큼 큰 기여를 했다고 볼 수 있다.

내채(內債)
국내 공채를 의미함.

1930년대 초에 중국 금융 시스템은 일종의 세력 균형 상태를 유지했다. 관료 자본, 개인 자본 및 그 배후의 외국 자본은 서로 주식에 출자하고 함께 이익을 나눠 가지면서 형식상의 합작을 이뤘다.

그러나 평화로운 분위기는 오래가지 않았다. 금융 집권을 궁극적인 목표로 삼은 장제스는 본격적인 행동을 개시했다.

장제스의 금융 집권: '폐량개원'과 '4행2국'

금융 분야에서 집권을 이루려면 중앙은행 설립만으로는 부족하고 반드시 화폐를 통일해야 한다. 화폐를 통일하지 않고서는 재정을 통일할 수 없고, 더 나아가 정치와 군사 분야도 통일할 수 없다. 그리고 화폐 통일의 전제는 바로 본위화폐를 정하는 것이다.

폐량개원(廢兩改元)
은의 냥을 폐지하고 은화 위안으로 바꾸는 것을 의미함.

남경정부는 화폐 통일의 일환으로 폐량개원을 실시했다. 시장 거래와 기장 단위를 기존의 냥에서 위안으로 바꾼 것이다.

당시 중국에서는 순도, 무게, 크기가 가지각색인 은화 냥이 유통돼 시장 거래에서 큰 불편을 초래했다. 게다가 시중에 유통되는 은화 종류도 너무 많았다. 대표적인 것이 오래전에 외국 상인들이 중국에 가지고 들어온 스페인의 은화 본양(本洋)이었다. 영국인들은 처음에 장사할 때 본양만 사용했다. 그 후 양행들의 사업이 꾸준히 확장되면서 멕시코 은화인 응양도 점차 유통되기 시작했다.[6] 이 밖에 중국 각 성에서는 응양을 모방해 주조한 용양(龍洋)과 다양한 모조 은화까지 등장해 그야말로 눈이 어지러울 정도였다.

시중에 유통되는 각종 은, 은화, 동전들의 상호 교환 비율은 당시

전장이 마음대로 정했다. 따라서 시중의 냥을 전
부 폐지하는 화폐 개혁을 단행할 경우 전장의 결
사반대에 부딪칠 것이 뻔했다. 화폐가 통일되면
은화 냥과 은화 위안 및 동전의 환전을 통해 돈
을 버는 전장이 치명적인 타격을 입기 때문이다.
사실 전장이 화폐 교환권을 잃는다는 것은 금융
발언권을 잃는 것이나 다름없었다. 그러나 전장
들은 힘없는 피라미에 불과했다. 장제스가 훗날
금융 개혁을 단행할 때 이들 피라미들도 개혁 대
상에 오른 것은 너무나 당연했다.

| 본양

　국민정부는 은화 위안을 본위화폐로 정한다
는 데 이미 공감대를 형성하고 전문적인 태스크
포스를 조직했다. 국민정부는 일정한 절차에 따

| 응양

라 폐량개원을 실시하기로 결정한 다음 쑹쯔원에게 화폐 제도 개혁을
모두 위임했다. 시더마오는 이번에도 국민정부의 초청을 받고 폐량개
원 사업에 참여했다.

　폐량개원은 중국 본토 은행과 전장뿐만 아니라 외국 은행 및 외화
업무와도 긴밀히 연관된 대단히 복잡하고 방대하면서도 어려운 개혁
이었다. 중앙은행의 대표인 시더마오는 상해 은량(銀兩) 교환관리위원
회의 주요 멤버 자격으로 폐량개원 입안에서부터 구체적인 실무까지
직접 개입했으며, 나아가 각 측 이해관계 조율에도 참여했다.

　5차 포위토벌을 앞둔 1933년 4월에 장제스가 직접 지도 감독한 폐
량개원 개혁은 마침내 성과를 이루었다.

장제스의 화폐 통일 계획은 본위화폐 통일을 계기로 결정적인 한 걸음을 내디뎠다. 다음 목표는 중국은행과 교통은행을 철저히 통제하고 중앙은행의 권위를 확립하여 궁극적으로 금융 집권을 실현하는 것이었다.

당시 장제스는 재정부장 쿵샹시에게 다음과 같은 내용의 전보를 보내 화폐 개혁에 대한 단호한 의지를 밝혔다.

"국가와 사회가 파산 위기에 직면한 현재, 중국은행과 교통은행의 역할은 대단히 중요하다. 이 양대 은행을 개편하지 않으면 혁명과 민생에서 모두 실패하고 말 것이다."

장제스는 중국은행을 직접 타깃으로 삼았다. 교통은행은 그저 들러리에 불과했다.

1935년 3월 27일, 국민정부의 입법원은 '1억 위안 금융공채 발행 법안'을 통과시켰다. 공채는 중앙은행, 중국은행 및 교통은행의 자본을 늘리는 데 사용될 자금이었다. 이어 입법원은 강제로 중국은행에 대한 구조조정을 단행했다. 우선 사장의 명칭을 이사장으로 바꾼 다음 쑹쯔원을 이사장에 직접 임명하고 쑹쯔량과 두웨성을 이사회에 참여시켰다. 또 강제로 중국은행의 출자금을 4,000만 위안으로 확충하고, 정부 소유 주식도 원래의 500만 위안에서 2,000만 위안으로 늘렸다. 이렇게 해서 정부 측과 민간 측이 중국은행의 지분을 각각 절반씩 보유하도록 균형을 맞췄다. 장자아오는 중앙은행 부총재로 발령받았으나 실권은 전혀 없고 그저 이름뿐인 직책이었다. 그럼에도 장자아오 본인은 정작 이처럼 중대한 인사 이동에 대해 아무것도 모르고 있었다. 장제스는 얼마 후 똑같은 수법으로 교통은행도 접수했다. 그해

4월 새로 수정된 교통은행 정관에서는 정부 소유 주식 비중을 63%로 늘렸다. 교통은행도 국유화의 운명을 피하지 못했다.

장제스가 시대 흐름에 역행해 친일파 거물인 장자아오를 몰아내자 일본은 불만이 대단했다. 이때 천진 주재 일본 총영사 가와고에(川越)는 북경의 와카스키(若杉) 참사관에게 보낸 비밀 전보에서 이렇게 말했다.

"[쇼와(昭和) 10년(1935년) 4월 6일] 모 요인과 나눈 밀담에 의하면, 장제스가 장궁취안(張公權, 장자아오)을 중국은행에서 쫓아낸 이유는 공비 토벌과 군비 확충에 혈안이 돼 남경 정부의 재정 적자가 매달 2,500만 위안, 매년 3억 위안에 달했기 때문입니다. 이는 쿵(쿵샹시)과 쑹(쑹쯔원) 두 사람이 장제스 정권을 강화하기 위해 획책한 음모입니다. …… 결론부터 말하면 이들의 음모는 금융 지배, 화폐 개혁이라는 미명 아래 화폐(발행권)를 통일하고, 나아가 남경 정부로 하여금 통일 불환 지폐를 발행하도록 하기 위한 것입니다. …… 중국과 일본 사이에 우호적인 분위기가 한창 조성되고 있는 현재 쿵과 쑹의 농간에 놀아나 일본과 밀접한 관계를 가진 장궁취안을 배척했으니 참으로 큰 웃음거리가 아닐 수 없습니다. ……"

중국은행과 교통은행의 잇따른 국유화에 따라 중국 금융업은 관료 자본 통제 하의 '4행2국' 구도로 새롭게 면모를 일신했다. '4행'은 중앙은행, 중국은행, 교통은행 및 그 후에 가세한 중국 농민은행이었다. '2국'은 중앙 신탁국과 우정저금회업국(郵政儲金匯業局)이었다. 중국은행 사장에서 강제로 사퇴한 장자아오는 중국은행과 완전히 끈이 떨어졌다. 이때부터 중국은행은 관료 자본의 금융 도구로 전락했고, 중국은행 개편은 중국 자유 자본 시대의 종말을 의미했다.

장제스도 장자아오가 사회적 영향력이 상당하고 일본과 특별한 관계가 있다는 점 때문에 조금은 걱정이 되었다. 이에 민심을 구스를 요량으로 6개월 후에 장자아오를 내각의 모 부장에 임명했다. 그러나 장자아오는 얼마 후 병을 핑계로 사표를 내고 미국 연수를 떠나버렸다.

개인 자본 숙청 작업은 시작에 불과했다. 중국은행과 교통은행을 손에 넣은 장제스는 중국 통상은행, 중국 실업은행 및 사명(四明)은행을 다음 타깃으로 삼았다. 그는 중앙은행, 중국은행과 교통은행에 이들 3개 은행의 거액을 예금한 다음, 날을 잡아 한꺼번에 돈을 인출해 뱅크런을 유도하도록 지시했다.

이들 3개 은행 중에서 가장 마지막에 예금 인출 사태가 터진 곳은 중국 통상은행이었다. 이 은행의 이사장 겸 사장인 푸샤오안(傅筱庵)은 한때 성선회의 심복 집사로 일했을 정도로 막강한 실력을 자랑했다. 그는 장제스의 움직임을 미리 예측하고 바로 통상은행 이사이자 교분이 두터운 두웨성에게 도움을 요청했다. 두웨성은 흔쾌히 응낙했다.

"우리가 버팀목이 돼줄 테니 두려워하지 마시오."

푸샤오안은 두웨성의 말에 안도의 한숨을 내쉬었다. 하지만 이는 모두 두웨성의 계략이었다. 두웨성은 이어 가슴을 치면서 장담했다.

"보유 자금이 부족하면 얼마든지 빌려드리죠. 동생이 그 정도 도움도 주지 못하겠습니까? 그러나 미리 충분한 자금을 준비해 두는 게 좋을 것입니다. 정부 측에는 기회를 봐가면서 행동하는 것이 좋겠습니다."

푸샤오안은 이미 180만 위안의 일부 건설비를 투입하고 막 준공을 앞둔 통상은행 건물을 국민정부에 양도하기로 결정했다. 이어 두웨성에게 국민정부의 인수 의사를 알아봐달라고 부탁했다. 두웨성은 두말

없이 응낙했다.

쑹쯔원의 동생 쑹쯔량이 곧 상해 우정저금회업국의 대표로 나서서 통상은행 건물을 인수했다. 쑹쯔량은 건물 이름을 '건설빌딩'으로 바꾸고 그날 밤에 간판까지 바꿔 달았다.

그러자 중국 통상은행이 파산 위기에 직면해 건물까지 팔아버렸다는 소문이 파다하게 퍼졌다. 바로 이때 쑹쯔량에게 건물 인수 대금으로 먼저 중앙은행의 채무를 갚으라는 통지가 내려왔다. 푸샤오안이 건물 매각 대금을 만져보지도 못한 채 중국 통상은행은 쑹쯔량의 손에 의해 중앙은행으로 넘어갔다. 중국 통상은행은 보기 좋게 이용만 당한 것이다.

단오 전날 푸샤오안은 여기저기서 긁어모은 유가증권을 담보로 중앙은행에 300만 위안의 대출을 신청했다. 그러나 단오가 지난 후 중앙은행으로부터 "장부에 보유 자금이 없으니 대출이 불가능하다"라는 날벼락 같은 전화가 걸려왔다. 그는 황급히 재정부로 달려가 엎드려 절까지 하며 도움을 요청했지만 아무 소득도 없었다. 이 무렵 두웨성은 중국 통상은행이 곧 파산할 것이라고 도처에 유언비어를 퍼뜨리고 다녔다. 소문을 들은 예금주들은 돈을 인출하려고 앞다퉈 은행으로 몰려들었다.

사태가 수습이 불가능할 지경에 이르자 푸샤오안은 다시 두웨성을 찾아가 뒷수습을 부탁했다. 두웨성은 거듭 사양하다가 못 이기는 척하며 푸샤오안이 내민 중국 통상은행 자산 대장을 넘겨받았다. 푸샤오안은 이렇게 쓸쓸히 전장에서 사라졌다.

중국 통상은행은 결국 관민 공동 출자은행으로 새롭게 개편됐다.

구주는 일정 비율에 따라 신주로 환산하기로 했다. 이 과정에서 약간의 의견 충돌이 있었으나 재정부는 최종적으로 구주 가격을 신주의 15%로 정했다. 즉 구주 100위안을 신주 15위안으로 환산한 것이다. 당시 중국 통상은행에는 구주 자본금이 52만 5,000위안밖에 남지 않아 재정부가 정부 소유 주식 347만 5,000위안을 새로 출자했다. 정부 측 지분은 같은 액수의 부흥 공채로 충당했다. 두웨성은 새로 개편된 중국 통상은행 이사장을 맡았다. 국민정부가 청방 보스 두웨성에게 하사한 일종의 상인 셈이었다. 그러나 시대의 흐름에 따르지 않고 끝까지 정부에 대항한 강절 재벌들은 모두 장제스에게 큰 곤욕을 치렀다.

이제 남은 것은 중국 농민은행이었다. 그런데 농민은행은 조금 특수한 상황에 놓여 있었다. 네 개 성의 농민은행이 합쳐 조직을 구성한 데다 장제스가 직접 이사장을 맡고 있었다. 또 농민은행의 민간 측 지분도 모두 장제스 본인이나 그의 직계 측근들이 보유했다. 농민은행은 장제스가 명령만 내리면 수시로 화폐를 발행했고 지급 준비금 제한도 받지 않았다. 한마디로 농민은행은 장제스의 개인 소유물이나 다름없었다.

훗날 영국인 재정 고문 프리드릭 리즈 로즈가 중국에 와서 중국 은행업 준비금 상황에 대해 조사에 착수하라고 요구할 때, 쿵샹시는 농민은행에 적극 협조하라고 통지했다. 그런데 뜻밖에도 장제스가 이 사실을 알고 "나에게 그만한 권리도 없단 말이냐!"라면서 노발대발했다고 한다.

에드거 스노가 작성한 한 보고서에 따르면, 농민은행은 아편 밀매에도 개입해 부당 이익을 얻은 것으로 추측된다. 당시 전국 금연국(禁煙

局)의 연간 수입은 대략 2억 위안에 달했다. 그중 일부를 청방 및 기타 암흑가 조직이 장악했고, 정부에 상납한 자금 중 일부분은 장제스의 군사위원회가 직접 통제했다. 또 농민은행은 업무 성격이 다소 애매해 화폐 개혁 때 발권은행으로 지정되지 못했다. 그러나 얼마 지나지 않아 농민은행은 다른 3대 은행과 동등한 반열에 오르고 발권 기능까지 가지게 되었다. 장제스의 입김이 크게 작용한 것이 분명했다.

이처럼 국민정부가 민간 경제를 장악하는 데 핵심 역할을 한 인물은 쑹쯔원이었다. 그는 재정부장을 사퇴한 후에도 여전히 전국경제위원회에 남아 있었다. 장제스가 전국경제위원회의 기본 정책을 결정하고 그는 일상 업무를 책임졌다. 훗날 그는 중국은행 이사장에 임명돼 중국 은행업 총 자본금의 4분의 1에 달하는 어마어마한 자산도 관리했다. 그는 또 중국건설은회사를 설립하고 이 회사를 총본부로 삼아 목화 무역, 화학 산업 및 자동차 제조 등의 다양한 산업에 대대적으로 투자했다. 직권을 이용해 본인과 친인척 명의로 많은 기업에 투자하고 최종적으로 이들 기업을 모두 수중에 넣었다.

앞에서도 언급했듯 '빰따귀 사건' 이후 쑹쯔원이 재정부장에서 물러나고 쿵샹시가 직무를 이어받았다. 동시에 그는 행정원 부원장 및 중앙은행 총재 등을 겸임하면서 장제스의 최측근으로 인정받았다. 한번은 중앙은행 이사회가 모 프로젝트를 통해 1억 위안의 주식 중 4,000만 위안을 민간에 판매하려고 했다. 이때 쿵샹시는 장제스에게 의견을 구했으나 퇴짜를 맞았다. 실제로 중앙은행은 한 번도 민간에 주식을 판매한 선례가 없었다. 금융 집권을 목표로 하는 장제스가 핵심 금융기관인 중앙은행의 정부 측 지분을 쉽사리 줄일 까닭이 있겠는가.

쿵샹시가 장악한 중앙은행 시스템에는 보험업도 망라됐다. 쿵샹시가 바보가 아닌 이상 자신 소유의 지분을 남겨놓지 않을 까닭이 없었다. 그는 실제로 신탁과 투자 업무를 주로 하는 유명한 중앙 신탁국을 설립했다. 본인이 이사장을 겸임하면서 큰아들 쿵링칸(孔令侃)을 상임이사에 임명해 사실상 아들에게 인사와 행정 업무를 전담시켰다. 중앙 신탁국은 쿵씨 가문이 무기 매매, 밀수, 횡령, 외화 수탈 등에 이용하는 전문 기구 역할을 했다.

중국은행을 장악한 쑹쯔원과 중앙은행을 장악한 쿵샹시는 중요한 결정을 내릴 때마다 항상 서로의 의견을 조율하면서 협력, 보완하는 관계를 유지했다. 중국 금융 시스템은 일련의 복잡한 재조정 과정을 거친 끝에 결국 '4대 가족'을 핵심으로 하는 관료 자본의 소유물이 되었다. 물론 이 가운데는 장제스의 직계 심복 두웨성도 포함돼 있었다.

자라를 팔다!

4대 은행을 모두 손에 넣은 국민정부는 재정 자금이 부족하면 정당한 명분으로 4대 은행의 돈을 빌리면 그만이었다. 더 이상 상업 은행과 전장에게 착취당할 이유가 없었다. 정부는 낡은 공채를 처분하고 새 공채를 발행하기로 결정했다. 낡은 공채 소유주들에게는 보답의 의미로 공채 회수 금리를 약간 인상해 주었다. 중요한 시기에 정부를 지원해 공채를 구매한 사람들이 손해를 보게 할 수는 없는 노릇이었다.

쿵샹시가 이 공채 발행을 주관했다. 가장 먼저 이 소식을 입수한 쿵샹시의 아내 쑹아이링은 즉시 시중의 낡은 공채를 사들이기 시작했다. 쿵씨 가문은 비밀리에 낡은 공채를 매입하다가 이만큼이면 됐다고 생각하는 시점에 이 소식을 유포했다. 낡은 공채 가격은 삽시간에 폭등했다. 며칠도 안 되는 사이에 상해에서는 낡은 공채가 최고의 인기 투자 상품으로 떠올랐다.

두웨성은 처음에 아무것도 모르고 있다가 낡은 공채 가격이 급상승하는 것을 보고 등이 바짝 달아올랐다. 그는 득달같이 쿵씨 집안을 찾아가 소식을 탐문했다. 쑹아이링으로부터 확실하다는 대답을 들은 그는 즉시 집으로 돌아와 낡은 공채를 사들이기 시작했다. 그는 낡은 공채 가격에 아직 상승 공간이 남아 있다고 확신하고, 공채를 계속 매입하는 한편 소문을 마구 퍼뜨렸다.

"국가 경제가 호전되고 있으니 어려운 시기에 정부를 지원한 사람들은 큰 혜택을 볼 수 있다."

두웨성이 퍼뜨린 소문이 삽시간에 퍼지며 낡은 공채 가격은 또 한 번 급등했다. 그러나 낡은 공채 가격이 상식 이상으로 폭등한 상황에서 정부가 그 가격에 공채를 인수한다면 재정이 바닥날 수밖에 없었다. 두웨성이 낡은 공채 가격이 더 상승하기를 기다리는 동안 쑹아이링은 가지고 있던 낡은 공채를 소리 소문 없이 처분해 버렸다.

두웨성이 그 사실을 알았을 때 낡은 공채 가격은 걷잡을 수 없이 하락하기 시작했다.

▎쿵샹시와 쑹아이링

두웨성은 분해서 견딜 수가 없었다. 암흑가의 보스가 이렇게 말 못할 손해를 당하고서야 어떻게 강호를 누비겠는가? 이렇게 생각한 두웨성은 쿵샹시를 찾아가 잃어버린 본전을 갈취하기로 마음먹었다.

두웨성은 쿵샹시를 식사에 초대했다. 쿵샹시는 아무 영문도 모른 채 두웨성의 집으로 향했다. 곧 그의 눈에 식탁 위에 놓인 커다란 자라 한 마리가 들어왔다. 그는 두웨성이 자신에게 대접하려는 요리인 줄로 오해했다. 그가 말했다.

"빨리 저 자라를 가져가 요리해 오시게."

쿵샹시의 말에 두웨성이 정색하고 말했다.

"쿵 부인께서 낡은 공채에 관한 거짓 정보를 나한테 흘렸습니다. 나는 쿵 부인만 믿었다가 큰 손해를 봤습니다. 이래서야 어디 같이 일을 하겠습니까?"

"……."

"손해배상은 요구하지 않겠습니다. 대신 이 자라를 50만 달러에 사십시오."

쿵샹시는 그제야 두웨성이 협박한다는 사실을 알아채고 즉각 응수했다.

"공채 투자에서 손해 본 것은 자네 잘못이 아닌가. 굳이 이럴 필요까지 있는가."

두웨성은 그 말에 더 화가 났다.

"쿵 부인이 그 소식을 어디에서 들었겠습니까? 당신한테 들은 것 아닙니까? 지금 와서 발뺌하면 나는 어쩌란 말입니까?"

"허튼소리 하지 말게!"

쿵샹시가 자리에서 벌떡 일어나자 두웨성
의 부하 둘이 동시에 총을 꺼내들고 쿵샹시의
머리에 총부리를 겨눴다. 쿵샹시는 놀라서 식
은땀을 흘리다가 이내 마음을 진정시켰다. 산
전수전 다 겪은 두웨성이 아무리 간이 부었다
하더라도 자신을 죽이진 못할 것이라는 사실
을 잘 알고 있었다. 사실 두웨성에게는 돈 몇
푼 뜯어내는 것이 더 중요했다. 쿵샹시는 자

▌두웨성

신의 이마를 가리키면서 침착하게 말했다.

"내 머리가 50만 달러의 가치가 있다고 생각한다면 한번 쏴보게나.
여기에다 쏘라고."

쿵샹시는 눈꺼풀 하나 꿈쩍하지 않았다. 깡패처럼 위협하면 쿵샹시
가 두려워 벌벌 떨 것이라는 두웨성의 예상은 보기 좋게 빗나갔다. 조
폭을 많이 배출하기로 유명한 산서성 태생인 쿵샹시에게 위협은 통하
지 않았다. 두웨성은 짐짓 굳은 표정을 한 채 부하들을 꾸짖었다.

"모두 나가지 못해. 나는 사업을 의논하기 위해 쿵 원장(쿵샹시는 당시 행
정원장도 겸하고 있었음-옮긴이)님을 모신 것이지 인질로 납치한 것이 아니야.
이 자라는 쿵 원장 댁에 보내드리도록 해라. 당당한 재정부장님이 그
깟 돈 몇 푼을 떼어먹겠는가. 손님을 배웅해 드려라."

쿵샹시는 두웨성 부하들의 배웅을 받으며 집에 돌아왔다. 쑹아이링
은 남편이 뒤에 커다란 자라 한 마리를 달고 오는 것을 보고 어안이
벙벙해졌다. 잠시 후 자초지종을 전해 들은 그녀는 화가 너무 났는지
입에서 마구 욕을 쏟아냈다.

"그 자식 정말 죽일 놈이네. 깡패 주제에 어디 감히 재정부장에게 까불어. 간덩이가 아무리 크다고 해도 그렇지, 우리 쿵씨 가문에게 대들 생각을 해? 도저히 안 되겠군. 제부(장제스)를 찾아가야겠어. 이 자식은 단단히 혼이 나야 해."

쿵샹시는 펄펄 뛰는 부인을 만류했다. 만약 두웨성과의 해프닝이 만천하에 알려질 경우 손해 볼 사람은 재정부장인 자신이 아니겠는가. 그만큼 그는 노련했다.

다음날 아침 경비병이 황급히 쿵샹시에게 달려왔다.

"원장님! 누군가 문 앞에 검은 관을 가져다 놓았습니다. 어떻게 할까요?"

쿵샹시는 즉각 두웨성의 짓임을 알아챘다.

쿵샹시는 바로 중앙은행 이사회 특별회의를 소집했다. 회의에서 그는 공채 사업을 위해 크게 기여한 애국자에게 중앙은행 이사회 명의로 포상한다고 정중하게 선포했다. 그가 언급한 애국자는 다름 아닌 두웨성이었다. 두웨성은 쿵샹시가 자신의 체면을 한껏 세워주자 바로 화를 풀었다. 싸움 뒤에 정이 더 깊어진다고 쿵샹시와 두웨성은 이때 일을 계기로 더욱 돈독한 사이가 되었다.[7]

최초의 중미 환율전쟁: 은 수출 붐

중국 내에서 다각적인 자본 재조정이 이뤄질 때 국제 금융 환경에도 상당히 중대한 변화가 생겨났다. 이 변화는 1930년대의 경제 대공황과 밀접한 관계가 있었다. 공황이 전 세계를 강타하자 영국을 비롯해 캐나다, 일본, 오스트레일리아 등 주요 자본주의 국가들은 잇따라 금 본위제를 폐지하고 의도적으로 자국 화폐를 평가절하했다. 이 방법으로 해외 시장을 개척하고 타국과의 경제 전쟁에서 우위를 선점하려는 의도였다.

1933년 루스벨트 미국 대통령은 경제 위기에 대한 대응책으로 '뉴딜 정책'을 추진하고, 정부 지출을 늘려 경제 성장을 촉진하려고 했다. 더불어 디플레이션과 물가 폭락을 막기 위해 '은 구매법(Silver Purchase Act)'을 통과시켰다. 미국 재무부는 이 법안에 따라 은 가격이 온스당 1.29달러로 떨어질 때까지 국내외 시장에서 대량의 은을 매입하거나[8] 금 보유량의 3분의 1에 상당하는 은을 비축함으로써 금 대신 은을 준비금으로 삼는 방안을 확정했다.[9]

미국은 이 정책을 통해 두 가지 전략적 목적을 달성하고자 했다. 첫째는 준비금 확대를 통해 통화량을 늘림으로써 디플레이션 압력을 완화하는 것이다. 둘째는 정부 차원에서 은 구매 붐을 조성, 은 가격 상승을 유도함으로써 은본위제 국가의 화폐 구매력을 상승시키는 것이다. 중국을 비롯한 은본위제 국가의 화폐 가치를 평가절상시켜 이들 국가에 미국의 잉여 상품을 덤핑 판매하려는 야비한 음모였다.

역사는 때때로 주인공만 바뀌고 놀랄 만큼 똑같이 반복되곤 한다. 루스벨트 전 대통령이 1933년에 추진한 '은 구매법'과 오바마 대통령이 2010년 중국에 인민폐 평가절상 압력을 가한 것은 완벽히 똑같은 의도에서 나왔다고 볼 수 있다.

루스벨트의 두 가지 전략적 목표는 처음부터 실패가 예정돼 있었다. 당시 미국의 대공황은 GDP 대비 채무 규모가 너무 컸기 때문에 발생했다. 1929년에 미국의 GDP 대비 채무 비중은 무려 300%에 육박했다. 거액의 채무에 힘입은 산업 확장 속도는 미국 국내의 구매력 증가 속도를 훨씬 앞질렀다. 그 결과 심각한 소비력 부족과 대량의 잉여 상품을 초래했다. 기업의 채무 위약 리스크가 급증하면서 급기야 증시가 붕괴되고 은행의 악성 부채 규모가 증가해 많은 은행들이 문을 닫을 수밖에 없었다. 기업 채무 위약 리스크의 증가에 따라 은행이 신용대출 긴축 정책을 펼치면서 더 많은 기업이 파산하고 대량의 실업자를 양산했다. 이로 인해 국내 소비력이 급감하고 과잉 상품 문제가 더욱 심각해졌다. 이와 같은 악순환이 반복되면서 디플레이션이 물가 폭락을 부르고 대규모 실업 사태와 경제 공황을 초래했다.

이 점만 보더라도 1929년 미국 대공황과 2008년 미국발 금융위기는 본질적으로 완벽히 일치한다. 2008년에도 미국의 GDP 대비 부채 비율은 무려 400%에 이르렀다. 비슷한 위기 상황에서 오바마 역시 루스벨트와 거의 유사한 해결 방안을 내놓았다(《황당한 경제학의 청산: 루스벨트, 그린스펀과 오바마, 아무도 미국을 구원하지 못한다》, 토머스 우즈(Thomas E. Woods) 저, 중화공상연합출판사, 2010년 1월 참고).

채무 규모를 줄이지 않고 막무가내로 화폐 발행량과 신용 공급을 늘리는 것은 근본적인 해결책이 아니다. 루스벨트의 뉴딜 정책은 8년 동안 시행됐으나 대공황을 극복하지 못했다. 당연히 오바마는 루스벨트보다 더 운이 나빴다.

막대한 채무로 인해 위기가 유발된 경우 지급 준비금을 늘리는 방법으로 위기를 해결할 수 있을까? 결론은 말할 것도 없이 'No'이다.

채무 규모를 줄이지 않는 한 지급 준비금을 아무리 늘려도 신용 대출은 확대될 수 없다. 기업이 대출을 원하지 않거나 설사 원해도 받을 수 없기 때문이다. 더구나 대출이라는 경로를 거치지 않고 신용을 경제체제에 공급할 수는 없다. 한마디로 루스벨트의 첫 번째 전략적 목표는 실현 불가능했다.

의도적으로 은 가격을 상승시켜 중국 화폐를 평가절상한다면 미국의 수출 문제를 해결할 수 있을까? 만약 미국의 은 가격이 상승한다면 중국의 금속화폐는 투기꾼들에 의해 대량으로 미국에 유입돼 중국의 본위화폐는 큰 타격을 입을 가능성이 높다. 이 경우 중국은 심각한 경제 침체를 맞아 소비력이 급감해 필연적으로 수입이 감소한다.

루스벨트의 은 구매법은 의도와 전혀 다른 결과를 낳을 수밖에 없었다. 그렇다면 남에게 손해를 끼치고 자기 이익만 도모하는 루스벨트의 뉴딜 정책은 그저 금융위기에 대처하기 위한 것이었을까? 사실 미국 지배 엘리트들의 전략적 목표는 이보다 더 높은 곳에 있었다. 바로 파운드화를 대신해 달러화를 세계의 기축통화로 만드는 것이었다.

당시 장제스가 금융 집권과 화폐 통일에 이어 은본위제까지 확립한 것을 보고 세계의 화폐 맹주 영국을 비롯해 호시탐탐 그 자리를 노리는 미국과 일본은 큰 위기감을 느꼈다. 장제스가 중국의 금융 하이 프런티어를 튼튼히 다지도록 내버려둘 경우 중국은 경제, 정치, 군사 등 제반 분야에서 자주적이고 독립적인 실력을 가진 제2의 일본으로 부상할 가능성이 높았다. 3대 열강 누구도 중국이 자주적이고도 독립적인 강대국의 모습으로 아시아 대륙에 군림하는 것을 원하지 않았다.

중국 은본위제 붕괴를 목표로 삼은 열강들은 가장 먼저 중국 화폐의 초석인 은을 타깃으로 삼았다. 이는 과거 영국이 아편무역을 통해 청나라 본위화폐를 공격한 것과 별반 다르지 않았다. 다른 점이라면 영국이 아닌 미국이 더 은밀하고 문명화된 수법을 동원했다는 사실이다. 미국이 인위적으로 세계의 은 가격을 상승시켜 중국 은이 대량으로 외국으로 빠져나가도록 유도해 중국에서 은 통화량이 급감하면 은 본위제는 스스로 무너질 가능성이 높았다.

장제스가 화폐 독립을 이루지 못할 경우 3대 열강 중 하나에 의존할 수밖에 없었다. 중국의 은본위제와 화폐 자주권이 붕괴되면 중국은 다음의 세 가지 길 외에 다른 선택이 없었다. 하나는 중국 통화를 영국 파운드화와 연계시키고 '파운드 블록'에 가담함으로써 파운드화의 종속물이 되는 길이다. 또 하나는 일본 엔화와 연계시켜 일본의 '대동아공영권'에 포함됨으로써 일본의 경제 식민지로 전락하는 길이다. 마지막 하나는 달러화와 연계시켜 아메리카합중국 배에 올라탐으로써 미국의 극동 지역 최대 시장 및 원자재 공급 기지로 전락하는 길이다.

어떤 길을 선택하든 중국은 필연적으로 화폐 주권을 상실할 수밖에 없다. 중국의 본위제도가 외화 본위로 바뀌게 되면, 외화를 준비금으로 마련하거나 특정 통화에 대한 고정환율을 기준으로 화폐를 발행해야 한다. 또한 환율 안정을 도모하고 환율 변동에 대처하기 위해 반드시 대량의 외화를 비축해야 한다. 이렇게 되면 본위화폐 발행국은 더 많은 세뇨리지 수익을 얻고, 자국 중앙은행의 화폐 정책을 조정함으로써 통화 블록 내의 모든 해외 국가의 신용 긴축 내지 신용 확장을 간접적으로 통제할 수 있게 된다. 이쯤에서 로스차일드의 명언을 떠올리지 않을 수 없다.

세뇨리지(seigniorage)
화폐 주조로 얻는 이익.

"내가 한 국가의 화폐 발행권을 장악할 수 있다면 누가 법률을 제정하든 상관치 않겠다."

이렇게 해서 중국의 본위화폐를 둘러싸고 미국, 영국, 일본 3국 간 아귀다툼이 벌어졌다.

미국 정부가 뉴욕 및 런던 시장에서 은을 대량으로 매입하자 국제 은 가격이 급등했고, 이 여파로 막대한 양의 중국 은이 외국으로 빠져 나갔다. 중국은 결코 은 생산량이 많지 않았고, 은화 주조에 필요한 은도 수입에 의존하는 형편이었다. 그런데도 중국의 은은 밀물처럼 외국으로 유출되었다. 1934년에는 3개월 사이에 무려 은화 2억 위안이 외국으로 빠져나갔다.

미국의 은 매입이 계속되자 1934년에 런던 시장의 은 가격은 두 배나 폭등했다. 은 시세 변화를 면밀히 주시하던 은행가들은 돈벌이 기회를 포착하고 은 투기에 손을 대기 시작했다. 상해에서 구매한 은을 런던이나 뉴욕에 가져다 팔면 어마어마한 이익을 얻을 수 있으니, 누구보다 잇속에 밝은 그들이 이 좋은 기회를 놓칠 리 만무했다. 당시 중국의 은은 대부분 상해에 보관돼 있었다. 특히 상해 조계지는 외국 열강들의 치외법권 지역이어서 가장 안전한 곳으로 여겨졌다. 이 때문에 전국 각지의 지주, 군벌과 탐관오리들이 개인 재산을 이곳에 보관해 두었다.

당시 각 대형 은행들은 매일 밤 장부 정리를 하면서 보유 자금이 부족하면 각 창고에 비축해 둔 준비금을 외국 은행 및 중앙은행 국고에 보내라고 통보했다. 무장 호송원들도 창고에 박스 채로 쌓여 있는 은화, 무게가 100냥에 달하는 은괴와 대원보(大元寶)들을 장갑차에 실어 운송하느라 덩달아 바쁘게 움직였다. 외국 은행에 들어간 은은 다시 나오지 않고 남김없이 외국으로 빠져나갔다. 홍콩상하이은행이 1934년 8월 21일 하루에 영국 라플린 호 우편선에 실어 보낸 은 물량만 1,150만 위안에 달했다.[10] 외국 은행의 선도 아래 상해 금융시장에는 드디어 은 수출 붐이 거세게 일기 시작했다.

미국의 어니스트 하우저(Ernest Hauser) 기자는 《상해탄을 팔아먹다 (Shanghai: City for Sale)》라는 저서에서 당시 상해의 은 수출 붐에 대해 자세하게 묘사했다.

"하비로(霞飛路)에 있는 한 무도장이었다. 남자가 옆에 있는 무희에게 양해를 구하고 전화 부스로 향했다. 남자는 중개인에게 전화를 걸어 당일 은 시세를 물었다. 이어 전날보다 은 가격이 올랐으면 물량을 좀 더 달라고 부탁했다. 통화를 마치고 다시 제자리로 돌아온 남자는 웨이터를 불러 축하 샴페인을 터뜨렸다. 공석이나 사석을 막론하고 이들의 머릿속에서는 온종일 '은'이 떠나지 않았다. 이들은 본업을 팽개치고 산더미처럼 쌓인 결재 서류도 거들떠보지 않았다. 모든 친구들과 연락도 끊은 채 오로지 '은' 생각만 했다."

상해에서는 외국 은행이 은을 가장 많이 보유하고 있었다. 이들은 자유롭게 행동할 권리를 가져 국민정부의 간섭을 전혀 받지 않았다. 외국 은행은 자연스럽게 중국 은 수출 붐의 역군이 되었다. 은 수출 붐 기간에 외국 은행의 은 재고가 급감해 감소폭이 최대 85%에 달했다. 외국 은행은 몇 년 전 금이 귀하고 은 가격이 낮을 때 대량으로 비축해 뒀던 은을 전부 국제 시장에 내다팔았다. 당시 상해의 은 보유량은 최대 2억 7,500만 위안에 달했다가 순식간에 4,200만 위안으로 줄어

들었다.[11]

　은 유출에 따라 중국 화폐 가치는 평가절상되고 무역적자는 갈수록 늘어났다. 예상대로 외국 상품이 중국 시장에 물밀듯 밀려들자 중국 상품의 수출은 갈수록 어려워졌다. 대량의 은이 외국으로 빠져나가면서 동시에 심각한 디플레이션이 발생해 은행 대출 규모는 급감한 반면 금리는 수직 상승했다. 이에 아무리 높은 금리를 제시해도 돈을 빌릴 수 없는 기이한 현상이 나타났다. 이런 악재들 속에 금융 경색으로 물가가 폭락하면서 상공업 기업들은 줄줄이 도산하고 말았다.[12] 1934년 말에는 부동산 가격까지 수직 하락해, 상해 조계지의 부동산 가격은 최대 90%까지 떨어졌다. 시장에서 민심이 동요하고 은행에는 돈을 찾으려는 사람들이 줄을 지어 은행과 전장은 잇따라 파산에 직면했다.

　국민정부는 은 유출 사태를 막기 위해 '은 수출세'라는 새로운 세금을 징수했다. 그러나 이 조치는 오히려 역효과를 일으켰다. 은 수출이 제한을 받게 되자 은 암거래와 밀수가 기승을 부렸다. 실제로 1934년 마지막 몇 주일 사이에 밀수업자를 통해 외국에 유출된 은은 2,000만 위안에 달했다. 심지어 일본은 국민정부의 금융 시스템에 타격을 주기 위해 점령지 내에서 보란 듯이 공공연하게 은을 밀수했다. 이에 따라 1935년 은 밀수액은 1억 5,000~2억 3,000만 위안에 달했다. 대량의 은 유출 사태는 중국의 금융과 경제를 완전히 재난으로 몰아넣었다.

　금융 환경이 격변하자 사회 민심도 흉흉해지기 시작했다. 국민정부는 미국에 국제 은 가격 하락을 주도해 달라고 간청했으나 돌아온 대답은 차가운 거절이었다. 사태가 걷잡을 수 없는 상황에 이르자 국민정부는 별 수 없이 보유한 은을 중미 양측의 약정 가격에 따라 미국에 공급하기로 결정했다.

중국은 경제 위기에서 벗어나기 위해 최종적으로 은본위제를 폐지할 수밖에 없었다. 장제스의 화폐 독립의 꿈은 루스벨트에 의해 무참하게 깨져버렸다.

일본 침략의 도화선이 된 법폐 개혁

'4대 가족'이 이익 다툼에 혈안이 돼 싸우고 은 수출 붐마저 쉽사리 사그라지지 않는 와중에 국민정부가 '은 수출세'라는 새로운 승부수를 띄우자 이번에는 은 밀수가 기승을 부렸다. 장제스는 그제야 비로소 미국의 '은 구매법'이 중국을 타깃으로 삼았다는 사실을 간파했다. 중국은 은본위제를 실시하는 국가였지만 은의 가격 결정권은 미국의 수중에 있었다. 국제 은 가격이 폭등하면서 중국에 심각한 경제 위기가 발생하자 장제스는 화폐 개혁을 고려하지 않을 수 없었다.

이 무렵 미국을 필두로 영국과 일본은 중국 화폐의 지배권을 둘러싸고 치열한 아귀다툼을 전개했다.

일본은 중국의 동북 지방을 점령한 다음 화북으로 세력을 확장하기 시작했다. 중국을 완전히 집어삼키겠다는 야욕은 1934년에 발표한 '아마하(天羽) 성명'에 잘 드러나 있다.

"일본은 동아시아와 중국에 대해 특별한 책임을 질 것이다. 다른 국가들은 일본의 허락 없이 중국 내정에 간섭하지 못한다."

이 성명을 통해 일본은 중국을 자신들의 엄연한 예속물로 간주했다. 그러자 중국에서 가장 많은 투자를 하고 가장 많은 상업적 이익을 취하던 영국은 한갓 애송이에 불과한 일본이 중국을 쥐락펴락하는 꼴을 두고만 볼 수 없었다. 다만 영국은 시시각각 위협을 가해오는 나치독일의 압력 때문에 일본을 응징할 여력이 없었다.

유일하게 일본을 응징할 실력과 동기, 수단을 모두 가진 나라는 미국이었다. 일본 역시 미국을 가장 주시하고 두려워했다. 미국은 일본의 석유와 철강이라는 명맥을 장악하고 있어서 마음만 먹으면 언제든지 일본을 질식사시킬 수 있었다. 그럼에도 불구하고 미국이 손을 쓰지 않은 이유는 가만히 앉아 어부지리를 노렸기 때문이다.

미국은 독일의 손을 빌려 패권을 차지하는 데 가장 큰 걸림돌인 영국과 소련을 제거하는 동시에 이 국가들이 물고 물리는 싸움으로 치명상을 입었을 때 나서서 결정타를 날릴 심산이었다. 한편으로는 일본이 중국의 늪에 깊이 빠져 힘이 크게 소진될 때를 기다렸다가 치명적인 일격을 가할 속셈이었다. 이렇게 되면 영국, 프랑스, 독일, 일본, 소련 등 열강들이 큰 타격을 입어 미국이 손쉽게 세계 맹주로 군림할 수 있었다.

경기 침체로 인해 궁지에 몰린 국민정부는 하는 수 없이 미국에 은본위제를 폐지하고 중국의 은을 적정 가격에 공급하겠다는 의사를 밝혔다. 그러나 미국은 겉으로 냉랭한 반응을 보이며 값이 더 떨어질 때까지 기다렸다. 그러자 국민정부는 홍콩상하이은행과 차타드은행에 차관을 구걸했다. 외채 조달 업무를 책임진 쑹쯔원이 홍콩상하이은행에 2,000만 파운드의 대출을 신청한 것이다. 홍콩상하이은행은 적극적인 대중국 정책을 채택한 영국 재정계의 독촉 아래 조건부 대출을 제공하기로 결정했다. 이번 힘겨루기에서는 미국이 영국보다 한 수 위임을 입증했다.

영국 정부는 중국 주재 영국 대사관 상무 참사관 조지를 통해 쿵샹시와 쑹쯔원에게 다음과 같은 조건을 제시했다.

"대출을 제공할 수는 있다. 단 중국은 반드시 은본위제를 폐지하고 중국 화폐를 영국 파운드화와 연계시켜야 한다."

동시에 영국은 일본, 미국, 프랑스 등이 국제 금융회의를 소집해 대중국 공동 원조 방안을 논의할 것을 제안했다.[13] 영국은 미국과 일본이 몰래 훼방 놓을까 두려워 이들 국가를 자신의 편으로 끌어들이려 했다. 가장 바람직한 결과는 각국이 영국의 지시를 고분고분 따르고 중국 법폐를 영국 파운드화와 연계시키도록 적극적으로 격려하는 자세였다. 그러나 이는 영국의 순진한 욕심에 불과했다.

프랑스는 철천지원수인 나치 독일에 대항하기 위해 영국의 지원이 필요했던 터라 울며 겨자 먹기로 협력을 약속했다. 그러나 일본은 영국의 제안을 일언지하에 거절했고, 미국은 여전히 관망하는 자세를 취했다. 미국은 영국이 일단 중국 화폐 개혁을 주도하게 되면 장차 중국의 재정과 금융까지 장악할 것을 우려해 최종적으로 영국이 제안한 회의에 불참하기로 결정했다. 영국 정부는 자신의 제안에 맞장구쳐주는 상대가 없자 수석 재정 고문 프리드릭 리즈 로즈를 중국에 파견해 중국의 화폐 개혁을 위한 계책을 내놓게 했다.[14]

리즈 로즈는 중국에 가기 전에 우선 미국 정부를 회유해 볼 심산이었다. 그러나 미국 정부는 그를 워싱턴에 머물지 못하도록 했다. 리즈 로즈는 어쩔 수 없이 일본으로 발길을 돌려 히로타(廣田) 일본 외무성 대신과 회담을 갖고 이렇게 밝혔다.

"만약 만주국이 국민정부에 관세를 납부하기로 약속한다면, 영국은 국민정부를 설득해 만주국의 독립을 승인하도록 하겠다. 만주 문제가 해결되면 화북의 문제도 저절로 해결될 것이다. 국민정부가 만주 지역 관세까지 흡수할 경우 세수입의 증가와 더불어 대출 담보 능력도 높아질 것이다. 그러면 중국의 화폐가 안정돼 영일 양국의 대중국 무역에도 큰 도움이 될 수 있다. 이는 누이 좋고 매부 좋은 일이 아닌가. 화폐 개혁이 성공하면 대외 무역도 따라서 호조를 보여 일본은 대중국 무역의 최대 수혜국이 될 것이다."

일본은 로즈의 말을 듣고 기가 막혀 할 말을 잃었다.

"이는 일본을 바보로 여기는 것이 아니고 무엇인가. 만주국은 이미 우리 일본의 소유인데, 로즈가 나서서 만주국의 관세를 국민정부에 바치라고 하다니. 영국이 일본의 이익을 해쳐서 장제스에게 알랑거리려는 수작이 틀림없어. 도대체 이런 경우가 어디 있단 말인가. 더욱 화나는 것은 로즈가 중국의 화폐 발행권을 노리고 있다는 사실이야. 일본에 무역 수입이 어쩌고저쩌고하며 큰 인심을 베푸는 것처럼 하면서 말이지."

결국 일본도 협력을 거부하자 영국은 단독으로 행동을 개시할 수밖에 없었다. 로즈는 1935년 9월에 고급 고문 자격으로 중국으로 향했다. 그는 중국 방문 목적에 대해 중국에서 통화관리 제도의 타당성 여부를 조사하는 것이라고 밝혔다.

로즈는 영국 재정부 직원 패치 및 네덜란드은행의 로리스와 공동으로 연구를 진행했다. 그들은 예상대로 중국에서 통화관리 제도를 충분히 실시할 수 있다는 결론을 얻어냈다.

"비록 중국 화북 지역의 은을 상해로 운송하는 데는 어느 정도 어려움이 따르나 상해와 남경의 국민정부 은행에는 이미 대량의 은이 비축돼 있다. 이 정도의 은 보유량이면 외환 시장의 안정과 중국 통화의 안정을 충분히 보장할 수 있다."

이에 영국은 중국에 대출을 제공해 화폐 개혁을 추진하기로 결정했다. 전폐사(錢幣司) 사장을 맡았던 다이밍리(戴銘禮)는 당시 상황을 이렇게 회상했다.

"나는 명령을 받고 남경에서 상해로 가서 화폐 개혁 포고문 작성 작업에 참여했다. 화폐 개혁 방안의 주요 내용이 영어로 작성되어 이를 중국어로 번역해야 했다. 그러나 제6조 조항이 시종 매끄럽지 못했다. 결국 쑹쯔원은 이렇게 말했다. '중앙은행, 중국은행 및 교통은행이 무제한으로 외화를 매매한다는 내용만 나오면 된다. 다른 건 다 필요 없다'라고. 사실 쑹쯔원의 이 말은 아무렇게나 던진 것이 아니었다. 장제스가 각국과 균형을 도모하는 과정에서 이익을 최대한 실현하기 위한 방법이었다. 화폐 개혁 포고문 작성 작업은 한밤중이 돼서야 끝났다. 재정부는 쿵샹시의 자택에 사람을 보내 포고문에 그의 서명을 받은 다음 밤을 새워 화폐 개혁 방안을 발송했다."[15]

정말 한심한 것은 남경 국민정부의 중요한 공문서인 화폐 개혁 방안을 위의 기록에서 보듯 전부 영국인이 기초했다는 사실이다. 이처럼 무능한 정부가 화폐 독립을 과연 이룰 수 있을까?

1935년 11월 4일, 국민정부는 '법폐 정책'을 공포하고 중앙은행, 중국은행 및 교통은행에서 발행하는 화폐를 '법폐'로 규정했다. '법폐'는 '무제한 법화'를 의미했다. 또 은화 유통을 금지시키고 각 금융기관과 민간인이 보유한 은과 은화를 모두 중앙은행에 가져가 태환하도록 했다. 쿵샹시와 로즈는 여러 차례 비밀 협상을 거쳐 최종적으로 법폐와 파운드화의 환율을 법폐 1위안에 파운드화 1실링 2.5펜스로 정했다. 이렇게 해서 법폐와 영국 파운드화가 마침내 연계되었다.

중국 통화인 법폐는 이때부터 외국 통화의 예속물로 전락했다.

홍콩상하이은행은 장제스와 영국 정부가 화폐에 대한 공감대를 형성하는 데 결정적인 역할을 했다. 중국에 은 수출 붐이 일어났을 때 상해 시장을 안정시킬 수 있었던 유일한 기관인 홍콩상하이은행은 막강한 자금력으로 중국 금융 시장에서 독보적인 지위를 누리고 있었으니 어쩌면 당연한 결과였다. 이에 대해서는《HSBC: 홍콩상하이은행의 백년사》를 쓴 저자 모리스 크리스도 감탄한 바 있다.

"홍콩상하이은행은 대국인 중국의 화폐가 1년 중 대부분 기간에 안정을 유지하도록 만들었다. 참으로 믿기 어려운 일이다."[16]

화폐 개혁이 시행된 후 영국 국왕의 칙령에 따라 홍콩상하이은행은 수천만 위안의 은화를 국민정부 중앙은행에 제공하고 중국 지폐와 법폐로 바꾸었다. 차타드은행 등 다른 영국계 은행들도 중국 화폐 개혁을 지지한다는 의미로 보유하고 있던 은을 무조건 내놓는 데에 동의했다.[17]

중국 주재 영국 공사는 영국 교민들에게 이 사실을 통보하는 공지문을 붙였다.

"중국 경내에 거주하는 영국 국적 법인이나 개인은 은화로 채무의 전액이나 일부분을 상환해서는 안 된다. 이를 어길 경우 엄벌에 처한다."

남경 국민정부는 회수한 은 3억 위안을 런던으로 가져가 파운드화로 바꿔 법폐 안정을 위한 준비금을 마련했다. 국민정부는 1차로 잉글랜드은행에 2,500만 파운드의 준비금을 저축했다.

중국의 화폐 개혁은 일본의 심기를 불편하게 만들었다. 영국이 공공연히 일본의 이익을 건드리고 법폐를 파운드화와 연계한 것은 중국과 영국의 동맹 관계가 이미 공고해졌음을 의미했다. 이로써 일본과 영국의 결별은 피하기 어려웠다. 일본은 중국 법폐를 엔화와 연계시키려던 음모가 수포로 돌아간 만큼, 중국 화북 지역에 대한 침략을 강화해 무력으로 중국을 제패하려고 했다.

장제스는 일본의 분노를 잠재우기 위해 두 가지 조치를 내렸다. 재정부가 화폐 개혁을 선포한 날, 국민정부 행정원은 북평(北平, 지금의 북경) 군사위원회 지부를 폐지하는 동시에 북평시 시장 위안량(袁良)을 자진 사퇴시켰다. 이 두 가지는 모두 일본 화북 주둔군이 중국 측에 요구한 사항이었다.

장제스는 국민정부가 저자세로 일본 측의 요구를 들어주면 압력이 다소 줄어들 것이라고 판단했다. 그러나 이는 큰 오산이었다. 관동군과 화북 주둔군은 화폐 개혁으로 인해 화북 지역 경제가 크게 몰락하고, 영국이 앞으로 중국의 모든 경제를 통제할 것이라는 데 의견을 같이했다. 결국 도히하라(土肥原) 소장은 아래와 같은 방침을 확정했다.

"화북 지역은 남경 국민정부와 경제 관계를 단절한다."

중국 주재 일본 대사관의 이소가이 렌스케(磯谷廉介) 무관(武官)도 중국의 화폐 제도 개혁에 반대해 화북 지역의 은을 상해로 운반하지 않겠다는 성명을 발표했다.[18] 일본 외무성 역시 화폐 제도 개혁이 일본을 직접 타깃으로 삼았다고 강도 높게 비난했다. 일본은 곧 행동에 나서 북평에서 건달과 불량배들을 사주해 외화로 물건을 구매한 다음 법폐 잔돈을 거부했다. 이런 일이 반복되자 상인들은 감히 법폐를 사용하지 못했고, 일순간에 민심이 흉흉해졌다. 일본은 여기에 그치지 않고 항일 전쟁 발발 전에 아예 위조 법폐를 만들어 이를 외화와 바꿔 물자를 구매하기도 했다.

위조 법폐 제작을 책임진 인물은 일본군 참모부의 야마모토 겐조(山本憲藏)였다. 그는 젊었을 때부터 위조 화폐를 만드는 것이 꿈이었다고 한다. 처음에 그는 5위안권 법폐 수십만 위안어치를 성공적으로 인쇄하여 이를 중국으로 운송하려고 했다. 그런데 마침 중국으로부터 국민 정부가 5위안권 법폐를 폐지했다는 황당한 소식이 들려왔다. 그의 첫 번째 시도는 이렇게 실패로 돌아갔다. 너무 흥분한 나머지 중국의 상황을 사전에 알아보지 않은 것이 잘못이었다.

얼마 후 야마모토는 중국 농민은행의 저액권 화폐를 성공적으로 위조해 냈다. 이어 이 위조 화폐로 중국에서 대량의 물자를 구매했다. 제2차 세계대전 기간에 독일 해군이 태평양에서 미국 상선을 나포한 적이 있었다. 이때 배 안에는 미국 조폐창에서 반제품 형태로 인쇄한, 화폐 번호와 부호만 빠진 중국 교통은행의 법폐 10억 위안이 실려 있었다. 일본은 이 화폐 반제품을 얻은 다음 법폐 인쇄의 비밀을 모두 밝혀냈다. 이후 일본이 위조한 법폐 액수는 무려 40억 위안에 달했다.

장제스는 화폐 개혁을 전문적으로 연구하는 '국방설계위원회'를 설립해 중국의 화폐 개혁 문제를 국방 차원으로 끌어올렸다. 이는 장제스가 법폐 개혁 방안을 제정할 때 이미 영국과 미국의 힘을 빌려 일본을 제압하려는 의도가 있었음을 의미한다.

일본은 중국 화폐 발행권 쟁탈전에서 연속 좌절을 맛봤다. 이에 분을 못 이겨 성급하게 대중국 침략 전쟁을 발동했다. 한마디로 중국의 법폐 개혁이 일본의 중국 침략 전쟁의 도화선이 되었다고 할 수 있다.

'뛰는 놈 위에 나는 놈' 미국

사실 중국은 리즈 로즈가 오기 전에 이미 쿵샹시, 쑹쯔원과 미국 재정 고문 3명이 은밀히 참여하여 화폐 개혁 방안을 제정해 놓은 상태였다. 따라서 로즈는 1935년 화폐 개혁 방안의 직접적인 설계자가 아니었다. 그는 다만 영국을 대표해 미국과 타협하는 방향으로 중국의 화폐 개혁을 추인했을 뿐이다.

리즈 로즈가 상해에 도착하자 국민정부는 남경에서 리즈 로즈와 미국 고문 오언 영의 비밀 회담을 주선했다. 영은 로즈에게 중국 및 상해의 전반적인 형세와 화폐 개혁 구상을 설명했다. 둘은 영미 양국을 대표해 중국의 화폐 개혁 문제와 관련한 기본 원칙을 조율했다. 그다음 쿵샹시와 쑹쯔원이 나서서 구체적인 개혁 방안을 로즈에게 통보했다.[19]

쿵샹시는 이 비밀 회담에서 로즈에게 법폐와 파운드화의 연계 문제에 대해 의논의 여지가 있다고 재차 암시했다. 그러나 로즈는 이 문제에 대해 언급하는 대신, 파운드화 대비 법폐 환율을 적정 수준으로 인하시킨 다음 환율이 이 수준에서 안정될 것이라고 대외에 선포하자고 제안했다. 그는 이것이 가장 자연스럽다고 강조했다.

이와 동시에 워싱턴에서는 미국 주재 중국 공사 스자오지(施肇基)와 헨리 모겐소(Henry Morgenthau Jr.) 미국 재무부 장관이 협상을 벌이고 있었다. 모겐소는 일본의 아시아 침략 행위에 대해 극도의 증오감을 가지고 있었기 때문에 영국에 대해서는 별 의구심을 가지지 않았다.

모겐소는 이 협상에서 중국으로부터 1억 온스의 은을 구매하겠다고 약속했다. 단 중국이 은을 팔아 얻은 외화를 어떻게 처리할지 알려주고, 중국 화폐를 미국 달러화와 연계하겠다는 확답을 조건으로 달았다. 그러자 쿵샹시는 이렇게 대답했다.

"중국은 화폐 개혁을 하면서 신중에 신중을 기했다. 그래도 일본의 분노를 면하기는 어렵다. 만약 당신들의 요구대로 법폐를 달러화와 연계한다면, 미국은 중국을 위해 일본 측에 해명할 수 있는가?"

모겐소는 그럴 수 있다고 순순히 대답했으나 이후 미국은 약속을 전혀 지키지 않았다.

궁지에 몰린 쿵샹시는 도리 없이 마지막 카드를 꺼내 미국에 다음과 같은 내용의 전보를 보냈다.

"최악의 상황을 가정해도 중국은 은을 런던 시장으로 가져가서 팔면 된다. 그러나 이렇게 하면 중국과 미국 양국에 과연 득이 될 것이 있는가?"

이 전보는 과연 효과가 있었다. 모겐소는 루스벨트 대통령과 상의한 다음 중국 법폐를 달러화와 연동시킨다는 데 의견을 같이했다. 이어 중미 양국 재무부는 중국이 미국에 은 5,000만 온스를 수출하기로 합의했다. 상해에 있는 모건체이스은행과 시티 뱅크가 각각 2,500만 온스의 은을 구매해 미국에 보내고, 중국이 은을 팔아 얻은 달러화는 뉴욕에 있는 모건체이스은행 본점에 저축하기로 약정을 맺었다.[20]

중국이 화폐 제도를 안정시키려면 가능한 한 많은 은화를 팔아 외화를 많이 보유해야 했다. 이에 국민정부는 천광푸를 미국에 파견해 협상을 벌였다. 협상 결과 양측은 중국 중앙은행이 파운드화와 달러화 환율을 비교해, 그중에서 화폐 가치가 높은 쪽을 택한다는 데 의견을 모았다. 다시 말하면 파운드화와 달러화 환율이 큰 폭으로 변할 때, 중국은행은 그중 화폐 가치가 낮은 쪽의 환율에 연동한다는 것이었다.

중미 양국은 마침내 '중미 은 협정'을 체결하고 미 재무부가 온스당 50센트의 가격에 중국으로부터 은 5,000만 온스를 추가 매입하기로 결정했다. 또 이 협정은 법폐와 달러화의 교환 비율을 법폐 100위안에 달러화 30센트로 규정했다. 이렇게 해서 법폐는 달러화와도 연동되었다.

중국은 그 후에도 수차례 미국에 은을 수출했다. 그렇게 얻은 달러화를 외환 보유고로 삼아 뉴욕 연방준비은행과 다른 미국 은행들에 저축했다. 일본이 '7·7 사변'을 일으키기 전, 국민정부의 외화 준비금을 살펴보면 달러화는 7,390만 달러, 파운드화는 9,200만 달러에 이른 반면, 엔화 보유고는 그야말로 잔돈 수준에 지나지 않았다. 이로써 영국과 미국은 국민정부의 재정을 한층 더 강력하게 통제하고, 법폐를 파운드화와 달러화의 공동 예속물로 삼을 수 있었다. 당연히 엔화는 파운드화와 달러화에 의해 철저하게 배척당했다.

이후 미국의 경제력이 급성장하고 중국의 달러화 준비금 액수 역시 끊임없이 증가하면서, 중국의 법폐는 사실상 달러화 블록에 편입되었

다. 이에 따라 국민정부의 미국에 대한 재정 의
존도 역시 갈수록 높아졌다.

법폐 개혁의 결과를 보면 '뛰는 놈' 영국 위에
'나는 놈' 미국이 있었다고 말할 수 있다. 따라
서 법폐는 최종적으로 달러화에 연동됐다고 해
도 과언이 아니다.

장제스는 법폐 개혁을 통해 중국의 상업 은
행을 완전히 통제하고 중국의 금융을 독점했다.

〈타임〉의 표지 인물로 등장한 쑹쯔원

이로써 '4대 가족'을 주축으로 하는 4행2국이
중국의 상공업을 직접 지배하고, 관료 자본과 매판 자본은 한 패거리
가 돼 중국의 부를 양분했다.

쑹쯔원과 쿵샹시는 중국의 화폐 개혁을 주도하면서 직접 은 수출에
개입했다. 쿵샹시는 중국의 은을 영국과 미국에 수출해 큰돈을 벌었다.
쑹쯔원은 더 대단했다. 최근 〈아시안 월스트리트 저널〉이 지난 1,000년
간 전 세계 최고 갑부 50인을 선정했는데, 쑹쯔원은 브루나이 국왕 술
탄 하지 하사날 볼키아, 빌 게이츠와 함께 당당히 이름을 올렸다. 이
명단에는 쑹쯔원 외에 칭기즈칸, 쿠빌라이, 화신(和珅), 환관 유근(劉瑾),
청나라 상인 오병감(伍秉鑒) 등 5명의 중국인이 나란히 선정되었다.

장제스는 법폐 개혁을 완성함으로써 '장씨 제국'의 금권천하를 활
짝 열어젖혔다. 그러나 이때 일본의 중국 침략을 통한 영토 확장 야망
이 걷잡을 수 없이 커지면서, 갓 화폐 통일을 이룩한 중국은 심각한 위
협에 처하고 말았다.

제6장

황권과 금권

히로히토 천황이 원로, 재벌, 군벌의 동맹을 무너뜨린 '3중 음로'를 성공으로 이끈 후에도 그의 진면목을 간파한 사람은 아무도 없었다. 그는 변함없이 종교적 색채가 다분하고 베일에 가려진 인물이자 겉으로는 성인군자의 전형이었다. 이에 그는 천황의 직권을 이용해 세상을 깜짝 놀랠 음모를 꾸밀 수 있었다.

다이쇼大正 정변은 왜 황권의 몰락을 상징하는가?

1920~1930년대 일본에서는 왜 쿠데타가 줄기차게 일어났을까?

계급 제도가 엄하기로 소문난 일본 군대에서 왜 '하극상'이 빈번하게 발생했을까?

'1·28 송호淞滬 항전'을 왜 일본이 획책한 '가짜 전쟁'이라고 하는가?

일본의 금권은 왜 마지막에 가서 황권에 패했는가?

　　황권과 금권은 시종일관 치열한 대립 관계에 있었다. 일본 근대사에서도 예외가 아니었다. 왕정복고, 메이지 유신, 다이쇼 정변 그리고 2·26 사건에 이르기까지 어느 것 하나 황권과 금권의 치열한 투쟁을 보여주지 않은 것이 없다.

　　다이쇼 천황이 금권의 위세에 눌려 황권을 양보하고 비참하게 정치무대에서 퇴출된 때부터 일본의 황권은 심각한 위기에 빠졌다. 히로히토裕仁 천황은 즉위 이후 시시각각으로 황권을 회복하고 강화할 방안을 모색했다. 그의 주요 상대는 재벌 세력과 그들의 대리인인 정객이었다.

　　메이지 시대에 조슈, 사쓰마, 히젠, 도사 등 4대 번은 메이지 천황을 옹립한 공로로 점차 '메이지 과두'라는 정치 세력으로 부상했다. 메이지 과두의 대표 인물은 '메이지 아홉 원로'였다. 메이지 아홉 원로는 군벌 세력과 재벌 세력의 이중 지지를 받았다. 메이지 과두 세력은 천황을 신처럼 높이 받드는 한편, 천황의 '명의'를 빌려 국가의 대정大政 방침에 직접적인 영향력을 행사했다. 천황의 명령도 그들을 통해야 실현될 수 있었다.

　　히로히토 천황은 본인이 일본의 운명을 좌지우지하기 위해서는 반드시 '원로-재벌-군벌' 동맹을 무너뜨려야 했다. 그는 실제로 기층 세력으로 상부 구조를 제압하는 전략을 활용해 군대 내부의 하극상을 묵인하고 격려함으로써 점차 황권을 탈환했다. 이어 마지막으로 세계대전이라는 판도라의 상자를 열었다.

천황의 계략에 빠진 재벌 세력

만주 사변 발생 3개월 후인 1931년 12월 12일 토요일에 일본 정부는 느닷없이 오는 월요일부터 금본위제를 폐지한다고 발표했다. 일본 금융 시장은 리히터 규모 8도의 강진이 발생한 것처럼 크게 휘청거렸다. 정계는 발칵 뒤집혔고 재계 역시 크게 웅성거렸다. 국민들 사이에는 공황 심리가 크게 확산되었다.

금과 단단히 연계돼 높은 신용을 자랑하던 엔화는 이날부터 그야말로 의탁할 곳을 잃고 말았다.

사실 한 달 전부터 시중에는 금본위제 폐지와 관련된 소문이 떠돌았다. 그러나 국민들은 정부의 공식 발표를 직접 듣자 어쩔 줄 몰라 쩔쩔맸다. 도쿄 백화점 직원들은 상품 가격을 조절하기 위해 초과 근무를 했다. 가정주부들은 월요일부터 물가가 폭등할 것이라는 생각만 해도 마음이 조급했는지 필사적으로 생필품을 사들

> **만주 사변**
> 일본 관동군이 철도를 스스로 폭파하고 이를 중국 측 소행이라고 트집 잡아 만주로 군사행동을 개시한 사건.

였다. 이때는 경기 침체로 인해 국민들의 수입이 불안정한 시기여서 서민 생활은 갈수록 어려워지고 있었다. 이런 상황에서 엔화와 금의 연결 고리가 끊어진다고 하니, 국민들의 불안감은 극에 달할 수밖에 없었다.

그러나 이 와중에 기뻐하는 사람도 없지 않았다. 이 시각 미쓰이 재벌과 미쓰비시 재벌의 도쿄 사무소와 뉴욕 사무소에서는 외화 트레이더들이 샴페인을 터뜨리면서 승리를 자축하고 있었다. 이들 재벌은 약 두 달 전에 밀접한 관계를 가진 정부 관계자로부터 일본이 곧 영국을 본받아 금본위제를 폐지할 것이라는 내부 소식을 입수했다. 이 경우 달러 대비 엔화 환율이 적어도 30% 하락할 것이라는 정보 역시 얻어 놓았다.

재벌들이 떼돈을 벌 수 있는 이 좋은 기회를 놓칠 리 만무했다.

미쓰이 가문은 즉시 미화 1억 달러를 매입해 꽁꽁 묶어두고 외환 시장에서 엔화를 내다팔기 시작했다. 미쓰비시와 다른 재벌들도 이에 뒤질세라 달러를 사들이고 엔화를 헐값에 팔아버렸다. 순식간에 도쿄 외환 시장은 불안감이 고조되고 여러 변수들이 다발적으로 나타났다.

달러화를 사재기한 재벌들은 일본 정부가 금본위제 폐지를 발표하기만 눈 빠지게 기다렸다. 드디어 그날이 찾아오고 재벌들은 떼돈을 벌었다. 미쓰이 가문만 해도 최소한 2,000만 달러를 벌었고, 외화 트레이더들 역시 연말 보너스를 두둑이 챙겼다.

같은 시각 일본 3위 재벌 스미토모 그룹 사무실에는 깊은 정적이 흘렀다. 스미토모 그룹의 외화 트레이더들은 지난 두 달 동안 치밀어 오르는 화를 억지로 참고 있었다. 손만 뻗으면 거액을 얻을 수 있는데도 그것을 얻지 못하니 화가 나는 것도 당연했다. 그들은 회사 고위층의 의중을 도무지 알 수 없었다. 사실 스미토모 그룹도 인맥 네트워크를 통해 정보를 미리 입수한 상태였다. 그러나 무슨 영문인지 본사에서는 엔화 투기에 절대로 개입해서는 안 된다고 거듭 엄명을 내렸다.

▌ 사이온지 긴모치

그로부터 두 달 후인 1932년 2월 9일에 금본위제 폐지를 발표했던 전 대장성 대신이 의문의 총 세 발을 맞고 숨졌다. 3월 5일에는 미쓰이 재벌 총재가 암살당했다. 사람들은 그제야 비로소 사태가 심상치 않다는 사실을 깨달았다. 미쓰이 재벌은 결국 피의 대가를 치르고서 떼돈을 번 것이었다. 그렇다면 스미토모 재벌은 어떻게 이 파동에 휘말리지 않았을까?

사실 스미토모 재벌은 사이온지 긴모치(西園寺公望)로부터 "히로히토 천황이 심혈을 기울여 획책한 음모이니 달러 투기에 절대 뛰어들지 말라"는 충고를 진즉에 받아놓고 있었다.

사이온지 긴모치는 평범한 인물이 아니었다. 그는 일본 헤이안(平安) 시대에 가장 유력한 집안이었던 후지와라(藤原) 가문 태생으로 이토 히로부미, 마쓰카타 마사요시, 이노우에 가오루 등과 함께 '메이지 아홉 원로'로 존경받는 사람이었다. 아홉 원로들이 하나둘씩 몰락하면서 사이온지 긴모치는 마침내 일본 정계의 최고 실권자로 군림했다. 다이쇼(大正) 시대와 쇼와(昭和) 시대에는 정부와 민간에 막강한 권력을 행사했다. 역대 내각 수상은 대선에서 승리한 후에도 의례적으로 사이온지 긴모치의 추천을 받아야 취임이 가능했을 정도였다. 그의 후손인 사이온지 킨카즈(西園寺公一)는 저우언라이(周恩來) 총리로부터 '중일 민간 대사' 칭호까지 받았다. 이처럼 사이온지 긴모치 가문은 일본 근대사에서 가장 덕망이 높은 귀족 가문으로, 조손 3대가 약 100여 년 동안 일본 정치에 막강한 영향력을 행사했다.

사이온지 긴모치는 19세의 어린 나이에 천황의 근신으로 발탁되었고, 메이지 정부에서는 참의(參議)라는 요직을 맡았다. 그는 도쿠가와 막부 대군이 기세등등하게 쳐들어왔을 때, 일부 대신들의 타협 주장에 맞서 결사 항전을 주장했다. 이후 도쿠가와 막부를 뒤엎는 전투에 수차례 참전해 뛰어난 공훈을 세웠다. 메이지 정권이 안정을 찾은 다음에는 일본을 오래도록 안정적으로 다스릴 수 있는 길을 모색하기 위해 유럽으로 향했다. 그는 프랑스에 10년 동안 머무르면서 프랑스의 정치 제도, 풍토와 인심을 조사 연구하고, 수많은 자유주의자와 헌법학자들을 사귀었다. 자연스럽게 서구 자유민주 사상의 영향을 깊이 받은 그는 정치적으로 천황을 신격화하는 데 반대하며 법치와 헌정을 주장했다. 그는 스승인 이토 히로부미를 도와 일본 최초의 헌법을 기초하고, 이토 히로부미의 내각에 재직하기도 했다.

그 후 그는 이토 히로부미와 함께 천황의 권력을 제한하기 위한 세이유카이(政友會)를 창당해 한동안 총재를 맡았다. 정치 자금은 주로 미쓰이 재벌로부터 조달했고, 그와 그의 형제들은 스미토모 재벌의 양자로 들어갔다. 따라서 스미토모 재벌은 사이온지 긴모치와 한 배를 탄 운명이었다.

사이온지 긴모치는 신분상 히로히토 천황의 달러화 투기 함정에 대한 정보를 일찌감치 간파했다. 그리고 이 정보를 스미토모 재벌에게 흘렸다. 만약 그의 도움이 없었다면 스미토모 재벌 역시 비운을 면치 못했을 것이다.

그렇다면 일본 천황은 왜 의도적으로 금본위제를 폐지하고 재벌들이 달러화와 엔화의 차익거래를 실현하도록 올가미를 씌웠을까?

기도 고이치 후작 자택에서 열린 비밀회의

만주 사변 발생 후 5일이 지난 1931년 9월 23일, 도쿄에 있는 기도 고이치(木戶幸一) 후작의 자택에서 '11일 구락부' 긴급회의가 열렸다. 11일 구락부는 기도 고이치가 1922년 11월 11일에 발족한 비밀 조직으로 종실 귀족, 소수의 신뢰할 만한 외교관 및 고급 장교들로 구성돼 있었다. 히로히토 천황이 몇몇 측근을 제외하고 가장 신뢰하는 조직이기도 했다. 따라서 11일 구락부는 히로히토 천황의 비공식 싱크탱크라고 해도 과언이 아니었다. 이들은 매달 11일 밤마다 모임을 가지고 천황과 근신들의 치국 정책과 구체적인 실시 방안에 대해 토론했다.

이날 밤 회의 분위기는 평소와 사뭇 달랐다. 평소처럼 홀가분하지도 않았고 게이샤(藝伎, 기생)도 부르지 않았다. 닷새 전 일본은 만주 사변을 일으켜 관동군이 동북 3성을 점령하려는 군사행동에 돌입했다. 중국과 세계 여론은 즉각 일본의 침략 행위를 강력하게 비난하고 나섰고, 여기에 국제연맹까지 합세했다. 일본 국내의 정당 및 재벌, 자본가들도 정부의 행동에 크나큰 불만을 표시했다. 국제연맹이 일본에 경제 제재를 가할 경우 가뜩이나 침체된 일본 경제는 치명적인 타격을 입을 것이고, 이렇게 되면 재벌과 자본가들의 이익 역시 큰 손해를 볼 것이기 때문이었다.

11일 구락부는 천황을 도와 국제 여론을 무마하고 국내 각 세력의 불만을 잠재울 목적으로 대책 회의를 긴급히 소집했다. 이들은 우선 국제연맹이 일본에 그 어떤 경제 제재도 가하지 못하도록 막는 것이 급선무라는 데 의견 일치를 보았다. 대공황으로 인해 가뜩이나 큰 타격을 입은 일본 경제가 국제 제재까지 받을 경우 상상하기 어려운 후폭풍을 초래할 가능성이 높았다. 다음으로 일본 내의 식견이 짧은 은행가와 산업 자본가들을 잘 구슬려 군사력 확장에 필요한 자금을 지속적으로 제공받아야 했다.

한밤중까지 계속된 회의에서 실행 가능한 세 가지 방안이 최종 확정되었다. 이 방안들은 이후 8개월 동안 일본과 중국 역사에 지대한 영향을 미쳤다.

첫 번째 방안은 11일 구락부의 금융 전문가가 제안한 달러화 투기 함정이었다. 이틀 전 영국은 예고도 없이 갑자기 금본위제를 폐지해 파운드화 가치가 하룻밤 사이에 20%나 폭락했다. 미처 대비하지 못한 일본은행은 외화 업무에서 큰 손실을 입었다. 영국 정부는 누구에게도 차별을 두지 않기로 작정한 듯 자국 은행가들에게도 미리 정보를 누설하지 않았다. 따라서 가장 큰 손해를 본 쪽은 영국 재벌이었다.

만약 일본에 똑같은 상황이 발생했다면, 정부 관리들은 사전에 가까운 사람들에게 이 정보를 누설했을 것이다. 그러면 은행가들은 금본위제 폐지 발표에 앞서 몇 달 동안 엔화를 처분하고 달러화를 사재기한 다음 엔화 가치가 폭락하기를 기다려 다시 엔화를 대량으로 매입해 폭리를 취했을 것이다. 정경유착이 심한 일본에서 은행가들의 이러한 수법은 누구나 당연시하는 산업 관행에 지나지 않았다. 그런데 마침 일본 천황 역시 똑같은 카드를 손에 쥐고 있었다. 만약 일본 천황이 엔화 가치를 대폭 평가절하하고 사전에 재벌들에게 이 정보를 누설한다면 재벌들은 최고 1억 달러의 막대한 이익을 얻을 수 있었다. 이 액수면 일본 최대 재벌인 미쓰이 재벌을 매수해 천황과 한 배를 타도록 만드는 일도 어렵지 않았다.

재벌들이 엔화 가치가 곧 폭락할 것이라는 내부 정보에 따라 달러화 투기에 뛰어든다면, 이는 천황의 계략에 말려드는 꼴이라고 할 수 있다. 당시의 일본 재벌들 역시 스캔들을 무서워했다. 국난을 이용해 개인의 이익을 챙겼다는 소문이 새어나가는 것을 원치 않았다. 천황은 재벌들의 이런 약점을 이용해 이들을 자신의 편으로 만들 수 있었다. 이렇게 되면 천황은 국가 정책을 결정할 때 더 많은 발언권을 얻게 될 가능성이 높았다. 이에 재벌들이 천황 편에 서서 군사 확장 계획을 지원한다면, 천황 역시 재벌들의 후원을 받는 내각을 지지할 개연성이 농후했다. 여기에 일종의 보너스로 재벌들이 원하는 금본위제도 폐지할 수 있었다.[1]

두 번째 방안은 무력으로 장제스를 협박해 상해에서 '가짜 전쟁'을 일으키는 것이다. 일본군이 방어를 목적으로 어쩔 수 없이 군사 충돌에 휘말려든 것처럼 연출하면, 중국에 있는 서양인들과 수십억의 달러화 자산이 전쟁의 위협을 받게 되어 국제적인 시선은 당연히 이곳에 집중될 수밖에 없다. 이는 '공격을 최선의 수비로 삼는' 절묘한 계책이 아닐 수 없다.

중일 간 전쟁으로 중국에 있는 서구 열강의 이익이 위협을 당해 국제연맹이 일본에 자제를 요청하면, 일본은 못 이기는 척 한 발 양보함으로써 서구 열강에 인심을 쓰는 모양새를 갖추게 된다. 그러면 국제연맹도 미안해서 더 이상 만주 사변 문제를 추궁하지 않을 것이다. 더불어 일본은 괴뢰 정부인 만주국 국가원수에 청나라 마지막 황제 부의(溥儀)를 내세워 장제스의 승인을 받을 요량이었다. 이런 상황이라면 국제연맹도 더 이상 만주 문제를 간섭하고 비난할 명분이 사라진다.[2]

세 번째 방안은 가짜 쿠데타를 일으켜 일본 천황이 군부 측의 위협을 받는 것처럼 꾸미는 것이다. 그러면 서구 국가들은 군부 세력이 천황의 지배에서 벗어나기 위해 쿠데타를 일으켰다고 여길 것이다. 이런 일본에 압력을 가한다면 아시아 최대 입헌군주제 민주국가인 일본이 파시스트가 집권하는 국가로 변질될 가능성이 농후했다. 이탈리아와 독일의 파시스트 정권 때문에 적잖이 골머리를 앓고 있는 국제연맹으로서는 이를 절대 반길 리가 없었다. 그런데 일본에서는 천황만이 군부 세력을 제압할 수 있으니, 일본에 대한 국제연맹의 압력은 당연히 줄어들 수밖에 없다.

《삼국지》를 달달 외우다시피한 천황의 싱크 탱크는 현란하고도 교묘한 연환계를 꾸며냈다. 이를 다시 한번 살펴보면, 우선 일본 재벌들을 함정에 빠뜨린 다음 국제연맹이 어떤 결의안을 채택하는지 두고 본다. 만약 만족할 만한 결의안이 아니라면 바로 다음 계책인 '가짜 전쟁'을 발동한다. 부의 황제를 내세워 만주국을 세우고 여기에 필요한 모든 자금은 함정에 빠진 재벌들에게 부담하도록 한다. 재벌들이 불복할 경우 일부 정치인과 은행가들이 국난을 이용해 사리사욕을 채웠다는 말로 스캔들을 폭로함으로써 대중의 분노를 사도록 하면 된다. 더불어 천황과 한 배를 타길 거부하는 재벌들을 암살하고 가짜 쿠데타를 일으켜 국제연맹의 시선을 다른 곳으로 돌리면 만사 오케이였다.

일본에서는 천황이 최고 통치자가 아닌가? 천황의 조서 한 통이면 은행가와 정객들을 쉽게 제압할 수 있는데, 왜 굳이 이런 복잡한 방법으로 일을 해결하려고 했을까?

답은 간단했다. 천황의 조서가 반드시 최고 권위를 의미하는 것은 아니기 때문이었다. 또 황권이 꼭 금권을 이긴다고 장담할 수도 없었다.

다이쇼 정변과 황권의 몰락

1868년에 일본의 조슈, 사쓰마, 히젠, 도사 등 4대 번은 힘을 합쳐 도쿠가와 막부를 무너뜨렸다. 이어 왕정복고의 기치 아래 메이지 천황을 옹립해 메이지 유신 시대를 열었다. 정치 체제는 입헌군주제로 전환하고 헌법에서 천황을 국가의 최고 원수로 규정했다. 그렇다면 천황은 얼마나 큰 실권을 가지고 있었을까? 일본에서는 도대체 누가 최고 권력을 행사했을까?

바로 똑같은 제도와 똑같은 법률 하에서 서로 다른 천황이 서로 다른 권력을 가지고 있었다. 권력은 단순하게 법률에 의해서 부여받는 것이 아니고, 또 제도에 의해 완벽히 보장받을 수 있는 것도 아니다.

각 측의 치열한 세력 다툼을 거쳐 이기는 자가 권력을 가질 뿐이다.

4대 번은 메이지 천황을 옹립한 다음 점차 '메이지 과두'라는 정치 세력으로 부상했다. 메이지 과두의 대표 인물은 '메이지 아홉 원로'였다. 메이지 아홉 원로는 군벌 세력과 재벌 세력으로부터 이중의 지지를 받았기 때문에 천황을 신처럼 높이 받드는 한편, 천황의 명의를 빌려 국가의 대정(大政) 방침에 직접적인 영향력을 행사했다. 천황의 명령 역시 이들을 통해야 비로소 실행될 수 있었다.

메이지 천황은 특유의 매력과 출중한 정치적 수완으로 천황의 이익과 메이지 과두 그룹의 이익을 유기적으로 결합시켰다. 따라서 각 세력들로부터 모두 지지를 받아 황권을 공고히 다지고 천황의 권위를 널리 드러낼 수 있었다.

그러나 메이지 천황이 세상을 떠나고 그의 아들 다이쇼 천황이 즉위하면서 상황은 180도 달라졌다. 다이쇼 천황은 부친처럼 개인적인 매력이나 정치적 수완은 물론 재능, 업적, 명성 어느 것 하나 제대로 갖춘 것이 없었다. 한마디로 내세울 것이 하나도 없는 천황이었다.

"재능이 성깔보다 두드러진 사람은 용인해도, 성깔이 재능보다 튀는 사람은 미움을 받는다"라는 속담처럼, 다이쇼 천황은 무능하고 성깔만 있는 사람이었다. 그리고 그의 비극은 이를 전혀 인지하지 못했다는 사실이다.

중국 신해혁명을 전후해 사이온지 긴모치가 두 번째 내각을 구성하는 사이에 다이쇼 천황이 즉위했다. 황권에 대한 그의 지나친 집착은 각 방면으로부터 반감을 크게 샀다. 그는 웅크리며 권력을 쟁취할 때를 기다릴 줄 아는 모략이 전혀 없었고, 남의 손을 빌려 다른 사람을 제압하는 정치적 수완도 없었다. 그저 자신이 신과 헌법의 이중 보호를 받는 천황이라는 데 도취되어, 모든 사람이 자신의 명령에 무조건 복종해야 한다는 우월감만 가지고 있었다.

다이쇼 천황은 즉위하자마자 군대 확충과 국방 강화에 총력을 기울였다. 육군과 해군의 규모를 늘리고 군비를 확충한 그의 목표는 부친인 메이지 천황보다 더 많은 영토를 개척하여 청출어람의 모습을 보여주려는 것이었다. 그는 포부가 웅대하고 결심이 굳건했지만 권력 토대가 이를 실현하기에는 너무 취약하다는 사실을 간과하고 있었다.

원로들이 우선 그의 말에 복종하지 않았다.

그중에서도 사이온지 긴모치의 반대가 단연 심했다. 그의 막후 세력은 다름 아닌 대 은행가와 산업 자본가들이었다. 세이유카이 멤버들이 의회에서 다수 의석을 차지한 관계로 내각 정책과 천황의 의지가 반대 방향으로 움직이는 엇박자 현상은 상당 기간 지속됐다. 사이온지 긴모치는 이 기간에 러일전쟁 채무 15억 엔을 줄이기 위해 거듭 재정 예산을 감축했다. 급기야 이 일 때문에 다이쇼 천황과 팽팽하게 맞서게 되었다.

군비를 확충해 전쟁을 준비하는 정책은 당연히 군부 측의 구미에 맞아떨어졌다. 이에 다이쇼 천황은 군부 측과 결탁해 사이온지 긴모치의 양보를 받아내려고 계책을 짜냈다. 얼마 후 사이온지 긴모치 내각의 육군 대신이 사직하는 사건이 발생하면서 내각은 해산되고 말았다.

육군 대신이 사직했다고 내각이 해산될 수 있는 것일까? 일본법에 따르면, 내각의 육군 대신과 해군 대신은 반드시 현역 군인이 맡아야 했다. 만약 육군과 해군 중 어느 한쪽이라도 수상과 의견이 맞지 않으면 내각에 대표를 파견하지 않을 권리가 있고, 그러면 내각은 자동적으로 해산된다.

다이쇼 천황은 사이온지 긴모치 내각이 무너진 다음 육군 대신 가쓰라 다로(桂太郞)에게 새로 내각을 구성하도록 했다. 사이온지 긴모치는 즉시 문관들을 선동해 새로운 내각의 대신을 맡지 못하게 했다. 결국 새로운 내각 구성은 차일피일 미뤄지다 출범조차 하지 못했다. 화가 난 다이쇼 천황은 헌법에 의해 부여받은 최고 권리를 이용해 억지로 가쓰라 다로를 수상 자리에 올려놓았다.

다이쇼 천황은 강경 일변도의 행동만 고집하다가 결국 스스로를 폭풍의 눈 가운데로 몰아넣고 빠져나갈 여지를 전혀 만들지 못했다.

아니나 다를까 다이쇼 천황의 행동은 의회에서 일대 파란을 일으켰다. 의원들은 가쓰라를 천황 뒤에 숨은 비겁한 자식이라고 맹비난했다. 이에 대로한 천황은 즉각 의회에 조서를 내려 사흘간 휴회하면서 반성의 시간을 가지도록 명령했다. 그러나 사이온지 긴모치를 필두로 한 민권(民權) 정치가들은 천황의 명령을 무시해 버렸다. 그리고 의회를 재가동한 다음 여전히 공개적으로 내각을 비난했다. 만약 똑같은 일이 메이지 시대에 일어났다면, 메이지 천황이 그저 양미간을 찌푸리면서 헛기침만 해도 일이 간단히 마무리됐을 것이다. 그러나 다이쇼 천황은 직접 조서를 내렸는데도 아무런 소득이 없었다.

노기충천한 다이쇼 천황은 사이온지 긴모치를 불러들여 천황의 명령에 복종하고 항명을 중지하라고 명했다. 사이온지 긴모치는 천황의 명령을 토시 하나 틀리지 않고 의회에 전달했다. 의회는 다시 이틀 동안 회의를 열었으나 여전히 천황의 제안을 부결하는 쪽으로 의견이 모아졌다.

이 소식을 들은 전 국민은 경악했다. 사실 일본 역사에서 천황의 의지가 이토록 여지없이 부결된 적은 단 한 번도 없었다. 사이온지 긴모치 역시 난처하긴 마찬가지였다. 그는 황실의 종친이었으므로 마땅히 천황의 편에 서야 옳았다. 그렇지 않으면 '천황을 배반한 배은망덕한 자'라고 세상의 손가락질을 받을 터였다. 궁지에 몰린 사이온지 긴모치는 도리 없이 세이유카이 총재 자리에서 자진해서 물러났다. 그러나 "천황은 신이 아닌 사람이다. 헌법이 황권을 제약해야 한다"라는 말로 요약되는 그의 사상은 변함이 없었다.

그러자 도쿄, 오사카 등지에서 내각을 반대하는 시위가 연이어 발생했다. 이것이 바로 일본 역사상 최초의 '호헌 운동'이었다. 일본의 각 정당 역시 "귀족과 군벌을 타도하고 헌정을 수호하자"라는 구호를 잇달아 내걸었다. 이들의 배후에는 말할 것도 없이 귀족과 군벌들로부터 권력을 탈환하기 위해 온갖 수단을 동원하려는 은행가와 산업 자본가들이 있었다.

자본가들이 가장 중요하게 여기는 것은 투자 수익률이다. 밑지는 장사를 하려는 사람은 아무도 없다. 군비를 무모하게 확충했다가 만일에 전쟁에서 패하기라도 하면 거액을 투자한 투자자는 본전을 날리게 되는 것이 아닌가?

다이쇼 천황은 졸지에 고립무원의 처지에 놓였다. 군비 확충 정책의 직접적인 수혜자인 조슈번이 천황을 지지하는 것 말고는 그 누구도 그의 편을 들지 않았다. 나머지 세력들은 경쟁이라도 하듯 사이온지 긴모치의 편에 섰다.

정세가 갈수록 악화되는 가운데 가쓰라 다로 수상이 핍박에 못 이겨 결국 사직서를 던졌다. 사이온지 긴모치를 비롯한 원로들은 초당파 수상을 내세워 내각을 구성하라고 극력 주장했다. 이 무렵 다이쇼 천황도 몸과 마음이 지칠 대로 지쳐 있었다. 게다가 천황의 위엄도 바닥에 떨어진 지 이미 오래였다. 사태가 이 지경에 이르자 그는 심지어 천황 자리에서 물러나겠다고 협박하며 나약한 일면을 드러내기도 했다. 명령도 위협도 먹혀들지 않는 상황에서 다이쇼 천황은 국가 정책과 인사를 결정하는 문제에서 사이온지 긴모치에게 몇 가지를 양보하지 않을 수 없었다. 내용은 다음과 같다.

1. 군대 확충과 관련된 대부분의 계획을 취소한다.
2. 무력으로 남양(南洋)을 정복하려던 계획을 잠시 포기한다.
3. 만약 세계대전이 발발할 경우, 일본은 태평양 지역을 지배하는 영국, 프랑스, 미국과 행동을 같이한다.
4. 천황의 측근 중에서 나이가 가장 많은 고문을 사퇴시키고 서민 출신의 관리가 그 자리를 대체한다.
5. 히로히토 황태자를 황실 자제만 다니는 특별 학교에서 나오게 하고 스파르타식 교육을 받게 한다.[3]

이 사건이 일본 역사에서 유명한 '다이쇼 정변'이다.

다이쇼 천황은 이때부터 울적한 나날을 보내다가 1919년에 갑자기 뇌출혈로 쓰러져 정신병을 앓았다. 그는 외국 사절들도 참석한 어느 열병식에서 조서를 둘둘 말아 망원경처럼 만들어 멀리 내다보는 시늉을 하기까지 했다. 대신들은 다이쇼 천황이 국정을 관리하는 것은 더 이상 무리라고 판단하고 1921년에 히로히토 황태자를 섭정왕으로 추대했다.

황실 귀족들은 다이쇼 천황을 다이쇼 정변의 원인 제공자라고 여겼다. 한마디로 천황의 무능함과 우유부단함이 황권의 위기를 초래했다고 생각한 것이다. 따라서 그들은 히로히토 황태자를 생후 70일 만에 퇴역 해군 장교 집으로 보내 사무라이 교육을 받게 했다. 그 후에는 그를 어학문소에 보내 전문적인 가르침을 받도록 했다. 그 목적은 바로 장래 황권을 부활시킬 능력을 갖춘 전제군주를 육성하기 위해서였다.

> **어학문소(御學問所)**
> 천황이 학문을 닦고 예의범절을 배우는 곳.

천황, 황권의 재기를 꾀하다

1921년 12월 어느 날, 방금 유럽 여행을 마치고 돌아온 섭정왕 히로히토는 황궁에서 사이온지 긴모치 공작을 비롯한 정치가와 귀족들을 접견했다. 사이온지 긴모치는 고메이, 메이지, 다이쇼 등 3대 천황을 지근거리에서 보필한 유능한 대신이었다. 그는 황궁에 오기 전에 히로히토가 전날 밤 무사히 유럽 여행을 마치고 돌아온 것을 축하하기 위해 일부 황실 종친과 귀족, 근신들을 모아놓고 광란의 파티를 즐겼다는 얘기를 들었다.

사실 섭정왕과 일부 측근들의 공개 집회는 당시까지만 해도 흔한 일이 아니었다. 사이온지 긴모치는 놀랍기도 하고 걱정도 되었다. 당

| 히로히토 천황

시 일본 상류층에서는 히로히토의 향후 행보에 대해 의견이 분분했다. 그가 집권 후 비밀단체와 손을 잡을지, 아니면 내각 중 어느 쪽을 후원자로 삼을지 도통 감을 잡지 못했다. 사이온지 긴모치와 몇몇 은퇴한 옛 신하들은 히로히토가 언행에 신중을 기해주길 바랐다. 히로히토는 사이온지 긴모치의 충고를 참을성 있게 듣고 전날 밤의 조심스럽지 못한 행동에 대해 깊이 반성하는 시늉을 했다. 이어서 사이온지 긴모치에게 천황의 고급 고문이 돼 달라는 부탁을 간절하게 올렸다.

사이온지 긴모치는 히로히토가 비밀단체들을 규합하고 있다는 소문을 익히 알고 있던 터라, 나이를 핑계로 히로히토의 부탁을 정중하게 거절했다.

"일흔이면 이미 은퇴할 나이가 지났습니다. 앞으로는 바닷가에서 책이나 읽고 비파나 연주하면서 조용히 말년을 보내겠습니다. 부탁하신 요직은 맡을 수 없습니다."

히로히토는 사이온지 긴모치의 걱정을 눈치채고 한발 물러선 제안을 했다.

"그대가 원하기만 하면 즉시 비밀단체와 결별하겠소. 그리고 입헌군주제를 지지하겠다고 약속하겠소."

사이온지 긴모치는 묵묵히 생각에 잠겼다. 귀족인 후지와라 가문의 일원인 그는 가문의 전통에 따라 천황 제도를 보호해야 할 책임이 있었다. 물론 그는 히로히토가 아버지인 다이쇼 천황처럼 독단적인 전제 정치를 펼치지 않을까 걱정하기도 했다. 그렇게 되면 천황과 재벌 간 권력 다툼에 휘말려 어느 한쪽도 지지할 수 없는 미묘한 입장에 처하게 될 터였다. 자칫하면 노년에 불명예를 얻는 것도 모자라 평생 민권과 자유를 위해 분투해 온 업적에 먹칠을 할 수도 있었다. 그렇지만 한편으로 일본 국민들이 지난 10년 동안 많은 변화를 해온 만큼, 자신의 스승 이토 히로부미가 제창한 법제와 헌정의 이념을 받아들일지도 모른다는 기대도 가지고 있었다. 그리고 만에 하나 천황의 의지가 민심과 충돌할 경우, 히로히토가 대다수 대신과 백성의 의견을 존중하고 받아들일 것이라고 믿어 의심치 않았다. 또 지금은 국가가 그를 필요로 하므로 히로히토가 추천하는 직무를 맡아야 한다고 생각했다. 사이온지 긴모치는 결국 히로히토의 건의를 받아들였다.

히로히토는 사이온지 긴모치의 대답을 기다리는 동안 치밀어 오르는 짜증을 겨우 참고 있었다. 그러나 무조건 참고 기다려야 했다. 사이온지 긴모치는 그가 자나 깨나 갈망하던, 자신의 방패막이와 대변인이 되어줄 사람 아닌가.

사이온지 긴모치는 메이지 시대에 내각과 최고 자문기관인 추밀원(樞密院)에 장장 40년간 몸담아 관료층과 의회에서 높은 명망과 넓은 인맥을 자랑했다. 또 행동이 민첩하고 생각이 주도면밀할 뿐 아니라 인품 역시 성실했다. 따라서 천황이 국민들 마음속에 조화롭고 신중한 이미지를 심어주는 데 가장 적합한 인물이었다. 이 밖에도 사이온지 긴모치는 진심에서 우러나오는 언사로 천황의 과격한 정책과 실수를 그럴듯하게 변호해 줄 수 있었다.

히로히토 천황은 사이온지 긴모치를 자기편으로 끌어들일 경우 아무 걱정 없이 뒤로 물러나 자신의 주특기인 눈에 보이지 않는 정치를 마음껏 펼칠 수 있을 것이라고 여겼다. 그는 자신의 출중한 정치적 수완과 남의 힘을 빌려 남을 제압하는 전략으로 보일 듯 말 듯 정국을 좌지우지하면서 조용히 황권 지지 세력을 긁어모아 재기의 기회를 노릴 심산이었다.

히로히토 천황은 다년간 집권하면서 점차 성숙해졌다. 그러나 그도 사람인 이상 우울하고 힘들 때가 있었다. 그럴 때마다 그는 황궁의 어서방(御書房)을 즐겨 찾았다. 어서방 한쪽 구석에는 그가 가장 존경하는 나폴레옹의 반신상이 모셔져 있었다. 그는 힘들 때마다 이 동상을 보면서 다시 기운을 차리곤 했다.

나폴레옹 동상은 그가 유럽 여행길에서 자신을 위해 구매한 거의 유일한 기념품이었다. 히로히토는 프랑스에서 나폴레옹 무덤을 참관할 때, 나폴레옹의 황금 검인 오스터리츠 보검에 온통 정신이 팔려 있었다. 아마도 자신이 나폴레옹처럼 말을 타고 전장을 누비는 모습을 상상하지 않았을까. 그는 힘든 일이 있을 때마다 나폴레옹의 위풍당당한 기개를 연상하면서 "영웅이 되려면 나폴레옹처럼 돼라"라는 말을 되뇌이며 스스로에게 힘을 북돋아주곤 했다. 그는 증조부 고메이 천황을 시작으로 역대 천황들의 꿈이었던 존왕양이의 목표가 반드시 자신의 손에 의해 실현될 것이라고 믿어 의심치 않았다.

존왕양이(尊王攘夷)
왕실을 높이고 오랑캐를 물리친다는 의미.

전란이 빈번하게 일어나고 황권이 남의 손에 넘어갔던 400여 년 전에 막부 장군들은 천황에게 재정 지원을 일절 제공하지 않을 정도로 안하무인이었다. 이 때문에 가난한 천황은 대신들에게 연회다운 연회를 열어줄 돈조차 없었다. 황궁에 돈이 없어 고츠치미카도(後土御門) 천황은 세상을 떠난 후 44일 만에야 겨우 매장되었고, 그의 후계자도 등극 의식을 22년이나 미뤄야 했다. 그 후에도 상황은 나아지지 않았다. 고나라(後奈良) 천황은 심각한 생활고로 저잣거리에 나가 글을 팔아 연명했을 정도였다. 이때는 충신들이 돈을 모아 새 황궁을 지어준 덕에 그나마 체면을 유지할 수 있었다.

또한 당시 유럽인들이 먼 길을 마다않고 교토로 달려와 고나라 천황을 알현하려고 했다. 그러나 막부 장군이 없다는 이유로 천황 알현이 거부되었다. 이에 유럽인들은 천황을 '교토에 은거하는, 권력이 없는 종교적 지도자'로 묘사했다. 그 후 300년 동안 일본 천황의 얼굴을 본 외국인은 아무도 없었다. 서구에서 일본 천황의 존재는 완전히 잊혔다.

그러다 고메이 천황 시대에 미국은 일본 막부를 강요해 굴욕적인 '통상항해 조약'을 체결했다. 천황은 울며 겨자 먹기로 서구 열강에게 문호를 개방해야만 했다. 이때부터 존왕양이는 역대 천황들의 꿈이 되었다. 다행히도 히로히토의 할아버지인 메이지 천황은 미쓰이 등 재벌의 지원을 받아 메이지 유신을 성공시켰다. 또 막부 제도를 폐지하고 황권을 부활시켰으며 대권을 천황에게 집중시켰다. 이때부터 천황은 재벌과 뗄 수 없는 인연을 맺었다.

메이지 천황은 역대 천황들이 막부 장군의 희사를 받아 근근이 살아가던 역사를 돌이켜보고, 신에게 부여받은 최고 정권을 영위하기 위해서는 무력보다 돈이 더 중요하다는 사실을 깨달았다. 이에 메이지 천황은 미쓰이, 미쓰비시, 스미토모 등의 재벌에게 국내 신규 산업 독점 경영권과 식민지 물자 무역권 등을 하사하고 이들로부터 돈을 챙기기 시작했다. 이때 미쓰이는 일본 최대 탄광 경영권과 대만의 장뇌 및 설탕 전문 경영권을 취득했다.

천황과 재벌은 상부상조하는 동맹 관계를 결성했다. 재벌은 천황의 후원을 받아 일본의 은행, 중공업, 운송, 무역 등의 기간산업을 장악했고, 이에 대한 보답으로 천황에게 충성을 다했다. 재벌은 천황의 원대한 국책에 따라 산업 및 비즈니스 계획을 조정하며 명실상부한 정상이 되었다. 메이지 천황이 즉위할 때 황실 재산은 고작 수만 달러밖에 되지 않았으나 메이지 시대가 끝날 때쯤에는 무려 4,000만 달러로 늘어났다.

정상(政商)
정부나 정치가와 특별한 관계를 가지고 이권을 얻고 있는 상인.

하지만 다이쇼 천황이 등극하면서 일본의 경제 명맥을 장악한 재벌은 점차 서구의 대은행가들을 닮아갔다. 그들은 갈수록 개인의 이익을 더 중요하게 여기고, 천황 위에 군림하려고 시도했으며, 제국의 정책에 개입하는 빈도 역시 늘어났다.

다이쇼 천황은 국방 강화를 핵심으로 하는 제국의 강령을 실시하고 대규모 군사 확장을 제안한 적이 있었다. 그때 사이온지 긴모치를 대표로 하는 재벌 이익 대변자들은 러일전쟁으로 인한 재정 적자를 메우기 위해 근검절약하지 않으면 안 된다는 이유를 대면서 천황의 군비 확충 방안을 수차례 부결시켰다. 이 일 때문에 천황은 하마터면 자리에서 쫓겨날 뻔했으며, 결국에는 우울하게 생을 마감하고 말았다.

그런데 히로히토의 시대에는 재벌과 정객이 반대로 히로히토 천황이 자신들에게 유익한 '원대한 제국 계획'을 제정하지 않는다고 그의 만주 침략 계획을 백방으로 훼방하고 있지 않은가. 이에 히로히토 천황은 중흥 대업의 꿈을 실현하는 데 걸림돌로 작용하는 이들에게 본때를 보여주기로 작심했다.

일본은 고메이 천황 때부터 천황의 지휘 아래 오랑캐를 몰아내고 통일 제국을 건설하려는 전략적인 계획을 수립해 놓았다. 우선 국력을 증강시켜 현대화를 실현하는 것이 첫 번째 목표였다. 그런 다음 해외 확장이나 전쟁 등의 방식으로 일본과 서구 국가 사이에 완충 지대를 설치해 일본의 안보를 실현하는 것이 두 번째 목표였다. 그러나 구체적인 방안과 관련해서는 의견이 엇갈렸다. 북진(北進)을 주장하는 사람들은 먼저 조선을 침략한 다음 만주, 몽골 더 나아가 시베리아 지역까지 영토를 확장하자고 주장했다. 이에 반해 남진파들은 일본 이남의 해역과 섬 그리고 동남아의 남양 지역을 타깃으로 삼아야 한다고 고집을 부렸다.

히로히토 천황 역시 북진 정책은 그저 국방의 수요를 만족시키기 위한 방편일 뿐, 일본의 인구 과잉, 공산품 수출 및 전략물자 부족 등의 핵심 문제를 해결하는 데 하등 도움이 되지 않는다고 판단했다. 원래 일본인들은 추운 곳을 별로 좋아하지 않는다. 홋카이도(北海道)는 수세기 전에 이미 일본에 귀속됐으나 그곳에 가서 살려는 사람은 적었다. 당시까지도 땅은 넓으나 사람은 적은 상태였다. 그 후 메이지 천황이 무력으로 추운 지역인 조선을 불법으로 점령했으나 문제 해결에는 별로 도움이 되지 못했다. 바로 이런 상황에서 머리가 단순한 일부 육군 장교들은 여전히 북진을 주장하고 있었다. 만주를 거점으로 삼아 지독히 추운 시베리아와 바람이 세차게 부는 몽골까지 영토 확장을 주장하다니, 그야말로 유치한 생각이 아니고 무엇이겠는가.

이에 반해 남양은 기후가 따뜻했다. 원주민은 인구가 적은 데다 게으르기까지 해 일본인들이 이민 가기에는 적합한 곳이었다. 게다가 동인도 제도는 석유, 고무, 광산물이 풍부해 일본의 산업 발전을 위한 전략적인 자원을 끊임없이 공급할 수 있었다. 한마디로 일본 제국은 북쪽이 아닌 남쪽으로 확장해야 앞길이 밝을 터였다.[4]

국제 형세를 살펴봐도, 장제스는 중국공산당의 근거지를 포위토벌하느라 여념이 없었다. 또 소련은 자국의 경제를 중흥시키느라 그야말로 눈코 뜰 새 없었다. 영국과 미국 역시 자국의 경제 위기를 극복하는 데 바빠 만주 사변을 눈 뻔히 보고도 못 본 체했다. 드디어 히로히토 천황으로서는 원대한 목표를 실현할 절호의 기회가 찾아온 것이다. 만주 점령은 계획의 첫 번째 수순에 불과했다. 그의 궁극적인 목표는 무력을 발판으로 만주에서부터 중국의 해안선을 따라 남하해 최종적으로 남양의 전략적 요충지를 장악하는 것이었다.

역대 천황의 존왕양이의 꿈을 어깨에 짊어진 그는 서구식 교육을 받고 서구 역사에 대해 잘 알고 있었다. 그래서 스스로 역대 천황보다 '양이'에 대해 폭넓게 이해하고 있다고 자부했다. 그리고 그의 원대한 포부는 '양이'에 머무르지 않았다. 그는 일본이 마냥 고립된 존재로 있을 것이 아니라 지도자의 모습으로 아시아와 세계를 지배해야 한다고 생각했다.

그의 우상은 나폴레옹을 비롯해 링컨과 다윈이었다. 그는 나폴레옹처럼 영국과 미국 등 서구 열강에 두려움 없이 맞서는 꿈을 꾸고 있었다. 링컨이 흑인 노예를 해방시킨 것처럼 아시아와 전 세계 국가들을 식민지 통치에서 해방시키고 싶었다. 나아가 야마토(大和) 민족의 신도교(神道敎)로 다른 종족들을 진화시키는 꿈도 꾸었다. 그는 '공격', '해방', '진화' 이 세 가지가 하늘이 자신에게 부여한 사명이라고 굳게 믿었다.

그러나 전 국민이 일치단결해 대외 확장을 실현하기 위해서는 먼저 일본 사회의 주류 정치세력들을 설득해야 했다. 그중 군부 측과 낭인들은 그의 의도를 이해하고 적극적으로 지지했다. 이에 반해 재벌과 그들의 후원을 받는 정당들은 항상 개인 이익을 국가 이익보다 우선시했다. 이에 히로히토는 일본 제국이 영토를 확장하면 재벌의 세력

낭인(浪人)
일본 막부 시대 때 떠돌이 무사를 가리키는 말.

범위도 확장될 수 있기 때문에 결코 손해가 아니라고 설득했다. 하지만 애석하게도 재벌은 국제연맹이 혹시 일본에 경제 제재라도 가하면 눈앞의 이익을 손해 볼까 두려워하고 있었다. 따라서 일본 제국의 만주 점령 및 잇따른 확장 계획에 들어가는 자금 지원을 전면 거부했다.

히로히토 천황은 선조들이 황권을 잃고 가난에 찌들었던 일을 떠올렸다. 또 아버지인 다이쇼 천황이 강압에 못 이겨 재벌에게 모든 걸 양보하고, 지금은 자신이 재벌 및 정객들과 힘겹게 권력 다툼을 하고 있는 일을 생각했다. 그는 기필코 황권 중심의 제국을 건설하리라는 결심을 다시 한번 굳게 다졌다. 무력은 모든 문제를 해결할 수 있는 핵심 수단이다. 필요할 때는 주저 없이 무력을 사용하여 절대 아버지처럼 나약하게 행동하는 일은 없을 것이라고 다짐했다.

그는 집권 후 수년 동안 만약 자신이 아버지와 똑같은 입장이었다

면 다이쇼 정변을 어떻게 처리했을지에 대해 수도 없이 생각해 보았다. 그의 생각에 의하면 다이쇼 천황은 일본을 전혀 이해하지 못했다. 그는 그저 전 국민에게 '일치단결, 공동 분투, 국가를 위해 충성을 바칠 것' 등 일련의 구호를 내걸었다. 그러나 이는 이론에 그쳤을 뿐, 제대로 실행된 것은 하나도 없었다. 다이쇼 천황은 천황의 명령 한마디면 모든 일이 해결되는 줄로 착각했다. 감히 천황의 명령을 거역하리라고는 꿈에도 상상하지 못했다. 그에게는 한마디로 메이지 천황처럼 유유자적한 개인적인 매력과 권모술수에 능한 정치적 수완이 없었다.

만약 다이쇼 천황이 메이지 천황처럼 과단성 있고 권모술수에 능했다면, 사태가 그 지경에 이르지는 않았을 것이다. 어쨌거나 다이쇼 정변을 계기로 황권이 전면적으로 몰락한 상황에서 히로히토 천황은 잃어버린 황권을 되찾고 군주제를 회복하려 노력했다.

히로히토 천황은 정객과 재벌 설득에 실패하자 아예 그들을 무시해 버리고 말단 장교, 낭인, 농민 등 기층 관리 및 국민들을 포섭하기로 마음먹었다. 황권을 옹호하는 기층 조직이나 민간 결사 및 여론을 동원해 의원과 재벌들을 상대할 생각이었다. 하지만 이 와중에도 재벌과 정객들을 상대하는 일은 사이온지 긴모치에게 맡겨 천황을 대신해 계략을 짜고 정책을 결정하도록 했다. 사실 이는 대단히 영리한 작전이었다. 만약 어떤 정책이 실패하면 사이온지 긴모치에게 비난이 집중되고, 일이 잘 될 경우에는 모두 영명한 천황 덕택이라고 생각할 개연성이 다분했다.

히로히토 천황은 사이온지 긴모치에게 본때를 보일 기회만 잔뜩 벼르고 있었다. 그러기 위해서는 '헌정'을 꿈꾸는 재벌과 정객들의 손에서 반드시 권력을 탈환해야 했다.

　그의 급선무는 사이온지 긴모치 등 원로를 핵심으로 하는 재벌-정객 동맹에 대처할 방법을 찾는 것이었다.

　11일 구락부 회의가 열린 다음날 오전이었다. 회의에 참석한 히로히토 천황의 한 측근은 세 가지 방안을 천황에게 상정했다. 천황은 방안을 검토하고 나서 만족스러운 표정으로 즉시 첫 번째 방안을 실행하도록 명령했다. 바로 미쓰이 재벌 등을 달러화 투기 함정에 빠뜨리는 묘안이었다.

천황의 권력에 도전한 미쓰이 재벌, 달러화 투기 함정에 빠지다

일본이 만약 공화제 국가였다면 미쓰이와 미쓰비시는 틀림없이 가장 유력한 대통령 후보였을 것이다.[5]

　미쓰이 재벌은 한때 천황을 적극 후원했고, 천황 역시 미쓰이 재벌을 푸대접하지 않았다. 미쓰이 재벌이 메이지 유신 이후 신속히 부상한 것도 정부의 든든한 뒷받침이 없었다면 사실상 불가능했다.

　1888년 메이지 정부가 미이케(三池) 탄광에 대한 공개 입찰을 실시하자, 응찰자로 나선 미쓰이, 미쓰비시 등 4대 민간 기업은 이 대규모 사업을 손에 넣기 위해 치열한 물밑 작업을 전개했다. 마쓰카타 마사요시 대장성 대신은 미이케 탄광의 최저 입찰가를 450만 엔으로 정했다. 만약 이 목표를 달성하지 못한다면 마쓰카타 마사요시가 대신 직을 사임하고 내각이 해산될 가능성이 높았다.

미쓰이는 미이케 탄광을 반드시 차지할 목적으로 미쓰이 재벌의 최고 고문이자 정계 거물인 이노우에 가오루를 찾아가 로비를 벌였다. 당시 이노우에 가오루 소유의 물산은 미쓰이 그룹과 합병하고 오늘날의 미쓰이 물산을 이루면서 쌍방은 뗄 수 없는 관계를 맺었다.

이노우에 가오루가 나서서 정부 측과 교섭을 진행하자 미이케 탄광 측과 미쓰이은행 사이의 협상은 일사천리로 진행됐다. 얼마 후 일본 정부는 미이케 탄광이 455만 엔에 사사키(佐佐木) 씨에게 매각됐다고 깜짝 발표했다. 사사키는 당연히 미쓰이 재벌을 대표한 인물이었다. 이후 미쓰이는 고작 100만 엔의 계약금을 내고 미이케 탄광을 인수했다. 잔금 355만 엔은 15년에 걸쳐 상환하기로 했다.

미쓰이는 미이케 탄광을 인수한 지 1년도 채 지나지 않아 투자금 455만 엔을 모두 회수했을 뿐 아니라 적지 않은 이익을 남겼다. 보수적인 통계에 따라 탄광 채굴 기간을 50년으로 정한다 해도, 미이케 탄광의 예상 수익은 4억 5,000만 엔에 달했다. 이는 미쓰이가 지불한 계약금 100만 엔의 무려 400가 넘는 액수였다. 따라서 미이케 탄광 인수건은 아마도 일본 역사상 최대의 국유자산 유실 사건이 아니었을까 싶다.[6]

미이케 탄광의 성공적인 경영은 미쓰이가 높은 급여로 초빙한 귀국파 기술자인 단 다쿠마(團琢磨)와 떼어놓고 말할 수 없다. 매사추세츠 공과대학 졸업생인 그는 취임한 이후 미쓰이의 기대를 저버리지 않았다. 외국에서 갓 배운 대형 펌프 기술을 이용해 탄광의 배수 문제를 완벽하게 해결하여 석탄 생산량을 대대적으로 늘렸다. 경영과 기술에 능한 그의 노력에 힘입어 미이케 탄광은 미쓰이은행의 이윤을 가볍게 넘어서서 미쓰이 물산과 비견될 정도였다. 이에 따라 미이케 탄광은 '미쓰이의 휴대형 소형 금고'로 불렸다. 단 다쿠마 역시 이 공로로 미쓰이 그룹의 총재로 승진했다. 연봉도 무려 30만 엔으로 올라 일본의 '샐러리맨 황제'로 등극했다. 그러나 애석하게도 탄탄대로를 달리던 그의 인생은 달러화 투기 함정에 빠지면서 완전히 끝장나고 말았다.[7]

미이케 탄광 인수를 계기로 미쓰이 재벌은 상업과 금융업에서 산업 부문으로 사업을 확장했다. 청일전쟁과 러일전쟁을 통해 점차 독점 자본 그룹으로 성장했고, 제1차 세계대전 이후에는 다양한 산업을 주름잡는 재벌 거두로 부상했다.

〈뉴욕 타임스〉는 1922년 아주 짧은 기간에 공룡으로 커버린 미쓰이 재벌을 이렇게 평가했다.

"서양 문명사에서는 일본의 미쓰이 재벌과 같은 조직을 찾아볼 수 없다. 금융업에만 종사한 로스차일드가는 미쓰이 재벌에 비하면 그야말로 평범하기 그지없다. 미쓰이 재벌은 동방 세계에서 가장 부유한 그룹이다. 광산, 은행, 철도, 항운, 공장과 무역회사 등 다양한 산업을 두루 장악하고 있다. 미국에서 록펠러가가 부유함의 상징인 것처럼 일본에서는 미쓰이 재벌이 부유함의 상징이다."[8]

일본의 대재벌들은 국가의 경제 명맥을 완벽하게 장악했을 뿐 아니라 원로, 관료, 군벌들과 결탁해 정당을 조종하고 정권을 좌지우지했다. 당시 일본의 몇몇 대표 정당들은 모두 배후에 각자의 '재물신'을 두고 있었다. 예컨대 세이유카이의 원로 이노우에 가오루는 주변 사람들로부터 '미쓰이 가문의 총지배인'으로 불렸다. 세이유카이의 핵심 인물인 야마모토 조타로(山本條太郎)와 모리 쓰토무(森恪)도 미쓰이 재벌과 밀접한 관계를 가지고 있었다. 이외에 개진당(改進黨) 총재 오쿠마 시게노부와 헌정당(憲政黨) 총재 가토 다카아키(加藤高明)는 미쓰비시 재벌과 친밀한 관계를 유지했다. 후자는 훗날 미쓰비시의 창업주인 이와사키(岩崎)의 사위가 되었다. 이들은 19세기 말부터 일본 정계를 주름잡은 최고의 정치인들로 재벌의 대변인이 되어 그들의 이익을 위해 열심히 일했다.

1927년에 일본에서 발생한 전대미문의 경제 위기로 대규모 예금 인출 사태가 터지면서 은행들이 줄줄이 도산했다. 다카하시 고레키요(高橋是清) 대장성 대신은 즉시 일본의 모든 은행에 3주 동안 인출 중지 명령을 내렸다. 이어 일본은행이 각 대형 은행들에게 총 22억 엔의 비상 대출을 제공하도록 조치했다. 일본 정부 역시 독점 자본 그룹에 7억 엔의 구제 금융을 제공해 난관을 극복하도록 도왔다. 일본 정부는 잇따라 은행법을 수정하여 신설 은행의 자본금을 최저 100만 엔으로 정하는 등 은행업 구조조정에도 박차를 가했다. 그러나 이 금융위기로 인해 수많은 중소 은행들은 파산하거나 대기업에 흡수당하는 비운을 면치 못했다. 반면 미쓰이, 미쓰비시 등 5대 은행은 오히려 어부지리를 얻어 규모를 신속하게 확장했다. 나중에는 총 자본금이 일본 은행업 총 자본금의 3분의 1에 달했다.[9]

일본의 독점 자본가들은 기득권 세력에 빌붙은 덕에 금융 과두 그룹을 형성하고, 금융위기 속에서 오히려 전화위복의 행운을 누렸다. 2008년 미국발 금융위기 때에도 미국 정부는 골드만삭스를 비롯한 빅4 은행을 살리기 위해 갖은 지원을 아끼지 않았다. 시대는 달랐으나 똑같은 위기 상황에서 일본 정부와 미국 정부는 모두 납세자들의 돈을 퍼서 은행에 빌려줬다. 반면 중소 은행들의 줄도산은 수수방관했다. 워런 버핏이 금융위기 때 골드만삭스의 주식을 대량으로 사들인 것도 그럴 만한 이유가 있었다. 그는 대재벌들이 정부와 같은 편에 서 있는 한 세상에 겨룰 자가 없다는 사실을 너무나 잘 알고 있었다.

일본 재벌들은 정당과 손을 잡고 내각과 의회를 마음대로 조종했다. 또 다이쇼 정변 이후로는 더욱 기고만장해져 천황과 군부 측에 대해서도 거의 안하무인이었다. 그러나 이번에 그들은 상대가 총명하고 권모술수에 능한 히로히토 천황이었다는 점을 간과했다.

11일 구락부 회의가 열린 다음날이었다. 사이온지 긴모치는 스파이를 통해 히로히토 천황의 싱크탱크가 비밀회의를 가진 사실을 알았다. 그는 천황 패거리들이 만주를 점령한 다음 자신의 요구에 따라 행동을 멈추고 반성한 것이 아니라 계속 앞으로 진격하고 있다는 사실을 깨달았다. 그는 도쿄로 돌아가려던 계획을 취소하고 교토에 남아 자신이 천황의 곁으로 돌아가지 않는 이유는 국가의 새로운 영토 확장 정책을 반대하기 때문이라는 사실을 시사했다.

그는 또 자신과 특별한 관계가 있는 스미토모 재벌에게 신속하게 연락해 절대로 달러화 투기 함정에 빠지지 말라는 경고를 보냈다. 더불어 주변 사람들을 통해 이 문제를 공론화하여 천황에게 강한 압력을 가했다.

1931년 10월 초, 내부 소식을 입수한 일본 최대 재벌 미쓰이는 유혹을 참지 못하고 달러화 투기에 손을 뻗었다. 한꺼번에 무려 미화 1억 달러를 사서 쌓아두고 떼돈을 벌기만 기다렸다. 다른 재벌들 역시 덩달아 미화를 구매했다. 이렇게 되자 칼자루는 천황이 쥐게 되었다. 만약 재벌들이 사이온지 긴모치의 편에 서서 전쟁 경비를 지원하지 않을 경우, 히로히토 천황은 금본위제를 유지하면 그만이었다. 이렇게 되면 미화를 사재기한 재벌들은 파산하는 길밖에 없었다. 반대로 재벌들이 천황의 의지에 따라 움직여만 준다면 바로 금본위제를 폐지해 재벌들은 수백만 내지 수천만 달러의 폭리를 얻을 수 있었다.

사이온지 긴모치는 미쓰이 재벌등이 천황의 올가미에 걸려들었다는 소식을 들은 후, 자신 역시 미쓰이와 마찬가지로 진퇴양난에 빠졌다는 사실을 깨달았다. 그러나 그는 여전히 도쿄에 가기를 거부하고 교토에 남아 있었다. 그는 스미토모 재벌 고위층에게 곧 금융 쓰나미가 한바탕 들이닥칠 것이니 절대 경거망동하지 말라고 재차 경고를 보냈다. 그의 충고를 받아들여 달러화 투기에 손대지 않은 대다수 관리자들은 두 달 후 엔화 가치 폭락으로 인해 큰 손실을 입었다.

한편 도쿄에서는 천황 일당이 서로 다른 목적을 가진 정치 세력들을 열심히 규합하고 있었다. 이들 가운데에는 고위 장교, 정객과 미쓰이 재벌 이사 등이 포함돼 있었다. 여당인 민정당(民政黨) 내각은 일이 커지자 후환이 두려워 천황에게 거듭 총사퇴를 요청했다. 야당 세이유카이는 울며 겨자 먹기로 내각을 인수하지 않을 수 없었는데, 그들이 배후의 '재물신' 미쓰이에게 틀림없이 금본위제를 폐지할 것이라고 장담했기 때문이었다. 미쓰이는 이번 도박에 이미 1억 달러를 건 상태였다. 밤이 길면 꿈이 많다고 미쓰이 재벌의 대변인인 세이유카이가 하루빨리 정권을 장악해야 달러화 투기를 통해 거액의 이익을 챙길 터였다.

히로히토 천황은 태연자약하게 현임 내각에 며칠만 더 남아 국제연맹의 결의를 기다려달라고 요청했다. 그러자 미쓰이 재벌은 더욱 등이 달아 세이유카이에게 빨리 방법을 강구하라고 득달같이 독촉했다. 세이유카이 총재는 강요에 못 이겨 11월에 열린 선거인 대회에서 일본이 영국을 본받아 금본위제를 폐지하도록 만들겠다는 공개적인 입장을 발표했다. 이 소식이 전해지자 외환 시장에서 엔화 가치는 크게 폭락했다. 미화를 보유한 미쓰이 재벌은 장부상 이익이 대폭 증가하자 그나마 시름을 덜었다. 사이온지 긴모치는 이 소식을 듣고 자신의 귀를 의심하며 연신 이렇게 중얼거렸다.

"이것은 아직 개업하지도 않은 은행에 파산을 선고한 것과 다를 게 뭐가 있는가?"

12월 10일, 국제연맹의 결의가 발표됐다. 결의에 따르면 국제연맹은 일본을 비난하지도 비호하지도 않고 조사팀을 만주와 일본에 파견해야 누가 옳고 그른지 판단할 수 있다는 입장을 밝혔다. 결의 내용만 보면 국제연맹이 적당히 얼버무려 책임을 회피하려는 의도를 알 수 있다. 그러나 히로히토 천황은 국제연맹의 조사팀이 별로 반갑지 않았다. 일단 조사팀이 만주 문제에 개입할 경우 만주에 있는 항일 투사들의 사기가 올라가고, 국제연맹과 일본 사이의 갈등은 언제 해결될지 모를 정도로 무기한 연기될 가능성이 있었다.

히로히토 천황은 즉시 금본위제를 폐지하고 '가짜 전쟁'을 발동하기로 결단을 내렸다.

며칠 후 미쓰이 재벌의 '달러화 드림'은 현실이 되었다. 일본의 대재벌과 정부기관인 요코하마정금은행은 수천만 달러의 장부상 이익을 얻었다. 또 한 번 천황으로부터 타협을 얻어냈다고 생각한 재벌들은 더 큰 기대감에 부풀어 서로에게 축하를 건넸다. 애석하게도 그들은 '세상에 공짜 점심은 없다'라는 진리를 잊고 있었다. 뛰는 놈 위에 나는 놈이 있듯, 부당한 이익을 얻은 재벌들은 결국 천황에게 영원히 약점을 잡히는 처지가 되고 말았다.

히로히토 천황은 드디어 내각의 총사퇴를 수락한 다음 사이온지 긴모치에게 즉시 도쿄에 돌아와서 새로운 내각의 취임식에 참가하라고 통지했다. 그때까지 교토에 머물러 있던 사이온지 긴모치는 그제야 이후부터 그가 원하든 원하지 않든 천황의 의지에 따라 수상을 천거하고 희생양을 물색하는 일에 동참해야 된다는 사실을 깨달았다. 그는 비아냥조로 천황에게 물었다.

"천황 폐하의 패거리들은 이번에 누구를 수상으로 선출했습니까?"

천황의 입에서 이누카이 쓰요시(犬養毅)라는 대답이 나왔다. 사이온지 긴모치는 천황의 총명함에 크게 탄복하지 않을 수 없었다. 전 세이유카이 총재였던 이누카이 쓰요시는 장제스를 낚을 수 있는 가장 좋은 미끼였던 것이다.

일본이 발동한 '가짜 전쟁', 1·28 송호 항전

이누카이 쓰요시는 메이지부터 히로히토 천황까지 3대를 보필한 노신인 데다 국민당 지도자들과 매우 돈독한 관계를 유지하고 있었다. 그는 또한 쑨원의 친한 친구이기도 하여 쑨원의 혁명 활동을 처음부터 끝까지 지지했다. 또 장제스가 일본에서 곤경에 빠졌을 때 그를 거둬주고 도와주기도 했다.

그러므로 일본이 국제연맹에 보여주기 위해 상해에서 '가짜 전쟁'을 발동하려는 계획을 다른 사람이 아닌 이누카이 쓰요시가 장제스에게 알려준다면, 장제스는 이를 곧이곧대로 믿을 것이고, 심지어 일본의 쇼에 적극적으로 호응할 수도 있었다.

1931년 12월 13일, 이누카이 쓰요시 내각이 정식으로 출범했다. 그 사이에 이누카이 쓰요시는 특사를 남경에 파견해 장제스와 비밀 회담을 가졌다. 양측은 일본이 장제스의 묵인 아래 만주를 합법적으로 점령하고, 그 대가로 일본은 장제스를 도와 상해에 있는 제19로군(路軍)을 소멸하기로 합의했다. 제19로군은 장제스의 독재 정치를 반대하는 월계(粵係) 세력이었다. 이처럼 만주가 장제스의 승인을 얻어 만주국으로 독립한다면, 국제연맹으로서는 일본 정부를 비난할 이유가 없어진다. 일본에 경제 재재를 가하지 못하는 것은 두말할 필요도 없었다.

12월 15일, 장제스는 두 번째 하야 성명을 발표했다. 이에 따라 그는 국민정부 주석, 행정원 원장 및 국민당 군 총사령관 등 모든 자리에서 물러났다. 재정부장 쑹쯔원을 위시한 내각 역시 단체로 사직했다. 그러면서도 모든 장부를 가져가는 것은 잊지 않았다. 장제스는 하야에 앞서 자신의 측근들을 4개 성 정부의 주석에 슬쩍 임명해 향후 다시 정권을 탈환할 때를 대비했다. 이렇게 되면 그는 마음 편히 앉아서 '가짜 전쟁'을 관망하고 전쟁 책임에서 벗어날 수 있었다. 그러면서 전쟁을 종식시킨 공신의 자격으로 되돌아올 기회를 엿봤다.

계획에 차질이 없도록 하기 위해 히로히토는 작은아버지인 칸인노

이누카이 쓰요시

미야(閑院宮)를 육군 참모총장에 임명했다. 더불어 만주 사변을 획책한 관동군 장교 이타가키(板垣) 대좌를 도쿄로 소환해 '가짜 전쟁'의 작전 계획을 책임지게 했다.

1932년 1월, 관동군은 국제연맹 조사팀이 만주로 출발하기 전에 동북 각지에서 전면적인 공격을 감행해 서구 열강들의 체면을 완전히 구겨버렸다. 미국 국무부 장관은 만주 주재 미국 대사를 소환하고 일본에 경제 제재를 가하자고 제안했다. 그러나 미국 국회와 정부에서 그의 제안에 찬성하는 이들은 적었다. 그는 할 수 없이 일본에 만주국을 승인하지 않는다는 각서를 보내기만 했다. 영국과 미국의 속내를 빤히 알게 된 일본은 더욱 거리낌 없이 '가짜 전쟁' 계획을 추진했다.

미국도 두렵지 않겠다, 장제스와 국내 세력도 모두 손에 넣었겠다, 일본으로서는 그저 전쟁을 발동할 구실만 찾으면 되는 상황이었다.

1월 8일, 히로히토 천황은 도쿄 교외에서 군사훈련을 참관했다. 신문은 이에 맞장구를 쳐 닷새 전부터 천황의 참관 계획에 대해 대서특필했다. 이날 천황 주위에는 물샐틈없는 경계망이 펼쳐졌다. 만주에 있던 관동군 비밀경찰 부대가 천황 경호 업무에 협조하기 위해 급히 소환됐을 정도였다. 도쿄의 모든 공공장소와 조선 사람들이 즐겨 묵는 여관에 대한 기습 수색도 이뤄졌다. 그런데 어찌된 영문인지 상해에서 잠입한 조선의 독립투사 한 명을 그만 놓치고 말았다. 이 독립투사는 12월에 상해를 떠나 세관에서 꼼꼼하기로 소문난 이민국 관리의 눈을 교묘하게 피해 일본에 입국했다. 사복 경찰의 코앞에서도 태연자약하게 기차에 올라 도쿄로 향했다. 그는 옷 주머니마다 수류탄을 하나씩 숨겨놓고 천황의 행렬만 기다렸다.

드디어 벚꽃 표시가 새겨진 천황의 마차가 눈앞에 나타나자

이누카이 쓰요시(오른쪽 세 번째)와 장제스(오른쪽 네 번째)

그는 마차를 향해 수류탄을 던졌다. 그러나 수류탄은 천황에게 명중하지 못하고 천황의 측근인 내무성 대신의 발밑으로 굴러가 조그마한 폭발음만 냈을 뿐이다. 대신은 털끝 하나 다치지 않았다. 조선의 독립투사는 그 자리에서 체포됐다. 그는 외부와 완전히 단절된 사형수 전용 감옥에 9개월 동안 갇혀 있다가 비밀리에 처형당했다.

하마터면 황천길로 갈 뻔했던 대신은 침착한 표정으로 히로히토 천황에게 말했다.

"사이온지 긴모치에게 보고할 필요는 없을 것 같습니다."

천황은 자객의 신분을 확인한 다음 농담조로 말했다.

"틀림없이 조선 독립당 멤버의 소행일 거야."

천황의 한 측근도 사전에 일기에서 "그날 무슨 일이 터질 것 같은 예감이 들었다"라고 썼다.

천황 암살 사건은 전혀 예상치 못한 결과를 가져왔다. 천황에게 갈수록 실망하던 관리와 국민들이 강한 동정심을 가지는 계기가 되어 천황의 경호를 책임진 내무성 대신에게 할복으로 사죄할 것을 촉구했

다. 궁지에 몰린 내무성 대신은 다른 내각 대신들과 공동으로 총사퇴를 청원하기에 이르렀다. 천황은 사직서를 반려하고 내각의 총사퇴를 허락하지 않았다.

이 일을 전해들은 사이온지 긴모치는 한참이나 침묵하다가 갑자기 대역무도한 말을 내뱉었다.

"사람들은 종종 천황이 헌법 위에 군림한다고 말한다. 하지만 천황은 헌법을 제외하고 그 어디에서 존재의 이유를 찾을 수 있겠는가?"[10]

암살 미수 사건 발생 다음날인 1월 9일에 일본 정보기관과 밀접한 관계를 가지고 있던 한 기자는 상해에서 이 사건을 보도하면서 "애석하게도 수행 차량만 폭파됐을 뿐이다"라고 썼다. 상해 국민당 기관지 〈민국일보(民國日報)〉 등 신문들이 잇달아 이 보도를 옮겨 싣자, 일본 교민 사회가 크게 시끄러워졌다. 상해 주재 일본 영사관은 〈민국일보〉에 공개 사과와 기사 등재 중단을 요구했다. 일본 스파이들은 급기야 이 일을 트집 잡아 전쟁 구실을 만들기 시작했다.

암살 미수 사건이 발생한 지 사흘째가 되는 날, 상해에 있는 일본 정보기관은 도쿄에서 날아온 전보 한 통을 받았다.

"만주 사건은 계획대로 진행되고 있으나 일부 내각 성원들이 열강의 사주를 받아 우리 계획에 회의를 품고 있다. 현재 일중 간 긴장 관계가 계속되는 기회를 노려 사변을 일으켜라. 열강들의 시선을 다른 곳으로 집중시켜라."

1월 18일, 일본 승려 다섯 명이 삼우(三友) 수건 공장 앞에서 뭔가를 염탐하듯 이리저리 왔다 갔다 했다. 이때 갑자기 노동자 차림을 한 신원 불명의 사람들이 튀어나와 다짜고짜 일본 승려들을 두들겨 패기 시작했다. 결국 일본 승려 한 명이 죽고 네 명이 부상을 입었다. 다음 날 오전 상해에 있는 일본 교민들은 집회를 열고 일본 정부에 신변 보호를 요청했다. 같은 시각 일본 정보 요원들은 권총을 들고 상해에 있는 미쓰이 사무실로 뛰어들었다. 미쓰이 직원들은 강요에 못 이겨 도쿄 본부에 신변 보호를 요청하는 전보를 발송했다.

천황 일당은 이 전보를 빌미로 미쓰이에게 '가짜 전쟁' 경비를 지원하라고 요구했다. 이누카이 쓰요시는 일본 정부가 미쓰이의 상해 이익을 보호하기 위해 군대를 파견하는 비용으로 800만 달러를 요구했다. 단 다쿠마 미쓰이 총재는 협박 수준에 가까운 일본 정부의 요구를 들어주지 않았다.

"우리는 일본 정부의 보호를 필요로 하지 않습니다. 정부가 요구한 금액도 터무니없이 많습니다."

이에 이누카이 쓰요시가 단 다쿠마에게 단도직입적으로 말했다.

"내가 듣기로는 미쓰이가 얼마 전 달러화 투기를 통해 적어도 2,000만 달러를 벌었다고 하더군요. 사람이라면 은혜를 갚을 줄 알아야 하지 않겠습니까? 일본 정부의 도움이 없었다면 미쓰이가 그 돈을 벌 수 없었을 겁니다. 미쓰이가 기꺼이 자금을 지원할 경우 정부는 장제스와 협상해 만주국을 독립시킬 수 있습니다. 국제연맹의 경제 제재를 피한다면 미쓰이에게도 큰 이익이 될 것입니다."

총명한 단 다쿠마는 결국 이 모든 것이 천황의 일본 제국 건설 계획의 일부분이라는 사실을 깨달았다. 사이온지 긴모치, 미쓰이 등 정객과 재벌이 아무리 반대해도 천황의 생각을 바꾸지 못할 것이라는 사실 역시 본능적으로 느꼈다. 천황이 온갖 수단을 동원해 정객과 재벌의 타협을 이끌어낼 것이라는 사실은 더욱 분명해지고 있었다. 달러화 투기 함정에 빠진 미쓰이는 천황에게 치명적인 약점을 잡힌 것이나 다름없었다.

"생각할 시간을 주십시오. 그러나 미쓰이와 다른 재벌들도 천황의 계획을 지지할 것이라고 장담은 못하겠습니다."

1월 21일, 천황은 의회에 휴회 명령을 내렸다. 겉으로는 한 달 후의 대선을 준비하기 위한 것이라고 했으나 실상 목적은 따로 있었다. 천황은 이 기간 내에 헌법에 의해 부여받은 특권, 즉 예산 외의 지출 허가권을 행사하려는 속셈이었다. 이와 관련해서는 천황의 측근도 사이온지 긴모치에게 이렇게 경고한 바 있었다.

"만약 재벌들이 2월 10일까지 '가짜 전쟁' 경비의 지원 결정을 내리지 않을 경우, 전국을 놀라게 할 유혈 사태가 발생할 것입니다."

일본 해군 함대는 1월 23일부터 연이어 상해에 닻을 내렸다. 상해 시민들은 제19로군에 병력을 증파해 달라고 남경 정부에 요청했다. 그러나 남경 정부는 병력을 움직이지 않았다.

1월 26일, 칸인노미야 육군 참모총장은 최고 군사회의를 소집하고 상해에 있는 일본 해군에 정당한 방위권을 행사해도 된다는 명령을 내렸다.

1월 27일 밤, 허잉친(何應欽) 국방부장은 장제스의 지시에 따라 세 번이나 제19로군에 "국방의 대사를 위해 절대 경거망동하지 말고 일본군과의 충돌을 피하라"는 내용의 급전을 띄웠다.

1월 28일 오전 8시, 일본 관영 통신은 반일 '구국회' 멤버로 추측되는 중국인이 폭탄으로 보이는 물체를 일본 영사관에 투척했다고 보도

했다. 이 사건은 일본 해군이 전쟁을 도발하는 구실이 되었다.

오후 5시, 〈뉴욕 타임스〉 기자는 항구에서 일본 해군 지휘관을 인터뷰하던 중 밤 11시에 일본 해병대가 자국 교민을 보호하기 위해 갑북(閘北)으로 출정할 것이라는 소식을 입수했다. 그러나 갑북의 일본 교민들은 이미 이틀 전에 모두 철수한 상태였다.

밤 8시 30분에 일본군은 이른바 공지를 발표하고 중국 측에 갑북에 있는 모든 중국 군대와 위험 시설들을 철수하라고 요구했다. 일본군은 출병 구실을 만들기 위해 일부러 11시까지 기다려 상해 시장에게 최후통첩을 보냈다. 이어 몇 분 후 최후통첩이 상해 시장에게 전달됐는지 확인도 안 된 상태에서 일본 해병대가 갑북으로 진격했다. 한마디로 일본은 중국에 어떤 기회도 주지 않았다.

송호 항전이 드디어 발발했다. 제19로군은 일본군에 맞서 용감하게 싸웠다. 차이팅카이(蔡廷鍇) 군장(군단장)은 전군에 비장한 명령을 내렸다.

"절대로 두려워하지 마라. 물러서서도 안 된다. 마지막 한 사람이 남을 때까지 싸우라."

장제스는 제19로군이 일본군에게 격퇴되기는커녕 오히려 민족의 영웅으로 부각되자 가만히 앉아 있을 수 없었다. 그는 즉시 남경으로 돌아가 직접 정부와 군대를 지휘하겠다고 나섰다.

장제스는 이때 1인 2역을 맡지 않을 수 없었다. 한편으로는 일본에 보여주기 위해 비밀리에 일본 특사와 계속 만났고, 또 한편으로는 중국인들에게 보여주기 위해 열심히 일본군에 대항하는 흉내를 냈다. 이렇게 해서 참으로 우스꽝스러운 광경이 펼쳐졌다. 장제스가 직계의 경호 사단에 전투 준비를 명령했으나 부대는 3주가 지난 뒤에야 어슬렁 어슬렁 전선에 도착한 것이다. 심지어 국민당 해군 부대는 아예 중립을 선포하고 멀리 장강 상류로 후퇴했다. 전투가 한창 무르익었을 때에는 국민당 해군이 고베(神戶) 조선소에서 주문한 군함이 첫 테스트를 통과한 것을 경축해 파티를 여는 기막힌 장면을 연출했다. 이 파티에는 중국 대사와 일본 해군 장교들이 함께 참석해 중일 양국의 우정이 영원하기를 기원했다. 참으로 양대 교전국이라기보다 '대동아 공영권'에 속한 형제 국가라는 표현이 더 어울릴 법했다.

제19로군은 장제스의 지원 소식을 듣고 날듯이 기뻐했다. 장제스가 드디어 양심의 가책을 느껴 주변 은행가와 자본가들에게 휘둘리지 않고 이제부터 오롯이 국가 이익만 생각하는 것이라고 믿었다. 제19로군이 장제스의 지원병을 기다리면서 필사적으로 방어선을 지키자 일본 황군은 체면이 말이 아니었다. 자칭 '일본의 으뜸 정예부대'라는 해병대를 동원하고 항공기와 군함, 일본 교민과 선원의 도움을 받으면서도 제19로군의 견고한 방어선을 뚫지 못했다. 일본군은 다급한 나머지 어찌할 바를 몰라 쩔쩔맸다.

그러나 일본군보다 마음이 더 급한 쪽은 히로히토 천황이었다. 그는 일본 해군이 구겨진 체면을 살린답시고 '가짜 전쟁'을 진짜 전쟁으로 확대할까 봐 노심초사했다. 그는 증원병에게 천천히 진격하라고 신신당부하고, 매일 전투 및 후방 근무와 관련된 디테일한 부분까지 직접 점검했다. 그는 일이 너무 커졌다는 사실을 직감했다. 국제사회의 이목을 가리기 위해 시작한 일이 이제는 전장에서 피를 흘리는 장병, 더 나아가 국민들을 속여야 할 정도로 확대되었다. 그는 맘이 놓이지 않자 황후의 사촌오빠를 소환해 해군 총참모장을 맡겼다. 육해군 최고

지휘관이 모두 천황의 친인척으로 채워질 정도로 이번 전쟁은 히로히토 천황에게 대단히 중요했다.

한편 천황은 미쓰이를 비롯한 재벌들이 능장을 부리며 돈을 내놓지 않자 화가 머리 꼭대기까지 치밀었다. 일본에서는 재정 계획을 제정하고 실시할 때 대재벌의 동의를 거치는 것이 관례였다. 그런데 지금 군비 조달이 이뤄지지 않는 것은 재벌들이 정부의 정책에 불만을 표시함을 뜻했다. 천황은 간이 부어 감히 천황에게 도전하는 이들에게 따끔한 맛을 보여주기로 작정했다.

암살자의 나라

일본군 폭격기가 상해에 있는 서구 열강의 조계지에 점점 접근하고 있던 1932년 2월 초쯤이었다. 일본 정부는 도쿄의 외국 사절에게 중일 간 오해를 중재해 달라고 요청했다. 이틀 뒤 미국 국무부 장관은 반드시 송호 항전과 만주 문제를 함께 해결해야 한다는 회답을 보내왔다. 서구 열강이 상해 문제에 대해서만 강경한 입장을 취해도 경제 제재를 두려워한 대재벌들은 전쟁 경비를 내놓지 않을 가능성이 높았다. 당시 뉴욕 등의 국제 금융시장에서 일본의 국가 신용은 이미 바닥에 떨어져 해외 융자를 받기도 어려운 상태였다. 그럼에도 불구하고 히로히토 천황은 미국의 제안을 거부했다. 그는 재벌들에게 2월 10일까지 기한을 준 경고를 잊지 않고 있었다. 재벌들이 아무런 결정도 내리지 않자 그는 마침내 그들을 징벌할 계획을 실행에 옮겼다.

천황은 전 대장성 대신인 이노우에 준노스케(井上準之助)를 첫 번째 타깃으로 삼았다. 그는 미쓰이 등 재벌에게 적극 협조해 달러화를 사재기하도록 부추긴 인물이었다. 게다가 그는 천황의 음모에 대해서도 잘 알고 있었다. 이노우에 준노스케는 나중에 천황의 지시에 따라 재벌들에게 수익 일부를 전쟁 경비로 내놓도록 설득했으나 별 수확을 얻지 못했다. "군주를 섬기는 일은 호랑이를 옆에 두는 것과 같다"라는 속담처럼 이노우에 준노스케는 천황의 비밀을 너무 많이 알고 있었다.

2월 9일, 히로히토 천황은 전 중국 정보망 책임자를 황궁에 불러 강의를 맡겼다. 이 사람의 부하는 일본 우익단체 혈맹단(血盟團)의 우두머리로, 혈맹단은 정치인 암살로 유명한 조직이었다.

그날 밤 8시에 이노우에 준노스케는 한 초등학교에서 경선 출마 연설을 준비하고 있다가 혈맹단 베테랑 자객의 총을 연달아 세 발 맞고 그 자리에서 즉사했다. 이노우에 준노스케는 이렇게 천황의 '3단계 음모'의 첫 번째 희생양이 되었다. 그런데 자객은 경찰서에서 특별 대우를 받고, 몇 달 후 법정에 섰을 때는 죄인답지 않게 원기 왕성하고 혈색이 좋았다.

천황이 이노우에 준노스케를 제거한 또 다른 목적은 곧 시작될 대선에서 여당인 세이유카이와 이누카이 쓰요시에게 타격을 주기 위해서였다. 재벌의 달러화 투기 행각이 이누카이 쓰요시 내각 시기에 발생했고, 세이유카이 역시 천황과 군부 측의 영토 확장 정책과 상반되는 온건 정책을 주장해 미운 털이 박혔기 때문이다. 그들은 일본에게 필요한 것은 군사적 확장이 아닌 경제적 확장이며, 중국과 장기 협력 관계를 유지해야 한다고 시종일관 주장했다.

대선 결과는 히로히토 천황 일당을 근심에 빠뜨렸다. 일본 국민들은 바보가 아니었다. 그들은 현행 경제 정책이 지난 내각 때부터 출범한 사실을 알고 있었기 때문에 여전히 세이유카이를 지지했다.

▌단 다쿠마

이노우에 준노스케의 암살로 한동안 식은땀을 흘렸던 재벌들은 대선 결과를 보고 다시 활기를 되찾아 천황에게 도전장을 던질 준비를 했다. 지난번에 개인 이익을 위해 사이온지 긴모치를 배신했던 재벌들은 이번에는 자발적으로 그를 찾아갔다. 그들의 입에서는 '다이쇼 정변'과 같은 제2차 호헌 운동에 대한 제안이 자연스럽게 흘러나왔다.

재벌들은 혈맹단에 맞서기 위해 경호팀을 모집했다. 여기에 '가짜 전쟁' 경비 지원을 거부한 것도 모자라 천황의 가장 충직한 부대인 관동군을 매수할 계획까지 세웠다. 미쓰비시 대표는 즉각 관동군 총사령관을 만나 10만 달러의 기부금을 전달했다. 그러나 돌아온 대답은 엉뚱했다.

"액수가 너무 적습니다. 미쓰비시 재벌은 좀 더 많은 금액을 직접 도쿄의 육군 총참모장에게 보내십시오."

히로히토 천황은 이 소식을 듣고 심각한 정치 위기가 도래했음을 직감했다. 돈과 재물에만 눈이 먼 재벌들이 정객과 결탁해 천황의 대신과 백성들을 현혹하더니, 이번에는 육군까지 매수하려고 시도했다. 게다가 정객들은 재벌의 돈과 이른바 서구식 의회 민주 사상에 빠져 이미 국가와 천황에 대한 충성심을 잃은 지 오래였다. 천황은 이 모든 일을 획책한 재벌 우두머리부터 제거하기로 마음먹었다.

다행히 천황에게 반가운 소식이 들려왔다. 2월 29일, 국제연맹이 도쿄에 도착할 무렵 7만 명의 일본군 정예부대가 마침내 제19로군의 5만 명 병력이 버틴 방어선을 돌파했다는 소식이었다. 또 3월 1일에는 괴뢰 만주국이 기세 드높게 건국을 선포했다. 여기에 3월 2일 미국의 비행사 찰스 A. 린드버그 대령의 어린 아들 유괴 사건이 국제사회의 집중 조명을 받았다. 천황은 연달아 전해오는 좋은 소식을 들으면서 하늘이 준 절호의 기회라고 생각했다. 이제는 아무 걱정 없이 재벌들을 처리하는 데 전념할 수 있었다.

3월 2일, 미쓰이은행은 주주총회를 소집하고 연차 보고서를 발표했다. 보고서는 지난 1년 동안 은행업이 직면한 곤경에 대해 특별히 강조했다. 증시 하락과 파운드화 평가절하로 인한 손실이 달러화 투기를 통해 얻은 이익보다 훨씬 더 많았고, 미쓰이은행이 달러화 투기에 뛰어든 목적은 파운드화 폭락에 따른 손실을 헤징하기 위해서였다고 밝혔다. 이에 미쓰이은행의 적자 규모가 400만 달러에 이르러 달러화 투기로 부당 이익을 취했다는 비난은 아무 근거가 없다고 주장했다.[11]

3월 3일, 일본 재정성은 미쓰이은행이 우는소리를 하든 말든 아랑곳하지 않고 곧 800만 달러의 전쟁 채권을 발행한다고 선포하고, 미쓰이 재벌 등에게 국가 이익을 위해 채권을 적극 매입할 것을 요구했다. 단 다쿠마 미쓰이 총재는 재정성의 요구를 단칼에 거부하며 이렇게 말했다.

"전국의 대기업들은 지금 재정난으로 인해 자금 부족에 시달리고 있습니다. 채권을 구매할 여력이 안 된다는 데 의견을 같이하고 있습니다."

이로써 양측의 대결이 본격화되었다.[12]

1932년에 일본이 심각한 경제 위기에 빠져 있는 가운데, 일본 동북부 농촌에는 1869년 이래 가장 심한 흉년이 들어 농민들은 초근목피로 겨우 연명하고 있었다. 게다가 이들의 딸들은 창기로 팔려가고 아들들은 만주로 징집돼 국가 이익을 지켜야 했다. 딸들을 구하기 위해 조금 마련한 돈조차 소작료와 세금을 내고 나면 남는 것이 거의 없었다.

이 시기에는 비극적인 이야기도 많았다. 당시 한 농민의 아들이 만주로 떠나기에 앞서 아버지에게 편지를 보냈다. 그런데 그만 깜빡하고 우표를 붙이지 않았다. 아버지는 우편료 4푼이 없어 끝내 아들의 편지를 읽지 못했다. 한 달 후 아버지에게 아들이 만주에서 전사했다는 비보가 날아들었다.[13]

죽지 못해 살아가는 국민들은 자본가들을 향해 원망의 소리를 토해냈다. 히로히토 천황은 지금이야말로 재벌들을 응징할 절호의 기회라고 생각했다. 그는 우선 재벌들을 과녁으로 삼아 국민들의 분노를 해소하도록 하고, 이어 재벌들을 일벌백계로 다스려 천황에게 고분고분 말을 듣도록 할 생각이었다.

3월 5일, 혈맹단 자객이 미쓰이은행 건물 앞에서 칼로 단 다쿠마를 찔렀다. 단 다쿠마는 20분 뒤에 숨을 거뒀다.

당시 자객은 〈아사히 신문〉과의 인터뷰에서 이렇게 말했다.

"내 목표는 부패한 기득권 정당을 때려 부수는 것이다. 그런데 기득권 정당 뒤에는 늘 거물급 재벌이 버티고 있다. 그래서 나는 먼저 재벌

을 암살하기로 계획했다. 단(다쿠마)은 미쓰이 재벌의 핵심 인물이어서 내 첫 번째 타깃이 되었다."[14]

참으로 정곡을 찌르는 말이었다. 이 말은 히로히토 천황의 마음에도 그대로 와 닿았다.

사이온지 긴모치는 단 다쿠마가 암살당한 다음날 도쿄로 돌아왔으나 천황을 알현하는 것은 거절했다. 그는 이후에도 평생의 꿈인 헌정 유지와 실시를 위해 지지 세력을 규합하는 등 갖은 노력을 아끼지 않았다. 그가 이누카이 쓰요시 내각의 사임을 만류한 것도 국민들에게 입헌정치에 대한 자그마한 희망과 신뢰를 심어주기 위해서였다. 그는 이 와중에도 암살과 테러 정치를 막으려고 백방으로 노력했다. 사이온지 긴모치는 재벌들을 설득해 800만 달러의 상해 전쟁 채권을 전액 구매하도록 요청하고, 별도로 750만 달러의 괴뢰 만주국 운영 자금도 지원하도록 했다.

재벌 설득에 성공한 사이온지 긴모치는 즉시 황궁으로 들어가 천황과의 타협안을 이끌어냈다. 그러나 그가 이렇듯 노력했음에도 상황은 심상치 않게 돌아갔다. 일본 제국 확장의 길에 걸림돌이 되는 모든 세력을 제거하려는 암살 시나리오는 멈추지 않았다.

5월 15일, 해군 소장파 군인과 농민 파쇼 단체가 함께 무장 정변을 일으켰다. 이들의 계획은 네 길로 나누어 이누카이 쓰요시 수상 관저,

내무성 대신 관저, 세이유카이 본부 및 미쓰비시 은행을 습격한 다음 다시 경시청을 점령하고 변전소를 파괴하는 것이었다. 그러나 이누카이 쓰요시 전 수상을 죽이는 것 외에 다른 목표는 하나도 달성하지 못했다. 결국 그들

▌재판을 기다리는 암살자들

은 택시를 타고 제 발로 경시청을 찾아가 자수했다.

이누카이 쓰요시 수상을 암살한 11명의 살인범들은 군사법원의 재판을 기다리고 있었다. 그런데 재판을 앞두고 법원에 35만 명이 피로 서명한 청원서가 날아들었다. 일본 각 지역의 민중들이 연명으로 살인범에게 관용을 베풀어달라고 청원하는 내용이었다. 재판이 시작되자 살인범들은 죄를 인정하기는커녕 법원을 무대로 대대적인 선전 공세를 펼쳤다. 그들은 천황에 대한 일편단심을 숨김없이 드러냈다. 이렇게 해서 민중의 동정심을 유발하고 천황의 정부 개혁과 경제 개혁에 적극 동참하라고 호소했다. 여기에 갓 스무 살도 되지 않은 젊은이 11명이 법원에 청원서를 보낸 것은 일본을 충격으로 몰아넣었다. 이들은 각자 손가락 하나씩 잘라 편지에 동봉하여 자객에 대한 경의를 표하고, 자신들이 자객을 대신해 죽게 해달라고 청원했다.

당시 민심이 이러했으니 히로히토 천황이 자신이 직접 조종하는 존왕양이의 꿈이 반드시 실현될 것이라고 자신만만해하지 않을 수 있었겠는가!

황권이 금권을 이기다

미국의 허버트 빅스(Herbert P. Bix)는 히로히토 천황에 대한 기록을 남긴 작가로 유명하다.

"히로히토는 처음부터 파워가 넘치는 행동파 천황이었다. 그러나 아이러니하게도 사람들에게 비춰진 그의 모습은 항상 수동적이고 방어적인 군주의 전형이었다. 세상 사람들은 그가 일본 정치에 결정적인 영향력을 행사하지 못했다고 여겼다. 그래서 그를 무능하고 유명무실하면서도 아둔하고 지혜롭지 못한 원수로 바라보는 시선이 대부분이었다. 그러나 실상은 그렇지 않았다. 히로히토는 대다수 사람들이 생각한 것 이상으로 총명하고 교활하면서 정력이 왕성한 사람이었다. 그는 말과 행동을 각별히 조심하며 사람들에게 알려진 것 이상으로 더 많은 일을 행했다. 그는 집권 전반기인 22년 동안 대단히 막강한 영향력을 행사하며 자신이 반드시 이루고자 하는 일에서 절대 무능함을 보이지 않았다."[15]

히로히토 천황이 일본의 대외 침략 확장을 주도한 배경은 독일과 매우 비슷했다. 당시 경제적인 면에서 독일과 일본은 모두 독점 자본주의 국가였고, 문화적 측면에서 볼 때 모두 무력을 즐기고 권위를 존중했으며, 나아가 질서를 중요시하고 성실하고 부지런한 전통을 가지고 있었다. 이외에 독특한 가치관을 가진 것에 대해 항상 자부심을 느끼면서도 그 가치관을 인정받지 못하는 데에 대한 증오심도 만만치 않았다. 정치적 측면에서 보면, 일본이 1889년에 제정한 헌법은 비스마르크의 독일 헌법을 모델로 한 것이었다. 양국은 모두 입헌군주제를 채택했으나 의회 배후에서 실권을 장악한 것은 군대, 지주 및 자본가 연맹이었다. 양국을 구별해 주는 최대 특징은 산업 역량의 차이였다. 일본은 자원 부족 국가로 석탄, 철광석, 석유, 합금 소재, 수력자원 심지어 식품까지 부족했다. 이에 반해 독일은 자원 부족을 전쟁 도발의 핑계로 삼고 적극적으로 선전했다.[16]

일본은 메이지 유신 이후 인구가 폭발적으로 늘어남에 따라 자원 부족 현상이 더욱 심각해졌다. 일본 인구는 1873년에 3,000만 명에 불과했으나 1939년에 이르러 7,000만 명으로 급증했다. 일본은 처음에 인구 문제를 해결하기 위해 유럽을 모델로 해외 이주 정책을 실시하려 했다. 그러나 구미 열강이 세계의 식민지를 대부분 나눠 가진 탓에 일본이 발붙일 땅은 없었다. 게다가 영국, 미국, 독일, 프랑스, 러시아 등은 일본의 해외 확장을 과도하게 경계했다.

1921년에 영국은 일본의 영일 동맹 회복 제안을 거부했다. 1922년에는 미국 대법원이 일본인에게 미국인으로 귀화할 자격을 부여하지 않는다고 선포했다. 이 모든 것은 일본 국민들의 자존감과 자부심에 큰 상처를 주었고, 영국과 미국에 대한 적대감은 점점 커졌다. 급기야 일본은 국내 문제를 해결하기 위한 궁여지책으로 무력을 이용한 해외 확장 전략을 선택했다.

1930년대 전 세계를 강타한 금융위기는 세계 경제를 불황으로 몰아갔다. 일본과 독일은 '대내 진압, 대외 침략 확장' 정책을 실시하면서 파쇼 통치 체제를 확립했다. 또 군비 지출 증가를 특징으로 하는 경제 군사화를 통해 위기를 극복하려고 시도했다.

독일의 경우 황권이 무너진 다음, '아래에서 위로'의 선거를 통해 정권 교체가 이루어졌다. 1929년에 경제 위기가 전 세계를 휩쓸면서 독일 경제는 급속도로 하락하기 시작했다. 실업자 수는 1930년에 200만 명, 1932년에는 600만 명으로 급증했다. 히틀러가 이끄는 나치당은 이때다 싶어 각지에서 '베르사유 조약'과 전쟁 배상금이 독일의 경제 위기를 초래하고, 연약하고 무능한 현 정부가 국민들을 도탄에 빠뜨렸다고 선동했다. 지속되는 경기 불황과 잇따르는 사회 혼란 속에서 바이마르 공화국에 대한 신뢰를 완전히 잃은 독일인은 방향을 바꿔 나치당을 지지하기 시작했다. 이렇게 해서 나치당이 독일 국회를 장악하고 히틀러가 정권을 잡기에 이르렀다.

많은 사람들은 나치 정권이 독재 정권으로 최고 권력을 행사하면서 사회 자원을 마음대로 지배하고, 히틀러가 사람의 목숨을 좌지우지했다고 오해한다. 하지만 실상은 그렇지 않았다. 히틀러 역시 다른 정치가들과 마찬가지로 독일 사회의 4대 권력층을 기반으로 한 다음에야 정부를 운영할 수 있었다.

당시 독일 사회의 권력층은 산업 자본가, 군부 세력, 관료 계층 및 융커 계급(대지주 귀족)으로 구성돼 있었다. 히틀러는 이 중 융커 계급의 이익을 의도적으로 보호했다. 농산품 가격 보호, 농업 노동자 임금 통제, 대출 이자와 조세 감면, 실업 보험 면제 등 일련의 조치를 통해서 손쉽게 그들의 지지를 끌어냈다.

독일 역사를 살펴보면 프로이센 장교단이 주축인 군부 세력은 융커 지주 계급과 뿌리 깊은 친밀한 관계를 가지고 있었다. 프로이센 장교단의 쟁쟁한 인물은 모두 융커 귀족 출신이었다. 따라서 히틀러는 융커 계급의 지지를 이끌어낸 후 군부 세력의 지지도 얻을 수 있었다.

히틀러는 또 관료 계층 중에서 유대인 출신이나 나치를 반대하는 입장에 있던 공무원들을 강제로 조기 퇴직시켰다. 대신 나치 당원들을 그 자리에 채워 세력을 확장했다.

당시 산업 자본가는 나치당 집권을 계기로 권력이 크게 신장됐다. 자본가 계층은 별도로 대규모 조직이나 단체가 없었고, 특정 통치자에게 충성을 맹세하는 따위의 원칙에 전혀 구애받지 않았다. 그래서 나치 정부는 공업과 상업의 자유로운 발전을 기본적으로 방치해 두었고, 비상 전시 상태를 제외하고는 자본가들을 크게 통제하지도 않았다.

전통적인 관점에 따르면, 나치 독일은 국가 자본주의 및 독재 정권으로 알려져 있다. 그러나 나치 독일이 독재 정권이라는 인식은 정확하지 않다. 당시 독일에는 진정한 의미로서의 조직적인 독재 정권이 수립되지 않았기 때문이다. 엄밀하게 따지면 나치 독일은 독재 정권이 아닌 전제 자본주의 국가이다. 전제정치의 특징은 사회의 모든 행위와 자원이 자본주의의 고유 목적인 이익 추구를 위해 효과적으로 조직되고 운용된다는 사실이다.[17]

일본은 이런 독일과 달리 황권 중심의 군주제를 실시한 것이 특징이었다. 따라서 대선에 의해 정부가 출범하지 않고 위에서부터 아래로 천황과 군부 세력이 정치를 주도했다. 또 대내적으로는 암살, 쿠데타 등 테러 정치를 통해 반대파들을 숙청하고, 대외적으로는 침략 전쟁을 발동해 세력과 영향력을 확장하면서 군사 독재 정권을 수립했다.

일본의 입헌군주제는 군주를 주체로 하는 입헌정치였다. 일본 헌법은 군주에 대해 구속력을 가지지 않고 오히려 헌법이 군주의 국가 통치 수단으로 이용되었다. 일본 헌법은 천황을 보호해야 할 뿐만 아니라 천황의 권력이 그 어떤 제약이나 속박을 받지 않도록 법적으로 보장할 의무가 있었다. 천황은 제국의 원수로서 내각 대신을 임명할 권한을 가졌고, 각급 관리는 천황에게 충성을 다할 의무를 지녔다. 천황은 군대의 대원수로서 정부와 의회의 간섭을 받지 않고 군대를 직접 통솔하고 지휘할 수 있었다. 또 천황은 의회를 소집하거나 해산하며 조서를 반포하여 법률을 대체할 수 있었다. 그래서 의회는 천황에게 협조하는 도우미 내지 자문기관 역할만 수행했다.

한마디로 일본 천황은 히틀러보다 더 큰 권력을 가졌고, 게다가 헌법에서 이를 명확하게 규정했다. 물론 법률은 법률일 뿐, 천황은 재벌, 정당 및 군부 세력과의 치열한 투쟁에서 승리해야만 더 많은 권력을 행사할 수 있었다. 다이쇼 천황이 메이지 천황과 똑같은 천황이었음도 불구하고 권력을 행사하지 못한 이유는 바로 이 때문이다.

일본 군부 세력은 메이지 유신을 계기로 정치적 기반을 닦은 다음 청일전쟁과 러일전쟁 두 차례의 대외 전쟁을 거쳤다. 그러면서 정부의 권력 중추로 부상하고 특별한 정치적 지위를 누렸다. 군부 세력의 양대 버팀목 중 하나는 독일을 모방해 군정(軍政)과 군령(軍令)의 분립 및 통수권 독립 원칙을 실시하여 군부의 정치적 지위를 대폭 강화한 사실을 꼽을 수 있다. 다른 하나는 반드시 현역 군인이 내각의 육해군 대신을 맡아야 한다는 규정을 관련법에 명문화함으로써 군부 세력이 정치에 개입할 수 있는 법적 근거를 마련한 것이다. 따라서 일본 내각은 군부의 지지를 잃으면 해산하는 길밖에 없었다.

실제로 1907년에 제정한 군령은 군부대신이 통수권 관련 사항을 총괄하고 총리대신은 이에 간섭하지 못한다고 규정했다. 이 제도에 따르면 정당과 정부는 군권을 넘볼 수 없었다. 반면 군부 세력은 내각대신 임명권을 이용해 직접 국가 정무에 간섭하고 내각의 사활을 결정했다. 다이쇼 정변만 예로 들더라도 군부 세력에게 미운털이 박힌 사이온지 긴모치 내각은 육군대신 한 명이 사직하자 맥없이 무너지지 않았던가.

메이지 유신 시대에 일본의 목표는 30년간의 노력을 거쳐 일본을 산업국가로 건설하는 것이었다. 그러나 일본은 산업 토대가 약해 산업 발전이 비교적 늦게 시작되었다. 따라서 유일한 방법은 정부 주도 아래 전 국민이 힘을 모아 경제를 대대적으로 발전시키는 것이었다. 이렇게 해서 정부와 긴밀하게 연결된 몇몇 초대형 독점 기업이 탄생했다. 독점 자본가들은 개인 이익이 언제나 국가 이익과 결합돼 있었기 때문에 국가 정책을 지지하고 협력하는 입장을 취했다.

정당의 정치 활동은 초기에 원로 지지 제도와 불가분의 관계를 맺었다. 정당이 내각을 성공적으로 조직하고 운영하려면 반드시 2개의 문턱을 넘어야 했다. 하나는 원로의 지지를 받는 것이고, 다른 하나는 선거에서 승리하는 것이다. 따라서 각 정당은 강령을 보완하고 선거인들의 표를 얻기 위해 선전에 열을 올리기보다는 원로들의 환심을 사려고 갖은 수단과 방법을 동원했다. 그러나 뒤를 봐주던 원로들이 하나둘씩 세상을 뜨자 완벽한 강령도, 튼튼한 군중의 지지 토대도 갖추지 못한 정당은 막강한 군부 세력에 대항할 힘을 잃었다.

헌법의 보호를 받는 천황, 막강한 군부 세력, 정부와 손잡은 자본가, 여기에 연약한 정당의 존재라는 일본의 정치 구조는 천황에게는 하늘이 내린 조건이었다. 따라서 히로히토 천황은 히틀러보다 훨씬 더 순조롭게 군국주의 독재 제도를 확립할 수 있었다.

그는 정치적 수완이 히틀러보다 더 뛰어난 면도 있었다. 예컨대 그는 말단 장교, 낭인과 농민 계층을 포함한 기층 군중을 자유자재로 통제하고 선동하는 능력을 지녔다. 그는 내각 대신이나 군부의 고급 장교가 자신의 명령을 듣지 않을 경우, 기층 군중과 하급 장교들을 선동해 하극상의 방법으로 기어코 이들을 굴복시켰다.

또 그는 오래전부터 황실 종친의 도움으로 젊은 장교와 관료들을 양성해 자신의 편으로 만들었다. 실제로 그는 1921년 유럽 여행 때 나가타 데쓰야마(永田鐵山), 오바타 도시로(小畑敏四郎), 오카무라 야스지(岡村寧次) 등 젊은 장교들을 만나 충성 서약을 받아냈다. 이들은 훗날 '바덴바덴 맹약'을 결성해 그를 대신해 군부 원로들을 상대했다. 이들 가운데 오카무라 야스지, 도조 히데키(東條英機), 도이하라 겐지(土肥原賢二) 등은 일본의 군사 확장을 주도한 대표 인물이었다.

히로히토 천황은 궐내에 젊은 장교와 관료들을 양성하는 대학료(大學寮)라는 교육기관도 개설했다. 하급 장교와 막 사회에 발을 디딘 관료들에게는 성스러운 황궁에서 강의를 듣는다는 것 자체가 크나큰 영광이 아닐 수 없었다. 따라서 대학료에서 교육받은 사람들 중에 천황을 배신한 이가 거의 없었고, 대학료 동기간의 우정은 죽을 때까지 유지되기도 했다. 심지어 대학료 동기간 연맹은 제2차 세계대전 이후에도 일본 정치에 꾸준히 상당한 영향력을 행사했다.

대학료의 학감은 도쿄 대학의 오오카와 메이슈(大川明周) 철학 박사였다. 그는 히로히토 천황의 측근으로 오랫동안 일했고, 일본 최대 민간 결사 조직인 고쿠류카이(黑龍會) 우두머리의 충직한 조수였다. 또한 중국에서 10년 동안 스파이로 활동하기도 했다. 그의 주위에는 각계 각층을 대표하는 대아시아주의자, 첩자와 민족주의자들이 수없이 몰려들었다. 그는 사람들로부터 '군국주의의 정신적 대부', '일본의 파울 괴벨스'로 불렸다. 말하자면 일본 정계와 암흑가에서 모두 알아주는 실전파였다.

오오카와 박사는 대학료 교육 과정에 유용하다고 생각되는 각종 주의(主義)들을 가득 집어넣었다. 유교 사상, 무기 발전사, 비상사태 타개책, 육군 재편성, 지연(地緣) 정치이론 등을 대표로 꼽을 수 있다. 이 밖에 천황의 수석 고문이 개설한 천황 지위 관련 교과목은 황실의 다양한 직책을 소개하는 독특한 수업이었다. 주로 천황과 측근 사이에 분쟁이 발생할 경우의 해결법, 천황의 명예가 여론에 의해 더럽혀져서는 안 되는 필요성 등을 주입했다. 또 대학료에는 파시즘 건설 최전선에서 활약하는 비밀경찰, 스파이, 마약 밀매업자, 유곽 포주, 테러리스트, 취조 전문가 등 준 군사조직 전문가들도 초빙돼 강의를 맡았다.[18]

히로히토 천황은 인재도 양성하고 고쿠류카이, 혈맹단 등 민간 결사와 파시즘 조직을 포섭하기도 했다. 이들은 하나같이 암살, 쿠데타 등의 방식으로 민심을 유도하고 반대파를 제거하는 데 이용되었다.

이 중 1901년에 설립된 고쿠류카이는 낭인 계층의 총본산으로 일본 국가주의 운동을 진두지휘했다. 고쿠류카이의 세력 규모는 다른 조직이 흉내 내지 못할 정도로 어마어마했다. 내각을 조직하려 해도 고쿠류카이의 우두머리인 도야마 미쓰루(頭山滿)의 허락 없이는 불가능했다. 고쿠류카이는 청일전쟁과 러일전쟁에서 크게 활약하기도 했다. 그 후 일본 군부 세력과 가까운 관계를 가지면서 군부를 도와 중국 침략

전쟁과 태평양전쟁을 발동했다.

혈맹단은 일본 파쇼 승려인 이노우에 닛쇼(井上日召)가 설립한 우익 테러 조직으로 주로 학생과 농촌 청년들로 구성되었다. 이노우에 닛쇼는 일찍이 중국에서 스파이로 활동하다가 1920년대에 옛 친구 오오카와 박사와 함께 귀국했다. 이후 그와 그의 문하생들은 정당, 재벌과 기타 특권층을 제거하고 일본에서 '군민공치(君民共治)'의 파쇼 제도를 수립하기 위해 암살이라는 방법을 택했다. 달러화 투기 함정에 연루된 이노우에 준노스케 전 대장성 대신과 단 다쿠마 전 미쓰이 총재 역시 모두 혈맹단에 의해 살해당했다.

히로히토 천황은 이들 조직의 은밀한 도움을 받으면서 1년 사이에 대세를 완전히 뒤바꿔 놓았다. 그는 배후에서 일본 정국을 조종하고 함정, 암살, 전쟁 등 다양한 수단을 동원해 정당 세력을 무력화시키고 재벌 자본가들을 순순히 굴복시켰으며 국제사회의 말문까지 막아버렸다. 그가 거머쥔 황권은 다이쇼 천황을 훨씬 추월해 메이지 천황에 비견될 정도가 되었다.

"일본의 민선 정부 시대는 이렇게 막을 내렸다. 이누카이 쓰요시가 암살당한 다음 세이유카이도 자취를 감춰버렸다. 그 후 13년 동안 일본은 여전히 정기 선거 방식을 채택했으나 국민투표는 그저 형식에 지나지 않았다. 이미 결정된 일에 대해 실제에 맞지 않는 견해를 발표하는 데 그쳤을 뿐이다. 그 후 재벌들 역시 천황의 군비 확장 정책에 기꺼이 동조했다. 이렇게 되자 천황이 조상 대대로 내려온 군사 계획을 실천하는 데 유일한 걸림돌은 육군 군국주의자들뿐이었다.

마지막 수류탄이 터지고 난 자리에 자욱하던 연기도 사라졌다. 마지막 암살자들이 자수하기 위해 택시를 타고 비밀경찰 본부로 향했다. 사이온지 긴모치는 허장성세로 천황을 위협했으나 이내 천황에게 진압당하고 말았다. 천황에게 암살당한 사람은 고작 4명밖에 되지 않았다. 1년 후 히틀러는 정권을 탈취하기 위해 51명의 정적을 암살하고 독일 국회에 불을 지르기도 했다. 이렇게 해서 히틀러는 전 세계에서 살인마의 대명사로 낙인찍혔다. 이에 반해 히로히토 천황이 '3중 음모'를 성공으로 이끈 후에도 그의 진면목을 간파한 사람은 아무도 없었다. 그는 변함없이 종교적 색채가 다분하고 베일에 가려진 인물이자 겉으로는 여전히 성인군자의 전형이었다. 히로히토는 천황의 직권을 이용해 지난 수천 년간의 다양한 경험을 집대성한 정치적 음모를 꾸밀 수 있었다."[19]

1936년 2월 26일, 히로히토 천황의 사주를 받은 1,000여 명의 하급 장교와 병사들은 재벌, 관료, 정객 등 부패한 특권 계급을 제거하자는 기치를 내걸고 도쿄에서 유혈사태를 일으켰다. 이것이 바로 세계를 깜짝 놀라게 한 '2·26 사건'이다. 이 사건을 계기로 천황의 반대 세력은 철저하게 무너졌다.

사이온지 긴모치 역시 암살 리스트에 이름이 올랐으나 암살자가 마지막 순간에 갑자기 자비를 베풀어 그를 살려주었다. 그 순간 사이온지 긴모치는 이것이 바로 국가 최고 권력자가 자신에게 준 가장 준엄한 경고라는 사실을 뼈저리게 느꼈다. 또 자신은 영원히 히로히토 천황의 상대가 될 수 없고, 헌정이 천황을 구속할 수 없을 뿐 아니라 금권이 황권을 이길 수 없다는 사실도 깨달았다.

일본은 이때부터 세계대전이라는 판도라의 상자를 열어젖혔다.

제7장

금릉에서 깨진 꿈

장제스는 왜 화폐전쟁에서 공산당에게 패하고 말았을까? 그 이유는 그가 대다수 가난한 사람들의 이익을 해쳐 소수 부자들의 이익을 도모하는 화폐 정책을 채택했기 때문이다. 그 결과 장제스 정부와 화폐는 국민들에게 완전히 버림받았다.

외국환 평형기금을 그때 당시 왜 중국의 제2의 중앙은행이라고 불렀는가?

'4대 가족'은 어떻게 법폐를 이용해 어마어마한 폭리를 취할 수 있었을까?

외환 자유화 정책을 왜 잘못된 시기의 잘못된 정책이라고 하는가?

중국공산당은 어떻게 국민정부 금융 시스템에 침투해 장제스 왕조의 몰락을 가속화했는가?

장제스는 왜 화폐전쟁의 최종 패자가 되었을까?

1935년의 법폐 개혁은 중국의 화폐를 통일했으나 다른 한편으로는 일본의 대중국 침략 전쟁을 앞당기는 빌미가 되었다. 중일전쟁이 발발하면서 중국에 외화 부족 현상이 심각해져 법폐의 기반이 크게 흔들렸다. 장제스는 궁여지책으로 영국과 미국으로부터 외화를 대출받아 겨우 화폐를 안정시키고 항전을 지속할 수 있었다. 불난 집에 도둑질이라고 영국과 미국은 장제스의 곤경을 이용해 외국환 평형기금을 설립, 국민정부의 중앙은행을 장악했다.

항전 승리 후 '4대 가족'은 화폐적 수단으로 대후방大後方(중일전쟁 당시 일본군에 점령당하지 않은 중국의 서남 및 서북 지역을 일컬음 - 옮긴이)과 피점령 지역의 부를 인정사정없이 수탈해 민심을 잃었다. 경제 회복이 급선무인 시기에는 통화 안정이 무엇보다 중요했으나 쑹쯔원은 잘못된 시기에 잘못된 화폐정책을 추진했다. 쑹쯔원이 시행한 외환 자유화 정책으로 말미암아 중국에는 악성 인플레이션과 법폐 신용 붕괴라는 심각한 후폭풍이 초래됐다.

장제스는 혼란에 빠진 법폐 제도를 수습하기 위해 금원권金圓券을 발행했으나 의도와는 반대로 오히려 더 큰 혼란을 조성했다. 결국 이 패착이 장제스 왕조를 파멸시키는 계기로 작용했다.

은행가의 죽음

1938년 8월 어느 날 새벽, 홍콩 공항에서 이륙한 민간 항공기 한 대가 중경(重慶)을 향해 곧장 날아가고 있었다. 비행기가 막 광동의 중산(中山) 상공에 이르렀을 때 갑자기 구름 속에서 전투기 한 대가 모습을 드러냈다. 전투기 날개에 그려져 있는 일본 국기가 유독 눈에 두드러졌다. 상황으로 미뤄볼 때 벌써부터 매복한 채 기다리고 있었던 것이 틀림없었다. 잠시 후 일본 전투기 양 옆으로 또 다른 전투기 다섯 대가 잇달아 나타났다. 일본이 쳐놓은 함정에 빠진 민간 항공기 승객들은 삽시간에 긴장감에 휩싸였다.

사태가 심상치 않음을 느낀 기장은 일본 전투기의 습격을 피하고자 조종간을 휙 틀어 그대로 두터운 구름 속으로 돌진했다. 그러자 일본 전투기 다섯 대가 항공기 주위를 부채꼴로 포위하고 사정없이 기관포를 발사했다. 1분도 채 되지 않아 민간 항공기는 비행 능력을 상실하

제2차 세계대전 당시 일본 전투기 편대

고 검은 연기를 내뿜으며 추락했다. 조종사는 안간힘을 다해 항공기를 논에 비상 착륙시키려고 시도했다.

다행히 항공기는 무사히 땅에 착륙했다. 살아남은 승객들은 기내에서 빠져나오자마자 사방으로 달아났다. 그 와중에 승객 한 명이 몇 발자국 뛰다 말고 기내에 중요한 서류 가방을 두고 온 것이 생각나 갑자기 방향을 돌렸다. 이때 일본 전투기가 급강하하더니 땅 위에서 움직이는 모든 물체를 향해 기관총을 난사했다. 막 항공기에 도착한 그 승객은 불행하게도 총에 맞아 숨졌다.

이 용감한 승객은 당시 중국 교통은행의 이사장을 맡고 있던 후비장(胡筆江)이라는 은행가였다. 함께 화를 당한 사람 중에는 또 다른 중량급 은행가도 있었다. 바로 '남3행'의 하나인 절강 흥업 은행의 쉬신류 이사장이었다.

일본 전투기는 비행 도중에 우연히 민간 항공기를 만나 격추시킨 것이 결코 아니었다. 일본 첩자들은 오래전부터 홍콩에서 몇몇 중국 은행가들의 행적을 치밀하게 감시하다가 미인계를 이용해 홍콩 당국 관리로부터 후비장, 쉬신류 등 은행가들의 항공편 정보를 입수했다. 일본 공군은 이 정보에 근거해 미리 정예 전투기를 배치해 놓고 이들을 기다렸던 것이다.

그렇다면 일본 공군과 첩자 들은 중국 은행가 두 명을 암살하기 위해 이처럼 야단법석을 떤 것일까? 사실 일본의 목적은 두 명의 은행가를 제거하는 데 그치지 않았다. 그들이 타깃으로 삼은 것은 이들이 짊어진 중대한 사명이었다.

당시 두 은행가의 서류 가방 속에는 중국 법폐의 운명이 담겨 있었다. 그리고 법폐의 운명은 궁극적으로 중국의 운명을 결정할 터였다.

￭ 쉬신류 절강 흥업 은행 이사장

국민정부는 1933년부터 '폐량개원'의 화폐 개혁을 실시하고 '4행2국'의 금융 시스템을 구축해 중국의 혼란스러운 화폐를 통일했다. 1935년 11월에는 드디어 화폐 개혁을 완수해 400년 동안 실시됐던 은본위제를 폐지하고 시중의 은을 모두 회수했다. 이로써 법폐는 중국의 유일한 법정 통화가 되었다.

이 화폐 개혁을 통해 가장 큰 이익을 얻은 그룹은 말할 것도 없이 장, 쑹, 쿵, 천의 '4대 가족'이었다. 쑹씨 가문은 '4대 은행' 중 중국은행을

￭ 후비장 교통은행 이사장

손아귀에 넣었고, 쿵씨 가문은 중앙은행을 지배했으며, 교통은행은 천씨 가문과 쑹씨 가문이 사이좋게 경영했다. 그리고 농민은행은 장씨 가문의 개인 소유가 되었다. 장제스는 두웨성 등 암흑가 친구들과 농민은행을 통해 거액의 아편 매매 이익을 나눠 가졌다. '2국'의 경우는 쿵씨 가문이 중앙 신탁국을 손에 넣고 중국의 대외 무역과 무기 매매를 독점했다. 또 우정저금회업국은 '4대 가족'이 사이좋게 공동 점유

했다. 나중에 설립된 중앙합작금고(中央合作金庫)는 천씨 가문이 차지했다. 이 밖에 중국에서 가장 부족한 금융 자원인 외화 업무는 쑹과 쿵이 공동으로 독점했다. 말할 것도 없이 진짜 사장은 장제스였다.

장제스가 군사 및 정치적으로 확실하게 집권한 다음 금융 분야까지 장악하게 되자 국민정부는 전국의 경제 자원 지배 능력이 대폭 강화되었다. 실제로 '4대 가족'은 금융 시스템을 통해 중국의 거의 모든 중공업, 인프라스트럭처, 무역 및 외화를 독점했다. 장제스로서는 드디어 금권천하의 꿈을 이룬 셈이었다.

중국에서 지배적 위치에 있던 외국 은행들은 마지못해 직접 통제 방식을 간접 통제 방식으로 바꿀 수밖에 없었다. 또 외국 은행이 중국 금융 시스템을 독점하던 국면은 외국 은행과 '4대 가족'이 공동으로 권력을 나눠 가지는 형태로 바뀌었다. 객관적으로 보면 '4대 가족'은 일본 재벌과 비슷한 세력으로 진화할 가능성이 다분했다. 이 무렵 국민정부 역시 중국의 금융 하이 프런티어에 대한 지배권을 상당히 강화한 상태였다.

화폐 개혁 이전에 중국에는 가지각색의 화폐가 난무했다. 그러나 장제스가 법폐를 법정 통화로 지정하면서 혼란스럽던 화폐 제도는 종지부를 찍었다. 화폐 통일은 통일 시장의 형성과 상공업 발전을 크게 자극했다. 또한 법폐 개혁 이후부터 항일 전쟁 발발 전까지 20개월 동안은 중국 역사상 처음으로 환율 안정 국면이 나타나기도 했다.[1]

중국의 대외 무역은 환율 안정에 힘입어 크게 활기를 띠었고, 중국 경제 역시 대공황의 어두운 그림자에서 벗어나 점차 안정적인 성장 궤도에 진입했다. 이때 만약 미국이 일방적으로 은 수출 붐을 일으키지만 않았더라도, 중국은 아마 세계에서 가장 빨리 경제 위기를 극복한 국가가 됐을지도 모른다.

법폐 개혁의 성공은 일본의 심기를 무척 불편하게 만들었다. 특히 중국을 정복할 기회만 노리고 있던 일본 군부 세력은 남경 국민정부를 눈엣가시처럼 여겼다.

일본이 세계 정복 전략의 첫 번째 수순으로 생각한 중국 정복을 실현하기 위해서는 전제 조건이 있었다. 그것은 중국이 갈수록 가난해지고 사분오열돼야 한다는 것이었다. 그런데 중국이 화폐 개혁을 단행하고 통일 화폐를 발행했으니, 이는 일본에 위험한 신호가 아닐 수 없었다. 일본의 메이지 유신 역시 화폐 통일을 시작으로 점차 자국의 금융 하이 프런티어를 강화하고 강력한 금융의 뒷받침에 힘입어 신속히 산업화 국가로 탈바꿈하지 않았던가.

미국의 한 외교관은 일본의 이러한 심리에 대해 다음과 같은 평가를 내렸다.

"일본 군인들은 중국이 국가 통일 및 경제 발전, 군사력 강화 방면에서 최근 몇 년 동안 뚜렷한 성과를 이룬 것이 일본 안보에 큰 위협으로 작용한다는 이상한 신념을 가지고 있다. 현재 추진 중인 파괴 행동을 뒤로 미루는 것은 향후 '그것'을 다시 파괴하기 더 어려워질 것임을 의미할 뿐이다."[2]

일본 군인들을 더욱 화나게 한 것은 중국의 법폐가 파운드화 및 달러화와 연계돼 있다는 사실이었다. 국민정부가 법폐 가치 안정을 위해 채택한 이 제도는 일본 엔화를 공공연히 거부한 것이나 다름없었다. 이는 일본을 상대로 화폐전쟁을 포고한 것과 같았다.

국민정부는 1935년 11월 3일에 제정한 화폐 개혁 법령을 통해 법폐와 파운드화의 고정환율을 규정하고 사실상 법폐를 파운드화 블록에 가입시켰다. 게다가 1936년 5월에 중미 양국은 중미 은 협정을 체결하여 미국은 금으로 중국의 은 7,000만 온스를 매입하고 5,000만 온스의 은을 담보로 중국에 2,500만 달러의 차관을 빌려주었다. 중국은 이렇게 얻은 금과 달러를 법폐 발행을 위한 준비금으로 삼아 뉴욕 연방준비은행에 저축하고, 법폐와 달러화의 교환 비율을 법폐 1위안에 달러화 30센트로 규정했다. 이렇게 해서 중국의 법폐는 파운드화 및 달러화와 연동되었다.

일본 군부와 관동군의 일부 중좌(中佐) 및 소좌(少佐)들은 즉각 국민정부의 의도를 간파했다. 이들은 중국 정부가 중국 화폐를 파운드화 블록과 달러화 블록에 가입시킴으로써 영미 세력과 운명 공동체를 이뤄 일본을 철저히 배격하려는 속셈을 가지고 있다고 판단했다.

일본 육군성 차관 고시오(古莊)는 중국의 화폐 개혁에 대해 "중국은 정치·경제적으로 밀접한 이웃나라 일본과 사전에 아무 논의도 없었다. …… 이는 중국이 친일 정책을 포기했다는 뚜렷한 증거다. 동양 세력의 안정을 꾀하는 일본이 가만히 좌시할 수 없는 일이다"라고 비난했다. 비교적 온건파

| 노구교(盧溝橋) 사건 당시 죽음을 두려워하지 않고 항전한 중국 군인들

인 일본 외무성까지 나서 "중국의 화폐 개혁은 일본의 입장을 무시하고 일방적으로 추진한 것이므로 받아들일 수 없다. 일본은 무력을 써서라도 법폐 개혁을 막겠다"고 강조할 정도였다.[3]

관동군은 말 대신 대포로 법폐 개혁에 대한 반대 입장을 표명했다. 때는 중국이 화폐 개혁 방안을 발표한 11월 3일에서 불과 12일밖에 지나지 않은 11월 15일이었다. 이날 관동군은 보병 병력을 비롯해 탱크, 장갑차와 야전포 부대를 산해관(山海關) 최전선에 집결하고 여차하면 관내로 쳐들어갈 준비를 했다. 동시에 일본은 이른바 '화북 5성(省) 자치 운동'을 책동하고 화북 방향으로 대거 침투하여 화북 지역을 제2의 만주국으로 만들려는 계획까지 획책했다.

일본의 목적은 매우 분명했다. 국민정부가 화폐 개혁을 통해 일본의 대동아 공영권에서 벗어나려는 움직임을 보이고 있으므로 좋은 말로 할 때 듣지 않는 국민정부에게 제대로 된 맛을 보여주겠다는 심산이었다.

1937년에 드디어 항일 전쟁이 폭발했다. 중국의 법폐가 영국과 미국의 품에 살포시 들어간 것이 이번 전쟁의 중요한 원인이었다.

화폐 개혁을 통해 겨우 안정을 찾은 중국의 금융 시스템은 다시 흔들리기 시작했다. 전쟁에 궁극적으로 필요한 것은 돈이고, 현대화 전쟁에는 더 많은 돈이 필요하다. 국민정부는 별 수 없이 의도적으로 인플레이션을 조성하여 전쟁 경비를 마련했다. 이는 중앙은행 조폐국에서 지폐를 마구 찍어내는 무식한 방법이었다. 이런 상황에서 법폐 가치를 안정시킬 수 있는 전제 조건은 외환 시장의 환율 안정이고, 또 환율이 안정되기 위해서는 외화의 자유로운 매매가 이뤄져야 한다. 하지만 국민들은 전란과 인플레이션이 격화되자 가지고 있던 법폐를 처분하고 달러화, 파운드화 및 금과 은을 대량으로 사들였다. 이에 국민정부가 비축해 뒀던 얼마 안 되는 외환 보유액은 곧 바닥을 드러냈다.

1938년 2월에 화북에서 드디어 괴뢰 '중국 연합준비 은행'이 설립되고, 상해 외환 시장에서는 일본 괴뢰 금융 세력의 환차익 거래가 창궐했다. 이 결과 중앙은행이 매일 접수하는 외화 매입 신청 액수는 예전의 5만 파운드에서 무려 50만 파운드로 급증했다.[4] 이와 동시에 법폐 가치는 수직 하락했다. 이에 따라 1938년 3월에는 법폐 1위안으로 파운드화 14펜스 내지 달러화 30센트를 바꿀 수 있었으나 8월에 이르러서는 겨우 8펜스와 16센트밖에 바꾸지 못했다. 5개월 사이에 법폐의 가치가 무려 50%나 평가절하된 것이다.

국민정부는 외화 사재기 압력에 직면하자 외화 자유 매매 정책을 폐지하고 중앙은행이 직접 외환 시장에 개입하기로 결정했다. 반드시 중앙은행의 허가를 받고 법정 환율에 따라 외화를 매입하도록 규정한 외화 매입 허가제도를 곧바로 실시했다. 이어 국민정부는 상해와 홍콩 외환 시장에 직접 개입해 법정 환율을 확정했다.

그러나 정부의 이 같은 조치는 오히려 역효과를 일으켰다. 외화 자유 매매가 금지되자 암거래가 기승을 부리면서 법폐 가치는 상승하기는커녕 더 빠른 속도로 하락했다.

법폐의 신용은 위기에 빠졌다. 법폐의 가치를 회복하고 항일 전쟁의 사활을 결정하는 금융 시스템을 안정시키기 위한 유일한 방법은 영국과 미국으로부터 돈을 빌리는 길밖에 없었다. 방법은 다소 복잡했다. 우선 영국과 미국으로부터 빌린 파운드화와 달러화를 중국 정부의 명의로 잉글랜드은행과 연방준비은행에 저축해 둔 다음 출자자인 영국과 미국 측이 이사회를 파견해 이 외화를 관리하고, 계획적으로 중국 외환 시장에 파운드화와 달러화를 풀어 법폐를 회수하는 것이었다. 그럼으로써 법폐의 가치를 안정시키고 전쟁이 종식된 다음 중국 정부가 기간을 나눠 영국과 미국의 차관을 갚는 방법이었다.

이 돈이 바로 외국환 평형기금이다. 또 이 외국환 평형기금을 관리하기 위해 파견된 이사회가 바로 외평기금 위원회이다. 이 위원회는 반독립 상태의 금융기관으로 당시 외화 시세 변동 상황에 따라 외환 시장에 개입할 수 있었다. 법폐는 외화를 본위화폐로 삼았기 때문에 환율 변동을 조종하는 권력을 가진 외평기금 위원회가 중국의 화폐 발행권을 어느 정도 장악하는 것이 가능했다. 또 어떤 기관이나 개인을 막론하고 외화를 얻으려면 반드시 위원회의 심사 비준을 받아야 했다. 이렇게 해서 외평기금 위원회는 예전에 중앙은행이 행사하던 외화 매입 허가권을 수중에 넣은 것이나 다름없었다. 이 밖에 중국 정부가 화폐 정책을 제정하려고 해도 먼저 외평기금 위원회에 상정해 승낙을 받아야만 했다. 한마디로 국민정부가 계획 중인 외국환 평형기금이 일단 현실이 되면 사실상 중국의 중앙은행이 되는 꼴이었다.

쉬신류와 후비장은 당시 중국 정부의 소환을 받고 전시 수도인 중경으로 가던 중 일본 전투기의 습격을 받고 변을 당했다. 중국 정부는 영국과 미국에게 차관을 빌리고 외국환 평형기금 설립 문제를 의논하기 위해 이 두 사람을 중국 측 대표로 영국과 미국에 파견하려 했다. 두 사람은 이 특수한 사명을 수행할 적임자였다.

쉬신류는 영국 유학을 마치고 귀국한 후 은행업에 종사했다. 유학생 출신답게 바로 출중한 재능을 인정받아 강절 재벌계의 핵심 인물로 부상했다. 또 국제 은행가들의 재중(在中) 이사회인 상해 공공조계공부국의 중국 측 이사를 장기간 맡으면서 국제 금융계에서도 넓은 인맥을 자랑했다. 그는 더불어 헨리 모겐소 미국 재무부 장관의 오랜 친구이기도 했다. 따라서 쉬신류는 시티오브런던과 월스트리트에 가서 외국환 평형기금 문제를 협상하는 데 가장 적합한 인물이었다.

교통은행의 후비장 이사장은 강절 재벌계에서도 유명한 반일파 인물이었다. 1·28 송호 항전 시기에는 제19로군을 대대적으로 지원한 혐의로 장제스와 일본 군부의 블랙리스트에 오르기도 했다. 후비장이 항일 투쟁을 호소하면서 국제적인 도움을 요청할 경우, 국제 은행가는 말할 것도 없고 서방 의회와 언론에게도 상당한 설득력을 지닐 게 분명했다. 한마디로 쉬신류와 후비장은 특별 사명을 수행하는 데 더할 나위 없이 적합한 황금 콤비였다.

일본이 이 두 은행가를 기어코 사지로 내몬 이유도 바로 이 때문이었다. 중국, 영국, 미국이 공동으로 외국환 평형기금을 설립할 경우, 중국 법폐 가치가 곧 안정을 되찾아 중국 정부의 항일 전쟁 경비 동원 능력 역시 대폭 강화될 수밖에 없었다. 또한 영국과 미국이 외국환 평형기금을 통해 중국을 자국의 세력 범위에 넣으려 할 것이 분명했으므로 중국을 독차지하려는 망상을 품고 있던 일본으로서는 절대 용인할 수 없는 일이었다. 그래서 일본은 어떤 수단과 방법을 동원해서라도 외국환 평형기금 설립을 막아야 했다. 설령 막지 못하더라도 일이 순조롭게 성사되지 못하게 갖은 훼방은 놓아야 했다.

따라서 쉬신류와 후비장은 '화폐전쟁'의 최전선에서 항전한 인물이라고 말할 수 있다.

중국의 제2 중앙은행: 외국환 평형기금

다방면의 노력 끝에 중국과 영국은 드디어 1939년 3월에 합의를 도출해 냈다. 중국 측에서는 중국은행과 교통은행이 각각 325만 파운드와 175만 파운드를, 영국 측에서는 홍콩상하이은행과 차타드은행이 각각 300만 파운드와 200만 파운드를 출자하기로 결정했다. 이렇게 총 1,000만 파운드(미화 약 5,000만 달러, 법폐로 약 10억 위안)로 조성한 '중영 외국환 평형기금'을 중국 정부의 명의로 잉글랜드은행에 저축했다. 더불어 '중영 외평기금 위원회'를 설립해 외환 시장에서 환율을 조정하고 법폐 가치를 안정시켰다.

　그러나 1,000만 파운드의 외국환 평형기금으로 대규모 현대 전쟁을 대비하기에는 턱없이 부족했다. 무기와 물자의 심각한 부족, 갈수록 심화되는 인플레이션과 괴뢰 금융 세력의 환차익 거래가 현존하는 상황에서 1,000만 파운드의 힘은 너무나 미약했다. 여기에 투기꾼들까지 외화 매입에 가세했으니 더 이상의 설명이 필요 없었다. 급기야 외국환 평형기금은 설립된 지 겨우 두 달 만인 1939년 5월 말에 3분의 2나 지출되고 말았다. 7월 중순에 이르러서는 기금이 단 한 푼도 남지 않고 전부 사라져버렸다. 이렇게 해서 국민정부의 외환 보유액은 항일 전쟁 발발 이후 최저 수준에 이르렀다. 중앙은행의 외화 잔액 역시 2,500만 달러밖에 남지 않았다.[5]

중영 외평기금 위원회는 급한 김에 두 번이나 외화 판매 금지 조치를 내렸다. 법폐 가치 역시 불가피하게 대폭 하락하여 1939년 10월에는 법폐 1위안이 고작 4펜스까지 떨어져 최저 기록을 경신했다.

이때 미국이 드디어 나섰다.

1939년 7월, 국민정부 재정부의 미국인 고문 아서 영(Arthur Young)은 미국 대사관에 다음과 같은 내용의 통지를 발송했다.

"최근 3일 동안 외국환 평형기금의 지출이 심상치 않습니다. 그중 절반 이상이 아메리칸 익스프레스와 시티 뱅크에서 매입한 것입니다."[6]

일관적으로 친미 정책을 주장해 온 쿵샹시도 이 사실을 알고 화를 참지 못했다. 그는 7월 18일 직접 미국 국무부에 전보를 보내 격앙된 어조로 따졌다.

"외화의 부족 현상이 갈수록 심각해지고 외국환 평형기금도 얼마 남지 않았습니다. 최근에 외국인들이 외화를 대량으로 매입하고 있습니다. 내가 받은 보고서에 의하면 아메리칸 익스프레스와 시티 뱅크를 비롯한 미국계 기업들이 외화 매입의 '주력군'이라고 들었습니다. 어쨌든 중국에 대한 비우호적인 행동이 아닐 수 없습니다. 따라서 이 같은 행위가 계속되지 않도록 가능한 한 빨리 조치를 취하기 바랍니다."[7]

욕설만 빠졌을 뿐이지 그야말로 매섭기 그지없는 비난이었다.

이때 우연찮게 중국을 곤경으로부터 구해준 인물이 있었으니, 바로 히틀러였다.

1939년 9월, 나치 독일이 폴란드를 기습적으로 공격했다. 같은 날 영국과 프랑스는 독일에 선전포고를 했다. 전쟁의 발발과 함께 파운드화 가치가 떨어짐에 따라 상해 외환 시장에서는 법폐 가치가 급상승했다. 1940년 초에 이르러 파운드화 대비 법폐 환율은 80%나 상승했고, 달러화 대비 법폐 환율 역시 50%나 올랐다. 중영 외평기금 위원회는 이 기회를 틈타 법폐로 420만 파운드를 매입해, 이전에 팔아버린 파운드화 총액의 40%를 회수했다.[8]

그러나 좋은 시절은 오래가지 않았다. 1940년 3월부터 형세가 다시 심각하게 돌아가기 시작했다. 5월 초 외평기금 위원회가 재차 무제한 외화 매입 금지령을 내리자 법폐 가치는 다시 한번 폭락했다. 두 달 후 원래 1,000만 파운드였던 중영 외국환 평형기금은 200만 파운드밖에 남지 않아 사실상 외국환 평형 기능을 발휘할 수 없게 되었다.

이때 일본인, 한간, 괴뢰 정부, 미국인들이 가뜩이나 위태위태한 법폐를 궁지에 몰아넣었다. 게다가 투기꾼들까지 가세해 국민정부를 완전히 초상집으로 만들었다. 유럽 국가들이 세계대전 때문에 남을 돌아볼 겨를이 없는 상황에서 국민정부가 선택할 수 있는 유일한 방법은 미국에게 지원을 요청하는 것이었다.

한간(漢奸)
일본에 협조한 친일파를 일컬음.

1940년 5월 14일, 장제스는 루스벨트 미국 대통령에게 도움을 요청하는 전보를 보냈다.

"일본의 군사행동이 타격을 입은 현재, 선전포고 없이 시작된 전쟁은 경제 전쟁으로 양상이 바뀌었습니다. 최근 괴뢰 세력들이 상해에 발권 은행을 설립한 데다 유럽 정세까지 갈수록 험악해지면서 중국의 화폐 제도는 커다란 압력을 받고 있습니다. 이에 물가가 폭등하고 화폐 가치가 폭락했습니다. 만약 외국환 평형기금을 충분하게 마련하지 못할 경우 경제 상황이 더욱 악화돼 산업 분야에까지 영향을 미치지 않을까 우려됩니다. 중국의 금융 시스템이 붕괴된다면 일본은 괴뢰 세력을 사주해 중국의 화폐 제도를 장악하려 들 것입니다. 그렇게 되면 중국의 경제 이익은 심각한 손실을 입게 됩니다. …… 지금과 같은 위기 상황에서 중국에 대출을 제공해 부디 중국의 화폐 제도를 유지할 수 있도록 해주십시오."[9]

당연히 더 높은 가격을 바라는 미국이 장제스의 제의에 선뜻 응할 리 없었다. 하지만 장제스로서는 더 기다릴 여유가 없었다.

1940년 6월, 쑹쯔원이 친히 미국으로 달려갔다. 그때 당시 미국 사회에서는 '고립주의' 정책이 주류를 이루었다. 미국인들은 대서양과 태평양이 미국을 보호하는 천연 병풍 역할을 해 일본과 독일이 쉽사리 침공하지 못할 것이라고 생각했다. 이런 상황에서 중국과 유럽을 위해 애꿎은 미국 젊은이들을 전장에서 희생시킬 이유가 있었겠는가. 남다른 안목과 식견을 지닌 루스벨트 대통령도 선거에서 표를 의식해 중국 지원 문제에 대해서 신중에 신중을 기했다. 이 와중에 일본을 등에 업은 왕징웨이는 괴뢰 정부를 수립하고, 기세등등한 독일은 중국 정부에게 일본과의 타협을 강요했다. 사태가 이 지경에 이르자 루스벨트 대통령은 중국이 더 이상 버티지 못하고 일본에 굴복할 가능성이 높다고 여겨 결국 중국에 대출을 제공하기로 결정했다.

중미 양측은 여러 차례의 협상을 거쳐 드디어 1941년 4월에 외국환 평형기금 및 기금관리 위원회와 관련한 협의를 체결했다. 같은 날 중국과 영국 사이에도 새로운 외국환 평형기금 설립에 대한 합의가 이뤄졌다. 이렇게 되자 중국, 영국, 미국은 아예 외교 공문을 교환하고 2개의 평형기금을 합병하기로 결정했다. 얼마 후 미국이 5,000만 달러, 영국이 1,000만 파운드(약 4,000만 달러), 중국이 2,000만 달러를 출자해 총 1억 1,000만 달러의 기금을 보유하게 된 새로운 '중미영 평형기금'이 설립되었다.[10]

새로 설립된 기금관리 위원회는 권력이 하늘을 찌를 듯했다. 외환시장 개입, 법폐 환율 평형 등의 일상 업무 외에 중미 무역 심사 결정권까지 쥐고 흔들었다. 이때 누구라도 중미 무역에 종사하려면 반드시 외평기금 위원회로부터 외화 사용 비준 증명서를 발급받아야 미국 상품을 중국에 수입할 수 있었다. 또 중국 상품을 미국에 수출하려면 기금관리 위원회에서 발급한 외화 판매 증명서를 제시해야 미국 세관을 통과할 수 있었다. 기금관리 위원회는 사실상 중국의 중앙은행 및 최고 대외무역 관리 기관 역할을 담당했다.

미국인들의 욕심은 영국인들을 훨씬 능가했다.

기금관리 위원회의 실권자는 당연히 미국인이었다. 중미영 외국환 평형기금 협정에 따르면, 미국인 위원은 기금관리 위원회의 모든 전략과 계획을 수시로 미국 재무부에 보고해야 했다. 또 기금관리 위원회는 미국 재무부 장관이나 연방준비은행의 허가를 받아야 기금을 이용해 투자 또는 재대출 업무를 추진할 수 있었다. 이 밖에 중국은행과 중앙은행, 기금관리 위원회는 기금 사용 상황을 반드시 정기적으로 미국 재무부에 보고해야 했다.

중미영 외국환 평형기금관리 위원회의 중국인 위원으로는 천광푸, 시더마오, 베이쭈이(貝祖詒) 등이 있었다. 이 중 미국 펜실베이니아 대학 와튼 스쿨 졸업생인 천광푸는 강절 재벌계의 핵심 인물이었다. 그는 당연히 서구식 은행업 표준 관리 방식에 따라 산하 기업인 상해상업

외국환 평형기금의 설립에 도움을 준 미국의 헨리 모겐소 재무부 장관

저축은행을 경영했고, 미국 재단과 금융 업무 거래가 잦았다. 한편 그는 미국 재계 엘리트들이 상해에 설립한 '로터리 클럽'의 회장을 맡기도 했다.[11] 사실 국제 은행가와 친밀한 관계에 있던 천광푸가 외평기금 위원회의 주임을 맡은 것은 너무나 당연한 일이었다. 동정산방 석씨 가문의 일원인 시더마오의 공식 신분은 중앙은행 업무국장이었으나 사실상 외국 은행 '연합군'의 대변인 역할을 했다. 베이쯔이는 성선회의 한야평에 몸담았다가 훗날 중국은행에 취직해 쑹쯔원의 심복이 되었다. 그는 쑹씨 가문이 기금관리 위원회에 심어놓은 대리인이었다.

이 기금관리 위원회 명단만 봐도 알 수 있듯, 중미영 외국환 평형기금은 국제 은행가들의 조종 아래 매판 자본과 관료 자본이 공동 출자해 설립한, 중국 금융 주권을 지배하기 위한 핵심 조직이었다.

이 기금을 육성하기 위해 미국 정부는 심지어 미국 내 중일 양국의 개인 자본을 모두 동결하는 결정까지 내렸다. 뒤이어 영국과 네덜란드도 미국의 행동에 적극적으로 호응하고 나섰다. 이 조치에 힘입어 기승을 부리던 외화 투기 붐이 어느 정도 가라앉고 외국환 평형기금의 외환 매도 압력 역시 줄어들었다. 헨리 모겐소 미국 재무부 장관은 중미영 외국환 평형기금을 높이 평가했다.

"중국 정부의 금융 시장 정돈 및 괴뢰 정권과의 경제 전쟁 전개에 큰 도움이 되었다."[12]

중국 주재 미국 대사 제이슨은 한술 더 떠 이렇게 말했다.

"이 기금이 없었다면 중경 정부는 아마 무너졌을 것이다."[13]

그러나 헨리 모겐소와 제이슨은 외국환 평형기금의 더 중요한 작용을 일부러 언급하지 않았다. 그것은 미국이 이 기금을 이용해 중국을 더 쉽고 깊숙하게 통제할 수 있게 됐다는 사실이다.

쿵샹시의 횡재

1941년 12월, 태평양전쟁이 발발했다. 중미영 외국환 평형기금이 설립된 지 겨우 넉 달밖에 지나지 않은 시점이었다. 그 이전까지 미국 국회는 전쟁에 대해 방관적인 태도를 견지했으나 진주만 공격으로 입장이 180도 바뀌었다. 미국은 곧 중국과 공동으로 일본에 대항하기로 방침을 정한 데 이어, 1942년 초에 군사력 강화를 목적으로 중국 정부에 5억 달러라는 거액을 대출해 주기로 결정했다.

그해 미국의 화폐 발행액은 96억 달러밖에 되지 않았다. 그런데 그중에서 무려 5억 달러를 중국에 지원하기로 결정한 것이다. 중국 입장에서도 5억 달러는 대단히 큰 액수였다. 당시 중국 정부의 연간 재정 수입은 법폐로 고작 10억 위안에 불과했다. 공식 환율로 계산하면, 5억 달러는 법폐 100억 위안에 상당했으니 중국 정부의 재정 수입 10년 치에 상당하는 액수였다. 게다가 이 대출은 중국 역사에서 전무후무한 '세 가지 조건이 없는' 대출이었다. 우선 상환 기한을 정하지 않았고, 금리가 0%였으며, 다른 부가 조건이 전혀 없었다.

겉보기에는 미국이 밑지는 장사를 한 것처럼 보였으나 실제로는 적은 자본으로 큰 이익을 얻었다. 미국으로부터 5억 달러를 대출받은 중국은 항전에 대한 사기가 한껏 높아지고 군사력도 대폭 강화돼 일본을 상대로 더욱 맹렬히 싸웠다. 당연히 태평양 전선에 있는 미군의 사상자 수는 그만큼 줄어들었다.

월스트리트의 은행가들은 일찌감치 전쟁 종식 후 세계 화폐와 관련한 전략적 구도를 구상하고 있었다. 화폐의 전략적 각도에서 보면 미국은 5억 달러의 본전을 투자해 네 가지 거액의 보답을 얻을 수 있었다.

첫째, 즉시 나타날 수 있는 효과로는 미국 방위산업 규모를 신속히 확장시키는 동시에 철강, 광산, 기계제조, 운송, 조선, 자동차, 비행기 등 관련 산업 발전을 이끄는 것이 가능해졌다. 이를 통해 경제 대공황의 곤경에서 벗어나고 18%의 높은 실업률을 낮춰 국내 소비를 활성화하는 데 큰 도움이 될 수 있었다.

둘째, 중국의 화폐 시스템이 달러화와 불가분의 관계를 맺어 미국은 중국의 화폐 발행권, 더 나아가 중국의 경제 명맥까지 장악할 수 있게 되었다.

셋째, 이런 방식으로 유추해 보면 유럽의 '마셜 계획' 및 다른 여러 나라에 대한 경제 원조 계획을 통해 달러화 유통 범위를 크게 확대하고 전 세계적으로 자원 통합 능력을 크게 강화할 수 있었다.

마지막으로 달러화가 유통 범위를 끊임없이 확장하면서 향후 파운드화를 대체해 세계의 새로운 통화 맹주로 군림할 수 있었다. 그러면 세계 각국이 앞다퉈 미국에게 대출을 원하게 되고, 달러화는 국제 준비 통화 및 결제 화폐로서의 지위를 확립하는 것이 가능하다. 또 세계대전 종식 후 달러화를 마구 찍어내 매년 세계 각국에게 '세뇨리지'를 징수하는 것은 말할 것도 없었다. 그리고 이는 지금까지 70년간이나 이어져 오고 있다.

미국의 달러화 전략 제정자들은 똑똑하게도 달러화 보유고가 형식만 다른 세금의 일종이라는 사실을 깨달았다. 이를 보다 정확하게 말하면, 세계 각국이 꼼짝 못하고 대대손손 영원히 미국에 납부해야 하는 '슈퍼 세종(稅種)'이 아니었을까. 미국이 적은 자본으로 큰 이익을 얻을 수 있는 이런 장사를 절대 마다할 리 없었다.

국민정부로서도 5억 달러라는 뜻밖의 횡재에 기뻐 어쩔 줄 몰랐다. '4대 가족'은 국민들의 손가락질을 받으면서도 안간힘을 다해 겨우 강절 재벌의 손에서 금융 권력을 빼앗아 4행2국의 금융 집권 체계를 구축했다. 그러나 몇 년도 지나지 않아 잠깐 방심한 사이에 외국환 평형기금 위원회에 금융 권력을 도로 빼앗기고 말았다. 당연히 이가 갈릴 정도로 화가 났으나 수중에 경화를 보유하지 못한 죄로 달러화와 파운드화를 보유한 외평기금 위원회에 빌붙지 않으면 안 되는 신세로 전락해 속으로 울분을 삼킬 수밖에 없었다. 그런데 마침 연방준비은행에 5억 달러라는 거금을 저축해 두고 수시로 꺼내 쓸 수 있게 됐으니, 고작 1억 달러밖에 안 되는 외국환 평형기금의 비위를 맞출 필요가 없어지지 않았는가.

'4대 가족'은 쿵샹시의 주도 아래 '중앙은행 외환관리 위원회'를 설립하고 5억 달러라는 천문학적 외화 관리권을 수중에 단단하게 거머쥐면서 중앙은행의 진정한 위상을 되찾았다. 쿵샹시는 형식상 그럴싸하게 천광푸, 시더마오 등 외평기금 위원회 위원들을 외환관리 위원회 위원에 임명했다. 그러나 천광푸는 임명장을 받자마자 사직서를 제출했고, 시더마오도 석씨 가문을 대표해 대리인 한 명만 파견했을 뿐, 본인은 여전히 외평기금 위원회 사무실을 지켰다.

월스트리트 은행가들은 달러화 보유고의 진정한 돈벌이 비밀을 발견한 다음 중미무역 관리, 외화 사용권 심사 등의 자질구레한 권력에 대해서는 완전히 흥미를 잃었다. 당연히 외평관리 위원회에 대해서도 차츰 관심이 시들해졌다. 월스트리트의 총애를 잃은 외평기금 위원회는 시대의 보조를 맞추기 위해 도리 없이 중앙은행 외환관리 위원회 쪽으로 모일 수밖에 없었다.

횡재한 5억 달러의 거금을 과연 어떻게 써야 할까? 쿵샹시는 어떻게 하면 자신에게 가장 유익한 쪽으로 이 돈을 쓸지에 대해 이리저리 머리를 굴렸다.

얼마 후 쿵샹시는 몇 가지 방안을 마련했다. 우선 1억 달러로는 미화 저축기금을 발행하고, 또 1억 달러로는 미화 공채를 발행한 다음 2억 2,000만 달러로 미국으로부터 금을 매입했다. 5,000만 달러로는 미국에서 각종 물자를 구매하고, 나머지 돈은 수수료, 운임, 보험료 등 각종 경비를 지출하는 데 사용했다.

미화 저축기금은 국민정부 재정부가 1억 달러를 중앙은행에 예금해 놓고 1942년 4월부터 발행한 기금이었다. 예금주들은 4행2국에 법폐를 예금하고 달러화로 환산한 저축권을 받았다. 달러화와 법폐의 교환 비율은 1달러당 법폐 20위안으로 정해졌고, 저축권의 최저 액면가는 10달러였다. 최고 액면가는 제한을 두지 않았다. 회수 기간은

1년, 2년, 3년으로 나누었고, 연리는 각각 3리, 3.5리, 4리였다. 만기일이 되면 액면가 기준으로 원리금을 지급하는 방식이었다.

미화 공채는 국민정부 재정부가 1억 달러의 외화를 담보로 1942년 4월부터 발행한 국채였다. 원하는 사람은 법폐 100위안을 미화 5~6달러로 환산해 법폐로 미화 공채를 구매할 수 있었다. 원리금은 1944년부터 10년에 걸쳐 지급하기로 예정돼 있었다. 이 채권은 자유 매매와 저당이 가능했다. 공무에서는 현금 대신 보증금으로 사용할 수 있었고, 은행의 지급 준비금으로 충당할 수도 있었다.

미화 저축기금과 미화 공채는 짭짤한 수익을 얻을 수 있는 좋은 투자 상품처럼 보였다. 그러나 상공업 기업 및 은행들은 이를 선뜻 구매하려고 나서지 않았다. 북양정부에서 국민정부에 이르기까지 정부가 국민들과 이익을 다투고 국민들의 빚을 떼먹은 사례가 어디 한두 번이었던가? 이번에도 정부가 만기일에 원리금을 지급한다고 누가 과연 장담할 수 있겠는가? 게다가 1942년 초부터 법폐는 외국환 평형기금과 5억 달러의 미국 대출에 힘입어 줄곧 안정적인 수준을 유지하고 있어서 암시장 환율과 공식 환율이 별반 차이가 없었고 환차익 수익률 역시 높지 않았다. 이로 인해 미화 저축기금과 미화 공채는 애초부터 사람들의 관심을 전혀 끌지 못했다.

국민정부는 하는 수 없이 '설득 판매', '할당 판매', '끼워 팔기' 등 강제적인 방식을 동원했다. 4행2국은 명령을 받고 두 가지 투자 상품을 사람들에게 할당했다. 공무원이나 민간인을 막론하고 4행2국에서 대출을 받은 사람에게는 예외 없이 대출액의 5~20%가 미화 저축권으로 지급됐다. 4대 은행 역시 강요에 못 이겨 200만 달러의 미화 저축권을 구매했다. 심지어 각 성에도 명령이 내려가 곡식을 팔 때 끼워 팔기 식으로 구매자에게 미화 저축권을 억지로 판매했다.

미화 공채라고 판로가 그다지 나을 바는 없었다. 정부 신용이 원래부터 높지 않았던 데다 항전이 시작되면서 증권거래소마저 문을 닫아 합법적으로 공채를 거래할 곳이 전무했다. 이 상황에서 난데없이 새로운 공채를 발행하고, 공채 원리금을 달러화로 지급한다고 하니 사람들은 국민정부 재정부와 중앙은행이 완전히 짜고 국민들을 기만한다고 여겼다.

이런 상황에서 국민정부의 최고 금융 통제 기관인 '4대 은행 연합 판사처'는 뾰족한 방법을 생각해 내지 못했다. 그래서 결국 '설득 판매', '할당 판매', '끼워 팔기'라는 꼼수 외에 미화 저축권을 판매하던 때와 똑같이 중앙은행, 중국은행, 교통은행 및 농민은행에 각각 200만 달러의 미화 공채를 억지로 떠넘겼다.

이 와중에 쿵샹시 재정부 장관 겸 중앙은행 총재는 떼돈을 벌 기회를 포착했다. 쿵샹시는 당연히 다른 사람들보다 미화 공채의 내막을 잘 알고 있었다. 공채 발행 준비금 1억 달러를 연방준비은행에 저축해 뒀으니 공채 신용은 걱정할 필요가 없었다. 게다가 미국이 중국의 재정부장, 중앙은행 총재의 빚을 떼먹을 리 없지 않겠는가? 여기에 전쟁이 언제 끝날지도 불투명한 상황이었다. 전쟁이 끝나지 않는 한 법폐 가치는 지속적으로 하락할 것이고, 공식 환율과 암시장 환율 차이는 갈수록 커져 환차익 거래로만 엄청난 수익을 올릴 수 있었다.

금융이 무엇인가? 바로 내(쿵샹시)가 금융이 아닌가, 감독 관리란 무엇인가? 내가 바로 감독 관리하는 사람이 아닌가, 이렇게 생각한 쿵샹시는 즉시 행동을 개시했다. 사람들이 점차 현실을 깨닫고 돈벌이 기회를 엿보기 위해 미화 공채에 눈독을 들일 무렵, 쿵샹시는 중앙은행 국고국에 뜻밖의 명령을 내렸다. 미화 공채가 매진됐다는 이유로 1943년 10월 15일부터 미화 공채 판매를 중단시킨 것이다.

미화 공채는 정말로 매진됐을까? 그렇지 않았다. 당시 운남성 권저분회(勸貯分會) 위원 겸 주임 간사를 맡았던 천겅야(陳賡雅)의 회고에 따르면, 1943년 10월까지 채 팔지 못한 미화 공채가 5,000만 달러나 남아 있었는데 쿵샹시가 공채 판매를 중단시키고 중앙은행 업무국에 나머지 공채를 인수하도록 지시했다고 한다.[14]

하지만 실제로 중앙은행 업무국에서 공채를 전부 인수하지 않았다. 바로 쿵샹시가 개인 명의로 무려 1,150만 달러의 미화 공채를 구매한 것이다. 그것도 공식 환율을 적용해 법폐 20위안을 1달러로 환산해 구매했는데, 같은 달 미화 공채의 평균 가격은 1달러당 법폐 250위안에 육박했다. 쿵샹시와 그의 일당은 이 방법으로 앉은 자리에서 20억 위안의 부당 이익을 챙겼다.

사람의 욕심은 끝이 없는 법. 쿵샹시는 이에 만족하지 않고 아예 미화 공채 5,000만 달러를 전부 인수하려고 덤벼들었다. 그러나 쿵샹시의 권세가 아무리 대단하다 한들 모든 사람을 영원히 속일 수는 없었다. 바람 새지 않는 벽이 없다는 말처럼 쿵샹시의 부정행위는 곧 언론에 의해 까발려졌고 조야(朝野)가 갑자기 떠들썩해졌다.

황옌페이(黃炎培), 푸쓰녠(傅斯年)을 비롯한 국민 참정회(參政會) 소속 비판적 맹장들은 1945년 7월에 열린 국민 참정회 회의석상에서 연명으로 사리사욕을 꾀하고 부정을 저지른 쿵샹시에 대한 질의안을 제출했

| 쿵샹시

다. 푸쓰녠은 또 쿵샹시의 미화 공채 구매 건과 관련한 기초 자료와 증거들을 대량 수집해 국민 참정회의 토론에 정식으로 교부하려고 했다. 미국식 민주주의를 주창한 이 맹장들은 어떤 대가를 치르더라도 반드시 친미파 대재벌이자 세도가인 쿵샹시를 끌어내리려고 단단히 별렀다.

그런데 국민 참정회 회의가 열리기 전날 밤, 장제스의 비서 천부레이(陳布雷)가 몰래 푸쓰녠을 찾아왔다. 천부레이는 푸쓰녠에게 정중하게 부탁했다.

"대세를 중시하십시오. 우리의 우방과 반동분자들에게 정부를 공격할 빌미를 제공하지 마십시오. 장 위원장(장제스)께서는 공정하게 사건을 처리할 것임을 믿어달라고 했습니다. 그러니 쿵 부장 사건과 관련한 모든 자료를 먼저 장 위원장에게 넘겨주십시오."[15]

말할 것도 없이 이 자료들은 장제스의 손에 들어간 다음 영원히 실종돼 버렸다. 이미 일이 터진 뒤라 쿵샹시는 모든 직책을 사임하고 권력의 중심에서 밀려났으나 사건과 관련해서는 아무런 사법적, 형사적 책임도 추궁당하지 않았다. 그가 횡령한 돈에 대해서도 추적, 압류, 몰수 조치 등이 이뤄지지 않았다. 쿵샹시 공채 사건은 이렇게 흐지부지 역사 속으로 사라지고 말았다.

장제스가 대놓고 쿵샹시의 뒤를 봐준 데는 이유가 있었다. 국민정부의 주축을 이루는 장, 쑹, 쿵, 천 '4대 가족' 중 털어서 먼지 안 나는 사람이 과연 있었을까.

〈아시안 월스트리트 저널〉은 1943년에 쑹쯔원의 집안 재산이

7,000만 달러에 달할 것으로 추측했다. 당시 쑹쯔원은 제너럴 모터스와 듀폰 등 미국 대기업의 지분까지 보유하고 있었다. 솔직히 재정부장, 중앙은행 총재, 중국은행 이사장 등의 월급으로는 그 많은 재산을 모으기 어려웠다. 1953년 대통령 연임에 실패한 트루먼 미국 전 대통령은 미국의 정치 작가인 멀 밀러(Merle Miller)와의 인터뷰에서 이렇게 밝혔다.

'4대 가족'의 횡령 비리 사건을 폭로한 해리 트루먼 전 미국 대통령

"쑹쯔원, 쿵샹시 일당은 남몰래 미국 정부의 지원금을 횡령할 음모를 꾸몄어요."

트루먼은 갈수록 감정이 격앙되어 결국에는 욕설까지 퍼부었다.

"그들은 모두 도둑놈들이오. 모두 다 빌어먹을 도둑놈들이라는 말입니다! …… 우리가 장제스에게 보내준 전시 지원금 38억 달러 중 7억 5,000만 달러를 가로채 뉴욕과 브라질 상파울루의 부동산에 투자했으니 말 다한 것 아니겠소?"[16]

쑹쯔원 일당이 횡령한 지원금은 결국 중국의 일반 서민들이 힘들게 일해 창출한 부로 갚을 수밖에 없었다. 한마디로 이들이 횡령한 것은 미국 납세자들의 세금이 아니라 바로 중국 국민들이 피땀 흘려 번 돈이었다. 이런 정부를 과연 '국민의 정부'라고 할 수 있겠는가? 장, 쑹, 쿵, 천 '4대 가족'은 국민의 피와 땀을 수탈한 부의 '압착기'였을 따름이다.

이런 국민정부가 어떻게 조만간 국민의 버림을 받지 않을 수 있었겠는가!

국민정부의 금융 시스템에 침투한
공산주의자

1939년 가을, 천광푸는 면접관의 신분으로 뉴욕의 한 중국 식당에 나타났다. 그의 면접 상대는 상당히 기품 있고 노련해 보이는 젊은이였다. 젊은이는 눈매가 굉장히 날카롭고 머리도 잘 돌아가 영어로 하는 질문에도 전혀 막힘없이 술술 대답했다. 천광푸는 생각보다 훨씬 더 만족스러운 표정으로 고개를 끄덕였다. 이 젊은이는 미국 재무부 부장관 및 화폐국 국장을 겸임 중인 옛 친구 얼 브라우더(Earl R. Browder)가 직접 추천한 사람이었다. 천광푸는 후생가외(後生可畏)라는 말이 무색하지 않을 이 젊은이를 즉각 자신의 비서로 삼아 크게 키우기로 마음먹었다.

지차오딩(冀朝鼎)이라는 이름의 이 젊은이는 산서(山西)성의 명문가 출신으로 공식 신분은 컬럼비아 대학 경제학 박사 및 태평양문제조사회(IPR) 연구원이었다. 그는 백색 테러가 가장 극심하던 1927년에 중국공산당에 가입했으나 이 사실은 사람들에게 거의 알려지지 않았다. 당내의 조직 관계를 살펴보면 지차오딩은 저우언라이의 맨투맨 지도를 받았다. 그의 동생인 지차오주(冀朝鑄)는 훗날 신 중국을 대표해 유엔의 사무부총장을 지냈다.

지차오딩은 당의 지시로 미국에서 유학하는 기간에 중국공산당과 미국공산당의 밀접한 관계를 바탕으로 솔로몬 애들러(Solomon Adler)와 친분을 맺었다. 1935년에 미국공산당에 입당한 솔로몬 애들러는 이때 미국 재무부의 화폐정책연구실에서 근무하고 있었다. 지차오딩은 애들러를 통해 자연스럽게 미국 재무부의 실권자인 얼 브라우더와도 사귀게 되었다. 당시 미국 대외관계협의회(CFR)의 멤버였던 브라우더는 대번에 지차오딩의 능력을 알아보고, 바로 그를 IPR 연구원으로 취직시켰다.

IPR은 CFR의 산하 기구로 1925년에 중국, 미국, 일본 등 태평양 연안 국가들을 회원국으로 설립된 국제 협력기구였다. IPR은 록펠러 재단과 카네기 재단이 막후에서 후원할 정도로 든든한 배경을 자랑했고, 모건가와 록펠러가의 이익을 대변하는 월스트리트 연맹이 이 기구를 사실상

| 지차오딩

통제하고 있었다.[17] 이 밖에 모빌 석유, AT&T, IBM, GE, 〈타임〉, J.P 모건, 시티 뱅크, 체이스맨해튼은행 및 기타 월스트리트의 관련 기구들도 이 기구에 자금을 지원했다.

IPR의 미국 측 대표이자 미국 재무부 부장관으로 사실상 재무부의 실권을 장악하고 있던 얼 브라우더는 당시 전후 국제 금융 질서의 재편과 관련해 자신만의 구상을 가지고 있었다. 그는 대공황과 같은 비극의 재연을 막기 위해서 세계 주요국을 회원으로 하는 이른바 국제안정화기금을 설립해야 한다고 주장했다.

안정화기금 액수를 최소 50억 달러로 정하고, 각 회원국이 할당받은 쿼터에 따라 기금을 출연하며, 회원국의 쿼터는 각국의 황금 보유액, 국제수지, 국민소득 등의 경제지표를 기준으로 할당하자는 구상이었다. 또한 국제안정화기금 50억 달러는 독립적인 국제 계산 단위인 유니타(Unita)로 통일하자고 제안했다. 1유니타는 미화 10달러 또는 순금 137그레인(Grain, 1그레인은 0.0648그램)으로 규정하고, 유니타를 달러화

및 황금과 연계하여 모든 회원국은 유니타로 자국 화폐 가치를 고정하자는 것이었다. 또 회원국 4분의 3 이상의 찬성을 얻어야 화폐 가치를 변경할 수 있었다. 이 밖에 외화 관리, 쌍무 결제 등의 차별 조치를 철폐하고, 회원국의 국제수지 적자 문제를 해결하기 위해 회원국에게 단기 대출을 제공하는 것이 가능했다.

얼 브라우더가 제안한 국제안정화기금은 바로 오늘날 글로벌 금융질서를 총괄하는 국제통화기금(IMF)의 전신이다. 브라우더의 이 계획은 '화이트 계획(White Plan)'이라는 이름으로 세계 금융사의 한 페이지를 장식했다.

국제안정화기금 계획을 제출한 얼 브라우더와 미국 재무부는 효과를 테스트할 리트머스 시험지가 급히 필요했다. 때마침 중국의 국민정부가 법폐 가치를 안정시킬 목적으로 1938년 8월에 쉬신류와 후비장을 미국에 파견하여 중미 평형기금의 설립 사안에 대한 협상을 벌이고자 했다. 그러나 두 은행가는 불행히도 중국 땅을 떠나기 전에 일본 전투기의 기관총에 목숨을 잃었다. 미국의 원조를 눈 빠지게 기다리던 국민정부는 비극 발생 다음 달에 즉시 천광푸를 미국에 파견했다.

미국 재무부로서는 바라 마지않던 좋은 기회가 찾아왔다. 그러나 미국에서 강세를 보이는 고립주의 정서와 연방의회가 제정한 중립법 때문에 대놓고 중국 정부에 대출을 제공할 수 없었다. 미국 정계와 재계의 생리를 잘 알고 있던 천광푸는 미국 재무부에 미국이 중미 무역을 추진한다는 명목으로 미국 내의 중국 기업인 중국세계수출입회사에 대출을 제공하는 방안을 제안했다. 이 일이 성사되면 향후 중미 평형기금 설립을 위한 발판이 되고, 미국 정부도 회사의 기록을 수시로 검사할 수 있었다. 중국은 이 대출을 받기 위해 미국에 부족한 동유(桐油), 주석, 텅스텐 등의 천연자원을 담보로 제공하고, 이 자원을 수출하는 대가로 국방력 건설에 필요한 최소한도의 트럭, 자동차 운송, 통신, 현대화 채광 기계 및 가공 공장 등의 주요 산업 발전을 추진하자는 것이었다.[18]

천광푸는 헨리 모겐소 미국 재무부 장관 및 얼 브라우더와 치밀한 협상을 벌여 1938년 하반기에 드디어 2,500만 달러의 1차 '동유 대출' 합의를 이끌어냈다.

하루라도 빨리 중미 평형기금을 설립하지 못해 안달이 난 천광푸와 얼 브라우더는 동유 대출이 향후 중미 평형기금 설립의 예행연습에 불과하다는 사실을 누구보다 잘 알고 있었다. 얼 브라우더는 일찌감치 중국세계수출입회사에 자기편을 심어놓을 필요성을 느꼈고, 천광푸 역시 이 회사의 일상 업무를 능숙하게 책임지면서도 미국 재무부와 밀접하게 소통할 수 있는 유능한 부하가 필요하던 차였다. 때마침 나타난 것이 지차오딩이었다. 천광푸는 지차오딩에게 동유 대출 보고서를 작성하라는 첫 번째 임무를 맡겼다.[19]

그렇다면 얼 브라우더는 무엇 때문에 지차오딩을 자기편이라고 굳게 믿고 이토록 중요한 임무를 맡겼을까? 얼 브라우더의 심복인 솔로몬 애들러의 입김 때문이었을까, 아니면 지차오딩의 능력을 높이 평가했기 때문일까? 그것도 아니면 지차오딩과 브라우더가 모두 IPR의 연구원이라는 관계 때문일까? 물론 이런 영향도 부인할 수 없지만 더 중요한 것은 얼 브라우더 본인이 바로 '당 조직의 사람(공산주의자라는 의미 - 옮긴이)'이었기 때문이다.

얼 브라우더는 1944년에 미국 정부 대표로 브레턴우즈 회의에 참가해 본인이 구상한 '화이트 계획'으로 영국의 '케인스 계획'을 일거에 제압해 버렸다. 이 일로 그는 FBI로부터 소련 스파이 혐의를 받고 중국식으로 말하면 쌍규 처분을 받았다. 얼마 후 글로벌 자본주의 금융 시스템에 깊숙이 침투했던 얼 브라우더는 의문의 죽음을 당했다.

전쟁 규모와 범위가 한층 더 확대되면서 일본 군부 세력은 중국의 거의 모든 대외무역 경로를 차단했다. 중국세계수출입회사도 더 이상 존재 가치가 없어지자 천광푸는 지차오딩을 데리고 귀국했다. 천광푸는 새로 설립된 중미영 평형기금 위원회 주임을 맡았고, 지차오딩도 천광푸의 배경 덕에 기금 위원회 사무총장으로 임명되었다.

중미영 평형기금 위원회의 천광푸, 시더마오, 베이쭈이 등 주요 위원들은 모두 여러 가지 직무를 겸임한 금융계 거물이었다. 이들은 각자 맡아서 경영하는 은행이 따로 있었고 처리해야 할 일도 매우 많아 평형기금 위원회의 일상 업무를 직접 관장할 여유가 없었다. 이에 자연스럽게 지차오딩이 평형기금 위원회의 일상적인 운영을 통괄했다. 당시 중미영 평형기금은 사실상 중국의 중앙은행이나 다름없어 공산당 첩자 지차오딩의 영향력과 지위는 대단히 막강했다.

더욱 믿기 어려운 것은 중미영 평형기금 위원회의 실권자인 지차오딩이 얼마 후에 다시 쿵샹시가 장악한 외환관리 위원회 사무총장을 맡았다는 사실이다. 예리한 안목을 가진 지차오딩은 외국환 평형기금 위원회와 외환관리 위원회 사이, 더 엄밀히 말하면 천광푸와 쿵샹시 사이에서 권력의 추가 조만간 후자 쪽으로 기울 것이라는 사실을 금방 알아챘다. 그로서는 더 높은 위치로 침투하기 위해 반드시 두 위원회 사이의 갈등을 이용해 적시에 자신의 전략을 조정하고 쿵샹시 라인으로 갈아탈 필요가 있었다.

천광푸는 재능과 학식, 도덕, 인격적 매력 등 모든 면에서 쿵샹시를 능가하는 사람이었다. 또 지차오딩과 천광푸 둘은 늘 함께하면서 깊은 정을 쌓았다. 지차오딩은 그런 천광푸를 배신해야 한다는 게 괴롭기 그지없었다. 그러나 더 큰 대의를 위해 모든 것을 버려야만 했다.

일본군이 홍콩을 점령한 다음 외국환 평형기금은 하는 수 없이 사무실을 홍콩에서 중경에 있는 중앙은행 건물로 이전했다. 지차오딩을 비롯한 기금위원회 직원들도 중경 북안(北岸)의 범장(范莊)에 있는 쿵샹시의 저택인 고급 아파트로 거처를 옮겼다. 이로써 지차오딩에게 매일 쿵샹시와 접촉할 수 있는 유리한 지형이 만들어졌다.

쿵씨 가문과 지씨 가문은 모두 산서에서 유명한 호족 집안으로 대대로 교분을 가지고 있었다. 지차오딩은 이 관계를 이용해 재빨리 쿵씨 집안의 단골손님이 되었다. 그는 매주 쿵씨 집을 찾아가 쑹아이링과 카드놀이를 하고 쿵샹시에게는 아저씨라고 부르며 친근하게 대했다. 그 덕에 지차오딩은 얼마 지나지 않아 외환관리 위원회 사무총장에 임명되었다.

사실 쿵샹시가 지차오딩을 중용한 데는 속셈이 있었다. 지차오딩은 중미영 기금 위원회 미국 측 위원인 솔로몬 애들러(미국 재무부에 잠복한 공산주의자)와 한 패거리인 데다 미국 재무부와도 관계가 친밀했기 때문이다(미국 재무부에 '공산당 첩자'가 우글거렸으니 그럴 만도 하지 않겠는가). 또 백악관에도 지차오딩의 뒤를 밀어주는 사람이 있었다(미국 상원의원인 조지프 매카시가 지차오딩을 눈엣가시처럼 여긴 이유이기도 하다).

쿵샹시는 이때 미국 측이 5억 달러의 대출을 보내주면 천광푸를 쫓아내고 그 자리에 지차오딩을 앉히려고 생각했다. 쿵샹시의 생각은 한마디로 이러했다.

"저 친구는 나와 같은 산서성의 호족 가문 태생이야. 외국 물도 적지 않게 먹었어. 미국 고위층과도 친밀한 관계를 유지하고 있잖아. 업무 능력도 흠잡을 데 없이 출중해. 이처럼 믿음직하고 유능한 인재를 어디에서 구한다는 말인가?"

쿵샹시는 이런 지차오딩이 공산주의자일 줄은 꿈에도 생각하지 못했다. 지차오딩은 쿵샹시의 큰 신임을 받으며 빠른 시간에 가장 가까운 심복이 되었다. 쿵샹시는 본인이 아까워 입지 않은 비싼 양복을 선물할 정도로 지차오딩을 아꼈다. 1944년 2월, 외국환 평형기금 위원회가 해산되자 지차오딩은 일약 외환관리 위원회 주임으로 승진했다.

이때에 이르러 지차오딩은 국민정부 화폐 정책 제정자로 사실상 실권을 장악했다. 대권을 장악했으니 드디어 행동을 개시할 때가 되었다.

외환 자유화가 초래한 법폐의 몰락

1945년 8월 15일, 일본 히로히토 천황은 조서를 내려 무조건 항복을 선포했다. 이 소식이 전해지자 전 중국은 환호성으로 가득 찼다. 중국은 3,500만 명의 소중한 목숨을 대가로 드디어 나라의 운명을 건 대결전에서 최종 승리를 맞이했다. 이때 국민정부의 급선무는 점령당한 지역을 인계받아 하루빨리 국민 경제를 회복, 발전시키는 일이었다.

전시에 금융과 재정을 주관했던 쿵샹시는 이때 미화 공채 부정 사건으로 낙마한 상태였다. 대신 쑹쯔원이 쿵샹시의 후임으로 행정원 원장과 재정부장을 겸임했다. 오랜만에 국가 경제 대권을 쥔 쑹쯔원 앞에는 그야말로 혼란스러운 국면이 놓여 있었다.

국민정부의 역사는 전쟁으로 점철돼 있다. 맨 처음 북벌 전쟁에 이어 공산당 포위토벌 전쟁을 거쳤고, 이 와중에 전국 각지에 분산된 막강한 군벌과도 혼전을 벌였다. 뒤이어 항일 전쟁까지 치르면서 휴전 기간은 불과 몇 년도 되지 않았다. 전쟁으로 인해 국민의 생활은 궁핍해졌고, 국민정부의 재정도 갈수록 어려워져 나중에는 파탄에 이르렀다.

국민정부는 처음에 강절 재벌의 지원으로 공채를 발행해 근근이 국정을 운영했다. 그러나 1935년 이후 장, 쑹, 쿵, 천의 '4대 가족'이 강절 재벌의 금융 권력을 강탈하여 공채 발행도 어려워졌다. 장제스 정부가 수차례 국민들의 빚을 떼어먹은 탓에 신용이 형편없이 낮아졌고, 장제스 정부가 발행한 공채는 사람들이 아예 관심을 두지 않았다.

항일 전쟁 발발 후에는 외채가 주요 재원이었다. 그러나 이렇게 큰 나라에서 대규모 전쟁을 치르는데 외채에만 의존한다는 것은 그저 임시방편에 불과했다. 장제스는 어쩔 수 없는 상황에서 군비를 마련하고 재정 적자를 메우기 위해 국가은행의 입체금에 의존해야만 했다. 실제로 1945년부터 국민정부는 해마다 정부 지출의 60% 이상을 중앙은행의 입체금에 의존했다.

중앙은행도 마법사가 아닌 이상 주문을 외워 돈을 만들어낼 수는 없는 법이다. 국민정부의 끝없는 욕심을 채워주기 위해 중앙은행이 유일하게 할 수 있는 일은 지폐를 마구 찍어내는 것이었다. 재정 수요에 의해 지폐를 마구 찍어내는 이 행위를 지금은 일반인은 알아듣지도 못하는 '양적 완화'라는 그럴듯한 명칭을 붙여 사용하고 있다.

중앙은행이 양적 완화 정책을 들먹이며 지폐를 마구 찍어내자 결국 인플레이션이라는 최악의 결과가 나타났다. 게다가 쑹쯔원이 피점령 지역에서 법폐 1위안을 위폐 20위안으로 바꾸는 약탈적인 성격이 농후한 정책을 실행하면서 인플레이션은 걷잡을 수 없이 번졌다. 얼마 후 인플레이션은 국민당 통치 지역을 인간 지옥으로 만들어버렸다.

위폐(僞幣)
항일 전쟁 기간에 일제의 괴뢰 정권이 발행한 화폐.

당시 일본은 피점령 지역에서 전쟁으로 전쟁을 부양하는 이른바 '이전양전(以戰養戰)' 전략을 실시해 경제 질서를 안정시켰다. 그들은 군표(軍票) 1위안을 법폐 1위안의 환율로 피점령 지역의 법폐를 회수했다. 왕징웨이 괴뢰 정권 시기에는 위중저권(僞中儲券)이라는 화폐를 새로 발행하고 일본 군표를 회수했다. 위중저권과 일본 군표의 교환 비율이 1 대 2였으니 화폐가 50% 평가절하된 셈이었다. 그런데 항일 전쟁 승리를 맞이한 다음 쑹쯔원은 법폐와 위중저권의 교환 비율을 무려 1 대 200으로 정했다.

이해하기 쉽도록 사례를 들어보자. 피점령 지역에서 월급이 1만 위안인 화이트칼라는 일본군 침략 후에도 여전히 월 1만 위안의 수입을 얻을 수 있었다. 왕징웨이 괴뢰 정권이 들어선 다음에는 월 소득이 5,000위안으로 줄어들었으나 그런대로 먹고살 만한 정도는 되었다. 그렇다면 광복을 맞이하고 기쁨에 들떠 밤을 새면서 한바탕 경축하고 난 다음 날의 상황은 어땠을까? 눈을 뜨고 보니 월 소득이 겨우 25위안으로 줄어든 것이다. 나머지 9,975위안은 도대체 어디로 갔다는 말인가? 두말할 것 없이 이 돈은 국민정부가 재정 예산의 구멍을 메우는 데 사용해 버렸다.

"눈이 빠지게 중앙정부를 기다렸다. 그런데 막상 중앙정부가 오니 불행이 시작되더라."

당시 국민들의 심정이 이렇지 않았을까? 쑹쯔원이 실시한 화폐 정책의 직접적인 피해자가 된 국민들은 어디에도 하소연할 곳이 없었다. 그나마 전쟁이 끝나고 광복을 맞이했으니 허리띠를 졸라매고 몇 년만 고생하면 쥐구멍에도 볕들 날이 있다는 희망을 가졌다. 국민들이 가까스로 마음을 추스르고 일상으로 돌아가려는 순간, 이번에는 인플레이션이라는 더 큰 시련이 앞을 가로막았다. 물가가 하늘 높은 줄 모르고 치솟은 이유는 국민당 관리와 투기꾼들이 법폐 1위안이 200위안의 가치가 있음을 알고 수중의 법폐를 가지고 벌떼처럼 피점령 지역으로 몰려가 물자를 사재기한 탓이었다. 전쟁의 세례를 받아 가뜩이나 물자가 부족한 상황에서 사재기 붐까지 일었으니 물가가 폭등하지 않고 배길 재간이 없었다.

결과적으로 국민정부는 피점령 지역에서 국민을 대상으로 폭리를 취한 대신 민심을 완전히 잃고 말았다.

그렇다면 대후방의 상황은 어떠했을까?

국민정부는 1942년부터 미화 공채와 황금 공채를 발행했다. 이 두 공채는 달러화와 황금을 준비금으로 삼았기 때문에 원칙대로 말하면 신용 문제는 걱정할 필요가 없었다. 게다가 공채 발행 수익으로 항일 전쟁을 지원하고 인플레이션 위험을 헤징할 수 있었으니 정부와 국민들에게 모두 이득이 되는 일이었다. 그래서 많은 민간인들이 관을 장만하려던 돈까지 탈탈 털어 공채를 구매했다.

공채 구매자들은 전쟁이 끝난 다음 달러화와 황금을 손에 넣을 날만을 기다렸다. 그러나 전쟁이 끝난 다음 이들을 기다린 것은 "황금 공채는 액면가의 60% 가격에 회수하고, 미화 공채는 달러화로 회수하지 않는다"라는 정부의 포고문이었다. 이는 국민정부가 공공연히 국민의 돈주머니를 강탈한 짓이나 다름없었다. 설상가상으로 피점령 지역에서 시작된 악성 인플레이션이 전국 각지로 확산되어 대후방에서도 물가가 하루가 다르게 치솟았다. 국민정부를 향한 국민들의 비판과 분노의 목소리는 그야말로 곳곳에서 터져 나왔다.

밑이 보이지 않는 높은 자리에 있던 쑹쯔원은 국민들의 질곡 따위를 헤아릴 위인이 아니었다. 그는 어떻게 하면 더 빨리, 그리고 더 많은 경화를 모을 수 있는지에 온통 정신이 팔려 있었다. 전임 재정부장 쿵샹시가 국민들로부터 수탈한 재물까지 합치면 이 무렵 쑹쯔원의 수중에는 약 9억 달러의 외화와 황금이 있었다.

쑹쯔원은 충분한 자본이 마련됐다는 생각에 드디어 혼란스러운 경제 국면을 뒤바꿀 금융 개혁, 다시 말해 외환 자유화를 단행하기로 결정했다. 물론 쑹쯔원이 이 같은 결정을 내리기까지는 지차오딩의 입김이 크게 작용했다.

법폐의 신용은 원래 '환본위제'를 토대로 확립된 것이다. 즉 외환 시장에서 법폐와 외화의 자유 매매를 통해 환율 안정을 유지하는 방법이었다. 그러나 국민정부는 항일 전쟁 기간에 일본군과 괴뢰 정부가 법폐로 외화를 구매한 뒤 다시 외화로 전략 물자를 사재기하는 것을 막으려고 법폐와 외화의 자유 태환을 금지했다. 하지만 지차오딩은 항일 전쟁이 끝난 다음 외환관리 제도의 여러 가지 문제점을 거론하면서 쑹쯔원에게 외환 자유화를 실시해야 한다고 부추겼다. 그는 외환관리 제도가 화폐 제도의 장기적인 안정과 발전에 걸림돌로 작용하는 것은 말할 것도 없고, 브레턴우즈 체제에서 규정한 각종 자유화 원칙에도 위배된다고 역설했다. 또 중국이 더 큰 발전을 도모하기 위해서는 반드시 세계적 가치와 국제관례를 따라야 할 필요가 있다고 강조했다. 한마디로 외환관리 제도를 폐지하고 외환 시장 자유화 제도를 도입해야 한다는 주장이었다.

이렇게 해서 1946년 2월에 '중앙은행 외환 관리 임시 시행 방법'이 출범했다. 이 규정에 따라 중앙은행은 5억 달러의 미화를 준비금으로 삼아 법폐를 발행하고 달러화 대비 법폐 환율을 기존의 1 대 20에서 1 대 2,020으로 낮췄다. 또 황금과 외화의 자유 매매를 허용하고, 필요할 때에만 중앙은행 외국환 평형기금이 외환 시장에 개입해 법폐 가치를 안정시키도록 규정했다.

그러나 인플레이션이 갈수록 심해지면서 공식 환율은 하루가 다르게 폭락했고, 암시장 환율은 이보다 더 빠른 속도로 하락했다. 암시장에서 외화는 인기 투기 상품으로 떠올랐다. 법폐는 법폐대로 가치가 폭락한 반면에 쑹쯔원이 기대했던 수출 확대, 외환 증대 효과는 전혀 나타나지 않았다. 세계대전으로 인해 중국의 산업 생산력이 심각한 타격을 입었기 때문에 그럴듯한 수출 품목을 생산해 낼 형편이 되지 못한 데다, 미국을 제외한 대부분 산업화 국가가 전쟁으로 폐허가 되어 중국산 원료 수요 역시 급감했다. 엎친 데 덮친 격으로 중국 내 생산력으로는 국민들의 생활필수품 수요를 따라잡지 못했다. 과거 외환관리 제도를 실시할 때에는 외국 상품 수입이 금지됐으나 외환 자유화 제도 도입 이후로는 정당하게 외국 상품 수입이 가능해져 쑹쯔원의 예상과는 달리 수출이 부진하고 수입이 활성화되는 국면이 나타났다.

외환 자유화 제도를 실시한 지 8개월 만에 중앙은행은 물품 수입 및 기타 용도로 대량의 달러화와 파운드화, 황금을 지출해 외화 손실액이 무려 4억 달러에 이르렀다. 중앙은행의 외화 자금이 한꺼번에 60%나 줄어든 셈이었다. 쑹쯔원은 사태가 심상치 않음을 느끼고 달러화 대비 법폐 환율을 1 대 3,350으로 부랴부랴 낮추었다. 그러나 이 조치는 인플레이션만 부추겼을 뿐, 아무런 소득도 없었다.

경기 불황이 이처럼 심각한 상황에서 국민정부는 공산당과의 내전에서도 패했다. 그러자 중국 전역에서 법폐를 헐값에 팔고 외화와 금을 사재기하는 열풍이 일었다.

이때에 이르러 쑹쯔원은 마치 도박 중독자처럼 상황 판단 능력을 완전히 상실했다. 쑹쯔원의 유능한 조수인 지차오딩은 적절한 타이밍에 늘 쑹쯔원에게 아이디어와 계책을 마련해 주고, 쑹쯔원의 지시 사항을 번개처럼 빠른 속도로 집행했다. 그는 쑹쯔원에게 외환 자유화 제도가 결정적인 고비에 들어서 이 고비를 넘기기만 하면 큰 수확을 얻을 것이지만 여기서 포기하면 모든 것이 수포로 돌아간다고 강조했다. 개인의 명예뿐만 아니라 정부 당국의 사활이 걸린 중대한 일이라는 말에 쑹쯔원은 그만 넘어가고 말았다.

쑹쯔원은 최면에 걸린 사람처럼 지차오딩의 제안을 고분고분 따랐다. 시중의 법폐를 회수하기 위해 그는 과거 2억 2,000만 달러를 주고

매입했던 황금 628만 냥을 전부 풀었다. 당연
히 이 방법으로 법폐 하락세를 만회할 수 있을
것이라고 굳게 믿었다.

쑹쯔원

그러나 그의 예상은 보기 좋게 빗나갔다.
1947년 2월까지 쑹쯔원은 총 330만 냥의 금을
투입했으나 법폐의 공식 환율은 무려 1 대
12,000까지 떨어졌다. 암시장 환율은 더 말할
것도 없었다.

도저히 어쩌지 못하는 상황이 되자 장제스
가 직접 나섰다. 그는 1947년 2월 16일에 '경제 긴급 구제 방안'을 발
표했다. 이를 통해 재차 금과 외화의 자유 매매를 금지했다. 중앙은행
은 규정에 따라 금을 매입만 하고 판매하지 않았다.

쑹쯔원이 주도한 외환 자유화 금융 개혁은 철저하게 실패했다. 쑹
쯔원은 쓸쓸히 하차하고 국민정부의 신용은 바닥에 떨어졌다. 50년
후 대만에 살던 천리푸는 회고록에서 쑹쯔원의 잘못된 화폐 정책이
당과 국가의 강산을 말아먹었다고 비분강개해 마지않았다.

"우리 (화폐) 정책은 부자를 가난뱅이로 만들고, 가난뱅이를 빈털터
리로 만들었다. …… 다른 말로 하면 국민들을 모두 프롤레타리아로
만든 것이다. …… 결국 공산당에게 좋은 일을 시켜준 꼴이 아니고 무
엇인가? 그런 쑹(쑹쯔원)을 재정 전문가라고 하다니 어이가 없을 뿐
이다. …… 장(장제스)은 쑹을 너무 믿은 나머지 재정 문제와 관련해
서는 쑹의 말만 들었다. 사실 어떤 일은 전문가가 아닌 일반인이 봐도
금방 알 수 있는 것이 있다. …… (이 모든 형편없는 아이디어는) 모두

지차오딩이 쑹쯔원에게 제안한 것이었다……."

천리푸는 얼마나 격분했던지 이 부분의 소제목을 '지차오딩, 나라를 망치는 음모를 달성하다'라고 달았다.[20]

그렇다면 국민당은 지차오딩이 제안한 화폐 정책에 대해 설마 한 번도 의심해 본 적이 없었을까? 그렇다. 지차오딩의 수법은 단 한 번도 국민당 정부의 의심을 사지 않았다. 그도 그럴 것이 지차오딩이 국민정부에 제안한 금융 정책은 모두 집권자에게 꼭 부합했기 때문이다. 지차오딩은 '4대 가족'의 실제 이익에 입각해 이들이 최대한 많은 재물을 긁어모을 수 있도록 충분히 배려한 '맞춤형' 정책을 제안했다. 이런 이유로 '4대 가족'은 지차오딩을 의심하기는커녕 오히려 고마워했다.

1947년 2월, 쑹쯔원의 외환 자유화 개혁이 사실상 실패로 돌아가 전국적으로 금 사재기 붐과 악성 인플레이션이 극성을 부리면서 국민당은 공산당과의 내전에서 이미 패배한 것이나 다름없었다.

금원권의 최후 발악

악성 인플레이션은 국민정부의 화폐가 인민에게 철저히 버림받았다는 단 한 가지 사실만을 설명한다. 법폐 몰락의 근본 원인은 심각한 재정 적자에 있었다. 당시 국민정부의 재정 지출은 세수의 10배에 달했다. 재정 적자를 메우는 유일한 방법은 돈을 마구 찍어내는 것이었다. 이렇게 되니 지폐 신용이 붕괴되는 것은 시간문제였다. 화폐 신용이 바닥에 떨어지자 물가는 지폐 인쇄 속도보다 훨씬 더 빨리 치솟았다.

1947년 상반기에 지폐 발행액은 3배 증가한 반면에 쌀 가격은 7배나 폭등했다. 사람들은 물건을 쌓아놓기만 하고 내다팔지 않았다. 신용도가 높은 화폐가 없는 상황에서 상업과 생산은 심각하게 위축됐다. 따라서 정부의 세수입도 점점 더 줄어들었다.

사람들은 법폐를 뜨거운 감자로 여겼다. 일단 손에 들어온 지폐를 모조리 현물로 바꾸자 물가가 폭등하고 악성 인플레이션은 걷잡을 수 없이 확대됐다. 당연히 악성 인플레이션은 국민정부에 대한 민중의 신뢰를 완전히 잃게 만들었다. 특히 중하층 계급의 정부 당국을 향한 분노가 극에 달해 전국 각지에서 소란과 폭동이 끊이지 않았다.

재정 적자의 근본 원인은 장제스가 발동한 내전 탓이 컸다. 내전은 국민정부의 재정에 심각한 타격을 주었다. 1947년에 이르러 국민정부의 군비 지출은 재정 지출의 50% 이상을 차지했다. 게다가 거듭되는 패전 소식에 사람들은 국민정부의 지폐를 점점 더 신뢰하지 못했다. 이 같은 악순환이 반복되면서 법폐는 마침내 붕괴하고 말았다.

그러자 지차오딩은 다시 금원권(金圓券) 개혁을 국민정부에 강력하게 주장했다. 이미 신용을 잃은 법폐를 대체할 새로운 화폐를 발행함으로써 화폐 신용을 복구하자는 것이었다. 그는 독일의 히얄마르 샤흐트 (Hjalmar Schacht)가 바이마르 마르크를 폐지하고 지세 마르크를 새로 발행하여 1920년대에 독일을 강타한 하이퍼인플레이션을 극복했던 사례를 들어 설득했다. 지차오딩의 제안에 장제스는 구미가 동

| 액면가 500만 위안의 금원권

했다. 장제스는 1948년 8월 20일에 세계 최대 규모의 화폐 제도 개혁인 금원권 개혁을 단행했다.[21]

금원권은 '금원'을 본위화폐로 하여 황금, 은, 외화 40%와 국유 자산 60%의 비율로 준비금을 마련했다. 100% 충분한 준비금을 기반으로 최대 발행액은 20억 위안으로 정했다. 아울러 법폐의 유통을 금지시키고 금원권 1위안으로 법폐 300만 위안을 교환하도록 규정했다. 이어 지정 기한 내 민간의 모든 금, 은과 외화를 회수하도록 했다. 국민들이 사사로이 보유한 금, 은과 외화도 몰수해 국유화하고, 외국에 예금 계좌가 있는 경우는 모두 자진 신고하도록 했다. 이를 위반하면 재판을 통해 실형을 선고하고 재산을 압수하도록 법률로 정했다.

이는 대놓고 국민의 재물을 강탈하는 짓이었다. 그러나 국민들도 바보는 아니었다. 오래전부터 정부에 대해 신뢰를 잃은 국민들은 곧 새로운 화폐가 나온다는 소식을 듣고 앞다퉈 수중에 가진 돈으로 살 만한 물건들을 모두 사들였다.

〈대공보(大公報)〉 10월 7일자에는 이런 기사가 실렸다.

"북평시의 상황은 갈수록 악화돼 시 전체에서 사재기 붐이 일어나고 있다. 쌀가게는 열 집에 아홉 집이 텅텅 비었다. 암시장 담배 가격은 하루에도 수차례씩 하늘 높은 줄 모르고 치솟았다. 시민들은 만나면 건네는 인사말이 '이 일을 어찌하리오'로 바뀌었다. 일용품은 돈이 있어도 사지 못하는 귀한 물건이 돼버렸다."

수도 남경의 상황도 여의치 않기는 마찬가지였다. 〈중앙일보(中央日報)〉는 당시의 상황을 이렇게 보도했다.

"사재기 열풍이 한바탕 불고 지나간 수도 남경의 시장에는 아무것도 남지 않았다. …… 주부들이 매일 아침 즐겨 이용하던 재래시장도 텅텅 비었다. 돼지고기는 일찌감치 종적을 감췄고, 생선, 새우, 닭, 오리도 모두 돼지고기와 함께 '은퇴'해 버렸다. 남경의 채소 시장은 이름 그대로 채소 시장으로 변했다. 부패한 상류층들이 암시장에서 높은 가격에 고기를 사먹는 것 외에 고기는 구경조차 할 수 없었다. 서민들은 원치 않게 채식주의자가 돼버렸다."

당시 가장 번창했던 상해에서도 시민들은 사재기를 통해 정부의 금원권에 대한 강한 반감을 표출했다. 1948년 11월호 〈해광월간(海光月刊)〉은 당시 상해의 상황을 이렇게 묘사했다.

"때마침 일요일, 상해 시민들의 사재기 붐은 극에 달했다. 남경로(南京路)는 여느 때와 달리 시끌벅적했다. 거리에서는 개미떼의 이사 행렬처럼 사람들이 떼를 지어 움직였다. 저마다 꾸러미를 옆구리에 낀 채 손에는 봉지를 들고 있었다. 4대 기업, 백화점, 비단가게, 포목점에도 사람들로 가득 찼다. 이들은 그나마 구매력이 있는 사람들이었다. 일반 서민들은 쌀, 기름, 간장, 설탕, 비누 등 일용품을 파는 가게로 직행했다. 열흘도 안 되는 사이에 모든 가게의 진열장은 텅텅 비었다. 크고 작은 상점에 들어서면 마치 참배객만 있고 부처가 없는 사찰에 온 것처럼 썰렁한 느낌밖에 없었다. 난리 통에 고생하는 것은 미리 여유분의 식량을 준비하지 못한 사람들이었다. 이들은 뭐라도 좀 얻을까 싶어 온 거리를 누볐으나 쌀을 사면 채소가 없고 채소를 사면 장작이 없어 걱정만 늘어갔다. 국제 상업도시로 불리는 상해가 놀랍게도 마비 상태에 빠졌다."

장제스가 약속한 100% 준비금은 사실 속임수에 불과했다. 금, 은,

┃ 국민정부의 화폐 신용이 붕괴된 후에 월급을 나눠주는 광경

외화 준비금은 처음부터 40%에도 미치지 못했다. 유가증권(국유 자산) 준비금이 60%라는 말도 그럴듯한 명목에 불과했다. 장제스가 준비금으로 삼은 유가증권은 몇몇 국유기업의 주식이었다. 장제스는 사람들이 관심도 가지지 않는 이 주식들의 가격을 엄청나게 높게 책정해서 준비금으로 삼았다. 게다가 장제스는 금원권의 최대 발행액을 20억 위안으로 정해놓은 약속도 지키지 않았다. 금원권의 실제 발행액은 연말에 이르러 83억 위안, 1949년 1월에 208억 위안, 4월에 5조 위안, 5월에는 무려 68조 위안에 달했다.

그러자 각 성에서는 중앙정부의 금원권을 아예 사용하지 않고, 대신 자체적으로 은화와 동전을 발행했다. 따라서 인민해방군이 장강을 건널 무렵, 국민정부의 화폐 시스템은 이미 완전히 붕괴되고 재정 역시 마비되었다. 여기에 군대까지 와해될 위기에 처하면서 장제스 왕조는 막다른 길목으로 몰렸다.

미국의 유명한 학자 존 킹 페어뱅크(John King Fairbank)는 훗날 당시 상황을 이렇게 분석했다.

"당시 공산주의 반대에 가장 열성적이던 도시 중산계급은 얼마 남지 않은 여유 재산마저 금원권에 집어넣은 채 발목이 잡혀 있었다. 서민들이 국민정부에 가지고 있던 실오라기 같은 희망은 금원권의 출범과 함께 철저하게 절망으로 바뀌었다."

지차오딩이 주창한 금원권 개혁은 최종적으로 당과 국가의 강산을 말아먹고 말았다.

민심을 완전히 잃은 국민정부에 남은 것은 돈밖에 없었다. 장제스는 결국 250만 냥의 황금을 가지고 대만 지역으로 철수하고 말았다.

화폐 시스템은 국가의 부를 분배하는 중요한 기능을 한다. 그런데 화폐를 제멋대로 발행해 화폐 시스템을 손상시키면 사회적 부의 흐름 방향이 변하게 된다. 따라서 사회의 갈등이 격화되고 정부 신용이 하락하며 민심이 등을 돌리게 된다. 화폐는 또 국민 경제의 혈액순환 시스템과 같은 존재이다. 화폐 정책이 실패하면 경제가 침체되고 재정이 마비되며, 무역이 활기를 잃고 시장도 무너진다.

지차오딩은 국민정부를 사주해 국민들과 이익을 다투게 하는 가장 지독한 방법으로 국민정부의 화폐 시스템과 경제 시스템 및 정권까지 붕괴시켰다. 이런 점에서 보면 지차오딩이 화폐전쟁에서 보여준 살상력은 실제 전장의 100만 대군 못지않았다.

장제스가 화폐전쟁에서 패한 이유

화폐 발행권은 인류 사회의 가장 중요한 권력이자, 가장 은밀하고 통제가 어려운 권력이기도 하다. 화폐는 경제 발전을 견인하고 정치 향배를 좌지우지하며 전쟁의 승패를 결정한다. 동서고금을 통틀어 화폐 권력의 비밀을 발견한 제왕만이 기선을 제압하고 승리를 거머쥐었다.

화폐 통일은 정권을 튼튼히 하는 선결 조건이다. 화폐를 통일하지 않고 재정을 통일할 수 없고, 통일된 정치 판도를 실현하기 어려우며, 통일된 군사력을 확보할 수 없다. 일본 메이지 유신이 성공하고 중국의 양무운동이 실패한 근본 원인은 다른 데 있지 않다. 바로 일본에는 통일 화폐가 있었고 청나라에는 통일 화폐가 없었기 때문이다. 통일 화폐의 중요성을 깊이 인식한 마오쩌둥과 장제스는 화폐 발행권을 장악하고자 각각 소비에트 국가은행과 남경 중앙은행을 설립한 것이다.

소비에트 화폐와 국민정부의 법폐, 금원권의 가장 중요한 차이점은 화폐의 봉사 대상이 전혀 달랐다는 것이다. 소비에트 화폐는 대중을 위해 봉사하는 화폐인 반면에 장제스의 화폐는 '4대 가족'의 이익만 도모하는 화폐였다. 또 소비에트 화폐는 실천 속에서 성장, 성숙한 데 반해 장제스의 화폐는 서양 이론만 맹신하다가 몰락하고 말았다. 소비에트 화폐는 정부 권력을 대변했으나 장제스의 화폐는 '4대 가족'의 개인 권력을 대변했다. 소비에트 정부가 13일 사이에 홍군 화폐를 발행했다가 다시 회수한 목적은 정부의 신용을 수호하기 위해서였다. 그러나 장제스가 9개월 사이에 금원권을 3만 4,000배 증발(增發)한 목적은 국민의 재물을 수탈하기 위해서였다.

소비에트 화폐와 국민정부 화폐의 또 다른 차이점은 화폐 발행권의 자주 독립 여부이다. 소비에트 화폐는 자주적이고 독립적으로 발행한 화폐인 반면에 장제스의 화폐는 남에게 의지해 발행한 화폐였다. 소비에트 화폐는 외국 자본의 개입을 허용하지 않았으나 장제스의 화폐는 영국, 미국, 일본 등 열강의 사냥물이 되었다. 소비에트 화폐는 외국환평형기금에 의존하지 않았으나 장제스의 화폐는 중앙은행의 권력과

외환 관리 기능을 모두 외국 자
본에 빼앗겼다. 소비에트 화폐
는 외국인 고문의 간섭을 허용
하지 않았으나 장제스의 화폐는
영국인과 미국인 위원들이 직접
심사 비준권을 행사했다.

소비에트 화폐와 국민정부
화폐의 또 한 가지 차이점은 바
로 실천과 경험을 중요시했는지

| 금원권과 달러의 환율

의 여부이다. 소비에트 화폐를 탄생시킨 장본인은 화폐와 금융 분야의
심오한 이론을 전혀 모르는 사람들이었다. 이에 반해 국민정부의 화폐
정책 제정자들은 높은 학력과 식견을 가지고 있었다. 소비에트 화폐는
유연하고 변통적인 방법으로 예금 인출 사태에 대처했다. 그러나 국민
정부 화폐는 외환 시장에서 금 사재기 열풍에 의해 완전히 무너졌다.
소비에트 화폐는 물가와 민심을 안정시키기 위해 과감하게 물가 본위
제를 채택했다. 반면 장제스의 화폐는 금, 은과 유가증권을 준비금으
로 삼아 국민들을 거듭 기만한 결과 악성 인플레이션을 초래했다.

장제스는 왜 화폐전쟁에서 패했을까?

그 이유는 장제스가 대다수 가난한 사람들의 이익을 해쳐 소수 부
자들의 이익을 도모하는 화폐 정책을 채택했기 때문이다. 그 결과 장
제스 정권과 화폐는 사람들에게 버림받을 수밖에 없었다.

제8장

인민폐의 탄생

인민폐의 역사는 화폐가 인민을 위해 복무한 역사이자 중국
이 화폐의 자주 독립을 실현한 역사인 동시에 실천 속에서 기
적을 만들어낸 역사이기도 하다.

들어가면서

항일 근거지 정부는 왜 '환남皖南 사변' 전에 화폐 발행권을 장악하지 못했을까?

물가 본위제 기반의 '북해폐北海弊' 개혁은 어떻게 성공을 거두었을까?

새로 탄생한 인민폐는 어떻게 악성 인플레이션을 잡을 수 있었을까?

중국은 왜 되도록 빨리 소련의 외채를 갚아야만 했는가?

중국공산당은 항일 전쟁 발발 후 항일 근거지에서 과감한 금융 혁신을 단행해 물자를 준비금으로 하는 화폐를 발행했다. 이 같은 물자 본위 화폐는 금, 은이나 외화 준비금이 전혀 없는 상황에서도 화폐 가치와 물가 안정을 지속적으로 유지해 전 세계를 깜짝 놀라게 했다. 당시 세계 각국은 거의 대부분 금본위제를 채택하던 시기였다. 중국공산당의 화폐 실천은 서구식 화폐 이론보다 훨씬 더 전위적이었다. 더욱 중요한 것은 직접 실천을 통해 얻은 경험과 느낌이 단순한 이론 연구와 차원이 달랐다는 점이다.

저명한 금융학자 장위옌張宇燕은 항일 근거지와 해방구의 화폐 혁신에 대해 이렇게 평가했다.

"요즘 사람들이 즐겨 얘기하는 달러화 패권, 유로화의 탄생과 유로존 확장, 금융 자유화, 화폐전쟁, 인민폐의 국제화 등의 문제들은 비록 그 규모와 복잡한 정도에서 차이가 있으나 과거에 변구邊區 정부, 특히 변구 은행장들도 똑같이 직면하고 멋지게 해결한 문제들이었다. 역사의 우연성이 참으로 놀랍지 않을 수 없다. 오늘날 화폐 금융 문제는 중국이 당면한 최대 도전 과제라고 할 수 있다. 그렇다면 수십 년 전 중국공산당이 항일 근거지에서 과감한 실천을 통해 경험을 쌓고 법칙을 이용해 과학적인 결론을 도출해 낸 한 단락의 역사가 우리에게 많은 시사점을 던져주지 않을까? 그중에서도 세뇨리지 이론 및 이와 밀접히 연관된 화폐 유통 범위 이론과 인플레이션 이론이 우리에게 시사하는 바는 더욱 크다."

인민폐의 출현은 중국 화폐의 완전한 통일을 상징했다. 중국에서 인민폐 가치가 안정을 되찾고 악성 인플레이션을 효과적으로 억제하기까지 주관적 요인과 객관적 요인이 함께 작용했다. 주관적 요인은 중국 정부가 적시에 적절한 조치를 취한 것이고, 객관적 원인은 중국 경제가 짧은 기간에 다음의 '4대 균형'을 이루었다는 것이다. 첫째, 예산 수지 균형을 이룸으로써 인플레이션의 근원을 제거했다. 둘째, 화폐 출납 균형을 이뤄내 화폐 가치를 안정시켰다. 셋째, 물자 수급 균형을 이뤄내 투기 세력을 근본적으로 차단했다. 넷째 외화 수출입 균형을 이뤄내 화폐 공황의 근원을 제거했다.

인민폐는 외화와 연동되지 않았기 때문에 외국 자본 세력이 중국 금융 시스템에 침투할 가능성은 애초부터 없었다. 인민폐는 중국이 독립적, 자주적으로 발행한 화폐이기 때문에 중국의 금융 하이 프런티어를 굳건하게 지킬 수 있었다.

변구의 '재물신'

1941년 초의 어느 겨울밤에 난한천(南漢宸) 중공 중앙 통전부(統戰部) 부부장은 연안(延安)의 양가령(楊家嶺)을 향해 바쁜 걸음을 옮기고 있었다. 그는 한 시간 전에 마오쩌둥의 긴급 소환을 받고 급히 현장으로 향하는 중이었다. 양가령 토굴집에서 새어나오는 불빛이 겨울 추위를 뚫고 그의 마음을 따뜻하게 했다.

가볍게 인사를 건넨 다음 마오쩌둥은 단도직입적으로 변구(邊區)의 어려움을 설명했다. 일본이 1940년부터 국민당에 투항을 회유하면서 국민당 정부와 팔로군(八路軍), 신4군(新四軍) 사이의 모순이 갈수록 격화되었다. 급기야 1941년 1월에는 환남 사변이 발생해 전 중국을 놀래게 만들었다.

뒤이어 장제스 정부는 변구에 대한 재정 지원을

> **환남 사변**
> 1941년에 국민당과 홍군 주력인 신4군이 교전을 벌인 사건. 당시 공산당과 국공합작 중이었던 국민당이 신4군을 장강 이북으로 철수하라는 명령을 내린 다음 습격한 사건임.

| 난한천

뚝 끊어버렸다. 더불어 변구와의 무역 거래 금지를 골자로 하는 봉쇄 및 포위 정책을 실시했다. 그는 "목화 한 근, 천 한 자도 변구에 보내서는 안 된다"라고 공언하고 다녔다. 설상가상으로 1940년부터 변구에 끊임없이 기근이 발생하여 농업 생산이 30년 만에 최대 위기를 맞이했다. 변구 재정이 파탄 지경에 이르면서 군대와 정부 요원들은 먹을 쌀, 입을 옷, 덮을 이불, 심지어 휴지도 없는 빈털터리가 되었다.

마오쩌둥이 난한천에게 말했다.

"형세가 상당히 심각하오. 장 위원장이 밥을 주지 않으니 굶을 수밖에 없는 형편이오. 그렇다고 절벽에서 뛰어내릴 수도, 뿔뿔이 흩어질 수도 없지 않소. 스스로 방법을 강구해야만 하겠소."

마오쩌둥은 변구 경제가 곤경에 빠졌을 때, 왜 가장 먼저 난한천을 떠올렸을까?

난한천은 풍부한 혁명 경력과 넓은 인맥을 자랑하는 사람이었다. 1930년대 초, 섬서(陝西)성에 큰 가뭄이 들면서 경제 위기가 발생했다. 당시 섬서성 정부 비서장을 맡았던 난한천은 양후청(楊虎城) 섬서성 주석을 도와 경제 위기를 성공적으로 타개했다. 정부의 재정 수입으로만 모든 공무원과 5만 명의 서북군(西北軍)을 먹여 살렸다. 당 중앙은 난한천의 이런 능력을 높이 평가해 섬감녕 변구 재정청장에 임명하고, 변구 군정 요원 4~5만 명의 의식주 문제를 해결하도록 했다.

섬감녕(陝甘寧)
섬서, 감숙, 영하(寧夏) 회족자치구를 일컬음.

난한천은 가장 어려운 시기에 변구의 살림을 도맡았다.

급선무는 뭐니 뭐니 해도 식량 문제 해결이었다. 군대는 밥을 먹지 않으면 싸움을 잘하기는커녕 목숨을 부지하기도 어렵다. 당시 변구의 식량난은 생각보다 훨씬 더 심각해 양식국(糧食局) 창고가 바닥을 드러낸 지 이미 오래였다. 공산당 중앙의 지도자가 연말에 양식국을 방문했을 때는 마땅히 대접할 음식이 없었을 정도였다. 창고 관리인은 할 수 없이 땅에 떨어진 쌀알을 한 알 한 알 주워 겨우 밥 한 그릇을 해서 이 지도자에게 대접했다.

난한천은 세심하고 꼼꼼한 조사를 통해 문제의 결정적인 원인을 찾아냈다.

항전 초기에는 변구에 생산에 참여하지 않는 탈산(脫産) 간부와 군대 규모가 작고 외부 지원이 많아 정부 재정이 어렵지 않았다. 정부 역시 휴양생식(休養生息) 및 주민들에게 이익을 양보하는 양이어민(讓利於民) 정책을 실시해 농민들로부터 일절 식량을 징수하지 않았다. 그러나 군정 요원과 군마의 수가 증가하면서 군량미와 마초(馬草)의 수요가 급격히 늘어났다. 그럼에도 변구 정부는 여전히 주민들에게 식량을 징수하지 않아 1941년부터 정부 재정은 곤란한 상태에 빠지게 되었다.

난한천은 변구 정부가 시종일관 주장한 양입위출 재정 정책에 문제가 있다고 판단했다. 혁명의 실제 수요에 입각하지 않고 일관적으로 인정(仁政)만 강조한다면, 송양지인과 다를 바가 없었다. 민족이 생사존망의 기로에 처한 시기에 변구 주민들도 돈이 있

양입위출(量入爲出)
수입에 맞게 지출하는 것.

송양지인(宋襄之仁)
무턱대고 양보하는 어리석은 덕. 옛날 춘추시대에 초나라 군대에 불필요한 동정을 베풀었다가 패배한 송 양공을 비꼬는 말.

으면 내고 힘이 있으면 보태야 할 것 아닌가? 정부가 주민에게 식량을 징수하는 목적은 인민을 위해 더 많은 일을 하고 역사적 사명을 완수하기 위한 것이자, 침략자를 몰아내기 위해 꼭 필요한 물질적 준비를 하는 것이다. 인정만 고집하는 단편적인 사상은 전시 상황에서 절대 통하지 않았다.

1940년 당시 변구 정부는 식량 14만 석(石)을 필요로 했다. 그러나 정부는 주민들로부터 9만 석밖에 징수하지 않았다. 결국 부족한 식량을 보충하기 위해서 궁여지책으로 주민들에게 식량을 두 번 빌리고 한 번 구매할 수밖에 없었다. 이렇게 되자 주민들은 오히려 부담을 느끼고 변구 정부에 불만을 가졌다.

난한천은 세세한 계산을 통해 다음과 같은 결론을 얻어냈다.

"변구 정부가 휴양생식 정책을 실시한 당시에는 농민들의 부담이 매우 적었다. 정부가 작년에 징수한 식량 9만 석도 그때 쌀 생산량의 6%에 불과했다. 그러나 작년 국민정부 관할 구역인 사천(四川) 농민들의 부담은 변구 농민들의 10배에 달했다. 더구나 농민들에게 여유 식량이 있는 것도 확실하다."

실제로 난한천은 정월에 농가를 방문해 보았는데, 적지 않은 집에서 물만두를 빚는 장면을 목격했다. 홍군이 섬북에 도착하기 전에 열 집에 아홉 집이 한 끼니 먹으면 다음 끼니를 걱정할 정도로 가난하던 때와 비교하면, 지금은 그야말로 하늘과 땅 차이가 나는 상황이었다.

난한천은 심사숙고 끝에 과감한 결정을 내렸다. 1941년에 공량 20만 석과 공초 2,600만 근을 징수

섬북(陝北)
섬서성 북쪽.

공량(公糧)
식량으로 내는 현물세.

공초(公草)
마초로 내는 현물세.

하고, 농민들에게 과거에 빌린 식량을 전부 상환한 다음 이듬해부터는 다시 식량을 빌리지 않겠다고 발표했다.[1]

뒤이어 재정청은 당교 학생과 직원들을 대거 동원해 각 현을 다니며 주민들이 이해하도록 설득 작업을 벌였다.

당교(黨校)
당의 간부 교육 학교.

"군대가 있어야 집과 나라를 지킬 수 있다. 군량미가 있어야 군대가 생존할 수 있다. 변구는 중국에서 가장 밝고 행복한 지역이다. 변구 인민의 행복은 공산당 군대가 만들어주고 보호해 준다. 군대는 인민을 보호해야 하고, 인민은 군대에 보급품을 지원해야 한다. 군대는 식량이 없으면 생존이 불가능하다."

난한천은 선전을 통해 변구 주민들의 이해와 지지를 얻는 데 성공했다. 주민들에게 충분한 군량미와 마초를 징수하게 되면서 변구 정부는 발등에 떨어진 불을 끌 수 있었다. 얼마 후 난한천은 토지혁명 이후 농민들의 빈부 격차가 크지 않다는 현실을 감안해 가구별 실제 수확량을 기준으로 농업 누진세를 적용했다. 수확량이 많은 집은 농업세를 많이 내고, 수확량이 적은 집은 세금을 적게 냄으로써 공평하고 합리적일 뿐 아니라 누구나 항전에 기여했다는 자부심을 갖도록 만들었다.

식량 문제는 일단 한고비를 넘겼으나 이번에는 무명 등 생필품 부족 현상이 대두됐다. 물론 외부에서 조달하는 방법이 있었지만 국민당의 봉쇄가 심해 들여오기가 쉽지 않았다. 난한천은 이리저리 대책을 고민한 끝에 변구에 있는 물자로 외부의 물건을 교환하는 무역 방식을 생각해 냈다. 그는 조사와 연구를 거쳐 섬북에 식염, 모피, 감초의 세 가지 '보물'이 있다는 사실을 알아냈다. 하지만 감초는 무게가 가벼고 체적이 커서 운송이 불편했다. 또 모피는 생산량이 적어 변구 내부의 수요를 충당하기에도 부족했다. 결국 식염이 변구의 유일한 수출 품목으로 지정되었다.

당시 섬북은 소금 생산에 매우 적합한 자연 조건을 가지고 있었다. 항전 이후 바다 소금은 일본군이 장악하여 변구 및 국민당 통치 지역으로 운송이 불가능했다. 게다가 섬북 인근의 소금 생산지에서는 생산량이 해마다 감소했다. 따라서 섬북 지역은 주요 소금 공급지로 갈수록 중요한 위치를 차지했다. 변구는 중요한 전략 물자인 소금을 확보함으로써 무역에서 우위를 점할 수 있었다.

하지만 소금 생산 기술이 낙후하고 생산량이 적었으며 운송 조건이 불리하다는 문제점도 노출되었다. 변구 재정청은 이런 문제들을 해결하기 위해 식염 생산과 운송을 전담하는 염무국(鹽務局)을 설치했다. 염무국은 소금 생산량을 늘리기 위해 군대를 창설하여 이들을 직접 소금 생산 작업에 참여시켰다. 또 군대와 주민들이 생산한 소금을 모두 합리적인 가격에 일괄 구매하고, 더불어 주민들이 소금 운송에 나서도록 격려하기 위해 소금을 운송하는 가구에는 운송비를 면제해 주고 판매 수익의 일부분을 나눠주었다.

한편 재정청은 자금을 조달해 소금 운송 도로를 정비하고 길가에 여인숙을 설립하여 소금 운송자들의 숙식과 마초 문제를 해결했다. 이런 조치에 힘입어 주민들의 적극적인 참여를 이끌어낼 수 있었다. 어떤 이들은 돈을 벌기 위해 설날에도 쉬지 않고 소금을 운반했다.

변구에서 소금이 끊임없이 흘러나오자 국민당은 처음에 소금 무역을 차단했다. 그러나 아무리 해도 막을 방법이 없자 개별적으로 운송자들을 꼬드겨 서로 가격 경쟁을 벌이도록 부추겼다. 염무국은 국민당의 이 같은 음모에 맞서 운송자들에게 소금을 일괄 수매하여 적당한 기회에 다시 일괄 판매하는 전략으로 대처했다.

얼마 후 주변의 소금 생산지가 일본군에게 점령당했다는 소식을 들은 염무국은 즉각 소금 가격을 두 배 인상했다. 국민당 당국은 처음에는 한사코 버티면서 소금을 구매하지 않았다. 그러나 얼마 안 지나 변구 염무국은 국민당 당국의 소금 창고가 곧 바닥을 드러낼 것이라는 정확한 정보를 입수하고 침착하게 때를 기다렸다. 결국 20여 일 후 옌시산(閻錫山) 장군이 먼저 사람을 파견해 소금 구매 의사를 밝혔다. 또 며칠 후에는 서안(西安)의 후쭝난(胡宗南) 부대에서도 참지 못하고 사람을 보내왔다.

이렇게 해서 변구 정부의 소금 무역 전략은 멋지게 성공을 거둬 국민당의 경제 봉쇄를 타개하고 변구에 충분한 물자를 공급했다.

난한천은 변구와 국민당 통치 지역 사이의 무역을 활성화하기 위해 서안의 암흑가를 찾아가기도 했다. 난한천은 과거에 군중을 동원하기 위해 온갖 부류의 사람을 만난 관계로 암흑가에서도 꽤 이름이 알려졌다. 난한천이 서안에 나타나자 현지 암흑가 우두머리들은 그를 형님으로 깍듯이 모셨다. 그는 이들의 도움으로 후쭝난 부대 휘하의 암흑가 조직원들을 동원해 변구의 특산물을 시안에 내다판 뒤 그 돈으로 의약품, 천 등 생필품을 구매해 변구로 보냈다. 이 방법으로 변구는 발등에 떨어진 불을 끌 수 있었다.

난한천은 전략 물자를 확보하고 무역 루트를 개척한 것 외에 변구 은행의 주리즈(朱理治) 은행장과 함께 독립적인 화폐 발행 방안을 모색했다. 화폐 발행권을 장악하고 자체 화폐를 발행함으로써 무역과 경제 발전을 추진하고 정부의 재정난을 해소하려는 의도였다.

1941년에 변구의 재정 적자는 500만 위안을 초과했다. 그러나 1년 여의 노력을 거쳐 1942년에는 1,000만 위안의 흑자를 기록했다. 난한천은 높은 학력도, 경제학 방면의 전문 지식도 없었으나 실천에서 쌓은 경험과 실제 조사, 연구를 바탕으로 변구 경제를 성공적으로 살려내는 기적을 창조했다.

변구 화폐의 힘겨운 부활

"후방에서 펼쳐진 경제 전쟁의 치열함은 전선에서의 군사 전쟁에 결코 뒤지지 않았다. 우리는 화폐 정책을 생산 발전 및 항전의 중요한 무기로 활용했다."[2]

_덩샤오핑(鄧小平)

1939년 봄, 섬감녕 변구 정부의 린보취(林伯渠) 주석은 국민정부 행정원장 겸 재정부장인 쿵샹시로부터 편지 한 통을 받았다. 변구 정부가 액면가 1위안짜리 보조 화폐와 광화(光華) 상점의 쿠폰을 발행하고 유통을 강행한 데 대해 추궁하는 내용이었다.

린보취는 이렇게 답장을 보냈다.

"섬감녕 변구에서는 법폐의 신용이 상당히 높아 원활하게 유통되고 있습니다. 다만 소액 거래에 필요한 보조 화폐가 매우 부족해 물가 상승에 보조를 맞추지 못하고 서민 생활에 불편을 초래하고 있습니다. 그래서 현지 상인 연합회와 농민 협회가 변구 정부에 광화 상점에서 2전, 5전, 10전짜리 쿠폰을 발행하도록 허가해 달라고 요청해 왔습니다. 주민들의 편의를 위해 임시방편으로 마련한 대책이라 쿠폰 유통 범위를 섬감녕 변구 경내로 제한했습니다. 충분한 준비금을 기반으로 쿠폰을 발행해 인민들의 높은 신임을 산 것이지, 무력을 동원해 강제로 유통시켰다는 말은 전혀 근거 없는 낭설입니다. 귀하께서 하신 말씀은 사실에 부합되지 않습니다."[3]

당시 변구에서는 국민정부가 발행한 법폐를 법정 통화로 사용했다. 린보취의 말대로 변구에서 법폐는 신용이 매우 높아 유통에 전혀 문제가 없었다. 변구 정부는 다만 주민들의 편의를 위해 액면가 1위안이나 그 미만인 소액권 보조 화폐 및 광화 상점 쿠폰을 발행했을 뿐이다. 또 이 보조 화폐와 쿠폰을 변구에서 강제로 사용하도록 하거나 국민당 통치 지역까지 유통시킨 일도 없었다. 그런데 왜 국민정부의 재정부장이 그토록 노발대발한 것일까?

국민당은 서안 사변 이후 대일 결사 항전을 주장하는 전 국민의 압력에 못 이겨 공산당과 항일 민족통일전선을 결성했다. 공산당의 노동자 농민 민주정부는 섬감녕 변구 정부로 정식 개명하고 국민당 관할 하의 특구(特區) 정부가 되었다. 홍군 역시 국민혁명군의 일부분인 팔로군으로 재편성되면서 국민당 정부로부터 급여와 보급품을 지급받았다.

국민당 입장에서는 자신들의 돈으로 철천지원수인 홍군을 지원했으니 이만저만 밑지는 장사가 아니었다. 가만히 앉아서 손해를 볼 수 없었던 국민당은 변구의 금융 시스템 장악을 최종 목표로 삼았다.

당시 국민당과 공산당 양당이 변구에서 은행을 설립할 수 없다는 협의를 체결함에 따라, 국민당이 발행한 법폐는 변구의 유일한 법정 통화가 되었다. 변구 은행은 대외 업무를 취급하지 못하고 다만 정부의 출납 역할을 하며, 국민당이 팔로군에게 지급하는 급여와 보급품을 분배하고 법폐의 원활한 유통을 보호했다.

이처럼 변구 정부는 화폐 발행권을 상실한 상태에 있었다.

화폐 발행권이 없는 정부는 조혈 기능을 상실한 사람과 똑같다. 조혈 기능을 상실한 사람이 다른 사람의 피를 수혈해야만 신체 기관이 정상적인 기능을 유지할 수 있듯, 화폐 발행권이 없는 정부 역시 남의 지원을 받아야 정상적인 운영이 가능하다. 따라서 국민당은 수시로 화폐 공급을 중단해 변구 경제를 위기에 빠뜨릴 수 있었다.

금융에 일가견이 있는 쿵샹시가 이를 모를 리 없었다. 국민당이 변구에 공급한 화폐는 모두 액면가 1위안 이상의 본위화폐뿐이었다. 당시 중경에서는 법폐 3위안으로 근사한 술상을 차릴 수 있었으니, 서민들이 일상생활에 법폐를 사용하기에는 액면가가 너무 커 대단히 불편했다.

변구 주민들은 어쩔 수 없이 보조 화폐 대용으로 우표를 사용했다. 이 문제에 대해 변구 정부는 국민당 정부와 여러 차례 교섭을 벌였으나 끝내 합의점을 찾지 못했다. 결국 변구 정부는 궁여지책으로 1938년 6월부터 변구 은행 산하의 합작사인 '광화 상점' 명의로 보조 화폐와 쿠폰을 발행했던 것이다.

쿵샹시를 화나고 두렵게 만든 것은 변구에서 발행한 소액권 때문이 아니라 변구 정부가 몰래 자체 화폐를 발행했다는 사실이다. 이는 변구 정부가 국민당의 법폐를 무시하고 독립적인 화폐 발행권을 가지려는 시도가 아니고 무엇이겠는가. 쿵샹시는 국민정부가 과거 중국의 화폐를 통일하기 위해 각지에 할거한 군벌들과 얼마나 힘들게 경제 전쟁을 치렀는지 잘 알고 있었다. 그래서 공산당이 독립적으로 화폐를 발행하려는 조짐이 보이면 무슨 수를 써서라도 즉시 막아야만 했다.

쿵샹시의 매서운 질타에 린보취는 이치에 맞게 회답했다. 게다가 국민당 관할 구역의 각 성 은행들도 이미 소액 보조 화폐를 발행한 사실이 있었다. 쿵샹시는 결국 변구 정부를 엄벌에 처하지 못하고 '광화 상점 보조 화폐' 사건은 흐지부지 지나갔다.

중경 정부에서 발행한 법폐는 1935~1939년까지 가치가 상대적으로 안정되었고, 인플레이션율도 아주 미미했다. 그러나 지속되는 전쟁으로 인해 물자 소모가 극심한 데다 외국의 원조마저 줄어들면서 중경 정부의 재정 적자는 대폭 증가했다. 중경 정부는 재정 적자를 메우기 위해 급기야 양적 완화 정책을 들먹이면서 법폐를 마구 찍어냈다. 그 결과 법폐 가치가 급락하고 인플레이션이 기승을 부렸다.

국민당 정부는 환남 사변 이후로 변구에 대한 재정 지원을 끊어버리고 전 방위적인 경제 봉쇄를 단행했다. 나중에는 국민당 통치 지역의 인플레이션을 전가하기 위해 가치가 급락하고 있는 법폐로 변구의 식량과 특산물을 대량으로 사재기해 연안에서도 물가가 폭등하기 시작했다. 원래 한 갑에 0.1위안 하던 담배 가격이 100~300위안으로 치솟았고, 성냥 가격 역시 한 갑에 0.05위안에서 50~100위안으로 폭등했다. 치솟는 물가에 주민들의 원성이 자자해지고 경제와 무역이 활기를 잃으며 화폐 문제는 갈수록 심각해졌다.

섬감녕 은행의 변폐

이에 난한천은 변구에서 법폐 유통을 금지시킨 데 이어 변구 정부가 화폐 발행권과 무역 가격 결정권을 장악하고 변구 은행이 화폐를 발행하는 방안을 내놓았다. 그러나 그의 방안은 당내에서 커다란 논란을 일으켰다. 일부 인사는 변구에 물자 부족이 심각한 상황에서 변폐(邊幣)까지 발행할 경우 물가 상승을 부추겨 인플레이션이 더 심해질 것을 우려했다. 양측이 자신의 의견을 고집하며 팽팽히 맞서고 있을 때, 런비스(任弼時) 중앙 서기처 서기가 당 중앙을 대표해 난한천의 제안에 찬성표를 던졌다. 런비스는 이렇게 주장했다.

"인플레이션은 잠시의 어려움일 뿐입니다. 법폐가 변구에서 제멋대로 유통되도록 내버려두는 것이 장래에 더 큰 화근이 될 것입니다."

공산당 고위층이 당시 금융 정세에 대해 쿵샹시 못지않은 전략적 안목을 가졌음을 보여주는 대목이다.

변구는 자체 화폐 발행을 계기로 조혈 기능을 회복했다. 또 법폐 유통을 금지시켜 변폐의 원활한 유통을 보증했다. 변폐는 이후 법폐를 점차 배척함으로써 유통 범위를 끊임없이 확대했다.

1941년 3월에 주리즈가 변구 은행장으로 부임했다. 그는 청화(淸華) 대학 경제학과에서 2년간 공부한 엘리트답게 반복적인 조사와 연구를 거쳐 다음과 같은 몇 가지 사실을 발견했다.

"변구는 경제가 낙후한 지역에 위치한 데다 과거에 국민당 정부의 재정 지원과 외부 원조에만 의존하고 자체 경제를 적극적으로 발전시

키지 않아 세수입이 매우 적었다. 따라서 짧은 시
간 내에 세수를 대폭 늘리는 방법으로 재정 적자
를 메우기는 불가능하다. 유일한 방법은 신용 화
폐를 발행해 재정 위기를 극복하고 생산을 확대하
는 것이다."

| 주리즈

변폐를 발행하고 법폐를 폐지하면 회수한 법폐
로 국민당 통치 지역에서 물자를 구매할 수 있어
일석이조의 효과를 얻을 수 있었다. 이렇게 하면
변구의 통화팽창 압력을 줄일 수 있을 뿐만 아니
라 국민당 통치 지역에서 수입한 물자를 풀어 변구의 물가 상승을 억
제할 수 있었다. 변구 정부가 화폐 발행권을 장악하면 국민당과의 화
폐전쟁에서 더 이상 수세에 몰릴 이유가 없었다.

그러나 변폐 발행에도 난제가 존재했다. 경제 발전을 자극하면서도
인플레이션을 부추기지 않을 정도의 적절한 화폐 발행량을 결정하는
것이 관건이었다. 통화량과 물가의 관계에 대해 그는 다음과 같은 인
식을 가졌다.

"상품의 유통량이 변하지 않는다고 가정하면 통화량이 증가할수록
물가도 따라서 상승한다. 같은 이치로 시중의 통화량이 변하지 않는다
고 가정하면 상품의 유통량이 감소할수록 물가는 따라서 상승한다."[4]

이에 주리즈는 두 가지 방법을 병행해 인플레이션 문제를 해결하기
로 했다. 먼저 공업, 농업, 운수업에 대한 대출 규모를 늘려 생산을 발
전시키고, 다른 한편으로는 화폐 발행량을 줄이고 신용을 높여 인플레
이션을 유발하지 않게 하는 방법이었다.[5]

이렇게 해서 변구 정부는 통화량을 충족시키고 경제 발전을 지원한다는 전제 아래 화폐 가치 안정을 주목적으로 하는 적당히 긴축적인 통화 정책을 실시했다.

1941~1942년 사이에 변구 은행은 정부의 재정 차관 비율을 11%로 낮추고, 상업 무역 및 생산 건설 분야에 대한 대출을 그만큼 늘렸다. 식염 수출 지원 대출만 1,000만 위안에 달할 정도였다. 더불어 예금을 유치하고 정부의 비축 소금을 판매해 시중의 화폐를 회수하는 방법으로 통화량을 줄이고 인플레이션을 억제했다.

변폐의 안정과 신용은 변구의 대외 무역을 떠나서는 불가능했다. 또 무역의 증감 여부는 법폐와 변폐 간의 환율과 매우 밀접하게 연관돼 있었다.

변구 은행 설립 초기에 변폐의 신용이 낮고 유통 범위가 좁아 정부가 직접 변폐와 법폐 간 환율에 개입했다. 이로써 외화 암시장의 출현이 불가피해졌다. 주리즈는 단순한 행정적 수단으로는 외화 암시장을 근절할 수 없다고 판단했다.

"지금과 같은 외환 정책 아래에서는 법폐가 은행에 들어가기만 하고 나오지 않는다. 따라서 외화 암시장의 출현을 절대 막을 수 없다."[6]

주리즈는 문제의 본질을 정확하게 꿰뚫었다. 갓 출범한 변폐는 법폐와 공존할 수밖에 없고, 짧은 기간 내에 시중의 법폐를 전부 회수하는 것도 불가능했으므로 변폐와 법폐 간 교환이 불가피했다. 이런 상황에서는 행정적 수단보다 시장의 힘을 빌리는 편이 훨씬 더 효과적이었다.

주리즈는 법폐와 변폐 간 거래를 규범화하기 위한 방안으로 화폐 교환소 설립을 제안했다. 1941년 변구 정부는 화폐 교환소를 설립해 변폐와 법폐를 자유롭게 거래, 교환하도록 했다. 변구 은행이 시장의 수급 상황에 따라 변폐와 법폐 간 적정 교환 비율을 제시하고 시공간 (時空間)에서의 수요와 공급을 조절했다. 그의 생각은 적중했다. 이 방법으로 암시장이 사라지고 변폐 가치가 안정돼 금융과 무역이 활기를 띠었다.

화폐 교환소 설립에 힘입어 변폐와 법폐 간 거래가 매우 편리해지고 변구의 대외 무역, 특히 그중에서도 식염과 특산물 수출이 크게 증가했다. 동시에 변폐와 법폐 간 환율 안정에도 크게 기여하고, 변구 은행이 화폐 교환소를 통해 화폐 투기 세력에 타격을 가할 수 있었다. 변폐 가치가 안정적인 가운데 점차 상승세를 나타내면서 화폐 신용도 크게 높아졌다. 마침내 변폐를 보유하고 사용하려는 사람들이 갈수록 늘어나면서 유통 범위가 대폭 확대되고 법폐와의 화폐전쟁에서도 점차 기선을 제압하기 시작했다.

화폐 발행량 통제, 경제 발전 추진 및 물자 공급 보장 등 일련의 조치를 실시한 결과, 1년 반이 지난 1942년 하반기부터 물가 상승 속도가 화폐 증발 속도보다 느려지고 변폐 가치도 서서히 상승하기 시작했다. 변폐와 법폐 간 교환 비율은 7월에 325 대 100이었으나 12월에는 209 대 100으로 상승했다. 변구 정부는 물가와 화폐 가치 안정에 만족스러운 성과를 거뒀다. 변폐 역시 변구의 주요 통화 위치를 굳건하게 지켜냈다.

저명한 금융학자 장위옌은 반세기 전 섬감녕 변구에서 실시한 화폐 정책의 성과에 대해 이렇게 평가했다.

"요즘 사람들이 즐겨 얘기하는 달러화 패권, 유로화의 탄생과 유로 존 확장, 금융 자유화, 화폐전쟁, 인민폐의 국제화 등의 문제들은 비록 그 규모와 복잡한 정도에서 차이가 있으나 과거에 변구 정부, 특히 변구 은행장들도 똑같이 직면하고 멋지게 해결한 문제들이었다. 역사의 우연성이 참으로 놀랍지 않을 수 없다. 오늘날 화폐 금융 문제는 중국이 당면한 최대 도전 과제라고 할 수 있다. 그렇다면 수십 년 전 중국 공산당이 항일 근거지에서 과감한 실천을 통해 경험을 쌓고 법칙을 이용해 과학적인 결론을 도출해 낸 한 단락의 역사가 우리에게 많은 시사점을 던져주지 않을까? 그중에서도 세뇨리지 이론 및 이와 밀접히 연관된 화폐 유통 범위 이론과 인플레이션 이론이 우리에게 시사하는 바는 더욱 크다."[7]

똑같은 화폐전쟁이 2년 뒤 산동의 근거지에서 다시 벌어졌다.

산동 근거지, 물가 본위의
북해폐를 발행하다

항일 전쟁 승리 후인 1945년 8월에 한 미국 기자가 산동 근거지에서 팔로군 간부와 인터뷰를 가졌다.

> 미국 기자: 산동 근거지 화폐는 금, 은이나 외화를 준비금으로 하지 않고 어떻게 화폐 가치와 물가를 안정시킬 수 있었는가? 이는 정말 믿기 어려운 기적이다.

팔로군 간부: 우리 화폐는 '물자 본위' 화폐이다. 우리는 40%의 황금과 50%의 물자를 준비금으로 삼았다.

(미국 기자는 이해할 수 없다는 표정으로 상대방을 바라봤다.)

팔로군 간부: 예를 들어 화폐 1만 위안을 발행한다면 우리는 그중 5,000위안으로 식량, 목화, 무명, 땅콩 등 주요 물자를 구매, 비축했다. 물가가 상승할 경우에는 이 물자들을 풀어 시중의 화폐를 회수하고 물가 상승을 억제했다. 반대로 물가가 하락할 때에는 화폐를 증발해 시중의 물자를 매입했다. 우리가 준비금으로 삼은 이 생필품이야말로 먹을 수도, 입을 수도 없는 금이나 은보다 훨씬 낫다.

(미국 기자는 한편으로는 필기하면서 다른 한편으로는 깊은 생각에 잠겼다.)

팔로군 간부: 지폐 본위제가 확립되면 통화량(화폐 유통량)이 화폐 가치를 결정한다. 다른 조건이 변하지 않고 통화량이 10배 증가하면 물가도 똑같이 10배 상승한다. 법폐와 위폐 가치가 폭락한 이유는 통화량이 급증했기 때문이다. 우리가 상대적으로 물가를 안정시킬 수 있었던 건 통화량을 적절히 조정했기 때문이다.

미국 기자: 참으로 흥미로운 이론이다. 좀 더 자세하게 설명해 달라.

(미국 기자는 팔로군 간부의 설명을 장장 4시간이나 듣고 나서 겨우 이 이치를 이해했다.)

미국 기자: 미국에서도 이와 같은 물자 본위제를 실시할 수 있는가?

팔로군 간부: 미국은 세계 황금의 3분의 2를 보유하고 있기 때문에 금본위제가 가장 적합하다.[8]

이 팔로군 간부는 이때 30년 뒤 미국 역시 어쩔 수 없이 금본위제를 폐지하고 통화량 조절을 통해 물가를 안정시키는 방법을 택할 줄 상상도 하지 못했다. 이 이후로 프리드먼의 통화주의 학설은 서구의 주류 이론으로 자리 잡았다. 같은 맥락이지만 프리드먼의 통화주의 이론은 산동 근거지의 화폐 실천보다 몇 십 년 늦게 나타났다. 팔로군 간부가 미국 기자와 인터뷰할 당시 프리드먼은 대학교에서 박사 과정을 밟고 있는 철두철미한 케인스주의자로 체계적인 화폐 이론을 형성하지 못했다.

중국공산당의 화폐 실천은 서구식 화폐 이론보다 훨씬 더 전위적이었다. 더욱 중요한 것은 직접 실천을 통해 얻은 경험과 느낌이 단순한 이론 연구를 통해 얻는 것과 차원이 다르다는 사실이다. 예컨대 MBA 교수가 기업 경영과 관련해 아무리 유식하고 장황한 이론을 늘어놓는다 해도, 왕융칭이나 리카싱 같은 기업인의 실천 경험과 절대 비교할 수 없는 것과 같은 논리이다.

중국은 개혁개방 이후 한동안 서구 화폐 이론을 맹신하고 중국 고유의 화폐 실천 경험과 위대한 성

왕융칭(王永慶)
대만플라스틱 그룹의 창립자로 대만에서 '경영의 신'으로 불림.

리카싱(李嘉誠)
청쿵 그룹 회장으로 아시아 최고 갑부임.

과를 우습게 여기는 사조가 유행했다. '실천은 진리를 검증하는 유일한 기준'이라는 최고의 원칙을 위배했으니 참으로 애석한 일이 아닐 수 없다. 중국이 미국식 화폐 사상을 도입한 이후 인민폐의 실질 구매력은 대폭 감소했다. 연 수입이 1만 위안 이상 되는 가정은 1980년대에 갑부로 불렸으나 30년이 지난 지금은 빈곤층으로 불리고 있다.

사실 위의 미국 기자의 진짜 신분은 경제학자였다. 또 인터뷰에 응한 팔로군 간부는 쉐무차오(薛暮橋)였다. 그는 초등학교 졸업이 학력의 전부였으나 상해 감옥에 수감돼 있을 때 독학으로 대학생 못지않은 지

식을 쌓았다. 그는 산동 근거지 공상국(工商局) 국장을 맡아 화폐 정책을 주관했으며, 신 중국의 화폐 제도를 정립한 사람 중 한 명이기도 하다.

| 북해폐

그렇다면 쉐무차오가 발행한 화폐가 얼마나 대단했기에 미국의 경제학자가 천릿길도 마다않고 찾아와 화폐의 비밀을 캐려 했을까?

산동 근거지에서는 1938년부터 법폐의 보조 화폐로 북해폐(北海幣)를 발행했다. 그러나 화폐 발행 경험이 부족했던 탓에 북해폐는 처음에 법폐보다 신용이 매우 낮았다.

당시 법폐는 파운드화 및 달러화와 연동돼 있어서 어느 정권의 통치 지역에서나 높은 신용을 자랑했다. 산동 근거지는 현지 화폐 안정을 위해 대량의 법폐를 비축해 두었고, 일본 괴뢰 정권 역시 위폐로 법폐를 태환해 외화나 물자를 구매했다.

태평양전쟁 발발 후 일본이 중국에 있는 영국계 및 미국계 금융기관을 모두 몰수하면서 더 이상 법폐로 외화를 취득할 수 없었다. 그들은 방법을 바꿔 일본 괴뢰 정권 통치 지역 내의 수십억 위안에 달하는 법폐를 모두 국민당 통치 지역과 항일 근거지에 넘기고 물자를 사재기했다. 이렇게 해서 1942년 한 해에만 산동 근거지에 수억 위안의 법폐가 흘러들었다. 한편 물자가 대량으로 적의 점령 지역에 유출되고, 근거지의 법폐 유통량이 시장 수요를 훨씬 초과하면서 법폐 구매력이 대폭 감소했다. 법폐와 연결된 북해폐 가치도 빠른 속도로 하락해 인플레이션이 걷잡을 수 없이 심화되었다.

이는 오늘날 달러화가 중국에 과잉 공급되면서 중국의 자원, 원자재와 중국산 제품이 대량으로 미국에 유출되는 것과 같은 이치이다. 또 인민폐가 과잉 발행되면서 구매력 감소, 물가 상승을 유발한 것도 같은 맥락으로 볼 수 있다.

중국은 전통적으로 민이식위천을 신봉하는 나라이다. 그런데 심각한 인플레이션의 결과로 1943년 중국의 곡물 가격은 1941년보다 무려 25배나 폭등했다.

민이식위천(民以食爲天)
백성은 먹는 것을 하늘로 삼는다는 뜻.

상황이 급박하게 돌아가던 1943년 초에 쉐무차오는 산동 근거지를 경유해 연안으로 가던 도중 공교롭게도 근거지 지도자에게 억류당했다. 그는 하는 수 없이 산동 근거지 정부를 도와 적들과 화폐전쟁을 치렀다.

당시 화폐와 물가의 관계에 대해 잘 몰랐던 산동 근거지 정부는 법폐와 북해폐만 유통을 허가하고 일본 괴뢰 정권의 위폐 유통을 금지시켰다. 피점령 지역의 암시장에서는 위폐 가격이 법폐보다 높았고, 근거지에서는 법폐 가격이 북해폐보다 높았다. 즉 위폐의 가치가 가장 높았고 그다음이 법폐였으며 북해폐 가치는 가장 낮았다. 산동 근거지 정부는 북해폐와 법폐의 교환 비율을 1 대 2로 정하고 행정적 수단으로 법폐 가치를 평가절하하려고 했으나 효과가 매우 미미했다.

쉐무차오는 대대적인 조사와 연구 끝에 북해폐의 가치와 물가를 안정시킬 수 있는 유일한 방법은 법폐를 몰아내고 북해폐만 유통시키는 것이라는 입장을 정리했다. 구체적으로는 북해폐로 법폐를 태환하고,

회수한 법폐로 적의 점령 지구에서 물자를 사재기한 다음 비축한 물자로 북해폐의 통화량을 조절해 북해폐의 가치와 물가를 안정시키는 방법이었다. 근거지 정부는 물가가 상승할 때 미리 비축해 둔 물자를 풀어 시중의 화폐를 회수하고 물가를 떨어뜨렸다.

이 방법은 과연 효과가 있었다. 법폐를 몰아내자 물가가 하락하기 시작했다. 그러자 또 다른 문제가 생겼다. 북해폐 발행량이 시중의 통화량 수요를 따라잡지 못하다 보니 물가가 지나치게 빠른 속도로 하락한 것이다. 이때는 화폐를 증발해 물가를 안정시켜야 했지만 경험이 부족한 근거지 정부는 오히려 물자를 풀어 시중의 화폐를 회수함으로써 물가 하락을 부추겼다. 엎친 데 덮친 격으로 마침 농산물 출하 계절이 돌아오면서 농민들이 헐값에 농산물을 마구 처분해 물가가 더 심하게 폭락했다. 근거지 공상국은 즉시 화폐를 증발하기로 결정했다. 그러나 근거지 은행의 지폐 인쇄 능력이 부족한 탓에 그만 농산물 최적 매입 시기를 놓쳐버리고 말았다.

이 세 가지 요인이 겹친 결과 근거지 물가는 법폐 유통을 갓 금지시켰을 때보다 절반이나 하락했다. 이어 이듬해 보릿고개 때에는 정부의 농산물 비축량이 부족해 시중의 과잉 통화량을 흡수하지 못하다 보니 물가가 갑자기 폭등하기 시작했다.

쉐무차오는 산동 근거지가 농촌에 있는 관계로 계절별 화폐 발행량이 물가와 밀접한 연관이 있다는 객관적 법칙을 발견했다. 즉 가을과 겨울에 화폐를 증발해 농산물을 대량 구매했다가 봄철에 그 농산물을 팔아 화폐를 흡수해야 1년 내내 물가 안정을 유지할 수 있었다. 물가 안정은 화폐의 신용을 상징하는 것이자 화폐 제도의 성공 여부를 가늠하는 척도였다. 쉬무차오를 비롯한 산동 근거지 지도자들은 이 같은 경험 속에서 물자를 준비금으로 화폐를 발행하는 금융 혁신을 이뤄냈다.

쉬무차오는 훗날 회고록에서 당시 상황을 이렇게 회상했다.

"은행이 발행한 화폐 중 절반을 새로 설립한 공상국에 지급하게 했다. 공상국은 이 돈으로 각종 농산물을 구매하고 시중의 물자 이동량을 수시로 조정함으로써 물가 안정 효과를 거둘 수 있었다. 항일 근거지에서 발행한 화폐는 금, 은 및 외화가 아닌 물자를 준비금으로 삼았다. 공상국은 물가의 등락에 따라 수시로 물동량과 화폐 유통량을 조절함으로써 화폐 가치와 물가를 안정시켰다. 당시 자본주의 국가에서는 모두 금본위제를 실시하고 있어서 산동 근거지에서는 인플레이션이 발생할 염려가 없었다. 우리가 실천 과정에서 얻어낸 화폐 이론은 아마 화폐 학설 역사상 새로운 발견일 것이다."[9]

근거지 정부는 이 화폐 제도를 '물가 본위제'라고 불렀다. 쉬무차오는 물가 본위제에 대해 이렇게 설명했다.

"산동 근거지의 화폐는 금, 은과 연결되지 않았을뿐더러 법폐나 위폐와도 연결되지 않았다. 우리의 화폐는 물가와 연결됐다. 북해폐의 가치를 결정하는 기준은 물가지수였다(모종 상품의 가격 지수가 아닌, 각종 주요 물자의 가격 총지수를 가리킴)."[10]

산동 근거지는 법폐를 몰아내고 물가를 안정시킴으로써 적과의 화폐전쟁에서 기선을 제압했다. 그런 다음 후속 목표로 무역전쟁을 개시했다. 물론 이번 무역전쟁도 근거지 공상국이 진두지휘했다.

전략 물자와 무역전쟁

난한천은 섬감녕 변구에서 무역전쟁을 치를 때 소금을 전략적 무기로 활용했다. 이처럼 산동 근거지 공상국 역시 바다 소금과 땅콩기름을 전략적 무기로 삼았다. 이 두 가지는 근거지에는 풍부하지만 적의 점령 지역에서는 시급히 필요로 하는 중요한 전략 물자였다.

과거에는 정부에 바다 소금을 전담 관리하는 기구가 없었다. 그래서 소금 장수들이 중간에서 거간 역할을 하며 생산자와 소비자를 착취한 데다 정부의 높은 염세 때문에 제염업자들의 탈세와 세금 거부를 야기했다. 그러나 근거지 공상국이 바다 소금을 독점 판매한 다음부터는 공상국 산하의 소금가게가 소금을 일괄 수매하여 소금 장수들은 더 이상 중간에서 차액을 챙길 수 없었다. 공상국은 또 염세를 낮추고 백성들의 소금 생산과 운송을 적극 장려해 제염업자들의 합리적인 수입을 보장했다.

또한 공상국은 소금 판매 가격을 정할 때 매우 기발한 전략을 사용하기도 했다. 적의 점령 지역과 가까운 곳일수록 소금 가격을 높게 책정해, 적의 점령 지역과 인접한 곳의 소금 가격은 다른 지역보다 50%나 더 높았다. 이처럼 산동 근거지는 지역별로 가격 차이를 두는 방법으로 주민들의 일상생활에 부담을 주지 않으면서 근거지 재정 수입을 최대한 늘릴 수 있었다.

땅콩기름은 상해 시장의 필수품이었다. 공상국은 땅콩기름을 일괄 수매한 다음 개인 상인의 신분으로 상해에 가져다 팔았다. 판매 수익으로는 근거지에 필요한 지폐 인쇄용지와 기자재 등 공산품과 군수품을 구매했다. 상해에 주둔한 일본군은 땅콩기름의 출처를 잘 알고 있었지만 시장 수요 때문에 눈감아줄 수밖에 없었다.

근거지 공상국의 무역 정책과 전략 물자의 독점 경영 정책에 힘입어 근거지의 대외수출이 큰 폭으로 증가해 근거지에 시급히 필요한 각종 상품을 적기에 조달할 수 있었다. 이는 공상국이 북해폐의 가치와 근거지 물가를 안정시키고 적과의 화폐전쟁에서 기선을 제압하는 데 긍정적으로 작용했다.

전략 물자를 장악한 자가 무역 거래의 결제 통화를 결정하는 법이다. 근거지 정부는 법폐 가치가 안정됐을 때에는 법폐를, 법폐 가치가 하락한 다음에는 위폐를 결제 통화로 사용했다. 위폐 가치가 하락하자 이번에는 북해폐를 즉각 결제 통화로 지정했다. 따라서 적의 점령 지역에 있는 상인들도 일정액의 북해폐를 보유해야만 했다. 나중에는 상인들도 북해폐 가치가 상대적으로 안정적이라는 사실을 알고 기꺼이 북해폐를 보유했다. 산동 근거지에서 발행한 북해폐는 이렇게 적의 점령 지역에서 뿌리를 내렸다.

또한 산동 근거지 정부는 북해폐가 적의 점령 지역에서 일종의 외환 보유고 역할을 하는 걸 보고 적의 점령 지역의 자원을 원하는 대로 조종할 수 있게 되었다. 이것이 바로 형태만 다른 '세뇨리지' 수익이었다. 이는 미국이 세뇨리지 수익을 얻기 위해 적극적으로 나서서 달러화를 세계 기축 통화로 만든 것과 같은 맥락으로 볼 수 있다.

만약 앞 세대의 화폐 전문가들이 지금까지 건재했다면, 조금도 주저하지 않고 중국의 핵심 전략 물자(예컨대 희토류 자원 등)를 이용해 멋진 금융 전략을 펼치지 않았을까? 또 중국의 희토류 자원을 수입하는 국가에 반드시 인민폐를 결제 통화로 사용해야 한다는 전제조건을 붙임으로써 인민폐의 국제화를 가속화했을지도 모른다.

산동 근거지는 먼저 법폐를 몰아내고 물자를 보호하는 방어전을 펼쳤다. 그러다가 북해폐의 유통 범위를 확대하고 피점령 지역의 물자를 매점하는 공격전으로 방향을 바꿔 적과의 화폐전쟁 능력을 크게 향상시켰다. 이 방법으로 근거지 재정 수입을 크게 늘린 결과, 산동 근거지는 각 해방구 중에 가장 부유한 지역이 되었다. 이로써 항일 전쟁과 해방 전쟁 승리에 필요한 물질적 토대를 제공할 수 있었다.

해방 전쟁 초기에 열린 한 재정사업 회의에서 보이보(薄一波)는 쉐무차오에게 이렇게 말한 바 있다.

"국민당이 70만 대군을 파견해 산동 근거지를 집중 공격할 계획이랍니다. 이에 신4군도 주력부대를 산동에 보낸다고 하니 재정 부담이 커지지 않을까 우려됩니다."

그렇다면 산동 근거지는 얼마나 많은 탈산 군정 요원들을 수용할 수 있었을까? 보이보가 대략적으로 계산해 보고 70만 명 정도일 것이라고 추산했다. 쉐무차오는 빙그레 웃으면서 90만 명이라고 대답했다. 산동 근거지의 재정 능력이 그토록 막강한 줄 미처 몰랐던 보이보는 깜짝 놀라며 감탄했다.[11]

쉐무차오가 산동 근거지에서 실천을 통해 쌓은 화폐 발행과 관련한 소중한 경험들은 몇 년 후 금, 은과 독립된 인민폐를 발행하는 데 중요한 참고가 되었다.

중국공산당은 1948년부터 인민폐 발행과 관련한 논의를 시작했다. 그러나 당시 쉐무차오의 독립 자주적인 화폐 발행 주장은 많은 사람들의 의문을 샀다. 연안에서 온 많은 경제학자들은 이렇게 주장했다.

"근거지에는 금, 은 등의 준비금이 없습니다. 더구나 달러화, 파운드화와 같은 강세 화폐의 지원도 거의 받을 수 없는 상황입니다. 이런 상황에서 법폐와의 연결 고리마저 끊긴다면 아마 물가를 안정시킬 수 없을 것입니다."

그러나 쉐무차오의 생각은 달랐다. 그는 산동 근거지에서의 경험을 통해 화폐의 구매력이 화폐 가치를 결정한다는 사실을 입증했다. 더욱 중요한 것은 만약 근거지 화폐가 금, 은이나 외화와 연계됐다면, 근거지 경제는 적의 통제를 받을 가능성이 더 컸다는 사실이다. 그래서 그는 다음과 같이 주장했다.

"일부 지역(화중 지역 등)에서는 지난 몇 년간 법폐 사용을 중지하지 않았습니다. 그러나 법폐의 가치가 끊임없이 하락하면서 그들은 본위화폐와 법폐 간의 교환 비율을 끊임없이 조정하는 방법으로 화폐 가치와 물가의 상대적 안정을 유지할

진기노예(晋冀魯豫)
각각 산서, 하북, 산동, 하남을 가리키며, 이들 접경 지역에 수립된 해방구임.

수밖에 없었습니다. 이에 반해 산동과 진기노예 등지는 적과의 화폐전쟁에서 승리를 거두고 법폐 유통을 금지시켜 독립 자주적인 본위화폐를 구축할 수 있었습니다."[12]

1948년 말에 중국공산당은 드디어 각 근거지의 화폐 투쟁 경험을 종합한 토대 위에서 통일 화폐인 인민폐를 발행했다. 인민폐는 금 함량을 규정하지 않고 금, 은과도 연동되지 않았으며 환율은 실제 구매력에 근거해 결정했다.

당시 국민당은 국고의 금과 은을 모조리 가지고 달아났다. 그래서 만약 인민폐를 금, 은과 연계하고 이를 매입하려면 인민폐를 증발하는

방법밖에 없었다. 그러면 물가는 필연적으로 상승하게 된다. 국민정부의 화폐 개혁 시기에도 비슷한 상황이 발생한 적이 있었다. 이에 중국공산당은 인민폐 발행과 동시에 금, 은의 가격을 동결했다. 이로 인해 중국의 금, 은 가격은 국제 가격보다 항상 낮은 수준을 유지했고, 가격 상승 속도 역시 물가 상승 속도보다 낮았다. 중국은 이때부터 수십 년 동안 똑같은 금, 은 관리 정책 기조를 유지했다.

더욱 중요한 것은 중국공산당이 명·청 및 국민정부가 은 공급을 장악하지 못해 화폐 주권까지 상실한 교훈을 받아들여 인민폐를 금, 은이나 외화와 연계시키지 않았다는 사실이다. 그래서 서구 열강이 막대한 금, 은 보유고를 기반으로 중국의 화폐, 경제와 정치를 통제하지 못하도록 미연에 방지할 수 있었다.

중국공산당이 금, 은과 독립된 인민폐를 발행한 것은 당시 서구 열강의 수중에서 화폐 주권을 빼앗기 위한 현실적인 선택으로, '실사구시'라는 중요한 원칙을 구현했다.

오늘날 인민폐는 달러화와 연동돼 있다. 그런데 달러화는 과중한 채무 부담으로 인해 장기적으로 평가절하가 불가피하다. 달러화는 세계 기축 통화의 지위가 위협받게 되면 '개량 버전의 금본위제'를 내세워 금과의 연결 고리를 만드는 방법으로 신용 회복을 꾀할 수 있다. 하지만 이럴 경우 중국은 금 보유량이 대단히 적어서 인민폐가 전략적으로 수세에 몰리게 된다.

인민폐는 향후에도 계속 달러화와의 연결 고리를 유지해야 하는가, 아니면 화폐를 독립 자주적으로 발행하는 새로운 금융 혁신을 시도해야 하는가? 이것은 대단히 중대한 전략적 문제이다.

인민폐의 뛰어난 장점

진수(晉綏)
산서성 일대를 가리킴.

진찰기(晉察冀)
산서, 하북, 내몽골 일대를 가리킴.

사오빙(燒餅)
밀가루 반죽을 동글납작한 모양으로 만들어 화덕 안에 붙여서 구운 빵.

1947년 7월, 인민해방군이 전략적 방어에서 전략적 공격으로 방향을 바꾸면서 진수, 진찰기, 진기노예 해방구가 하나로 연결됐다. 이때 각 해방구에서 사용되던 다양한 화폐가 한꺼번에 통일 해방구로 몰려들면서 급기야 골칫거리로 전락하고 말았다. 통일 해방구 내에서 수백 리 심지어 수십 리 간격으로 서로 다른 화폐가 유통될 정도였다.

당시 화북 지역의 재정경제 업무를 주관하던 둥비우(董必武) 역시 화폐 때문에 곤욕을 치른 적이 있었다. 그는 연안에서 진찰기 근거지로 시찰을 떠나던 중, 배고픔과 갈증을 참기 어려워 동행한 부인, 아이들과 함께 길가의 큰 홰나무 아래에서 잠깐 휴식을 취했다. 당시 그가 휴대하던 비상 식량은 다 떨어진 상태였다. 둥비우의 경호원은 사오빙과 군고구마를 사려고 마을의 한 상점을 찾았다. 그러나 그가 돈을 지불할 때 뜻밖의 문제가 발생했다.

가게 주인은 돈을 받아들고 한참을 들여다봤지만 도대체 어디 돈인지 알 길이 없었다. 둥비우의 경호원이 말했다.

"그것은 섬감녕 해방구에서 발행한 변폐입니다."

그러자 가게 주인은 몇 번 더 살피더니 경호원에게 돈을 돌려줬다.

"이 돈은 여기에서 쓸 수 없습니다. 여기에서는 진찰기 해방구에서 발행한 화폐만 사용합니다. 다른 곳으로 가보십시오."

경호원은 별 수 없이 돈을 들고 부근의 국영 상점을 찾아갔다. 그러나 국영 상점 점원 역시 돈을 받으려 하지 않고 단호한 어조로 말했다.

"진찰기 해방구에서는 진찰기 변폐만 유통됩니다. 다른 화폐는 사용할 수 없습니다. 내가 쓰지도 못할 돈을 받아서 뭘 하겠습니까?"

이때 둥비우의 부인이 경호원에게 말했다.

"서두를 필요 없어요. 애들 옷을 지으려고 가져온 천이 있으니 이것을 가지고 가서 물물교환을 하세요. 이 천으로 사오빙 몇 개쯤은 살 수 있을 거예요."[13]

이처럼 당당한 혁명 원로 둥비우조차 화폐를 사용하지 못하고 천으로 사오빙을 바꿔 먹을 정도였다. 당시 화폐 문제가 얼마나 심각했는지 알 수 있는 대목이다.

당시 각 해방구들은 자체적으로 별도의 금융 시스템을 운영했다. 화폐가 통일되지 못한 것은 물론, 상호 간에 세금을 징수하고 보호무역까지 실시했다. 어떤 해방구는 무역적자를 줄이기 위해 심지어 현지 특산물 가격을 인상하고 다른 지역 상품의 수입을 금지하기도 했다.

당시 각 해방구별 화폐를 비교해 보면, 산동 근거지에서 바다 소금을 기반으로 발행한 북해폐의 신용도가 가장 높았다. 그다음으로 진기노예 해방구의 화폐인 기초(冀鈔)를 꼽을 수 있다. 서북 지역은 물자가 부족해 주로 수입에 의존했던 터라 이곳에서 발행한 서북농폐(西北農幣)의 신용이 가장 낮았다. 이 결과 진기예(晉冀豫) 해방구가 산동의 바다 소금을 배척하고, 기중(冀中) 해방구에서 주문한 석탄을 기남(冀南) 해방구가 중간에서 차압하는 등의 혼란상이 연출됐다.

둥비우는 1947년 말에 당 중앙에 제출한 보고서에서 이런 현실을 혹독하게 비판했다.

| 석가장 중국 인민은행 옛터

"각 해방구별로 관세 장벽을 쌓고 있다. 다른 지역의 화폐를 서로 견제하면서 상업적인 경쟁이 치열하고 무역 마찰이 심하다. 모두들 공동의 적에 대처하는 본분을 잊고 있다."

통일 해방구 재경 업무는 통일 해방구 은행을 설립하고 전국에서 사용 가능한 통일 화폐를 발행하는 데 집중되었다. 이는 이미 미룰 수 없는 대사가 되었다. 실제로 북경이 해방될 때까지 통일 화폐가 등장하지 않으면, 전국 각지에서 통용되는 가지각색의 화폐가 한꺼번에 북경으로 흘러들어가 화폐 대란을 초래할 가능성이 농후했다.

다양한 아이디어를 모은 끝에 두 가지 방안으로 압축되었다. 하나는 소련이 1947년에 실시한 화폐 개혁을 참조해 신 화폐로 구 화폐를 바꾸는 방안이었다. 제2차 세계대전 종식 후 소련은 신 화폐를 발행하고 1 대 10의 비율로 시중의 구 화폐를 회수했다. 이때 구 화폐를 많이 보유한 사람일수록 손실이 더 컸다. 소련은 이 방법으로 소수 부자들의 부를 빼앗고 통화량을 줄임으로써 신 화폐의 안정을 실현했다.

소련이 1 대 10의 비율로 구 화폐를 회수한
것이나 장제스가 항전 후 피점령 지역에서 법
폐와 위폐의 교환 비율을 1 대 200으로 정해
시중의 위폐를 회수한 것은 모두 구 화폐 보
유자들의 부를 수탈하기 위한 수단이었다. 오
늘날 미국이 중국에 인민폐 평가절상 압력을
강화하는 것도 똑같은 이유 때문이다.

| 난한천과 둥비우

달러화 자산의 구매력이 불변한다고 가정
하고 달러화 대비 인민폐 환율을 기존의 1 대
7에서 1 대 6으로 조정할 경우를 보자. 이는 인민폐 '신 화폐'로 '구 화
폐'를 바꾸는 것이라고 볼 수 있다. 다시 말해 인민폐가 평가절상되는
순간부터 6 대 7의 교환 비율로 인민폐 '신 화폐'가 '구 화폐'를 대체하
는 셈이다. 이렇게 되면 '구 화폐' 보유자들은 필연적으로 손실을 입는
다. 따라서 인민폐 평가절상은 대외적으로 명목 환율의 절상이지만 대
내적으로는 인민폐 실질 구매력의 하락을 의미한다.

난한천은 중국 국민의 이익을 보호하기 위해서는 소련의 화폐 개혁
정책을 모방할 필요가 없다고 판단했다.

두 번째 방안은 먼저 각 해방구의 다양한 화폐들을 합병하여 간소
화한 후, 물가와 화폐 가치가 안정되기를 기다려 신 화폐를 발행하는
것이다. 더불어 국민당의 화폐 개혁 때문에 화폐 개혁에 선입견을 가
진 국민들을 설득해 공산당의 신 화폐 발행은 국민당의 화폐 개혁과
본질적으로 다르다는 인식을 심어줄 필요가 있었다. 국민당의 화폐 개
혁은 국민들이 보유한 부의 약탈이 목적인 탓에 인플레이션 심화, 물

가 폭등, 민원 폭주를 야기해 경제 붕괴를 초래했다. 그러나 공산당의 통일 화폐는 해방구의 화폐 제도를 간소화하고 경제 발전과 상품 무역을 추진하기 위한 것으로 국민 이익을 우선하는 정책이었다.

1948년 12월 1일, 중국 인민은행이 하북성 석가장(石家莊) 시에 설립되고 난한천은 중국 인민은행 사장에 임명되었다. 중국 인민은행은 설립 당일부터 자체 화폐인 인민폐를 발행했다.

정부는 화폐 통일 과정에서 국민들의 이익을 해치지 않기 위해 '고정환율, 혼합 유통, 점진적인 회수, 끝까지 책임지기' 등을 방침으로 정하고, 각 해방구의 화폐를 점진적으로 회수하기 시작했다.

정부는 각 해방구의 물가 수준에 근거해 인민폐와 각 해방구 화폐 간의 합리적인 교환 비율을 규정했다. 또 각 해방구의 자체 화폐 발행을 금지시키고 각 해방구 은행이 규정 환율에 따라 시중의 화폐를 회수하도록 지시했다. 인민폐의 발행과 유통은 각자 독자적인 형태였던 각 해방구 시장을 하나로 연결시켜 경제 관계를 더욱 긴밀하게 함으로써 문제점을 최소화했다.

국민들은 수중에 가진 구 화폐를 제때에 신 화폐로 바꾸지 못하고 기한을 넘기면 무효가 되지 않을까 전전긍긍했다. 그러자 정부는 인민은행이 발행한 신 화폐뿐만 아니라 과거에 각 해방구 은행이 발행한 구 화폐에 대해서도 모두 책임질 것을 약속했다. 그 후 정부는 항일 전쟁, 해방 전쟁 시기에 발행한 화폐뿐만 아니라 토지 혁명 시기에 발행한 화폐, 약속어음, 공채까지 모두 합리적인 가격에 회수했다. 이 방법으로 국민들의 이익을 해치지 않으면서 인민폐의 신용을 수립하는 일석이조의 효과를 거두었다.

중화인민공화국 건국 전까지 정부는 은행 업무, 재정 세수, 무역 거래 등을 통해 <u>관내</u> 각 해방구의 화폐를 잇달아 회수함으로써 신 중국의 화폐 통일을 위한 튼튼한 토대를 마련했다. 더불어 각 해방구 화폐가 수도에 밀려 들어 혼란상을 연출하지 못하도록 미리 방지하는 효과도 거두었다.

1950년에 국내 경제가 안정된 다음부터는 동북 지역의 화폐를 회수하기 시작했다. 동북 지역 최고 책임자인 가오강(高崗)은 독립을 꾀하기 위해 동북 은행장에게 동북의 화폐 지위를 보류하라는 명령을 내렸다. 난한천은 이 흉계를 알아차리고 그 자리에서 가오강의 불량한 목적을 까밝혔다. 가오강은 입을 다문 채 침묵을 지킬 수밖에 없었다.

이로써 중국은 1911년 이후 처음으로 화폐 통일을 이루었다. 중국의 화폐 할거 국면은 무려 40년 만에 종식되었다.

해방구 내에서 화폐 통일을 달성했으므로 이번에는 인민폐의 유통 범위를 넓히는 일이 남았다. 정부는 과거에 국민당 법폐를 몰아낸 경험을 참조했다. 곧 인민폐 유통 범위 내의 금원권, 외화, 금, 은을 몰아내기 위한 일련의 조치가 단행되었다.

우선 법폐와 금원권의 유통을 단호하게 금지시켰다. 법폐와 금원권은 악성 인플레이션을 초래한 장본인이었다. 따라서 인민폐의 원활한 유통 경로를 확보하기 위해서는 반드시 법폐와 금원권을 없애야 했다.

다음에는 외환 관리 제도를 실시했다. 외국 은행의 화폐 발행권 취소, 외화 유통 금지, 외화에 대한 통일 관리 등의 조치가 이뤄졌다. 외화와 외환을 일률적으로 중국은행에 저축하게 하고 매매와 양도를 금지시켜 중국은행이 이를 통일 관리했다.

마지막으로 금, 은의 유통을 엄금했다. 당시 악성 인플레이션으로 말미암아 금, 은이 다시 시장에서 유통되면서 주요 투기 대상으로 떠올랐다. 이는 인민폐의 유통을 가로막는 심각한 걸림돌이었다. 정부는 금, 은의 유통을 엄격히 금한 다음 국가은행이 금, 은 매매와 태환 업무를 일괄 운영하도록 규정했다. 사사로이 금, 은의 가격을 정하거나 매매하는 행위는 불법 행위로 간주돼 처벌을 받았다. 민간의 금, 은은 국가은행이 적정 가격에 회수해 국제 준비 자산으로 삼았다.

그러나 인민폐 발행 초기에는 전국의 화폐를 통일하는 문제만 신경썼지, 화폐 가치를 안정시킬 겨를이 없었다. 더구나 해방 전쟁에서 전면 승리를 거둔 1949년에는 재정 지출이 예년보다 훨씬 급증했다. 재정 적자를 메우고자 인민폐를 증발하면서 인플레이션을 피할 수 없었다. 그해 실제로 중국에는 크고 작은 인플레이션이 수차례 발생했다.

인플레이션과 투기 세력은 불과 바람과 같은 관계에 있다. 투기 세력이 개입하지 않은 인플레이션은 크게 걱정할 바가 없다. 그러나 불이 바람의 힘을 빌려 더 거세지듯, 인플레이션도 투기 세력의 부추김을 받으면 그 정도가 훨씬 더 심해진다. 따라서 인플레이션을 잡기 위해서는 가장 먼저 투기 세력을 제거해야 한다.

그래서 중국의 경제 중심지 상해에서는 정부와 투기 세력 사이에 대규모 물가 쟁탈전이 벌어졌다. 정부는 인플레이션 진통 속에 마침내 승리를 거두고 인민폐와 물가의 안정을 실현했다.

은화 전쟁

1949년 6월 10일, 상해 한구로(漢口路)에 위치한 증권청사 주변은 여느 때처럼 짤랑짤랑 은화 부딪치는 소리로 요란했다. 긴 두루마기를 입고 손에 은화를 한 움큼씩 쥔 사람들이 행인들의 주의를 끌기 위해 손으로 짤랑거리는 소리를 내면서 은화 가격을 외쳤다. 상해에서 이른바 '인뉴(銀牛)'로 불리는 은화 투기꾼들이었다.

증권청사는 상해의 투기 거래 중심지여서 크고 작은 투기꾼 수천 명이 이곳 주위에 늘 모여 있었다. 이들은 수천 대의 전화를 이용해 상해시 구석구석에 위치한 거점과 수시로 연락하면서 은화 가격을 실시간으로 조종했다.

오전 10시쯤 군용 트럭 10여 대가 달려와 증권청사 입구에 멈춰 섰다. 트럭에서 1개 대대의 해방군 병사들이 뛰어내리더니 증권청사 주위를 물샐틈없이 포위했다. 미리 증권청사 홀과 안전 통로에 매복해 있던 사복 경찰들도 모습을 드러냈다. 로비에 있던 사람들은 모두 하던 일을 중지하고 철저한 조사를 받았다.

6층의 넓은 사무실에는 무려 50대의 전화와 휴대용 무전기가 비치돼 있었다. 문밖으로부터 수많은 전화선이 거미줄처럼 빽빽하게 천장을 타고 사무실 안까지 이어져 있었고, 전화벨 소리가 여기저기서 끊임없이 울려댔다. 이따금 홍콩, 마카오 시장과 연락할 때 필요한 암호를 주고받는 소리도 들렸다. 벽에 걸린 칠판에는 '황금', '미화', '은화'라고 적힌 종이쪽지가 빽빽이 붙어 있었고, 그 밑으로는 당일 '살 때' 가격과 '팔 때' 가격이 분필로 적혀 있었다. 양복을 차려입고 머리카락

▌상해의 증권청사

을 반들반들 윤나게 빗어 넘긴 중년
남자가 시가를 피우면서 요란한 목
소리로 전화 통화를 하고 있었다.

"오늘은 꽤 값이 올랐습니다. 열
흘 사이에 두 배나 올랐답니다. 걱
정하지 마십시오. 공산당 시골뜨기
들은 우리를 감히 어쩌지 못합니다.
며칠 전 그들이 우리 기세를 꺾기
위해 은 10만 냥을 풀었으나 진흙으
로 만든 소가 바다에 들어가듯 소식이 묘연해졌습니다. 여기는 연안이
아니라 상해입니다. 총이 아닌 은화 싸움이라면 그들은 우리의 상대가
안 됩니다. 선생은 홍콩에서 그저 좋은 소식만 기다리면 됩니다. 하하."

남자가 수화기를 내려놓자마자 경찰 몇 명이 사무실로 뛰어들더니
방 안에 있던 사람들에게 모든 행동을 중지하라고 명령했다. 중년 남
자는 너무 놀라서 반쯤 피다 만 시가가 다리에 떨어진 것도 모른 채
할 말을 잃고 멍하니 서 있었다.

경찰들은 몇몇 부대로 나누어 오전 10시부터 밤 12시까지 반나절
넘게 투기꾼들의 사무실을 샅샅이 조사했다. 이어 증권청사에 있던 사
람들의 명단과 재물 상황을 일일이 기록한 다음 모든 사람을 1층 로비
에 집합시키고 정부 대표의 훈시를 들려줬다. 총 2,100명 중 200여 명
을 상해시 인민법원으로 이송하고, 나머지는 예정대로 교육하고 집으
로 모두 돌려보냈다.

증권청사 기습 작전은 성공적으로 마무리되었다. 상해시 공안국은

독자적으로 행동하는 투기꾼도 대량으로 잡아들였다. 이때부터 상해에서는 투기꾼들의 모습이 자취를 감추었다.

이것이 바로 해방 초기에 공산당이 상해 경제를 바로잡으려고 치른 '은화 전쟁'이었다. 이 작전을 진두지휘한 천원(陳雲)은 상해 본토박이로 당시 중앙재정경제위원회 주임을 맡고 있었다.

1937년 항일전쟁 발발 후부터 1949년까지 12년 사이에 국민당 정부의 화폐 발행액은 무려 1,445억 배나 증가하고 물가는 마치 고삐 풀린 말처럼 마구 급등했다. 법폐 100위안으로 1937년에는 소 두 마리를 살 수 있었으나 1945년에는 고작 생선 한 마리가 다였다. 또 1946년에는 달걀 한 알, 1947년에는 성냥 3분의 1갑 값어치에 불과했다. 1949년 5월에는 이 돈으로 아예 쌀 한 톨도 살 수 없었다.

국민정부가 1949년 5월에 액면가 10만 위안, 50만 위안, 500만 위안, 1,000만 위안짜리 금원권을 잇달아 발행하면서 물가가 폭등했다. 고기 한 근이 무려 1,200만 위안, 유탸오 1개가 100만 위안에 달했다. 밥 한 그릇도 채 먹기 전에 물가가 변한다는 말이 실감날 정도였다.

북경 대학의 저명한 교수였던 지셴린(季羨林)은 1940년대 말에 물가가 어처구니없이 폭등했다고 증언한 바 있다. 당시 그가 월급을 받으면 가장 먼저 하는 일이 쌀가게로 달려가 쌀을 사는 것이었다. 달리기 속도가 늦으면 그 사이에 쌀값이 상승했다고 한다. 대학교 교수의 형편이 이 지경이었으니 일반 서민들이야 더 말할 것도 없었다.

중국의 사회학자 페이샤오퉁(費孝通)은 1940년대 후반에《향토 중국(鄕土中國)》이라는 책을 출판했다. 그런데 책이 그리 두껍지 않자 누군가

유탸오(油條)
중국인들이 아침 대용으로 즐겨 먹는 꽈배기 같은 음식.

그에게 이렇게 훌륭한 학술서를 왜 좀 더 길게 쓰지 않았느냐고 물었다. 이에 그는 뜻밖의 대답을 했다.

"모두 다 인플레이션 때문이었습니다. 글을 쓰자마자 발표해야 했고, 발표하자마자 원고료를 받아야 했으며, 원고료를 받자마자 달려가서 쌀을 사야 했습니다. 이 몇 가지 절차를 가급적 빠른 시간 안에 흐트러짐 없이 이뤄내야 합니다. 내용을 조금 더 길게 쓴다고 꾸물거리다가는 원고료가 휴지 조각이 돼버리기 일쑤였습니다."

금원권 가치가 폭락하면서 지폐의 신용도 하락했다. 사람들은 지폐보다 금, 은 등의 경화를 더 선호하고 보유하려고 기를 썼다. 설상가상으로 악성 인플레이션이 장기화 조짐을 보이면서 금융 투기가 기승을 부리기 시작했다.

다른 산업들은 모두 불경기인데 유독 금융업만 기형적으로 호황을 누렸다. 금융기관이 급증하고 투기가 창궐했다. 당시 항간에 "농민이 노동자보다 못하다. 노동자는 상인보다 못하다. 상인은 물자를 사재기한 사람보다 못하다. 물자를 사재기한 사람은 금 투기꾼보다 못하다"라는 말이 유행할 정도였다. 1948년에 상해에서만 금, 은 투기에 가담한 사람이 50만 명을 넘었으니, 더 이상 설명이 필요 없을 듯하다.

투기 붐은 붙는 불에 키질하는 격으로 인플레이션을 부추겼다. 국민당 통치 지역에서 시작된 인플레이션은 빠른 속도로 해방구까지 퍼졌다. 이때 공산당은 해방군 500여만 명을 먹여 살릴 군비에다가 장제스 정부가 남긴 공무원까지 합하면 총 900여만 명의 생계를 책임져야 하는 터라 부득이 인민폐를 증발하는 수밖에 없었다. 1948년부터 인민폐 발행 규모는 수십 배 심지어 수백 배의 속도로 증가했다.

이렇게 되자 장제스 정부의 불찰로 초래된 인플레이션은 수그러들 기미를 보이기는커녕 오히려 점점 더 심해졌다. 투기 행위를 근절하지 않고는 경제의 안정적인 성장을 기대하기 어려웠고, 신생 정권의 존립도 크게 위협받을 수 있었다.

정권이 안정되려면 먼저 물가를 잡아야 하고, 물가를 잡기 위해서는 반드시 상해를 거점으로 활동하는 투기 세력을 없애야 했다. 이 사실을 인식한 마오쩌둥은 섬감녕 변구 및 동북 지역에서 풍부한 재정 경제 실무 경험을 쌓은 천윈을 필두로 하는 중앙재정경제위원회(중재위)를 설립했다. 난한천과 쉐무차오도 이 중재위의 위원을 맡았다.

당시 중국의 국내외 여론은 공산당이 경제 문제를 해결할 수 없을 것이라는 쪽으로 의견이 모아졌다. 미국 국무부 장관 애치슨은 "19세기 이후로 중국 국민의 먹는 문제를 완전히 해결한 정권은 하나도 없었다"라는 말로 비아냥거렸다. 당시 상해 재계의 거물이었던 룽이런(榮毅仁)은 이렇게까지 말했다.

"공산당에게 군이 점수를 매긴다면, 싸움을 잘하기 때문에 군사 분야 점수는 100점을 주겠다. 정치적으로는 통일 전선을 주장하기 때문에 80점을 줄 수 있다. 그러나 경제 분야 점수는 빵점이다."

상해가 광복을 맞이한 5월 27일에 정부는 인민폐를 법정 통화 단위로 정한다고 선포했다. 인민폐와 금원권의 교환 비율은 1 대 10만이었고, 금원권의 유통 기한은 6월 5일까지로 정했다. 당시 금원권은 가치는 거의 휴지 조각이나 다름없었다. 심지어 벽지로 금원권을 도배하는 사람도 있었다. 따라서 금원권은 빠르고 순조롭게 회수되었다.

그러나 인민폐가 상해 금융 시장을 점령하는 행보는 순탄치 못했다. 장기간 인플레이션의 공포 속에서 살아온 국민들은 정부가 금, 은과 외화의 자유 유통을 명문으로 금지했음에도 불구하고 여전히 명목화폐보다 실물 화폐를 더 선호했다. 투기꾼들은 국민들의 이 같은 심리를 이용해 정부의 법령 따위는 거들떠보지도 않고 은화 투기에 열을 올렸다. 어떤 투기꾼은 심지어 "해방군이 상해에 들어올 수는 있어도 인민폐는 상해에 들어오지 못한다"라고 큰소리치기도 했다.

아니나 다를까, 상해가 해방된 지 열흘도 안 돼 투기꾼들의 농간으로 은화 가격은 3배나 폭등했다. 물가도 뒤따라 상승하면서 쌀, 목화 등 생필품 가격 역시 2~3배 상승했다. 상해의 4대 민영 백화점은 이때부터 인민폐 결제를 거부하고 은화만 받기 시작했다.

인민은행이 아침에 발행한 인민폐는 저녁이 되면 고스란히 다시 인민은행으로 되돌아왔다. 이처럼 인민폐와 정부의 신용이 심각한 위기에 빠지자 천원은 인민폐의 주요 상대가 힘없는 금원권이 아닌 은화라는 사실을 깨달았다.

이 같은 상황에서 인민정부는 대량의 은화를 공급하는 방법으로 시장을 안정시키려고 시도했다. 그러나 10만 위안의 은화는 내놓자마자 바로 투기꾼들이 쓸어가 버렸다. 결국 시장을 안정시키기는커녕 투기를 부추기는 꼴이 되고 말았다.

상해 시장의 핫머니와 투기 세력은 예상했던 것보다 훨씬 더 강력했다. 무작정 은화를 공급하는 방법으로는 시장을 안정시킬 수 없었다. 1937년에 일본군이 상해를 점령했을 때에도 은화 투기가 성행한 적이 있었다. 당시 일본은 투기 세력을 몰아내기 위해 도쿄에서 황금 5톤을 날라다 상해 시장에 풀었으나 아무런 효과가 없었다.

장제스는 상해 해방 전야에 황금 270만 냥, 은화 1,500만 냥 및 미화 1,500만 달러를 가지고 대만으로 철수했다. 인민정부가 국민당 중앙은행을 인수했을 때, 은행에는 고작 금 6,000냥, 은 3만 냥과 은화 150만 위안이 남아 있었다. 고작 150만 위안의 은화로 투기 세력을 상대하는 것은 무리인 데다 상해 시민들이 수중에 가진 은화만 해도 어림잡아 200만 위안이 넘었다. 정부는 투기 세력을 상대하는 데에서 절대 우위를 점하고 있다고 보기 어려웠다. 일단 투기 세력을 완전히 제압하지 못하면 전국, 나아가 홍콩과 마카오의 핫머니가 한꺼번에 상해에 흘러들 가능성도 배제할 수 없었다.

천원은 여러모로 이해득실을 따져본 후 강압적인 수단을 동원해 상해 증권거래소를 강제로 폐쇄하고 투기꾼들을 엄하게 처벌했다. 그 후 한 달도 안 돼 창궐하던 은화 투기 붐이 잠잠해졌다. 은화가 상해 시장에서 완전히 퇴출되면서 인민폐가 드디어 뿌리를 내렸다.

그러나 투기 세력은 은화 투기에 실패했다고 순순히 물러날 상대가 아니었다. 그들은 이번에는 면직물, 쌀 등 일용품을 투기 타깃으로 삼고 정부와 마지막 승부를 시도했다.

면직물 전쟁

"신 중국이 건국 초기에 인플레이션을 어떻게 해결했는지 비법을 설명할 수 있는 사람은 노벨경제학상을 수상할 자격이 있다."[14]

_밀턴 프리드먼

1949년 10월 1일, 마오쩌둥은 천안문(天安門) 성루에서 "중국 인민이 떨쳐 일어났다!"라고 장엄하게 선포했다. 전국이 축제 분위기에 들떴으나 보름 후부터 상황이 달라졌다. 상해와 천진을 시작으로 전국 물가가 급등하기 시작한 것이다. 11월 물가는 7월 말 대비 두 배나 폭등했다. 국민들은 새로운 생활을 시작하기도 전에 살인적인 인플레이션 때문에 숨조차 쉬기 힘들었다.

천원은 이 상황을 충분히 예상하고 있었다. 무엇보다 여전히 전쟁이 진행 중인 탓에 군비 지출이 기하급수적으로 늘어나 정부는 화폐 증발을 통해 군비를 보충할 수밖에 없었다. 게다가 '은화 전쟁'에서 천원에게 참패한 투기 세력이 이번에는 국민들의 생필품을 타깃으로 또 다른 기회를 노리고 있었다.

"공산당이 제아무리 막강하다 해도 국민들의 식량 무역이나 면직물 무역까지 금지시킬 수는 없지 않은가. 국민들이 생필품을 구하지 못하면 틀림없이 공산당을 찾아갈 수밖에 없다. 그때가 되면 공산당은 울며 겨자 먹기로 우리에게 손을 내밀 것이다."

그러나 천원은 물가를 안정시킬 방법을 알고 있었다. 민심 안정의 관건은 식량 확보에 있으므로 정부가 주요 물자를 장악하면 물가를 안정시키는 것은 어려운 일이 아니었다. 천원은 투기 세력을 상대하기 위해 우선 투기꾼들보다 더 많은 물자를 사재기한 데 이어 금융 긴축 정책을 펼쳐 투기꾼들의 자금을 흡수했다.

투기꾼들은 과거 호설암이 저지른 잘못을 그대로 범했다. 화폐 발행권을 장악하지 못한 상황에서 감히 정부에 도전장을 내밀었으니 망하는 길 외에 다른 길은 없었다.

중재위는 전국 각지로부터 대량의 식량, 목화, 면직물을 북경에 조달해 일괄 관리하기로 결정했다. 천원은 과거 소비에트 국가은행의 핵심 요원이었던 차오쥐루를 심양(瀋陽)에 파견해 식량 조달 사업을 진두 지휘하도록 지시했다. 차오쥐루는 천원의 지시에 따라 하루에 한 번씩 객차로 동북의 식량을 북경으로 실어 날랐다. 천원은 이렇게 조달한 식량을 일부러 천단(天壇)에 쌓아놓았다. "국가에 이렇게 식량이 많다. 너희들이 식량 가격을 인상해 봤자 얻는 것보다 잃는 것이 더 많다"라는 사실을 투기꾼들에게 보여주기 위해서였다. 천원은 또 과거 소비에트의 무역국장을 역임한 첸즈광을 상해, 서안, 광주 등지에 파견해 각지의 면직물 재고량을 조사하도록 했다.

더불어 투기 자금을 흡수하기 위해 징세, 공채 발행 등의 다양한 방법도 동원했다. 이 밖에 생산 자금이 투기 자금으로 이용되지 못하도록 자본가들에게 제때에 노동자의 임금을 지급하고 생산을 중지하지 못하도록 명령했다. 또 국가 기관이 현금을 국가 은행에만 저축하고 개인 금융기관에 저축하지 못하도록 막았으며, 개인 금융기관에 대해 엄격한 조사와 관리를 실시했다. 인민은행은 또 실물 가격으로 환산한 저축 상품을 출시해 사회의 유휴 자금을 흡수했다. 그러자 시중의 핫머니는 점점 줄어들었다. 투기꾼들은 이 사실을 전혀 모른 채 고금리 급전을 빌려 식량과 면직물 사재기에 열을 올렸다.

11월 13일까지 정부는 총 50억 근의 식량을 조달했고, 국영인 중국방직물공사는 전국 총생산량의 절반 이상에 달하는 면사와 면직물을 확보했다. 인민은행도 8,000억 위안의 핫머니를 흡수했다. 이처럼 투기꾼들은 궁지에 몰렸는데도 그 사실을 전혀 모르고 있었다.

천원은 물가 안정에 필요한 기본 조건이 완벽하게 마련된 것을 보고 물가 안정, 물자 집중, 투기꾼 박멸을 목표로 하는 12가지 세칙을 발표했다. 이로써 투기꾼들과의 최후의 결전이 드디어 막을 올렸다.

상해, 북경, 천진, 한구 등 대도시의 국영 무역회사들은 11월 20일부터 잇달아 상품을 출고하기 시작했다. 또 돈벌이 기회가 생겼다고 여긴 투기꾼들은 벌떼처럼 몰려들어 가격도 따지지 않고 물자가 나오는 족족 사들였다. 이때 국영 무역회사들은 평상시와 달리 물자 가격을 점점 인상해 거의 암시장 가격 수준까지 올렸다. 그들은 인민정부가 이 기회를 이용해 떼돈을 벌려고 작정했다고 여겼다. 그러나 사실 이는 뱀을 굴에서 나오도록 유인하는 전략으로, 투기꾼들이 수중의 자금을 전부 내놓도록 유인하기 위한 계책이었다.

투기꾼들의 예상대로라면 잘 팔리는 상품은 가격이 하루에도 몇 번씩 오르기 때문에 높은 이자를 지불하고도 폭리를 취할 수 있었다. 돈에 눈먼 그들은 국영 무역회사가 물자 가격을 끊임없이 인상하는 이유에 대해 깊이 생각하지도 않고 주머니의 돈을 몽땅 털어 물자를 매점했다. 수중의 돈이 떨어지면 돈을 빌려서라도 계속 사들였다. 은행이 대출해 주지 않자 사채에까지 손을 벌렸다. 심지어 하루에 원금의 50%, 100%의 이자를 지불하면서 사채를 끌어 쓰는 사람도 있었다.

11월 24일에 시중의 물가가 7월 말의 2.2배로 뛰었다. 이는 천원이 목표로 한 물가 수준이었다. 물가가 이 수준일 때 국가가 확보한 물자와 시중의 통화량이 거의 맞먹었다. 정부가 힘을 모아 투기꾼들을 총공격할 결전의 시각이 다가왔다.

11월 25일부터 국영 무역회사들은 전국 각지에서 면사를 대규모로 출고하는 한편 끊임없이 가격을 낮췄다.

투기꾼들은 처음에는 멋모르고 물자가 나오는 족족 사들였다. 그러나 국영 회사들이 방대한 물량을 멈출 줄 모르고 공급하자 투기꾼들도 배겨낼 재간이 없었다. 투기꾼들의 자금은 얼마 안 가서 바닥을 드러내고 말았다. 투기꾼들은 이때야 비로소 사태가 심상치 않음을 깨달았다. 이에 앞서 높은 가격으로 매점했던 면사들을 되팔기 시작했다. 하지만 면사 가격이 걷잡을 수 없이 하락하면서 투기꾼들은 막대한 손해를 보았다.

정부와 투기 세력이 10일 동안 공방전을 벌인 결과 식량, 목화 등 생필품 가격은 30~40%나 급락했다. 투기꾼들은 줄줄이 파산하고 천진에서는 투기꾼들의 투신자살이 잇따랐다. 상해에서는 한꺼번에 수십 개의 민영 도매업체가 문을 닫아 면직물 투기꾼들의 손실액은 250억 위안에 달했다.

3개월 후 벌어진 '식량 전쟁'에서도 천원은 똑같은 전략으로 최후의 발악을 하는 투기 세력에 치명타를 가했다. 천원에게 철저하게 깨진 투기 세력은 그 후 50년간 맥을 못 췄다. 그러다 2010년에 이르러서야 마늘, 녹두, 생강 투기 열풍이 불면서 다시 고개를 내밀었다.

이로써 중국 대륙에서 10여 년 동안 기승을 부리던 하이퍼인플레이션이 드디어 잠잠해지고 물가도 점차 안정을 되찾았다.

한마디로 쫄딱 망한 상해 투기꾼들은 이렇게 탄식했다.

"공산당은 정말 대단한 인재를 가졌어. 우린 상무인서관(商務印書館)의 난쟁이(천원을 일컬음. 천원은 청년 시절에 상해의 상무인서관에서 아르바이트를 한 경험이 있음―옮긴이)에게 완전히 참패한 거야."

투기꾼들은 그나마 자신들보다 더 총명하고 노련하면서도 능력이 뛰어난 고향 사람에게 졌다는 사실을 위안으로 삼았다.

투기 자본이 심각한 타격을 입자 상해 상공업자들 역시 정부에 완전히 굴복했다. 룽이런은 이때를 이렇게 회고했다.

"6월에 은화 투기 붐이 일어났을 때 공산당은 강압적인 정치적 수단으로 제압에 나섰다. 그러나 이번 식량·면직물 전쟁에서는 오직 경제적 수단으로 승리해 상해 상공업계에 중요한 교훈을 가르쳐주었다."

식량·면직물 전쟁에서 정부는 능동적인 대처와 계획적이면서도 절차를 밟는 방법으로 예정 목표를 달성했다. 결과적으로 물가지수와 주요 상품 가격을 막론하고 모두 정부가 예상했던 수준으로 돌아왔다. 장제스가 잠재우지 못했던 인플레이션도, 미국인들이 절대 안정시킬 수 없다던 물가도 천원과 동료들의 정확한 계획과 과감하고 빈틈없는 실행력에 힘입어 모두 현실로 만들었다.

당시 중재위 고문을 맡았던 유명한 금융 전문가인 장나이치(章乃器)는 천원이 시기적절하게 투기 세력에 반격을 가했다고 높이 평가했다.

"나를 비롯한 지식인들은 긴요한 대목일수록 조급증 때문에 주관주의의 우를 범하는 경우가 많다. 나는 당시 조금 더 빨리 손을 써야 한다고 거듭 주장했다. 그러나 중재위 책임자(천원)는 침착하고 확고한 태도로 정부가 확보한 물자 수량이 시중의 통화량에 비해 부족하니 조금 더 기다려야 한다고 말했다. 아울러 기선을 잡고 반격을 가하기 위해 시장에서 한 발 물러서는 여유도 부렸다. 사후 결과만 보더라도 중재위의 전략이 매우 정확했다는 사실을 알 수 있다. 정부는 11월 중순부터 투기 세력을 상대로 반격을 개시했다. 예컨대 오복포(五福布) 한 필

가격은 10월 31일에 5만 5,000위안이었다가 11월 13일에는 12만 6,000위안으로 두 배 이상이나 올랐다. 바꿔 말하면 만약 정부가 반달 앞당겨 행동을 개시했다면, 오복포 한 필로 회수할 수 있는 화폐를 오복포 두 필로 회수해야 했다는 의미이다. 이 전략을 용병에 응용한다면 적이 아군의 포위권에 완전히 진입하기를 기다려 공격을 개시할 경우 1개 사단의 병력으로 2개 사단의 힘을 발휘해서 승리를 거두는 것과 마찬가지라고 할 수 있다."[15]

장나이치는 어떤 사람인가? 1948년에 난국을 타개하기 위해 천청(陳誠)이 그를 국민당 정부의 재정부장 후임으로 추천했다. 그러자 장제스는 한숨을 쉬면서 말했다.

"나는 장나이치가 필요하오. 그러나 그는 나를 위해 일하려고 하지 않소."

장나이치가 얼마나 대단한 사람인지 알 수 있는 대목이다. 그런 장나이치가 탄복할 정도였으니 천원 역시 고수 중의 고수라고 할 수 있다.

마오쩌둥은 물가 방어전의 승리가 회해 전투 못지않게 중대한 의의를 가진다고 평가했다. 한번은 보이보가 마오쩌둥에게 사업 보고를 하면서 천원에 대해 언급한 적이 있었다.

"천원은 중재위 사업을 매우 잘해내고 있습니다. 그는 예리한 통찰력과 과감하게 밀어붙이는 용기를 가진 사람입니다."

마오쩌둥이 그 말을 듣고 대답했다.

"과거에는 미처 몰랐던 사실이오."

마오쩌둥은 말을 마치기 무섭게 붓을 들어 종이에 '능(能)'자를 적었다. 보이보가 글자를 보고 물었다.

회해(淮海) 전투
중국 3대 내전 중 하나로 공산당이 국민당에게 결정적인 타격을 입힌 전투.

"제갈량은 〈전출사표(前出師表)〉에서 유비(劉備)의 말을 빌려 향총(向寵)을 능력 있는 사람이라고 칭찬했습니다. '장군 향총은 성품과 행동이 맑고 치우침이 없으면서도 군대를 지휘하는 일에 구석구석 밝습니다. 일찍이 선제께서도 그를 써보시고 능력이 있다고 말씀하셨습니다'라는 내용이죠. 그렇다면 혹시 천원도 향총처럼 능력 있는 사람이라고 말씀하고 싶으신 겁니까?"

마오쩌둥은 보이보의 질문에 그렇다고 고개를 끄덕였다.[16]

당시 경제 전쟁을 총지휘한 천원은 천재적인 경제학자처럼 문제의 핵심을 단번에 꿰뚫어 보는 예리한 통찰력과 베테랑 주식 트레이더처럼 정확한 매매 시기를 포착하는 능력을 겸비했다. 가히 밀턴 프리드먼과 조지 소로스의 장점을 한 몸에 지닌 인물이었다.

혹자는 노벨경제학상 수상자들을 중국의 천원이나 쉐무차오, 난한천과 비교하면 명함도 못 내밀 수준이라고 말한 바 있다. 이 경제학자들은 세계의 인구 대국인 중국에서 자신들의 이론을 실제로 검증해 낸 적이 없기 때문이다.

프리드먼과 폴 새뮤얼슨(Paul A. Samuelson)은 자유 시장 경제를 지향했고, 조지프 스티글리츠(Joseph E. Stiglitz)는 정부 개입하의 계획 경제를 주장했다. 그러나 천원은 신 중국 건국 초기에 이미 시장의 자유 의지와 정부의 계획적인 개입을 모두 중요하게 생각하는 '큰 계획, 작은 자유'의 이론을 확립하고 현장에서 검증을 받았다.

인민폐, 인민을 위해 복무하는 화폐

1953년에 중국 정부가 전국의 재정을 통일하고 물가를 안정시키자, 천원은 새로운 인민폐의 발행을 건의했다. 1954년 말에 중공 중앙은 다음과 같은 지시를 내렸다.

"현행 인민폐는 계산 단위로서의 역할을 이미 잃었고 대내외적으로도 좋지 않은 평가를 받고 있다. 따라서 중국의 화폐 제도를 한층 더 건전하고 공고히 하며 화폐 유통 상황을 개선하기 위해서는 화폐 액면가를 낮춰 계산과 사용에 편리를 도모해야 한다."

공산당 중앙은 1955년에 새 인민폐 발행을 비준했다. 1월과 2월은 마침 공휴일이 많은 연초였기 때문에 3월 1일에 새로운 화폐를 발행하기로 결정했다.

새로운 인민폐를 발행하기 위해서는 먼저 두 가지 문제를 해결해야 했다. 하나는 인민폐를 금과 연계할지의 여부였고, 다른 하나는 신 화폐와 구 화폐의 교환 비율을 정하는 것이었다.

천원은 대다수 국가들이 금본위제를 실시하는 시대임에도 불구하고 인민폐를 금과 연계하지 말아야 한다고 강력하게 주장했다.

그렇다면 천원은 왜 인민폐와 금의 연결 문제에 대해 이토록 민감하게 반응했을까? 해답을 알려면 먼저 안드레이 그로미코(Andrei A. Gromyko) 소련 외무부 장관 파면 사건부터 살펴봐야 한다.

1951년 4월 30일, 소련공산당 중앙 정치국은 소련 국가은행이 4월 5일에 제정한 '루블화와 인민폐 환율에 대한 결정'을 취소하고 국가은행장과 재무부 장관에게 경고 처분을 내렸다. 또 안드레이 그로미코

외무부 장관은 영국 대사로 강등시켰다. 이유는 그로미코가 루블화와 인민폐 간 환율 문제에서 스탈린의 분노를 샀기 때문이다.

신 중국 건국 초기에 마오쩌둥과 저우언라이는 직접 모스크바로 달려가서 스탈린을 비롯한 소련 정부 고위층과 '중국-소련 우호동맹 상호 원조 조약'을 체결하고, 중국과 소련 간 전략적 동맹관계를 법으로 확정했다. 하지만 양측은 루블화와 인민폐 간의 환율 문제를 둘러싸고 합의하지 못한 채 치열한 공방전을 벌였다. 이때 소련 정부는 미리 철저히 준비해 둔 상태였다.

당시의 국제관례에 따르면, 주요 상품가격 지수를 기준으로 루블화와 인민폐 간의 환율을 정해야만 했다. 그러나 소련은 애당초 그럴 생각이 없었다. 오히려 인위적으로 루블화의 가치를 평가절상하고 인민폐를 평가절하하는 방법을 택했다.

소련 측은 처음에는 달러화를 기준으로 루블화와 인민폐 간 환율을 정하기로 중국 측과 합의를 보았다. 하지만 마오쩌둥이 조약의 기본 틀을 확정한 다음 소련을 떠나자 소련 정부는 즉시 달러화를 비롯한 모든 외화 대비 루블화 환율을 절상했다. 그 결과 루블화의 구매력은 단번에 30%나 상승했다. 이렇게 되면서 중소 간 무역 협상 과정에 환율 문제가 최대 쟁점으로 떠올랐다.

중국 측 대표는 소련의 일방적인 행동에 불만을 표시하며 다른 의견을 내놓았다. 그러나 당시 중국은 소련의

| 2차로 발행한 인민폐

물자와 기술을 급히 필요로 하던 시기라 양보와 타협을 하는 수밖에 없었다. 이런 불평등한 조건 아래서 양국은 루블화와 인민폐 간 환율을 1루블당 9,500위안으로 결정했다.

이후 중국은 루블화와 인민폐 간 환율을 바꾸기 위해 머리를 맞대고 고민하다가 소련이 썼던 것과 똑같은 방법을 채택하기로 결정했다. 소련 대사의 1951년 2월 보고서에 의하면, 중국 정부는 1950년 말부터 연속 네 차례나 달러화 환율을 떨어뜨렸다. 루블화와 인민폐 간 환율은 달러화를 기준으로 하기 때문에 달러화 환율의 하락은 인민폐 대비 루블화 환율의 하락을 의미했다. 이에 따라 루블화와 인민폐 간 환율은 기존의 1 대 9,500에서 1 대 5,720으로 하락했다.

보고서는 달러화를 기준으로 했을 때 루블화와 인민폐 간 환율이 중국 인민은행의 황금 매수 가격을 기준으로 했을 때 환율보다 약 20% 낮다고 추산했다. 따라서 중국이 의도적으로 달러화 환율을 떨어뜨리는 방법으로 루블화 환율을 내린 것은 소련 측에 정치적, 경제적 불이익을 가져다줄 수 있는 비정상적 조치였다. 더구나 중소 간 무역 결제액이 급증한 1951년에 이 같은 환율 변동은 소련에 더욱 불리했다.

"소련 대사관은 중국 측에 소련 재무부와 국가은행이 황금 가격을 기준으로 루블화와 인민폐 간 환율을 정해야 한다는 의사를 전달했다. 4월 5일에 소련 국가은행은 루블화와 인민폐 간 환율 관련 문서를 제정했다. 문서의 상세한 내용은 알 수 없으나 당시 미국 주재 대사였던 아나톨리 도브리닌(Anatoly Dobrynin)의 기억에 따르면 중국에 비교적 유리한 내용인 것으로 알려졌다. 조린(Zorin) 외무부 차관이 이 문서를 그로미코 외무부 장관에게 상정한 다음 심사를 요청했다. 그로미코는 신중을 기하기 위해 독단적으로 결정을 내리지 못했다. 그러나 환율 문제가 그다지 중요하지 않다고 생각해 스탈린에게는 보고하지도 않았다. 얼마 후 중국 정부와 소련 대사관에서 거듭 결재를 재촉하고 조린 차관도 별다른 반대 의견을 내놓지 않자 그로미코는 스탈린에게 보고하지 않고 문서를 비준했다. 스탈린은 이 일을 알고 노발대발했다."[17]

그로미코는 스탈린의 깊은 생각을 전혀 알아채지 못하고 급기야 큰 잘못을 범하고 말았다. 스탈린은 동유럽 국가들을 소련의 '사회주의 대가족(사회주의권)'에 편입시킬 때부터 이 국가들을 경제적으로 지배하기 위한 전략을 세워놓고 있었다. 동유럽 국가들이 너도나도 독립적인 화폐를 발행하려고 하면 환율을 이용해 지배할 생각이었다. 소련은 당시 전 세계 황금의 5분의 2를 점유할 정도로 황금 생산량이 많았다. 소련은 어마어마한 황금 보유고를 믿고 일부러 루블화의 가치를 실제 구매력보다 훨씬 더 높게 책정했다. 동유럽 각국 화폐와의 환율을 정할 때에도 황금 가격을 기준으로 하여 부당한 이득을 꾀했다. 동유럽 각국은 스탈린의 위세에 눌려 감히 대놓고 불만을 표출하지 못했다.

스탈린은 동유럽과 똑같은 방법으로 중국에 대처했다. 이렇게 해서 마오쩌둥이 소련을 떠나자마자 루블화 가치가 갑자기 평가절상된 것이다. 스탈린은 중국이 환율 문제와 관련해 감히 소련에 강경하게 요구하지 못할 것이라는 사실을 잘 알고 있었다.

그런데 외교적 수완만 있고 경제적 수완이 없는 그로미코가 스탈린의 계획을 보기 좋게 망쳐버렸다. 이에 스탈린이 화가 나 펄쩍 뛴 것이다. 중국이 소련과의 환율 문제에서 우위를 점한 상황에서 인민폐를 황금과 연계한다면, 소련에 루블화와 인민폐 간 환율을 새로 제정할 빌미를 제공하는 것밖에 되지 않았다. 따라서 천원은 일부러 인민폐를 황금과 연결시키지 않았다.

그렇다면 무엇을 기준으로 인민폐 가치를 정해야 할까? 천원은 항일 전쟁 전에 발행했던 법폐 구매력을 참고로 실천 과정에서 신 화폐의 가치를 평가하기로 결정했다. 1936년부터 유통된 법폐는 화폐 가치가 적당하고 시장 반응도 좋아 전국의 물가 안정에 크게 기여했다. 따라서 새로운 인민폐 1위안과 과거의 법폐 1위안의 구매력이 엇비슷하다고 볼 수 있다. 이렇게 계산하면 신 화폐와 구 화폐의 교환 비율은 1 대 1만이 되어야 했다.

중국 정부는 신 화폐를 발행하고 구 화폐를 회수할 때, 무차별 교환 원칙을 적용했다. 즉 시중의 예금이나 현금을 불문하고 일률적으로 구 화폐를 신 화폐로 교환하도록 했다. 결과적으로 신 화폐는 기존 구 화폐 단위를 1만 배 축소한 셈이었고 물가도 마찬가지였다. 이는 화폐 개혁이 아닌 단순한 화폐 교체에 불과했기 때문에 사회적 부에 큰 변화를 초래하지 않았다.

신 인민폐 발행 과정은 대단히 순조로웠다. 신 화폐를 발행한 지 열흘도 채 안 되는 사이에 시중 통화량의 80%에 달하는 구 화폐를 회수했다. 6월 10일까지 구 화폐 회수량은 무려 통화량의 98.06%에 이르렀다. 이렇게 해서 1955년 6월 10일에 인민폐의 신구 교체가 기본적으로 마무리되었다.

신 인민폐 발행 후에도 물가는 여전히 안정적인 수준을 유지했으며 시장 반응도 좋았다. 국민들 역시 신 화폐를 적극적으로 지지했다. 중국 정부는 단 100일 만에 인민폐의 세대교체를 원만하게 실현하고 국민당 정부가 남겨놓은 인플레이션의 잔재도 완전히 제거했다. 인민폐는 이때부터 중국에서 완전히 새로운 여정을 이어갔다.

중국에서 인민폐 가치가 안정을 되찾고 악성 인플레이션을 효과적으로 억제하기까지 주관적 요인과 객관적 요인이 함께 작용했다. 주관적 요인은 중국 정부가 적시에 적절한 조치를 취한 것이고, 객관적 원인은 중국 경제가 짧은 기간 내에 다음의 '4대 균형'을 이루었다는 것이다.

첫째, 예산 수지 균형을 이룸으로써 인플레이션의 근원을 제거했다. 둘째, 화폐 출납 균형을 이룸으로써 화폐 가치를 안정시켰다. 셋째, 물자 수급 균형을 이룸으로써 투기 세력을 근본적으로 차단했다. 넷째, 외화 수출입 균형을 이룸으로써 화폐 공황의 근원을 제거했다.

완벽한 화폐 독립을 이루지 못한다면 경제, 정치 및 군사적 독립은 꿈도 꿀 수 없다.

아편전쟁 이후 제국주의 열강은 중국의 매판 관료 자산 계급을 이용해 중국의 금융을 쥐락펴락했다. 마오쩌둥, 천윈 등 신 중국 지도자들은 이를 누구보다 잘 알았다. 중국의 100년 근대사를 살펴보면 외국 자본 세력, 양매판 계층, 관료지주 계급은 공동의 이익을 위해 강력하고 복잡한 인맥 네트워크를 구축했다. 군벌과 국민당을 막론하고 정권을 잡은 정부는 모두 이 인맥 네트워크에 의존하지 않을 수 없었다. 이 네트워크는 착취 계급이 서로 결탁하고 비호하면서 공동으로 인민을 착취하는 수단으로 이용됐다. 1949년에야 거대한 악성종양과 같은 이 네트워크는 드디어 신 중국 정부에 의해 철저히 제거되었다.

신 중국 정부는 인민폐를 그 어떤 외화와도 연계하지 않았다. 이 조치는 중국의 금융 하이 프런티어를 넘보는 외국 자본 세력이 중국의 금융 시스템에 침투하지 못하도록 근본적으로 차단하기 위해서였다. 이는 중국공산당의 최고의 금융 전략이었다.

신 중국 건국 초기에 중국 정부는 미국 등 서방 국가의 제재에 직면했다. 이 때문에 어쩔 수 없이 소련의 자금과 기술에 의존해야만 했다.

"소련 측 통계에 따르면, 1950년부터 1961년까지 소련은 14회에 걸쳐 중국에 총 18억 1,800만 루블의 차관을 제공했다. 이 중에는 한국전쟁 때 제공한 연리 2%의 전쟁 차관 2억 루블도 포함돼 있다. 한국전쟁이 끝난 후 소련은 중국에 제공한 전쟁 경비와 군수 물자가 전쟁 차관이라는 사실을 단 한 번도 언급하지 않았다. 오히려 중국이 사회주의 국가의 이익을 위해 출병한 데 대한 보상이라며 소련이 그 책임을 질 것이라고 떠벌였다. 그러나 사실 소련은 이 경비를 중국의 채무에 포함시켰을 뿐만 아니라 높은 금리까지 적용했다."[18]

중국이 소련의 금융 통제에서 벗어나는 길은 하루빨리 차관을 갚는 방법밖에 없었다. 당시 국력이 약한 상황에서 중국 정부는 엄격한 국가예산 제도를 실시하고 허리띠를 졸라매 인민폐의 자주 독립을 실현했다. 그리고 1965년에 마침내 소련의 빚을 완전히 갚았다. 그해 말 천이(陳毅) 중국 외교부장은 일본 기자와의 인터뷰에서 '중국은 외채가 없는 국가'라고 자랑스럽게 말했다.

인민폐의 역사는 화폐가 인민을 위해 복무한 역사이자 중국이 화폐의 자주 독립을 실현한 역사인 동시에 실천 속에서 기적을 만들어낸 역사이기도 하다.

제9장

금융 하이 프런티어와
인민폐의 국제화

인민폐가 겹겹의 포위망을 뚫고 진정한 국제화를 실현하려
면 반드시 금융 하이 프런티어를 사수하는 전제 아래 통합적
인 전략을 밀고 나가야 한다. 인민폐 국제화의 전제 조건은
밖에 내놓을 수 있고 안으로 불러들일 수 있으면서 눈으로
볼 수 있고 관리와 통제가 가능한 상태이다.

지금 세계는 아직 화폐전쟁의 연기가 걷히지 않았고, 멀리서 전쟁 북소리가 여전히 들려오고 있다. 향후 미국 채무가 끊임없이 증가하면서 달러화의 위상은 날로 약화되고, 뒤이어 화폐의 춘추전국 시대가 도래할 것이다. 화폐전쟁은 이제 세계 경제의 일상적인 현상으로 자리 잡을 가능성이 높다.

인민폐가 곤경에 처한 이유는 중국의 외환 보유액이 너무 많아 인민폐가 '달러화化'되었기 때문이다. 환율 위기, 외환 보유액 문제 등의 핵심은 인민폐가 본위화폐로 자리매김하는 과정에서 오차가 생긴 데에 있다. 인민폐의 근본 목적은 인민을 위해 복무하는 데 있으나 지금 인민폐는 본래의 취지를 잃고 있다. 따라서 현재 인민폐 발행 방식에 중대한 혁신이 필요하다. 이를테면 '넓은 의미의 물가 본위제'라는 색다른 시도를 해볼 수도 있다. 달러화 가치가 끊임없이 하락하는 상황에서 외환 보유액 역시 적절하게 조절할 필요가 있다.

인민폐가 겹겹의 포위망을 뚫고 진정한 국제화를 실현하려면 반드시 금융 하이 프런티어를 사수하는 전제 아래 통합적인 전략을 밀고 나가야 한다. 인민폐의 국제화는 인민폐를 해외에 수출, 유통시키면 끝나는 문제가 아니다. 세상 어디든 인민폐가 출현하는 곳마다 중국의 국가 이익이 얽혀 있다. 따라서 모두 중국 화폐 당국의 감독과 관리가 필요한 새로운 영역이라고 할 수 있다. 인민폐 국제화의 전제 조건은 밖에 내놓을 수 있고 안으로 불러들일 수 있으면서 눈으로 볼 수 있고 관리·통제가 가능한 상태이다.

화폐본위, 중앙은행, 금융 네트워크, 거래 시장, 금융기관 및 결제 센터 등은 공동으로 금융 하이 프런티어의 전략적 체계를 구성한다. 주권국이 이 체계를 구축하는 목적은 화폐의 자원 배분 기능을 보다 더 안전하고 효율적으로 발휘하기 위해서이다. 화폐를 발행하는 중앙은행에서 화폐를 사용하는 일반 소비자에 이르기까지, 치밀한 화폐 유통망에서 자금 회전을 책임진 결제 센터에 이르기까지, 금융 어음 거래 시장에서 신용 등급 평가 시스템에 이르기까지, 연성軟性의 금융 법률 제도 감독 관리에서 강성剛性의 금융 인프라 구축에 이르기까지, 방대한 규모의 금융기관에서 고효율적인 각 산업 협회에 이르기까지, 종류가 복잡한 금융 상품에서 간단하게 사용할 수 있는 투자 도구에 이르기까지 모두 금융 하이 프런티어의 범주에 포함된다. 이 금융 하이 프런티어는 중앙은행에서 흘러나온 화폐가 금융과 경제의 전체적인 네트워크를 거쳐 최종적으로 다시 중앙은행의 순환 시스템에 흘러들도록 보호하는 역할을 한다.

화폐전쟁, 역사의 반복

영국의 경제 잡지 〈이코노미스트〉 2010년 10월호 표지에 화폐전쟁의 포연이 피어오르는 그림이 실렸다. 이는 마치 새로운 세계대전이 시작됐음을 방불케 했다. 이에 세계 각국 언론들은 덩달아 화폐전쟁의 전황에 대해 대서특필했다. 각국의 정계 요인, 경제학자, 국제기구, 고위층 포럼 역시 뒤질세라 이 전장에 뛰어들었다. 서구 언론은 화폐전쟁의 주요 교전국을 중국과 미국으로 규정했다. 또 전쟁의 주요 무기는 바로 화폐이고, 화폐전쟁의 발발 원인은 '인민폐의 저평가'라고 판단했다.

순식간에 인민폐는 서구 언론의 집중 공격 대상이 돼버렸다. 그들은 중국이 인민폐를 평가절상하지 않으면 세계 경제가 영원히 불균형 상태에서 벗어나지 못할 것처럼 떠들었다. 또 세계 각국의 경제 회복에 심각한 타격을 주면서 무역전쟁이 전 세계를 휩쓸고, 1930년대 대

화폐전쟁을 표지 기사로 올린 《이코노미스트》

공황과 같은 비극이 재연될 것이라고 주장했다.

심지어 일부 미국 경제학자들은 미국발 금융 위기의 원흉이 인민폐라는 주장을 내놓기도 했다. 인민폐의 저평가로 인해 중국의 무역흑자가 증가한 데다 소비보다 저축을 선호하는 중국인들이 미국 국채를 대량으로 매입하면서 중국의 염가 핫머니가 미국에 몰려들어 미국이 장기적으로 저금리를 유지할 수밖에 없었다는 주장이다. 결국 이런 요인들로 인해 달러화 자산 거품과 금융위기가 유발됐다는 것이다.

서구 국가들은 무역 불균형을 구실로 중국의 화폐를 공격하고 중국 경제를 혼란에 빠뜨린 다음 중국의 금융 시스템에 손을 뻗쳐 궁극적으로 중국의 금융 하이 프런티어를 장악할 목적을 가지고 있다. 중국 근대사에서 이와 유사한 사례는 적지 않게 발견된다.

19세기 영국은 세계에서 가장 강력한 국가였다. 영국은 아프리카 대륙의 20여 개국을 정복하고, 대양주의 오스트레일리아와 뉴질랜드 등을 영연방 국가로 만들었으며, 미주의 캐나다, 가이아나, 자메이카, 바하마 등과 아시아의 인도(파키스탄 포함), 말레이시아(싱가포르 포함), 미얀마 등 광대한 영토를 통치했다.

대영 제국은 식민지 확장 정책의 일환으로 중국에 대한 무력 침략도 꾀했다. 그러나 인구가 4억 명이나 되는 대국을 무력으로 정복한다는 것은 말처럼 쉽지 않았다. 중국을 정복하기 위해서는 먼저 중국의 화폐 시스템을 공략해야만 했다. 국가의 화폐 시스템이 붕괴되면 금융 하이 프런티어가 함락되고, 나아가 국가의 재정이 무너지고 정치 권력과 군사력이 와해돼 궁극적으로 중국을 식민지로 손에 넣을 수 있었다.

이에 영국은 중국의 은본위제를 무너뜨리기 위해 무역 불균형을 구실로 대중국 아편무역과 아편전쟁을 발동했다. 아편무역으로 중국의 화폐 시스템이 철저히 파괴되자, 중국의 은이 대량으로 영국에 유출되고 중국 내에는 은 가격이 상승하고 화폐 가치가 하락하는 통화 긴축 현상이 나타났다. 그 결과 경제가 침체되고 생산이 중단됐으며 백성들은 도탄에 허덕였다. 또한 사회 갈등이 격화되고 매년 무역적자가 발생했으며 국가 재정은 수입보다 지출이 많아졌다. 과중한 조세 부담과 관리들의 횡포 때문에 궁지에 몰린 백성들은 결국 반란을 일으켰다.

청나라 정부는 끊임없는 대내외 전쟁 경비를 마련하기 위해 서구 열강의 외채를 빌리는 수밖에 없었다. 그 대가로 중국의 관세, 염세, 이세의 3대 재정 수입원을 담보로 제공하고, 금융의 전략적 고지인 중앙은행마저 외국 자본 세력에 빼앗겼다. 이에 따라 무역 가격 결정권과 철도, 항운, 방직, 철강 등의 산업마저 외세에 양보해야 했다. 양무운동의 자주권, 더 나아가 해안 방어, 변방 방어로 대표되는 군사 활동에 필요한 자금 융자 능력까지 모두 상실하며 최종적으로는 반식민지 국가라는 비참한 처지로 전락했다.

1930년대 초에 국민정부는 '폐량개원', '은본위제', '4행2국' 및 화폐 통일을 골자로 하는 화폐 개혁을 단행해 금융 집권을 완성하고 금융 하이 프런티어를 탈환하려고 시도했다. 바로 이때 미국이 상투적인 수법으로 또 다시 중국의 화폐를 공격했다. 루스벨트 미국 대통령은 일방적으로 '은 구매법'을 선포한 다음 국내외 시장에서 대량의 은을 매입했다. 그는 은본위제 국가들의 화폐 구매력을 끌어올리기 위해 은 가격을 상승시킨다고 떠벌였지만, 실상은 중국을 비롯한 은본위제 국가의 화폐 가치를 절상하여 이들 국가에 미국의 잉여 상품을 덤핑 판매하려는 의도가 숨어 있었다.

미국이 국제 시장에서 본격적인 은 매입에 나서자 국제 은 가격이 폭등하고 중국의 은이 대량으로 외국에 유출되기 시작했다. 중국은 은 생산량이 많지 않은 데다 은화 주조에 필요한 은을 수입에 의존하는 형편이었다. 그런데 국제 은 가격이 상승함에 따라 1934년 3개월 반 사이에 무려 2억 위안이나 되는 은이 외국으로 유출됐다. 그럼에도 미국은 은 매입을 멈추지 않아 1934년에 런던 시장의 은 가격은 두 배나 폭등했다.

대량의 은이 빠져나간 중국은 심각한 후폭풍에 시달렸다. 은이 유출되면서 중국 화폐는 강제로 평가절상되고 무역적자가 급격히 늘어났으며, 외국산 제품이 중국 시장에 범람한 반면 중국산 제품은 심각한 수출난에 봉착했다. 이어 심각한 디플레이션이 발생해 은행 대출 규모가 급감하고 금리가 수직 상승했으며 아무리 높은 금리를 제시해도 돈을 빌릴 수 없는 현상이 나타났다. 여기에 심각한 금융 경색이 초래돼 물가가 폭락하고 상공업 발전이 큰 타격을 입어 기업들이 줄줄이 도산했다. 1934년 말에는 부동산 가격이 수직 하락해 상해 조계지의 부동산 가격은 최대 90%까지 떨어졌다. 금융 시장은 공황 상태에 빠지고 대규모 예금 인출 사태가 터져 은행과 전장들도 잇따라 파산했다.

궁지에 몰린 국민정부는 마지못해 은본위제를 폐지하고 파운드화 및 달러화 환율을 기준으로 한 법폐를 발행했다. 그리고 항일 전쟁 발발 후에는 환율 안정을 유지하기 위해 어쩔 수 없이 외국환 평형기금을 설립했다. 결국 중국의 중앙은행과 외환 관리 권력을 고스란히 영국과 미국에 넘겨주면서 중국은 재차 금융 하이 프런티어를 상실했다.

지금도 미국은 끊임없이 중국에 인민폐 절상 압력을 가하고 있다. 그렇다면 중국이 인민폐를 평가절상하면 미국의 무역적자와 실업난이 해소될 수 있을까?

사실 미국 무역적자의 근원은 달러화 기축 통화 체제에 존재하는 치명적인 선천적 결함 때문으로, 미국의 주권 신용 화폐는 세계화폐로서의 기능을 장기간 안정적으로 수행할 수 없다. 이는 어떤 주권 신용 화폐도 마찬가지이다.

세계화폐의 주요 기능 중 하나는 국제 무역에서 결제 화폐로 사용되는 것이다. 만약 미국이 장기간 무역흑자를 기록하고 있다면, 수출이 수입보다 월등히 많아 전 세계의 달러화가 미국으로 다시 흘러들어간다. 이렇게 되면 국제 시장에 결제 화폐가 부족해 무역이 위축되고 각국 경제도 침체될 수밖에 없다. 결국 국제 무역이 지속적으로 발전하려면 미국이 화폐를 수출하고 상품을 수입해야 한다. 따라서 미국의 무역적자는 태생적으로 정해진 것이다. 다만 무역적자 대상국이 그때그때 바뀔 뿐이다.

그러므로 인민폐의 평가절상을 통해서는 미국 무역적자의 구조적 문제점을 근본적으로 해결할 수 없다. 그저 미국의 무역적자 대상국이 중국에서 인도, 멕시코 또는 다른 국가로 이전될 뿐이다.

인민폐의 평가절상을 통해 미국의 실업난을 해소한다는 것도 어불성설이다. 인민폐를 20% 평가절상하면 가능할까? 천만의 말씀이다. 200% 절상해도 불가능하다. 미국이 완구, 의류, 철물 잡화, 가전 따위의 제품을 절대 생산할 리 없기 때문이다. 미국의 평균 인건비는 무려 중국의 10배에 달한다.

미국의 정책 결정자와 금융 전략가들이 이 이치를 모를 리 만무하다. 그럼에도 불구하고 계속 중국에 절상 압력을 가하는 목적은 무역 적자나 실업난 해소가 절대 아니라는 사실을 알아야 한다.

역사를 되돌아보면 미국의 지금 행동과 일맥상통하는 사례를 찾을 수 있다. 1840년에 영국은 청나라 정부의 은본위제를 공략하기 위해 아편무역을 실시했다. 1935년에는 미국이 국민정부의 법폐 시스템을 무너뜨리기 위해 은 투기 붐을 조성했다. 이런 사례로 보건대, 미국은 겉으로 무역적자와 실업난 평계를 대고 있지만 실제로는 중국의 인민폐 체제를 공격하려는 것이 분명하다.

곤경에 처한 인민폐

"잘못된 경제 사상은 사람으로 하여금 자신의 이익이 어디에 귀속되는지 잘 모르게 한다. 따라서 이익보다 더 위험한 것은 바로 사상이다."
_케인스

현재 중국의 인민폐 발행 메커니즘은 건국 초기에 비해 뚜렷한 변화에 직면했다. 건국 초기에는 '화폐의 자주 독립'을 최고의 금융 전략으로 삼았다. 따라서 당시의 인민폐는 소련의 루블화, 미국의 달러화와 연동되지 않은 것은 물론이고, 소련과 서구 국가들이 장악한 황금과도 연결되지 않았다. 당시 인민폐의 가치는 중국의 경제 발전 수준에 의해 결정됐다. 60년이 지난 지금 중국이 처한 대내외적 환경은 그때와 완전히 다르다. 중국 경제의 글로벌화는 피할 수 없는 추세여서 인민폐의 발행 메커니즘에 상응한 조정이 필요한 시점이다.

1994년부터 중국의 외환 매입액이 본원 통화에서 차지하는 비중은 갈수록 커졌는데, 이렇게 되면 인민폐의 외화(주로 달러화)에 대한 의존도가 점점 더 커질 수밖에 없다. 지금 중국은 외환 매입액을 기준으로 본원 통화를 공급하는 지경에 이르렀다. 까놓고 말하면 외환 매입액은 달러화 자산을 담보로 인민폐를 발행하는 것이나 다름없다. 현재 중국의 총 통화량은 약 70조 위안에 달하지만 이 중 대부분이 달러화를 준비 자산으로 하여 발행한 것이다. 따라서 현재 인민폐는 거의 '달러화(化)'되었다는 곤경에 처해 있다.

요즘과 같은 신용 화폐 시대에 화폐의 가치는 화폐 발행자의 신용도에 의해 결정된다. 그러나 지금 달러 발행국인 미국은 1930년대 대공황 이후 최악의 실업 사태가 터진 데다 설상가상으로 과중한 채무에 시달리고 있다. 여기에 18%에 달하는 실제 실업률, 부동산 가격의 폭락, 양로 연금의 축소 등도 심각한 문제로 대두되었다. '베이비 붐' 세대의 인구 7,900만 명이 향후 10~20년 사이에 대거 은퇴하면(취업 인구의 절반 정도를 차지함) 미국 정부의 의료 및 연금 지출이 급증하여 재정 적자가 악화되고 국가 채무와 개인 채무도 지속적으로 늘어나게 된다.

이 모든 것을 종합하면 향후 미국의 채무 불이행 위험은 사상 전례

없이 높아지는 데 반해, 달러 가치는 유례없는 폭락 사태를 맞을 확률이 높다. 채무 불이행은 직접적이고도 공공연한 행위일 수도 있고, 또 간접적이고 은밀한 행위일 수도 있다. 미국이 현재 실시 중인 2차 '양적 완화' 정책은 후자에 속한다.

달러는 일종의 채무를 담보로 발행한 화폐이다. 따라서 시중에 유통된 달러는 모두 누군가의 채무와 연결돼 있다. 달러라는 지폐가 채권자와 채무자의 관계를 증명하는 차용증인 셈이므로 달러를 보유한 사람은 모두 달러 채무의 채권자이다.

미국이 양적 완화라는 황당무계한 명목 아래 달러화를 무차별적으로 발행할 때, 연방준비이사회(FRB)는 미국 국채와 금융기관의 채권, 어음을 대거 매입하는 방식으로 미국의 거액의 채무를 화폐화했다. 양적 완화 정책은 크게 두 가지 의미에서 벗어나지 않는다. 하나는 정상 수준에서 벗어난 달러화 과잉 발행으로 채무 부담을 희석시키려는 목적을 달성했다는 것이고, 다른 하나는 화폐화된 채권의 신용도가 크게 떨어졌다는 것이다.

사실상 파산 상태인 프레디맥과 페니맥에서 발행한 채권이 좋은 예이다. 이렇게 되면 새로 증발한 달러화가 기존 달러화 보유자들 수중의 채권 가치를 크게 희석하고, 더불어 새로 발행한 달러화의 자산 안전성이 크게 떨어지게 된다. 2008년 금융위기 후 미국이 양적 완화 정책 명목으로 새로 증발한 달러화는 전형적인 악화였다. '성실한 화폐'인 금의 가격이 2008년 금융위기가 발발할 때에 온스당 700달러였다가 현재 1,400달러로 폭등한 것도 모두 이 때문이다.

달러화 채권의 가치를 희석시키고 자산 안전성을 떨어뜨리는 '저질 달러'가 전 세계에서 넘쳐났으니, 글로벌 금융 질서가 혼란해지지 않으면 더 이상한 일이었다. 이 같은 상황에서 저질 달러의 유입을 가만히 두고 볼 국가가 과연 있을까?

저질 달러는 2008년부터 중국에도 대량 유입되었다. 대외 무역, 직접 투자 및 기타 경로를 통해 중국에 유입된 달러는 은행 시스템을 거쳐 중국 인민은행까지 흘러들어 갔다. 저질 달러가 중국 중앙은행의 대차대조표에 당당하게 자리 잡은 것이다. 중앙은행이 달러를 담보로 발행한 인민폐는 저질 달러 채권의 수취증으로, 수많은 인민폐 보유자들의 소유가 되었다. '달러 바이러스'는 화폐의 유통 과정을 거쳐 인민폐에 전염됐다. 표면적으로는 중국 정부가 달러 준비 자산을 보유했기 때문에 국민들에게는 별 피해가 없는 것처럼 보인다. 그러나 사실 달러 자산의 최종 수취인은 인민폐를 보유한 일반 서민이다. 중국 정부는 그저 국민을 대신해 보관해 주는 역할을 할 뿐이다.

이때 미국이 행동을 개시해 인민폐 평가절상을 강력히 요구했다.

만약 중국이 보유한 외화 자산이 2조 달러이고, 달러화 대비 인민폐 환율이 1 대 8이라고 가정해 보자. 그러면 중국이 이 외화 자산을 담보로 발행한 인민폐 규모는 16조 위안에 달한다. 독성 바이러스를 지닌 달러 자산 수취증(인민폐를 가리킴)은 은행 시스템의 확대 효과를 거쳐 이미 중국 경제에 유입됐고, 대다수 국민들이 이를 보유하고 있다. 만약 이때 중국이 미국의 압력에 못 이겨 인민폐 환율을 1 대 6으로 평가절상한다면 어떤 일이 벌어질까?

쉽게 예를 들어 설명해 보자. 만약 2조 달러로 국제 시장에서 16조 개의 빵을 살 수 있다면, 인민폐 평가절상 전에는 1위안으로 빵 하나를 바꾸는 셈이 된다. 그러나 인민폐 환율이 1 대 6으로 평가절상된 뒤에는 12조 위안으로 빵 16조 개를 구매할 수 있다. 이는 인민폐 평가절상 후 구매력이 상승한 것처럼 보이지만 실제로는 12조 위안으로 16조 개의 빵을 구매한 다음 나머지 4조 위안어치 수취증은 휴지 조각이 돼버린다. 인민폐가 평가절상된 순간부터 12조 위안의 '신 화폐'가 16조 위안의 '구 화폐'를 대체하게 되는 것이다. 이는 '구 화폐'의 실질 구매력 하락을 의미한다. 장제스가 1 대 200의 교환 비율로 피점령 지역의 위폐를 회수한 것이나 소련이 1 대 10의 교환 비율로 '구 루블'을 회수한 것과 크게 다를 바 없다. '구 화폐' 보유자들의 부를 수탈하기 위한 수작에 불과하다.

엎친 데 덮친 격으로 달러 남발은 국제 상품 가격의 상승을 부추겼다. 전에는 2조 달러로 빵 16조 개를 살 수 있었다면, 달러 과잉 공급 후에는 10조 개밖에 사지 못하게 된다. 이는 다시 말해 16조 위안으로 살 수 있는 빵의 개수가 16조 개에서 10조 개로 줄어든 것이다. 즉 평가절상 이전의 인민폐를 보유한 사람의 실제 구매력이 대폭 줄어들었음을 의미한다.

이는 인민폐의 평가절상이 대외적으로는 명목 환율의 절상을 의미하나 대내적으로는 실질 구매력이 하락하는 원인이 된다. 인민폐가 달러를 담보로 발행되는 한 달러의 평가절하는 최종적으로 인민폐 보유자의 손실로 연결된다.

대중들의 시선이 무역 균형, 환율 조작 등 지엽적인 화제에 집중됐을 때, 배후에서는 인민폐 절상이 가시권에 들어가 중국이 30년 동안 축적한 자산에 대해 재평가가 이루어지고 있다. 그러나 인민폐를 절상할 경우 인민폐의 명목 구매력만 상승하고 실질 구매력은 하락하여 중국 국내의 인플레이션 압력이 커질 수밖에 없다. 더욱 심각한 문제는 2조 달러에 맞먹는 16조 위안이 본원 통화라는 사실에 있다. 본원 통화는 은행 시스템의 확대 효과를 통해 거대한 신용을 창출하게 되고, 이 신용이 고스란히 중국의 실물 경제에 흘러들어 상상을 초월할 정도의 인플레이션 압력을 유발한다.

인민폐의 평가절상에 의해 명목 구매력이 상승하면 물론 좋은 점도 있다. 그러나 이는 적어도 수년 후에 수입, 해외 투자 등의 방식을 통해 점차적으로 가시화된다. 이에 반해 평가절상에 따른 폐해는 바로 나타난다. 대표적인 것으로 중국의 외화 준비 자산 손실, 자산 재평가로 인해 유발되는 악성 자산 인플레이션 등을 꼽을 수 있다.

미국이 인민폐 절상을 끈질기게 강요하는 목적은 따로 있다. 인민폐 평가절상을 통해 인민폐의 명목 구매력을 상승시키고 실질 구매력을 하락시킴으로써 인민폐 보유자, 다시 말해 달러 채권자들의 수중에 있는 달러 채권 가치를 희석시키려는 것이다. 여기서 강조할 점은 미국 채권의 최종 보유자는 중국 정부가 아닌 중국 국민이라는 사실이다. 한마디로 미국 채무 불이행의 최종 피해자는 중국 국민이 될 수밖에 없다.

또 한 가지 의심의 여지없는 사실은 인민폐의 평가절상으로 인해 더 큰 규모의 핫머니가 중국에 유입돼 인플레이션 압력을 더욱 고조시킬 것이라는 점이다. 일본은 1985년에 미국의 압박에 못 이겨 엔화 가치를 절상한 다음 바로 심각한 자산 버블에 직면했다. 중국 역시 2005년 7월에 환율을 20% 절상한 후 부동산 시장과 증시가 과열되는 심각한 문제가 발생했다. 이와 같은 맥락에서 분석해 보건대, 미국은 다음과 같은 일석이조의 효과를 노리고 인민폐의 대폭 절상을 촉구하고 있다.

하나는 미국의 대중국 실제 부채 규모를 대폭 줄이려는 것이고, 다른 하나는 중국의 자산 가격 버블을 부추기려는 것이다. 인민폐의 절상 속도가 빠르면 빠를수록 투기꾼들은 달러 자산을 현금화하려는 욕구가 강렬해진다. 저질 달러의 확산에 따라 세계 각국이 미국 채무를 거의 다 소화할 때쯤 중국의 자산 버블은 어쩌면 구제불능 상태로 악화될지도 모른다. 이때 미국이 글로벌 인플레이션 억제라는 구호를 내걸고 금리를 갑자기 대폭 인상해 버리면 중국과 다른 국가의 자산 버블을 일거에 깨뜨릴 가능성도 크다.

전쟁의 핵심 변수는 시간이다. 화폐전쟁 역시 예외가 아니다. 미국이 원하는 것은 세계 각국이 자국 화폐를 빠르고도 대폭적으로 평가절상하여 이들 국가의 경제가 회복된 틈을 노려 미국의 부실 채무를 분담하고 희석시키려는 것이다. 화를 남에게 전가하려는 이런 속보이는 수작을 어느 국가가 과연 용납할 수 있겠는가?

중국에 형성된 자산 버블이 미국에 의해 한껏 부풀려진 후 갑자기 붕괴된다면 그 후폭풍은 상상을 초월한다. 그렇다면 중국 경제를 구제할 방법은 과연 없는 것일까?

먼저 그리스, 아일랜드 등 유로존 국가들의 신용 위기가 좋은 본보기가 될 수 있다. 유로존 국가들은 화폐 발행권을 유럽 중앙은행에 전부 위임했다. 주의할 점은 유럽 중앙은행이 유럽연합(EU) 주권국과 별개의 기구로, 유럽 의회나 각 회원국 선거인들에게 책임을 질 필요가 없으며, 특히 각국 정부의 의지와 상관없이 독립적으로 의사결정을 내릴 수 있다는 것이다. 따라서 발권 은행인 유럽 중앙은행이 신용 위기 발생국의 생사 여탈권을 쥐고 있다고 봐도 무방하다. 칼자루를 빼앗긴 각국은 유럽 중앙은행이 재정 세수, 국가 채무, 예산 규모, 의료 복지, 퇴직 보험 등 다양한 분야에 걸쳐 내건 각박한 조건들을 수용할 수밖에 없다. 그렇지 않으면 유럽 중앙은행으로부터 화폐를 공급받을 수 없기 때문이다.

만약 중국에 위기가 발생한다면 미래의 세계 중앙은행을 자처하는 국제통화기금(IMF)이 도움을 준답시고 뻔한 조건들을 내걸며 적극적으로 나설 가능성이 높다. 그들은 중국의 화폐 발행권을 공유하고, 중국의 주권 화폐 발행을 제약하는 일련의 조건을 규정하며, 인민폐 환율과 재정 세수 정책의 실시 상황을 감독하려고 들 것이다. 간단히 말하면, 이를 통해 중국의 금융 하이 프런티어를 장악하려는 것이다.

공상과학 영화와 같은 이런 상황이 오늘날 실제로 벌어지고 있다. 하지만 중국이 효과적으로 대처한다면 이는 영원히 공상과학으로 남을 수도 있다.

인민폐의 색다른 선택, 광의의 물가 본위제

인민폐가 현재 곤경에 처한 원인은 화폐본위가 제자리를 찾지 못했기 때문이다. 인민폐는 반드시 중국 경제 발전을 기본 출발점으로 삼아 달러를 비롯한 그 어떤 외화도 인민폐의 가치에 큰 충격을 주지 못하도록 시시각각 방어해야 한다.

1930년대에 산동 근거지에서는 물자를 준비금으로 삼아 '북해폐'를 발행했다. 이 같은 과감한 금융 혁신을 통해 물가 안정, 경제 번영을 실현하고 근거지의 경제력을 크게 향상시켰다. 만약 중국 정부가 1950년대에 인민폐를 그 어떤 외화와도 연계하지 않는 '물가지수 본위제'라는 참신한 발행 방식을 채택하여 똑같이 물가를 안정시키고 경제를 빠른 속도로 회복시켰다면, 오늘날 인민폐가 더욱 과감한 혁신을 이루어 굳이 미국 및 서구 국가들과 똑같은 화폐 발행의 길을 걸을 필요는 없지 않았을까?

국민정부는 1930년대에 법폐를 발행하고 파운드화 및 달러화와 연계된 '환본위제'를 채택했다. 그래서 화폐 주권을 상실한 국민정부 중앙은행은 영국과 미국에 코가 꿰어 환율 안정을 유지하기 위해 늘 대량의 파운드화와 달러화를 비축해야 했다. 이는 후세 사람들에게 좋은 교훈을 주는 사례이다.

국가의 본위 화폐는 물가 안정을 최고 원칙으로 삼아 국민 생활과 경제의 안정적인 발전을 위해 서비스해야만 한다. 물론 현재의 물가 안정 개념은 1950년대와 비교해 큰 차이가 있다. 당시에는 사람들의 임금 소득과 사회 자원의 화폐화 정도가 매우 낮았다. 서민들은 땔감, 곡식, 기름, 소금 등 생활필수품 물가에만 관심을 가졌다. 수십 년이 지난 지금은 국민들의 소득과 사회 재산이 대폭 증가했다. 서민들의 관심 대상은 식량을 비롯한 생필품 물가에서 자산 가격과 사회복지 서비스 가격(의료, 교육, 양로 등)으로 바뀌었다. 물론 화폐 공급이 늘어난다고 해서 신규 유통분이 모두 소비 시장에 흘러들어 사재기 붐을 형성하지는 않는다. 그중의 일정량은 필연적으로 자산 또는 사회 서비스 분야로 흘러든다. 화폐는 소비 아니면 투자 두 가지 방식으로 사용되기 때문이다.

국민의 이익과 복지를 우선시하는 국가는 화폐 제도를 정할 때 광의의 물가 안정을 화폐 발행의 기준으로 삼는 것이 바람직하다. 그리고 중국도 이런 광의의 물가지수 본위제를 실시해야 한다. 빵, 우유, 야채, 돼지고기 등 생필품의 현재 가격과 10년 후 가격이 별 차이가 없고, 부동산, 교육, 의료, 양로 등의 자산 가격과 사회 서비스 가격이 꾸준히 안정세를 유지할 때, 국민들의 이익이 비로소 확실하게 보장받을 수 있다. 이런 화폐는 국민들이 신뢰하고 선호하는 대상이 되기 마련이다.

광의의 물가지수는 국민들의 최대 관심 품목인 자산 가격(부동산, 주식, 금, 은 등), 사회복지 서비스 가격(의료, 교육, 양로 등) 및 일상생활 가격(현행 CPI 지수 등)에 대해 종류별, 지역별로 샘플을 추출한 다음 서로 다른 가중지수를 붙여 산출할 수 있다. 국가의 통계 부서가 이런 광의의 물가지수를 정기적으로 발표하면, 중앙은행은 이에 근거해 화폐 제도를 소폭 조정하면 된다.

따라서 인민폐의 화폐본위를 해결해야만 다른 문제들을 근본적으로 치유하는 것이 가능하다.

인민폐가 달러와 연계된 후 나타난 최대 문제점은 어마어마한 외환 보유액이다. 사실 인민폐를 발행할 때 반드시 외환 보유고를 담보로 해야 한다는 법률은 눈을 씻고 찾아봐도 없다. 인민폐와 외화의 직접적인 연결고리를 끊어버리면 외환 매입액 증가 문제도 깨끗이 해결할 수 있다. 물론 이 같은 금융 혁신을 단행하려면 용기와 배짱이 필요하다.

외국환 평형기금을 설립하고 국가 신용을 담보로 일종의 외화 공채를 발행하는 방법은 어떨까? 외국환 평형기금은 공채 발행을 통해 금융 시장에서 인민폐 자금을 모은 다음 중앙은행을 대신해 외화의 최종 매입자 역할을 담당한다. 이렇게 하면 중앙은행의 대차대조표에 저질 달러가 자리 잡는 것을 막을 수 있다. 또 중앙은행이 단순히 외화를 매입하기 위해 본원 통화 지출을 대폭 늘리는 현상 역시 근절할 수 있다. 더불어 외화 공채로 인해 채권 종류가 다양해져 보험회사, 은행, 펀드 등 금융기관의 투자 상품 선택 폭이 넓어지게 된다.

외국환 평형기금의 역할은 다음과 같다. 첫째, 외화가 급히 필요할 때 시장에 직접 개입한다. 둘째, 무역의 수요에 근거해 환율을 적정 수준에서 조정, 안정시킨다. 셋째, 외국환의 최대 집산지가 되어 외화가 필요한 기관에 외화 대출을 제공한다. 대출 수익이 외화 공채 발행 수익보다 높으면 자연히 이익을 얻게 된다.

외국환 평형기금은 직접 외환 투자에 나서지 않고 중국투자공사나 다른 신설 외환 투자 기관에 외환 투자를 의뢰한다. 그렇지 않으면 전 세계적으로 입찰을 통해 투자 기관을 선정할 수도 있다. 외국환 평형기금은 대금업자의 신분으로 외환 투자 기관과 거래하면 된다.

중앙은행이 이미 보유한 외환 매입액의 경우, 자산 교체 방식을 통해 몇 차례로 나누어 처분할 수 있다. 예컨대 중국 정부가 도시와 농촌의 의료 위생 환경을 개선하기 위해 의료 위생 기관을 대거 건설한다고 가정해 보자. 이때 위생부는 의료사업 기금에 의뢰해 의료 공채를 발행하고 자금을 모집하여 전국의 의료 위생 기관 발전을 대대적으로 추진할 수 있다. 같은 이치로 정부는 국가 혁신 공채, 취업 촉진 공채, 중소기업 진흥 공채, 저가 주택 공채, 국가 자원 비축 공채 등 다양한 종류의 새로운 채권을 발행해 중앙은행의 외환 자산을 매입할 수 있다. 자산 교체를 통해 얻은 외환 자산으로는 첨단 의료 장비를 수입해 중국의 의료 위생 사업 발전을 추진할 수 있다. 또 특허 기술을 도입해 혁신과 취업을 지원하거나 친환경 에너지 절감 기술을 도입해 에너지 절감 주택의 품질을 개선하는 등의 용도로도 이용이 가능하다.

자산 교체 방식으로 획득한 외환 자산을 꼭 해외에 투자할 필요는 없다. 이 외환 자산으로 중국에서 잘나가는 외자 기업 주식을 매입하는 방법도 가능하다. 개혁개방 이후 중국 경제의 핵심 산업을 독점하다시피 한 외자 기업들이 많아졌다. 물론 이는 장기적인 안목으로 볼 때 중국에 득이 될 것이 없다. 어쨌든 외환 자산을 낯설고 물선 해외에 투자하기보다 속내를 잘 아는 중국 외자 기업에 투자하는 편이 훨씬 나을 수 있다. 더구나 시장 환경, 법률 정책, 정부의 감독 관리 등에서 전혀 방해받지 않는다는 장점이 있다.

이들 외자 기업은 시장을 독점했기 때문에 매우 높은 이윤을 창출한다. 따라서 이들 기업의 지분을 인수하면 높은 투자 수익률을 보장받고, 이들 기업의 권력과 이익을 나눠 가질 수 있다. 이 방법으로 외환 자산 투자의 안전성을 담보하고 외자 기업의 시장 독점을 견제하는 일석이조의 효과를 얻을 수 있다. 외자 기업이 순순히 지분을 내놓지 않을 경우에는 비즈니스 협상 기술과 정부의 정치적 수완이 필요하다. 정부가 결심만 내리면 성사시키지 못할 장사는 없다.

천시(天時, 타이밍), 지리(地利, 지리적 이점), 인화(人和, 일치단결-옮긴이)가 모두 갖춰진 상황에서도 원하는 이익을 얻지 못한다면, 외환 자산으로 해외 기업의 지분이나 금융 자산을 매입할 생각은 일찌감치 버리는 것이 좋다. 국내의 우량 자산도 손에 넣지 못하면서 해외 자산을 넘본다는 것이 말이 되는가?

중앙은행의 자산 계정에 있는 외환 자산이 점차 다른 자산으로 교체되면 더 이상 달러화 자산을 인민폐 발행 준비금으로 삼지 않아도 된다. 대신 중국의 중점 산업과 민생 사업의 강력한 생산력을 기반으로 인민폐를 발행할 수 있다. 이렇게 되면 인민폐는 중국의 경제 발전과 연결돼 인민의 화폐가 인민을 위해 복무하는 최고의 원칙을 구현할 수 있다. 한마디로 외화에 대한 의존도를 줄임으로써 자주 독립적인 인민폐 발행이 가능해진다.

좋은 화폐의 특징

화폐는 일반인들에게 익숙하면서도 낯선 물건이다. 사람들이 매일 사용하는 것이니 익숙한 게 틀림없으나 화폐가 어디서 왔는지에 대해서는 모르는 사람이 태반이다. 간단히 말해 화폐는 부의 일종의 수취증으로, 부를 담보로 삼아야만 화폐를 발행할 수 있다. 그렇다면 부란 무엇인가? 부는 사람들이 노동을 통해 창출해 낸 각종 상품과 서비스를 가리킨다.

사람들은 노동 성과를 사회에 바치고 그 대가로 사회로부터 부를 상징하는 수취증을 받는다. 사람들은 필요할 때에 이 수취증으로 다른 사람들의 노동 성과를 살 수 있다.

한마디로 이 수취증이 사회적 부의 소유권을 교환하는 수단이 된다. 따라서 화폐는 사회적 부의 배분과 행방을 결정한다. 누군가 화폐에 남몰래 손을 쓴다면 결국 사회적 부의 소유권에 변화가 발생한다. 화폐 가치 조작은 바로 사회적 부의 이전을 의미한다.

화폐는 사회적 부를 배분하는 가장 핵심적인 수단이다. 따라서 화폐 발행의 토대는 도덕성 원칙이 우선시되어야 한다. 즉 누구를 위해 복무하는 화폐인지 명확하게 정해져야 하는 것이다. 하지만 서구 화폐 이론에서는 결코 회피해서는 안 되는 이 화폐의 도덕성 원칙을 전혀 다루지 않고 있다.

화폐의 도덕성 원칙이 없으면 사회적 부를 공평하게 분배할 수 없다. 공평한 분배 제도가 확립되지 않은 사회에서는 사회적 부에 대한 절도와 약탈 행위가 만연하게 된다. 사회 불공평과 빈부 격차의 근원이 사실 부도덕한 화폐 원칙에 있다는 사실을 아는 사람은 많지 않다.

화폐의 도덕성 원칙이라는 기초 위에 '좋은 화폐'가 되려면 아래의 조건을 동시에 만족시켜야 한다.

- 완벽한 주권을 가진 화폐
- 신용도가 높은 화폐
- 사용성이 편리한 화폐
- 안정적인 화폐
- 간편하게 얻을 수 있는 화폐

• 선호도가 높은 화폐

화폐 주권은 한 국가가 다른 국가 화폐의 영향을 전혀 받지 않고 자국의 화폐 정책을 완전히 통제할 수 있는 권리를 가리킨다. 완벽한 주권을 가진 화폐로는 19세기의 파운드화와 20세기의 달러화를 꼽을 수 있다.

화폐의 신용도는 화폐 발행자가 한 번도 식언을 하지 않아 대중의 무한한 신뢰를 얻는 것을 이른다. 반면교사의 예로는 달러를 들 수 있다. 미국은 현재 양적 완화 정책이 세인의 지탄을 받는 것도 아랑곳하지 않고 달러를 남발해 자국 채무 부담을 다른 국가에 몽땅 전가하고 있다. 이 밖에 신용도가 낮은 대표적인 화폐로는 장제스 정부의 법폐와 금원권을 꼽을 수 있다. 장제스 정부가 신용을 지키지 않고 국민들을 여러 차례 기만했기 때문에 법폐와 금원권 역시 대중들의 버림을 받고 말았다. 그 결과 장제스 정부는 화폐뿐만 아니라 정권까지 잃었다.

화폐의 사용성은 필요한 상품의 구매 능력 여부를 가리킨다. 화폐 가치가 아무리 높아도 필요한 물건을 사지 못하는 화폐는 사용성이 없는 화폐에 지나지 않는다. 예컨대 소비자가 석유를 구매할 때 달러로만 결제가 가능하고 엔화 결제가 불가능하다면, 엔화는 달러에 비해 사용성이 낮은 것이다. 상품을 구매할 때 사용 제한을 적게 받는 화폐일수록 사용성이 높다고 보면 된다.

화폐 안정성은 화폐 구매력의 안정성을 가리킨다. 금본위제 시대에 파운드화와 달러화의 구매력은 수백 년 동안 안정성을 유지했다. 1664년의 1파운드로 250년 후에 똑같은 양의 쇠고기를 살 수 있고,

또 1800년의 1달러로 1939년에 거의 비슷한 양의 빵을 살 수 있다면, 파운드화와 달러화의 구매력이 상당히 안정적이라는 증거가 된다. 그러나 1971년에 금본위제를 폐지한 후부터 달러화 구매력은 대폭 하락했다. 39년 후 미화 1달러의 구매력은 90%나 줄어들었다.

화폐를 간편하게 얻을 수 있는지의 여부도 대단히 중요하다. 금융 인프라스트럭처가 완벽하게 갖춰지지 않았다면 화폐를 얻는 데 들어가는 금전적, 시간적 소모가 상당히 크다. 예컨대 해외여행을 하다가 갑자기 인민폐가 필요한데 쉽게 얻지 못하는 이유는 해외 은행들이 모두 인민폐를 보유한 것은 아니기 때문이다. 물론 꼭 얻으려 한다면 얻을 수 있겠으나 시간적, 금전적인 소모가 상당할 것이다.

화폐의 선호도는 화폐의 유통 범위가 얼마나 넓은지, 화폐를 선호하는 사람이 얼마나 많은지를 가늠하는 지표이다. 인민폐의 경우 홍콩에서는 문제없이 사용 가능하고 동남아에서도 그럭저럭 유통되고 있다. 그러나 다른 지역에 가면 사용하기 어렵다. 국제 무역에서는 이 같은 현상이 더욱 두드러진다. 통화 스왑이 이 문제를 해결할 수 있는 좋은 방법이나 아직 갈 길이 멀다.

인민폐가 세계화폐로 부상하려면 반드시 위의 몇 가지 문제들을 진지하게 고민해야 한다. 분명한 것은 아직 그 길이 요원하다는 점이다. 인민폐의 실력이 많이 부족한 점 외에도 정부 차원에서 인민폐를 세계화폐로 부상시키려는 의지가 매우 부족하다는 사실을 꼽을 수 있다. 이는 중미 간 환율전쟁에서 여지없이 드러났다.

무능한 채권자
vs 기세등등한 채무자

국방대학의 진이난 장군은 다음과 같은 의미심장한 말을 했다.

"전략적 위협이란 무엇일까? 첫째 상당한 파워를 갖추고, 둘째 그 파워를 사용하겠다는 결심이 서 있어야 하며, 셋째 상대로 하여금 당신이 그 파워를 사용할 결심이 있다는 사실을 믿게 해야 한다."

전쟁은 부의 약탈을 궁극적인 목적으로 한다. 화폐전쟁은 피를 흘리지 않고도 이 목적을 달성할 수 있다. 그런 점에서 무력을 동원한 전쟁보다 비교적 문명적이다. 화폐전쟁을 제지할 수 있는 유일한 방법은 전쟁을 일으킨 자들에게 '전쟁을 통해 얻는 것보다 잃는 것이 더 많다'는 사실을 알려주는 것이다.

2010년 10월 13일, 한국 서울에서 열린 세계지식포럼에서 세계 경제학계의 거두 폴 크루그먼과 니얼 퍼거슨은 "미국 국채 시장이 중국의 대규모 미국 국채 매각을 견뎌낼까"라는 주제로 세기의 맞장 토론을 벌였다.

하버드 대학의 퍼거슨 교수는 이 자리에서 미국의 FRB가 시행하려는 2차 양적 완화 정책이 더 큰 규모의 채무 화폐화를 꾀하는 계획이라고 간주했다. 그는 투자자들이 미국 국채에 대한 신뢰를 잃고 보유중인 미국 채권을 매각할 것이라고 주장했다.

그러나 크루그먼은 FRB의 양적 완화 정책이 저축을 소비로 전환시키고 경제 회복을 자극한다고 주장했다. 이 조치를 취하지 않을 경우 오히려 자산 잠식의 후폭풍을 초래할 것이라고 말했다. 그는 중국을 비롯한 채권국들의 태도나 미국 재정 적자 문제는 크게 걱정할 필요가 없다고 강조했다. 그는 채권국들이 미국 국채를 결코 포기할 리 없다고 보았다. 심지어는 설사 채권국들이 미국 국채를 대방출하는 사태가 터지더라도 FRB가 전량 회수하면 된다고 주장했다.

채권자들의 미국 국채 매각 가능성에 대해 퍼거슨은 우려를 나타낸데 반해 크루그먼은 별 문제가 아니라고 여겼다. 그렇다면 크루그먼의 낙관적인 주장은 타당한 것인가?

미국은 경제에 아직 뚜렷한 위험 신호가 나타나지 않은 상황에서 돌연 2차 양적 완화를 발표했다. 이는 너무 갑작스러운 결정이었다. 그렇다면 미국은 무엇 때문에 글로벌 외환 시장에 심각한 충격이 예상되는 이 같은 선택을 했을까?

가장 중요한 원인은 달러화의 신용 확장이 중단 내지 축소됐다는 사실에 있다. 2008년 금융위기 발발 이후 과중한 채무로 인해 미국의 가계 및 기업의 자산 손실액은 13조 달러에 육박하고, 공식 실업률은 10%, 실질 실업률은 18%에 이르렀다. 부채 급증, 실질 소득과 기대 수익 하락의 이중 압력 때문에 소비자들은 마지못해 저축을 늘리고 소비를 줄이면서 채무를 상환할 수밖에 없었다. 이렇게 해서 2009년 미국의 민간 부문 신용은 1조 8,000억 달러가 감소했다.

경제를 커다란 수차(水車)에 비유한다면, 신용 확장은 수차 바퀴를 움직이게 하는 물의 흐름이라고 할 수 있다. 물의 흐름이 갑자기 줄어들거나 멈춘다면 수차 바퀴는 움직이지 않거나 반대 방향으로 돌 수 있다. 경제 역시 크게 다르지 않다. 경제가 바르게 돌아가면 부를 창출할 수 있으나 반대 방향으로 돌아갈 경우 오히려 사회적 부를 잠식하게 된다.

민간 부문의 신용 위축을 가장 두려워한 사람은 벤 버냉키(Ben S. Bernanke) FRB 의장이었다. 그는 1930년 대공황을 깊이 연구한 전문가로 유사한 위기의 재연을 절대 좌시하지 않겠다고 공공연하게 밝힌 바 있다. 만약 미국 경제가 디플레이션 상태에 빠지면 돈을 빌리고, 찍고, 쓰는 방법을 동원할 것이고, 심지어 헬리콥터로 공중에서 돈을 뿌려서라도 소비를 자극하겠다고 말했다. 다시 말해 공포의 인플레이션으로 공포의 디플레이션에 대처한다는 생각이다. 그가 헬리콥터 벤이라는 별명을 얻은 것은 바로 이 때문이었다.

2009년에 미국 정부가 일부러 빚을 내 민간 부문 신용 위축에 대처한 것 역시 마찬가지 논리이다. 이에 따라 연방 정부와 지방 정부의 부채 규모는 1조 8,000억 달러로 급증했다. 물론 이를 통해 민간 부문의 신용 위축을 상쇄하고 미국 경제의 성장을 유지할 수 있었지만, 지금 상황을 보면 정부의 신용 확장 정책은 별 효과를 보지 못했고 경제 회복세 역시 힘을 잃기 시작했다. 한마디로 정부 채무 급증이 민간 부문의 신용 확장 활성화에는 도움이 되지 않는다는 결론이 나온다.

이처럼 FRB는 채무의 화폐화와 신용 확장을 통해 재차 경제에 활기를 불어넣으려고 시도했다. 이것이 바로 미국의 2차 양적 완화 정책의 이유였다.

따라서 크루그먼의 자신감은 전혀 근거가 없는 것이 아니다. FRB가 미국 국채를 회수하기 위해 6,000억 달러를 추가 발행한다고 하니, 중국이 보유한 미국 국채 일부를 방출해도 국채 시장에는 심각한 타격을 주지 않을 것이다. 그렇지만 장기적인 안목에서 보면 퍼거슨의 우

려가 더 일리가 있다. 미국 국채 보유자 중 절
반 이상이 해외 투자자들이다. 그중 세계 외환
보유고의 3분의 1을 장악한 중국은 미국 국채
의 손꼽히는 큰손이다. 따라서 중국의 막강한
자본력과 태도가 미국 국채 시장의 분위기에
중대한 영향을 미치는 것은 당연하다. 돌발 사
태가 터질 경우 중국의 행동 하나, 심지어 조

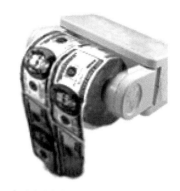

▎양적 완화 이후의 휴지가 된 달러화 신용

그마한 심리적인 암시가 걷잡을 수 없는 연쇄
반응을 일으켜 미국 국채 시장에 재앙을 초래할 수도 있다.

2010년 6월에 미 연방 정부의 부채 규모는 13조 달러를 돌파했다.
지금 미국의 국채는 GDP의 90%에 다다랐다. GDP 대비 국채 비중이
150%에 이르면 대규모 악성 인플레이션이 위험 수위에 진입하게 된
다. 미 재무부는 의회에 제출한 보고서에서 2015년이면 국채 규모가
19조 6,000억 달러에 달할 것으로 예측했다.

분명한 점은 향후 5년 사이에 미국 국채가 6조 6,000억 달러 증가
한다면 그중 3조 3,000억 달러는 외국 투자자들이 매입할 것이라는
사실이다. 그렇다면 세계 외환 보유고의 3분의 1을 장악한 중국의 영
향력은 가히 상상을 초월하지 않을까?

중국이 미국 국채를 대방출하는 최악의 시나리오는 접어두고, 중국
이 미국 국채 매입을 중단할 경우 초래될 후폭풍을 상상하는 것만으
로도 충분하다. 그렇게 되면 미국은 3차, 4차로 달러를 추가 발행할
것이다. 물론 발행 규모도 점점 더 커질 가능성이 높다. 미국의 2차 양
적 완화 조치만 해도 벌써 세계 외환 시장에 심각한 충격을 주고, 세계

각국의 치열한 화폐전쟁을 유발했다. 그런데 3차, 4차까지 밀어붙인다면 다음 장면은 상상이 가능하지 않을까? 그때가 되면 누가 달러화 자산을 보유하려고 하겠는가?

지금은 채무자 미국과 채권자 중국 간의 관계가 완전히 뒤바뀐 상태에 있다. 동서고금을 막론하고 채권자와 채무자 사이에 이토록 왜곡되고 기형적인 관계가 형성된 사례는 없다. 세계 최대 채무자가 세계 최대 채권자에게 여러 가지 가혹한 조건을 내걸고 걸핏하면 징벌성 조치를 들먹이며 위협하는 게 말이 될 소리인가.

채권자가 수세에 몰린 이유는 실력이 부족해서가 아니라 실력을 보여줄 결심이 부족하기 때문이다. 또 채무자에게 이 사실을 전혀 알리지 않았다는 점이다.

인민폐의 국제화를 실현하려면 화폐의 자체적 요인과 심리적 요인 외에 핵심이 되는 금융 인프라를 구축하고 보완하는 기능적 요인에도 신경을 써야 한다.

금융 네트워크의 '라우터', 결제 센터

"미국 경제를 마비시키려는 적들이라면 가장 먼저 지급 결제 제도 (payment systems)를 무너뜨릴 것이다. 그러면 은행은 손으로 작업하는 저 효율 시대로 돌아가고, 상업 경제는 물물교환 및 차용증을 주고받는 원 시 상태로 돌아가 국가의 경제 활동 수준이 마치 돌멩이가 자유 낙하하 듯 수직 하락할 것이다. …… FRB의 전자 결제 시스템은 매일 4조 달러

규모의 화폐와 증권 업무를 처리하고 있다. …… 나는 '9·11' 테러가
금융(지급 결제) 시스템(의 위력)을 파괴하기 위해 일어난 사건이 아닐까
의심하고 있다."[1]

_ 앨런 그린스펀

라우터란 둘 혹은 그 이상의 네트워크와 네트워크 간 데이터를 자유
롭고 질서 있고 정확하고 효율적으로 전송해 주는 인터넷 접속 장비
를 일컫는말이다. 수천 수백만 개의 컴퓨터가 동시에 정보를 발송, 수
신하는 통신 통로 상에 라우터가 최적의 경로를 지정해 주지 않으면
정보의 흐름은 완전히 혼란에 빠지고 만다.

같은 이치로 화폐가 금융 네트워크에서 유통될 때에도 라우터가 필
요하다. 금융 네트워크의 라우터는 바로 지급 결제 시스템이다.

청나라 때 영파(寧波) 전장이 처음 개발한 과장 제도
에서 상해의 전업공회(錢業公會)가 실시한 회획장 체계
까지, 중앙은행의 결제 시스템에서 미국의 연방전신
이체(Fedwire), 전 세계 은행 금융 텔레커뮤니케이션 협
회(SWIFT) 및 유럽의 범 유럽 거액 결제 시스템(TARGET)
의 지급 결제 시스템까지, 비자 카드에서 중국 인롄(銀
聯) 카드의 결제 센터에 이르기까지 모두 화폐는 지급
결제 시스템을 떠나서 유동할 수 없다.

과장(過賬)
한 장부에서 다른 장부로 기
재 사항을 옮겨 적는 것.

회획장(匯劃莊)
청나라 말에서 중화민국 초기
까지 상해의 은행 시스템을
장악한 거대 자본의 전장.

데이터 마이닝(Data Mining)
대규모 자료를 토대로 새로운
정보를 찾아내는 것.

결제 시스템의 특징은 모든 자금 거래의 흔적이 남는다는 것이다.
실제로 데이터 마이닝 기술을 이용하면 자금 거래 계좌의 정보, 계좌
보유자의 정보는 물론, 심지어 소비 습관 등 중요한 가치가 있는 정보

들을 캐낼 수 있다.

빅터 로스차일드는 1939년에 윈스턴 처칠에게 독일의 전략 물자 구매와 관련된 분석 보고서를 제출한 적이 있었다. 그의 보고서는 금융 시스템에 대한 분석을 통해 군사 문제를 연구한 것이 특징이었다. 그는 정통적인 방식은 아니었지만 최초로 선견지명을 가진 독특한 방법으로 독일 금융 시스템을 분석했다.

당시 로스차일드가 세계 각국에 설립한 은행 지부들은 가지각색의 금융 정보를 수집하고 있었다. 그중에는 독일의 물자 구매 및 금융 거래 정보도 포함되었다. 나치 정부의 거래 데이터는 은행을 거친 것이면 모두 로스차일드가의 눈을 벗어날 수 없었다. 로스차일드는 독일의 금융 거래 데이터를 상세하게 분석하여 향후 군사 물자 및 무기 장비 구매 규모를 예측해 낸 다음 나치 독일이 군사력을 확장 중이라는 결론을 도출해 냈다. 처칠을 위시한 영국군 전쟁 지휘부는 로스차일드의 참신하고 기발한 분석 방법을 높이 평가했다. 그가 1940년에 영국 정보기관인 MI5 B처에 순조롭게 들어가 산업 스파이 색출을 담당하게 된 것은 바로 이런 배경을 가지고 있다.[2]

로스차일드는 독일의 은행 거래 기록, 금융 네트워크에 기록된 결제 데이터, 거래 계좌 보유자의 정보 등에 대해 자세히 분석하고 연구했다. 이 결과 독일이 준비 중인 전쟁 시간과 전쟁 규모를 추산해 낼 수 있었다.

로스차일드는 지금으로부터 70년 전에 이미 데이터 마이닝 기술을 금융에 응용해 그 위력을 검증했다. 만약 지금의 슈퍼컴퓨터와 한층 더 업그레이드된 데이터 마이닝 기술을 이용해 결제 센터의 금융 거래

흔적을 파고든다면, 훨씬 더 많은 정보와 비밀을 캐낼 수 있을 것이다.

현재 비자 카드와 중국 인렌 카드는 지급 결제권 쟁탈에 열을 올리고 있다. 지급 결제권을 차지하면 상업적 이익은 말할 것도 없고 국가의 핵심 금융 기밀까지 얻을 수 있는 것이다.

중국 내에서 외국 신용카드가 자체 지급 결제 시스템을 구축하는 것은 법으로 금지돼 있다. 그래서 중국 국내 고객의 핵심 금융 데이터는 아직 안전하다. 중국의 이 같은 법률 규정 때문에 비자는 발만 동동 구르고 있다. 그러나 비자가 중국에서 수억 개의 신용카드를 발행하고 자체 결제 시스템을 구축하도록 허용할 경우, 돈을 벌어가는 것은 작은 일에 불과하다. 더 큰 문제는 비자가 중국 수억 인구의 모든 카드 결제 데이터를 장악해 상상할 수 없는 후폭풍이 발생한다는 것이다.

당신의 모든 카드 거래 행위가 다른 사람에게 노출된다고 상상해보라. 카드를 결제할 때마다 당신의 은행 계좌, 구매 장소, 거래 금액, 거래 시간 등의 정보는 고스란히 누설된다. 상대방은 한술 더 떠 다른 경로를 통해 당신의 은행 계좌 정보, 부동산 정보, 주식거래 정보 등도 모두 파악할 수 있다. 막강한 데이터 마이닝 기술을 이용해 이 정보들을 연결하고 분석하면 수억 인구의 금융 및 재산과 관련한 비밀이 다른 사람 손에 넘어가게 된다. 심지어 당신이 즐겨 마시는 와인 브랜드, 즐겨 피우는 담배, 소유한 자동차 기종, 즐겨 입는 메이커 옷, 즐겨 다니는 여행지, 자주 이용하는 항공사 등의 세세한 정보까지 노출된다.

한마디로 당신의 프라이버시까지 다른 손에 넘어가는 것은 상상만 해도 끔찍한 일이 아닌가. 작게는 개인의 프라이버시에서 크게는 기업의 비즈니스 기밀, 더 나아가 국가 기밀까지도 캐내는 것이 가능하다.

이 모든 데이터는 핵무기 관련 기밀보다 훨씬 더 높은 경제적 가치와 전략적 가치를 지닌다고 해도 과언이 아니다.

현재 비자 카드와 인롄 카드의 대결 쟁점은 이 두 카드를 모두 보유한 고객이 해외에서 어떤 결제 센터를 이용하는지에 모아져 있다. 고객이 만약 비자 카드 결제 센터를 이용할 경우 고객의 모든 카드 결제 내역은 비자 카드의 데이터베이스에 기록된다. 더불어 방대한 규모의 데이터 센터에 저장돼 처분을 기다리게 된다.

중국 군대의 미사일은 군사 기밀 유출을 막기 위해 미국의 GPS 위성 항법 장치나 유럽의 갈릴레오 시스템에 완전히 의존하지 않는다. 화폐전쟁에서도 같은 이치가 적용된다. 중국 고객들의 금융 거래 데이터가 유럽과 미국의 결제 센터에 흘러든 다음 어떤 용도로 사용될지 누가 알겠는가?

자국의 금융 하이 프런티어를 건설할 때는 반드시 자주 독립적인 글로벌 지급 결제 시스템을 구축해야 한다. 마치 중국이 군사적 용도로 중국판 GPS인 베이더우(北斗) 시스템을 개발한 것처럼 말이다. 중국에 자주 독립적인 금융 라우터가 없다면 자금이 해외에서 유통될 때 정보 안전을 절대 보장할 수 없다. 상업 경쟁에서 가장 중요한 자금의 은폐성과 돌연성은 더 말할 필요가 없다. 사실 중국 본토 금융기관들이 해외 금융 시장에서 번번이 경쟁 상대에게 참패하는 이유도 바로 여기에 있다. 자금의 해외 유통 과정에서 핵심 기밀이 새어나가는 것은 아닌지 한 번 의심해볼 필요가 있다.

인민폐의 국제화를 단순한 인민폐의 수출로 이해해서는 안 된다. 화폐의 원활한 체외 순환(해외 유통)을 보장하려면 무엇보다 자금에 대한 감독 관리를 강화해야 한다. 미국은 국제 자금의 거래 상황에 대해 대단히 강력한 모니터링 능력을 확보하고 있다. 어느 국가건, 누구 명의의 계좌건, 어떤 시간이건 관계없이 미국의 적대국 은행과 자금 거래가 있을 경우, 현금 거래만 아니라면 미국의 눈을 벗어나기 어렵다. 미국이 글로벌 지급 결제 시스템을 통제하기 때문에 가능한 일이다. 만약 미국이 테러 지원국의 은행 계좌만 타깃으로 하지 않고 특정 국가 내지 특정 기업의 은행 계좌에 관심을 가진다면 그 어떤 국가 기밀, 상업 기밀도 미국의 눈을 벗어날 수 없다.

1997년 아시아 외환 위기 때 마하티르 말레이시아 총리는 "헤지펀드 자금이 어디에서 유입돼 어떻게 아시아 금융 시장을 공격했는지 누구도 모른다"라는 요지의 불평을 했다. 물론 마하티르는 몰랐겠지만 미국의 눈은 아마도 헤지펀드 자금의 유입 경로를 분명히 포착하지 않았을까?

일단 화폐전쟁이 터지면 글로벌 지급 결제 시스템을 장악하지 못한 국가는 완전히 수세에 몰리게 된다. 반면 지급 결제 시스템을 장악한 국가는 마치 스파이 위성을 통해 들여다보듯 상대의 전략을 훤히 꿰뚫어 볼 수 있다. 이 전쟁의 결과는 불 보듯 뻔하지 않을까?

중국이 글로벌 지급 결제 시스템을 장악하지 못한 상황에서 인민폐를 해외에 진출시키면 어떻게 될까? '볼 수도, 관리할 수도 없는' 상태에 빠져 큰 문제를 초래한다고 단언해도 좋다. 태국의 바트화와 홍콩 달러는 모두 자유 태환 화폐였으나 아시아 외환 위기 때, 바트화는 동남아 각국에 여기저기 흩어져 있었고 홍콩 달러는 홍콩 경내에 집중돼 있었다. 그래서 조지 소로스가 동남아 각국에서 바트화를 은밀히 매입할 때 태국 중앙은행은 전혀 눈치를 채지 못했다. 그리고 얼마 후 조지 소로스의 갑작스런 공격을 당해내지 못하고 맥없이 무너지고 말았다.

조지 소로스는 똑같은 수법으로 홍콩 달러도 노렸다. 그러나 그가 홍콩 달러의 대량 매입에 나서자마자 홍콩 금융 당국에 발각되고 말았다. 그는 마지못해 기습 공격을 강공으로 바꿀 수밖에 없었다. 홍콩 금융 당국은 다음 날 저녁 금리를 대폭 높이는 방법으로 조지 소로스의 투기 원가를 올렸다. 결과적으로 '투기의 귀재'로 불리는 조지 소로스도 홍콩 달러를 무너뜨리지 못하고 철수하고 말았다.

태국 정부는 자국 화폐의 해외 유통 상황을 감독 관리하지 못했기 때문에 투기꾼들의 기습 공격을 당해내지 못했다. 그러나 홍콩 달러는 홍콩 경내에 집중돼 금융 당국의 감독 관리 범위 내에 있었기 때문에 조지 소로스의 희생물이 되지 않았다.

화폐본위, 중앙은행, 금융 네트워크, 거래 시장, 금융기관 및 결제 센터는 공동으로 금융 하이 프런티어의 전략적 시스템을 이룬다. 중앙은행이 발행한 화폐는 글로벌 금융 네트워크에 흘러들고 글로벌 지급 결제 센터를 거쳐 국제 무역 시장에 나타난다. 이어 각국 금융기관의 계좌 사이에서 거래되다가 최종적으로 다시 중앙은행으로 되돌아온다. 주권국은

| 인민폐의 체외 순환을 보호하는 금융 하이 프런티어 전략

화폐의 이와 같은 순환 과정 전반에 대해 엄밀히 보호하고 감독 관리해야만 한다. 화폐 관리 기구는 화폐와 관련된 다음의 몇 가지 중요한 정보도 반드시 숙지해야 한다.

화폐가 국제적인 순환 과정에서 어떤 상태에 처해 있는가? 화폐의 최종 수요자는 누구인가? 최종 수요자는 어떤 용도로 화폐를 사용하려고 하는가? 화폐 수요자는 어떤 경로를 통해 화폐를 획득하고 어떤 방식으로 화폐를 사용하는가? 화폐가 정상적인 상업 거래 용도로 사용되고 있는가? 화폐 수요자의 거래 상대는 누구인가? 등이다.

인민폐 국제화의 급선무는 독립적이고 강대하면서도 안전하고 고효율적인 글로벌 결제 시스템을 구축하는 것이다. 더불어 인렌 카드의 해외 진출도 적극 지원해야 한다.

인민폐의 글로벌 금융 네트워크

19세기에 독일을 중심으로 한 국제 금융 그룹이 본격적으로 출범했다.

"유대계 은행 가문은 19세기에 독일에서 본격적으로 두각을 나타냈다. 이어 로스차일드가를 필두로 빠른 속도로 세계에 퍼져나갔다. 지역별로 보면 영국의 랑제, 독일의 오펜하임, 멘델스존, 블라이흐뢰더, 바르부르크, 에어랑거, 프랑스의 풀드, 하이네, 벨레, 웜즈, 스턴 가 등을 꼽을 수 있었다. 또 미국에는 벨몬트, 셀리그먼, 시프, 바르부르크, 리먼, 쿤, 뢰브, 골드만 가 등이 건너가 활약했다. 이들은 특징은 무엇보다 군대처럼 집단을 이루는 걸 좋아했다. 서로 경쟁하는가 하면 통혼 역시 마다하지 않았고, 이익을 폐쇄적으로 공유하여 점차 방대하면서도 촘촘한 금융 네트워크를 구축해 나갔다. 외부인은 이 네트워크에 들어가는 것이 갈수록 어려워졌다."[3]

분명한 것은 중국이 이미 글로벌 금융 네트워크를 구축할 수 있는 절호의 기회를 놓쳤다는 사실이다. 중국의 국유은행은 시가 총액만 놓고 보면 세계 금융기관 중에서 첫손가락에 꼽혔지만 해외 지점이 매우 드물었다. 전 세계를 아우르는 치밀한 금융 네트워크가 없으면 금융의 주요 동맥(인민폐의 발원지인 중앙은행)과 금융 모세혈관(인민폐 최종 사용자)을 연결하는 금융 순환 시스템을 구축할 수 없다.

인민폐의 국제화는 절대 학자들이 탁상공론을 통해 만들어낼 수 있는 이론이 아니다. 또 각국 중앙은행이 인민폐 보유고를 늘리거나 인민폐가 무역 결제 화폐로 사용된다고 해서 간단히 해결될 문제도 아니다. 인민폐의 유통 경로를 장악하지 못하는 한, 인민폐의 최종 사용자와 접촉할 수 없기 때문에 어쩔 수 없이 국제 금융 그룹이 단단히 장악하고 있는 금융 네트워크에 의존해야만 한다.

국제 은행가들은 장장 300년의 시간을 들여 금융 시장에서 불꽃 튀는 접전을 벌인 끝에 지금의 글로벌 금융 네트워크를 구축했다. 그런데 이를 중국이 무료로 사용하도록 선뜻 내놓을 리 있겠는가? 남의 영역을 지나려면 통행료를 지불하듯, 인민폐가 이 금융 네트워크를 경유하려면 반드시 통행료를 내야 한다. 그것도 대대손손 지불해야 한다. 중국이 자국 금융 하이 프런티어를 글로벌 차원으로 확장하지 않는다면, 인민폐의 해외 유통은 여전히 다른 사람들 손에 좌지우지될 수밖에 없다.

세계 신용과 자본의 흐름 경로를 장악한 자가 게임의 룰을 제정할 수 있다. 이는 금융 시장의 영원불변한 진리이다.

중국 국유은행은 해외로 나가 글로벌 금융 네트워크를 구축하기가 하늘에 오르기보다 더 어렵다. 그래서 기존 글로벌 금융 네트워크에 슬쩍 끼어들려 한다면 틀림없이 기득권 이익집단의 무자비한 협공을 받게 될 것이다. 각국 정부는 이들 이익 집단의 압력에 못 이겨 다양한 방법으로 중국의 글로벌 금융 네트워크 건설을 제한, 견제, 방해할 가능성이 높다. 글로벌 금융 네트워크의 건설은 거대한 경제적 이익뿐만 아니라 국가 차원의 금융 전략의 핵심 이익과도 관련이 있다. 서구식 자유 무역과 자유 시장을 주창하는 세력은 중국이 소원을 달성하도록 내버려두지 않을 것이다.

현재 중국 국유은행의 글로벌 금융 네트워크 구축 방식은 두 가지가 있다. 하나는 중국은행식 모델이고, 다른 하나는 공상은행식 모델이다.

중국은행은 유구한 역사를 가진 금융기관으로 국제 금융 업무에 종사한 역사만 100년이 넘는다. 현재 세계 각국에 대략 30여 개 지점이 있는데, 이 중 대부분은 1949년 이전에 설립한 것이다. 중국은행은 최근 들어서도 해외에 더 많은 지점을 두기 위해 노력하고 있다. 그러나 그 길이 별로 순탄치 않다. 세계 금융 자원의 유통 경로는 이미 임자가 정해져 있기 때문이다. 이런 마당에 후발주자로 나서서 그것을 나눠 가지려고 하니 말처럼 쉽게 되겠는가. 그러나 중국은행식 모델은 나름대로 장점이 있다. 그것은 바로 중국에 있는 본부가 해외 지점들을 완전히 통제할 수 있기 때문에 신뢰성이 100%에 이른다는 점이다.

공상은행식 모델은 해외에 있는 다른 국가 은행들을 인수 합병하는 방식이다. 공상은행이 남아공의 스탠더드 뱅크를 인수 합병한 것이 성공적인 사례로 꼽힌다. 최근 몇 년 동안 공상은행은 해외 인수 합병을 통해 해외의 지점을 대폭 늘렸다. 후발주자가 선발주자를 추월하듯 중국은행을 압도하는 기세에 있다. 공상은행식 모델의 뚜렷한 장점은 한마디로 빠르다는 것이다. 그러나 문제점도 안고 있다. 해외 은행 자원을 필요에 따라 효과적으로 통합하기 위해서는 기업 문화, 인사 배치, 채권 및 채무 관계, 현지 정책 법규 등의 여러 가지 걸림돌을 해소해야 하기 때문이다. 중국은행과 공상은행 이 두 가지 모델의 우열을 가리기는 아직 이르며, 시간이 더 지나야 알 수 있다.

세계 금융 발전사를 살펴보면 금융의 최초 서비스 대상은 무역이었다. 금융은 무역을 위한 융자 업무와 환업무를 바탕으로 꾸준히 확장됐다. 과거 영국이 중국에 홍콩상하이은행을 설립한 목적도 양행들이 대중국 무역에 필요한 금융 서비스를 제공하기 위해서가 아니었는가. 홍콩상하이은행은 사실상 '중국의 잉글랜드은행'으로 중앙은행의 역할을 담당한 것이다.

현재 중국산 제품은 세계 각지에 수출되고 있다. 대외 무역 규모로 보면 중국은 세계 제1의 무역 대국이다. 그러나 안타깝게도 중국 금융기관은 국제 무역 발전에 보조를 맞추지 못하고 있다. 중국산 제품은 이미 세계 각국의 진열대에 버젓이 자리를 잡았는데도, 중국 금융기관은 아직 중국 경내에 틀어박힌 상태를 면치 못하고 있다. 무역 회사를 비롯한 중국 기업들은 글로벌 시장에 진출하는 과정에서 중국 금융기관의 금융 서비스를 받을 필요가 있다. 그러나 현실적으로 해외에서 이런 서비스를 기대하기 어렵다. 따라서 현지 은행 내지는 다국적 은행을 통해 환업무, 신용 대출, 예금 등의 금융 업무를 처리하며 결국 남 좋은 일만 시켜주고 있다. 중국의 수출입 규모로 미뤄볼 때, 금융기관은 무역업을 상대로 하는 융자 업무에서만도 어마어마한 이익을 창출할 수 있다.

중국의 대형 국유 금융기관은 비교적 현실적인 방안으로 일본 종합상사의 비즈니스 모델을 참조할 수 있다. 일본의 종합상사 중에서도 은행, 보험회사 등 금융기관은 제조업체들과 이른바 공지 협동 작전을 펼쳐 공동으로 발전했다. 이처럼 중국도 금융 시장의 상호 개방 원칙을 추진하여 중국에 금융기관을 설립한 국가가 중국 금융기관의 진출을 허용하도록 유도해야 한다. 중국 금융기관은 해외에 진출한 후 먼저 현지의 중국 기업과 무역회사를 대상으로 융자 서비스를 제공하고, 점차 현지 경제 활동에 깊이 개입하는 방법을 모색해야 한다.

공지(空地)
하늘과 땅에서 서로 밀접한 관계를 맺는다는 의미.

물론 이 전략의 속도와 효율을 감안할 때, 여기에만 의존해서는 단기간 내에 글로벌 금융 네트워크를 구축하기 어렵다.

이러한 난국을 타개하기 위해서는 정규군처럼 정면 돌파하는 방법 외에 다른 방법을 모색하거나 시도할 수 있다. 그것은 바로 게릴라처럼 적진의 후방에 근거지를 건설하는 방법이다.

전 세계에 흩어져 있는 화상(華商)들은 중국의 최대 자원이 될 수 있다. 이들은 이미 중국 상품을 세계 구석구석까지 전파했다. 화상들은 현지인들이 다양한 금융기관을 설립하도록 격려하고 지원하여 자신들의 신용 대출 창구를 확보한 다음 무역 경로를 이용해 금융 경로를 건설했다. 이는 예전에 산서(山西) 표호가 산서 상호(商號)로 탈바꿈한 것과 같은 이치이다. 이들 무역 상호는 현지에서 오랫동안 사업을 했기 때문에 상업적 환경에 매우 밝고 탄탄한 고객층을 확보하고 있다. 그중에는 산서 일승창 표호의 뢰이태 사장식 경영에 밝은 귀재들이 많아 금융기관으로 탈바꿈할 가능성이 상존한다.

해외에서 창업할 때 유대인은 은행, 한국인은 상점, 중국인은 음식점을 여는 것이 일반화돼 있어서 창업자들 사이에는 클러스터 효과가 나타났다. 즉 한 사람이 성공하면 다른 사람이 이를 본보기로 뒤따르는 것이다. 해외에 나간 중국인들 중에는 현지에 금융기관을 창업할 만한 인재가 분명 있을 것이다. 이들이 적절한 금융 지원만 받는다면 완전히 새로운 금융 네트워크를 구축해 과거의 산서 표호처럼 '회통천하(匯通天下)'라는 명성을 얻을 수 있을 것이다.

이들이 구축한 금융 네트워크는 최종적으로 현지의 중국 기업과 현지인들에게 담보 대출, 환업무, 예금 대출 업무 등의 다양한 금융 서비스와 중개 서비스를 제공하고 현지 금융 당국의 감독 관리를 받게 된다. 중국 본토의 금융기관은 해외에 있는 이들 금융기관과의 신용 거래를 통해 해외 사업을 대폭 확장하고, 국내에서 골칫거리를 앓는 외환 보유고 문제를 해결하는 데도 큰 도움을 받을 수 있다.

마오쩌민 등 과거 소비에트 국가은행을 설립한 다섯 혁명가는 초등학교가 학력의 전부였고, 금융 분야의 경험도 전무했다. 그러나 이들은 홍색 중앙은행의 설립이라는 상상조차 하지 못할 기적을 이뤄냈다. 오늘날 세계 각지에 흩어져 있는 화상 중에는 박사 학위 소지자나 대형 금융기관 근무 경력을 가진 유학생이 적지 않다. 또 고생을 두려워하지 않고 배움을 즐기면서 부지런히 일해 자수성가한 창업자도 대단히 많다. 이 두 부류의 사람들이 한데 모여 유기적으로 결합하면 완전히 새로운 '해외 중국계 은행가 그룹'을 만드는 것도 이루지 못할 꿈은 아니다.

이런 모델을 널리 보급하면 중국의 인민폐 유통망 구축에 큰 도움이 되고, 중국의 금융 촉수를 세계 구석구석까지 뻗칠 수 있다.

현재 방대한 규모의 잉여 자본이 중국에서 투자 기회를 전혀 찾지 못하고 해외로 진출하고 있다. 이 거대한 자본은 전 세계적으로 광산, 삼림, 농장, 수자원, 특허 기술, 공장, 연구소, 첨단 의료 장비 등의 투자 대상을 물색하고 있다. 따라서 해외 현지의 수많은 중국계 은행가들은 풍부한 인맥 자원이 매장된 보물 창고 역할을 할 가능성이 농후하다.

중국 탁구가 세계 최강이 될 수 있었던 가장 큰 이유는 수억 명의 중국인이 이 열기에 동참했기 때문이다. 금융은 중국이 향후 반드시 발전시켜야 할 새로운 하이 프런티어로, 이 과정에 수많은 창업자가 나와야 하는 것은 꼭 필요한 수순이다. 중국에서 은행을 설립하려면 많은 제약이 따르지만 해외에서는 상대적으로 쉬운 편이다. 중국인은 금융 창업과 관련해 유대인을 본보기로 삼을 필요가 있다. 이 세상에서 유대인만 금융업에 종사하라는 법은 없다. 중국인들도 금융업의 거대한 잠재 이익을 인식하고 상응하는 금융 지원을 받는다면, 작은 불씨가 넓은 들판을 태우듯 감춰진 금융 방면의 저력을 보여줄 수 있을 것이다.

언젠간 해외 화교들도 창업에 대해 얘기할 때, 이런 말을 하게 되지 않을까?

"내가 투자를 좀 받았는데, 우리 이 돈으로 은행을 세우지 않을래?"

중국이 세계 금융 강국으로 부상할 날은 머지않아 찾아올 것이다!

금융 하이 프런티어의
인프라에 숨은 위험

컴퓨터 기술이 고도로 발달한 오늘날에는 금융 활동도 점점 첨단 정보화 기술에 의존하고 있다. 그러나 컴퓨터 기술을 기반으로 한 금융 인프라에 매우 많은 위험이 숨어 있다는 사실을 아는 사람은 많지 않다.

지금은 휴대폰 전원이 꺼진 상태에서도 원격으로 전원을 활성화해 통화 내용을 도청할 정도로 기술이 발전했다. CIA는 컴퓨터 CPU가 하드디스크 데이터를 읽을 때 방출하는 미약한 전자파를 이용해 컴퓨터와 몇 미터 떨어진 곳에서도 컴퓨터 내의 데이터를 훔칠 수 있다. 이처럼 정보 안전이 전혀 보장되지 않는 정보화 시대인데도 중국은 자체 금융 시스템에 잠재해 있는 위험에 대해 전혀 인식하지 못하고 있다.

현재 중국의 금융기관은 대부분 외국산 CPU와 OS 프로그램을 사용하고 있다. 핵심 데이터를 저장할 때에도 대다수가 외국산 DB 소프트웨어를 사용한다. 가장 기본적인 하드웨어와 소프트웨어를 외국산 제품에 의존하는 상황에서는 응용 프로그램을 자체 개발한다 해도 금융 데이터의 안전을 보장하기 어렵다.

MS의 운영 체제에 비밀 암호가 심어져 있다는 사실은 이제 공공연한 비밀이 돼버렸다. 중국의 컴퓨터 회사인 레노버가 IBM 노트북 컴퓨터 부문을 인수한다고 했을 때, 미국이 과도하게 민감한 반응을 나타낸 것은 무엇을 설명할까? 국가 안보 문제는 중국 기업이 미국 기업을 인수하는 데 번번이 걸림돌로 작용하고 있다. 아마 대부분의 사람들은 이 같은 견해에 대해 언론의 확대 과장 보도 내지 무역 보호를 위한 구실쯤으로 치부하고 배후의 원인에 대해 진지하게 생각해 보지 않았을 것이다.

지금 기술로는 하드웨어에 해크 도어(Hack door)를 심어놓고 긴급 상황이나 특수 상황에서 원격으로 이를 조종하는 일이 가능해졌다. 운영 체제에는 빈틈이 더욱 많다. 원시 프로그램의 보안 특성상, 중국 금융 기관은 시스템 하부 구조 내의 실행 프로그램에 다양한 작은 프로그램이 숨어 있다는 사실을 전혀 모르고 있다. 데이터베이스의 문제점은 더욱 심각하다. 데이터베이스에는 고객의 예금 잔액을 비롯해 금융기관의 모든 핵심 정보가 저장돼 있는데, DB 소프트웨어의 원시 프로그램에 아무도 모르게 트로이 목마를 심어놓을 수 있다.

어느 날 갑자기 불가항력의 사건이 생겨 잠자고 있던 트로이 목마가 깨어나고 닫혀 있던 해크 도어가 열리는 상황을 상상해 보라. 일부 프로그램이 갑자기 미쳐버려 모든 은행 계좌의 예금 정보가 삭제되고, 또 프로그램이 분별 기능을 잃어 군부와 민간, 기업과 개인, 정부와 기관의 계좌를 혼동할 수도 있다. 군사적 필요에 의해 전투기나 탱크, 자동차를 출격시켜야 하는데 갑자기 군부 계좌의 자금이 모두 사라진 것을 발견한다면 얼마나 황당할까? 또 고객이 은행에서 돈을 인출하려고 하는데 갑자기 계좌 잔액이 '0'으로 표시된다면, 기업이 원자재를 구매해야 하는데 갑자기 수표 지급 정지를 당한다면, 공무원들에게 월급을 지급해야 하는데 갑자기 계좌 이체가 불가능해진다면……. 금융 시스템이 마비된 상태에서 이 같은 긴급 상황이 발생할 경우 대체 어떻게 대처해야 할까? 상상만 해도 끔찍한 일이 아닐 수 없다.

금융기관은 부득이한 상황에서 백업 시스템을 긴급 가동할 것이다. 그러나 백업 시스템도 똑같은 하드웨어와 소프트웨어, 데이터베이스를 사용하기 때문에 결국 같은 문제가 발생할 수밖에 없다.

거안사위(居安思危)라는 말처럼, 언제든지 위험에 대처할 수 있도록 준비해야 낭패를 면할 수 있다. 금융 안전은 먼 나라 얘기가 아니다. "남을 해치려는 마음은 없애되, 남을 해치려는 사람은 반드시 막아야 한다"라는 말을 되새기자. 위험은 미연에 방지해야 하는 것이다.

화폐 춘추전국 시대의 도래

인류 사회의 모든 활동은 부의 창조와 배분이라는 두 가지로 귀결된다. 부의 창조의 효율성과 부의 분배의 형평성은 인류 문명의 발전 궤도를 결정했다. 부의 창조가 없다면 부의 분배는 있을 수 없다.

노동, 생산, 기술, 천연자원 및 무역을 중심으로 하는 실물 경제에 의해 부가 창조된다면 부의 분배 방식에는 두 가지가 있다. 하나는 화폐, 신용, 재정 세수, 금융 도구 및 금융 시장으로 이뤄진 금융 시스템에 의한 분배 방식이다. 다른 하나는 전쟁, 약탈, 사기, 식민 착취 등을 골자로 하는 폭력에 의한 분배 방식이다.

크게는 국가에서 작게는 개인에 이르기까지 모두 두 가지 경로를 통해 부를 얻는다. 하나는 자신의 노동을 통해 부를 창조하는 것이고, 다른 하나는 분배 시스템을 통해 부를 획득하는 것이다. 강력한 국가 및 조화로운 사회에서는 부의 창조와 분배 규칙을 제정할 때 항상 안정성과 형평성을 우선시한다.

부란 인류가 조직적, 효율적으로 천연자원을 이용하고 노동이라는 방식을 통해 창조해 낸, 사회의 최종 수요를 만족시키기 위한 각종 상품과 서비스를 가리킨다. 정지 상태에 있던 각종 요소는 노동이라는 방식에 의해 동태적으로 통합돼 최종적으로 부라는 새로운 형태로 탄생한다. 따라서 부의 근원은 노동이다.

노동은 사람들에게 바른 생활 습관과 작업 습관을 유지하도록 해주고, 생산비 절감과 첨단 기술을 이용한 생산 능률 향상에 관심을 집중하도록 만들어 더 많은 제품을 생산하도록 한다. 노동은 또 부의 창조 능력을 지속적으로 향상시키도록 도움을 준다. 사실 부를 창조하는 능력은 부 자체를 가지는 것보다 훨씬 더 중요하다.

16~17세기에 유럽에서 가장 강력했던 스페인 제국은 한때 세계 금과 은 총량의 80%에 달하는 1만 8,000톤의 은과 200여 톤의 금을 보유해 세계에서 가장 부유한 국가로 불렸다. 다른 국가들은 모두 스페인을 위해 일했다. 그러나 한 국가가 이토록 많은 부를 보유하고 있으면 그 국가는 부를 창조하는 능력을 점차 상실하고 만다.

1545년에 스페인 제조업자들은 신대륙으로부터 족히 6년 치 주문량을 확보했다. 당시 스페인은 강대한 군사력을 바탕으로 해외 주문을 거의 독점하다시피 해 거액의 이익을 얻는 것은 그야말로 식은 죽 먹기였다. 그러나 이미 거대한 부를 축적한 스페인 제조업자들은 초심을 잃고 더 이상 힘든 생산 활동에 종사하려 하지 않았다. 그들은 손에 있는 오더를 다른 국가에 대량으로 하도급을 주기 시작했다. 이렇게 해서 영국의 방직업, 네덜란드의 조선업, 이탈리아의 농장업과 북유럽의 어업이 스페인을 대신해 제품을 생산해 냈다.

스페인 제조업자들은 최종 제품에 자체 상표를 부착한 다음 다시 세계 각국에 수출했다. 세계 최초의 주문자 생산 방식(OEM)과 하도급 생산 방식인 셈이었다. 그 결과 부지런하고 용감한 영국인들이 노동 과정에서 선진적인 생산 기술과 참신한 생산 방식을 개발해냄에 따라 생산 능률을 대폭 향상시키고 부의 창조 능력을 대폭 강화했다. 이에 반해 스페인은 거액의 부를 믿고 무절제한 소비와 대외 확장만 추구하다가 생산이 위축되고 재정이 파탄 나고 실업률이 급증했다. 결국 스페인 제국은 세계 맹주의 자리를 고스란히 영국에 내주고 말았다.

영국은 19세기 말부터 20세기 초에 제조업을 기반으로 세계 해상 패권과 금융 패권을 장악하면서 역사상 유례없는 세력 범위를 자랑했다. 아프리카 대륙에서는 21개 국가가 영국의 속국이 돼 대량의 원자재와 천연자원을 공급했다. 중동에서는 팔레스타인, 사우디아라비아에서 이란, 이라크에 이르는 광활한 지역을 지배하면서 중동 석유의 원천을 장악했다. 아시아에서는 인도(파키스탄 포함), 말레이시아(싱가포르 포함)에서 미얀마, 홍콩에 이르는 지역을 통치하며 방대한 인력 자원, 천연자원과 전략적 요충지를 모두 장악했다. 대양주에서는 오스트레일리아, 뉴질랜드 등 영연방 국가들이 영국의 든든한 원자재 공급 기지가 되었다. 미주에서는 캐나다, 가이아나, 자메이카, 바하마 등이 해군 기지와 천연자원을 무궁무진하게 공급했다.

세계의 맹주 자리를 차지한 영국은 과거 스페인 제국과 똑같은 선택의 기로에 섰다. 부지런하고 성실한 노동을 통해 계속 부를 창출할 것인가, 아니면 군사 패권과 금융 패권을 이용해 다른 사람의 노동 성과를 나눠 가질 것인가? 이미 많은 부를 거머쥔 영국인들은 결국 스페인과 마찬가지로 후자를 선택했다.

그들은 미국에 자본을 대거 투자하고 산업 기술을 수출하여 미국인들이 힘든 생산 활동에 종사하도록 만들고, 자신들은 앉아서 방대한 투자 수익을 향유하며 '금리 생활자'의 삶을 누리기 시작했다. 이때 영국은 세계 자금 코스트를 결정하고, 자원 가격을 독점하고, 글로벌 제조업 오더의 흐름을 통제하고, 세계 시장의 수요를 주도적으로 나눠 가지고, 해상 무역 통로를 보호했다. 영국이 이 다섯 가지 전략적 고지를 단단히 점령하고 있는 상황에서 미국은 꼼짝없이 영국의 글로벌 작업장으로 전락했다. 게다가 이 작업장을 지배하는 것은 여전히 영국 자본이었다. 한마디로 영국은 글로벌 시장의 조직자인 반면 미국은 생산자에 불과했다. 대규모 전쟁이 터지지 않는 한, 이 같은 글로벌 시장 구도는 꼼짝도 하지 않을 것이었다.

그러나 대영 제국의 해가 지지 않는 제국 건설의 꿈은 두 차례 세계 대전에 의해 무참히 깨지고 말았다.

역사는 놀랄 만큼 똑같이 반복된다. 미합중국은 200년 동안의 고통스런 노동을 통해 거대한 부를 창조한 후에 스페인과 영국처럼 점차 부의 창조 능력을 상실해 갔다. 하지만 미국은 1971년 닉슨 대통령이 금본위제 폐지를 선언한 뒤 과거 스페인과 영국이 상상조차 하지 못했던 거대한 금융 패권을 장악했다. 바로 달러화가 세계의 기축 통화가 된 것이다. 과거에 스페인은 부를 얻기 위해 바다 건너 멀리 신대륙을 개척해 금과 은을 약탈했다. 영국도 자본 투자를 통해 안락한 금리 생활자의 삶을 영위했다. 그러나 지금 미국은 달러를 찍어내는 가장 간단한 방법으로 손쉽게 세계 각국의 저가 천연자원과 노동 성과를 얻고 있다.

금융 패권의 치명적인 매력에서 벗어나지 못한 미국의 현재 상황은 어떠한가? 미국에서는 성실한 노동이 쓸모없는 짓으로 간주되고 부를 향한 탐욕만 팽배해 있다. 건국 초기의 청교도 정신은 온데간데없이 사라지고 한때 세계를 지배한 강국으로서의 산업 토대도 취약하기 그지없다. 미국의 금융 패권은 세계의 빈부 격차를 확대시키고 2008년 글로벌 금융위기를 유발한 진짜 원흉이 되었다.

많은 사람들은 현재 미국의 위기가 제도적이 아닌 기술적인 문제일 뿐이라고 주장한다. 미국의 제도 자체가 강력한 결함 시정 능력을 가져서 과거 다양한 위기들을 모두 극복했듯, 이번 위기도 결국 성공적으로 극복할 수 있다고 믿는다. 미국의 위기는 확실히 제도적인 위기가 아니다. 그보다 훨씬 더 심각한 위기라고 해야 옳다. 미국 국가 전체가 손쉽게 얻은 방대한 규모의 부에만 의존해 점차 피땀 어린 노동에 대한 열정과 욕망을 잃어 부의 창조 능력에 돌이킬 수 없는 손상을 입었다는 말이다.

1971년부터 끊임없이 증가하는 무역적자는 냉정하게 다른 국가에 수출할 만한 미국산 제품의 생산량이 갈수록 줄어든다는 사실을 설명해 준다. 미국은 달러 발행 특권을 행사하면서부터 세뇨리지 수익과 자본 투자 수익을 얻는 데만 혈안이 돼 끊임없이 자국 산업을 외국에 수출하고 있다. 이는 과거 스페인과 영국의 행동과 전혀 다를 바 없다. 결과적으로 미국인은 거액의 이익을 얻는 대가로 부의 창조 능력을 상실하고 있다.

미국 사회에서 시대별로 존중받는 직업을 보면, 1950~60년대에는 과학자와 엔지니어가 대표적으로 꼽혔다. 이어 70~80년대에는 의사와 변호사가 존중을 받더니, 90년대 들어서는 월스트리트의 금융가들이 이를 대체했다. 대졸자는 월스트리트에 취직하면 과학자나 엔지니어보다 훨씬 더 많은 돈을 벌 수 있다. 세태가 이러하니 누가 어렵고 힘든 연구 사업이나 육체노동에 종사하려고 하겠는가? 미국이 다른 국가에 의사, 금융가와 변호사를 '수출'하는가? 그럴 리가 만무하다. 대신 값비싼 의약품, 저질 금융 상품과 시간을 질질 끄는 클레임 소송 건 따위를 거리낌 없이 다른 국가에 수출한다.

어느 날 갑자기 사람들은 '당근'과 '몽둥이'를 모두 소유한 미국에 지금은 '몽둥이'밖에 남지 않았다는 사실을 발견했다. 실제로 현재 미국의 부채 규모는 57조 달러에 달한다. 그것도 의료보험, 사회복지 기금 등 100조 달러의 잠재 부채를 제외한 액수이다. 거의 상환 불가능한 이 부채는 이미 거대한 '채무 언색호'를 형성했다. 미국의 GDP는 14조 달러에 불과한데, 어떻게 GDP의 10배에 달하는 거대한 채무를 상환한다는 말인가? 게다가 미국의 채무는 복리로 이자 증가 속도가 GDP 성장 속도보다 훨씬 더 빠르다.

> **언색호(堰塞湖)**
> 산이나 토사가 무너져서 흙과 돌이 그 산 근방에 흐르는 내를 막거나, 화산이 폭발해 용암으로 골짜기나 냇물이 막혀 그 자리에 생긴 호수.

하버드 대학의 니얼 퍼거슨 교수는 2009년 12월 〈뉴스위크〉에 실린 '위기에 선 제국'이라는 표지 기사에서 "역사적으로 보면 재정 수입의 20%를 채무 원리금 상환에 사용할 때, 그 국가는 심각한 재정 위기에 빠졌다고 봐도 무방하다"라고 지적했다.

　　스페인은 1557~1696년에 과중한 채무 부담으로 인해 열네 번이나 디폴트 위기에 빠졌다. 프랑스도 프랑스 대혁명을 앞둔 1788년에 재정 수입의 62%를 채무 원리금 상환에 지출했다. 오스만 제국 역시 1875년 재정 수입의 50%를 채무 원리금 상환에 지출했고, 제2차 세계대전 전야의 영국도 재정 수입의 44%를 채무 원리금 상환에 썼다.

　　한때 전 세계를 주름잡던 제국들은 마지막에 모두 과중한 채무에 의해 몰락했다. 그렇다면 이들 제국의 채무 부담을 가중시킨 원인은 무엇일까? 한마디로 부의 창조 능력 상실과 제국 유지 비용의 상승이었다.

　　부를 너무 쉽게 얻으면 피땀 어린 노동을 통해 부를 창출하려는 열정이 줄어든다. 국가의 거대한 부는 아이러니하게도 부의 창조 능력을 하락시키는 요인이 된다. 이것이 역사에서 말하는 변증법이 아닐까?

　　2035년에 이르면 미국 GDP 대비 국채 비율은 200%에 육박하게 될 것이다. 이는 미국이 재정 수입의 46%로 채무 원리금을 상환해야 한다는 얘기가 된다. 1939년의 영국과 똑같은 상황에 직면하게 되는 것이다. 주목할 점은 영국은 그때부터 국세가 기울기 시작했다는 사실이다.

　　미국 부채 규모의 급증에 따라 달러의 몰락도 시간문제가 되고 있다. 달러가 구제불능 상태에 이르면 뒤이어 화폐의 춘추전국 시대가 열릴 것이다. 지금부터 2035년까지 4분의 1세기 동안 전 세계적인 화폐전쟁은 서서히 막을 올릴 것이다.

제10장

은의 영광과 몽상

미래의 20년은 세계 화폐 시스템에 천지개벽할 변화가 일어
나는 시대가 될 것이다. 직설적으로 말하면, 달러로 대표되는
채무 화폐와 금과 은으로 대표되는 성실한 화폐가 격렬하게
충돌할 것이다. 양자의 대결에서 어느 쪽이 승리할지 분명히
깨닫고 현명하게 투자하는 지혜가 필요한 시점이다.

은은 무려 50여 개 언어에서 돈과 동의어로 쓰인다. 또 지구촌의 많은 나라에서 주요 화폐로 사용한다. 아편전쟁에서 청나라 말기에 이르는 약 50년 동안 중국은 싸우는 전쟁마다 패해 1,000여 개에 이르는 각종 불평등조약을 맺으면서 합계 10억 냥에 이르는 은을 외국에 강탈당했다.

예로부터 황금을 좋아하는 서양 사람들은 왜 중국의 황금을 먼저 약탈하지 않았을까? 왜 아편을 인도나 아프리카, 아메리카 등에 팔지 않고 꼭 중국에 가져와 팔았을까? 미국은 1930년대에 세계의 대부분 은을 비싼 가격에 사들였다. 미국 정부와 민간의 은 보유량이 절정에 달했을 때, 미국은 갑자기 은의 화폐 기능을 취소하는 결정을 내렸다. 당시 존 F. 케네디 대통령은 이에 반대하고 나섰는데, 어쩌면 그 이유로 비명횡사한 것은 아니었을까.

이후 미국은 대량으로 은을 팔아치우기 시작했다. 그토록 오랜 시간과 많은 자금을 투입해 사들인, 심지어 강탈하면서까지 모은 은을 쌓아놓기 무섭게 마치 고철 팔듯 모조리 팔아버렸다. 위로는 FRB에서부터 아래로는 대형 은행에 이르기까지 약속이나 한 듯 은을 팔아치워 가격을 폭락하게 만들었다. 이를 대체 어떻게 설명해야 할까?

이 장에서는 이런 미스터리 중에서도 가장 놀랍고 미묘한 내용을 파헤칠 생각이다. 또 은의 과거, 현재, 미래를 분석하여 독자 여러분의 호기심과 지적 욕구를 충족시킬 뿐 아니라 평생 만나지 못한 엄청난 투자 기회를 깨닫도록 해줄 것이다.

미래의 20년은 세계 화폐 시스템에 천지개벽할 대변화가 일어나는 시대가 될 것이다. 직설적으로 말하면, 달러로 대표되는 채무 화폐와 금과 은으로 대표되는 성실한 화폐가 격렬하게 충돌하는 시대가 될 것이다. 이들의 충돌 결과는 한쪽이 대대적으로 몰락하고, 다른 한쪽이 매서운 상승 기세를 보이게 될 것이다. 똑똑한 사람이라면 달러화와 금, 은의 대결에서 어느 쪽이 승리할지 분명히 깨닫고 그쪽으로 투자를 진행해야 한다. 투자 대상은 히말라야의 고봉들처럼 우뚝 선 채, 여러분들의 투자를 꼭대기로 올려놓을 것이다!

2008년 9월 18일 오후 2시, 세계 금융 시스템은 완전히 붕괴했다!

중국인들은 정확한 정보의 부재 탓에 바로 그 시각 전 세계인들의 부가 어떻게 엄청난 쓰나미에 직면했는지 전혀 몰랐다. 이는 레오나르도 디카프리오가 주연한 공상과학 영화 〈인셉션〉에 나오는 내용이 아니다. 금융 시스템의 재난에 대비한 훈련은 더군다나 아니었다. 그것은 현실 세계에서 정말로 일어난 금융 악몽이었다! 전 세계가 달러 붕괴라는 지옥문 앞에서 꿈을 꾸고 있었지만 대부분의 사람들은 지금도 그 일이 왜 일어났는지 전혀 모른다!

그것은 현대사에서 가장 두려운 초특급 뱅크런 사태였다! 지금까지도 이날 일어난 사건의 디테일한 부분은 철통같은 비밀로 부쳐져 있다.

이 사건을 가장 먼저 폭로한 사람은 미국 민주당의 폴 캔조스키(Paul

Kanjorski) 의원이었다. 그는 2009년 2월에 미국 C-SPAN TV의 방담 프로그램에 출연해 이 놀라운 사실을 폭로했다.

목요일(2008년 9월 18일) 오전 11시에 FRB는 미국의 화폐 시장에서 무려 5,500억 달러의 자금이 1~2시간 내에 국제 투자자들에 의해 인출된 것이라는 소식을 들었다.

재무부는 즉각 구제 금융 조치를 실시하고 1,050억 달러를 투입해 미친 듯 빠져나가는 달러를 막으려고 시도했다. 그러나 그것이 무의미한 조치임을 깨닫는 데에는 오랜 시간이 걸리지 않았다. 우리가 직면한 사태는 인터넷 뱅킹에서의 뱅크런이었다.

재무부는 즉각 모든 거래를 중지하고 모든 계좌 역시 동결했다. 이어 미국 정부는 계좌당 25만 달러의 예금에 대한 안전 보장을 발표했다. 공포의 만연을 막기 위해서는 가장 적절한 조치였다.

만약 그들이 이 조치를 취하지 않았다면 5조 5,000억 달러에 이르는 미국 화폐 시장의 달러가 모두 인출돼 미국의 경제 시스템은 완전히 붕괴했을 것이다. 그 경우 24시간 내에 세계 경제 시스템 역시 완전히 마비될 수밖에 없었을 것이다.

만약 이런 상황이 진짜 벌어졌다면 우리가 알고 있던 미국 경제의 판도와 정치 시스템은 상상하는 것 이상으로 엄청나게 변했을 것이 틀림없다.

제임스 인하이피 의원 역시 오클라호마주 털사시의 TV 인터뷰에서 이렇게 언급했다.

"당시 헨리 폴슨(Henry M. Paulson Jr.) 재무부 장관은 의원들에게 월스트리트를 구제하는 관련 법안을 통과시키라고 강력하게 권고했다. 심지어 반대표를 던지면 미국에 대혼란이 일어나 정부가 계엄령을 선포하게 될지도 모른다고 협박했다."

미국에 계엄령이 선포된다는 것은 정말 상상하기 어려운 광경이 아닐까 싶다. 그렇다면 도대체 어떤 위기가 미국을 이처럼 혼란 국면으로 몰고 갔을까? 그것은 바로 달러의 위기였다!

미국 화폐 시장이 뱅크런에 의해 달러의 위기 국면으로 내몰린 현실을 이해하려면, 먼저 화폐 시장이 미국 경제에서 얼마나 중요한 역할을 차지하는지 알아야 한다.

미국 기업들은 중국 기업과 달리 은행에서 단기 대출을 잘 받지 않는다. 이유는 무엇보다 수속이 복잡하고 비용이 비교적 많이 들어서이다. 그래서 270일 이내의 단기 대출을 원할 때는 종종 단기 상업 채권을 발행하여 화폐 시장에서 직접 융자받는 경우가 많다. 이 상업 채권은 일종의 채무 증서로 기업 신용을 기초로 해 발행이 간단하고 편리하다. 당장 돈이 필요할 경우에는 미리 상업 채권 거래업자에게 통지만 하면 바로 현금을 쥘 수 있다. 따라서 기업들은 임금, 원료 구매 및 운수 창고 비용, 임대료 등에 들어가는 각종 운전 자금을 상업 채권 발행을 통해 마련한다. 이 밖에 단기 국채, 연방 기금, 은행 인수 어음, 환매 조건부 채권, 양도성 예금증서(CD) 등의 각종 단기 채권 역시 화폐 시장에서 거래가 이뤄진다.

각설하고 만약 5조 5,000억 달러가 미국 화폐 시장에서 국제 투자자들에 의해 예금 인출돼 수 시간 내에 자금이 완전히 말라버렸다면,

미국의 모든 기업과 금융기관, 연방 및 지방 정부의 현금 유동성은 바로 완전히 끊어졌을 것이다. 그리고 24시간 내에 다음과 같은 끔찍한 광경을 목도했을 것이다.

- 미국 금융 시장이 붕괴한다. 주가가 폭락하고 채권 가격이 정신없이 떨어져 전국 금융기관들의 자금 거래는 완전히 멈추고 은행은 운영이 중단된다. ATM에서는 돈을 찾을 수 없고 은행의 기업과 개인 계좌는 전면 동결된다.
- 은행은 공포에 질린 사람들로 장사진을 이룬다. 격분한 고객들이 마구 욕을 하고 소수의 극단적인 고객들은 ATM을 부수기 시작한다.
- 수많은 회사들이 각종 비용을 지불할 수 없어 생산, 물류, 운수, 구매, 창고 보관 시스템이 마비된다.
- 각 대형 상점에서는 현금으로 물건을 마구 구입하는 현상이 벌어진다. 소비자들이 신용카드를 쓸 수 없기 때문이다.
- 공무원과 경찰, 군중들이 함께 시위에 나선다. 사람들이 월급을 받지 못해 차에 기름을 넣을 돈이 없어 교통이 완전히 마비된다. 현금을 보유하지 못한 가정은 식품과 약품을 살 수 없다. 분노한 군중들은 소란을 부리기 시작한다.
- 수도료와 전기료를 내지 못해 학교, 병원, 대형 빌딩 등에서는 전기와 수도가 끊기는 지경에 이른다. 발전소와 수도 회사도 원료비를 감당할 방법이 없어 가동을 멈춘다.
- 수많은 미국 전투기들이 이륙하지 못하고 군함은 출항을 포기해야 하며 탱크, 자동차 역시 운행이 중단된다. 군대 계좌의 돈이 정부의

단기 채권 융자 정지로 인해 동결되었기 때문이다.

• 미국 정부는 전국적으로 계엄령을 선포한다.

24시간 후 재난은 전 세계적으로 영향을 미친다. 세계 각지의 금융 시장은 오전에 개장했다가 미국에서 일어난 깜짝 놀랄 소식을 듣고 모든 금융 상품의 가격이 완전히 붕괴된다. 각국 금융기관의 자금 거래와 결제는 완전히 혼란 상태에 빠진다. 중국의 수출업자들은 대금을 받지 못한 탓에 상품 선적을 거부하고, 중동의 석유 수출이 돈이 없어 중단되며, 러시아는 식량 수출 중단을 선포한다. 인도의 해외 콜센터에는 전화를 받는 직원이 사라지고, 유럽의 중앙은행은 긴급 사태를 선포하고 자금줄을 바짝 쥔다. 유럽 각국 정부의 채권 재융자는 실패로 돌아가고 공무원 임금 동결이 선포된다. 이에 유럽 노동자들이 파

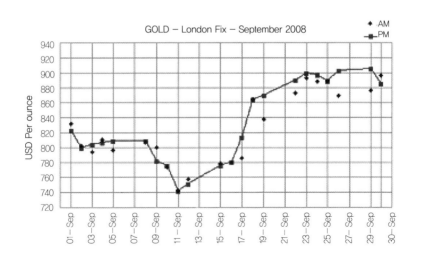

| 9월 18일 온스당 100달러 가까이 치솟은 황금 시장 가격

업에 돌입하고 세계의 각 대형 항공사들은 속속 취항을 취소한다…….

9월 18일 세계 금융 시장이 위와 같은 두려운 상황에 빠진다는 가정과 동시에, 투자 기관들은 즉각 행동에 들어가 생명을 연장할 끈을 잡으려고 매달렸다. 그것은 바로 화폐 시장이 재난을 당할 때마다 노아의 방주로 인식되는 금과 은이었다!

실제로 금은 9월 18일 전후로 단숨에 온스당 100달러 가까이 폭등해 황금 시장 역사상 유례없는 기록을 세웠다. 마찬가지로 백은 가격도 무려 20% 이상 폭등해 모든 투자가들의 어안을 벙벙하게 만들었다. 그러나 이때 다른 귀금속을 비롯한 벌크 상품들은 비교적 안정세를 유지했다.

이는 화폐 시장과 금융 시스템에 중대한 위기가 발생했을 때, 사람들은 본능적으로 석유나 철강, 동, 구리 따위에 신경 쓰는 것이 아니라

SILVER - London Fix - September 2008

┃ 은 시장 가격 역시 9월 18일에 20% 이상 폭등했다.

바로 금과 은에 몰린다는 사실을 말해준다. 의심의 여지없이 금과 은은 화폐 시장이 위기에 직면했을 때 오랫동안 잊힌 화폐의 속성을 즉각 드러낸다.

금융 쓰나미가 닥쳤을 때 사람들이 금의 화폐 속성을 받아들인 것은 별로 이상한 현상이 아니었으나 은은 조금 의외라고 할 수 있다. 금과 마찬가지로 은도 절대 값어치가 떨어지지 않을 진정한 화폐의 속성을 가지고 있다. 물론 9월 18일에 반짝하기는 했으나 앞으로 달러의 시대가 끝나감에 따라 은의 화폐 속성은 더욱 각광을 받게 될 것이다. 그 빛은 사람의 눈을 현란하게 만드는 황금을 직접 겨냥하고 있다.

은은 과거 중국인들에게 생소한 금속이 아니었다. 중국은 세계 최대의 은 화폐 국가로 일찍이 세계 경제와 무역 시스템의 핵심 지위를 누렸다. 그러나 오늘날 중국인들은 은이 향후 중국에 얼마나 거대한 전략적 기회를 가져다줄지에 대해 잘 모르는 듯하다.

은은 과거에 세계화폐였을 뿐 아니라 미래 중국의 부상에도 어마어마한 전략적 기회를 제공할 가능성이 대단히 높다!

은, 일찍이 세계화폐가 되다

1621년에 한 포르투갈 상인은 이런 기록을 남겼다.

"은은 전 세계 각지에서 요동치다가 중국으로 흘러들어간다. 그곳에서 은은 마치 자기가 태어난 곳으로 돌아간 것처럼 머무른다."

16~17세기의 유럽인들은 세계 무역에서 은을 팔아 황금과 상품을

구입하는 업무를 주로 담당했다. 그 이유는 그들이 활력이 넘치던 아시아 시장에서 팔아먹을 만한 물건을 가지지 못한 탓이었다. 한마디로 유럽 상품은 경쟁력이 없었다.[1]

중국은 명나라 이래로 줄곧 은을 주요 유통 화폐로 삼았다. 그러나 당시 중국은 은의 생산 대국이 아니었다. 그렇다면 명나라는 왜 굳이 은을 화폐로 삼았을까? 또 중국의 은은 어디에서 왔을까?

은이 명나라의 주요 화폐가 된 것은 스스로 원한 선택이 아니라 어쩔 수 없는 강요에 의해서였다. 명나라 이전의 송(宋)이나 원(元)나라는 지폐로 귀금속을 대신해 주요 화폐로 삼았으나 결과는 경악스러웠다. 인간의 탐욕스런 속성 때문에 화폐가 상품의 속성에서 자유롭게 되자 강력한 제약이 사라지게 되었다. 이후 재정 적자를 보전하기 위해 지폐를 남발하면서 결국 인플레이션 초래, 세수 고갈, 재정 붕괴에 이어 마지막에는 나라가 망하고 말았다.

명나라도 건국 초기에는 이전 왕조의 지폐 제도를 채용해 보초(寶鈔)를 발행했다. 그러나 1522년에 이르러 화폐 가치가 무려 원래의 2% 선까지 떨어지고 인플레이션도 극심해져 백성의 원성이 들끓기 시작했다. 명나라 조정은 지폐 제도를 폐기하라는 압박에 시달리다 결국 금속 화폐 제도로 회귀했다. 송나라에서 명나라까지 약 500년 동안 지폐 제도를 실시하면서 얻은 결론은 지폐를 믿을 수 없다는 것이었다.

당시 명나라가 선택할 수 있는 금속 화폐는 금, 은, 동 세 가지 외에는 없었다. 금은 너무 귀하고 동은 너무 흔했기 때문에 은이 유일한 선택이 되어 명실상부한 '인민의 화폐'로 자리매김했다.

그러나 문제는 은이 부족한 중국이 어떻게 은을 대량으로 들여와 화폐로 삼을 수 있느냐는 것이었다. 정답은 바로 세계 무역이었다.

세계 무역 시스템을 거대한 수차에 비유하면, 화폐인 은은 수차 바퀴를 돌리는 물결이라고 할 수 있다. 화폐의 공급량이 많아질수록 수차는 더욱 빨리 돌아가고 세계 무역 규모 역시 커진다. 16세기에서 19세기에 이르기까지 세계 무역을 움직이는 동력은 자연스럽게 은이 되었다.

1581년에 명나라의 재상 장거정(張居正)은 전국적으로 일조편법(一條鞭法)을 실시했다. 이는 전부(田賦)와 요역을 각각 하나로 정비해 납세자의 토지 소유 면적과 인구수에 따라 결정된 세금을 은으로 일괄 납부하는 제도였다. 이로써 거대한 은의 수요를 창출했다.

마침 1545년과 1548년에 스페인이 페루와 멕시코에서 거대한 은 광산을 발견했다. 게다가 일본도 이때 은을 대량으로 수출했다. 이 3개국에서 제공한 대량의 은은 세계 무역이라는 수차의 톱니바퀴를 더욱 빨리 돌아가게 만들었다.

당시 중국이 자랑하던 찻잎, 도자기, 비단 산업은 전 세계 시장에서 경쟁 상대가 거의 없었다. 이 중 도자기는 전체 수출량의 50%가 유럽으로 유입되었다. 중국의 영어 국명은 바로 도자기의 영어명인 'china'에서 비롯되었다. 비단 역시 중국의 인기 있는 수출품이었다.

"중국의 비단 수출량은 사람들의 상상을 초월한다. 매년 1,000헌드레드 웨이트가 포르투갈 식민지인 인도 군도와 필리핀으로 수출되었다. 그것들은 대형 선박 15척에 실려 운반됐고, 일본으로 수출되는 비단은 셀 수조차 없었다……"[2]

중국은 전통적으로 은이 부족한 나라여서 명나라

> **웨이트**
> 중량 단위. 1헌드레드 웨이트는 112파운드임.

때에는 은이 귀하고 금이 흔한 국면이 나타났다. 17세기 초 광주의 금과 은의 교환 비율을 보면, 1 대 5.5에서 1 대 7 정도였는데, 스페인의 1 대 12.5에서 1 대 14와 비교할 경우 거의 두 배 차이가 났다. 스페인 상인들이 아메리카 대륙에서 초대형 은광을 발견한 다음 엄청난 비즈니스 기회를 잡았다고 환호한 데는 다 이유가 있었다. 이들은 떼를 지어 경쟁적으로 아메리카 대륙에서 약탈한 거액의 은을 중국으로 향하는 배에 실어 날랐다. 이처럼 금과 은의 환차익을 노린 경쟁이 심화되면서 거대한 세계 무역의 바퀴는 전속력으로 굴러갔다.

유럽은 17세기부터 산업혁명의 길에 접어들어 기계 생산이 도입돼 생산 원가를 대폭 떨어뜨렸다. 그렇지만 주요 생산품인 방직 제품은 중국에서 전혀 경쟁력이 없었다. 그 이유는 장거리 해양 운송에 너무 많은 원가가 들어갔기 때문이다. 더구나 중국의 역대 왕조들이 내륙 수운, 특히 대운하에 대한 지속적인 투자에 관심을 가져 중국 현지 상품의 물류 원가를 대폭 낮춤에 따라 자국 상품의 경쟁력을 크게 끌어올렸다.

더욱 중요한 것은 중국의 방직업이 명나라 말과 청나라 초에 이미 상당한 생산 규모를 자랑했다는 사실이다. 이에 대해서는 유럽 선교사들의 추산을 살펴보면 잘 알 수 있다. 17세기 말에 상해와 주변 지역에서 베를 짜는 노동자가 20만 명이 넘었고, 실을 제공하는 방적공은 무려 60만 명에 이르렀다. 이런 산업 규모 효과와 저렴한 물류 원가는 중국에서 유럽 상품의 경쟁 기회를 자연스럽게 빼앗아버렸다. 이 현상은 19세기 중후반까지 이어졌다.

상황이 이렇다 보니 유럽 상선의 주요 운송 상품은 아메리카 대륙의 은이 될 수밖에 없었다. 그들은 이 은으로 중국의 도자기, 비단, 찻잎을 교환하고, 값싼 황금으로도 태환했다. 유럽 상선은 다시 인도로 방향을 돌려 현지 상품을 구매했다. 동양의 각종 진귀한 상품과 황금을 가득 싣고 돌아간 이들은 주체할 수 없을 만큼 떼돈을 벌었다.

유럽인들은 16세기에서 19세기까지 약 400여 년 동안 주로 아메리카 대륙의 은을 약탈해 되파는 일에 종사했다. 조금 과장해서 말하면, 아메리카 대륙의 은을 약탈하는 것이 유럽에서 가장 발달하고 고수입을 보장하는 비즈니스였던 셈이다. 당시 세계 무역의 중심지는 물론 중국이었다. 중국은 상품을 수출하고 화폐를 들여오면서 은본위 화폐 시스템을 확립했다. 중국이 당시 세계 무역의 중심지였음을 증명하는 방법은 매우 간단하다. 은이 일단 중국에 들어오면 다시 나가지 않고 중국의 화폐 공급의 근간이 되었다는 사실이다. 이 상태는 영국이 중국에 아편을 팔 때까지 지속되었다.

아메리카 대륙에서 은광이 발견된 1545년부터 1800년까지 현지의 은 총생산량은 13만 3,000톤에 이른 것으로 추산된다. 이 중 유럽으로 운반된 은은 대략 70%(약 10만 톤)였고, 이 가운데 3만 2,000톤이 대아시아 무역을 통해 최종적으로 중국에 유입되었다. 여기에 아메리카 대륙에서 중국으로 직접 보낸 은과 일본이 수출한 것까지 합하면 양은 더욱 늘어나 4만 8,000톤에 이른다.[3]

재미있는 것은 유럽으로 운송된 6만 8,000톤(중국으로 간 3만 2,000톤을 제외한 수치)은 오랜 기간 인플레이션을 가져온 반면, 중국으로 유입된 4만 8,000톤은 시간이 흘러도 전혀 그런 영향이 미치지 않았다는 사실이다. 당시 중국의 상품 경제가 유럽보다 훨씬 발달했다는 것이 중요한 이유였다. 다시 말해 화폐의 증가가 상품 공급을 대대적으로 촉진하면서 인플레이션 압력을 효과적으로 차단했다는 얘기가 된다.

은은 이렇게 중국에 흘러들어 화폐의 제왕으로 군림했다. 이로써 송, 요(遼), 금(金), 원 및 명나라 초기까지 약 500년 동안 반복 출현했던 악성 인플레이션의 고질병은 다시 나타나지 않았다. 그러다가 1935년 이후 장제스가 은본위 제도를 폐기하고 법폐 개혁과 금원권을 발행함으로써 다시 하이퍼인플레이션 사태를 맞고 결국 정권을 잃고 말았다.

이 400여 년 동안 어떤 화폐가 세계화폐로 기능했는지, 나아가 어떤 화폐가 세계 무역의 톱니바퀴 역할을 했는지 되돌아보면, 은이 유일한 후보자라고 할 수 있다.

달러의 가치를 과연 지켜낼 수 있을까?

돈이란 무엇일까? 부란 무엇일까? 이 의문은 달러의 본질을 명확하게 이해하는 데 가장 중요한 문제이다.

위대한 사상가는 일반인과 다른 중요한 특징이 있다. 일반인에게는 아무것도 아니고 익숙한 것처럼 보이는 사물에 대해 심각하게 생각하고 민감하게 반응한다는 사실이다. 사과가 땅에 떨어지는 것에 관심을 돌린 뉴턴은 수천 년 동안 아무도 관심을 기울이지 않았던 평범한 현상에서 만유인력이라는 위대한 법칙을 발견했다. 또 아인슈타인은 '시간'이라는 너무나도 평범한 개념을 끝까지 파고들어 마침내 상대성이론을 탄생시켰다. 수천 년 동안 돈을 벌기 위해 부지런히 노력한 사람들 중에 과연 몇이나 진지하게 돈이 무엇인지를 고민해 보았을까?

물론 많은 사람들이 돈이 과연 무엇인지에 대해 관심을 가지고 깊이 연구한 것은 사실이다. 그러나 애석하게도 이들은 만유인력과 상대성이론 같은 위대한 금융이나 화폐 이론을 발견해 내지 못했다. 오히려 더욱 애매모호하게 만든 면도 있다. 이유는 아마도 돈이라는 것이 시간이나 인력 같은 순수한 물리 개념과 달리, 측정할 수 없는 인간의 탐욕이라는 변수의 영향을 많이 받기 때문이다. 그래서 학자들이 내놓는 각종 이론들은 서로 융합하지 못하고 상호 모순이 잇따른다. 은행가들은 어떻게든 기회를 틈타 이익을 얻으려는 욕망이 강해 서방의 모든 금융 시스템을 이론에서 실천으로 옮기는 과정 중에 전혀 엉뚱한 길로 이끌었다. 결국에는 주화입마에 빠져 전 세계를 거대한 금융위기의 소용돌이 속으로 밀어 넣었다.

> **주화입마(走火入魔)**
> 도를 얻는 수련을 하다 치명적인 내상을 입는 것을 말함.

고전적인 의미의 돈의 개념은 상당히 분명하다. 이미 존재하고 안정적인 가치를 가지고 있으면서 상품으로 교환하기 쉬운 특수한 상품이다. 돈은 수량이 유한하고, 세기 쉽고, 교환하기 편리하고, 위조가 어렵고, 시장의 공인을 받고, 장기적으로 보존 가능하다는 특성을 가지고 있다. 위와 같은 특성에 부합하는 상품은 모두 '돈'이라고 부를 수 있다.

특히 금과 은은 동서고금은 물론 다른 문화, 다른 지역, 다른 국가라는 차이를 막론하고 수천 년 동안 반복적인 비교와 실천을 통해 약속이나 한 듯이 그 어떤 것과 비교할 수 없는 돈으로 선택받았다. 금과 은 자체는 방수, 방화, 방부(防腐), 내마모성 같은 특수한 내재적 가치를 지니고 있어서 장기간 보존이 가능해 저장 가치가 있었다. 또한 휴대나 분할, 계량이 편리하고 위조가 어려워 가장 편리하면서도 신뢰할 만한 상품 교환 매개 역할을 했다. 가치가 안정적이고 계량하기에 편해 가치 척도로 삼기에도 가장 적합했다. 게다가 금과 은은 이미 존재하는 실질적 가치를 가진 상품이어서 어떤 담보나 강제성을 필요로하지 않았고, 정부의 교체, 법률의 변화, 경제 위기, 천재 및 인재 등 각종 불가항력적인 상황에서도 가장 믿을 만한 돈이 되었다. 또한 전쟁이 벌어졌을 때는 사람들의 부를 보호해 주는 노아의 방주 역할을 했다. 바로 이런 이유들 때문에 금과 은은 돈의 최고 형태로 전혀 부끄럽지 않고, 만민이 추대하는 '화폐의 왕'에 올라섰다.

부란 무엇일까? 부의 실질적 의미는 인류가 노동을 통해 창조해 낸 각종 상품을 가리킨다. 화폐는 이런 노동 성과에 대한 '청구권'이라고 할 수 있다. 사회에서 살아가는 사람이라면 누구나 자신의 노동 성과를 팔아 다른 사람의 노동 성과에 대한 청구권을 획득해야 한다. 이런 청구권이 이전될 때 '지불 수단'이 된다. 또 이런 청구권이 보편적으로 받아들여질 때 '거래 매개'가 된다. 청구권을 보유한 사람이 태환 시기를 늦출 때는 '부의 저축 기능'이 실현된다. 이 청구권이 태환 요구를 받았을 때 아무 손실 없이 다른 사람의 같은 가격의 노동 성과를 얻었다면 이 청구권은 우수한 '가치 척도'를 가지게 된다. 위의 네 가지 요소는 공동으로 화폐와 부의 완벽한 대응 관계를 구축한다. 이것을 이른바 화폐의 4대 기능이라고 부르며, 그중의 가장 핵심은 '부의 저축 기능'이다.

부에 전혀 손실을 입지 않으면서 태환의 연기가 가능한 화폐를 보유할수록 '가치 척도' 기능을 보다 잘 실현할 수 있다. 또 시장에서 환영받을수록 더 쉽게 유통되므로 이 화폐는 우수한 '거래 매개'와 '지불 수단'이 된다. 화폐의 상품 속성을 철저히 배제하면 '부의 저축 기능'이 문란해지고 밸런스가 깨지고 만다. 어떤 화폐라도 일단 화폐의 상품 속성이라는 철칙에서 벗어나면 끊임없이 평가절하되는 운명을 면하기 어렵다. 따라서 금과 은으로 대표되는 고전적 의미의 돈이 화폐가 추구하는 최고의 경지인 것이다.

역사적으로 볼 때, 제국의 세력이 상승기를 맞은 주기에는 경제가 발달하고 무역이 활발해지고 군사력이 왕성해지고 영토가 확장된다. 따라서 화폐 구매력이 안정되고 유통 영역이 확대되며 대출 이자도 저렴해진다. 이런 전성기가 지나고 나면 통치 계급의 부패, 제국 내부의 갈등 격화, 생산력의 하락, 끊임없는 대외 정복 전쟁, 재정 지출의 급증, 세수의 점진적 부족 등의 문제가 발생해 제국을 유지하는 데 들어가는 종합적인 원가가 날로 늘어날 수밖에 없다. 이때 제국은 종종 화폐의 평가절하를 통해 재정 압박에서 벗어나려고 시도한다. 그러나 재정 적자의 화폐화는 화폐의 금 함유량을 줄이는 방법을 택했던 고대는 물론, 양적 완화를 위주로 한 현대에도 인플레이션의 근원이 될 수밖에 없었다.

서양 화폐 이론 중에서 가장 본질적인 발명은 바로 채무를 저당 잡힌 신용 화폐로, 금이나 은처럼 채무 위약으로도 가치를 상실하지 않는 진정한 돈을 대체한 것이다. 유럽인들은 먼저 전쟁이나 아편 무역 등의 방식을 통해 은을 주요 화폐로 삼은 국가들의 은을 몽땅 허공으로 날려버려 은본위제를 폐지시켜버렸다. 이어서 세계 각국의 화폐를 달러화와 연계시키고, 또 달러는 금과 연계하는 방법으로 기본적인 세계 화폐의 태환 시스템을 구축했다. 그런 다음 다시 달러와 금의 연결 고리를 끊어 금본위제마저 폐지시켰다. 이로써 달러를 대표로 하는 법정 화폐는 금과 은의 제약을 받지 않는 세계의 준비 화폐가 되었다.

우리들이 지금 사용하는 달러는 어떤 실질적인 가치도 없는 화폐이다. 이런 화폐를 영어로 'currency'라고 부르며, 기본 의미는 유동성이라고 보면 된다. 단지 상품의 유동을 편리하게 하는 매개일 뿐이다. 이 매개 자체에는 어떠한 가치도 없다. 이는 지폐도 될 수 있고 수표도 될 수 있으며, 심지어 컴퓨터 속의 숫자도 될 수 있다. 이는 임시로 가치를 태환하도록 해주는 증빙인 것이다. 본질적으로는 차용 증서에 불과해 미래의 어느 시점에 원래 가치를 100% 보장해 준다고 보기 어렵다. 달러는 차용 증서이기 때문에 다른 사람이 갚지 않으면 부도가 나버린다.

지금 사람들은 금과 은이 수천 년 동안 가장 믿을 만한 진짜 돈이었다는 사실을 점차 잊고 있다. 이에 신용 화폐라는 이 차용 증서를 돈과 혼동하여 부도수표를 돈이라고 여기고 있다. 우리가 열심히 버는 돈은 차용 증서를 버는 것이고, 저금하는 것 역시 이 증서를 저금하는 것일 뿐이다. 사실 신용 화폐의 체제 아래서 사람들이 벌거나 저금하는 이런 차용 증서는 약속이 지켜질 때만이 완전히 화폐로서의 가치를 가지고, 부분적으로 약속이 지켜질 때는 부분의 가치만 존재하게 된다. 당연히 약속이 전혀 지켜지지 않을 때는 전혀 가치가 없는 종잇조각에 불과하다.

순수한 지폐에 대한 실험은 초기에는 종종 놀랄 만한 좋은 효과를 거뒀다. 그러나 결국에는 이 지폐들 모두 자신의 원래 가치로 돌아가고 말았다. 그것은 종이의 원가에 불과했다! 따라서 순수한 지폐 제도의 본질을 말한다면, 인류의 탐욕스런 본성에 대한 실험이었을 뿐이다. 화폐 발행권을 정부가 장악했든 개인이 장악했든, 또 화폐 정책을 집행하는 국가가 어떤 사회제도를 가지고 있든 간에, 이것들은 결코 문제의 본질을 바꿀 수 없다. 오로지 인성(人性) 가운데 태어나면서 가진 탐욕스러운 본성이 과연 신뢰할 만한지의 여부에 달려 있다!

모든 인류의 역사는 탐욕과 어리석음, 분노가 도저히 극복하기 어려운 인성의 본질이라는 사실을 잘 보여준다. 이는 아직 사회에 전혀 물들지 않은 어린아이들만 자세히 관찰해 봐도 금방 알 수 있다. 탐욕과 어리석음, 분노는 이미 원초적으로 누구에게나 내재돼 있는 본성이다.

이것이 바로 인류 역사상 단 한 번도 가치가 지켜진 화폐를 가져보지 못한 이유일 것이다.

북송의 지폐인 교자(交子)는 1023년부터 1160년까지 화폐 발행 준비금이 3분의 1에서 60분의 1로 떨어졌다. 이로 인해 남송 말년에 인플레이션율은 무려 20조 배에 이르렀다! 재정이 완전히 붕괴돼 국가의 전쟁 동원 능력이 고갈되면서 왕조가 멸망하고 말았다.

금나라 역시 지폐를 70년 동안 발행했다. 이 기간에 물가는 무려 6,000만 배나 폭등해 민심이 크게 어지러워졌고, 부를 창조한다는 것은 거의 불가능했다. 결국 화폐 시스템이 제국보다 먼저 붕괴했다.

원나라 초에 발행한 보초는 불과 20여 년 만에 원래 가치의 10분의 1로 급감했다. 왕조 말기에 이르러서는 쌀값이 초기에 비해 무려 6만 배나 폭등하고 보초 제도는 철저히 붕괴돼 재정과 세수를 통제할 힘을 잃었다. 결국 국력이 날로 쇠퇴해 망하고 말았다.

명나라는 순수한 지폐 제도의 실험을 150년간이나 지속했다. 1522년에 이르러 보초는 원래 가치의 0.2%로 평가절하돼 인플레이션이 거의 살인적인 수준이었다. 명나라 조정은 급기야 백성들을 위한다는 명분으로 지폐 제도를 폐기하지 않을 수 없었다. 다행히 은본위제를 회복한 후 나라는 1644년까지 유지될 수 있었다.

1716년에 프랑스는 영국의 재정 전문가인 존 로를 등용해 제1차 지폐 실험에 나섰다가 4년 만에 국가는 파산 위기를 맞았다. 1790년, 프랑스 대혁명 이후 제2차 지폐 실험을 실시했지만 5년 후 인플레이션율이 무려 1만 3,000%에 이르렀다. 결국 민심이 크게 어지러워지고 나폴레옹이 등장하는 계기가 되었다. 1937년에 실시한 제3차 지폐 실험으로 12년 후에 프랑화는 무려 99%나 평가절하 되었다. 프랑스 사람들은 자조 섞인 목소리로 "프랑스에는 두 가지 전통이 있다. 하나는 재빨리 투항하는 것이고, 다른 하나는 화폐의 평가절하 속도가 너무 빠르다는 것이다"라고 말하곤 했다.

독일도 바이마르 공화국 시대에 지폐 실험을 했다가 결국 실패했다. 1919년에 1달러에 12마르크였던 화폐 가치는 1923년에 무려 4조 2,000억 마르크로 떨어졌다. 4년 만에 화폐의 생명력이 백척간두에 이르렀다.

인류의 탐욕적 본성이 변하지 않는다면 오늘날 달러는 역사의 전철을 그대로 밟게 될 것이다.

황금 가격을 폭등시킨 FRB의 묘책

미국의 FRB는 서방의 다른 중앙은행과 마찬가지로 막후에서 조종하기를 좋아한다. 그들은 정부의 간섭을 경계하고 국회의 참견을 싫어하며 국민들이 세세한 부분까지 알려고 하는 것을 좋아하지 않는다. 그들은 화폐 정책의 독립을 부르짖으며 마치 전 사회의 화폐가 자신들의 사유재산인 것처럼 다른 사람들이 넘보는 것을 용납하지 않는다.

FRB의 금리 정책을 결정하는 연방공개시장위원회(FOMC)의 '공개'라는 두 글자는 풍자적인 의미를 가지고 있다. 매년 8차례 진행되는 이들의 회의 내용이 절대로 바로 공개되지 않기 때문이다. 설사 5년후에 비밀이 밝혀지더라도 내용은 이미 걸러지거나 고쳐진 뒤이다.

미국은 1976년에 이른바 '햇빛 속의 정부법(Government in the Sunshine Act)'을 통과시켰다. 이 법에서는 FRB 내의 조직을 비롯한 모든 정식회의의 자세하고 손질되지 않은 속기록과 녹음을 반드시 일반에게 공개해야 한다는 사실을 명문화했다. 그러나 FRB는 1976년부터 1993년까지 17년 동안 줄곧 국회의 요구를 요리조리 피해오다가, 자신들의 회의 원본 기록이 모두 불타 기억을 더듬어 작성한 기록만 남아 있다고 밝혔다. 일반인들은 5년을 기다렸다가 여과된 내용들을 가지고 당시 회의 현장의 세세한 부분을 짐작할 수밖에 없었다.

이 기록들을 보면 FRB의 재정 전문가들은 금리 문제 외에 다른 한가지에도 지대한 관심을 가졌음을 알 수 있다. 그것은 바로 황금이었다.

1993년 5월 18일 FOMC의 회의 기록

엔젤: 나는 일이 이렇게 발전할 줄 알았습니다. 우리가 꼭 금리를 3%P 올려야 한다고 생각하지는 않습니다. 그러나 만약 우리가 이렇게 하면 금값은 빠른 속도로 하락할 것이 틀림없습니다. 금값 하락 속도가 이렇게 빨라지면 금 시세를 표시하는 스크린에서 이 모든 사실을 알 수 있을 것입니다. 만약 우리가 금리를 1%P 올리면 금값은 분명 밑으로 떨어져 우리가 상상하는 것 이상으로 상황이 악화될 것입니다. 만약 우리가 금리를 0.50%P 올린다면 금값이 어떻게 될지 모르겠지만 나는 이에 대해 호기심이 매우 많습니다. (웃음) …… 사람들은 금값 인상이 중국인들의 구매 열풍 때문이라고 말하는데, 이는 정말 한심한 생각입니다. 금값은 주로 법정 화폐 시스템을 신뢰하지 않는 사람들에 의해 결정됩니다. 그들이 보유한 금은 위험한 순간에 지폐로부터 도망가기 위해서이죠. 지금 만약 매년 금 생산량과 소비량이 금 보유량의 고작 2%만 차지한다면, 1년에 10% 정도의 금 생산량과 소비량 변화는 금값에 뚜렷한 영향을 미치지 않을 것입니다. 다만 인플레이션에 대한 사람들의 태도가 향후 금값 변화를 초래할 수 있습니다.

그린스펀: 만약 우리가 시장 심리의 문제에 직면해 있다면, 우리가 사용하는 (금) 온도계는 (인플레이션 기대 심리) 온도를 측량할 때에 온도 자체를 변화시킬 수 있습니다. 나는 일찍이 뮬린스 부의장에게 재무부가 시장에서 소량의 금을 팔면 시장이 어떻게 반응하는지에 대해 물어본 적이 있었습니다. 이것은 정말 흥미로운 사고 실험입니다. 만약 금값에 변화가 생기면 이는 (금) 온도계가 (인플레이션 기대 심리를) 측량하는 도구일 뿐 아니라 (시장의 인플레이션 기대 심리의) 기본 심리

를 변화시키는 역할도 할 것입니다.

1994년 12월 FOMC 회의 기록

조던: 지금 우리가 직면한 가장 중요한 문제는 인플레이션 기대 심리라고 생각합니다. 이는 우리의 (달러가) 명의상의 (화폐의) 닻이 아니라는 사실을 분명히 보여줍니다. 다시 말해 정치적인 옹호가 달러의 강세를 유지하는 데 도움이 되고 있다는 얘기입니다. 어쨌든 우리가 진정한 금본위제를 실현할 수 있으면서도 실제로는 금을 사용하지 않는다면, 우리는 달러의 구매력 안정의 이념을 사람들 머릿속에 (깊이 심어) 놓아야 합니다. 시간이 어느 정도 흐르면 우리는 현재 직면한 (인플레이션 기대 심리의) 단기 문제를 더욱 쉽게 처리할 수 있을 것입니다.

1995년 7월의 회의 기록

그린스펀: 난 분명히 알고 있습니다! (웃음) 당신은 나에게 재무부가 발행한 특별인출권(SDR이라고 함. 여기에서는 FRB의 자산부채표 상의 SDR)이 그들(재무부)이 FRB에 지고 있는 채무를 상쇄한다고 말했습니다. 이것은 순수한 자산의 치환입니다. 그래서 재무부가 공공에 지고 있는 부채 역시 동시에 같은 액수로 감소했습니다. 그렇지 않나요? 이는 오히려 조던 당신의 문제를 동시에 해결해 준 것이네요. (웃음)

조던: 그럼 제 의견을 말해보겠습니다. (70년대에) 우리가 금값을 온스당 35달러에서 38달러로 올리고, 다시 42.22달러로 올리는 과정에서도 똑같은 효과를 달성했습니다. 재무부는 두 차례나 이른바 (달러의) 평가절하를 단행했기 때문에 10억에서 12억 달러에 이르는 뜻밖의 횡재

를 누렸습니다. 문제는 우리가 SDR을 화폐화할 때 과연 가격을 얼마로 책정하느냐 입니다. 당신은 내 자산부채표 상에 내 자산이 있다고 말합니다만 난 그 가격을 전혀 모릅니다.

그린스펀: (SDR의 가격은) 대략 42달러입니다.

투르먼: 그렇습니다. 42.22 달러입니다. 그 가격은 정부에서 책정한 금의 가격과 일치합니다.

조던: 그럼 우리도 정부의 금값으로 SDR을 계산합니까?

그린스펀: 당신 생각은 우리가 금값을 올려서 공공 부채 압력을 줄일 수 있다는 것이지요? 이렇게 하면 공공 부채가 확 줄어들기는 합니다.

조던: 가능한 한 이 일을 언급하지 않으려고 했습니다. 사람들은 누군가 이렇게 할까 봐 두려워하고 있으니까요.

그린스펀: 안타깝지만 많이 늦었습니다. 이미 우리가 언급했습니다.

조던: 5년 후(기록 비밀 공개 기간)에나 사람들은 이 일에 대해 알겠죠.

FRB의 거물 재정 전문가들의 이 대화에서 금이 시종일관 국제 은행가들의 '마음의 병'이었다는 사실을 분명히 알 수 있다. 역사적으로 볼 때 지폐는 반드시 세 단계를 거친다. 첫째는 실력에 의지하고, 둘째는 신뢰에 의지하며, 마지막은 뻔뻔함에 의지한다.

제국의 실력이 튼튼하고 금전적으로 여유가 생겨 말에 힘이 실릴 때, 강력한 부의 창조력으로 지폐의 상품 태환 능력을 확보하면 지폐는 저력을 가지게 된다. 제국이 과도한 확장 정책을 펴다가 힘이 미치지 못하게 되면 재력이 날로 줄어들어 5개의 마개로 10개의 병을 봉하는 요술을 부리게 된다. 이 경우 지폐는 완전한 태환 상품이 되지 못해 인플레이션 조짐이 보이기 시작한다. 이때가 바로 신뢰에 의지하는 단계이다. 제국의 부가 텅텅 비고 빈 금고만 남게 되면 지폐는 공신력을 잃어 악성 인플레이션이 발생한다. 이때 제국은 오로지 뻔뻔함에 의지하게 된다.

미국 건국에서부터 1971년까지 달러는 실력에 의지하는 단계였다. 전 세계 GDP의 절반을 점유하는 막강한 산업 생산 능력으로 달러는 신용을 확보했다. 수출 능력으로 전 세계 다른 곳의 금을 벌어올 수 있었기 때문에 달러는 과감하게 금과 연계되었다. 마치 중국이 400여 년 동안 세계 무역을 통해 전 세계의 은 절반을 빨아들인 것과 같았다. 이때 금과 은은 성실한 화폐로서 부를 합리적으로 분배하는 뛰어난 역할을 발휘할 수 있었다. 이로써 경제 발전은 한층 더 자극을 받고, 경제는 선순환 국면에 접어들었다.

1971년부터 금융 쓰나미가 몰아친 2008년까지 달러는 신뢰에 의지한 단계였다. 1971년은 달러에 전환점이 되는 시기였다. 미국은 이때 세계 각국에 황금 인출 공격을 감행하지 않고, 다만 달러와 금의 연결고리를 끊는 데 만족했다. 실질적인 이유는 미국의 무역적자가 해마다 늘어나 부가 해외로 유출되고 부를 창조할 역량이 하락한 것과 밀접한 관계가 있었다. 미국은 이때 다른 국가들이 필요로 하는 상품을 충분히 생산해 밀려드는 수입과 균형을 맞출 능력을 상실했다. 이 상황이 오래 이어지자 재정 부담이 과중돼 달러는 더 이상 금이라는 성실한 화폐가 부여한 중임을 짊어질 수 없었다.

이 단계에서 국제 은행가들의 가장 큰 관심사는 이른바 달러에 대한 신뢰 문제였다. 그들은 일련의 경제학 은어 체계를 만들어내 문제의 본질을 얼버무렸다. 예컨대 인플레이션 기대 심리를 비롯해 양적 완화의 화폐 정책, 자산 인플레이션 등이 이에 해당했다. 사실 이 말들을 쉽게 풀이하면 "달러의 가치가 떨어졌다"라는 뜻이 된다. 더 기가 막히는 일은 이 와중에서도 그들이 어떻게 하면 '금 없는 금본위제'를 실현할 수 있을까 고민했다는 사실이다. 아무리 봐도 FRB는 마술사로 직업을 바꾸는 것이 능력을 더 발휘하는 지름길이 아닐까 싶다. 그런데 로버트 졸릭(Robert B. Zoellick) 세계은행 총재가 놀랍게도 2010년 11월에 세계는 '수정판 금본위제'로 돌아가는 것을 고려해야 한다고 제안한 것이다. 이것이야말로 '금 없는 금본위제'가 아니고 무엇인가. 이는 정말 역사의 우연한 일치일까?

2008년 미국에서 시작된 글로벌 금융위기는 달러가 뻔뻔함에 의지하는 3단계에 진입했음을 말해준다. 이 단계의 가장 중요한 특징은 미국이 빚을 떼먹으려 한다는 것이다. 강압적인 수단을 동원해 다른 나라의 화폐를 대폭 평가절상한 다음 글로벌 경제의 재균형이라는 그럴듯한 명분을 붙이고, 또 다른 나라들이 환율 조작에 나선다고 질책한다. 더욱 흥미로운 것은 그린스펀 등의 전문가들이 일찍이 금값을 폭등시킬 방법을 의논했다는 사실이다. 이 방법을 통해 달러를 대폭 평가절하하여 미국의 부채 압력을 상쇄할 계산이었다.

그들은 일찌감치 금의 진실한 가치를 알고 있었다. 금이 노인이나 어린이조차 속일 수 없는 성실한 화폐이기 때문에 화폐 시스템에서 최종 '지불 수단'의 역할을 맡고 있다는 것이다. 그러나 그들은 전 세계적으로 '황금 무용론'을 널리 선전하고, 학계에는 체계적이고도 장기적인 세뇌를 진행했으며, 일반인과 시장에는 달러화 강세라는 말도

안 되는 소리를 늘어놓았다. 궁극적으로는 이를 통해 달러의 구매력 안정이라는 이념을 사람들 머릿속에 깊이 심어놓는 목적을 달성했다.

금과 은은 인플레이션 기대 심리를 측량하는 압력계와 같다. 달러를 중심으로 하는 전 세계의 화폐 세계에서 지폐가 많이 인쇄될수록 시장의 고압솥에서 인플레이션 압력은 갈수록 커진다. 금과 은의 가격이 유일하게 공신력 있는 압력계라면 그 가격은 반드시 효과적으로 통제되어야 한다. 이것이 바로 1990년대 이후 서방의 중앙은행들이 손을 잡고 금과 은의 가격을 억눌렀던 목적이다.

시장에서 금과 은이 가장 성실하고 공평한 화폐의 역할을 할 때, 은행가들이 사기를 치기란 굉장히 어렵다. 그러나 금과 은의 제약이 사라진 뒤에는 상황이 크게 달라진다. 예컨대 지금 FRB가 발행하는 달러는 미국의 법정 화폐일 뿐 아니라 전 세계에서 가장 중요한 준비 화폐이다. 하지만 그들의 화폐 정책은 무책임하기 이를 데 없다. 화폐를 발행하고 싶은 대로 다 발행하면서도 유엔 안전보장이사회의 심의와 통과를 거치지 않고 국회 비준도 받을 필요가 없다. 전 세계 채권자들의 이익을 돌아보지 않는 것은 기본이다. 은행가들은 민주 선거를 통해 뽑히지 않고 언론의 감시나 감독은 언감생심이다. 더구나 법적인 구속력은 아예 없다. "우리가 한 나라의 화폐 발행권을 통제하기만 하면 누가 법률을 제정해도 상관없다"라는 말처럼 그야말로 무법천지가 따로 없다.

사람들은 항상 "절대 권력은 절대 부패한다"라고 말한다. 사실 부패는 가장 두려운 것이 아니다. 은행가 몇 명이 밤낮으로 부패한 짓을 저지르더라도 전체 사회에 미치는 영향이 과연 얼마나 될까? 절대 권력이 무서운 것은 사람을 부패하게 만드는 것이 아니라 사람을 미치게 만드는 것이다!

화폐 발행권을 독점한 금융 괴물이 미쳐버리면 그 야심과 먹성이 극도로 팽창해 전 인류를 재앙으로 몰아넣게 된다. 은행가들은 온갖 '금융 은어'를 만들어내 세상 사람을 우롱하고 마음대로 화폐 발행량을 통제하고 있다. 또 주기적으로 각종 버블과 경제 위기를 양산하고 화폐전쟁을 통해서 각국의 금융 시스템을 무너뜨리고 있다. 그런 다음 폐허가 된 전 세계 경제 토양 위에 극소수 사람만이 통제하는 세계 통일 화폐의 새로운 시스템을 구축하여 최종적으로 세계 화폐를 통제함으로써 온 인류를 노예처럼 부리려 한다.

그러나 국제 은행가들도 최악의 시나리오를 염두에 두고 있다. 그 것은 고압솥이 조만간 폭발을 일으킬지도 모른다는 것이다. 일단 솥뚜껑이 '펑'하는 소리와 함께 터지면 금값이 폭등해 서방의 채무는 대폭 줄어들게 된다. 서방 국가들이 수중에 대량의 황금을 보유하고 있기 때문이다. 실제로 2010년 6월까지 전 세계 중앙은행의 황금 비축량은 3만 462.8톤에 이르고 있다. 이 중 유럽과 미국이 보유한 양은 2만 1898.5톤(유럽과 미국이 통제하는 IMF 보유분 포함)으로 총 비축량의 72%에 이른다.

금값 폭등을 통해 달러의 채무 압력을 희석시킨다는 그린스펀의 기묘한 발상은 얼핏 들으면 일리가 있는 것 같다. 그러나 그들은 "물은 배를 가게도 하지만 엎어버리기도 한다"는 진리를 깨달아야 한다. 금값이 일단 통제를 벗어나면 미국의 자산부채표 상에 달러로 계산되는 금의 자산 가격도 함께 폭등해 지폐 부채 압력이 대폭 떨어지게 된다.

다만 문제는 달러의 극단적인 평가절하로 조성된 글로벌 악성 인플레이션이 근본적으로 달러의 신용을 무너뜨린다는 것이다. 그러면 누가 계속 미국 채권과 달러 자산을 보유하려 하겠는가? 달러가 글로벌 자원에 대한 총동원 능력을 상실하면 오늘날 우리가 잘 알고 있는 슈퍼 강대국이 과연 존재할 수 있을까?

1948년에 장제스는 금원권 개혁을 실시해 국민당 정부의 자산부채표 가운데 금 자산 가격을 폭등시켰다. 그러나 곧 이은 금원권 남발로 인해 지폐는 국민들의 버림을 받고, 전국 각지에서는 다시 이전의 원대두를 사용하기 시작했다. 결국 지폐 남발로 형성된 하이퍼인플레이션은 잔혹하게 국민들의 재산을 빼앗았다. 그 후폭풍은 국민들이 금원권을 버리는 것으로만 나타나지 않았다. 최종적으로 금원권을 발행한 국민당 정부까지 미련 없이 버리는 결과로 이어졌다. 국민당 정부는 과거 존 로가 파리에서 탈출했던 것과 똑같은 모습으로 대만으로 쫓겨나고 말았다. 당시 그들이 가지고 도망간 것은 정교하게 인쇄된 지폐가 아니라 눈부신 금과 은이었다!

금값 폭등을 통해 달러 부채의 균형을 맞추려는 것은 미국이 코너에 몰릴 경우 나타날 최후의 미친 행동이다. 그러나 그것이 가져올 결과는 달러의 안정이 아니라 바로 달러의 멸망이다.

그린스펀의 마술 방정식 중에는 그가 소홀히 여긴 또 다른 결정적인 변수가 숨어 있다. 그것은 바로 은이다!

금과 은의 초안정적인 교환 비율은
1 대 16이다

옛사람들은 "만약 금이 태양이라면 은은 달이다"라고 말했다. 수많은 고대 문명에서는 1년이 13개월이고, 1개월은 28일이었다. 그래서 최초의 금과 은은 1 대 13으로 교환되었다.

5,000년의 기나긴 역사 속에서 금과 은의 교환 비율은 기본적으로 1 대 16에서 안정되었다. 그리고 현대과학은 지각 속의 금과 은 매장량 비율이 대략 1 대 17이라는 사실을 밝혀냈다. 옛사람들의 직감 및 역사적으로 형성된 금은의 교환 비율과 과학적인 탐측의 결과가 이토록 흡사한 것은 묘하기는 하지만 전혀 의외의 결과는 아니다.

금과 은의 초안정적인 교환 비율 구조는 지질학과 시장의 공급과 수요 두 가지 방면에서 이렇듯 효과적으로 해석이 가능하다. 물론 유럽과 아시아 사이에는 이 비율을 통해 일정 정도 이득을 취할 공간이 존재했다. 하지만 이는 아시아에서 은이 귀하고 금을 하찮게 여겼기 때문에 형성된 은의 동쪽 유입과 금의 서쪽 유출이라는 방식으로 표출되었다. 이런 동태적인 평형 속에서 유럽은 비교적 금을 선호했고, 아시아에서는 은이 인기가 많았다. 그래서 유럽 역사를 보면 동서 무역의 루트를 장악한 세력이 유럽과 아시아 대륙의 금은 교환 비율의 차이를 이용해 50~100%의 거대한 무역 이익을 챙기고 유럽 대륙의 운명을 좌지우지했다.

아메리카 대륙에서 은이 대대적으로 발견됨에 따라 250년 동안 13만 3,000톤에 이르는 엄청난 양의 은이 공급되면서 잠깐 사이에 금은의 교환 비율에 파동을 일으켰다. 그러나 동서양 사이의 대규모 세계 무역이 이를 소화함에 따라 금과 은은 역사적 관성에 의해 신기하게도 다시 1 대 16이라는 평형 비율로 회귀했다. 20세기에 들어서 금과 은의 가격 파동이 재차 극렬해진 이유는 대다수 국가에서 금본위제를 채용하고 은 화폐를 버렸기 때문이다. 이에 따라 은은 잠깐 사이에 과잉 상태에 이르렀다. 중국은 세계 최대의 은본위제 국가로 은 화폐를 1935년까지 사용했다. 또 미국에서는 은 화폐(미국 정부의 백은권과 백은 경화)가 1965년까지 유통됐다. 1971년에 이르러서는 금과 은의 교환 비율이 1 대 23 전후로 요동쳤다.

1971년 미국은 일방적으로 달러와 금의 연동을 포기했다. 달러는 졸지에 '금이 없는 달러'로 변했다. 이는 전 세계가 순수한 지폐 시대에 진입한 인류 역사상 최초의 실험으로 지금까지 이어지고 있다. 순수 지폐 제도는 철저하게 화폐의 상품 속성을 배제했다. 이에 따라 원래 화폐의 핵심 요소를 형성했던 부의 저축 기능은 완전히 사라지게 되었다.

순수한 지폐인 달러의 남발은 세계적으로 가격 혼란을 일으켰다. 여기에는 금은 교환 비율의 심각한 왜곡도 포함되었다. 5,000년 동안 안정적이던 1 대 16에서 1 대 60으로 변한 것이다!

그렇다면 금이 줄어들었다는 말인가?

그렇지 않다. 세계 각국의 금 보유량은 1940년에 대략 3만여 톤이었으나 지금은 15만 톤에 이르고 있다. 70년 사이에 무려 5배나 증가했다.

그렇다면 은이 더욱 많아진 것일까?

역시 그렇지 않다. 세계 각국의 은 보유량은 1940년에 약 30만 톤이었으나 지금은 3만 톤으로 떨어졌다. 과거의 10분의 1로 줄어든 것이다.

만약 중량으로 계산하면 현재의 은 보유량은 고작 금의 5분의 1에 불과하다. 이는 은이 금보다 훨씬 부족하다고 말이 된다.

이런 엄청난 차이는 은이 산업 생산에 대량으로 사용되기 때문에 벌어진 현상이다. 1942년부터 은의 산업 소모량은 공급량을 크게 초과했다. 수십 년 동안 은은 5,000년간 누적된 보유량에 힘입어 수요와 공급의 균형을 이룰 수 있었다. 현재 매년 은의 수요량은 공급량보다 약 4,000톤 정도 많다. 그러나 현재의 순 사용량으로 계산해 보면, 지금 전 세계가 보유한 3만여 톤의 은은 고작 7~8년밖에 유지할 수 없다. 인류가 5,000년 동안 축적한 지상의 은이 산업 수요에 의해 완전히 사라지게 되는 것이다!

그렇다면 지하에 매장된 은은 과연 얼마나 될까?

2005년 미국 지질조사국의 조사에 따르면, 은은 인류 역사상 가장 먼저 사라질 금속으로 채굴 가능 기간이 고작 12.3년에 불과하다고 한다. 현재 은 생산량의 3분의 2가 동, 알루미늄, 아연 등과 함께 채굴되는 것을 감안하면 은의 생산량이 대폭 늘어나기란 대단히 어렵다. 다른 광물의 채굴이 이런저런 이유로 제한되고 있기 때문이다. 물론 지각 중에도 채굴 가능한 은이 있지만 기술과 원가 문제 탓에 은 시세가 높게 형성돼야만 채굴 가치가 있다.

2009년 말에 미국 지질조사국은 최신 자료를 통해 전 세계의 은 매장량이 약 40만 톤에 이를 것으로 추산했다. 매년 은 생산량이 2만

1,400톤임을 감안할 때, 18년 동안 채굴할 수 있는 양이다.[4] 정부가 방출하거나 폐품을 통해 회수하는 은이 최근 들어 대폭 줄어들고 있기 때문에 채굴 은이 전체 공급량의 대부분을 차지한다. 현재 전 세계의 매년 은 수요량은 대략 2만 7,700톤에 이른다.[5] 만약 이 수요량 대부분을 광산에서 채굴된 은에만 의존할 경우, 40만 톤의 매장량은 고작 14년만 공급을 보장할 수 있다. 더구나 은이 산업에서 활용되는 영역이 빠른 속도로 확대되는 상황에 비춰보면 미래의 은 소모량은 급속도로 늘어날 가능성이 높다. 그때가 되면 12.3년이나 14년이라는 채굴 가능 기한은 더욱 축소될 개연성이 농후하다.

금 가격(온스당 1,350달러)과 은 가격의 역사적인 교환 비율로 볼 때, 이 비율은 1 대 16이 정상이다. 따라서 온스당 은 가격은 84달러가 합리적인 수준이라고 할 수 있다. 그러나 금과 은의 교환 비율은 두 금속의 수량 차이에 의해 결정되었다. 고대 이집트에서는 은이 매우 적어서 금과 가격이 비슷했다. 그러나 이후 은이 많이 발견됨에 따라 금은 상대적으로 희귀한 금속이 되었다. 원래 물건이 희소하면 귀한 법이어서 금의 가치는 더욱 올라갔다.

현재 전 세계의 은 매장량은 40만 톤이고, 여기에 각국이 확보하고 있는 3만 톤을 더하면 전 세계 은의 총량은 고작 43만 톤에 불과하다. 반면 금은 산업용으로 거의 쓰이지 않기 때문에 보유량이 지속적으로 증가해 현재 약 16만 톤으로 추산되고 있다. 미국 지질조사국의 2009년 말 통계에 따르면, 채굴 가능한 금이 약 4만 7,000톤 정도이므로 둘을 합치면 대략 20만 7,000톤이라는 계산이 나온다. 이를 통해 금과 은의 비율이 20.7 대 40으로 대략 1 대 2인 셈이다. 이는 다시 말해 은의

양이 과거에 비해 많이 줄어들어 가격이 금의 16분의 1이 아닌 2분의
1이 되어야 함을 의미한다.

현재 금 가격을 온스당 1,350달러로 잡으면, 은은 온스당 675달러
가 돼야 한다! 그러나 현재 은의 시장 가격은 고작 온스당 25달러 전
후에 불과하다. 바꿔 말해 거품을 전혀 계산에 넣지 않고도 은은 지금
보다 27배나 값이 뛸 공간이 존재하는 것이다. 시간이 지남에 따라 은
은 점점 감소할 것이므로 금과 은의 수량 비율은 곧 1 대 1이 될 것이
고, 시간이 좀 더 흐르면 은의 총량은 금보다 더 적어질 것이다. 이는
미래 십수 년 내에 은의 부가가치 상승 잠재력이 깜짝 놀랄 만한 수준
임을 의미하고 있다.

은, 화폐 금속과 산업 금속의 임무를 모두 짊어지다

고대 페니키아인들은 은이 살균력이라는 신기한 기능을 가졌다는 사
실을 일찌감치 깨달았다. 이에 그들은 신선도를 유지하기 위해 포도주
를 은병에 담아 보관했다. 이 비방은 오늘날 포도주 명가들에게까지
전해져 내려오고 있다. 대영 제국의 선원들도 장기간 항해에 나설 때
은화를 물통에 넣어 수질이 부패하는 것을 막았다. 고대 그리스 의사
들은 은을 상처에 바르면 금방 낫고 질병 예방 효과도 있어서 일찌감
치 약으로 이용했다. 중국 고대의 군주들이 은 젓가락을 이용해 음식
물에 독이 들어 있는지를 알아봤다는 내용은 역사책에 자주 등장한다.

세균이 순은 표면에서 오랫동안 생존할 수 없다는 사실을 안 유럽 귀족들은 식사 도구로 은을 널리 사용했다. 반면 목재 도구는 세균이 가장 좋아하고, 스테인리스는 세균의 번식을 막지 못하는 약점이 있다. 요즘 은보다는 항생제를 살균용으로 광범위하게 사용하고 있으나 세균의 항생제에 대한 내성 문제는 오랫동안 의학계를 골치 아프게 만들고 있다.

세균과 바이러스에 대한 은의 신기한 살균 효과는 오랫동안 깊이 있게 다뤄지지 않다가 최근 들어 은의 살균 원리가 명백하게 밝혀졌다. 은은 수중에서 미량의 은 이온을 형성해 세균을 흡착하여 이에 의지해 살아가는 효소를 파괴하고 세균을 죽이는 것이다. 연구에 따르면, 은 이온은 수 분 동안에 650여 종의 세균을 죽일 수 있다고 한다. 이는 일반 항생제보다 효과가 113배나 높고, 약제에 대한 내성도 전혀 발생하지 않는다.

유럽과 미국에서만 세균과 바이러스에 의해 교차 감염이 되는 환자가 해마다 수백만 명에 이른다고 한다. 감염이 되면 대개 대량의 항생제를 사용하는데, 약에 대해 내성이 생기는 문제가 발생한다. 최악의 경우 의료보험 시스템이 유지되기 힘든 상황까지 올 수 있다. 이에 영국의 병원에서는 이미 은 이온을 함유한 세정제와 연고 등을 사용해 교차 감염의 문제를 해결하고 있다. 미국의 병원에서도 은 이온을 함유한 거즈와 마스크, 수술복, 병실의 커튼 등을 사용해 교차 감염을 막고 있다.

이처럼 21세기에 은에 대한 산업 수요는 폭발적으로 늘어날 수밖에 없는 압력에 직면했다. 게다가 최근에는 전 세계 기술 특허 중에서

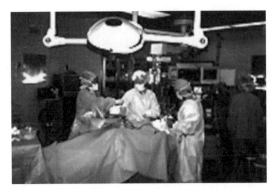
은 이온을 함유한 수술복

은을 사용하는 경우가 다른 금속을 사용하는 경우보다 훨씬 많은 것이 현실이다.

만약 그린 환경보호 기술이 미래 수십 년 동안 세계 경제 발전의 엔진이 된다면, 이 분야에서도 은 사용량은 크게 늘어날 가능성이 높다.

신에너지 방면에서의 응용

은은 모든 금속 중에서 가장 빛을 잘 반사하고 연마성이 뛰어난 특징을 가지고 있다. 그래서 태양에너지를 모으는 집열판에 없어서는 안 될 핵심 재료로 쓰이고 있다. 또 은은 뛰어난 가속제여서 반도체 재료와 혼합되면 태양에너지에서 전기에너지로의 전환 효율을 12%나 향상시켜준다. 태양에너지 기술을 신속히 발전시키려면 매년 수천 톤의 은이 필요하다.

전지는 향후 그린 환경보호 시대의 핵심 요소로, 은 전지는 기존의 리튬 전지를 대체할 최고의 후보이다. 은 전지는 한 번 충전할 경우 지속 시간이 리튬 전지보다 40%나 긴 동시에 리튬 전지가 가진 폭발 위험도 없다. 여기에 95%까지 완전 회수가 가능하여 환경보호 기능도 매우 뛰어나다. 또 은 전지는 컴퓨터, 휴대폰, 보청기, 의료 장비 및 모든 휴대 전자 제품이나 설비 등에 광범위하게 이용될 수 있다. 이 밖에 항공우주 기기, 심해 탐측 기기, 어뢰, 미사일, 잠수함 등의 제조에도 널리 이용될 가능성이 높다.

┃ 태양에너지 발전소의 집열판

은 전지는 민간 분야에서 이제 막 이용되기 시작했다. 그러나 미래의 새로운 환경보호 전지 기술을 대표한다는 점에는 이견이 없다. 그러므로 은 전지 기술이 널리 사용된다는 점을 고려하면 은의 수요량은 깜짝 놀랄 만큼 증가할 것이다.

259억 개의 RFID 칩에 은을 사용하게 된 2017년

전 세계적으로 RFID 기술이 맹렬한 기세로 확산되고 있다. 은은 바로 새로운 영역인 이 기술에 이용되고 있다. 필자는 《화폐전쟁 1》 제6장의 '들어가는 말'에서 추적과 위치 확인 방면에서 널리 쓰이는 이 RFID 기술에 대해 상세히 기술한 바 있다.

RFID(Radio Frequency Identification)
무인 정보 인식 장치. 일명 전자 태그라고도 함.

이 기술은 작게는 학교나 상점, 크게는 도시나 전국을 하나의 네트워크로 연결하는 개념이다. 한마디로 RFID 칩을 휴대한 사람은 이 거

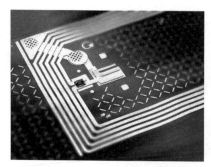
▌미량의 은이 들어 있는 RFID 칩

대한 네트워크 내에서 실시간으로 위치 확인과 추적이 가능해진다. 대형 마트나 백화점의 상품 네트워크 역시 이 RFID 기술의 기초 위에 구축된 것이다.

2010년 7월에 월마트는 방대한 물류 창고를 관리하는 데 RFID 기술을 널리 사용해 원가를 줄이겠다는 계획을 발표한 바 있다. 월마트는 일단 효과가 있으면 이 기술을 3,500개에 이르는 미국의 전 체인점에서 도입하겠다고 밝혔다. 그러면 전 세계의 월마트 공급업체들 또한 이 기술을 도입하지 않을 수 없게 된다.

미국 IDTechEx의 예측에 따르면, RFID 칩은 매년 93%의 증가 속도를 보이면서 전 세계적으로 보급될 것이라고 추산했다. 이 예측이 맞는다면 2017년 전 세계의 RFID 칩은 259억 개라는 어마어마한 수에 이를 전망이다. 그러나 이 칩 하나에 들어가는 은은 고작 10.9밀리그램일 정도로 소량이어서 회수할 방법은 거의 없다.

미국 목재 보호 분야에
매년 투입될 2,400톤의 은

2003년 9월 11일에 미국 하원의 삼림과 공공 토지 관리위원회는 '공공 토지 산출 연구 법안'을 발의했다. 이 법안은 현재 널리 쓰이는 동을 이용한 목재 방부 기술을 다른 것으로 대체하자는 주장이다. 이 기술로 인해 생성되는 구리 비소와 구리 초산이 합쳐져 만들어 내는 유독 복염(複鹽)이 환경에 대단히 유해하기 때문이다. 현재 이 문제는 갈수록 미국의 주목을 끌고 있다.

미국 목재 방부 시장에서만 2,400톤의 은이 필요할 전망이다.

대안으로 떠오른 것은 바로 은이었다. 은은 천연의 살균 효과를 가지고 있어서 목재 방부에 충분히 사용 가능하다. 하얀 개미의 침식, 포자 진균의 성장과 부패, 수생 생물의 기생 및 다른 곤충의 기생과 번식을 막을 수 있다. 미국의 대다수 민간 주택이 목재 건축물이어서 일단 이 기술이 정식으로 목재 방부 시장에 진입하게 되면, 이 시장에서만 매년 2,400톤의 은이 필요하다.

은을 가장 필요로 할 의류 응용 분야

은은 천연의 무기(無機) 항균 재료이다. 이 무기 항균 재료는 지속성, 지구성, 광범위한 보급성, 뛰어난 내열성, 높은 안전성, 약제 내성을 초래하지 않는 등의 특징을 가지고 있다.

미군은 사막 전투에서 은 이온 재료로 살균과 악취 제거를 한 군복을 널리 사용하고 있다. 땀에 젖은 운동복에 서식하는 대량의 세균은

각종 악취와 병의 원인이 되는데, 은이 대부분의 세균을 죽이는 역할을 한다. 은으로 도금한 속옷은 야외에서 격렬한 운동 후 배출되는 땀을 씻을 수 없는 상황에서 상쾌한 냄새와 건강을 유지해 준다. 은은 의류 분야에서 이미 최대 단일 응용 영역으로 자리 잡아 매년 1,200톤을 소비한다.

이는 백은이 의류 분야에 막 진입했을 때의 수치이다. 만약 13억 중국인이 은 이온이 포함된 건강 의류를 입고, 10억 인도인이 이 물결에 뛰어든다고 가정해 보면, 은의 수요량은 상상하기 어려운 상황에 이를 것이다.

식품 포장 분야에서도 은 이온이 함유된 식품, 음료, 우유 등의 포장 재료는 내용물의 신선도를 오랫동안 유지해 준다. 음료수의 여과 장치 안에도 살균에 탁월한 효과가 있어서 은 이온을 사용한다. 미국 전역의 수영장에서도 심각한 부작용을 일으키는 염소 소독을 은 이온 소독으로 바꾸고 있다.

현재 해마다 산업 생산에 들어가는 전 세계의 은은 대략 3만 톤 전후에 이른다. 그러나 앞으로는 더 늘어날 가능성이 크다. 이미 언급한 신흥 소비 시장이 막을 열었기 때문이다.

은이 금과 다른 중요한 차이점은 광범위한 산업 용도로 쓰인다는

은 이온 재료를 함유한 미군의 군복

사실이다. 따라서 산업에 투입되는 은의 소모량이 금에 비해 훨씬 많다. 은의 또 다른 특징은 각종 산업 분야에서 널리 쓰이면서도 사용량은 극히 적다는 점이다. 핸드폰

의 집적회로에 들어가는 은의 양은 몇 센트 가치밖에 안 되며, PDP TV 역시 도금이 약간 들어갈 뿐이다. 이런 미량의 은은 설사 은값이 10배로 폭등한다 해도 해당 제품의 가격에 크게 영향을 미치지 않는다. 이런 점에서 은은 경쟁력이 높다고 할 수 있다.

그 밖에 산업 용도로 미량만 사용하기 때문에 차후 회수할 필요도 없다. 대부분이 그 상태로 영원히 사라진다.

은의 우수한 여러 가지 기능과 넓은 응용 범위 때문에 모든 금속 중에서 가격 경쟁력이 최고로 손꼽힌다.

은의 화폐 속성을 이해하지 못하는 사람들은 은을 흔히 산업 금속으로 부른다. 그러나 이는 은의 속성을 오도하는 호칭이다. 금을 틀니로 이용하는 기술을 발명했다고 해서 금의 화폐 속성이 사라지게 될까? 넓은 산업 용도와 회수할 필요 없는 미량의 소모는 은의 희귀성과 귀중한 품질에 전혀 손상을 입히지 않는다. 오히려 투자할 만한 가치가 있다는 중요한 증거가 된다. 따라서 은에 대한 정확한 호칭은 대량의 산업 용도를 갖춘 희귀한 화폐 금속이라고 불러야 마땅하다.

음모에 의해 가격이
계속 억눌리는 은의 운명

은 가격은 현재 온스당 25달러에 지나지 않는다. 이는 1980년의 50달러보다 훨씬 떨어진 수치이다. 이는 금과 은의 역사적인 교환 비율이나 시장의 수요 공급 관계 혹은 인플레이션으로도 설명이 되지 않는다. 그렇다면 도대체 어떤 신비한 힘이 은 가격을 이처럼 심하게 왜곡하는 것일까?

금과 은은 오랜 세월 동안 자연적인 화폐 혈맥 관계를 맺었기 때문에 역사적인 교환 비율이 수천 년 동안 초안정세를 유지해 왔다. 이런 고착화된 연계는 일찍이 문명의 기억 속에 깊이 심어져 있었다. 이 연계는 시대를 초월할 뿐 아니라 국가, 종교, 지리, 이데올로기까지 초월한다. 이는 국제 은행가들이 인위적으로 만들어낸 달러 강세보다 더 오랫동안 사람들의 뇌리 속에 강렬하게 존재했다.

사람들은 금과 은이 가장 양질의 '돈'이라는 것과 은이 금보다 널리 유통된다는 사실을 알고 있다. 의식주행(衣食住行)의 일상생활은 대부분 소액 거래이고, 금은 비교적 큰 거래에 이용된다. 따라서 은이 진정한 돈일 뿐 아니라 금보다 유통성이 훨씬 좋다. 그러나 은행가들은 달러 발행이라는 거대한 이익을 보호하기 위해 금은 화폐의 속박에서 벗어나고 금은 화폐를 폐지해야만 했다. 금은 화폐를 폐지하려면 먼저 매일 일반 서민들의 생활과 밀접한 관계를 가진 은부터 추방해야 했다. 방법은 사람들의 일상생활에서 은을 눈에 띄지 않게 하는 것이다. 연료, 쌀, 기름, 소금 등을 구입할 때 다시는 은을 사용하지 못하게 해야 사람들이 완전히 은의 화폐 기능을 잊을 수 있다. 국제 은행가들의 전략은 다음과 같았다.

"화폐를 정복하려면 먼저 금을 정복해야 하고, 금을 정복하려면 먼저 은을 정복해야 한다."

지금 미국은 자신들이 원하던 대로 금과 은의 '화폐의 왕' 자리를 찬탈했다. 하지만 '가짜 황제' 자리는 언제든 문제가 있기 마련이다. 또 위기가 닥치기만 하면 사람들이 즉각 금과 은을 생각하기 때문에 국제 은행가들의 속내도 편치 못하다. 국제 은행가들의 금과 은에 대한 진심은 '죽도록 미워하고 목숨이 위태로울 정도로 두려워한다'라는 말로 대변된다.

이런 심리 상태는 한(漢)나라의 제위를 찬탈한 왕망(王莽)이 천하의 모든 유(劉)씨를 깡그리 죽이지 못해 한이 맺힌 것과 유사하다. 비유하자면 은은 몰락한 왕족 유수로 '은행계의 왕망'에게 추격당한 지가 이미 수십 년은 족히 되었다. 이 추격은 곧 가격에 대한 압박이다. 은행가들은 사람들이 은을 일반적인 산업 원료로만 바라보길 바랐다. 만약 사람들이 수천 년 동안 줄곧 금과 함께 '화폐의 왕'으로 군림한 은

> **유수(劉秀)**
> 왕망이 세운 신(新)나라를 무너뜨리고 동한(東漢)을 세운 인물.

을 잊지 못한다면, 국제 은행가들은 은을 우선 화폐의 궁궐인 중앙은행에서 내쫓아야 했다. 그런 다음 일부러 은의 가격을 대폭 억눌러 서민으로 강등시켜야 했다. 다시 말해 동과 철, 알루미늄, 아연 등과 함께 일반 금속에 속하도록 만드는 것이다.

은 시장은 금 시장에 비하면 상당히 규모가 작다. 따라서 대규모 공매도를 통해 은의 가격을 억제하는 동시에 저가의 은 밧줄로 고삐를

벗어나 날뛰려는 황금을 제어하는 것도 가능했다. 이것이 바로 몇 배나 되는 레버리지와 매우 효과적인 가격 억제 전략이다. 실제로 은의 가격을 억누르기만 하면 달러 지폐를 핵심으로 하는 글로벌 금융 도박장은 도박장을 개장한 국제 은행가들에게 영원한 폭리를 가져다줄 수 있다!

이런 사실을 반증하듯, 1990년에서 2003년까지 은 가격은 1980년의 온스당 50달러에서 4~5달러까지 떨어졌다. 은 가격이 가장 낮은 가격으로 떨어졌을 때, 선견지명이 있는 투자자들은 이 안에서 투자 기회를 거머쥐었다. '주식의 신'으로 유명한 워런 버핏이 관리하는 펀드가 1997년에서 1998년 사이에 1억 3,000온스의 은을 잇달아 매입한 것도 이와 무관하지 않다. 당시 전 세계 연 생산량의 4분의 1에 달하는 은이 수십 년 동안 가장 낮은 가격으로 팔려버렸다. 그러나 워런 버핏이 2006년에 접어들어 은을 모두 팔아치운 것은 아무리 생각해도 이해하기 어려웠다. 그는 온스당 평균 6달러에 사들인 은을 7.5달러에 팔았다. 워런 버핏 역시 이에 대해서는 자신의 실수를 인정했다.

"나는 은을 너무 일찍 사고 너무 일찍 팔아버렸다. 그것은 분명 나의 실수였다. 투기라는 것은 원래 마지막에 가야 광풍이 부는 법이다."

대단히 묘하게 버핏이 은을 모두 팔아버린 지 얼마 안 돼 버클레이 은행이 개설한 최초의 은 거래 펀드가 2006년 미국증권거래소(Amex)에 문을 열었다. 이에 다음과 같은 소문이 증권가 안팎에서 떠돌았다.

"버클레이 은행은 자신들의 은 거래 펀드에 은 현금 담보를 준비하기 위해 일찍이 버핏에게 1억 3,000온스의 은을 빌렸거나 구입했을 것이다. 이는 버핏이 가지고 있는 은 전체의 양과 완전히 일치한다."

은 시장이 아멕스에서 본격적으로 문을 연 2006년에 버핏은 보유 중이던 은을 모두 팔아치웠다. 그의 이런 엄청난 도박은 과거 은 가격을 올리는 투기에 나섰던 헌트 형제가 9년 동안이나 은인자중하고도 고작 1.5달러 차익을 남긴 사례와 유사한 것은 아닐까? 당연히 당시의 매매는 이런 의심을 살 수밖에 없었다. 그러나 버클레이 은행과 버핏이 어떤 비밀 거래를 했는지는 외부 세계에 전혀 알려진 바가 없다.

은 시장에 예민한 후각을 가지고 큰 영향력을 행사한 또 다른 인물은 바로 1971년부터 메릴린치 증권의 상품 선물 트레이드로 일했던 테드 버틀러이다. 1980년대 중반 어느 고객이 그에게 물었다.

"은 시장은 공급이 달린다. 그럼에도 은 가격은 수 년 동안 오르지 않고 있다. 도대체 이유가 무엇인가?"

버틀러는 고객의 의문을 풀어주고 싶어 바로 은 선물 시장에 대해 연구하기 시작했다. 그러나 그 역시 난관에 봉착했다. 은은 확실히 공급이 수요보다 딸리는데도 가격이 전혀 오르지 않았던 것이다. 훗날 그는 상품 선물 시장에서 오랫동안 일한 경험을 바탕으로 시장에서 공매도로 거래되는 은의 수량이 현금으로 거래되는 은의 수량보다 훨씬 많다는 사실을 밝혀냈다. 알고 보니 기관이나 기업들이 인위적으로 은 가격을 억제한 것이다.

이에 그는 미국 상품선물거래위원회(CFTC)에 이 시장 조작 행위를 보고했다. 그러나 CFTC는 아무런 문제가 없다는 회답을 보내고 무반응으로 일관했다. 화가 난 그는 진실을 샅샅이 밝히겠다는 심정으로 계속 CFTC의 문을 두드렸다. 역시 결과는 전혀 나오지 않았다. 이 와중에 인터넷이 세상에 선보이자 그는 인터넷을 통해 1996년부터 은 가격이 인위적으로 억제되고 있다는 진실을 폭로하기 시작했다. 그는 거의 매주에 한 편씩 은 시장에 대한 상세한 분석과 평론 글을 인터넷에 올렸다. 오랫동안 은 시장을 쉬지 않고 연구한 덕택에 그는 이 방면에서 가장 권위 있는 인물이 되었다.

그는 은 시장 조작 행위가 유사 이래 가장 치사한 자본의 음모라는 사실을 밝혀냈다. 그는 계속해서 CFTC에 이 사실을 알리는 것 외에 수많은 투자자들에게 함께 은 시장 조작 행위에 대한 투쟁을 전개하자고 호소했다. 오랜 노력 끝에 몇몇 대형 은행들이 불법적으로 은(금도 포함) 시장을 압박한 죄상들이 연이어 폭로되면서 세인의 대대적인 관심을 끌었다. 급기야 CFTC도 그의 노력에 두 손을 들고 이에 대해 본격적인 조사에 착수했다.

버틀러는 CFTC를 방문해 이 조사에 대한 자신의 견해를 피력했다.

"해당 기관이 문제를 해결하려는 뜻을 비쳤지만 은 시장의 조작 행위 문제는 실로 거대하다. 엄청난 파문을 일으킬 해결 방안이 나올 가능성은 거의 없다."

20년 동안 전 세계 귀금속 시장 참여자들은 금은 가격의 조작에 대한 법률적 소송과 공개 변론을 끊임없이 전개했다. 필자는 《화폐전쟁 1》에서 일찍이 이렇게 언급한 바 있다.

"2004년 4월 14일, 세계 금 시장 패권을 200년 동안 장악했던 로스차일드가가 뜻밖에도 금 시장의 가격 결정권을 포기했다. 이와 함께 은 시장의 보스로 일컬어지는 AIG도 6월 1일에 자발적으로 은 시장의 가격 결정권을 포기했다. 로스차일드가가 정말 금을 대수롭지 않게 여긴 것일까? 만약 그렇다면 왜 금값이 사상 최저로 떨어진 1999년에 시장에서 물러나지 않고, 금과 은의 가격이 기세등등하던 2004년에 손을 뗐을까? 이 밖의 가능성은 금과 은의 가격이 장차 통제 불가능하기 때문일지도 모른다. …… 일찌감치 금과 어떤 관계도 없는 것처럼 시치미를 떼고 있다가 만약 10년 후에 금과 은의 가격에 정말로 큰 문제가 생기면 누구도 로스차일드가를 탓할 수 없다."

실제로 지금 금과 은의 가격에는 문제가 일어났다. 특히 금값은 사상 최고치를 갈아치우며 이미 온스당 1,400달러에 근접했다. 은 역시 지난 30년 이래 최고점을 돌파해 25달러를 넘어섰다. 당시와 비교하면 금은의 가격은 이미 3배 가까이나 올랐다!

위에서 언급한 은 시장의 보스 AIG는 2008년 발생한 금융 쓰나미 당시 미국 정부에 의해 구제된 세계 최대의 보험 회사이다. AIG 이후에 은 시장의 가격 조종자는 베어 스턴스로 바뀌었다. 그리고 베어 스턴스가 파산한 2008년 3월 17일 당일에 은 가격은 1980년 이래로 최고치인 21달러를 기록했다.

1923년에 설립된 베어 스턴스는 월스트리트의 제5대 투자 은행이자 미국의 주요 증권 회사이다. 2008년 3월 15일, 85년의 역사를 자랑하며 1930년대의 대공황과 몇 차례 경제 위기를 잘 넘겼던 이 대형 투자 은행이 갑자기 심각한 현금 유동성 위기가 발생했다고 선포했다. 이날 FRB와 JP 모건체이스은행은 공동으로 긴급 자금 제공에 나섰다. 일반인들은 베어 스턴스가 서브 프라임 모기지 사태 때 큰 피해를 보고 파산 위기에 몰렸다가 인수 합병됐다는 사실은 잘 알고 있다. 그러나 원래 이 기업이 미국 상품 선물 시장의 최대 은 공매도 당사자라는 사실과 공매도로 인해 다방면에서 곤란을 겪다 거의 환매를 해야 하는 지경에 이르렀다는 사실을 아는 사람은 거의 드물다.

2008년 3월 14일, 은 가격은 1개월 만에 온스당 17달러에서 21달러로 급등했다. 이에 베어 스턴스가 손해를 보충하지 못할 정도의 자금난을 겪게 된 것이 아마도 갑자기 유동성 위기에 빠졌다고 선포한 또 다른 주요 원인이 아닐까 싶다. 기업이 환매에 나서야만 하는 지경에 몰리게 되면 공매도에 투입된 본전을 날릴 뿐 아니라 은 가격에 대한 통제 능력을 바로 상실하게 된다. 더불어 금 가격의 폭등과 달러의 하락을 초래하게 된다. FRB는 상황이 여의치 않게 돌아가는 것을 보고 긴급 구제에 나섰다. 베어 스턴스는 이렇게 해서 기한 28일의 차관을 제공받았다. 이 자금은 FRB가 JP모건체이스를 통해 지원한 것이다. 하지만 대출 책임은 전적으로 FRB가 졌다. 이는 1930년대의 대공황 이후 FRB가 지원한 최초의 자기 책임 대출이었다. 베어 스턴스는 단기 자금을 지원받았음에도 여전히 회생할 기미가 보이지 않아 파산의 운명을 면하기 어려웠다. 2008년 3월 16일, FRB가 다시 긴급 수단을 강구해 300억 달러를 JP모건체이스에 대출해 준 후 JP모건체이스가 바로 베어 스턴스을 인수 합병한다고 발표하면서 심각했던 은 가격 위기는 한숨을 돌렸다.

JP모건체이스는 베어 스턴스를 인수 합병한 다음 즉각 은 가격을 억제하려는 국제 은행가들의 기존 방침에 따라 은 가격에 잔혹한 압력을 가했다. JP모건체이스가 베어 스턴스의 새 주인이 된 이튿날인 3월 18일부터 3월 20일까지 3일 동안 은 가격은 온스당 21달러에서 17.5달러로 폭락했다. 이로써 한 달 동안 폭등했던 은 가격은 전부 상쇄되고 말았다. 이후 JP모건체이스와 홍콩상하이은행은 서로 연대해 은 가격 통제에 나섰다. 2008년 8월에 양대 은행이 은 시장에서 단행한 매도 포지션의 점유율은 무려 85%에 이르렀다. 은 시장은 두 은행이 손을 맞잡고 계속 공격을 가하자 끊임없이 추락했다. 8월 15일에 13달러로 떨어진 다음 10월 말과 12월 초에는 온스당 9달러까지 하락했다. 이는 2006년의 가격 수준이었다.

그러나 이 모든 것은 테드 버틀러의 예리한 눈을 피하지 못했다. 왜 은행들이 은의 공매도 점유율을 대폭 늘리는 상황이 발생했던 것일까? 버틀러는 CFTC와 미국 국회의원들에게 수차례에 걸쳐 이런 질의를 던졌다. 결국에 그는 JP모건체이스가 베어 스턴스를 인수 합병하면서 이런 상황이 벌어졌다고 판단했다.

이 이전에 버틀러와 모든 은 투자자들은 은 시장에서 과연 누가 최대의 매도 포지션에 나선 주체인지 의문을 해소하지 못하고 있었다. 선물 거래 보고서에는 거래에 참여하는 이들의 신분을 밝히지 않았기 때문이다. 버틀러의 시장 분석 보고서는 줄곧 누구를 꼭 찍는 방식으로 작성되지 않았다. 그러다가 이때에 이르러 그는 베어 스턴스와 JP모건체이스가 은 가격을 억제하는 원흉이라는 사실을 확연히 깨달았다. 버틀러가 이 비밀을 파헤치자 시장의 강한 반향을 불러일으키고 수많은 은 투자자들의 공분을 샀다. 급기야 CFTC는 JP모건체이스에 대한 조사에 착수했고, 뒤이어 수많은 은 투자자들이 JP모건체이스와 홍콩상하이은행의 불법적인 은 시장 가격 조작 행위에 대해 연명으로 제소했다.

투자자들의 압력이 갈수록 거세지자 JP모건체이스는 2010년 9월에 드디어 새로 입안된 미국의 금융 감독 관리 법안인 '월스트리트 개혁과 소비자 보호를 위한 도드 프랭크 법안'의 요구를 수용했다. 그들은 자체적인 업무를 중지하고 20명에 이르는 런던 선물 거래 시장의 트레이드를 감원했다. 은 선물 거래를 취급하던 이들이 퇴사하자 은 시장이 다시 요동쳐 즉각 가격이 21달러를 돌파했다. 이로써 베어 스턴스가 파산한 2008년 3월 17일의 최고 기록을 가볍게 갱신했다. 1980년 이후 은 가격은 두 차례나 최고 기록을 돌파했는데, 모두 은 시장을 조종했던 이들이 물의를 일으킨 것과 깊은 관계가 있었다. 역사는 정말 이토록 재미있는 우연으로 가득 찬 것일까?

여기서 주의할 만한 것은 은 시장에 대한 조작이 주로 런던에서 이뤄졌다는 사실이다. AIG는 물론이고 JP모건체이스까지 이랬던 이유는 바로 미국의 감독 관리 기구의 눈을 피하기 위해서였다.

은 가격에 대한 조작 사례로는 1970년대의 미국 대부호인 헌트 형제가 매우 유명하다. 이들은 당시 은을 가득 쌓아놓고 떼돈을 벌 환상에 부풀었으나 결국에 참담한 실패로 끝나고 말았다. 금융 교과서는 바로 이 사례를 통해 사람들에게 반복적인 교훈을 주고 있다.

"시장에 대한 감독 관리는 여전히 유효하다. 선물 시장을 조작하는 행위는 영원히 끝났다. 은 가격을 조작하려는 사람은 헌트 형제의 사례를 전철로 삼아야 한다."

사실 은 가격 조작은 은을 쌓아놓고 가격을 올리는 행위만 일컫는 것이 아니다. 오히려 대대적인 공매도를 통해 나타나는 가격 억제 효과도 포함된다. 후자의 경우는 미국의 선물 거래를 관리하는 기관들이 그동안 진지하게 조사한 적이 전혀 없었다. 은을 공매도하는 데는 반드시 이유가 있으므로 철저한 연구가 필요하다!

금과 마찬가지로 세계 은 시장의 가격 결정권은 월스트리트와 런던을 축으로 하는 라인이 장악하고 있다. 조금 세분하면 뉴욕의 선물 거래 시장은 페이퍼 실버 가격, 런던의 금은시장협회(LBMA)는 실물 은의 가격을 결정한다고 보면 된다. 이에 양측이 힘을 합칠 경우, 은 가격은 인플레이션에 직면해도 시종일관 권위를 갖지 못한다. 이렇게 해서 이른바 은의 화폐 속성은 그야말로 웃기는 얘기가 돼버린다. 가장 일반적인 금속도 인플레이션에 대해 효율적으로 작용하는데, 은이 이런 기본적인 기능도 갖추지 못했다면 화폐의 속성을 논한다는 것은 사치가 아닐까?

은은 철저한 마녀사냥을 통해 일반 산업 금속으로 탈바꿈해 버렸다. 여기서 주의할 것은 사람들의 머릿속에서 산업 금속은 하찮은 존재라는 의미로 각인된다는 사실이다.

이것이 바로 일반인들이 은 투자라는 말을 들으면 이상하게 생각하는 이유이다! 국제 은행가들은 장기적으로 교묘하게 은 가격을 떨어뜨리고, 이 심리 효과를 이용해 은의 화폐 본질을 아예 은폐해 버렸다. 이로써 달러 시스템의 도박장을 더욱 화려하게 만들었다.

사실 수십 년 동안 은의 가격을 효과적으로 억제하기란 쉬운 일이 아니다. 수요와 공급 관계가 가격을 결정하는 경제학 원리는 물리학에서 뉴턴의 3대 법칙과 마찬가지로 전혀 흔들림 없는 철칙 중의 철칙이다.

산업 수요는 한 치의 빈틈도 없는 것이라 특별한 상황이 발생할 여지가 거의 없다. 이에 은 가격을 억제하는 것은 인위적으로 공급량을 늘려야만 가능하다. 은 가격을 억제하면 은의 투자 수요를 효과적으로 제어할 수 있다. 그리고 은의 화폐 속성이 인플레이션이 날로 심각해지는 세계 경제 생태 환경에 직면한 상황에서는 더욱 의미가 있다. 곧 촉발하게 될 잠재적인 투자 수요야말로 향후 은의 수요와 공급 관계의 초점이 될 수 있다. 만약 이때 실물 은의 공급량이 부족하면 '페이퍼 실버'가 깜짝 등장하여 은의 공급이 수요보다 많은 이상적인 효과를 달성할 수 있다. 월스트리트와 런던을 축으로 하는 라인은 바로 이를 경계해 은의 가격 조작에 나서는 것이다.

은 시장은 병마개 하나로 100개의 병을 막는 게임이다

부분 지급 준비금 제도는 원래 은행들이 유동성 확대를 위해 채택한 제도이다. 이 제도를 기반으로 모든 국가의 중앙은행은 일정한 자금이 은행의 시스템에 예금될 때 은행 시스템을 10배로 확대한 다음 신용 대여에 나설 수 있다. 이 제도의 핵심을 예시를 들어 표현하자면, 병마개 하나로 10개의 병을 막는 게임과 같다.

예금자의 돈이 병마개이고, 은행이 이 마개를 기초로 10배로 확대한 신용 대출이 바로 병이다. 사람들이 임의의 시간에 병 1개를 보면 그 위에 항상 마개가 있어서 게임의 속임수가 전혀 드러나지 않는다. 그렇지 않으면 뱅크런 사태가 발생해 심한 경우에는 금융위기를 일으킬 수 있다. 마개 1개가 상대하는 병이 많을수록 이 게임의 난이도는 커지고, 병이 깨질 가능성 역시 높아진다. 2008년 금융 쓰나미 와중에 무너진 대부분의 금융기관들은 이 게임에 너무 몰두하다 변을 당했다. 이들은 가장 크게 판을 벌일 때 병마개 하나로 50개의 병을 막았다. 그러다 잠깐 방심하는 사이에 와르르 무너졌다.

병마개 하나로 50개의 병을 막는 게임이 최종적으로 끔찍한 금융 쓰나미를 초래했다면, 금과 은 시장의 게임은 더욱 미쳐서 이 비율이 무려 1 대 100에 달한다.

현재 세계의 은 시장에서 1온스 실물 은의 배후에는 100온스에 이르는 각종 호칭의 페이퍼 실버들이 있다! 100배로 부풀려진 '실물 은'은 수요와 공급 양면 모두에서 왕성하게 활동하고 거래도 빈번하며 시장이 번성하는 것처럼 보인다. 이렇게 어마어마한 거품으로 이루어진 '실물 은' 시장에서 가격은 합리적으로 나타난다. 이것이 바로 저렴한 은의 가격이고, 얼핏 보기에 무궁무진한 은의 공급량이다.

99%의 페이퍼 실버 거래량을 이용해 1%에 불과한 실물 은의 가격을 완벽히 통제하는 것은 그야말로 천재적인 발상이라고 할 수 있다. 만약 99%의 페이퍼 실버를 소유한 사람들이 이를 실물 은으로 바꾸려 하지만 않는다면 이 게임은 아무런 염려도 할 필요가 없다. 최종적으로 은의 가격을 결정하는 것은 국제 은행가들이 영원히 모자라지 않게 찍어내는 달러이지, 절대로 은의 실질적인 수요와 공급 관계가 아니다.

웃기는 일은 '실물 은'이 런던 금은 시장에서 거래되더라도 거의 대부분이 실물이 아니라 호칭만 실물인 페이퍼 실버로 양도된다는 사실이다. 이 계좌는 학명도 가지고 있어서 '비실물 계좌'라고 불린다. 런던의 금은시장협회는 이를 다음과 같이 정의했다.

"이는 구체적인 금속과 대응 관계가 없는 계좌이다. 고객이 소유하는 것은 금속에 대한 보유권 허가이다. …… 거래는 빌리거나 빌려주는 쌍방이 잔액에 근거해서 계좌를 인계한다. 계좌 소유자는 구체적인 금이나 은 금속을 보유하는 것이 아니라 계좌를 연 곳에 소재한 거래상의 금속 금고를 담보로 잡는 것이다. 해당 고객은 실물을 확인한 금은의 소유자가 아니다."

2010년 3월 25일에 미국 CFTC는 워싱턴에서 청문회를 개최하고 은 시장에 존재 가능한 가격 조작 행위를 조사했다. 당시의 회의 기록에 이 문제의 심각성이 그대로 드러나 있다.

(각 측은 미국 은 선물 시장에서 대량의 공매도가 이뤄진 것이 가격 조작에 해당하는지에 대해 격렬한 논쟁을 벌였다)

오마리(미 CFTC 전문위원): 당신은 은 선물 기간이 도래했을 때, 구매자가 실물을 넘겨달라고 요구하면 공매도에 나선 쪽에 문제가 된다고 생각하지 않습니까?

크린스틴(전 골드만삭스 벌크상품 연구부 주임): 그렇지 않습니다. 전혀 걱정할 필요가 없습니다. 수십 년 동안 관례이기 때문이죠. 그 밖에 또 한 가지 이유는 (은 실물 요구가 현금으로 태환될 때) 일련의 다른 방법을 통해 현금으로 넘겨줄 수가 있다는 것입니다. 세 번째는 많은 사람들이 오늘 조사하는 은과 금 시장에서 이뤄지는 거의 모든 매도 포지션이 위험을 헤징하기 위한 것이며, 또 헤징에 대한 선물의 매도 포지션 계약이 (런던 실물) OTC(장외) 시장에서 매입한 (실물 금은의) 위험이라는 사실을 알고 있습니다. 따라서 그 어떤 위험도 존재하지 않는다고 생각합니다.

여기에서 아주 웃기는 문제가 나타난다. 매입자가 은을 현물로 요구할 때 매도자 수중에 실물이 없다는 사실이다. 그래서 보상을 요구하는 문제가 발생할 수 있는데, 이는 그 자체로 위법 행위이다! 선물 계약을 할 때는 물건을 인도하는 시기와 지점, 물건의 순도 및 수량을 분명하게 표기하도록 규정하고 있다. 이 계약에 따라 진행하지 않는 행위는 그 어떤 것도 위법에 해당한다. 하지만 크리스틴은 공매도가 위험이 아니라고 말했다. 더욱 웃긴 것은 과거의 폰지 사기 사건 같은 것이 일어나지 않았으니 걱정할 필요 없다는 논리였다.

이어 청문회에서는 세계황금반독점협회(GATA)의 더글러스 위원이 등장해 의원들의 질문에 답했다.

더글러스: 우리가 말하는 것은 선물을 이용해 현물 시장의 위험을 헤징하는 것입니다. 우리가 현물 시장과 런던 금은시장협회를 지켜본 바로는, 매일 2,000만 온스의 금이 순거래되고 있습니다. 이는 220억 달러에 이르는 규모로, 1년이면 5조 4,000억 달러나 됩니다. …… 런던 금은시장협회의 홈페이지를 보면 이른바 '비실물 계좌' 거래 배후에 실물이 없다는 사실을 알 수 있습니다. 그들은 일부 준비금을 가지고 거래하고 있는데, 그럴 수밖에 없는 것이 지구상에 그렇게 (금은이) 많지 않기 때문입니다. 따라서 (미국의 선물 시장에서) 매도 포지션에 나선 사람은 (런던의 금은) 시장에서 실제로는 페이퍼로 페이퍼의 위험을 헤징하고 있는 것입니다.

(8초간 침묵)

여기에서 더글러스는 문제의 핵심을 짚어냈다. 그것은 왜 월스트리트에서 은의 매도 포지션에 나선 사람이 런던의 장외 실물 시장으로 달려가 이른바 위험을 헤징하느냐는 것에 대한 설명이었다.

미국의 선물 시장에는 선물 계약과 관련한 명확한 감독 및 관리 조례가 있어서 미국에서 매도 포지션에 나서려면 반드시 90%의 확인된 현물을 보유하고 있어야 한다. 그렇지 않으면 시장을 조작하려 한다는 혐의를 받는다. 그러나 런던의 금은 장외 시장은 이름은 실물 시장이나 거래는 '비실물 계좌'로 이뤄진다. 더구나 런던의 금은시장협회는 자율적인 조직이라 거래에 나서는 사람들이 자발적이라는 믿음을 기초로 운영된다. 그래서 시장 참여자들이 진짜 금과 은으로 시장에 참여한다는 빡빡한 규정을 두지 않고 있다. 이뿐만 아니라 장외 시장은 불투명한 시장으로 무슨 물건이 거래되는지, 거래 가격이 얼마인지 정확하게 아는 사람이 드물다. 따라서 월스트리트의 은 가격 조작자들은 런던에서 자신들의 실력을 마음껏 뽐낼 수 있다. 그들은 런던 금은 시장의 이른바 실물 거래를 이용해 미국 감독 관리 기관에게 월스트리트의 대대적인 매도 포지션이 합리적인 헤징이라고 설명하는 것이다.

'실물 은' 시장으로 불리는 런던에서는 매일 약 1억 2,500만 온스의 은이 거래된다. 그러나 원하는 매입자에게 넘겨줄 수 있는 실물 은의 실제 양은 7,500만 온스에 지나지 않는다. 뉴욕 선물 거래 시장의 경우도 오픈 포지션 상황일 때는 은의 계약액이 약 8억 온스에 이르나 실제 현물로 넘길 수 있는 양은 고작 5,000만 톤에 불과하다. 두 시장을 다 합쳐봐야 전체 물량은 1억 2,000만 온스에 불과하다는 계산이 나온다. 국제결제은행의 2009년 6월 통계에 의하면, '기타 귀금속의 유형별'(절대 다수는 은) 파생 상품의 잔액은 2,030억 달러에 이르는 것으로 나타났다. 이는 120억 온스의 은에 상당한다(약 20년간의 생산량).

현재 우리 눈앞에 펼쳐진 것은 슈퍼 사이버 은 시장이자 가격이 조작된 시장이며, 몇 배의 레버리지가 지탱하는 시장이자 이미 뱅크런 인근에 다다른 시장이라고 말할 수 있다.

은 가격 조작을 조사하다

2010년 3월 25일, 미국 CFTC의 은 가격 조작 청문회는 2008년 9월 이후 금은 시장의 조작 문제에 대해 대대적인 조사를 벌이겠다고 발표했다. 이 청문회에는 16명이 소환돼 증언할 예정이었다. 여기에는 감독 관리자, 거래소 직원, 은행, 거래상, 중개 회사, 투자자 등이 포함돼 있었다. 그중에서 단연 화제를 끈 인물은 런던의 귀금속 트레이더인 앤드루 마이클이었다. 그는 JP모건체이스의 은 가격 조작 사건과 관련해 증언할 예정이었다.

그런데 묘하게도 그는 3월 26일 부인과 함께 런던에서 '의외'의 교통사고를 당했다. 다행히 바로 병원으로 호송돼 생명에는 지장이 없었다. 당시 사고 목격자는 사건을 이렇게 기억했다.

"차 한 대가 갓길에서 그의 차 쪽으로 비스듬히 달려가더니 그대로 들이받았다."

당시 목격자는 사고를 낸 차가 도주하지 못하도록 막아섰다고 한다. 그러나 사고 차는 그대로 속도를 올리고 달아나버렸다. 목격자는 황급히 몸을 피해 겨우 사고를 면할 수 있었다. 사고 차는 도주하는 과정에서 두 대의 차를 더 들이받고 계속 달아났다. 경찰은 헬리콥터까지 동원하는 작전을 펼친 끝에 겨우 범인을 검거할 수 있었다. 그러나 이 사고에 대한 자세한 내막은 아직까지 대외적으로 발표되지 않았다.

그렇다면 사고를 당한 앤드루 마이클은 과연 누구일까? 분연히 일어나 은 가격 조작 사건의 흑막에 대해 증언하려던 그는 왜 암살의 위험에 빠졌을까? 이를 알기 위해서는 먼저 GATA가 2010년 3월 23일에 발표한 보도를 살펴봐야 한다.

"런던의 귀금속 트레이더인 앤드루 마이클은 일찍이 GATA의 책임자인 안드레이 더글러스와 밀접한 관계가 있었다. JP모건체이스의 은 트레이더는 마이클에게 최초로 귀금속 시장이 조작되고 있다는 정보와, 다소 과장되었지만 JP모건체이스가 가격을 조작하는 과정에서 어떻게 엄청난 폭리를 취했는지에 대해 얘기해 주었다."

마이클은 이 정보를 입수한 후, 2009년 11월에 미국의 CFTC의 법률 분야 기구에 이 범죄 행위에 대한 보고서를 제출했다. 그는 보고서에서 JP모건체이스가 어떻게 시장에 은 가격 억제 신호를 보냈는지, 시장에 참여한 수많은 트레이더들이 어떻게 이 신호들을 식별했는지, 그리고 JP모건체이스가 공동으로 은을 공매도하는 과정에서 얼마나 많은 폭리를 취했는지에 대해 상세히 기술했다. 구체적으로 JP모건체이스는 관건이 되는 날을 선택해 손을 썼다. 이를테면 옵션 만기일, 비농업 취업 데이터 공포일, 미국 선물 시장에서 은 계약 가격이 떨어지는 날 및 기타 중대한 사건이 발생한 날들이다.

2010년 1월 26일, 마이클은 이런 내용을 담은 편지를 CFTC에 보냈다.

"JP모건체이스가 매도 포지션에 나설 때마다 우리 트레이더들은 그들(JP모건체이스)이 중대한 행동에 나서기 전의 신호를 유심히 관찰했습니다. 첫 신호는 아시아에서 출현한 비교적 적은 (은의) 거래량이었습니다. 트레이더인 우리는 이를 통해 폭리를 취했습니다. 그러나 나는 결코 가격이 조작되는 시장에서 범죄 활동을 통해 돈을 벌고 싶지는 않았습니다. 예컨대 오늘 막 시작된 거래 상황을 보면 대략 1,500건의 계약이 성사됐지만 매입에 나서는 쪽은 실제로 5분의 1에서 10분의 1밖에 안 된다는 사실을 알 수 있습니다. 이런 가격 조작으로 공매도에 나선 사람들은 순식간에 2,500달러를 벌었지만 많은 사람들은 손실을 입고 강제 환매에 나섭니다. 누가 배후의 공매도자인지는 척 보면 알 것입니다. 주의할 것은 짧은 10분 동안에 이뤄지는 2,800여 건의 계약이 순식간에 매수 주문의 힘을 무너뜨릴 수 있다는 사실입니다. 이는 정상적인 상품 거래에서는 찾기 어려운 가장 좋은 가격을 만들어내는 행위입니다."

마이클은 자신의 내부 고발을 더욱 확실히 증명하기 위해 2010년 2월 3일에 CFTC 산하 법률 기관의 고급 조사원인 에루드 라미레스에게 이메일을 보냈다. 이 이메일에서 그는 은 시장이 이틀 후인 2월 5일에 '습격'을 당할 것이라는 사실을 폭로했다.

"런던의 귀금속 트레이더들은 JP모건체이스가 (은 공매도) 제한에 대한 토론이 시작될 3월 이전에 가능한 한 공매도를 전부 정리할 것이라는 사실을 알고 있습니다. 나는 이 음모의 이너 서클에 속하지 않는 그들에 대해 정말 안타까움을 느낍니다. 거액의 부는 이날 임자가 바뀔 것입니다. 내가 보기에 이는 CFTC가 불법적인 시장 가격 조작 행위에 대한 시정 조치를 마련하겠다는 의지가 가져온 결과입니다."

마이클은 2월 3일 CFTC에 보낸 이메일에서 이틀 후 은 시장에 출현할 상황에 대해 예측하기도 했다.

"비농업 취업 데이터가 미국 동부 시간 오전 8시 30분에 공포됩니다. 여기서 발표되는 데이터가 좋든 나쁘든, 은(과 금) 가격은 모두 공매도 조작에 의해 대폭 하락할 것이 틀림없습니다. 이는 이른바 기술 지탱선에 펑크를 내겠다는 목적을 가지고 있습니다. 나는 물론 이 가격 조작으로 인해 이익을 챙길 수 있습니다. 그러나 이 사례는 고도로 집중된 자금을 투자하는 상황이 (CFTC의) 허가를 받았을 때, 시장이 손쉽게 소수의 트레이더들에 의해 조작된다는 사실을 설명합니다. 본론으로 들어갑시다. 첫 번째 상황은 나쁜 소식(취업 데이터가 아주 좋지 않다는 소식)이 들려올 때입니다. 이 소식은 은과 금의 입장에서는 좋은 겁니다. (나쁜 경제 소식이) 달러 약세를 부르면 자연스럽게 귀금속에 투자자들이 몰려 (금은) 가격은 고공행진을 하게 됩니다. 이 과정은 아주 짧은 시간(1~5분) 이어질 겁니다. 그런 다음 수천 건의 새로운 공매도 계약이 성사돼 (공매도 습격은) 철저하게 새로운 매입 계약을 무너뜨릴 것입니다. 더불어 귀금속 가격은 결정적으로 기술 지탱선 아래로 폭락할 것입니다. 두 번째 상황은 좋은 소식(취업 상황이 비교적 좋게 예측된다는 소식)이 들려올 때입니다. 이 소식은 즉각 대규모의 공매도 계약을 불러와 (은 가격은) 바로 폭락할 것입니다. 또 많은 사람들이 손실 지탱선에 펑크를 낼 가능성이 크고, 가격 역시 기술 지탱선에서 수직 하락할 것입니다. 이 두 가지 상황에서 양대 공매도 거물(JP모건체이스와 홍콩상하이은행)은 모두 손을 써 폭리를 취할 것입니다. 이때 우리들 역시 이 게임에 참여하도록 요청받아 (은 가격이) 떨어지는 데 일조하게 됩니다.”

2월 5일의 시장 상황은 마이클이 예측한 것과 완전히 일치했다!

2010년 5월 9일에 미국의 유력 매체인 〈뉴욕 포스트〉는 ‘연방정부가 JP모건체이스의 은 거래에 대해 조사를 시작했다’라는 제목의 기사를 대대적으로 게재했다. 내용은 시장 가격 조작 행위에 대한 형사 및 민사 범죄를 조사한다는 것이었다.

“익명을 요구한 인사의 제보에 따르면, CFTC는 민사 범죄에 대한 조사에 착수했고 사법부는 형사 범죄 행위에 대한 조사를 개시했다. 조사 범위는 그야말로 광범위하다. 연방 정부 관리들은 이미 JP모건체이스가 런던의 금은거래협회에서 행한 실물 (은) 거래 기록을 면밀하게 조사했다. 관리들은 동시에 그들이 뉴욕 상품거래소에서 행한 (은) 선물과 파생 상품 거래 상황도 조사했다. 재무부 화폐통제실의 보고에 따르면, JP모건체이스는 2009년 마지막 3개월 동안 은 파생 상품 67억 6,000만 달러를 보유하고 있었다. 이는 2억 2,000만 온스(약 6,800톤)에 상당했다. …… 고발에 의하면 은을 공매도로 조작하는 과정에서 JP모건체이스는 대규모 은 선물 계약과 실물 은 구입 계약을 통해 은 가격을 억제했다.”

〈뉴욕 포스트〉의 보도에 전 세계의 은 시장이 크게 요동쳐 은 가격은 순식간에 6.5%나 치솟았다! 며칠 후 JP모건체이스는 다음과 같은 짤막한 성명을 발표했다.

“JP모건체이스는 은 거래와 관련한 사법부의 민사 및 형사상의 조사를 받지 않았다.”

헌트 형제가 과거 은 2억 온스를 쌓아놓고 가격을 끌어올리려고 했던 것이 경천동지할 사건이라고 하지만, 오늘날 은 선물과 파생 상품 시장에서 무려 120억 온스를 쥐고 흔든 기업 앞에서라면 그들은 아마 부끄러워 고개를 들지 못하지 않았을까?

그런데 수상쩍게도 2008년 9월 18일에 미국의 화폐 시장이 완전히 붕괴됐을 때와 마찬가지로 은 가격을 조작한 이 세계적 사건은 미국 주류 언론의 주목을 전혀 끌지 못했다.

2010년 10월 26일에 CFTC가 개최한 청문회에서 주임 위원인 칠튼은 이런 분위기와 분명히 다른 입장을 피력했다.

"일부 시장 참여자들이 부단히 사기 수단을 이용해 은 가격에 영향을 미치고 통제를 가하고 있다. 떳떳하지 못한 방법으로 은 가격을 통제하는 이런 행위는 반드시 준엄한 조사와 처벌을 받아야 한다."

칠튼의 말대로 CFTC는 은 시장에 대해 2년 기한으로 고강도 조사를 벌였다.

그리고 대량으로 수집한 증거를 바탕으로 은 시장을 조작한 두 대형 은행을 법정에 고소했다. 2010년 10월 27일에 국제 언론들은 JP모건체이스와 홍콩상하이은행이 대대적인 단기 매도 포지션을 통해 은 선물 가격을 조작했다고 보도했다. 상황이 두 은행에 부정적으로 흘러가자 뉴욕 금속거래소에서 은 선물과 옵션 계약 거래에 나섰던 투자자들이 두 눈에 불을 켜고 나섰다.

"두 은행은 은밀하게 은 선물 가격을 억제하려고 모의하고 서로 대량 거래에 대한 정보도 주고받았다. 또 비밀리에 매도 포지션 명령을 내리는 등 시장에 엄청난 영향을 미쳤다. 이 독점 행동과 시장 조작은 투자자들의 이익에 엄청난 손실을 안겨줬다. 이들은 이외에 대량의 주문을 넣었다가 취소하는 방식으로도 가격에 영향을 미쳤다."

투자자들이 이런 주장과 함께 제시한 자료에 따르면, JP모건체이스와 홍콩상하이은행은 2008년 8월에 이뤄진 매도 포지션의 85%를 점유했다. 또 2009년 1분기까지 79억 달러의 귀금속 파생 상품을 보유하고 있었다.

2010년 11월 24일까지 양 은행은 은 시장 가격 조작 혐의로 인해 최소 25건의 소송에 직면해 있다.

두 은행이 최종적으로 법률적 제재를 받을지는 더 두고 봐야 한다. 주지하다시피 이번 글로벌 금융위기의 화근은 월스트리트에 있고, 또 FRB에 있다. 그러나 그들의 세력은 너무나 막강해 도저히 무너뜨릴 수 없고, 법률로 제약도 가할 수 없는 상황이다. 더구나 자본주의 시대의 금권은 봉건주의 시대의 왕권과 마찬가지로 법률 위에 있지 않은가. JP모건체이스 역시 미국 최대의 은행 중 하나로, 다루고 있는 금융 파생 상품의 가치만 70조 달러에 이른다. 만약 이 은행이 파산한다면 리먼 브러더스와는 비교가 안 될 파괴력을 가질 것이다.

그러나 시장의 규칙은 냉혹하고도 무정하다. 누가 처벌 대상이 되더라도 시장의 원칙을 어긴 사람은 최후의 심판에서 벗어날 수 없다. 은과 금 시장을 억제한 것은 공급과 수요의 철칙을 어긴 죄에 해당한다. 은은 지금 수요가 날이 갈수록 증가하고 공급은 반대로 줄어들고 있다. 게다가 지하의 자원 역시 날로 고갈돼가고 있는 현실이다. 이런 은 시장에서 장기적으로 시장 조작을 위해 공매도를 한다는 것은 일벌백계로 다스려져야 한다. 규모가 크고 시간이 길수록 그 처벌은 더욱 엄중해야 한다.

대규모 뱅크런 사태에 내몰린 은 시장

JP모건체이스와 홍콩상하이은행이라는 두 금융 공룡이 미국 법원에
의해 제재를 받을 가능성 여부를 차치한다 해도, 이 사건은 전 세계 투
자자들에게 은의 가치를 다시 인식시켜주었다는 점에서 상당히 의의
가 있다. 은의 가격이 이렇게 낮은 이유는 AIG를 비롯해 베어 스턴스,
JP모건체이스, 홍콩상하이은행 등의 초중량급 금융 공룡들이 은을 필
사적으로 못 살게 군 결과이다. 더구나 은은 강력한 한 방을 가지는 달
러의 탄생을 위해 FRB가 반드시 제거해야 할 대상이기도 했다. 물론
은은 머지않은 장래에 투자 시장에서 신데렐라로 화려하게 변신할 수
도 있다. 전 세계의 투자자들이 이 사실을 깨닫는다면, 은은 순식간에
무엇과도 비견할 수 없는 천하의 보물이 될 것이다.

　2009년에 들어선 이후, 은은 금과 손을 잡고 마침내 달러에 대한
대대적인 반격에 나섰다. 2008년 말에 온스당 9달러 전후였던 가격이
가파르게 상승하여 2010년 8월에는 18달러 전후로 치솟았다.
2010년 8월 하순부터는 18달러에서 시작해 30달러 고지를 향해 달
려갔다. 3개월이 채 안 되는 기간에 무려 61%나 폭등한 은 가격은
30년 만에 최고 기록을 세워 세상의 주목을 끌었다.

　투자자들은 은에 거대한 투자 가치가 있다는 사실을 깨닫고 너도나
도 경쟁적으로 이 시장에 몰려들었다. 그러나 불행히도 은은 유한한

자원이다. 세계백은협회의 보고서에 따르면, 2009년 전 세계 은 총생산량은 약 8억 8,900만 온스이고 이 중 제조업 분야에 7억 3,000만 온스를 사용했다. 여기에 채굴 회사가 헤징에 필요로 한 양을 제외한 1억 3,700만 온스를 투자자들이 모두 먹어치웠다. 2008년의 투자 수요량인 4,800만 온스에 비해 무려 184%나 늘어난 것이다. 현재의 추세로 미뤄보면 2010년의 투자 수요량은 2009년보다 훨씬 증가했을 가능성이 높다.

현재 전 세계 시장에서 구입이 가능한 은의 양은 대략 7억 온스이고, 현재 시가인 온스당 25달러로 계산하면 전체 가치는 대략 175억 달러에 이른다. 매우 매력적이기는 하나 시장이 매우 작다. 따라서 일단 시장의 레이더에 갇혀 옴짝달싹 못하게 되면 전 세계 자금의 맹렬한 공격을 받아 값이 치솟을 수밖에 없다.

은의 부가가치 잠재력에 대해서는 솔직히 테드 버틀러가 워런 버핏보다 더 눈썰미와 인내심이 있었다. 버틀러는 은 시장을 이렇게 전망했다.

"몇 개의 대형 은행들이 인위적으로 은 가격을 억제하고 있다. 이 행위는 일반 투자자들에게는 천재일우의 기회를 제공한다. 그리고 시장의 수요와 공급 관계는 은을 매입하는 쪽이 최종적으로 공매도를 하는 대형 은행들을 이길 것이라는 사실을 보증해 준다."

이처럼 버틀러는 은 가격이 폭발적으로 오를 것이라고 상정했다. 최근 사태의 발전 추이를 보면, 그가 가격의 폭발과 연결될 것이라고 상정한 상황이 거의 증명되고 있다.

첫째, 대형 은행들의 공매도 계약이 환매로 내몰려 은 가격에 영향을 주는 상황이다. 시장이 은 시장의 부가가치 잠재력을 발견하면 당연히 매입 세력이 대량으로 시장에 진입해 부단히 실물 은의 가격을 끌어올린다. 이때 대형 은행들의 공매도 계약은 거대한 현금 교환 압력에 직면할 수밖에 없다. 실제로 기한이 돼서 실물 은으로 지급할지, 아니면 공매도 계약만큼의 계약에 나설지 선택해야 한다. 한마디로 환매에 내몰리는 것이다. 현재 뉴욕 선물거래소에서 공매도 계약 규모는 5억 5,000만 온스에 이른다. 세계 시장 전체 물량의 79%에 해당한다. 만약 공매도 측이 자신들의 자산을 손해 보지 않으면 어디에서 이 많은 현물을 사들일 수 있다는 말인가?

둘째, 빌려준 은이 되돌아와 은 가격에 영향을 미치는 상황이다. 20여 년 전부터 수많은 나라의 중앙은행은 은을 빌려주는 방식으로 시장에 대량 방출해 은 가격을 억제했다. 그렇다면 왜 은을 빌려줬을까? 일부 은광이 이런저런 이유로 제때에 물건을 댈 수 없는 상황이 발생해 우선 금은 현물거래 은행에서 잠시 은을 빌려 거래 약속을 보증했기 때문이다. 이후에 은을 채굴하게 되면 다시 은행으로 돌려줬다. 이때는 통상 1%나 그 이하의 이자를 함께 지불했다.

같은 원리로 금은 현물거래 은행 역시 중앙은행으로부터 은을 빌렸다. 중앙은행 역시 은을 창고에 쌓아놓으면 이자가 발생하지 않는다는 이유로 흔쾌히 대량의 은 준비금을 빌려줬다. 이때도 예외 없이 1%의 이자를 받았다. 그러나 금은 현물거래 은행은 현물 은을 빌린 다음 대부분을 시장에 풀어 현금화했다. 이어 이 현금을 수익률 5%인 국채를 구입하는 데 사용했다. 이렇게 하면 중앙은행에 1%의 이자를 돌려줘도 4%를 벌 수 있었다. 이런 방식을 통해 중앙은행과 금은 현물거래

은행은 흔적을 남기지 않은 채 은 시장 가격을 억제했다.

버틀러는 과거 20년 동안 수억 내지 십수억 온스의 은이 이런 방식을 통해 시장에 유입됐다고 추산하고 있다. 이론적으로 말해 이렇게 임대된 은은 중앙은행으로 돌아와야 한다. 그러나 이들은 대부분 이미 산업 원료로 사용돼 버려 원래의 양만큼 환수할 수 없었다.

문제는 은 가격이 도저히 억제할 수 없을 정도로 폭등하는 경우이다. 중앙은행은 은을 빌려간 쪽에 돌려달라고 요구하게 되고, 빌려간 쪽은 시장에서 실물 은을 구입할 수밖에 없다. 이 실물 은은 뉴욕 상품 거래 시장에서 공매도한 은 외의 다른 대량 현물 은을 말한다. 당연히 이 현물 은은 은 가격에 거대한 충격을 미치게 된다. 만약 이런 상황이 출현하면, 고작 한 번이지만 은 가격은 즉각 온스당 500달러까지 치솟을 수 있다. 이것이 바로 은을 빌린 금은 현물거래 은행이 필사적으로 은 가격 억제에 나서는 주요 원인이다.

셋째, 산업 방면에서 공황에 대비해 은을 비축하는 노력이 가격에 영향을 미치는 상황이다. 은은 거의 모든 산업의 원재료로 쓰이는 금속이다. 이처럼 수많은 제품의 중요한 원료가 되지만 많이 쓰이는 경우는 드물다는 특징 때문에 가격 상승에도 불구하고 수요가 줄지 않고 있다. 투자 수요의 급증에 따라 3만여 톤의 보유량은 조만간 모두 소모될 가능성이 크고, 새로 생산된 양도 수 년 동안의 수요를 감안하면 공급이 이를 따라잡기 어렵다. 공급이 끊어지는 시간이 갈수록 길어져 수일에서 수주는 기본이고, 나중에는 몇 개월까지 이어질 수도 있다. 그렇다고 공장의 생산 라인을 멈출 수 없기 때문에 기업들은 필연적으로 최악의 상황에 대비해 앞다퉈 은 비축에 나서게 된다. 은 가격이 폭등할 수밖에 없는 이유이다.

2008년 금융위기가 폭발한 후 최근 몇 년 동안의 상황을 보면, 구미의 통화 긴축 상황이나 아시아 각국의 인플레이션 상황을 막론하고 금과 은의 전망은 대단히 좋다. 금과 은은 달러와 연동해 가격을 매기기 때문에 구미의 통화 긴축은 인플레이션 위협을 받고 있는 아시아 각국 국민들이 수중의 현금으로 금과 은을 사는 것을 막지 못한다. 이때 금과 은의 가격은 맹렬하게 치솟는다. 또 구미 각국이 통화 긴축 상황에 대처하기 위해 FRB로 하여금 양적 완화를 강화하게 만들어 다량의 화폐를 찍어내면, 달러는 평가절하되고 금과 은의 가격은 하늘 높은 줄 모르는 고공행진을 하게 된다.

은은 정말이지 대단히 기묘한 투자 상품이다. 통화 긴축이나 인플레이션 같은 경제 위기 때는 금과 함께 달러화의 평가절하로 가치가 올라간다. 경제가 회복된 뒤에는 대량의 산업 수요로 인해 이번에는 산업 원료의 특성을 발휘해 가치가 상승한다. 이는 다른 투자 상품들이 갖추지 못한 정말 절묘한 이중의 장점이라고 할 수 있다.

현재 세계의 은 시장 규모는 깜짝 놀랄 만큼 작다. 전 세계 지상의 은 보유량은 고작 3만 톤에 지나지 않고, 가치는 1,200억 위안에 불과해 중국 농업은행이 상장됐을 때 모집한 자금보다도 적다. 현재 세계 은 시장의 실물 은과 페이퍼 실버의 비율은 극단적으로 1 대 100에 이른다. 100온스의 페이퍼 실버가 거래됐다면 그 뒤에는 고작 1온스의 실물 은밖에 없다는 얘기가 된다. 2008년 금융 시장에서 1 대 50의 높은 배수의 레버리지로 인해 발생한 금융 쓰나미가 전 세계를 휩쓸었다면, 이보다 배나 높은 은 시장은 이미 뱅크런 위기 언저리에 도달했다고 봐도 무방하다.

한마디로 왜곡되고 높은 레버리지가 작용하면서도 규모가 적은 은 시장은 세계 금융 시장 시스템을 치명적으로 강타할 엄청난 힘을 가지고 있다고 단언해도 크게 틀리지 않다!

그린스펀 등의 전문가들이 1995년 금값을 폭등시켜 미국의 부채를 효과적으로 줄였을 때, 그들은 승기를 잡았다고 확신했다. 미국과 유럽은 중앙은행의 금 준비금을 2만 톤 이상 보유하고 있었고, 실물 금에 대해서도 의심의 여지없는 가격 결정권을 지닌 데다 월스트리트와 런던을 축으로 이어지는 금 선물 및 금 파생 상품 시장에 대한 절대적인 통제력을 확보하고 있었다. 그들은 금값을 완벽히 틀어쥐고 마음대로 올리거나 달러가 집단적으로 철수하도록 엄호하여, 미국 정부의 부채를 대폭 줄인 동시에 달러의 세계화폐 패권 지위를 계속 유지하여 달러 위기의 연착륙을 실현했다.

그러나 그들은 중요한 변수를 소홀히 했으니, 그것은 바로 은이었다.

금과 은은 교환 비율의 역사적 관성과 시장에 영향을 미칠 수 있는 거대한 상호 에너지를 가지고 있다. 그래서 세계 은 가격이 갑자기 폭등하면 금 가격도 흔들려 함께 올라가게 된다. 통제가 풀린 은 가격으로 촉발될 세계 금융 시장의 위험 회피 정서가 맹렬하게 타오르면 금 시장 진영에 직접적인 충격을 준다. 실물 은이 고갈되면 뉴욕의 은 선물 시장에 광대한 범위의 계약 위반과 현물 은의 거래에 심각한 지연을 초래하고, 산업 방면의 수요자들은 부랴부랴 원료인 은 비축에 나서게 된다. 은 투자자들 역시 뒤질세라 은 현물을 인출하여 금고에 보관하고, 공황에 빠진 은 선물 보유자들도 절박하게 현물 은으로 교환해 달라고 요구할 것이다.

투자자들이 강력히 실물 은을 갈구하게 되면, 뉴욕 선물 거래 시장에 보관된 5,000만 온스의 은은 한꺼번에 인출되는 사태를 빚는다. 이어 뉴욕의 페이퍼 실버 시장에 완전히 실망한 투자자들은 바로 무리를 이뤄 런던의 실물 은 시장으로 대거 몰리게 된다. 그러나 그들은 7,500만 온스의 실물 은을 보유하고 있다는 이 최대의 시장이 사실은 실물을 확인한 적이 없는 은 보유자들의 '비실물 계좌'에 의해 움직였다는 사실을 바로 깨닫게 된다.

은 시장의 공포는 동시에 금 시장의 뱅크런 사태를 촉발한다. 잊지 말아야 할 것은 이것이 바로 1 대 100의 끔찍한 병마개 게임이라는 사실이다.

뉴욕과 런던의 금은 시장의 잇따른 마비는 세계 금융 시장을 당장 공황 상태로 몰아넣는다. 이런 심리적인 공황은 사상 전례가 없는 것이다. 이때 전 세계는 비로소 금과 은이 땅속 깊숙이 묻힌 세계 신용 화폐라는 마천루의 초석이라는 사실을 깨닫는다. 초석이 일단 흔들리면 신용 화폐 위에 세워진 보다 방대한 채권 시장, 주식 시장, 화폐 시장, 외환 시장 및 이 모든 것 위에 세워진 500조 달러의 금융 파생 상품 시장이 위태롭게 흔들릴 수밖에 없다.

이때 전 세계 금융 시장은 정부에 지원을 요청하게 된다.

그러나 이때 유럽과 미국 정부는 모두 무능력 상태에 빠져 은은 끝내 양적 완화라는 비장의 카드를 써먹지 못하게 된다. 유럽과 미국 정부로서는 보유 중인 막대한 양의 은을 모두 이미 소실한 탓에 직접 시장 가격에 영향을 미치는 가장 중요한 결제 시스템을 상실한다. 다급해진 이들 정부가 마치 루스벨트 대통령이 1934년에 미국 국민들에게 황금을 모두 내놓으라고 명령을 내렸듯, 강제로 개인이 보유 중인 은을 몰수하라는 명령을 내리더라도 문제 해결에는 전혀 도움이 되지 않는다. 지구상에는 은 보유량이 3만 톤에 불과해 뱅크런에 소요되는 은 수요량을 절대 충족시키지 못하기 때문이다.

절체절명의 순간에도 마지막 방법은 있다. 그것은 바로 서둘러 은 채굴에 나서 세계적인 뱅크런 분위기를 잠재우는 것이다. 그러나 정부가 은 채굴에 나서라는 긴급 명령을 내리는 순간부터 은이 수중에 들어오는 기간은 너무 길다. 자원 탐사, 설비 증설, 생산 규모 확대에 최소한 5년이 걸리기 때문이다. 이러면 상황은 종료되고 만다.

이때 전 세계의 눈은 중국으로 쏠릴 수밖에 없다. 현재 세계 최대의 은 생산국이자 수출국이기 때문이다. 이렇게 되면 중국은 거대한 국제 정치 및 금융 레버리지를 이용해 전략적 기회를 꼭 틀어쥘 수 있다!

은의 전쟁

중국은 현재 세계 최대의 은 생산국으로, 연간 생산량이 약 1만 톤에 이르며 이 중 5,000톤을 수출하고 있다. 2008년 이전에는 수출 환급세 정책을 실시해 수출을 독려하기도 했다. 이 5,000톤은 세계 산업계에 필요한 4,000톤의 부족분을 충분히 메워주고, 나아가 월스트리트와 런던 금은 시장을 축으로 하는 세력이 병마개 하나로 100개의 병을 막는 요술을 계속 부릴 수 있도록 해준다.

그런데 은 수출이 과연 타당한 것일까? 이는 아무리 생각해도 이해가 되지 않는다. 이는 한마디로 진짜 돈으로 가짜 돈을 바꾸는 것과 다를 바 없다. 게다가 수출 환급세라는 정부 보조까지 받고 있다니 말이 되는가!

2009년부터 2010년 10월까지 은 가격은 온스당 11달러에서 23달러로 두 배 이상 폭등했다. 이에 비해 같은 시기 달러의 실제 구매력은 끊임없이 하락했다. 게다가 계속 양적 완화 정책을 실시하다 보니 하락은 멈출 줄 몰라 제2차 경제 침체의 먹구름이 짙게 깔렸다. 이로 인해 1년 9개월에 걸친 8,000톤의 은 수출로 중국은 거의 200억 위안 가까운 손해를 보았다. 게다가 얻은 것이라고는 미국 국채를 구매하는 것 외에는 전혀 쓸모없는 달러였다!

은을 일반적인 산업용 상품 수출로 여기는 것은 실로 심각한 전략적 착오이다. 부단히 가치가 올라가고 날로 희귀해지는 화폐 금속인 은을 매일 평가절하되는 별 볼 일 없는 달러로 바꾸는 것은 손실이 부 자체에 그치는 것이 아니라 대국으로서의 금융 전략 고지를 잃어버리는 일이다.

은은 과거에 화폐로 기능했고 지금도 여전히 화폐 기능을 가지고 있다. 달러, 유로, 엔과 다른 지폐들의 위험이 날이 갈수록 커지는 오늘날에는 전체 신용 화폐 시스템의 위험을 헤징하는 기능도 분명히 가지고 있다. 이것이 바로 2008년 9월 18일 달러 시스템에 붕괴의 위기가 출현했을 때, 은 가격이 하루에 20%나 폭등한 원인이다.

다행히도 중국은 2008년 7월 30일에 마침내 은의 5% 수출 환급세를 취소했다. 이 정책은 의심할 것도 없이 매우 정확한 것이었다. 그러나 출발점은 여전히 중국의 과도한 무역흑자로 야기되는 갈등을 완화하기 위한 조치였다. 이는 무역 정책을 주관하는 관련 기관이 전혀 금융의 시각으로 사고하지 않았음을 설명한다. 전체적인 국가 금융 전략이 결핍된 상황에서 각종 정책을 제정하고 집행한다면, 상호 모순이나 서로 협조하기 어려운 곤란한 상황을 면하기 어렵다.

은의 전략을 고려할 때는 금을 대할 때처럼 수준을 높여야 한다. 다른 나라들이 현재 은을 어떻게 대하든, 천하의 패권을 차지했던 달러의 위상이 점점 희미해지는 상황에서는 각국 화폐의 춘추전국 시대가 도래할 것이 틀림없다. 따라서 미래의 은은 그 어떤 것보다 실력이 막강한 통화가 될 수 있다. 이 추세는 달러가 쇠락할수록 더욱 확실해질 것이다.

만약 중국이 최대한도로 인민폐의 유통 범위를 넓혀 강력한 금융하이 프런티어의 전략적 고지를 구축했다고 가정하자. 그러면 은과 금의 거대한 금융 전략 가치를 전면적으로 새롭게 평가해야 할 필요가 있다.

실제로 국제 은 시장에서 뱅크런 사태가 일어나게 하려면, 1,200억 위안 규모의 인민폐를 사용할 필요 없이 중국 내 투자자들이 수출용 은 5,000톤을 전부 사들이면 된다. 여기에 들어가는 돈은 고작 250억 위안에 지나지 않는다. 다시 말해 이 방법만으로도 세계 은 가격 시스템을 충분히 뒤흔들 수 있는 것이다. 뉴욕과 런던의 은 시장에서 동원 가능한 은은 1억 2,500만 온스(약 3,900톤)에 불과해 기본적으로 1년 동안 산업용으로 소모되는 수요와 공급의 차액 정도밖에 되지 않는다. 실물 은을 지불하기란 거의 불가능하고, 선물 계약 위반 역시 면하기 어렵다.

인민폐 250억 위안은 어느 정도 수준일까? 한 번 계산해볼 필요가 있을 듯하다.

만약 1만 명이라면 한 사람이 250만 위안어치의 실물 은을 살 수 있다(대략 450킬로그램. 1그램에 5.6위안).

또 100만 명이라면 한 사람이 2만 5,000위안어치의 실물 은을 살 수 있다(대략 4.5킬로그램).

1,000만 명일 경우는 한 사람이 2,500위안어치의 실물 은을 살 수 있다(0.45킬로그램).

이렇게 보면 세계 은 시장을 뱅크런 상황으로 몰아넣기란 정말 쉬운 일이다.

그러나 투자자들이 반드시 알아야 하는 것은 은을 사는 것이 아니라 지폐에 불과한 달러를 판다는 사실이다! 은은 저축 수단이자 투자이고, 부의 충실한 보험이면서 국민들의 화폐이다! 이는 개인을 위한 투자일 뿐 아니라 세계의 금융 패권에 반대표를 던지는 것이다! 또 중국의 부를 절취하려는 국제 은행가들에게 반격을 가하는 것이다! 이런 투자 행위는 나라를 이롭게 하고 국민을 이롭게 할 뿐 아니라 자신을 이롭게 한다!

금이 활이라면 은은 팽팽하게 당겨진 활줄이고 국민들의 의지는 화살이며 과녁은 국제 화폐 패권이다!

만약 일반인들에게 역사의 발전 궤적을 변화시킬 기회가 찾아온다면, 그들이 일어나 세계 금융 패권에 저항하려면, 그들이 각종 위기에서 비참하게 '양털 깎기'를 당하지 않으려면, 그들이 진정으로 역사의 동력을 창조하려면, 행동이 그 어떤 말보다 더 설득력을 가진다!

은의 투자 채널이 점진적으로 열리기 시작한 2010년 이후로 중국 국민들의 은에 대한 투자 열기는 마치 화산처럼 폭발하고 있다. 금 투자를 통해 큰 이득을 본 데 이어 전국 각지에서 다시 은 투자 열기가 일고 있는 것이다.

은의 가치에 대한 사람의 인식은 갈수록 제고되고 있다. 은은 중국 역사와 문화의 DNA를 떠받들고 있을 뿐 아니라 현실의 중임까지 걸머지고 있다. 또 사람들이 자신의 부를 보호하는 도구가 되고 있을 뿐 아니라 세계화폐 패권에 반격을 가할 효과적인 수단이 되고 있다.

은은 여러분들의 일생에 가장 중요한 기회를 제공하는 주인공이 될 것이다!

베이징 샹산(香山)의 가을밤은 소슬하고 담담하다. 이곳의 한 찻집 테라스에서는 달빛이 조용히 흐르고 가벼운 바람이 솔솔 불었다.

뜻을 같이하고 의기가 충만한 일단의 젊은이들은 늘 휴일과 주말을 반납하고 이곳에서 함께 모였다. 공동으로 지난 100년 동안 중국 금융이 사회 각 분야에 미친 영향과 역할에 대해 연구하고 토론하기 위해서였다. 이들은 바로《화폐전쟁 3》연구팀의 팀원이자 지원자들이었다. 이들은 하루 종일 연구에 몰두한 다음 이곳에서 토론을 열고 각자의 생각을 가다듬었다.

이 중 정잉옌(鄭鶯燕)은 연구팀의 유일한 여성이었다. 모두들 그녀를 '작은 여신'이라고 불렀다. 그녀는 중국 본토인들과 확연히 다른 외모를 가져 그녀의 선조가 혹시 페르시아 공주가 아니었을까 하는 생각을 하게 만들었다. 그녀는 청산유수와 같은 말솜씨에 맥을 정확히 짚는 능력도 뛰어났다. 그녀를 표현하기에 적합한 영어 단어는 절대 찾을 수 없다. 그녀는 유머러스하면서도 예리하고 재치 있으면서도 괴팍

하며 세속에 전혀 휩쓸리지 않는 인격의 혼합체였다. 그녀는 지식의 범위가 넓고 한마디로 정곡을 찌르며 세세한 부분까지도 혹독할 만큼 진지한 태도를 지녔다. 이 때문에 그녀는 '사상 최고의 까칠한 인물'이라는 별명을 얻었다. 한번은 최초의 원고를 놓고 토론을 진행하는 중에 그녀가 인정사정 봐주지 않고 이렇게 말했다.

"이게 뭡니까? 다시 써야 합니다! 저도 도저히 무슨 말인지 모르겠는데, 독자들은 오죽 할까요? 너무 이해하기 어렵고 도통 뜻을 모르겠어요. 복선도 너무 많고, 인명도 너무 많고, 술어까지 너무 많다고요. 보통 사람들이 봐서 모른다면 이 책이 과연 가치가 있을까요?"

그녀는 독자를 대표해서 원고를 강하게 힐책했다. 과거에 글을 쓸 때는 그저 나만 좋으면 됐지, 독자의 기분 따위는 전혀 고려하지 않았다. 그런데 그녀가 독자의 입장에서 의견을 전달하자 나는 적지 않은 감동을 받았다. 그래서 두 번, 세 번, 네 번이나 뼈대를 고치고 교정하는 작업을 진행했다.

양웨이(楊巍)는 누구와도 좀처럼 정면으로 논쟁을 벌이지 않는다. 남과 다투지 않는 쌍둥이자리의 성격이 그대로 묻어났다. 그는 대신 은근하고 조심스런 자세로 자신의 의견을 표시했다. 그는 어릴 때부터 나와 함께 자란 형제 같은 사이이다. 유치원에서부터 태평양 건너 미국까지 우리는 늘 함께했다. 그는 나보다 1년 빨리 미국으로 유학을 떠났다. 생물학과 컴퓨터를 배운 다음 MBA 과정을 수료하고 투자 은행에 취직했다. 그의 학문과 직장 이력은 남들보다 훨씬 뛰어났다. 게다가 그는 일본의 후지(富士) 은행과 홍콩의 로스차일드 은행에서 일한 경험도 있어서 미국과 아시아의 금융 시장을 직접 체험하는 기회를 가졌다. 그래서 그는 일본 자료를 엄선하고 교차 검증하는 업무를 책임졌다. 마지막 4개월 동안은 소비에트구와 변구 및 해방구의 금융 문제까지 깊이 있게 연구했다. 나중에 그는 사람을 만날 때마다 이렇게 말했다.

"중국공산당의 금융 혁신을 연구하고 정말 탄복했다. 입당 원서를 내고 싶을 정도였다."

먀오강(苗剛)의 특징은 늘 양미간을 찌푸리고 고개를 흔들면서 이렇게 말하는 것이다.

"이 데이터는 믿을 수 없습니다. 반드시 2차 자료를 찾아야 합니다."

그는 일단 중요한 단서를 찾았다 하면 즉각 사람이 돌변해 희색이 만면하고 북경 남자다운 달변이 된다. 우리는 그가 일찍이 인민대학 토론반에서 활동했다는 사실을 알고 있었다. 나중에는 그가 컬럼비아 대학의 먼델 교수 밑에서 금융학을 사사받을 때, 영어부터 혹독하게 공부했다는 사실을 전해 들었다. 그는 탁월한 입담 외에 데이터에 대해서도 상당히 민감하게 반응했다. 이 때문에 그의 이런 '품질 관리'는 데이터 교정이나 정보 검색에서 뛰어난 성과로 나타났다.

쉐샤오밍(薛小明)에게서 풍기는 가장 깊은 인상은 서북 사람 특유의 온화함과 성실함이다. 그는 자신의 의견이 도전에 직면하거나 감정적으로 흥분할 때면 얼굴이 금방 빨개졌다. 하지만 말이 너무 느려 논쟁에서 늘 우위를 점하지 못했다. 국제관계 분야의 석사 졸업생인 그는 영어 구사 능력이 대단히 뛰어났고, 금융과 역사 연구에 있어서도 열정이 넘쳤다. 그는 자료 수집과 정리 과정에서 큰 기여를 했다.

《화폐전쟁 3》의 중점 연구 대상은 중국 근대의 금융 문제이다. 1840년부터 1949년까지 참고해야 할 각종 금융 관련 자료는 실로 방대했다. 청나라 조정의 상주문, 황제의 지시 문서, 중화민국의 문서, 외국 및 각 성의 신문, 외국 공관이 은밀하게 주고받은 전보에서부터 국제 금융 시장의 채권 발행 기록, 중국과 외국의 대형 금융 가문의 활동 상황, 외채 통계, 관세·염세·이세 등의 통계, 각국의 비밀 해제된 문서, 당사자의 구술이나 기록 등과 함께 족히 수백 권은 될 금융 화폐사 및 인물 전기까지 참고해야 할 자료가 너무 많았다. 이에 우리는 향산에 단풍이 물들 때 속세의 온갖 번뇌를 잊은 채 역사 자료에 파묻혀 몸과 마음을 불살랐다.

이 책에 가장 크게 공헌한 주인공은 당연히 독자 여러분이다. 실제로 나의 트위터에는 수많은 친구들이 열정적으로 건의를 해왔다. 물론 대부분은 건전한 비판이었다. 바로 이런 친구들이 있었기에 나는 끝까지 작업을 견지할 수 있었다.

나는 줄곧 "한 사람의 가치는 남과 같은 것을 할 때는 잘 보이지 않으며 남과 다른 일을 할 때 드러난다"라는 신념을 가지고 살아왔다. '화폐전쟁' 시리즈의 연구와 집필 과정은 도전과 고난과 낙담으로 충만하면서도 격정과 흥분과 깨달음이 넘치는 과정이기도 했다. 이 모든 것들은 이제 없어서는 안 될 내 생명의 일부분이 되었다. 정말이지 나는 세계 화폐전쟁의 포연에서 충실한 기록자가 되고 싶었다.

나는 정말 행운아라고 생각한다. 그토록 많은 친구들의 도움과 지지로 격정에 넘쳐 일할 수 있었다. 동시에 수많은 논쟁에 직면할 때마다 항상 냉정함과 객관성을 유지하도록 해주었다. 나는 이미 생명에서 가장 가치 있고 창조력을 구비한 샘물을 스스로 찾아냈다. 사람은 자신이 가장 잘하는 일을 할 때 먹지 않고, 마시지 않고, 자지 않아도 고통을 느끼지 않는다. 누구라도 천부적인 재주를 한 가지씩은 가지고 태어나지만 가장 행복한 사람은 자신의 이런 재주를 마음껏 발휘하는 사람일 것이다. 그러나 대다수 사람들은 안타깝게도 자신이 그런 재주를 타고났는지 모르거나 자신의 천부적인 재능을 스스로 버려버린다. 내가 볼 때 교육과 독서, 직장 및 일상생활의 목적은 모두 자신의 천부적 재능을 찾는 데 있다. 그것은 타고날 때부터 갖춘 것으로 절대 변하지 않는다. 그래서 이를 탐색하고 발견하는 것은 일생의 큰일이다.

내 아내와 아이들에게도 감사의 말을 전한다. 오랫동안 아낌없이 지원하고 격려해 준 그들이 없었다면 지금의 나는 아마 없었을 것이다.

마지막으로 이 책을 중국의 운명에 많은 관심을 가진 모든 독자들에게 바치고 싶다.

작년《화폐전쟁 2》를 번역한 데 이어 이번에 다시 쑹훙빙 선생의《화폐전쟁 3》까지 번역을 맡았다. 중국에서 단연 화제의 베스트셀러라는 사실에 비춰보면 역자로서는 영광스러운 일이 분명하다. 그러나 작업은 쉽지 않았다. 무엇보다 이 책의 주요 내용인 중국과 일본의 화폐사가 제대로 국내에 소개되지 않은 탓에 확실한 내용 파악에 애를 먹었다. 또 금융 하이 프런티어라는 개념 역시 생소해 처음에는 적이 당황했다.

그러나 이런 점을 제외하면 전편들과 마찬가지로 책은 전반적으로 술술 잘 읽힌다. 더불어 중국과 일본의 화폐전쟁 배경을 다소 문학적으로 묘사하는 부분에서는 소설적 재미도 물씬 느낄 수 있다. 그래서 이 책을 쓰기 위해 쑹 선생이 태스크 포스를 구성, 상당 기간 운영했다는 말을 가슴으로 느낄 수 있었다. 다른 경제, 경영 분야의 책들도 이렇게 만들면 어떨까 하고 생각한 것 역시 이런 이유 때문이다. 물론 제9장과 10장에서의 학술적인 접근은 갑자기 책의 난이도를 높였다는 점에서 어떻게 보면 약간의 옥의 티라고 할 수도 있다. 하지만 너무 재미를 중요시하고 음모론적 시각으로 모든 것을 바라보는 이 책의 특징을 감안하면 이 부분은 오히려 장점이 될 수도 있다. 지적 호기심을 유발한다는 얘기가 되겠다.

개인적으로 크게 흥미를 느꼈던 부분은 일본이 제2차 세계대전으로 연결되는 중일전쟁 및 태평양전쟁을 일으킨 원인과 관련된 내용이었다. 일반적으로 이 전쟁들은 극우파 군부와 손잡은 재벌들이 일으킨 것으로 알려져 왔다. 그러나 이 책에서는 오히려 재벌들은 이에 반대하고 히로히토 천황의 음모로 재벌들이 어쩔 수 없이 끌려들어간 것으로 묘사되고 있다. 많은 연구를 한 끝에 내린 결론이겠으나 조금 더 연구해서 이 주장을 보완한다면 학술적으로도 큰 성과로 남지 않을까 생각된다.

장씨, 쑹씨, 천씨, 쿵씨 등 이른바 '4대 가문'에 대한 서술 부분 역시 마찬가지라고 할 수 있다. 이들의 부정부패로 인해 국민당이 공산당에게 패했다는 사실은 기존에 공인된 내용이기는 하다. 하지만 이들이 금융 부분을 완전히 장악하고 경제를 엉망으로 만든 탓에 국민당을 몰락으로 내몰았다는 주장은 그다지 널리 알려지지 않았다. 이 책은 이 부분을 확실하게 분석하고 서술해 그동안 잘 알려지지 않은 국민당의 패인을 확실하게 짚었다. 역시 학술적으로 상당한 의의를 가진다고 할 수 있다.

이외에 이 책은 중국 역시 바이마르공화국 시대에 독일이 겪었던 하이퍼인플레이션을 겪었다는 재미있는 내용도 다루고 있다. 중국에 대해 누구보다 많이 알고 있다고 자신하는 역자조차 들어보지 못한 내용이었다. 조금 더 깊이 있게 들어가지 않았다는 사실이 아쉬울 정도였다.

역자는 이 책의 대부분을 4월 중순에서 5월 중순까지 북경 현지에 체류하면서 번역했다. 그래서 혹 나올 수 있는 번역상의 어려움을 주변 지인들의 도움을 받아 바로바로 해결할 수 있었다. 하나 아쉬운 점이 있다면 쑹 선생이 너무 바쁜 관계로 대면할 기회를 가지지 못했다는 사실이다. 그래도 감수자인 KOTRA 베이징 KBC의 박한진 부장을 만나 이런저런 얘기를 나눈 것은 역자로서는 나름 의미 있는 일이었다.

쑹 선생은 이 책을 끝으로 '화폐전쟁' 시리즈를 마무리 지으려는 생각이 없는 것 같다. 놀랍게도 4권을 한국 편으로 하겠다고 한국어판 서문에서 밝혔으니 아무래도 그럴 가능성이 높지 않나 싶다. 아무쪼록 한국 편도 좋은 내용으로 출판돼 중국에서 베스트셀러로 성가를 높인 다음 한국 독자들에게도 선을 보였으면 좋겠다. 화폐전쟁에 천착해 중국뿐 아니라 세계적으로도 이 문제를 이슈화한 쑹 선생의 집념과 노력에 경의를 표하고 싶다. 더불어 이 책을 출간한 RHK 편집진들의 노고에도 고마움을 전한다.

홍순도

제 1 장_____

1 《영국 영사 보고서》, 상해, 1883년, 230쪽.

2 《영국 의회 공문》, 중국, 1884년.

3 《영국 영사 보고서》, 상해, 1883년, 230쪽.

4 《강남의 석씨 가문》, 마쉐창(馬學强) 저, 상무인서관(商務印書館), 2007년, 78쪽.

5 〈자림서보〉, 1879년 5월 23일자.

6 《강남의 석씨 가문》, 마쉐창 저, 상무인서관, 2007년, 80쪽.

7 《중국 금융 통사》 제2권, 장궈후이(張國輝) 저, 중국금융출판사, 2003년.

8 광서(光緒) 11년 11월 12일 호부 상주문(戶部奏), 《광서정요(光緒政要)》(초본), 재정 편, 제2권, 호부섬서사(戶部陝西司) 상주문, 광서 11년판, 제8권, 44~48쪽.

9 Commerce and Diplomacy, Sargent, p49.

10 Remarks Upon a Late Ingenious Pamphlet by an Impartial Hand, John Locke, p19.

11 The Creature from Jekyll Island, G. Edward Griffin, p218.

12 《리오리엔트(Reorient: The Global Economy In The Asian Age)》, (독일) 안드레 군더 프랭크(Andre Gunder Frank), 중앙편역출판사(中央編譯出版社), 2001년, 393쪽.

13 《화폐전쟁 2: 금권천하》, 쑹훙빙 저, 중화공상연합출판사유한책임공사(中華工

商聯合出版社有限責任公司), 2009년, 47쪽.

14 《아편무역》, 마르크스.

15 《옛 중국에서의 사순 그룹》, 장중리(張仲禮)·천쩡녠(陳曾年) 저, 상해사회과학
원(上海社會科學院), 1985년, 3~5쪽.

16 《산서 표호의 역사》, 황젠후이(黃鑒暉) 저, 산서경제출판사(山西經濟出版社),
2002년, 341쪽.

17 《화폐전쟁 2: 금권천하》, 쑹훙빙 저, 중화공상연합출판사유한책임회사, 2009
년.

18 《상해 금융 조직 개요》, 양인푸(楊蔭溥) 저, 상무인서관, 1930년, 46쪽.

19 The Lost Science of Money, Stephen Zarlenga, p271.

20 《근대 상해 금융센터의 형성과 발전》, 천쩡녠 저, 상해사회과학원, 2006년,
17쪽.

제 2 장_____

1 The House of Mitsui, Oland Russell, Little, Brown and Company, 1939,
p142.

2 출처 상동, p87.

3 출처 상동, p148.

4 출처 상동, p155~156.

5 출처 상동, p160.

6 Japanese Banking, Norio Tamaki, Cambridge University Press, p23.

7 출처 상동, p24.

8 The House of Mitsui, Oland Russell, Little, Brown and Company, 1939,
p168~169.

9 Japanese Banking, Norio Tamaki, Cambridge University Press, p24.

10 The House of Mitsui, Oland Russell, Little, Brown and Company, 1939,
p183.

11 Mitsui : Three Centuries of Japanese Business, John G. Roberts, Art Media
Resources, 1989, p126.

12 Japanese Banking, Norio Tamaki, Cambridge University Press, p46~48.

13 출처 상동, p58~60.

14 출처 상동, p61.

15 〈한야평을 통해 바라본 옛 중국의 외자 유치 실태 및 경험과 교훈〉, 왕시(汪熙).

16 출처 상동.

17 출처 상동.

제 3장_____

1 《진실한 장제스를 찾다》, 양톈스(楊天石) 저, 산서(山西)인민출판사, 2008년, 20쪽.

2 《HSBC: 홍콩상하이은행의 백년사》, (영국) 모리스 크리스 저, 중화서국(中華書局), 1979년, 109쪽.

3 《러시아 은행 체제 전환에 대한 연구》, 쉬샹메이(徐向梅) 저, 중국금융출판사, 2005년, 33~37쪽.

4 《금융제국 JP 모건(The House of Morgan)》, (영국) 론 체르노(Ron Chernow) 저, 진리췬(金立群) 역, 중국재정경제출판사, 1996년, 248쪽.

5 《중간지대 혁명》, 양쿠이쑹(楊奎松) 저, 산서인민출판사, 2010년, 50~51쪽.

6 《걸출한 소련 공산주의자이자 중국 혁명 참가자: 미하일 보로딘(1884~1951)》, (러시아) 미로비치 카야 저, 22~40쪽.

7 《필담(筆談) 외교에서 역사를 거울로 삼기까지: 근대 중일 관계사에 대한 연구》, (일본) 이하라 사와슈(伊原澤周) 저, 중화서국, 2003년, 413~415쪽.

8 《국제 문제에서의 소련인의 역할》, 루이스 피셔 저.

9 《중간지대 혁명》, 양쿠이쑹 저, 산서인민출판사, 2010년, 67쪽.

10 《극동 국제 관계사》, (영국) 매쉬 저, 상해서점출판사, 1998년, 692쪽.

11 영국 외교 문건, F0, 405, Vol. 252, pp. 311~3l3, 398~400, 1l3~115.

12 British Strategy in the Far East: 1919~1939, W. R. Louis, Clarendor Press, Oxford 1971, pp129~130.

13 미국 국무부 파일, RDS, NA, M. No. 329, 893. 00 / 8005, 893. 00 / 8312

14 《강절(江浙) 재벌과 장제스 반혁명 정권의 수립》, 링위(凌宇) 저, 당사(黨史) 연구자료 제7집, 49쪽.

15 미국 외교 문건(1927, 제2권), 미국 국무부 편, 장웨이잉(張瑋瑛) 외 역, 중국사

회과학출판사, 1998년, 164쪽.

16 Millard's Review, 1926년 3월 27일자.
17 The North China Herald, 1926년 3월 20일자.
18 〈신보〉, 1927년 3월 28일자, 11면.
19 미국 국무부 파일, 893.00B / 276.
20 《상해 전장 사료》, 인민은행 상해 지점, 207쪽.
21 《1927년 장제스와 상해 금융계 및 강절 상인과의 관계》, 왕정화(王正華).
22 중국공산당 중앙정치국과 국제공산당 대표단 회담 시 보로딘의 연설, 1927년 4월 13일.
23 쑹 부장의 재정 관리 현황, 1927년 4월 5일자 상해 〈민국인보(民國日報)〉, 2장 1면.
24 중국과 관련한 한 발 빠른 소식, 영국 외교부 405/254, 극비 문건, 제13315호, 1927년 7~9월, 제43호, 별첨.
25 상하이 주재 미국 영사 커닝엄이 맥머레이에게 보낸 편지, 미국 국무부 893/9195, 1927년 7월 30일; 고스가 맥머레이에게 보낸 편지, 미국 국무부 893/9199, 1927년 6월 5일; 커닝엄이 메이어에게 보낸 편지, 미국 국무부 893/9660, 1927년 9월 3일.
26 《중국 혁명: 1926~1927년》(런던, 1928년 판), 채프먼, 232쪽.
27 《상해 전장 사료》, 인민은행 상해 지점 편, 207쪽; 커닝엄이 메이어에게 보낸 편지, 미국 국무부 893/9660, 1927년 11월 12일.

제 4 장_____

1 《중국의 붉은 별》, (미국) 에드거 스노 저, 둥러산(董樂山) 역, 해방군문예출판사, 2002년, 282쪽.
2 《화폐전쟁 2: 금권천하》, 쑹훙빙 저, 중화공상연합출판사유한책임회사, 2009, 제3장.
3 출처 상동, 제1장
4 《공산당선언》, 인민출판사, 1972년, 272쪽.
5 《레닌 전집》 제2판 제32권, 189쪽.
6 《고난 속의 눈부신 성과》, 진이난(金一南) 저, 화예(華藝)출판사, 2009년.

7 《마오쩌둥 선집》 제1권, 48쪽.

8 《소년공에서 홍색 은행가가 되기까지: 모췬타오의 혁명 세월》, 모샤오타오(莫小濤) 저, 중국금융출판사, 2010년, 33~34쪽.

9 출처 상동, 33쪽.

10 《마오쩌민의 발자취를 찾아서》, 차오훙(曹宏)·저우옌(周燕) 저, 중앙문헌출판사, 2007년, 152쪽.

11 Tragedy and Hope, Carroll Quigley, GSG & Associates, 1996, p181.

12 《중국 혁명 근거지 화폐사강(貨幣史綱)》, 쉬수신(許樹信) 저, 중국금융출판사, 2008년, 15~16쪽.

13 《마오쩌민의 발자취를 찾아서》, 차오훙·저우옌 저, 중앙문헌출판사, 2007년, 152쪽.

14 《중국 농민 부담사(負擔史)》, 제3권, 중국재정경제출판사, 1990년, 63쪽.

15 출처 상동, 92쪽.

16 《마오쩌둥 농촌 조사 문집》, 중공 중앙문헌연구실·중국 정강산(井岡山) 간부학원 편, 인민출판사, 1982년, 308쪽.

17 《마오쩌둥 문집》, 제1권, 중공 중앙문헌연구실 편, 인민출판사, 1996년, 138~139쪽.

18 제2차 전국 노동자농민 대표대회 보고에서, 마오쩌둥, 1934년 1월 23일.

19 《마오쩌둥 선집》 제1권: 우리의 경제정책, 인민출판사, 1996년.

20 《중앙 혁명 근거지 재정경제사 장편(長編)》 상책(上冊), 쉬이(許毅) 편, 인민출판사, 2010년.

21 《마오쩌둥 선집》 제1권: 우리의 경제정책, 인민출판사, 1996년.

제 5 장_____

1 《쑹쯔원 전기》, 왕쑹(王松) 저, 호북(湖北)인민출판사, 2006년, 76쪽.

2 《강남의 석씨 가문》, 마쉐창 저, 상무인서관, 2007년, 97쪽.

3 절흥당(浙興檔): 이사회의록, 1961년 5월 17일, 호은당(滬銀檔).

4 《중국 금융 통사》 제3권, 훙자관(洪葭管) 저, 중국금융출판사, 2008년, 127쪽.

5 《강남의 석씨 가문》, 마쉐창 저, 상무인서관, 2007년, 100쪽.

6 《청대 화폐금융 사고(史稿)》, 양돤류(楊端六) 저, 삼련(三聯)서점, 1962년, 261쪽.

7 《산서 갑부 쿵샹시》, 천팅이(陳廷一) 저, 동방(東方)출판사, 2008년, 317~323쪽.

8 《1927~1937년 중국 재정경제 상황》, (미국) 오언 영(Owen D. Young) 저, 천쩌 셴(陳澤憲)·천샤페이(陳霞飛) 공역, 중국사회과학출판사, 1981년, 224쪽.

9 《중화민국 화폐사 자료》 제2집, 중국인민은행 총참사실(總參事室) 편, 상해인 민출판사, 1991년, 119쪽.

10 〈신보〉, 1934년 8월 22일자.

11 《중국의 대외무역과 산업 발전(1840~1949년)》, 정유쿠이(鄭友揆) 저, 상해사회 과학원출판사, 1984년, 104쪽.

12 《민국 경제사》, 주쓰황(朱斯煌) 편, 1947년판, 408쪽.

13 《중앙은행 사료》, 홍자관 편, 중국금융출판사, 318~319쪽.

14 《중화민국 화폐사 자료》 제2집, 중국인민은행 총참사실 편, 상해인민출판사, 1991년, 164쪽.

15 《금융의 지난날을 이야기하다》, 홍자관 엮음, 중국금융출판사, 1991년, 129쪽.

16 《HSBC: 홍콩상하이은행의 백년사》, (영국) 모리스 크리스 저, 중화서국, 1979 년, 129쪽.

17 《중앙은행 사료》, 홍자관 편, 중국금융출판사, 2005년, 333쪽.

18 《중국 전시 통화 문제의 일부분》, (일본) 미야시타 다다오(宮下忠雄).

19 《1927~1937년 중국 재정경제 상황》, (미국) 오언 영 저, 천쩌셴·천샤페이 공 역, 중국사회과학출판사, 1981년.

20 《중앙은행 사료》, 홍자관 편, 중국금융출판사, 2005년, 359쪽.

제 6 장

1 《일본 천황의 음모》, (미국) 데이비드 베르가미니(David Bergamini) 저, 상무인 서관, 1984년, 578쪽.

2 출처 상동, 579쪽.

3 출처 상동, 410~411쪽.

4 《남진론(南進論)》, (일본) 무로부세 코신(室伏高信), 1936년.

5 《일본의 실상》, 가오쭝우(高宗武) 저, 호남교육출판사, 2008년, 220쪽.

6 The House of Mitsui, Oland Russell, Little, Brown and Company, 1939, p223~224.

7 출처 상동, p225.

8 The New York Times, 1922년 1월 8일.

9 Japanese Banking, Norio Tamaki, Cambridge University Press, p155~156.

10 《일본 천황의 음모》, (미국) 데이비드 베르가미니, 상무인서관, 1984년, 605쪽.

11 The House of Mitsui, Oland Russell, Little, Brown and Company, 1939, p254~255.

12 출처 상동, p255.

13 출처 상동, p249~250.

14 《일본의 실상》, 가오쭝우 저, 호남교육출판사, 2008년, 127쪽.

15 《진실: 히로히토 천황과 대중국 침략 전쟁》, (미국) 허버트 빅스 저, 왕리핑(王麗萍)·쑨성핑(孫盛萍) 역, 신화출판사, 2004년, 8쪽.

16 Tragedy and Hope, Carroll Quigley, GSG & Associates, 1996, p561.

17 《화폐전쟁 2: 금권천하》, 쑹훙빙 저, 중화공상연합출판사유한책임회사, 2009년, 175쪽.

18 《일본 천황의 음모》, (미국) 데이비드 베르가미니, 상무인서관, 1984년, 458~459쪽.

19 출처 상동, 663쪽.

제 7 장 _____

1 《1927~1937년 중국 재정경제 상황》, (미국) 오언 영 저, 중국사회과학출판사, 1981년, 317쪽.

2 미국 대외 문건, 1937.3권, 545~547쪽.

3 《역사 파일》, 1982년 제2호.

4 〈북화첩보(北華捷報)〉, 1938년 4월 6일자.

5 《중국과 1937~1945년의 외부 원조》, 163쪽.

6 중국 주재 대사 제이슨이 미국 국무부 장관에게 보낸 전보(1939년 7월 18일), 미국 대외관계 문건 1939년 제3권, 684쪽.

7 《중화민국 화폐사 자료》 제2집, 상해인민출판사, 1991년, 458쪽.

8 《중국은행 역사 자료 회편(匯編) 상편(1912~1949)》 제2권, 당안(檔案)출판사, 1991년, 1412쪽.

9 미국 대외관계 공문, 1940년 제4권, 691쪽.

10 헐 미국 국무장관이 중국 주재 대사에게 보낸 전보(1941년 4월 28일), 미국 대외관계 문건 1941년 제5권, 637쪽.

11 《상하이 시대》, 마쓰모토 시게하루(松本重治) 저, 상해세기(世紀)출판사, 2010년, 90~91쪽.

12 〈신화일보(新華日報)〉, 1941년 5월 10, 17일자.

13 《쑹쯔원 전기》, 왕쑹 저, 호북인민출판사, 2006년, 154쪽.

14 《내가 아는 쿵샹시》, 원쓰(文思) 주편, 중국문사(文史)출판사, 2003년, 145쪽.

15 《쿵샹시 전기》, 선궈이(沈國儀) 저, 안휘(安徽)문예출판사, 1994년, 274쪽.

16 Madame Chiang Kai-shek, a Power in Husband's China and Abroad, Dies at 105, 〈뉴욕 타임스〉 2003년 10월 25일자.

17 Carroll Quigley, op. cit, p947.

18 K. P. Chen Papers(천광푸 서류)[R], 뉴욕 컬럼비아 대학 소장본, p4.

19 The Reminiscences of Chen Guangfu(영어 구두 회고록) [A], 중국 구술사(口述史)[Z], 천광푸, 뉴욕 컬럼비아 대학 특별 소장본, p109.

20 《성패의 교훈》, 천리푸 저, 정중서국(正中書局), 1994년, 338~340쪽.

21 《중국 금융 통사》 제4권, 홍자관 편, 중국금융출판사, 2008년, 506~507쪽.

제 8 장_____

1 《개국 초대 중앙은행장: 난한천》, 덩자룽(鄧加榮) 저, 중국금융출판사, 2006년, 57쪽.

2 태항(太行) 지역의 경제 건설, 덩샤오핑, 〈해방일보(解放日報)〉, 1943년.

3 《섬감녕 변구 정부 파일 선집》, 섬서성 당안관(檔案館)·섬서성 사회과학원 편, 당안출판사, 1986년 5월판, 230쪽.

4 《주리즈 기념 문집》, 중국공산당 하남성 위원회 당사(黨史)연구실 편, 중공당사출판사, 2007년, 112쪽.

5 《섬감녕 변구 화폐 발행 초기의 인플레이션 및 대처 방안》, 가오창(高强).

6 《주리즈 동지의 금융 사상과 공헌》, 쑹린페이(宋林飛).

7 《실천과 참된 지식: '주리즈 금융론'을 읽고》, 장위옌.

8 《쉐무차오 회고록》, 쉐무차오 저, 천진인민출판사, 2006년, 170쪽.

9 출처 상동, 166쪽.

10 출처 상동, 169쪽.

11 출처 상동, 177쪽.

12 출처 상동, 181쪽.

13 《개국 초대 중앙은행장: 난한천》, 덩자룽 저, 중국금융출판사, 2006년, 252쪽.

14 서양을 답습하지 않은 '노련한 귀국파', 〈중국성향금융보(中國城鄉金融報)〉, 양
    빈(楊斌), 2006년 3월 17일자.

15 《장나이치 문집》 상권, 장리판(章立凡) 저, 화하(華夏)출판사, 1997년, 621쪽.

16 《신 중국 초대 재정부장 보이보》, 허리보(何立波).

17 《1950~1953년 소련의 대중국 경제 원조 상황을 논함》, 선즈화(沈志華).

18 《명·청 500년 흥망성쇠: 누가 500년의 역사를 썼는가》, 한위하이(韓毓海) 저,
    구주(九州)출판사, 2009년.

제 9 장_____

1 The Age of Turbulence, Alan Greenspan, the Penguin Press, p2.

2 《화폐전쟁 2: 금권천하》, 쑹훙빙 저, 중화공상연합출판사유한책임공사, 2009년.

3 출처 상동.

제 10 장_____

1 《백은 자본》, (독일) 안드레 군더 프랭크, 류베이청(劉北成) 역, 중앙편역출판사,
    2008년.

2 출처 상동.

3 출처 상동.

4 U.S. Geological Survey, Mineral Commodity Summaries, January 2010.

5 Silver Institute, Demand and Supply in 2009.

홍순도

경희대 사학과를 졸업하고 독일 보쿰 대학에서 중국정치학으로 석사학위를 수료했다. 〈매일경제〉와 〈문화일보〉에서 국제부 기자로 일했으며, 1997년부터 9년 동안 베이징 특파원으로 활동했다. 2004년 한국기자협회 올해의 기자상과 제8회 한국언론대상을 받았다. 지은 책으로 《사기로 처세하고 삼국지로 성공하라》, 《명문가의 격》, 《시진핑》 등이 있으며, 옮긴 책으로 《탐욕경제: 부의 분배 메커니즘을 해부하다》, 《삼국지 강의》, 얼웨허 대하소설 '제왕삼부곡' 시리즈(《강희대제》, 《옹정황제》, 《건륭황제》) 등이 있다.

화폐전쟁 3
| 금융 하이 프론티어 |

1판 1쇄 발행 2008년 7월 28일
2판 1쇄 발행 2020년 9월 15일
2판 4쇄 발행 2023년 4월 6일

지은이 쑹훙빙
옮긴이 홍순도
감 수 박한진

발행인 양원석
편집장 김건희
영업마케팅 조아라, 정다은, 이지원
펴낸 곳 ㈜알에이치코리아
주소 서울시 금천구 가산디지털2로 53, 20층 (가산동, 한라시그마밸리)
편집문의 02-6443-8902 도서문의 02-6443-8800
홈페이지 http://rhk.co.kr
등록 2004년 1월 15일 등록 제2-3726호

ISBN 978-89-255-8988-6 (03320)
ISBN 978-89-255-8984-8 (set)